李方膺（1695-1754）

南通市

通州年鉴 2016

TONGZHOU YEARBOOK

中共南通市通州区委员会
南通市通州区人民政府 主办
南通市通州区地方志编纂委员会办公室 编

方志出版社

图书在版编目(CIP)数据

通州年鉴.2016/南通市通州区地方志编纂委员会办公室编.
—北京:方志出版社,2016.10
ISBN 978-7-5144-2147-7

Ⅰ.①通… Ⅱ.①南… Ⅲ.①通州区—2016—年鉴
Ⅳ.①Z525.34

中国版本图书馆 CIP 数据核字(2016)第 252634 号

通州年鉴(2016)

编　　者:南通市通州区地方志编纂委员会办公室
责任编辑:张　颢　冯　阳

出 版 人:冀祥德
出 版 者:方 志 出 版 社
　　　　　地址　北京市朝阳区潘家园东里 9 号(国家方志馆 4 层)
　　　　　邮编　100021
　　　　　网址　http://www.fzph.org
发　　行:方志出版社发行中心
　　　　　电话　(010)67110500
经　　销:各地新华书店
印　　刷:南京四彩印刷有限公司

开　　本:889×1194　1/16
印　　张:22.75
字　　数:952 千字
版　　次:2016 年 10 月第 1 版　2016 年 10 月第 1 次印刷
印　　数:0001~2000 册

ISBN 978-7-5144-2147-7　　定价:188.00 元

泛舟南山湖　（姜国生 摄）

各类主审

（排名以篇目先后为序）

阚新华	曹荣琪	徐振亚	孙振坚	张　勤	陈益明	钱国宾
严　巍	唐　峰	樊　珂	严卫华	蔡胜江	邱天擎	施晓灵
施向东	王红琴	卫　清	许煜曦	徐建锋	钱道锋	李　锐
于　红	曹锦明	朱向陌	崔晓东	张晓飞	张新丽	李　忠
司红林	丁华周	钱　俊	张为民	季　平	成　军	徐　飞
叶佳佳	朱汉云	赵国明	许　君	陈泉江	赵莉玲	钱　兵
葛卫民	王林伟	胡映春	朱晓明	曹群英	袁国明	金永南
刘玉贤	卞　勋	吴建均	陈祖建	丁　华	施卫东	曹顾涌
陆建兵	季海云	丁亚军	宋建新	张庆华	丁明新	洪宇飞
李智标	邱　鹏	张　锐	严　锋	张启军	张慎军	蒋德华
李建忠	秦瑞作	李焱明	许建春	李　斌	施亚兴	邢建均
陈　兵	季步高	费松石	陆肖华	王志冬	周国华	徐亚红
佘　俊	黄晓红	刘爱东	左　辉	朱　丽	陈焱鑫	倪政韬
顾晓光	张　录	仲春浩	季雪海	宋建平	朱剑波	朱晓东
金　华	陈青松	李陈东	吴雪华	周国均	秦丽华	戴中华
严　斌	曹保国	于海燕	杨启斌	宋红军	张黎明	袁佳赟
顾志聪	许易峰	陈　杰	曹　劼	刘伟圣	张剑冰	施锦荣
曹　建	吕　英	蒋　军	杨洪杰	陈国祥	马迎霞	吴　熠
吴鹏云	曹锡刚	花继东	陈　兵	顾　灏	冯志娟	李　斌
杨　霞	邵　菊	施亚兴				

保密专审：蒋建伟

编辑说明 BIANJISHUOMING

一、《通州年鉴》以马克思列宁主义、毛泽东思想、邓小平理论、“三个代表”和科学发展观为指导，坚持辩证唯物主义和历史唯物主义的立场、观点和方法，求真务实、全面客观记述，资政存史育人。

二、《通州年鉴》是中共南通市通州区委员会、南通市通州区人民政府主办，南通市通州区地方志编纂委员会办公室编纂的综合性地方年鉴。自1997年起逐年出版。编纂出版《通州年鉴》旨在全面系统地记述南通市通州区政治、经济、文化、社会、生态等各方面基本面貌和发展情况，为各界人士了解通州、宣传通州、建设通州提供新颖、翔实、准确的地情资料和人文信息。

三、《通州年鉴（2016）》采用分类编辑法设置篇目，篇目下设分目，分目下设条目，条目为记述的基本形式。全书设特载、大事记、通州概览、中共通州区委员会、通州区人民代表大会常务委员会、通州区人民政府、政协通州区委员会、纪检监察、民主党派·工商联、社会团体、人民武装、法治、农业、水利、工业、建筑业、城乡建设、交通·邮电·供电、商贸·旅游、对外经济贸易、园区开发、金融、经济综合管理、教育、科学技术、文化·体育、卫生、社会生活、环境保护、生态文明、辖镇概况、人物、荣誉栏和附录。文件选编、重要文件目录索引、统计资料纳入“附录”中。

四、本年鉴收录时限为2015年1月1日至12月31日，个别事件（物）适当追溯或下延，以求向读者展现其始末原委。立目介绍人物分领导人物、先进人物和逝世人物。“领导人物”收录2015年新进入区委、区人大、区政府、区政协班子的领导人员。“先进人物”收录2015年在经济建设和社会进步发展过程中做出突出贡献，受到中共中央、国务院及国家部委、省委、省政府、省军区表彰的先进模范人物，省级部门表彰的“杰”“佳”人物，南通市及通州区领导机关号召学习的先进人物，全国性以上比赛第一、二、三名获得者。“逝世人物”收录2015年逝世的曾在通州区(南通县)担任过领导职务的知名人士。

荣誉栏收录2015年4月至2016年3月受到南通市委、市政府、军分区以上领导机关表彰的先进集体和先进模范人物。

五、本年鉴刊用文稿由通州区各部门、各镇政府和有关企事业单位提供，专人撰写，领导审阅，撰稿人姓名加括号列在条目或分目之后（连续数个条目为同一作者的，其姓名列在最后一个条目末），各单位主要审稿人姓名以篇目先后为序列各类主审。统计资料由通州区统计局提供。宣传彩页图文由相应的入鉴单位提供。

六、本年鉴使用的各类数据，凡属全区性的，以区统计局（或《通州统计年鉴》）提供和公布的为准，统计局未作统计的，以主管部门提供的为准。

七、本年鉴设总目、目录、目录索引和英文简目，便于读者检索。

八、《通州年鉴》的编纂和出版，得到全区各级各部门、单位和社会各界的关心、支持和帮助，在此表示感谢。

通州名人

李方膺

李方膺(1695-1754),字虬仲,号晴江,别号秋池、抑园、白衣山人等。清代通州(今江苏南通)人。诗画家,善画松菊兰竹,尤擅画梅。出身官宦之家,雍正六年(1728)雍正帝为更新吏治,实行全国荐才,李方膺以“贤良方正”受到举荐。雍正八年(1730)任山东乐安知县。当年夏秋之际,乐安大水成灾,万家漂橹,情势紧迫。李方膺未得上司批准,开仓赈济,下令动用库存皇粮一千二百石,以工代赈,募民筑堤,缓解灾情。但他因私开官仓被青州府弹劾。总督田文镜未予置理,反称赞其胆识过人,有功于民。雍正十二年(1734)调任兰山(今山东临沂)知县。雍正十三年(1735)他因反对新任总督的垦荒令,上书直陈弊端,触怒上司,被罢官入狱,成为当时震惊朝野的“兰山冤案”。但百姓爱戴他,兰山、莒州一带农民成群结队,自带鸡黍米酒前往青州探监。狱吏不许见,老百姓就把带来的钱物、食品往监狱的高墙里扔,留下的酒坛子把监狱的大门和甬道都堵住了,“李兰山”之名也由此而得。清乾隆元年(1736),乾隆帝追究开垦失策忧民之事,李方膺得以平反。后受命任安徽潜山县令,权知滁州府,不久调任合肥县令。时又逢饥荒,李方膺按过去做法,自订救灾措施,且不肯“孝敬”上司,遭嫉恨,太守加之莫须有的“贪赃枉法”罪名,罢官。

罢官后,李方膺寄居江宁名士袁枚住所,专事绘画,才名远扬。常往来扬州卖画以资衣食,他在晚年有诗说:“我是无田常乞米,梅园终日卖梅花”,画上也常钤“换米糊口”之印。与袁枚和篆刻家沈凤过从甚密,时常联袂出游,时人称之为“三仙出洞”。

他为人正直不阿,不畏权势。一次,某中丞邀游莫愁湖,乘机向他求画,他命研墨,故意让墨汁溅在对方脸上,说:“我白衣山人怎能为你作书画佣?”愤然而去。后侨居扬州,与金农、黄慎、李鱓、郑燮、罗聘、高翔、汪士慎交游,因他们的书画风格雄放奇崛,非同一般,世称“扬州八怪”。

李方膺作品纵横豪放、墨气淋漓,粗头乱服,不拘绳墨,意在青藤、白阳、竹憨之间。画梅以瘦硬见称,老干新枝,欹侧蟠曲,著名的题画梅诗有“不逢摧折不离奇”之句。还喜欢画狂风中的松竹。工书,能诗,后人辑有《梅花楼诗草》,仅二十六首,多数散见于画上。传世画作为《风竹图》《游鱼图》《墨梅图》等。

乾隆十九年(1754),李方膺因病回通州。同年冬病逝,终年60岁。（冯金荣）

·封面人物简介·

6月8日，中华全国供销合作总社党组副书记李春生到通州考察南通供销产业园建设情况，市委常委秦厚德、区委书记宋乐伟陪同（陈啸天／摄）

7月21日，省委常委、宣传部部长王燕文率省委宣传部调研考察组到通州，结合"三严三实"专题教育，就贯彻落实省委省政府推动文化建设迈上新台阶工作会议精神，深入实施文化建设工程情况展开调研。市委常委、宣传部部长章树山，区委书记宋乐伟等陪同

（本页图片源自中国通州网）

省科技厅党组副书记、副厅长曹苏民（中）一行参观通州区城市展览馆。区委书记宋乐伟陪同

（陈啸天／摄）

省科协党组书记、常务副主席陈惠娟参观通州城市展览馆。区委书记宋乐伟陪同

（陈啸天／摄）

（本页图片源自中国通州网）

7月6日，南通市委书记丁大卫深入通州部分医院，开展“三解三促”民生建设专题调研

12月17日，南通市委副书记、市长张国华到通州区调研

（陈啸天／摄）

（本页图片源自中国通州网）

5月22日，江苏部分全国人大代表到通州，重点围绕“加快先进制造业发展、推动产业结构向中高端迈进”课题进行专题调研。省人大常委会常务副主任张卫国，全国人大代表、中科院院士崔向群，全国人大代表、泰州市委书记蓝绍敏等参加调研

1月8日，南通市委常委秦厚德到通州区检查安全生产工作。区委书记宋乐伟陪同

（本页图片源自中国通州网）

10 月 15 日，鸿海集团总裁郭台铭率富士康科技集团副总裁徐牧基等高管一行到通州，参加位于西亭镇的富士康精密模具（南通）培训中心成立 20 周年庆祝活动，市委书记、市人大常委会主任丁大卫到场祝贺，区委书记宋乐伟，区委副书记、区长陈永红出席

3 月 4 日，通州区委书记宋乐伟会见中国广核集团有限公司总经理、党组副书记张善明一行

（本页图片源自中国通州网）

12 月 18 日，中共南通市通州区第十一届委员会第十一次全体会议

宋乐伟代表区委常委会作工作报告，并就《中共南通市通州区委关于制定通州区国民经济和社会发展第十三个五年规划的建议》作说明

陈永红传达省委十二届十一次全会、市委十一届十次全会精神

（本页图片源自中国通州网）

1月13日，南通市通州区第十五届人民代表大会第五次会议

（卑多敏／摄）

1月12日，中国人民政治协商会议南通市通州区第十二届委员会第五次会议

（本页图片源自中国通州网）

南通飞机场 （庄学雷/摄）

苏通长江大桥（本图片源自互联网）

新长铁路通州段　（庄学雷／摄）

高速公路兴仁立交桥　（庄学雷／摄）

通州公路 （庄学雷/摄）

通州航运 （方 嵘/摄）

通州热电 （方 嵘/摄）

龙 宫（庄学雷/摄）

世纪大桥夜景 （庄学雷／摄）

南山湖夜色　（庄学雷／摄）

2015年通州区“文明百佳

一、十佳敬业奉献之星

袁卫芳　马洪泉　蒋建南　顾　霞　张宏军
蔡　明　曹　琴　顾赛男　徐如一　黄　飞

二、十佳孝老爱亲之星

姜　智　胡明珍　龚　明　丁　建　孙美连
赵桂林　郁　娟　管丽华　季建美　陈　霞

三、十佳见义勇为之星

单峥嵘　陈　杰　韩荣富　王泉南　项　兵
肖国琪　于晓波　周福如　朱生国　朱　言

四、十佳诚实守信之星

王玉兰　李建忠　蒋建华　黄鑫颖　羌新明
许小华　袁洪兵　陈永兵　金　星　张建伟

五、十佳助人为乐之星

徐长军　陆才魁　曹松华　“启岗，加油！”募捐志愿者　西亭中学丁永峰团队
肖曹军　袁晔华　吴志娟　黄美兰　姚兆祥　秦鸿鸣

星耀江海”

精神文明先进典型名单

六、十佳慈善之星

耿裕华　张晓华　易杰祥　易　昕　陈卫东

赵　峰　孟成君　孙益源　姜广泉　王进飞

七、十佳师德之星

孙晓峰　陈锦铎　陈桂萍　李　玉　林　梅

赵晓莉　丁永锋　徐春燕　翟菊红　陆小妹

八、十佳医德之星

韩振新　曹　其　张丽英　张国彬　周永林

沙晓丽　季新荣　季　勇　杨曙东　王　健

九、十佳志愿服务之星

王　平　李浏聪　徐冬蕾　徐玉婷　吴爱琴

和平蓝志愿者服务队（通州区公安局）　蕊春志愿服务队（通州区实验小学）

通州阳光爱心车队（通州区红十字志愿服务队）

南通市高新区八角亭社区萤火虫志愿者协会（金新街道）

鑫手相连志愿者协会（通州区西亭镇）

十、十佳未成年人文明礼仪之星

项晓清　周淑婷　陈月秀　杨　雨　刘一珉

吴欣雨　赵伊纯　袁誉文　孙彦宏　董　祜

南通市通州区精神文明建设指导委员会
2016年4月12日

通州
古树名木生态掠影

近年来，通州区将古树名木视作珍贵的绿色资源，启动古树名木保护工程三年计划，划拨专项资金，聘请专业公司，采取多项举措，精心呵护区域内古树名木，使这些饱经沧桑的“老寿星”重新焕发勃勃生机。

绿肥红瘦时节，花褪残红青杏小。我们地方志办通州古树名木生态调查小组对全区古树名木逐一“拜访”，初步掌握了古树名木的生态状况。据区农委林业机构统计，通州区现有列入保护名单的古树名木 58 棵。其中，按等级分，一级古树 8 棵(其中名木 1 棵)，二级 16 棵，三级 34 棵；按品种分，银杏 49 棵，罗汉松 2 棵，小叶黄杨 2 棵，圆柏 1 棵，紫薇 1 棵，榆树 1 棵，桂花 1 棵，腊梅 1 棵；按生长位置及所有权属分，校园内 22 棵，寺庙内 17 棵，街道、村组集体、市场、医院等 11 棵，居民个人所有 8 棵；按长势分，长势旺或良好的 54 棵，长势差的 4 棵。下面是有关古树名木生态摄影图示。

兴仁镇温桥村原韬奋小学邹韬奋演讲纪念碑旁银杏树(名木)

圆　柏　(二甲镇余西居余西小学)

小页黄杨　(兴仁镇长林桥村卫志云房后)

紫　薇　(二甲镇余西居余西小学)

桂花 （石港镇施志明宅）

银　杏 （东社镇唐洪村9组慈云寺）

罗汉松 （二甲镇通运桥村袁灶小学）

蜡　梅 （石港镇徐祥禧宅）

（**本页文字** 阚新华　卫　清　杨王军　马　钰　**摄影**　卫　清）

NAN TONG GAO XIN JI

南通高新技术产业开发区

市委书记丁大卫考察高新区

市长张国华到高新区调研

2015年，南通高新区继续围绕建设特色、创新、智慧、功能、活力、品质六大园区，大力实施创新驱动和产城融合战略，努力建设成为南通创新驱动发展示范区和经济建设重要增长极。

南通高新区紧盯世界500强、中字头、国字号及行业龙头企业，积极与世界知名中介机构、咨询公司、台协会等加强合作，进一步加大驻外招商、产业招商、科技招商和以商引商力度。美国沃德储能、东源充电桩、台湾丽智电子、韩国大东汽配、日本旭东压铸、众福金属等一批优质项目先后落户，进一步增强了发展后劲。大力实施高新企业培育、知识产权推进、创新人才引育“三大计划”，实现高新技术企业和规模以上企业研发机构全覆盖；加快国家知识产权试点园区建设，创建“全国知识产权局审查员实践基地”；建成国家博士后科研工作总站，采用总站+分站的运作模式，加快高端人才集聚。

围绕传统产业转型升级及突破发展战略新兴产业，加强与高校科研院所合作，共建技术研发、公共服务等平台，着力打造智能制造、电子信息、不锈钢新材料、汽车配件、新能源等特色产业，推动区域转型升级。

江海圆梦谷、中国创纺 e 站揭牌

中广核总经理张善明一行考察高新区

全区推进科技创新转型升级暨加快南通高新区发展大会

中航国际南通深南电路项目奠基

中共南通市通州区委党史工作办公室
南通市通州区地方志编纂委员会办公室

省委党史工办副主任赵一心调研通州党史工作

2015年，区委党史办、区地方志办以实施“史志鉴通州”工程为抓手，认真履行“存史、资政、育人”之责，做到出版好、应用好、宣传好、延伸好。先后出版《新四军战斗在大江南北》《悲壮的历程 永恒的丰碑》两本“正能量”党史资料编研成果和《通州市志(1993-2009)》《通州年鉴》两部方志著作；研究扎实深入，2项成果分获得到省、区表彰；宣传广泛生动，“通州史志”网年访量破千，“故事爷爷讲坛”专栏刊发32期8万余份，党史学习教育基地和党史“六进”示范点年接待参观近3000人，无偿订赠《世纪风采》200余份，纪念抗战胜利70周年和周一峰诞辰100周年系列活动受到关注与好评；业务指导规范高效，《通州工会志》《通州老龄志》进入终审。

区党史学习教育基地接待参观学习

《通州市志》出版

《通州市志》出版发行座谈会

纪念抗日战争胜利 70 周年座谈会

通州党史资料

《通州年鉴》1997 年创刊，逐年出版。荣获中国地方志年鉴奖一等奖、第二届全国地方年鉴一等奖、首届江苏省年鉴综合奖、第二届江苏省年鉴奖一等奖、第三届江苏省年鉴一等奖

南通市通州区公共资源交易管理办公室

社会监督员聘请

区公管办党风廉政建设暨作风建设大会

南通市通州区公共资源交易管理办公室（简称通州区公管办）为区政府派出机构，内设机构综合科、督查科、监管一科、监管二科、监察室，主要从事建设工程招投标、政府采购、医疗器械采购、国有产权交易、土地使用权出让等公共资源交易监督、管理与服务。该办设有开标室3个、竞谈室2个、评标室5个，其中电子评标室4个，远程评标机位32个，配有音视频监控设备1套、LED信息屏2套、门禁系统2套。

2015年以来，该办坚持“依法透明、廉洁高效”工作原则，树立“您的放心是我们的追求、您的满意是我们的目标”服务理念，确立“12345”发展思路，全面深化公共资源交易工作改革，队伍建设、服务能力、监管水平、社会影响不断提升。区公共资源交易中心建成“省一类交易中心”，区公管办获全区政风行风集中评议政府部门组第一名，“两让五公开”获全区最佳效能服务品牌，被评为全区作风效能建设工作先进集体、依法治理工作先进集体、巾帼建功先进集体、巾帼文明岗、青年文明号创建集体。是年，区级平台完成交易项目2474项，交易额61.26亿元，节约资金16.28亿元，节约率21.0%，比上年提高6.4%，其中工程类项目959项，交易额54.07亿元，节约资金14.78亿元，节约率21.5%；采购类1515批次，交易额7.19亿元，节约资金1.50亿元，节约率为17.3%。

全区公共资源交易管理工作会议

2015年评标专家业务技能培训

公共资源交易业务培训班

区公管办“三严三实”学习教育活动

总　目

1　特　载
27　大事记
32　通州概览
57　中共通州区委员会
80　通州区人民代表大会常务委员会
85　通州区人民政府
99　政协通州区委员会
102　纪检监察
105　民主党派·工商联
109　社会团体
123　人民武装
126　法　治
136　农　业
144　水　利
146　工　业
150　建筑业
154　城乡建设
159　交通·邮电·供电
164　商贸·旅游
169　对外经济贸易
171　园区开发
178　金　融
184　经济综合管理
200　教　育
217　科学技术
222　文化·体育
227　卫　生
234　社会生活
243　环境保护
245　生态文明
246　辖镇概况
262　人　物
264　荣誉栏
270　附　录

Main Contents

1 Special Record

27 Record of Major Events

32 Survey of Tongzhou

57 Tongzhou District Committee of CPC

80 Tongzhou District People's Congress Standing Committee

85 Tongzhou District People's Government

99 Tongzhou District Committee of CPPCC

102 Discipline Inspection an Supervision

105 Democratic Parties · Association of Industry and Commerce

109 Social Organizations

123 People's Armed Forced

126 Rule Of Law

136 Agriculture

144 Water Conservancy

146 Industry

150 Architectural Industry

154 Urban and Rural Construction

159 Communications · Postal and Telecommunications · Supply of Electricity

164 Commercial · Travel

169 Foreign Economy and Trade

171 Park Development

178 Banking

184 Economic Comprehensive Administration

200 Education

217 Science and Technology

222 Culture · Sports

227 Health

234 Social Life

243 Environment Protection

245 Ecological Civilization

246 The Survey of Towns

262 Figures

264 Honor Roll

270 Appendix

目　录

Contents

特　载

数字通州 …… 1

荣誉通州 …… 2

媒体聚焦通州

南通家纺城的创业故事…… 2
通州：按下创新服务"快进键" …… 3
捐出毕生百万积蓄和住房奉献社会　"中国好人"宋英走完99年人生路 …… 4
南通家纺：大块头转型又快又灵 …… 5
"童声里的中国"放大正能量　央视走进南通通州…… 6

上级领导视察通州

张国华调研通州经济…… 7
张桃林调研通州现代农业…… 7
陈惠娟到通州调研…… 7
丁大卫调研通州…… 7
李春生视察南通供销产业园…… 8
丁大卫到通州专题调研"三解三促"民生建设 …… 8
王燕文到通州调研"三严三实"专题教育 …… 8
张国华调研南通高新区和锡通科技产业园…… 8
张国华调研南通家纺城…… 9
吴云华调研通州公务员考核工作…… 9
张国华调研通州…… 9

知名人士考察通州

宋乐伟会见中广核集团张善明一行 …… 10
驻滇全国政协委员考察团考察通州 …… 10
澳大利亚企业家到通州交流考察 …… 10
江苏部分全国人大代表在通州调研 …… 10
江海国际博览会港深企业家代表团考察通州 …… 11
美国密歇根大学和天津大学代表团考察通州 …… 11
薛金楼调研通州 …… 11
台湾参访团考察通州 …… 11
全省党校考察团考察通州 …… 11

区委、区政府重要会议报告

动员全区上下进一步解放思想、开拓进取，凝心聚力、攻坚克难，为建设经济强百姓富环境美社会文明程度高的新通州而不懈奋斗！
——宋乐伟在中共南通市通州区十一届委员会第十一次全体会议上的讲话 …… 12
政府工作报告
——陈永红在南通市通州区第十五届人民代表大会第五次会议上 …… 19

大　事　记

2015年(1—12月) …… 27

通　州　概　览

地理位置

概　况 …… 32

行政区划

政区沿革 …… 32
现行区划 …… 33

气　候

概　况 …… 33
重要天气和主要灾情 …… 34
2015年通州区主要气象要素情况表(表1) …… 34

经济体制改革

概　况 …… 35

国民经济和社会发展

概　况 …… 35
民营经济 …… 35
农林牧渔业 …… 36
农业机械化 …… 36
水　利 …… 36
工业·建筑业 …… 36
固定资产投资 …… 36
国内贸易·旅游业 …… 36
开放型经济 …… 36
交通运输、邮电电信和电力业 …… 36
财政和金融 …… 37
科学技术 …… 37
教　育 …… 37
文化、卫生和体育 …… 37
城乡发展·生态环境 …… 37
人口·居民生活·社会保障 …… 37

精神文明创建活动

概　况 …… 38
公民思想道德建设 …… 38
文明城市长效管理 …… 38
基础性创建工作 …… 39
未成年人思想道德建设 …… 39
志愿者工作 …… 39

组织机构和领导人员名录

中共南通市通州区委员会 …… 39
南通市通州区人大常委会 …… 39
南通市通州区人民政府 …… 39
政协南通市通州区委员会 …… 39
中共南通市通州区纪律检查委员会 …… 39
区委工作部门及直属机构 …… 40
人大工作部门 …… 41
区政府工作部门及直属机构 …… 41
政协工作部门 …… 46
南通高新技术产业开发区 …… 46
锡通科技产业园 …… 47
石港科技产业园 …… 48
滨江新区 …… 48
南通家纺城 …… 48
空港产业园管委会 …… 48
通州区人民法院 …… 48
通州区人民检察院 …… 48
通州区人民武装部 …… 48
人民团体 …… 48
垂直及双重管理单位 …… 49
区经济实体单位 …… 51
驻外办事处 …… 51
街道党工委、镇党委、人大、政府、政协、纪委 …… 51
部分事业单位 …… 55

中共通州区委员会

综　述

概　况 …… 57

重要会议

全区党建暨农村工作会议 …… 58
全区文明表彰暨作风建设大会 …… 59
全区行政区划调整动员大会 …… 60
“三严三实”专题党课暨专题教育动员会 …… 60
全区推进科技创新转型升级暨加快南通高新区发展大会 …… 61
纪念建党94周年座谈会暨“三严三实”专题学习研讨会 …… 62
区委十一届十次全会 …… 62
省委第四巡视组巡视通州区工作动员会 …… 63
区委“十三五”规划《建议》征求意见座谈会 …… 63
区委十一届十一次全会 …… 63

重大决策

大力开展“三个年”活动 …… 64
全面深化改革 …… 64
省委巡视组反馈意见整改落实工作 …… 64

调查研究

概　况 …… 65

组织工作

概　况 …… 65
“三严三实”专题教育活动 …… 65
干部教育培训 …… 66
大学生村官培养 …… 66
规范中层干部选拔任用 …… 66
从严监督管理干部 …… 66
人才工作 …… 67
创新基层党建体系模式 …… 67
干部人事档案专项审核 …… 67

宣传工作

概　况 …… 67

统一战线工作

概　况 …… 69
合作共事 …… 69
“凝心促改革，聚力促率先”主题活动 …… 69
经济统战工作 …… 69
党外人士培养工程 …… 69
海外统战工作 …… 69
民族宗教 …… 69
统战信息宣传 …… 70

农村工作

概　况 …… 70
现代农业发展 …… 70
农民专业合作组织建设 …… 70
农村集体“三资”管理 …… 70
村级集体经济发展 …… 70
农民负担监督管理 …… 70
农村土地承包管理 …… 71
村庄环境整治 …… 71
农业保险与扶贫开发 …… 71
市级中心镇建设 …… 71
产权交易市场建设 …… 71

政法工作

概　况 …… 71
政法保障作用 …… 71
平安通州建设 …… 71
法治通州建设 …… 72
政法队伍建设 …… 72

机构编制工作

概　况 …… 72
全面推进行政审批制度改革 …… 72
积极提供机构编制保障服务 …… 73
合力推进重点镇(区)园行管体制改革 …… 73
着力推动相对集中行政许可权改革试点 …… 73
提升事业单位登记管理水平 …… 73
深化事业单位法人治理结构试点 …… 73
中文域名注册及网站挂标达双百 …… 73
控编减编 …… 73
开展领导干部“三责联审” …… 73

机关党的建设

概　况 …… 74
区级机关党员轮训 …… 75
党员干部进社区服务活动 …… 75

老干部工作

概　况 …… 75
老干部结对牵手大学生村官活动 …… 75
纪念抗战胜利 70 周年主题活动 …… 76
建立涉老团体联席会议制度 …… 76

对台(湾)工作

概　况 …… 76
省台办到通州调研 …… 76
郭台铭考察通州 …… 76

党史工作

概　况 …… 76
抗战胜利 70 周年纪念专题活动 …… 77

党校工作

概　况 …… 77
流动党校 …… 77
专题宣讲 …… 77
决策咨询 …… 77
2015 年区委党校在省级以上刊物发表的科研成果（表 2） …… 77

信息工作

概　况 …… 78
上报信息 …… 78
服务同级党委 …… 78

督查工作

概　况 …… 78
夯实督查基础 …… 79

强化督查落实 …… 79
督查方式创新 …… 79

保密工作

概　况 …… 79
加强保密管理 …… 79
保密宣传教育 …… 79
保密工作检查 …… 79

通州区人民代表大会常务委员会

综　述

概　况 …… 80

重要会议

区第十五届人大第四次会议 …… 80
区第十五届人大常委会第二十二次至第二十八次会议 …… 81
区第十五届人大常委会第 38 次至第 49 次主任会议 …… 82

重要工作

评议区政府部门工作 …… 83
《药品管理法》执法检查 …… 83
基层人大工作先进单位和个人评选 …… 84
代表工作 …… 84

通州区人民政府

综　述

概　况 …… 85

重要会议

区政府全体(扩大)会议 …… 86
区政府常务会议 …… 87
区长办公会议 …… 87

重大活动

为民办实事工程 …… 89
现代农业加快发展 …… 89
农村水环境改善 …… 90
通州南山颐养中心落成 …… 90
普通高中布局调整 …… 90
通州区被列为省级学前教育体制改革试点区 …… 90
通州区跻身江苏省首批公共体育服务体系示范区行列 …… 90
承办 2015—2016 中国羽毛球俱乐部超级联赛(江苏通州赛区) …… 90
被认定为全国产业集群区域品牌建设试点区 …… 90
现代物流 …… 90
安全生产大宣讲 …… 90
南通通州(北京)文化产业推介会 …… 90
承办“江苏戏剧奖·红梅奖”大赛 …… 90
启动平潮区域医疗联合体改革试点 …… 90
住房保障通过国家专项审计 …… 90
成立南通铁军产业基金 …… 90
南通家纺城列入市场采购贸易方式试点 …… 90

政府法制工作

规范性文件审查 …… 91
行政复议 …… 91
行政审批制度改革 …… 91

外事工作

概　况 …… 91
出国(境)管理 …… 91
对外交流 …… 91
外事服务 …… 91
涉外管理 …… 91

侨务工作

概　况 …… 91
侨务引智 …… 91
社区侨务 …… 92
维护侨益 …… 92

民族宗教工作

概　况 …… 92
民族团结 …… 92
宗教活动场所建设 …… 92
宗教文化 …… 92
对外交流 …… 92
违建寺观专项治理 …… 93
宗教场所安全管理 …… 93

信访工作

概　况 …… 93
信访总量 …… 93
阳光信访 …… 93
夯实镇村信访工作基础 …… 93

接待工作

概　况 …… 93

电子政务工作

概　况 …… 94
“中国通州网”改版 …… 94
政务服务新平台 …… 94
数据传输快车道 …… 94
信息安全防火墙 …… 94

地方志工作

概　况 …… 94
《通州年鉴(2013)》获省一等奖 …… 94
《通州市志(1993—2009)》出版发行 …… 94

档案工作

概　况 …… 95
档案文化主题展示厅对外开放 …… 95
第二届档案夏令营活动 …… 95
首届学生成长档案大赛活动 …… 95
省级中小学档案教育社会实践基地创建 …… 95
镇区园、机关档案接收进馆 …… 96
查档服务大厅对外开放 …… 96

行政审批工作

概　况 …… 96
改革创新 …… 97
三证合一 …… 97
行政审批中介服务 …… 97
区行政审批局成立 …… 97

公共资源交易管理工作

概　况 …… 97
管办分离 …… 97
一网四库十系统 …… 97
开评标分段管理 …… 97
社会监督员 …… 97
标后监管 …… 98

机关事务管理工作

概　况 …… 98
安全保障工作 …… 98
国有资产管理 …… 98
公务用车制度改革 …… 98
后勤服务 …… 98
机关财务服务 …… 98
公共机构节能管理 …… 98

政协通州区委员会

综　述

概　况 …… 99

重要会议

区政协十二届四次全体会议 …… 99
区政协十二届十三次至十七次常委会议 …… 99

重要工作

关注改革发展 …… 100
聚焦民生热点 …… 100
促进团结民主 …… 100
强化自身建设 …… 101

纪检监察

综　述

概　况 …… 102
区纪委十一届五次全体(扩大)会议 …… 102

主要工作

坚持纪在法前 …… 103
“两个责任”落实 …… 103
持续正风肃纪 …… 103
群众身边“四风”和腐败问题纠治 …… 103
纪律审查 …… 103
纪律审查方法创新 …… 103
督导巡察 …… 103
廉政教育 …… 103
学习贯彻《中国共产党廉洁自律准则》和《中国共产党纪律处分条例》 …… 104
效能建设 …… 104
执法监察 …… 104
制度建设 …… 104
纪律检查体制改革 …… 104
双重管理体制完善 …… 104
派驻机构管理 …… 104
纪检队伍建设 …… 104

民主党派 · 工商联

九三学社南通市通州区委员会

概　况……………………………………………… 105
通州九三学社组织成立二十周年………………… 105
参政成果…………………………………………… 105
课题调研…………………………………………… 105
信息工作…………………………………………… 105
服务社会…………………………………………… 105

中国农工民主党南通市通州支部

概　况……………………………………………… 106
社会服务活动……………………………………… 106

中国民主促进会南通市通州区支部

概　况……………………………………………… 106
“牵手组合行动” ………………………………… 106
参政议政履职……………………………………… 106
会员服务社会活动………………………………… 107

中国民主建国会南通市通州区支部

概　况……………………………………………… 107
参政议政…………………………………………… 107
社会服务…………………………………………… 107

区工商业联合会

概　况……………………………………………… 107
非公经济人士教育培训…………………………… 107
会员参政议政……………………………………… 107
招商引资和招才引智……………………………… 107
宣传推介…………………………………………… 108
第五届“吃在通州”美食文化节 ………………… 108

社 会 团 体

区总工会

概　况……………………………………………… 109
第四届职工职业技能比武………………………… 109
和谐劳动关系“三级共创”活动 ………………… 110
“双百圆梦”工程 ………………………………… 110
全面成立镇级总工会……………………………… 110

共青团南通市通州区委员会

概　况……………………………………………… 110
思想引领工程……………………………………… 110
青年创新创业工程………………………………… 110
公益品牌活动……………………………………… 110
成长护航工程……………………………………… 110
圆梦助学活动……………………………………… 111
青少年文化活动…………………………………… 111

区妇女联合会

概　况……………………………………………… 111
通州区妇女第十五次代表大会…………………… 111
南通市农村妇女创业创新行动推进会…………… 111
区妇联十四届七次执委(扩大)会议 …………… 111
巾帼创业创新行动………………………………… 111
“最美家庭”评选活动 …………………………… 111
平安家庭创建系列活动…………………………… 112
“向日葵、康乃馨”公益项目圆梦行动 ………… 112
全区婚姻家庭纠纷调解员技能比武选拔赛……… 112

区科学技术协会

概　况……………………………………………… 112
省级科普示范区建成……………………………… 112
科普示范体系完善………………………………… 112
2015′海智人才通州行活动 ……………………… 112
双创讲座…………………………………………… 113
协同创新…………………………………………… 113
厂会协作…………………………………………… 113
科普惠农兴村计划实施…………………………… 113
第五届自然科学论文评选………………………… 113
信息化平台………………………………………… 113
第 27 届科普宣传周活动 ………………………… 113

区文学艺术界联合会

概　况……………………………………………… 113
“童声里的中国”少儿艺术活动专场 …………… 113
大型现代音乐儿童剧《田梦儿》首演 …………… 114
“童心里的诗篇”诗歌朗诵音乐会 ……………… 114
第四届“小茉莉花奖”声乐大赛 ………………… 114
少儿系列长篇科幻小说《滑板少年》出版 ……… 114
首届“童声里的中国 · 成长的歌谣”创作大赛 …… 115
南通市文联第十届“五月风”文艺展示月暨第五届
“通州艺苑”文学艺术展示周开幕式 …………… 115
“金土地杯”中国梦 · 故乡情 2015 第三届江苏城市
摄影(团体)擂台赛(通州站)活动 ……………… 115
范小青“当下的社会与文学”专题讲座 ………… 115
“移动杯 · 美丽通州随手拍”手机摄影大赛 ……… 115
2015 年度通州区文联会员部分发表、出版及获奖

作品一览(表3) …… 116

区哲学社会科学界联合会

概　况 …… 118
区社科联第二次代表大会 …… 118
学习贯彻习总书记讲话精神理论研讨活动 …… 118
应用课题研究 …… 118
江海文化研讨活动 …… 118
第六届社科普及宣传周 …… 119
社科知识宣传普及 …… 119
社科普及示范基地提档升级 …… 119
社科理论骨干培训 …… 119

区归侨侨眷联合会

概　况 …… 119
暖侨心活动 …… 119
侨界迎端午联谊活动 …… 120
办理市政协第367号提案 …… 120
与香港通州同乡会联络联谊 …… 120
“喜迎中秋”系列活动 …… 120
通州籍旅美侨领主办纪念抗战胜利70周年大会 …… 120

区红十字会

概　况 …… 120
组织建设 …… 120
业务能力建设 …… 120
“江苏省红十字示范学校”争创活动 …… 120
应急救援 …… 121
人道救助 …… 121
救护培训 …… 121
医疗服务“三进”活动 …… 121
主题志愿服务活动 …… 121
志愿捐献工作 …… 121
参加总会知识竞赛 …… 121
“世界急救日”专场公益晚会 …… 121
媒体宣传创新 …… 122

人民武装

中国人民解放军通州区人民武装部

概　况 …… 123
政治工作 …… 123
战备训练 …… 123
征兵工作 …… 123
拥政爱民 …… 123
预备役营建设 …… 124

中国人民武装警察部队通州区中队

概　况 …… 124
军事训练 …… 124
执勤和处置突发事件 …… 124
军地共建 …… 124

中国人民武装警察部队通州区消防大队

概　况 …… 124
消防监督与执法 …… 124
消防宣传教育 …… 124
灭火救援及执勤训练 …… 125

滨海园区公安边防大队

概　况 …… 125
社会管理创新 …… 125
执法执勤 …… 125
爱民固边 …… 125

人民防空

概　况 …… 125

法　治

综合治理

概　况 …… 126
综治平安建设领导责任制 …… 126
治安防控体系建设 …… 126
矛盾纠纷大调解机制建设 …… 126
系列平安创建活动 …… 127
夯实基层工作基础 …… 127
综治信息化系统建设 …… 127

依法治区

概　况 …… 127
法治通州创建 …… 127
依法治理实践 …… 127
法治宣传教育 …… 128

公　安

概　况 …… 128
警队政治建设 …… 129
基层基础建设 …… 129

重点地区治理…… 130
人口管理…… 130
出入境管理…… 130
全国跨省“碰瓷”案 …… 130
开发区“3·7”故意杀人案 …… 130
“2·3”君雅浴室被盗案 …… 130
“4·26”特大制贩假币案 …… 130
五接“5·5”故意杀人案 …… 131
区教育局服务器被非法入侵案…… 131

检　察

概　况…… 131
刑事检察…… 131
职务犯罪查办…… 131
职务犯罪预防…… 131
刑事诉讼监督…… 132
民事行政检察…… 132
刑事执行检察…… 132
控告申诉检察…… 132
检察队伍建设…… 132

审　判

概　况…… 132
刑事审判…… 132
民商审判…… 132
知产审判…… 133
执行工作…… 133
法官队伍建设…… 133
服务发展大局…… 133
便民服务…… 134

司法行政

概　况…… 134
法治宣传…… 134
人民调解…… 134
社区矫正…… 134
法律服务…… 135
司法队伍建设…… 135

农　业

现代高效农业

概　况…… 136
项目农业…… 136
现代农业园区…… 136
优势特色产业…… 136

种植业

概　况…… 137
惠农补贴政策…… 137
部、省级万亩示范片创建 …… 137
全国基层农技推广体系改革与建设补助项目…… 137
省蚕桑科技入户工程…… 137
农民科技教育培训…… 137
农业科技项目…… 137
农业科研…… 137
区农产品质量安全检测体系完善…… 137
“三品”认证 …… 137
测土配方施肥技术推广…… 138
割麦留高桩和油菜、蚕豆杆壳还田 …… 138
农作物种子安全监管项目…… 138
蔬菜病虫绿色防控技术推广示范点建立…… 138

养殖业

概　况…… 138
标准化规模养殖场建设…… 138
畜禽品种改良…… 138
加强防疫监管…… 138
畜禽屠宰管理…… 139
投入品监管…… 139
蚕　桑…… 139
渔业科技入户…… 139
沼气工程…… 139

林　业

概　况…… 139
生态防护林工程…… 139
生态廊道工程…… 139
林业行政执法…… 140
林业有害生物防治…… 140
第九次森林资源清查…… 140
古树名木普查…… 140
通州区古树名木录(表4) …… 140

农业机械化

概　况…… 142
秸秆机械化还田…… 142
农机购置补贴资金创历史新高…… 142
新型农业经营主体建设…… 142
农机基础设施建设…… 142
基层农机安全监管…… 142

农机安全生产…………………………………………… 142

农业资源开发

概　况…………………………………………………… 142
国家高标准农田建设项目……………………………… 143
国家产业化经营项目…………………………………… 143

水　利

概　况…………………………………………………… 144
农村河道整治…………………………………………… 144
农田水利建设…………………………………………… 144
省重点水利工程………………………………………… 144
防汛防旱………………………………………………… 144
水资源管理……………………………………………… 144

工　业

综　述

概　况…………………………………………………… 146
景瑞农业成功创建中国物流示范基地………………… 146

工业投入

概　况…………………………………………………… 147
空港产业园项目集中签约……………………………… 147
鲜一汽配项目投运……………………………………… 147

技术创新

概　况…………………………………………………… 147

招商引资

概　况…………………………………………………… 147

工业组织

概　况…………………………………………………… 147
现代物流业招商会……………………………………… 148
产业发展母基金成立…………………………………… 148
韩通重工签订德国油轮………………………………… 148
金飞达公司收购“奥特佳” ……………………………… 148
获驰名商标4件………………………………………… 148
恒科新材料车间获省智能示范车间…………………… 148
“创纺E站”被认定为市级众创空间 ………………… 148
甬金金属获省专利项目优秀奖………………………… 148

民营经济

概　况…………………………………………………… 148

园区建设………………………………………………… 149
高标准厂房建设………………………………………… 149

电力运行

概　况…………………………………………………… 149
电力增容持续下滑……………………………………… 149

建　筑　业

综　述

概　况…………………………………………………… 150
何建调研南通四建……………………………………… 150
南通铁军产业基金启动………………………………… 150

建筑施工

概　况…………………………………………………… 150
7家企业入围省建筑业百强 …………………………… 150
3家企业入围民营企业500强 ………………………… 151
7家企业入围建筑业“双百强” ………………………… 151
通州建总入围承包商80强 …………………………… 151

工程质量

概　况…………………………………………………… 151
获“鲁班奖”3项、“国优奖”3项 ……………………… 151
4项工程获“白玉兰”奖………………………………… 151
1项工程获金石奖 ……………………………………… 151

安全生产

概　况…………………………………………………… 151

科技教育

概　况…………………………………………………… 151
B2B网站打造…………………………………………… 152
15人获省级以上表彰 ………………………………… 152
教育培训………………………………………………… 152
华新环保获高新技术企业认定………………………… 152
达海智能入选省重点企业研发机构…………………… 152
2015年通州区重点建筑企业完成指标情况一览
（表5）………………………………………………… 153

城乡建设

城镇规划

概　况…………………………………………………… 154

城区规划编制…………………………………………… 154
村镇规划编制…………………………………………… 154

城市建设

概　况…………………………………………………… 154
市政道路………………………………………………… 154
城区绿化………………………………………………… 155
城区水环境建设………………………………………… 155
老旧小区改造…………………………………………… 155
城市亮化工程…………………………………………… 155
村镇建设………………………………………………… 155
供　水…………………………………………………… 155
燃　气…………………………………………………… 156
污水处理………………………………………………… 156
建设市场管理…………………………………………… 156
绿色建筑示范区创建…………………………………… 156

城市管理

概　况…………………………………………………… 156
环境整治………………………………………………… 156
城管重点工程…………………………………………… 157
城市综合管理…………………………………………… 157
队伍建设………………………………………………… 157

房地产业

概　况…………………………………………………… 157
房地产市场……………………………………………… 158
区第十二届房地产交易会……………………………… 158
房地产行业管理………………………………………… 158
住房保障………………………………………………… 158
物业管理………………………………………………… 158

住房公积金管理

概　况…………………………………………………… 158

交通・邮电・供电

交　通

概　况…………………………………………………… 159
基础设施建设…………………………………………… 159
工程建设管理…………………………………………… 159
公路管理………………………………………………… 159
航道管理………………………………………………… 159
运输管理………………………………………………… 160
海事管理………………………………………………… 160
安全管理………………………………………………… 160
交通执法………………………………………………… 160
交通惠民………………………………………………… 160
东沙大桥通车…………………………………………… 161

邮　政

概　况…………………………………………………… 161
普惠金融服务…………………………………………… 161
函件业务………………………………………………… 161
电商业务………………………………………………… 161
发投业务………………………………………………… 161
集邮业务………………………………………………… 161

电　信

概　况…………………………………………………… 162
网络建设………………………………………………… 162
品牌服务………………………………………………… 162

移动通信

概　况…………………………………………………… 162
网络建设………………………………………………… 162

联　通

概　况…………………………………………………… 162
网络通信………………………………………………… 162

供　电

概　况…………………………………………………… 162
电网建设………………………………………………… 162
运行维护………………………………………………… 162

商贸・旅游

综　述

概　况…………………………………………………… 164
通富农贸市场开放……………………………………… 164
市场秩序整顿…………………………………………… 164
酒类流通管理…………………………………………… 164
茧丝绸监管……………………………………………… 164
生猪屠宰监管移交……………………………………… 165

粮油贸易

概　况…………………………………………………… 165
基础设施………………………………………………… 165
粮源掌握………………………………………………… 165

"五放心粮店"建设 …… 165
油菜籽补贴 …… 165

供销合作贸易

概　况 …… 166
土地托管 …… 166
农超对接 …… 166
项目建设 …… 166

烟草专卖

概　况 …… 166
烟草专卖管理 …… 166
精益管理 …… 166

石油购销

概　况 …… 166

盐　业

概　况 …… 166
盐业案件查处 …… 166
盐业宣传 …… 167

旅游业

概　况 …… 167
进鲜港旅游集聚区启动建设 …… 167
南通洲际绿博园一期项目建成 …… 167
忠孝文化园建成全国最高孔子石雕塑像 …… 167
白鹭湖庄园创建省四星级乡村旅游区 …… 167
金土地农业园入选首批省乡村旅游项目 …… 167
两园获省工业旅游点称号 …… 168
"通州二日游"发布 …… 168
金土地第一届"火龙果"文化节 …… 168
"2015′万人看通州"活动 …… 168
开沙岛旅游度假区投资环境推介会 …… 168

对外经济贸易

综　述

概　况 …… 169

对外贸易

概　况 …… 169
服务企业 …… 169
市场开拓 …… 169
转型升级 …… 169

利用外资

概　况 …… 170
考核激励 …… 170

外经合作

概　况 …… 170
境外投资 …… 170

服务外包

概　况 …… 170
新增 8 家企业 …… 170
载体建设 …… 170
招商引资 …… 170

园 区 开 发

综　述

概　况 …… 171

南通高新技术产业开发区

概　况 …… 171
市科技局与高新区签订协作推进园区建设协议 …… 171
"鲜一汽配"签约 …… 172
"丽智电子"签约 …… 172
金新街道划归高新区代管 …… 172
新江海动力电子项目一期投产 …… 172
"芬图贝节能换热器"签约 …… 172
"新能源汽车充电桩"签约 …… 172
"旭东汽配"和"众福金属"签约 …… 172
"一区一战略"科技项目洽谈会 …… 172
"深南电路"开工 …… 172
"沃德储能科技"签约 …… 173
首届创新创业大赛暨江海圆梦谷开园 …… 173
"农副产品物流中心"签约 …… 173
南通纺织丝绸产业技术研究院揭牌 …… 173
上海新韩银行与高新区签约 …… 173

锡通科技产业园

概　况 …… 173
基础设施建设 …… 173
招商引资 …… 174

通州滨江新区

概　况 …… 174

"恒科新材料"获全国民企科技发展贡献奖 ……… 174
江苏恒科新材料获评省首批示范智能车间………… 174
"图海机械"开工 ……………………………………… 175

中国南通家纺城

概　况……………………………………………… 175
市场采购贸易方式试点……………………………… 175

南通空港产业园

概　况……………………………………………… 176
李书东考察园区……………………………………… 176
华东地区首届通用航空发展论坛…………………… 176
4 项目集中签约 …………………………………… 176

石港科技产业园

概　况……………………………………………… 176
富港路通车…………………………………………… 177
标准厂房开工建设…………………………………… 177

金　　融

中国人民银行通州支行

概　况……………………………………………… 178
落实货币政策………………………………………… 178
维护金融稳定………………………………………… 178
金融生态创建………………………………………… 178
金融服务……………………………………………… 178
外汇管理……………………………………………… 179

中国工商银行股份有限公司南通通州支行

概　况……………………………………………… 179

中国农业银行股份有限公司南通通州支行

概　况……………………………………………… 179

中国农业发展银行南通市通州支行

概　况……………………………………………… 179

中国银行股份有限公司南通通州支行

概　况……………………………………………… 179

中国建设银行股份有限公司南通通州支行

概　况……………………………………………… 179
省建行系统先进典型………………………………… 179

交通银行股份有限公司南通通州支行

概　况……………………………………………… 180

江苏银行股份有限公司南通通州支行

概　况……………………………………………… 180

中国邮政储蓄银行股份有限公司南通市通州区支行

概　况……………………………………………… 180

中信银行股份有限公司南通通州支行

概　况……………………………………………… 180

招商银行股份有限公司南通通州支行

概　况……………………………………………… 180
服务客户……………………………………………… 180

兴业银行股份有限公司南通通州支行

概　况……………………………………………… 180
金和社区支行成立…………………………………… 180

上海浦东发展银行股份有限公司南通通州支行

概　况……………………………………………… 181

中国民生银行股份有限公司南通家纺支行

概　况……………………………………………… 181

江苏南通农村商业银行股份有限公司

概　况……………………………………………… 181
金融服务……………………………………………… 181
业务转型……………………………………………… 181
金融布局……………………………………………… 181
优化组织结构………………………………………… 181

江苏张家港农村商业银行股份有限公司通州支行

概　况……………………………………………… 182

江苏通州华商村镇银行股份有限公司

概　况……………………………………………… 182

中国人民财产保险股份有限公司通州支公司

慨　况……………………………………………… 182
高效设施农业新险种………………………………… 182
高效设施农业保险理赔……………………………… 182

中国人寿保险股份有限公司通州支公司

概　况…… 182

中国太平洋财产保险股份有限公司通州支公司

概　况…… 182
车险 E 理赔…… 182

中国平安财产保险股份有限公司通州支公司

概　况…… 182
“新高铁”理赔…… 183

申银万国证券南通建设路营业部

概　况…… 183

华泰证券南通通州人民路营业部

概　况…… 183

经济综合管理

计划与投资

2015 年国民经济和社会发展计划执行情况…… 184
固定资产投资…… 186

财　政

概　况…… 186
财政收入…… 186
政策扶持…… 187
改善保障…… 187
城乡发展…… 187
财政改革…… 187
管理监督…… 188

国家税收

概　况…… 188
组织收入…… 188
服务发展…… 188
风险管理…… 189
纳税服务…… 189
依法治税…… 189
廉政建设…… 189

地方税收

概　况…… 189
组织收入…… 189
征管改革…… 190
依法行政…… 190
纳税服务…… 190
队伍管理…… 190
特色工作…… 191

国土资源管理

概　况…… 191
土地督察整改…… 191
空间规划…… 191
土地整治…… 191
节约集约用地…… 191
基本农田整合…… 192
基础业务…… 192

物价管理

概　况…… 192
机构改革…… 192
价格监测…… 192
收费监管…… 192
清费放权…… 192
气价改革…… 192
价格检查…… 193
平价商店…… 193
价格认定…… 193

工商行政管理

概　况…… 193
设立市场监督管理局…… 193
基层建设…… 193
商事制度改革…… 194
创新服务…… 194
“创卫”迎查…… 194

统　计

概　况…… 194
统计调查…… 194
统计规范…… 195
统计服务…… 195
统计改革…… 195

审　计

概　况…… 196
经济责任审计…… 196
工程审计…… 196
专项资金审计…… 196

财政审计…… 196
内部审计…… 196
专业化水平提升…… 196

质量技术监督

概　况…… 197
三大战略…… 197
特种设备…… 197
质量监管…… 197
计量惠民惠企…… 197

食品药品监督管理

概　况…… 197
食品安全…… 198
药械安全…… 198
安全用药月…… 198
化妆品专项整治…… 198

安全生产监督管理

概　况…… 198
安全生产大宣讲…… 198
安全生产培训教育…… 198
安全生产专项整治…… 198
企业安全生产标准化创建…… 199
安全生产执法…… 199
基层机构建设…… 199
应急救援…… 199
社会化管理…… 199

教　育

综　述

概　况…… 200
李正辉获第31届中国数学奥林匹克竞赛银牌…… 201
校少儿珠心算比赛…… 201
校园足球微课评比活动…… 201
《馨艺南通州》获第十二届中国中小学校园影视奖一等奖…… 201
通州区代表队获江苏省“金钥匙”科技竞赛团体赛特等奖…… 201
省政府教育督导组回访通州区教育工作…… 201
实小代表队获机器人华东赛创新奖…… 202
丁卫军获评第二届“全国文学教育名师”…… 202
王永芹获第六届“感动南通教育人物”称号…… 202
季仲平、朱国忠获十二届南通市园丁奖…… 202
“四有好老师”事迹展示活动…… 202
王笑梅被评为江苏省“优秀党务工作者”…… 202
朱天玺获江苏省少年科学院“十佳小院士”称号…… 202
省检查组督导通州区义务教育基本均衡发展工作…… 202
张芝山小学获首届“全国跳绳示范学校”殊荣…… 202
王笑梅出席全国座谈会…… 203
南通市中小学艺术教育现场会在通州召开…… 203
“童声里的中国·通州专场”登陆央视少儿频道…… 203
4学校成功创建“省级特色项目建设学校”…… 203
教育部职教司刘建同到通州调研…… 203

学前教育

概　况…… 203
全省学前教育体制改革试点地区工作现场推进会…… 203
学前教育名师研修团队展示活动…… 203
通州区幼儿园课程游戏化项目接受南通市专项督查…… 203

初等教育

概　况…… 203

中等教育

概　况…… 203
普通高中布局调整…… 204
南通市高中历史学科基地授牌仪式暨教研活动…… 204

职业技术教育

概　况…… 204
通州中专成功创建“省联合职业技术学院通州分院”…… 204
“魅之蓝”创业计划书省赛获奖…… 204
通州中专获市职校技能大赛团体优胜奖…… 204
通州中专工艺美术品牌专业建设接受省专家组验收…… 204
姜汉荣工作室获评“首批省职教名师工作室”…… 204

高等教育

概　况…… 204

社区教育

概　况…… 204
全国“百姓学习之星”…… 205

教师队伍

概　况 …… 205
“力聚‘学的课堂’”初中教学副校长课堂教学竞赛 …… 205
钱晓慧获第七届中小学音乐教师基本功展示两个一等奖 …… 205
陆王华获省高中数学青年教师基本功大赛一等奖 …… 205
颜小琴获省小学体育与健康优秀课评选一等奖 …… 205

教育研究

概　况 …… 205
区“青春杯”初中英语青年教师信息化课堂教学大赛 …… 205
省“杏坛杯”课堂教学展评活动 …… 205

依法治教

概　况 …… 206
教育内审项目获奖 …… 206

教育督导

概　况 …… 206
通州区2015年各级各类教育事业概况(表6) …… 206
通州区2015年各幼儿园基本情况一览(表7) …… 207
通州区2015年各小学基本情况一览表(表8) …… 210
通州区2015年各初中基本情况一览(表9) …… 214
通州区2015年各高中基本情况一览(表10) …… 216
通州区2015年中等职业学校基本情况一览(表11) …… 216

科学技术

综　述

概　况 …… 217

科技活动

概　况 …… 217
科技创新转型升级暨加快南通高新区发展大会 …… 217
农业科技合作洽谈会 …… 217
通州—东北科技招商暨南通高新区“一区一战略”科技项目洽谈会 …… 218

科技计划实施

概　况 …… 218
5项目列入省成果转化专项资金计划 …… 218
1项目列入市级科技创新载体建设专项 …… 218
新增高新技术企业49家 …… 218
2015年通州区新认定高新企业名单(表12) …… 218

科技成果

概　况 …… 219
2015年通州区部分科学技术进步获奖项目(表13) …… 219

防震减灾

概　况 …… 220

气象事业

概　况 …… 220
公共气象服务 …… 220
气象灾害防御体系建设 …… 221
气象为农服务体系建设 …… 221
防雷减灾社会管理工作 …… 221
气象科普宣传工作 …… 221

文化·体育

文化艺术

概　况 …… 222
两新馆顺利开馆 …… 223
孔子石雕像在通州忠孝园落成 …… 223
《范老爷判婚》首演 …… 223
“江苏戏剧奖·红梅奖”大赛 …… 223
南通通州(北京)文化产业推介会 …… 223
全省首家“知识银行” …… 223

文化市场管理

概　况 …… 223

版权管理

概　况 …… 223

文物保护

概　况 …… 223

广播电视

概　况 …… 224
节目改版 …… 224
对外宣传 …… 224

节目创优…………………………………………… 224
台网分离…………………………………………… 224

记者站

概　况……………………………………………… 224
经济稳增长宣传…………………………………… 224
互联网 + 宣传……………………………………… 224
宋英事迹系列报道率先发布……………………… 224

体　育

概　况……………………………………………… 224
群众体育…………………………………………… 225
学校体育…………………………………………… 225
羽毛球俱乐部超级联赛承办……………………… 225
全国青少年毽球锦标赛承办……………………… 225
“百场科学健身进社区”活动 …………………… 226
2015 年通州籍运动员参加省级以上比赛部分成绩统计(表 14) ………………………………… 226

卫　　生

综　述

概　况……………………………………………… 227

卫生改革

概　况……………………………………………… 228
平潮区域医疗联合体试点工作启动……………… 228
医疗机构转型发展………………………………… 228
区卫生和计划生育委员会“三定”方案确定 ……… 228
相对集中行政许可权改革………………………… 228
卫生人才招聘机制改革…………………………… 228
基层医疗卫生机构更名…………………………… 228

农村卫生

概　况……………………………………………… 228
4 家单位再获江苏省示范村卫生室称号 ………… 228
乡村医生合理用药培训…………………………… 228
乡村医生统一办理工伤保险……………………… 229
乡村医生人才培养………………………………… 229
乡村医生杨曙东受媒体关注……………………… 229

预防保健

概　况……………………………………………… 229
消除疟疾达标考核………………………………… 229
传染病防治技能竞赛获奖………………………… 229
市级卫生应急工作规范化镇建设………………… 229

妇幼卫生

概　况……………………………………………… 229
农村妇女两癌检查项目…………………………… 229
免费婚前医学检查………………………………… 229
新生儿疾病免费筛查……………………………… 230
优生惠民工程……………………………………… 230

卫生执法

概　况……………………………………………… 230
受检者放射诊疗防护……………………………… 230
医疗保健广告信息专项整治……………………… 230
食品安全标准管理………………………………… 230

医院管理

概　况……………………………………………… 230
示范卫生院创建…………………………………… 230
三级医院创建……………………………………… 230
医疗卫生领域接轨上海…………………………… 231
伊宁县乡镇卫生院标准化建设培训……………… 231

医教科研

概　况……………………………………………… 231
重点专科建设……………………………………… 231
医学教育培训……………………………………… 231
卫生科技创新……………………………………… 231

爱国卫生

概　况……………………………………………… 231
国家卫生城市复审迎查…………………………… 231
国家卫生镇复审…………………………………… 232
江苏省卫生村创建………………………………… 232

行风建设

概　况……………………………………………… 232
2015 年主要医疗卫生单位基本情况(表 15) ……… 233

社 会 生 活

人　口

户籍人口…………………………………………… 234
常住人口…………………………………………… 234

人民生活

城乡居民收入……………………………………… 234

城乡居民消费…… 234

计划生育

概　况…… 235
流动人口计生服务…… 235
计划生育奖励扶助…… 235

人　事

概　况…… 235
人才载体建设…… 235
人才技能培养…… 235
高校毕业生就业创业…… 236
2015 年被评为高级专业技术职称人员名录 …… 236

劳动就业

概　况…… 238
劳动力转移…… 238
基层平台建设…… 238
纠纷化解…… 238

社会保障

概　况…… 239
被征地农民社会保障…… 239
社会保障卡发放应用…… 239

民　政

概　况…… 239
社会救助…… 239
医疗救助…… 239
慈善事业…… 239
养老机构建设…… 239
居家养老服务…… 239
拥军优属…… 239
退役安置…… 239
社区建设…… 240
社会组织…… 240
社会事务…… 240

老龄工作

概　况…… 240
居家养老服务…… 240
政府居家养老服务…… 240
居家呼叫服务…… 240
敬老活动…… 240

关心下一代工作

概　况…… 240
主题教育…… 241
纪念抗日战争胜利 70 周年 …… 241
校外教育辅导站…… 241
参与社会治理…… 241
基层组织建设…… 241

残疾人工作

概　况…… 242
第二十五次全国助残日活动…… 242
残疾儿童康复…… 242
重点康复项目…… 242
残疾人托养…… 242
残疾人文体…… 242
残疾人就业…… 242
残疾人权益维护…… 242
残疾人专项调查…… 242

环境保护

环境管理

概　况…… 243
环境质量…… 243
法制宣教…… 243
污染防治…… 243
环境监察…… 243
环境信访…… 244

环境监测

概　况…… 244

生态文明

自然生态

生态红线管控…… 245
生态细胞工程…… 245

辖镇概况

金沙街道

2015 年金沙街道主要经济社会指标(表 16) …… 246
行政区划调整…… 246
项目建设…… 246
城市建设…… 246

镇村环境 …… 247
社会事业 …… 247
社会治理 …… 247
2015 年金沙街道行政村(社区)基本情况
(表 17) …… 247

金新街道

2015 年金新街道主要经济社会指标(表 18) …… 247
金新街道建立 …… 248
金泰幼儿园建成 …… 248
文山初中新建 …… 248
金乐小学新建 …… 248
2015 年金新街道行政村(社区)基本情况
(表 19) …… 248

兴东街道

2015 年兴东街道主要经济社会指标(表 20) …… 249
行政区划调整 …… 249
项目建设 …… 249
民生建设 …… 249
2015 年兴东街道行政村(社区)基本情况
(表 21) …… 249

先锋街道

2015 年先锋街道主要经济社会指标(表 22) …… 249
行政区划调整 …… 250
先锋幼儿园投入使用 …… 250
先锋卫生院开工建设 …… 250
2015 年先锋街道行政村(社区)基本情况
(表 23) …… 250

西亭镇

2015 年西亭镇主要经济社会指标(表 24) …… 250
行政区划调整 …… 250
环境整治 …… 250
"知心姐姐"获全国青年志愿服务项目大赛
金奖 …… 251
张洪程教授当选中国工程院院士 …… 251
2015 年西亭镇行政村(社区)基本情况
(表 25) …… 251

二甲镇

2015 年二甲镇主要经济社会指标(表 26) …… 251
项目建设 …… 251
创优农业 …… 252
基础设施 …… 252
生态治理 …… 252
社会事业 …… 252
2015 年二甲镇行政村(社区)基本情况
(表 27) …… 252

东社镇

2015 年东社镇主要经济社会指标(表 28) …… 252
行政区划调整 …… 253
项目农业 …… 253
特色旅游服务业 …… 253
2015 年东社镇行政村(社区)基本情况
(表 29) …… 253

十总镇

2015 年十总镇主要经济社会指标(表 30) …… 253
行政区划调整 …… 254
项目建设 …… 254
现代农业 …… 254
镇村建设 …… 254
社会事业 …… 254
2015 年十总镇行政村(社区)基本情况
(表 31) …… 254

石港镇

2015 年石港镇主要经济社会指标(表 32) …… 255
镇区规划建设 …… 255
渔湾水道生态园 …… 255
2015 年石港镇行政村(社区)基本情况
(表 33) …… 255

刘桥镇

2015 年刘桥镇主要经济社会指标(表 34) …… 255
经济建设稳步增长 …… 256
生态环境改善 …… 256
2015 年刘桥镇行政村(社区)基本情况
(表 35) …… 256

平潮镇

2015 年平潮镇主要经济社会指标(表 36) …… 256
镇行政区划调整 …… 257
平潮新幼儿园主体竣工 …… 257
平五二大道建设 …… 257
2015 年平潮镇行政村(社区)基本情况
(表 37) …… 257

五接镇

2015 年五接镇主要经济社会指标(表 38) …… 257

恒科生产车间获评江苏省首批示范智能车间 …… 258
江苏恒科新材料有限公司获全国民企科技发展贡献奖 …… 258
开沙村入选全国特色景观旅游名村 …… 258
南通图海机械有限公司开工 …… 258
2015年五接镇行政村(社区)基本情况(表39) …… 258

兴仁镇

2015年兴仁镇主要经济社会指标(表40) …… 258
行政区划调整 …… 259
项目建设 …… 259
河西新区建设 …… 259
社会事业 …… 259
2015年兴仁镇行政村(社区)基本情况(表41) …… 259

张芝山镇

2015年张芝山镇主要经济社会指标(表42) …… 260
园区管理机构获批 …… 260
环境建设 …… 260
招商引资 …… 260
2015年张芝山镇行政村(社区)基本情况(表43) …… 260

川姜镇

2015年川姜镇主要经济社会指标(表44) …… 260
省电子商务特色镇 …… 261
市场采购贸易方式试点 …… 261
2015年川姜镇行政村(社区)基本情况(表45) …… 261

人　物

领导人物

朱卫民 …… 262
顾建军 …… 262
达哇旦周 …… 263

先进人物

曹灿华 …… 263

逝世人物

曹学成 …… 263
徐　岗 …… 263

荣　誉　栏

通州区受南通市以上党政军群机关表彰的先进集体一览(表46) …… 264
通州区受南通市以上党政军群机关表彰的先进人物一览(表47) …… 268

附　录

文件选编

关于贯彻落实党的十八届四中全会精神和省委市委意见全面推进依法治区的实施意见 …… 270
关于做好行政区划调整工作的实施意见 …… 276
关于深化医药卫生体制改革建设现代医疗卫生体系的实施意见 …… 280
关于制定通州区国民经济和社会发展第十三个五年规划的建议 …… 284
通州区征地补偿和被征地农民社会保障办法 …… 292
通州区突发公共事件总体应急预案 …… 294
通州区城镇职工基本医疗自费补充保险暂行办法 …… 297
通州区住宅专项维修资金管理实施细则 …… 298
通州区新型农村合作医疗实施意见 …… 302

重要文件目录索引

中共南通市通州区委员会 …… 303
南通市通州区人民政府 …… 304
中共南通市通州区委办公室 …… 304
南通市通州区人民政府办公室 …… 306
南通市通州区人大常委会 …… 308
政协南通市通州区委员会 …… 308

统计资料

南通市通州区国民经济与社会发展基本情况(表48) …… 309
2015年通州区各镇(区)主要经济指标(表49) …… 325

服务指南

通州区便民电话 …… 326
通州区公交线路 …… 327

索　引

A、B、C …… 334

D …… 335
E、F、G …… 336
H、J …… 337
K、L …… 338
M、N、P、Q …… 339
R、S …… 340
T …… 341
W、X …… 342
Y、Z …… 343

彩　页

编辑说明
通州名人(封面人物简介)
特别报道 …… 1
通州区精神文明先进典型名单 …… 18
通州区古树名木生态掠影 …… 20
南通高新技术产业开发区 …… 22
中共南通市通州区委党史工作办公室
南通市通州区地方志编纂委员会办公室 …… 24
南通市通州区公共资源交易管理办公室 …… 26

南通市通州区哲学社会科学界联合会 …… 27
金沙街道 …… 28
兴东街道 …… 30
兴仁镇 …… 32
南通市通州区市场监督管理局 …… 34
南通市通州区水利局 …… 36
南通市国土资源局通州分局 …… 38
南通市通州地方税务局 …… 40
南通市通州区总工会 …… 42
南通市通州区公安局 …… 44
南通市通州区司法局 …… 46
南通市通州区人民法院 …… 48
南通市通州区人民检察院 …… 50
南通市通州区城市管理局(行政执法局) …… 52
南通市通州区体育局 …… 54
南通市通州区档案局(馆) …… 56
南通市通州区烟草专卖局(分公司) …… 58

南通市通州区邮政局 …… 59
中共南通市通州区委台湾工作办公室 …… 60
中国民主促进会南通市通州区支部 …… 62
中国电信股份有限公司通州分公司 …… 64
中国移动通信集团江苏有限公司通州分公司 …… 66
南通市通州区自来水有限公司 …… 68
南通市通州区实验幼儿园 …… 70
南通市通州区金沙中学 …… 72
南通市通州区四安中学 …… 74
南通市韬奋小学 …… 76
南通市理治小学 …… 78
南通市通州区英才小学 …… 80
恒丰银行南通通州支行 …… 81
南通市通州建总集团有限公司 …… 82
南通长城建设集团有限公司 …… 84
南通市华德房地产有限公司 …… 86
南通国乐贸易有限公司 …… 88
通州豪悦家居广场 …… 90
鑫缘茧丝绸集团股份有限公司 …… 92
南通市通州区城区示意图
南通市通州区政区图

特　　载

Special Record

编　辑　冯金荣

数字通州

2015年主要指标

辖区总面积　1525.74平方公里
年末户籍人口　126.59万人
地区生产总值　940.16亿元,增长9.9%
　第一产业增加值　54.49亿元,增长2.7%
　第二产业增加值　476.75亿元,增长10.2%
　第三产业增加值　408.92亿元,增长10.4%
按常住人口计,人均地区生产总值　82330元
农林牧渔业总产值(现价)　93.23亿元,增长5.7%
　粮食产量　53.88万吨,增长0.8%
　棉花产量　6457吨
　油料产量　9.66万吨
农业机械总动力　54.13万千瓦,增长5.7%
规模工业总产值　1961.71亿元,增长5.7%
建筑业总产值　1293亿元,增长8.7%
固定资产投资额　597.74亿元,增长14.9%
社会消费品零售总额　307.73亿元,增长10.0%
出口总额　31.57亿美元,增长7.3%
财政总收入
　一般公共预算收入　80.65亿元,增长14.5%
年末各项存款余额　1251.55亿元,增长13.0%
年末各项贷款余额　678.04亿元,增长11.7%
城镇居民人均可支配收入　37646元,增长8.9%
农村居民人均可支配收入　18361元,增长9.1%

通州的一天

一、每天创造的财富
　地区生产总值　25758万元
　一般公共预算收入　2209万元
二、每天主要产品产量
　粮食产量　1476吨
　棉花产量　18吨
　油料产量　265吨
　肉类产量　183吨
　淡水产品产量　98吨
　果品产量　177吨
　啤酒产量　451千升
　纱产量　401吨
　布产量　182.85万米
　服装产量　76.18万件
三、每天消费量
　全社会用电量　1370万千瓦时
　　城乡居生活用电量　206万千瓦时
　社会消费品零售总额　8431万元
　农村居民每人生活消费支出　36元
　城镇居民每日生活消费支出　60元
四、每天其他经济活动
　旅客运输量　34356人次
　货物运输量　32438吨

荣誉通州

全国科普示范县(市、区)
(中国科学技术协会 2016 年 2 月授予)

平安县(市、区)
(江苏省社会治安综合治理委员会 2015 年 6 月授予)

江苏省科普示范县(市、区)
(江苏省科学技术协会 2015 年 10 月授予)

南通市财政投入农业先进单位
(中共南通市委员会、南通市人民政府 2016 年 2 月授予)

媒体聚焦通州(选辑)

南通家纺城的创业故事

从靠绣品换取各种票证,到成为走街串巷"提篮小卖"的行商,从行商到坐商,再到"互联网+"背景下的行商坐商结合,江苏省南通市通州区川姜镇及周边乡镇的家纺业,就这样走过了几十年的发展历程。如今,位于川姜镇的南通家纺城草根创业集聚效应凸显,产品涵盖巾、床、帘等 10 大类,从业人员 40 多万,一年成交额超 600 亿元。

发端于"浮萍"

说起南通家纺,不得不提及"叠石桥"。叠石桥是建于清代光绪年间的一座木桥,因两边桥墩叠了几块石板条而得名。后来水系改道,桥没了,"叠石桥"的名字却留存下来。叠石桥的东边,属于海门市的三星镇;西边,则属于通州区的川港镇(川姜镇由川港镇和姜灶镇合并而来)。

两镇交界处,常是"三不管"地带。上世纪 70 年代,当地农民迫于生活压力,在这一带偷偷摸摸从事一些票证交换——粮票、布票、肉票、副食品券等。既没票证也拿不出多余农产品的农民,只能出卖自己的"心灵手巧"——当地不少农家妇女擅长绣花。

没想到,绣品大受青睐。很多人用倒腾来的票证换下这些绣品,拿到上海、南京、苏州的里弄小巷,换得更多的票证。久而久之,"票物交换"变为钱物买卖,且绣品成了主角,顺带扩展到布料、丝绒、花边、床单等衍生产品。

党的十一届三中全会的春风吹来,叠石桥的绣品交易飞速发展。三星镇在叠石桥附近划出 6 亩农田,搭起简易摊位;川港镇在叠石桥西的志浩村,不声不响盖起了小市场,租金、税费比东边更为优惠。

今年 62 岁的龚利华,在两边还未设置市场时,就开始"走街串巷卖枕套"。

手里拎着帆布包,前胸后背还有两个大包裹,满满当当装着 600 多对枕套——1980 年,龚利华第一次出远门,直奔哈尔滨。"第一次就挣了 1000 多元。"龚利华说,当时他在农具厂上班,一个月工资才 42.5 元。尽管父亲认为这是"投机倒把",但是龚利华再也安不下心上班了。两年后,他摔掉"铁饭碗",专门做枕套生意。陕西、山西、山东、安徽，都有了他的足迹。

一些不安于现状的年轻人，也加入了销售大军。慢慢地，他们开始向商场拓展，除了批发，还设立专柜。“那时做生意的人太少，没多少人看得起我们，因为他们没尝到其中的甜头。”龚利华的个体户生意，一直持续到1997年，年销售利润不低于100万元。

10多年前，通州市（现已改区）出台激励措施，许多中小微企业如雨后春笋般崛起，特别是在川姜镇及其周边，形成了完整的家纺产业链。2006年，南通家纺城应运而生，家纺面料、会展研发、仓储物流等一应俱全。

电商！电商！

2006年，龚利华的儿子龚懿峰大学毕业后，想开办自己的公司。“电商”的出现，给了他实现“奇思妙想”的机会。“什么是网络销售？什么是电子商务？我听都听不懂。”龚利华说，当时的外贸情况非常好，但儿子固执地从上海、南京等地请专家来上课。“光讲课费就几十万元，儿子听得津津有味，我却云里雾里。”到后来，儿子提出“给股份”，不再给讲课费，希望专家能将电商知识“和盘托出”。对此，龚利华更是顾虑重重。

显然，在接受新生事物方面，年轻人的能力是最强的。南通很多年轻人，正通过网络，改变着父辈谋生、创业的方式。

川姜镇志南村12组的黄鸟飞，不少亲朋都在做家纺生意。网销刚兴起时，26岁的他就辞去工作在淘宝上开起网店。半年后，转而面向网店批发家纺套件。3年多时间，其年销售额已超过千万元。“我们从图片、发货、售后等方面，为其他网商提供全套服务。目前，我们供货的QQ群就有几十个，常年活跃客户超过5000人。”黄鸟飞说。

目前，南通家纺的“下游”产业链已成规模。据调查，在南通家纺城，排名前三的快递公司，每天发件总量在9万单左右，加上其他快递公司，保守估算，整个家纺城一天的快件发货量超过15万单。

龚利华的选择是对的——他在家纺外贸生意火爆时，没有阻止儿子的奇思妙想。儿子注册的“蔻姿”，去年销售1.4亿元，利润在10%以上，生意做得比自己出色多了。而且，已有上市公司伸出橄榄枝，要与“蔻姿”战略合作。

业精于勤

电商，造就了一批新的弄潮儿。35岁的杨金晶是南通卓鹏网络科技有限公司的负责人，以前主要做外贸加工。两年前试水电商，短短1年时间，他在主要电商平台开设的旗舰店，每天销售额就超万元。去年他放弃自己的加工企业和品牌，专门销售当地的品牌家纺产品，电商团队从30多人增至60多人，半年就实现近亿元的销售额。

“从目前销售势头看，今年突破3个亿没问题。”杨金晶说，他又发现了电商服务外包的商机，愿意为品牌企业做好电商服务。“传统企业做电商不够专业，对电商的定位也不够清晰，因为电商环境不停在变，运行规则也一直在变，我愿意做好‘跳板’，帮助他们更好地进入电商时代。”杨金晶这样做，还因为他是南通市电子商务商会的执行会长。商会成立以来，组织会员抱团与国内知名电商平台谈判，多次推出南通家纺专场。“我们就是要增强家纺产业的线上话语权。”杨金晶说。

但并不是所有人都急于傍上互联网，新世嘉纺织品（南通）有限公司董事长吴永惠便是其中一位。他几乎和龚利华经历了同样的创业过程，从“提篮小卖”到开公司，目前一直坚持做外贸，也是沃尔玛的直接供应商。“电商是个趋势，那是我3年之后考虑的事，因为我目前不愁销路。”

随着电商的蓬勃发展，传统家纺产业势必面临新的洗牌。“怎么洗？我不管，我只知道，业精于勤而荒于嬉。”吴永惠说，近年来，南通家纺城一些企业被市场淘汰，他两个朋友的企业，一家已经倒闭，另一家处于清算阶段。“对市场判断不准、银行融资偏多、库存量太大，是倒闭的直接原因，更关键的是，他们不够勤奋。”

很多人羡慕企业老板活得风光，却不知道他们的艰辛。“我是工人上班前到班，工人下班后回家，工作时长绝对超过普通工人。”吴永惠说，一些老板小富即安，整天忙于应酬享受而荒于业务，“10个人创业做企业，能有一个成功的，就相当不错了。”

在互联网中如鱼得水的“蔻姿”，创业也远非外人想象的那么轻松。龚利华的儿媳妇李娟创业之初跟婆婆说“不想干了”，因为太辛苦，忙得嘴上、鼻子里全是水泡，还得照顾年幼的孩子。龚利华当时就拍桌子发火，“不想干？当初就不应该干。现在做得不上不下却想打退堂鼓，以后在商业圈就没有说话权……”儿媳妇被骂得哭红了眼。后来，她辞掉大学老师的工作，专心辅助丈夫做电商。

创业绝非吃吃喝喝，创业不是浅尝辄止，创业必然是业精于勤。玩不玩互联网，都是这个理。

（《半月谈》2015年10月5日报道）

通州：按下创新服务“快进键”

“现在机关办事一点不拖拉，什么事马上就能搞定。”4月18日，通州红宜家纺企业老板顾洪平到政务中心办理企业股东变更业务，眼看快到下班时间，窗口负责人以最快的速度帮助办妥。

群众对通州党政机关办事效率的“快评”，得益于“马上就办”机制的创建。“民生不能等，发展等不起，我们对应社会需求，以‘马上就办’为抓手，按下创新服务‘快进键’，不断提升执行力，快速、准确地把工作做到老百姓的心坎上。”通州区委书记宋乐伟说。

“要不是区农委的专家第一时间赶来会诊，我这十几亩地黄瓜可就真黄了。”蹲在自家蔬菜基地，眼看着病怏怏的黄瓜苗病情得到缓解并开始转绿，王凤琳紧锁了半个多月的眉头终于舒展开来。

上月底，十总镇骑北村菜农王凤琳发现自家种的十几亩黄瓜全生了病，情急中打通区里的“三农”服务热线，试着向区农委植保站专家求援。让她没想到的是，半个小时不到，张夕林等4名专家就赶来会诊、配药，继而帮助补救了半个多月，终于控制住苗秧病情。

“她就是深更半夜打来电话，我们也会第一时间赶到。”张夕林告诉记者，区农委24小时开通“12316”三农服务热线，安排120名作栽、植保、水产、畜牧等业务骨干随时待命，针对农民生产中遇到的任何技术难题“马上就办”。

“马上就办”，已成为通州全区上下的工作常态。“要办就快办，才能显著提升群众满意度。”通州区政务服务中心主任姜华介绍，该中心服务时限整体压缩50%以上，每天办件量由以前的500多件提升至5000件，群众满意率达到98.8%。

“马上就办”，不仅强调“办得快”，更注重“办得好”。4月17日，回乡开店创业的大学生张唐阳意外拿到政府送来的12万元无息贷款。“怎么多了10万?”这个刚跨出大学校门的农村小伙又惊又喜。“你们创业缺资金，政府很重视，考虑到原来的扶持额度偏低，现在给你们提高标准啦。”通州区劳动就业管理中心创业就业科科长宋国春介绍。

不久前，他们在走访中获悉张唐阳开的店因资金短缺面临困境，根据区里相关扶持政策，他可享受2万元无息贷款。但考虑到对于张唐阳这样的初始“创客”来说，资金少了还是救不了场，“情况反映上去后，区里及时调整全区创业政策，最大程度助其创业成功。”不久，区里出台新政，将创业小额贷款的发放对象由城乡失业人员扩大至大学生群体，贷款额度也由2万元提高至12万元。目前，全区已向828名“创客”发放总计7333万元的小额担保贷款。

“马上就办”，“快办”是速度，“办好”是标准。而对于涉及区域经济社会发展的重大事项，通州追求“办到位”，把好事办到百姓心坎上。

通州河网密布，有1152条等级河道，总长2805公里，水域面积占全区总面积的16.9%。近些年来，虽然农村水环境有所改善，但仍存在水系布局不完善、河道调节容蓄量有限、农村河道长效管护措施不到位等问题，百姓要求整治的呼声非常强烈。

“民有所呼，我有所为。”去年底，通州将农村河道整治工作列入重点民生工程，并明确由区水利局牵头，对全区四级以上河道进行调查摸底。今年初，《全区河道整治三年计划》出台，由各镇区根据计划和实际，再制订详细整治规划予以实施。

“马上就办，不等于盲目瞎干、蛮干。制订计划，有助于开展系统整治，从根本上解决问题，把事情真正办到位。”区水利局局长丁华介绍，区里专门组建了6个工作组，实行“周检查、月通报、季点评”督查机制，确保农村河道整治三年行动计划顺利实施，重现“河畅、水清、岸绿、景美”的水乡生态风光。

（《新华日报》2015年4月28日头版报道）

捐出毕生百万积蓄和住房奉献社会
“中国好人”宋英走完99年人生路

11月20日凌晨4时40分许，南通市通州区西亭镇草庙村，被省委书记罗志军称赞为“把毕生无私献给党和人民”的离休老干部、老党员，99岁高龄的“中国好人”宋英安详离世。

一个老人再次感动无数人

老人走得平静。但一句“一定要把慈善基金用好用到位”的临终叮嘱，却再次感动了无数人。

22日，是老人出殡的日子。沿着村里新修的水泥小路“宋英路”，人们争着赶来送别这位可亲可敬的老人。

一排排花圈和挽联，堆满了院子里架起的灵堂。

宋本然是宋英的堂弟。对于堂姐，他在灵前说了四个字“一生勤俭”。“年轻时去外地工作，条件艰苦，养成了艰苦朴素的习惯。退休后手头有了积蓄，也不愿享福。布鞋鞋头磨穿了还继续穿，一辈子没有一件像样的衣服。”

虽是同村，村民韩菊芳之前并没有见过宋老。但宋老做慈善的故事却早有耳闻。老人走了，她忍不住也来送最后一程：“村里人都知道老人家特别节俭，钱省下来都做好事儿了，我们很佩服。”陪着老人走过最后时光的侄孙女宋海燕，指着静静躺在灵柩里的姑奶奶说：“老人家的愿望就是多帮助有困难的人，她把一生的积蓄都捐了，家里人都支持。”

51岁的丁洁罗冒雨骑电瓶车从10多公里外的石港镇赶过来，跪在灵前拜了三拜。她感慨地告诉记者，她是替87岁的姨奶奶来表达对老人敬意的。同为抗战老革命的姨奶奶听说宋英走了，还在南通住院的老人实在不能过来，便电话叮嘱她无论如何要来一下，替自己给不相识的老姐姐“拜一拜”。

"好人善终，老人一路走好！""敬爱的老人，您走好！致敬！"……在网络上，悼念"中国好人"宋奶奶的帖子层出不穷。

临终嘱托"把基金用好用到位"

走进通州区金沙镇南山社区一栋老住宅楼，几个戴着红领巾的孩子正在这里接受爱国主义教育。这个100来平方米的简陋住房，曾是宋英住了16年的家。去年2月，老人做出最新决定，搬回西亭镇侄子家去养老，腾出来的住房留给政府用作青少年教育基地。

这是老人的最后"捐献"。"上次把一生积蓄全捐了做慈善基金，这次又把'家'都捐了做教育基地，这下宋老真的是什么遗产也没了。"通州区老干部局副局长施向东告诉记者，宋英老人与丈夫姜美善早在1945年就参加了革命。解放初期，他们随军南下留在云南边区工作，直到1979年5月离休后，才回到了通州金沙老家安度晚年。2011年丈夫去世前，两人商定将毕生积蓄100万元全部捐赠出来，设立"姜美善、宋英慈善基金"，用于帮助贫困老党员以及困难家庭学生。

施向东清楚记得，那是2012年1月8日，"姜美善·宋英慈善基金"设立仪式在金沙镇政府举行。"我是一名共产党员，我的一切都是党给予的，这些钱要捐给更多需要帮助的人，要把所得献给党和人民。"在热烈的掌声中，时年96岁的宋英用颤微的双手捧出厚厚一叠由百元到万元面额不等的存折，目睹此景，在场所有人的眼眶湿润了。

"老人家说，自己无儿无女，钱放在存折里是'死钱'，捐出来帮助需要的人就成了'活钱'。"通州区民政部门一位负责管理"姜美善·宋英慈善基金"的干部抹着泪水告诉记者，老人去世时十分安详平静，临终还特意嘱托，希望今后"姜美善·宋英慈善基金"能够用好、用到位，能够帮助更多的人。据介绍，到目前为止，基金已经取出6.5万元，帮助了20名通州籍贫困学生、20名云南籍大学生和15名贫困老党员。

精神"遗产"荡起善的涟漪

在当天的悼念人群中，与一般人的"平静"不同，还有一个哭肿了眼睛的人。"我们就像母女一样，老人突然走了，我哭了整整一夜。"照顾宋英十几年的志愿者王玉兰悲伤难抑，不情愿地将前几日探望病情时准备的鲜花换成了追悼用的花圈。

1998年，因一次志愿服务活动，通州玉兰眼镜公司总经理王玉兰走进了宋英的家。17年来，她不仅自己上门嘘寒问暖、送餐添衣，还动员员工一起去打扫卫生、拉拉家常。特别是宋英老伴去世后，王玉兰更是像亲女儿一样，给老人洗脸洗脚，端汤做饭，每天只要有时间，就往宋英家赶。"和她在一起，我也很开心。她是老党员，我是新党员，她对党的忠诚、对别人的善良也感染了我，与其说我在帮助老人，不如说是在追随一种精神。"王玉兰特别透露说，老人走了，留给自己的是一份特殊"遗产"，"两张纸，是老人生前写的两页学习体会，说是要走正道、做好人、行善事。这份精神遗产我要一直珍藏下去。"

宋英老人的事迹广泛传播后，在社会上引起强烈反响。宋英原来所住的南山社区专门成立"宋奶奶爱心坊"，村村到，户户访，帮助社会弱势群体。社区党总支书记姜抒峰说，三年来，爱心坊共帮助贫困党员、困难儿童60余人次。

老人虽然走了，留下的精神"遗产"却荡起善的涟漪。受到宋英老人精神的鼓舞，更多爱心人士行动起来。南通市级机关291名入党积极分子自发捐款，向"姜美善·宋英慈善基金"捐赠1万元；通州老干部局的老同志们也自发捐款，向基金会注入5000元；南通一位海外学子回国后，拿出5000元汇入基金。

（《新华日报》2015年11月23日报道）

南通家纺：大块头转型又快又灵

7月7日下午4点多，在江苏省南通家纺电商产业园，喵星人家纺负责人陈凯杰与3名员工正忙着在网上做推广。喵星人家纺目前在"美丽说"等专业电商平台开设3家网店，每天接单量超过100单。陈凯杰是一名"家纺二代"，他说："父母经过多年打拼才有今天，面对电子商务的大势，我们除了要适应，更要找到适合自己的道路。"

南通市顺应"互联网＋"趋势，为传统家纺产业整合资源、建设众创空间的示范基地。去年8月以来，南通家纺电子商务产业园、新天地家纺电商创业园相继开园，众创空间、创纺E站分别挂牌。位于通州区川姜镇的南通家纺城目前有个体工商户近6000户，其中一半是电子商务运营户。

块头足够大

南通家纺城是全国家纺产业的集聚中心之一，其周边形成了棉、毛、麻、丝、化纤"五纺齐全"，纺织、染整、成品前后工序配套成龙的体系，产品主要为"巾、床、厨、帘"等十大类，10多个乡镇被裹进了这一产业，从业人员40多万人，一年成交量超过600亿元，形成了草根创业的集聚效应。

曾经常年车水马龙、往来客商摩肩接踵的热闹场景，近两年却逐步淡出，因为电商出现了，很多人不再需要面对面地交易。

家纺是传统产业，电商则属于新生事物。通州区委书记宋乐伟表示，家纺要从大众创业进入万众创新阶段，而“互联网+传统的家纺行业”，就是家纺产业发展的新方向。“我们需要整合家纺的上下游产业，构建家纺电商生态产业链。”

转型足够快

接触新生事物方面，年轻人的能力是最强的。很多南通的年轻人，正通过网络，改变着父辈谋生、创业的方式。

川姜镇志南村12组的黄鸟飞，不少亲朋都在做家纺生意。网销刚刚兴起时，26岁的他就辞去工作在淘宝上开起网店，半年后，转而面向网店批发家纺套件。3年多时间，他的年销售额已超过千万元。“我们从图片、发货、售后等方面，为其他网商提供全套服务。目前，我们供货的QQ群就有几十个，常年活跃客户超过5000人。”

今年以来，蘑菇街、当当网等电商平台相继到南通家纺城举行招商会，吸引了很多家纺小微商家的关注。南通艺色网络负责人宋玉超在淘宝开了C店，他说：“相对于淘宝，海量入驻的商家，想博出彩不容易，试试这些新平台，说不定也是一条好出路。”

目前，南通家纺的“下游”产业链已成规模。据调查，在南通家纺城，排名前三的顺丰、申通、天天3家快递公司，每天发件总量在9万单左右，加上其他五六家业务量较大的快递公司，保守估算，整个家纺城一天的快件发货量超过15万单。

中国家纺协会委托艾瑞咨询公司的专项调研发现，去年全国床上用品网上销售为800亿元。而阿里巴巴后台数据显示，去年全国家纺电商交易中，50%的卖家、70%发货均在南通。

“我们将提供更多的政策支持。”南通家纺城管委会主任邵爱军表示，将在家纺产业各层面筛选一批电商进行重点培育，形成一批有效益有影响的服务商，引领带动家纺城和整个南通地区家纺电子商务的发展。

未来值得期待

邵爱军认为，南通家纺城目前还处于品牌家纺企业觉醒的阶段，通过努力，一定能找到适合南通家纺的电商模式，开创属于自己的电商时代。

35岁的杨金晶是南通卓鹏网络科技有限公司的负责人，以前主要做家纺的外贸加工，两年前试水电商，短短1年时间，他在腾讯、淘宝、天猫等主要电商平台开设的旗舰店，每天销售额超万元。去年开始，他放弃自己的加工企业和品牌，专门销售当地的品牌家纺，电商团队也从30多人增至60多人，仅半年就实现销售近亿元。

之所以如此，因为杨金晶还是南通市电子商务商会的执行会长。商会成立以来，组织会员抱团与国内知名电商平台谈判，多次开展南通家纺专场。“我们就是要增强家纺产业的线上话语权。”杨金晶说。

7月上旬，阿里巴巴“中国质造”团队造访南通家纺城，与15家品牌家纺企业对接，为8月中旬举行的活动进行准备。对这次活动，圣夫岛家纺负责人黄惠标充满期待：“我们要抱团作战，打造出南通家纺的影响力。”

（《新华每日电讯》2015年7月22日　A2头条报道）

“童声里的中国”放大正能量　央视走进南通通州

今天下午，中央电视台少儿频道“大手牵小手”栏目组走进南通通州，来到童声里的中国·少儿艺术创研活动基地录制节目。

节目由鞠萍主持，“童声里的中国”少儿艺术创研活动基地、通州区实验小学蕊春艺术团、南通市通州区通州小学、南通市通州区金沙小学、南通市通州区石港小学、南通市通州区兴仁小学、通州区文化馆小荷舞蹈队，以及1200名小学师生参加演出和录制。

节目以歌舞《童声里的中国》开场，其中舞蹈《蟹趣》、情景歌表演《孔子爷爷好》、音乐小品《快乐小伙伴》、小品《英子日记》等16个节目取材于首届儿童音乐奖获奖作品，由通州的学生、文艺工作者表演，富有通州特色。此次所录制的节目将于6月1至3日分3次在央视少儿频道播出。

“童声里的中国”活动，2006年由通州创意发起，2012年被评为江苏省未成年人思想道德活动十大品牌。2012年南通市通州区委区政府规划建设“童声里的中国·少儿艺术创研活动基地”，2014年落成开放，并进入基地化运作阶段。

基地坐落南通通州文化中心地带，建筑面积5000多平方米，下设儿童音乐创研活动中心、儿童文学创研活动中心、儿童影视创研活动中心和少先队创研活动中心。基地落成以来，承办了全国“首届儿童音乐优秀创作奖”颁奖及展演活动，评出《孔子爷爷好》等10首获奖歌曲；基地举办了“新时代呼唤新儿歌”专家论坛，来自全国、省市区近50名专家，共商新儿歌繁荣发展大计，徐沛东、韩新安、阎肃等专家出席论坛；举办了“文艺创作的继承和创新”大讲坛，论坛中被邀请的中国文联副主席、中国音协副主席徐沛东畅谈文艺创作继承与创新；基地还创编了儿童音乐剧《我的少年梦》，打造未成年人道德教育的标杆性作品。

（新华网　2015年4月17日报道）

（本栏目资料由杨梅提供）

上级领导视察通州

【张国华调研通州经济】 3月23日，市委副书记、市长张国华调研通州经济运行情况。调研中，他希望通州深入贯彻落实习近平总书记对江苏工作的明确要求，按照省委、省政府和市委决策部署，着眼保持中高速增长和迈向中高端水平“双目标”，一着不让、千方百计抓好经济工作，以大众创业、万众创新打造经济发展新引擎，在转型升级中培育新的增长点，全力打好新常态下经济持续健康发展硬仗，为全市发展大局多做贡献。

在中国南通国际家纺城，张国华勉励该企业继续推进改造升级，以信息化技术提升发展水平，向家纺智能化设备领域进军。在莱科家纺、汇尚网络，张国华仔细询问营销网络、服务对象等情况，强调要抢抓国家实施“互联网＋”计划的机遇，为大众创业、万众创新搭好平台，鼓励“众创、众包、众筹”等新模式竞相发展，推动家纺与文化创意等产业融合发展。在家纺产业技术研究院，他要求进一步明确发展定位、完善运作机制，围绕研发设计、技术支撑、业态创新、商业模式、营销网络等方面，认真梳理服务功能，努力形成发展特色。在家纺城纤维检测和知识产权快速维权中心，勉励其建好用好为企业提供公共服务的平台。在南通高新区新江海动力电子有限公司、德尔福连接器系统（南通）有限公司等企业和聚恒标准厂房等建设现场，张国华详细了解企业订单、技术、市场、销售等情况，询问企业在生产发展中还需要政府帮助解决哪些问题，表示政府将全心全意做好服务、支持实体经济发展。在省电机产品质量监督检验中心，他勉励其加强投入、搞活机制，面向市场拓展服务领域和空间。在通创现代建筑研究院中试基地项目建设现场，他希望企业负责人围绕“低碳、节能、环保”的发展方向，与科研院所开展联合攻关，与骨干企业共享资源，加快成熟技术的产业化步伐，在发展智慧建筑、推动建筑业转型升级中发挥示范作用。（通讯员施伟办　记者印春湘）

【张桃林调研通州现代农业】 4月29日，农业部副部长张桃林到通州调研现代农业项目。他充分肯定通州现代农业取得的成绩，要求通州加快培育新型农业经营主体，积极构建现代农业产业体系，大力推进农业产业化，引领现代农业发展方向，实现集约发展、可持续发展。他首先来到位于东社镇的江苏景瑞现代农业产业园，仔细询问景瑞农业的组织架构、市场销售、基地建设、供应链等情况。当得知公司通过土地流转，建立规模连片、相对集中的生产基地，并建立了院士工作站表示肯定。他说，景瑞的发展不仅优化了资源环境建设，扩大了生产规模，还将生产、加工、销售环节有机连接起来，培育出具有自主品牌的农产品，为发展高效外向型农业发挥了良好的示范带动作用。他希望景瑞农业进一步加强农产品源头质量管控，不断加大科研创新力度，拉长产业链条，提高产品附加值，以品牌提升价值、以科技提升产量，走智能化、品牌化和高端化发展之路。随后，又来到位于二甲镇的金土地生态农业园，在与负责人深入交流了解园区品种引进、生产管理、产品销售、农产品保险等情况后，充分肯定园区以现代化农业发展带动旅游观光业的经营模式，并希望园区加大基础设施和科技投入，以高产出带动高效益，把园区打造成集生产经营、旅游观光于一体的生态农业示范区。（通讯员施伟办　记者吴昊）

【陈惠娟到通州调研】 4月30日，省科协党组书记、常务副主席陈惠娟到通州专题调研省科协事业发展“十三五”规划。会前，她首先参观了南通高新区果园社区、区城市展览馆科普基础设施，对通州基本实现科普点全覆盖表示肯定。

陈惠娟表示，此次基层调研为省科协谋划“十三五”发展提供了很多很好的宝贵经验。她希望，通州区科协事业紧紧围绕大局工作，求实创新、团结协作，在新常态下实现新发展，切实履行“三服务一加强”工作职能，结合地区经济社会发展需求来发展科协事业。她认为，科协事业的发展活力和创造力在基层，她非常赞同和盛农资的农机型模式，表示这种最基层农机型农业组织将在未来农业现代化进程中起到越来越重要的作用。她指出，科协作为为企业发展服务的桥梁和纽带，要充分发挥光和热，让地区的工业和需求对接，帮助它们集聚更多创新资源，更好地服务中小型企业的转型发展和科技创新。最后，她强调，科协工作人员要创新科普的方法、手段和理念，做好新技术、新成果的宣传普及工作。（通讯员施伟办　记者印春湘）

【丁大卫调研通州】 6月4日，市委书记丁大卫重点围绕谋划“十三五”发展在通州区调研。他希望通州区紧紧围绕习近平总书记视察江苏时提出的“经济强、百姓富、环境美、社会文明程度高”的目标定位，以“三严三实”的作风，抢抓机遇，应对挑战，系统谋划好“十三五”发展，推动各项工作不断迈上新台阶，为全市发展大局做出新的更大贡献。

调研中，丁大卫深入园区、企业，重点察看科技创新、转型升级项目，强调要深入实施创新驱动战略，加快形成以创新为主要引领和支撑的经济体系和发展模式。南通锐深环保科技有限公司由回乡创业的年轻“海归”创办，主营环保化工设备的设计、安装、制造，丁大卫指出，这一项目符合环保、生态要求，是“十三五”产业发展的优选方向。在华夏航空工程技术有限公司，他听取企业产业链布局、科技创新及产学研合作情况介绍，勉励企业充分用好南通机场的条件，从维修入手，不断延伸产业链，与上海等地错位发展，把南通航空产业做优做强。走进中国南通家纺城，丁大卫察看了家纺产业研究院、电子商务产业园、中国创纺 e 站等建设情况，与年轻的创业者们深入交流。当看到家纺城内聚集了一大批创客，得知依托家纺城发展的电商已达到四五千家时，他称赞家纺城为“众创”提供了良好的市场土壤，产业转型升级迈上了新台阶，要坚持市场导向，大力推进大众创业、万众创新。作为南通高新区科技创新的核心载体，科技之窗有望 2016 年上半年实现项目整体入驻。丁大卫要求工程建设与项目招商同步推进，早日发挥作用。在中国供销产业园内的南通棉机工程技术研究中心，丁大卫认真了解了园区棉花交易中心项目推进情况，他希望园区继续整合优质资源，注重与南通市优势产业结合。位于盛发科技园内的茵卡动力新能源江苏有限公司，专门从事新能源电动汽车动力电池组的研发、检测、销售等。丁大卫认为这一项目涉及环境保护、节能减排，发展有前景，勉励企业加快在本地商品化，形成产业链。

丁大卫指出，要看到面临的机遇、拥有的基础和条件，把前进的方向和目标理清楚，也要清醒地看到困难和挑战，把发展的“短板”找准，把“最先一公里”“最后一公里”搞明白，把中央精神和地方实际紧密结合好，破解好土地、环境、人力资源等硬约束，回答好深化改革、创新转型、全面从严治党等重大课题。要准确把握“四个全面”战略布局，按照“五个迈上新台阶”和“经济强、百姓富、环境美、社会文明程度高”的要求，努力推动通州发展走在全市前列。

（通讯员施伟办　记者李舒舒）

【李春生视察南通供销产业园】　6 月 8 日，中华全国供销合作总社党组副书记李春生一行到通州视察南通供销产业园建设情况。李春生首先参观园区棉花仓储物流配送中心，在了解棉花储备、交易、配送等事宜后，对该中心运营情况表示赞许，他要求企业在做好储备棉工作的同时，大力拓展商品棉业务和服务领域，引进电子商务等新型交易模式，实现企业经营规模和经济效益快速增长，并勉励企业继续加大技术改造力度，加快转型升级步伐，进一步提升市场占有率。他强调指出，通州有着良好的投资环境和区位优势，希望供销产业园区进一步扎根通州，发挥集团优势，拓宽销售渠道，打造国内规模最大和具有国际影响力的棉花交易综合服务平台，为地区发展多做贡献。

（通讯员施伟办　记者李舒舒）

【丁大卫到通州专题调研“三解三促”民生建设】　7 月 6 日，市委书记丁大卫深入通州部分医院开展“三解三促”民生建设专题调研。他强调，要认真贯彻落实中央和省委、省政府关于保障改善民生和开展综合医改试点决策部署，坚持深化医药卫生体制改革与促进医疗卫生事业发展紧密结合，重点处理好政府投资与社会资本办医、规模扩张与内涵发展、硬件建设与软件提升、医疗事业与健康产业发展等关系，抢抓机遇、高点定位，加快构建现代医疗卫生体系，推动医疗卫生事业再上一个新台阶，让广大人民群众从深化医改中更多地得益受惠。在区中医院，被先进的自动化配药系统所吸引。丁大卫说，“智慧医疗”建设是一个方向，要务实推进，向信息化要便捷、要效率，不断便民惠民。在区人民医院，丁大卫认真听取有关医院改制以来引入企业化管理，激发活力、提高效率的举措。作为非营利性医疗机构，人民医院积极推行药品零差价普惠于民，辐射技术、资源优势提升基层医疗水平，实现“公益”和“活力”双赢。他强调，随着经济社会的发展，人民群众对健康和医疗卫生事业有了更高要求。要自觉践行“三严三实”，按照“谋事要实”的要求，紧密结合南通实际，始终坚持问题导向，深入研究推进医药卫生体制改革中的重大问题和思路举措，在重点领域、关键环节上率先突破，并切实强化组织实施，确保医改各项任务落到实处，让人民群众有更多的获得感。

（通讯员施伟办　记者李舒舒）

【王燕文到通州调研“三严三实”专题教育】　7 月 21 日，省委常委、宣传部部长王燕文到通州，结合“三严三实”专题教育，深入实施文化建设工程情况展开调研。2014 年 11 月落户通州的“童声里的中国”少儿艺术创研活动基地和儿童音乐创研活动中心、儿童文学创研活动中心、儿童影视创研活动中心、少先队创研活动中心已硕果累累：央视播出“童声”系列成果 16 个精品艺术节目、创编儿童舞台剧《少年中国梦》成功打造“童声”新品牌、出版“核心价值观沐浴我成长”新童谣 120 首……对此，王燕文给予充分肯定。她指出，少儿艺术创研一定要围绕孩子做足文章，以他们的感受为立足点，在诗教、乐教中做响品牌。要把握暑期黄金点，多策划在全国范围有影响力的少儿活动，做深、做透“童声”品牌，让其走出南通、走向全国。

调研中，围绕建设思想文化高地和道德风尚高地，王燕文强调，南通要学习好宣传好党的理论创新成果，将侧重点落到基层，继续选树道德典型，将诚信建设拓展到社会各个层面。要打牢舆论导向，更多地关注新媒体，占领舆论制高点。要做专江海文化、红色文化、张謇文化等品牌，挖掘其内涵价值，做好传承创新研究。要抓好“五个一”工程精品生产，推出一批在全国有影响力的好作品。要提升公共文化服务水平，将文化惠民向基层延伸。王燕文希望南通能为全省宣传思想文化工作多做有益探索，多创造好经验。

（通讯员施伟办　记者吴昊）

【张国华调研南通高新区和锡通科技产业园】　8 月 27 日，市委副书记、市长张国华到南通高新区、锡通科技产业园调研，并现场办公，研究锡通科技产业园建设中的相关问题。他强调，要按照市委十一届九次全会部署，进一步加快开发开放载体建设，完善体制机制，创新运行模式，注重功能提升，加大招商力度，快出形象、快出功能、快出成效，为全市经济持续健康发展提供有力支撑。在南通高新区科技之窗项目建设现场，他认真听取项目规划布局及技术研发、科技金融、综合配套等平台建设情况介绍。指出，科技之窗是南通高新区科技创新核心区，既要完善功能，又要优化环境，加快建设进度，早日产生效应。他叮嘱园区负责人，合理规划产业区、生活区，增强综合功能，让从业者创业、生活更便捷；加大招商力度，着力引进龙头企业、领军人才，带动软件等新兴产业快速发展；全力加快功能设施和平台建设，建成一个，使用一个，形成滚动开发的良好局面。南通高新区作为“国家队”，要积极营造综合竞争优势，大张旗鼓地叫响“国家级”品牌，把创新作为核心驱动力，把项目作为发展“生命线”，积极发展新技术、新产业、新业态、新模式，为全市保持稳增长与转方式、调结构平衡做出更大贡献。在锡通科技产业园，他实地调研紫罗兰家纺、华诺物流、锐深环保等企业，听取园区建设情况汇报。他说，2014 年下半年以来，锡通科技产业园以理顺体制机制为核心，加大工作力度，发展呈现出新的气象。园区发展任务重，仍然面临着不少困难，要增强拼搏意识，鼓舞士气、激励斗志，咬紧牙关、负重奋进，尽快走上健康发展的轨道。一是进一步完善体制机制。以“区镇合一”为契机，明确分工与职责，增强协调性，让园区运行更加顺畅、更加充满活力。二是进一步修编好规划。按照片区发展的理念，处理好园区与周边区域、新城与老镇、工业发展与商业开发等方面的关系，以规划调整优化功能配置，使发展更加符合实际、符合群众需要。三是进一步加大招商力度。明确产业方向和目标市场，用好各方面的资源，更新理念、强力宣传，营造氛围、做优环境，以产业、资本、龙头企业等为纽带猛攻招商，尽快形成项目集聚效应。四是进一步提高运作能力。优化园区开发模式、开发时序，推动资源资产化、资产资本化，充分发挥好各种资源的效应。五是进一步加强干部队伍建设。把管理、招商等方面的优势力量向园区倾斜，拧成一股绳攻坚克难、强势推进，形成想发展、敢发展、会发展的浓厚氛围。

（通讯员施伟办　记者李舒舒）

【张国华调研南通家纺城】 9 月 9 日，市委副书记、市长张国华到南通家纺城调研并现场办公，研究推动通州与海门联动，加快推进市场采购贸易方式试点。张国华首先到豪申家纺布艺公司了解企业生产经营、产品研发、贸易模式等情况，对企业以创意为中心大力创新的做法表示赞赏，勉励企业紧贴消费需求，细分市场和客户，加快定制化生产服务，丰富贸易方式，不断提高国际竞争力。在江苏合丰供应链管理公司，鼓励企业加强对市场采购贸易方式的研究，为相关企业对接国际市场、建立销售网络提供多元化服务和一流的平台。在新天地电商创业园内的美创网络公司，他希望企业发挥优势，不断做大做强。在南通家纺城政务服务中心，要求其认真梳理实行市场采购贸易方式所需服务功能，迅速行动，调整到位。在现场办公会上，张国华指出，市场采购贸易方式是我国改革开放 30 多年来对贸易方式的重大改革，也是对企业开拓国际市场、增强国际竞争力最为有利的贸易模式，通州区要按照国家和省对南通的要求，全面落实市委、市政府部署，进一步抢抓机遇，真抓实干，积极实施市场采购贸易方式试点，加快南通家纺城发展，在促进通州、海门两大家纺市场协调融合发展，打造全球性现代化家纺商务城，顶住经济下行压力上主动作为。南通家纺城要尽快构建符合市场采购贸易方式流程要求的“一站式”政务服务体系，把相关职能部门集中起来，形成国际贸易、注册登记“单一窗口”，为企业采用市场采购贸易方式搭好平台、高效服务。要同步实现“一站式”政务服务平台与市电子口岸系统和叠石桥市场采购贸易综合管理信息平台的互联互通。要积极推动跨境贸易电子商务和市场采购贸易方式有效互动。海门和通州要增强合力，更好沟通，有效对接，共同把市场采购贸易方式试点做出规模、做出影响。

（通讯员施伟办　记者杨潇）

【吴云华调研通州公务员考核工作】 11 月 12 日，国家公务员局党组成员、副局长吴云华到通州调研公务员考核工作。他在充分肯定通州区公务员日常考核工作情况后，希望通州打造良好的公务员管理平台，加快提升公务员职业道德水平，努力建设一支有高素质、高能力、良好形象的公务员队伍，为地方发展提供坚强保障。他认为，通州依法依规管理公务员队伍卓有成效，各项制度执行到位，并对科学管理公务员队伍做了不少创新的尝试，取得良好考核管理效果。他要求，通州区各部门各单位要高度重视公务员队伍的思想道德建设、能力素质建设、作风建设和反腐倡廉建设，培养公正、廉洁、高素质的人才队伍；要针对各部门各单位的实际情况搭建科学的考核平台，量化考核目标管理，推动考核工作制度化、规范化，不断提升公务员管理水平，为通州经济社会发展发挥重要支撑和保障作用。

（通讯员施伟办　记者顾艳）

【张国华调研通州】 12 月 17 日，市委副书记、市长张国华到通州调研，指出，要深入贯彻党的十八届五中全会、省委十二届十一次全会和市委十一届十次全会精神，在确保完成 2015 年和“十二五”目标任务的基础上，落实创新、协调、绿色、开放、共享发展新理念，坚持稳中求进，统筹稳增长、调结构、抓创新、强改革、重生态、惠民生、防风险，科学谋划 2016 年各项工作，切实找准龙头性、牵引性抓手，向具体化、项目化、工程化推进，大力培育新的增长点，保持经济稳定健康发展，确保“十三五”开好局、起好步。在东社镇开心田园生态农场，张国华指出，在农业生产方式、农村生活方式发生巨大变化的背景下，实现农业现代化关键是培育新型经营主体。他勉励该农场要勇于创新、强化特色、规模经营，加快构建新的生产模式、商业模式，在家庭农场建设、“互联网 + 农业”、农业科技创新、农业标准化、以合作社带动农户致富等方面做出示范。

在南通高新区聚恒机电工业园鲜一汽配、芬图贝节能科技及锡通科技产业园内航泰新材料企业，张国华仔细询问企业产品及销售、设备和原材料、招工等情况，勉励企业坚持科技创新和市场开拓“两手抓”，不断提高核心竞争力和市场占有率，为稳定一方经济增长做出更大贡献。他要求相关园区着力打造一流功能，提升招商水平，加快项目集聚，更好服务企业，加快成为区域发展的新增长极。在省级“众创”空间江海圆梦谷，张国华与“在家点点”、爱屋信息科技等入驻项目青年创客深入交流，鼓励他们创新模式、创出特色，尽快实现做大做强。他指出，“众创”空间在起步阶段的主要任务是服务创业、培育企业，一段时间之后要根据实际情况确定好主攻方向，围绕培育成长性种子产业，招引项目，推动集聚。他希望通州政府利用甲骨文（南通）实训基地，为本地培养更多技能人才，注重引进知名服务外包公司，以人才带动产业发展、以产业发展留住人才。在南通家纺城国际贸易服务中心，张国华仔细了解市场采购贸易运行情况。他指出，要紧贴企业需求，不断完善电子口岸平台、优化通关服务流程，提升贸易便利化水平，扩大货源、品种和规模，充分发挥好试点对外贸稳增长的带动作用。

（通讯员施伟办　记者李舒舒）

（本栏目由冯金荣根据中国通州网相关报道编辑整理）

知名人士考察通州

【宋乐伟会见中广核集团张善明一行】 3月4日，区委书记宋乐伟会见中国广核集团有限公司总经理、党组副书记张善明一行。中国广核集团有限公司是由国务院国资委监管的大型清洁能源企业，集团建立了与国际接轨的核电生产、工程建设、技术研发、核燃料供应保障体系，拥有风电、水电、太阳能等可再生能源开发体系和节能技术体系，近年来，集团立足自主创新、布局全国，已成长为国内最大的核电板块集团。2013年末，中广核集团控股位于高新区的江苏中科海维科技发展有限公司，中科海维公司以中广核央企资源为后盾，以中科院上海应用物理研究所等高等院校为技术依托，成为国内工业用电子辐照加速器研发与产业应用的领跑者。会见时，宋乐伟说，中广核和中科海维的合作是通州区混合所有制经济发展的典范，依托强大的央企资源，中科海维在更高的层面、更广的领域实现新发展，机制、人才、管理等都迸发出新活力。通州将一如既往地支持优势民企与央企国企合作，全力以赴推动新项目落地，双方密切合作，实现互利共赢。张善明对通州区优越的发展环境予以高度评价，他表示，中广核中科海维的飞速发展得益于通州区委、区政府的高瞻远瞩和全力支持，中广核集团将全力推进新项目研发生产，进一步投入资金、技术等资源，制定更好的营销发展模式，广辟市场渠道，为通州新兴产业发展做贡献。（通讯员施伟办　记者李舒舒）

【驻滇全国政协委员考察团考察通州】 5月12日，全国政协常委、云南省政协常务副主席白成亮率驻云南全国政协委员考察团到通州考察。江苏省政协副主席、党组副书记杨新力，市政协主席王德忠，区委书记宋乐伟等陪同。考察团首先来到华夏航空工程技术有限公司，该公司由中国民航局批准成立的中国首家专业从事中小型客机、公务飞机维修和改装的飞机维修单位。区委书记宋乐伟介绍南通空港产业园相关情况，他说，华夏航空、顺丰速运等是南通空港产业园的核心企业，产业园依托南通机场，以发展空港物流、飞机维修配套服务、临空型先进制造业、通用航空基地为重点，园区内各项软硬件设施和生态环境不断完善，近期圆通航空、恒诚科技、综艺航空等优势项目相继落户。考察团对华夏航空的发展表示赞叹，对空港产业园的发展前景一致看好。白成亮表示，云南航空公司也有相应公务机业务，希望推动两地相关产业协同发展。在江苏综艺集团，考察团成员对企业的经营规模、领先技术、创新思维表示赞叹。在南通东源电力智能设备有限公司，考察团认真了解企业产品功能和市场销售等情况，对于企业在环保节能、风力发电等产业发挥的作用表示赞赏。大家纷纷表示通州在经济社会发展，尤其在推动产业转型升级方面取得较大成绩，积累了很多经验，这些经验将为云南转变发展方式、优化经济结构提供有益借鉴。（通讯员施伟办　记者李舒舒）

【澳大利亚企业家到通州交流考察】 5月20日，“澳大利亚维州企业家江苏驻点交流项目”考察团到通州区交流考察，共谋发展，推动双方企业交流合作。近年来，通州区抢抓江苏沿海开发、长三角一体化、长江经济带建设和“一带一路”等国家战略叠加机遇，深化开放合作，推动转型升级，形成南通国家高新区等六大开发开放平台协同并进，家纺、船舶、建筑三大特色产业和智能装备、新材料、节能环保等新兴板块互动发展的良好局面，吸引了卡特彼勒、瑞典宜家、德尔福等世界500强企业相继落户。“澳大利亚维州企业家江苏驻点交流项目”是省工商联与澳大利亚维多利亚州雇主工商总会共同开展的创新项目，帮助澳大利亚维州企业家对江苏省经济、文化及行业特点有更为深入的了解，以搭建维州——江苏两地企业家深度交流合作平台。考察团一行先后参观江苏金太阳纺织科技有限公司、南通惠成食品有限公司、南通四建集团有限公司、大唐金城项目。

（记者周优优）

【江苏部分全国人大代表在通州调研】 5月22日，江苏部分全国人大代表来到通州，重点围绕“加快先进制造业发展、推动产业结构向中高端迈进”课题进行专题调研。省人大常委会常务副主任张卫国，全国人大代表、中科院院士崔向群，全国人大代表、泰州市委书记蓝绍敏参加。江苏综艺集团作为通州区先进制造业代表接受代表们专题调研。在综艺集团展示厅，全国人大代表、区人大常委会副主任、综艺集团董事长昝圣达引领代表参观并介绍企业的发展历程。他说，综艺集团多年来始终坚持创新驱动发展，历经三次产业转型升级，从传统的服装制造企业发展成为“以新能源为龙头，信息科技和股权投资为两翼”的高科技投资控股集团。集团业务领域覆盖新能源、新材料、信息科技三大国家重点战略产业，现有子、分公司30多家。张卫国表示，综艺集团是通州转型升级、创新驱动的一面旗帜。通州要抓住江苏沿海开发、长三角一体化特别是“一带一路”和长江经济带建设等国家战略叠加机遇，加快先进制造业发展，推动产业结构向中高端迈进。要把新兴产业发展和传统产业改造升级放在同等重要的位置，高度重视投资、消费、出口“三驾马车”并驾齐驱，坚持在开放的条件下、用开放的思维推进创新转型。同时，要不断提高服务创新转型的能力和水平，进一步突出企业主体地位，聚焦重点发展领域，在新常态下保持经济持续平稳发展态势，在新一轮区域竞争中形成独特优势。（通讯员施伟办　记者李舒舒）

【江海国际博览会港深企业家代表团考察通州】 5月28日，江海国际博览会港深企业家代表团到通州就城市发展、产业转型升级进行考察。考察团一行首先来到江苏甬金金属科技有限公司生产车间，由企业自主研发设计的二十辊精密轧机正源源不断地“吐”出超薄的不锈钢板，而这种超薄不锈钢板被广泛应用于家用电器、室内外装潢等领域。在雄邦压铸（南通）有限公司压铸二车间和机加工一车间，在听取企业产品功能和市场销售等情况介绍后，对其生产规模和创新思维表示称赞。随后，考察团还参观了区科技之窗、城市展览馆等，表示通州在经济社会发展，尤其是推动产业转型升级方面成效显著，双方应增进交流，寻求合作，共同发展。（记者曾银霞）

【美国密歇根大学和天津大学代表团考察通州】 6月3日，美国密歇根大学副校长助理琼·金森、天津大学校长李家俊率团到通州就共建可持续建筑环境合作科研中心及联合举办中外合作办学机构进行研讨。美国密歇根大学是美国历史上最悠久的公立大学之一，在各学科领域中成就卓著并拥有巨大影响，被誉为“公立常春藤”，素有“公立大学典范”之称；天津大学是中国第一所现代大学，在建筑、船舶、海洋工程等诸多领域具有国际领先的科研优势。琼·金森对通州城市发展所取得的成就表示赞赏。他说，通州在城市规划、建筑和基础设施方面已经具备一定基础，密歇根大学将充分展现特长和优势，将各自领域内的教学、学术以及研究专长的优势相结合，打造跨学科、国际型、“创客”领袖人才培养模式，尽最大努力实现与南通地区的创新合作，把更多的科研成果转化为实际的产业，形成互利共赢的良好局面。副市长朱晋表示，南通及通州将充分考虑密歇根大学提出的需求和建议，通过天津大学平台的有效嫁接，更好地发挥合作三方的优势，在政产学研合作上积极探索建立多赢合作模式与工作机制，延伸合作触角、拓宽合作领域、深化合作内容，深入挖掘校地科技合作创新资源，加快成果转化，实现学校与地方的双赢。考察期间，还请客人们观看了通州发展专题片《通江达海第一州》和南通高新区宣传片《高地》。（通讯员施伟办　记者印春湘）

【薛金楼调研通州】 7月29日，南京海关关长薛金楼到通州就开放型经济平台筹建工作开展调研。他表示，南京海关将全力支持通州开放型经济平台建设。

随着南通兴东国际机场一类口岸开放，通州设立相应的开放型经济平台将有利于更好地策应南通江海联动示范区建设，进一步发挥临空经济优势，推动航空服务业和外贸产业加快发展。该平台定位瞄准以航空保税物流为基础、现代保税服务为主导、高端保税加工为辅助，重点打造空港国际中转中心，国际贸易展销中心，保税生产、保税物流、保税服务中心。他充分肯定通州筹建工作，并针对相关保税区设立、定位、功能、要求等提出了意见和建议，希望通州充分做好可行性研究，拟定翔实的申报方案，南京海关将一如既往地支持、帮助通州更好发展。

（通讯员施伟办　瞿镇辅　记者李舒舒）

【台湾参访团考察通州】 8月11日，台湾中山大学管理学院暨工商建研会（南区联谊会）参访团到通州考察访问。台湾中山大学是亚洲著名学府，管理学院综合实力位居全台前列，为台湾地区输送了大批工商管理人才。工商建研会是台湾最有影响力的工商团体之一，会员企业达2000多家，对台湾经济社会具有十分重要的影响力。台湾中山大学管理学院院长李清潭代表参访团对通州区的热情接待表示感谢。他说，近年来，通州秉承深厚的历史文化底蕴和优良的教育传统，立足自身优势，推动产业发展和城市建设，经济社会发展持续向好。他希望，借助年末南通、台湾两地开通直航这一桥梁和纽带，进一步加强两地经贸合作和文化交流。期间，参访团还实地参观了华夏航空工程技术有限公司、南山湖公园、城市展览馆等地。

（通讯员瞿镇辅　记者孙晓冬）

【全省党校考察团考察通州】 12月3日，全省党校系统考察团在省委党校副校长胡志军率领下，到通州就经济转型与产业升级进行现场考察。考察团一行先后参观了空港产业园、南通高新区、南通家纺城等通州区重要载体。在华夏航空工程技术有限公司，考察团成员现场观摩公务机维修过程，深入了解飞机改装、修造等情况。当得知华夏航空2016年将投资近2亿元建设机库和运营楼，改装5架公务机，事业将上新台阶时，考察团成员们对企业发展表示充分肯定。在德尔福连接器系统（南通）有限公司，车间秩序井然，工人忙着生产连接器配件、线束等汽车零部件。当了解到该公司2015年销售额超6亿元，纳税1亿元时，成员们纷纷称赞德尔福规模不大效益高，是名副其实的行业“小巨人”。在南通家纺城电子商务产业园，考察团深入找货网、美创网络等考察项目运营情况。通州蓬勃的发展态势，雄厚的产业基础，不断涌现的创新业态，给考察团留下深刻印象。胡志军表示，通州产业转型卓有成效，电子商务等新业态层出不穷，对其研究经济规律，更好把握“十三五”发展重点很有启发。同时，考察团还参观考察江苏甬金金属科技有限公司、城市展览馆、南山湖。

（通讯员施伟办　记者李舒舒）

（本栏目由冯金荣根据中国通州网相关报道编辑整理）

区委、区政府重要会议报告

动员全区上下进一步解放思想、开拓进取，凝心聚力、攻坚克难，为建设经济强百姓富环境美社会文明程度高的新通州而不懈奋斗！

——在中共南通市通州区十一届委员会第十一次全体会议上的讲话(节选)

(2015 年 12 月 18 日)

宋乐伟

今年工作简要回顾

今年以来，面对错综复杂的宏观环境和艰巨繁重的改革发展稳定任务，我们认真落实中央和省市委决策部署，牢牢把握工作主线，切实加强统筹协调，各方面工作取得新进步，完成全年主要目标任务，为“十二五”发展划上了圆满句号。经济运行稳中有进。坚持发展第一要务，强招商攻项目、稳运行防风险，保持了稳中有进、稳中向好的发展态势。预计(下同)全年地区生产总值突破 940 亿元，同比(下同)增长 10%；一般公共预算收入超 80 亿元，增长 14.4%，我区跃居全国科学发展百强区(市辖区)第 30 位。狠抓招商选资，同步推进重大项目和优质中小项目，丽智电子、艾伯勒斜拉索、沃德新材料、旭东压铸等一批项目成功落户，实际到账外资超 3 亿美元。狠抓项目推进，华电热电、深南电路等开工建设，全年新开工亿元以上项目 27 个，省市级重大项目完成投资超年度计划 85 个百分点。狠抓实体经济，继续落实扶持企业发展政策，强化要素有效供给，百强企业纳税增长 9.3%。加强经济运行风险监测管控，高度关注、协调解决企业资金周转困难等问题，守住了不发生系统性区域性风险的底线。巩固提升政府机构改革成果，推进简政放权，设立行政审批局，积极开展相对集中行政许可权改革试点。创新转型务实奋进。把抓创新促转型摆在核心位置，协同推进科技创新和转型升级。创新载体加快建设，科创大厦投入使用，江海圆梦谷正式开园，成功举办首届创新创业大赛，新世纪大道众创集聚区获得省级试点。创新资源加快集聚，新增高新技术企业 49 家，高新技术产业产值增长 14%；新增创业投资管理公司 13 家，各类基金完成投资 3.94 亿元，“苏科贷”总额全省县(市、区)第一；3 家企业新三板挂牌，“一街一港一中心”金融集聚区框架初步形成；新引进高层次双创人才 53 名，新增创新创业项目 31 个，7 个项目列入省双创计划。平台功能加快提升，省产业研究院纺织丝绸研究所成功落户，南通纺织丝绸产业研究院揭牌运行，海兰信海外并购基金成功收购德国罗克森公司，建筑研究院承担的市级重大科技计划通过中期检查。主导产业加快改造，家纺产业列入国家产业集群区域品牌建设试点，40 个项目列入省重点技改计划，新增省市级两化融合试点企业 7 家，高新区获批省两化融合示范区。新兴产业加快培育，汽车零部件、新能源汽车等板块集聚效应不断增强，新兴产业产值增长 15%。现代服务业加快发展，家纺电商交易额突破 150 亿元，市场采购贸易方式实现出口 260 万美元，跨境贸易电子商务试点获批，服务业增加值占比提高 1.5 个百分点。建筑业施工总产值突破 1500 亿元，新获鲁班奖 3 项，其中市民中心工程荣获首个本土鲁班奖，3 家企业入选全国民营 500 强。城乡发展协调并进。加大城乡统筹力度，着力推进新型城镇化和城乡发展一体化。平稳实施行政区划调整，城镇规模布局更加科学合理。G345 南通东绕城中段、南通人民路东延二期、世纪大道东延等干线道路成环成网，交通实现与主城区深度接轨。编制城区地下空间利用、慢行系统、地下管线、城市家具等 6 项规划，有序推进“一河两岸”示范段工程，改造提升新世纪大道、银河路，建成运盐河公园示范段，投放 600 辆公共自行车方便市民出行，18 个老小区改造完成，城市功能品质持续提升。镇村发展不断提速，国家现代农业示范区通州核心区加快建设，培育新型农业经营主体 303 个，新增土地流转 3.23 万亩、设施农业 2.2 万亩。扎实推进农村改革，土地承包经营权确权登记颁证工作全面展开，“双置换”改革初见成效，实现农村产权交易网络全覆盖。村级集体经济持续发展壮大，所有村集体收入均超 30 万元。全面完成国家土地例行督察各项任务。村庄环境综合整治深入推进，基础设施不断完善，建成农路 150 公里，实现公交村村通。生态环境更趋优化，全力实施 5 大类 16 项生态建设重点工程，新增绿化面积 2.52 万亩，秸秆机械化还田 40 万亩，整治钢丝绳厂 31 家，淘汰燃煤锅炉 119 台，建成城镇污水管网 44 公里，益民污水处理厂迁扩建工程、溯天污水处理厂投入运行,查处环境违法案件157件。民生福祉不断增进。紧扣“七个更”要求,扎实推进10件24项民生实事,人民群众获得感切实提升。多渠道促进就业增收,新增城镇就业人数9316人,城镇登记失业率控制在3%以内,城乡居民收入分别增长8.9%和10%。社会保障体系进一步健全,稳步实施机关事业单位养老保险制度改革,基本养老、医疗等主要险种参保率均达98%以上,保障性安居工程和棚户区危旧房改造均超额完成省定目标任务。全面启动新一轮教育现代化建设,中小学布局不断优化,5所完中完成初高中分离,通州高级中学迁入新校区。深入推进综合医改,探索分级诊疗就医模式,实施医疗联合体试点,促进了医疗卫生资源下沉、重心下移。加快发展养老事业,南山颐养中心竣工验收,异地新建两家镇敬老院。深入实施文化惠民工程,央视少儿频道专题播出“童声”基地少儿文艺精品,省青少年“小茉莉花奖”声乐大赛成功落户通州,创排大型音乐儿童剧《田梦儿》获省委宣传部重点扶持并在全省巡演,圆满举办第七届“江苏戏剧奖·红梅奖”赛事。城乡体育设施进一步完善,新增体育场地两万平方米,举办了中国羽毛球俱乐部超级联赛等一系列重大赛事,创成省首批公共体育服务体系示范区。完成违建寺观专项整治年度任务,顺利通过全国文明城市和全国卫生城市复查,社会发展水平评价指数全市第一。深化法治通州、平安通州建设,法治建设群众满意度全省领先,创成全市惟一省级现代社区治理创新实验区。严格落实信访维稳和安全生产责任制,精心组织开展“关爱生命、关注安全”大宣讲,社会大局和谐稳定,被评为省平安区。党的建设扎实推进。始终把抓好党建作为最大政绩,召开区委全会专题研究部署全面从严治党工作,出台推动全面从严治党迈上新台阶的意见及相关配套制度。扎实做好宣传思想工作,深化学习型党组织建设,积极开展立体式巡回宣讲。大力培育和践行社会主义核心价值观,开展“我推荐我评议身边好人”活动,选树“十类十佳”百名典型,公民道德素质不断提高。严格落实《干部选拔任用工作条例》和市“2+8”配套制度,实施优秀年轻干部“5311”培养计划。探索建立基层党组织书记抓党建工作“10+X”责任体系,全面加强基层服务型党组织建设,深入实施党建惠民服务工程,创新社区党建“335”模式,组织开展“寻找最美党员”活动。严格落实“两个责任”,认真开展党风廉政建设督导巡查。强化综合电子监察平台建设,实现对镇区园(街道)全覆盖。坚持把纪律和规矩挺在前面,始终保持惩治腐败的高压态势。1—1月,全区各级纪检监察组织立案查处违纪违法案件229件,总量增长47.7%,其中查处科级干部36件,给予党纪、政纪处分193人,挽回经济损失3143万元。与此同时,人大、政协深入调查研究,积极建言献策,实施有效监督,有力推动了各项重点工作的落实。人武、统战、群团、老干部、关心下一代等各项工作都取得新成绩。

在实际工作中,我们具体把握了四个方面:

(一)贯彻精神保持定力。坚持把贯彻落实习近平总书记系列重要讲话特别是视察江苏重要讲话精神作为重大政治任务,带头加强学习,保持政治定力,并切实用讲话精神指导实践、推动工作。区委中心组集中学习14次,突出“四个全面”战略布局、“一带一路”国家战略、“三严三实”要求等重点,开展专题辅导、研讨交流。坚持以“关键少数”为引领,带动大多数、影响全社会,形成中心组、宣讲团、市民讲坛等多种载体有机融合,区镇村三级联动学习的格局。通过持续深入学习,广大党员干部进一步加深了对“四个全面”战略布局、“强富美高”发展定位、“五个迈上新台阶”重点任务的领会和把握,进一步增强了全面建设小康社会的自觉性和坚定性。

(二)谋划发展激发活力。坚持把编制好我区国民经济和社会发展第十三个五年规划作为全年的一件大事牢牢抓在手上,区委成立规划编制工作领导小组,开展调查研究和文件起草工作。经过几上几下,集中各方面智慧,形成了提请这次全会审议的《建议(草案)〈讨论稿〉》。主动把中心城区放到陆海统筹江海联动发展的大格局中谋划和定位,以南通城市总体规划修编研究为契机,进一步深化战略布局研究,全面拉开120平方公里发展框架,建成区面积拓展到“十一五”期末的1.6倍。积极抢抓沪通长江大桥等交通基础设施加快建设的重大机遇,超前谋划高铁新城发展,成立指挥部高标准编制发展规划、高效率推进开发建设,并把它作为“十三五”期间大交通大建设大投入的主战场,为通州未来发展增添新动力、注入新活力。

(三)狠抓落实精准发力。坚持目标导向和问题导向相结合,立足区情实际,对制约发展的顽疾要害,有的放矢,精准发力。去年底就按照“强基础、谋长远、求突破”的思路,确定开展招商引资和项目建设突破、创新转型提速、城乡品质提升“三个年”活动。今年以来,有部署、有推进、有检查、有考核,一以贯之、善做善成,一批重大项目和优质项目落户开工,创新创业氛围更加浓厚,增强了发展后劲,提升了发展质态。特别是在群众关注度高的环境建设方面,以实施农村河道整治三年行动计划为突破口,带动城乡面貌整体改善。区四套班子齐心协力、动态督察,各相关部门、镇区园(街道)密切配合、协同推进,提前超额完成年度目标任务,疏浚河道377条清淤土方460万方,拆除坝头坝埂1226条,绿化河坡3200亩,不仅打造了一批生态河道和水美乡村,得到了广大人民群众的认可和称赞,而且在攻坚克难中锤炼了基层党员干部的作风,提振了干事创业的精气神。

(四)改进作风持续用力。坚持以开展“三严三实”专题教育为契机,持之以恒抓好中央八项规定和省市区委十项规定的落实,着力推动反“四风”、转作风向广度深度拓展。区委常委会自觉做好示范、以上率下,常委班子成员带头上好专题党课,带头开展专题调研,带头搞好学习研讨,带头开展批评和自我批评,带头抓好整改落实。结合省委第四巡视组对我区开展巡视工作,切实强化主动接受监督的政治意识,积极配合巡视组开展工作,对照问题即知即改。巡视组反馈意见后,区委常委会高度重视,迅速成立领导小组,制定整改分工方案,细化分解了68条整改措施,并强化工作落实和督促检查，确保整改任务圆满完成。特别是把群众反映较多的“为官不为”等不严不实问题纳入专项整治内容，大力弘扬“马上就办”精神，推动党员干部积极干事创业、勇于担当作为。

在肯定成绩的同时，我们也要清醒看到工作中存在的问题，主要是：经济下行压力依然存在，投资增速放缓，市场需求偏弱，创新能力还不够强，部分企业生产经营困难，转型升级有待进一步加快；各项改革举措落地见效还不够快，全面深化改革任务艰巨；社会建设和治理面临许多新情况，存在劳资纠纷、安全生产、环境保护、信访维稳等问题；少数党员干部敢于担当、主动作为不够，存在不严不实现象，扫除不良作风、推进党风廉政建设和反腐败斗争还需下更大力气。对此，我们必须高度重视，切实加以解决。

以五大发展理念引领通州发展

理念是行动的先导。党的十八届五中全会提出的创新、协调、绿色、开放、共享五大发展理念，是关系我国发展全局的一场深刻变革。全区上下要把五大理念贯穿发展全过程、各方面，以新理念引领新发展。

*切实贯彻创新发展理念，加快实现发展动力转换。*创新发展注重的是解决发展动力问题。多年来，我们始终把创新摆在经济社会发展的重要位置，深入推进科技创新工程，全社会研发投入占地区生产总值比重达2.5%，被列为省创新型试点区。但创新能力还不够强，科技对经济社会发展的支撑能力还不够足，创新仍然还是我区发展的“软肋”。当前，新一轮科技革命和产业变革蓄势待发，上海正在建设具有全球影响力的科技创新中心，省委提出建设具有国际竞争力的先进制造业基地和具有全球影响力的产业科技创新中心，苏南正在加快建设国家自主创新示范区，我区依靠传统要素驱动增长的动力正在减弱，这些都倒逼我们必须一刻不停地加强创新。我们要把创新放到全局的核心位置，把发展基点放在创新上，让创新贯穿一切工作，努力走出一条动力更强、质量更高、效益更好、结构更优的发展新路。

*切实贯彻协调发展理念，不断增强发展的整体性全面性。*协调发展注重的是解决发展不平衡的问题。这些年来，我们坚持“五位一体”总体布局，各方面在向协调发展、共同发展转变，但不协调、不平衡、不可持续的问题仍然存在，生态环境、民生建设等方面还有短板，城镇建设、文化建设等方面也有薄弱环节。我们要坚持问题导向，着力补缺补短补软。比如，经济协调发展上，着重推进稳增长与调结构平衡，做到调速不减势、量增质更优。区域协调发展上，深入推进陆海统筹、江海联动、跨江融合，促进南部与北部、东部与西部、镇与镇之间均衡发展。物质文明与精神文明协调发展上，重点推进文化强区建设，大力弘扬江海特色文化，促进软实力与硬实力同步提升。

*切实贯彻绿色发展理念，着力改善生态环境。*绿色发展注重的是解决人与自然和谐的问题。从现实看，一方面，生态环境再也承载不了粗放的发展方式，拼环境、拼资源的老路已经走不通；另一方面，广大人民群众对清新空气、干净饮水、安全食品、优美环境的要求越来越强烈，生态环境已成为突出的民生问题，搞不好就会演变成社会政治问题。我们要牢固树立“绿水青山就是金山银山”的理念，大力推进美丽通州建设，坚持走生产发展、生活富裕、生态良好的文明发展道路，加快建设资源节约型、环境友好型社会，努力在绿色发展中形成新的经济增长点。

*切实贯彻开放发展理念，全面提升对内对外开放水平。*开放发展注重的是解决发展内外联动的问题。现在我们利用世界经济较快增长加快自身发展的条件发生深刻变化、利用国际市场扩张增加进出口的条件发生深刻变化、利用经济全球化深入发展和原有比较优势的条件发生深刻变化、利用原有规则招商引资促进发展的条件发生深刻变化，引进来和走出去在深度、广度、节奏上都是过去所不能比拟的，应对外部经济风险、保持经济持续健康发展的压力，也是过去所不能比拟的。关键问题是，如何提高开放的质量和发展的内外联动性。我们要充分利用对内对外开放的优越条件，更加主动融入国家开放总布局，积极对接“一带一路”、长江经济带战略，提升园区竞争能力，优化对外贸易结构，不断拓展开放新空间、构建开放新体制，加快发展更高层次的开放型经济。

*切实贯彻共享发展理念，努力提高人民群众的幸福指数。*共享发展注重的是解决社会公平正义问题。近年来，我们在交通出行、医疗教育、文化体育、区域供水、社会保障等方面，做了一些补短板、打基础、利长远的事，群众得实惠多了，参与和支持改革发展的热情变高了。“十三五”时期，我们要全面建成小康社会、探索开启基本实现现代化建设新征程，根本的是要实现民生共享。必须从解决群众最关心最直接最现实的利益问题入手，坚持不懈办好民生实事，努力解决好“七个更”的问题，保证人民平等参与、平等发展权利，让通州的发展更有“温度”，让老百姓的幸福更有“质感”。

明年工作总体安排

明年是“十三五”的开局之年，也是为全面建成小康社会奠定坚实基础的关键之年，做好明年工作意义重大、影响深远。全区工作的指导思想是：全面贯彻党的十八大和十八届三中、四中、五中全会以及省委、市委全会精神，深入落实习近平总书记系列重要讲话特别是视察江苏重要讲话精神，自觉践行五大发展理念，深化拓展“三个年”活动，统筹推进经济、政治、文化、社会、生态文明和党的建设，奋力打造创新转型示范区、陆海统筹江海联动交汇区、沪苏通协同发展前沿区、生态和谐宜居区，为建设“强富美高”新通州而努力奋斗！

按照以上指导思想，明年重点抓好六个方面工作：

（一）更大力度推进项目建设。充分发挥投资拉动经济增长的关键作用，持续深入开展招商引资和项目建设突破年活动，优化投向、猛攻重点、提高投效，以有效投资促进稳增长快转型。

*强化招商选资。*突出产业导向，以先进制造业和现代

服务业为重点，深化前瞻性研究，在大产业链中找准定位，加快培育优势特色产业集群。突出规模效应，紧盯世界500强、“中字头”“国字号”企业，在重大外资项目、央企合作项目等方面实现新突破，力争全年新签约实施10亿元以上重大项目5个。突出重点区域，加大对欧美、日韩，中国台湾和北上广深的定向招商力度，着力引进一批高端优质项目。

拓宽投资空间。实施企业制造装备升级计划，支持企业开展技术改造，加快向数字化、智能化提升，培育智能车间、智能制造示范企业5家以上。推广众创、众包、众扶、众筹等新模式，为创新创业提供有力支撑。鼓励企业更多借力资本市场，新增新三板挂牌企业5家。落实“互联网+”通州行动计划，加大互联网基础设施投资力度，深入推进智慧通州建设。创新投融资机制，加大园区开发、基础设施建设、民生工程等领域的投资力度。发挥政府投资的引导作用，有效撬动民间资本参与重点领域建设。

提高推进效率。深化区领导挂钩联系制度，继续实行“季季看、家家到”考评机制，充实专业招商队伍，精心组织每月集中签约和季度联合开工活动，大力营造抓招商攻项目的浓厚氛围。以列入省市级计划的重大项目为重点，紧盯关键环节，实施挂图作战，确保恒科纺织新材料二期、展华电子、宝湾物流、四方冷链等项目开工建设，华电热电一期、沃德新材料等项目竣工投产。

（二）更大力度推动创新转型。践行创新发展理念，持续深入开展创新转型提速年活动，加快提升经济发展的质量和效益。

深入推进创新驱动发展。以高新区为主阵地，主动对接苏南国家自主创新示范区、省产业科技创新中心和上海科技创新中心建设，加快发展动力转换。丰富载体平台功能。更高水平、更宽视野推进科技新城建设，提升科创大厦运作水平，完善科技之窗功能配套，整合集聚各类创新资源。深化与中科院等大院大所的合作，加快推进南通纺织丝绸产业研究院、中韩文化产业创意园、新能源汽车设计中心等平台建设，着力引进一批标志性、高端化的创新项目。完善创新创业服务链，加快推进省级众创集聚区建设。增强企业创新能力。实施创新型企业培育行动计划，深入推进“小升高”，进一步壮大以高新技术企业为骨干的创新型企业集群，新增高新技术企业30家以上。完善“政产学研用金介”协同创新体系，提升研发机构运行质量和水平，支持企业持续推进技术创新、产品创新、管理创新和商业模式创新。构筑创新人才高地。深入实施“510英才计划”引进工程、名优人才培养工程和创业“新四军”培育工程，统筹推进六支人才队伍建设，完善优先发展、优先投入的人才工作格局。以主力平台为重点，建立健全人才引进、流动、培养、使用、激励机制，规范项目孵化、加速、毕业配套服务流程，提升人才落地率和毕业孵化率。

加快推动产业迈向中高端。坚持调高调轻调优调强调绿的导向，落实《中国制造2025通州行动纲要》，做强先进制造业和现代服务业，着力构建产业新体系。优化提升主导产业。以省家纺产业研究院为引领，加快推进省产业研究院纺织丝绸研究所、家纺城众创空间等平台建设，不断完善“研发创意+实体经济+电子商务+现代物流”的新型发展模式。落实省“一区一战略”发展要求，以海兰信海外并购基金为支撑，大力引进欧洲船舶企业和研发平台，不断提升船舶核心部件的自主设计和配套能力。以绿色、智能建筑为方向，以现代建筑产业研究院为支撑，支持龙头企业多元化发展，在全省形成示范带动效应。积极推进供给侧改革，强化品牌和质量建设，创建驰名、著名、知名商标15件，新增省市名牌产品8个。鼓励企业向价值链高端环节延伸，推动制造业由生产型向生产服务型转变，培育一批制造业服务化示范企业。高度关注重点行业运行风险，做到心中有数、对症下药、综合施策，守住不发生系统性和区域性风险的底线。大力培育新兴产业。着重在航空配套装备、生物医药、新能源汽车等领域创特色，力争新兴产业产值占比提升1.5个百分点。航空配套装备产业要深化与中航工业集团的合作，大力引进航空核心零部件、航空新材料等项目，加快建设航空装备产业园。生物医药产业要以生物材料与组织工程为引领，整合集聚国内外领军人才和创新项目，建设国际一流的生物医药研发转化基地，带动区域生物医药产业创新发展。新能源汽车产业要以新江海动力电子、公爵新能源汽车等企业为支撑，加快由单一的汽车压铸零部件向超大规模储能装备、汽车电子、整车设计和系统集成等领域延伸拓展，着力构建汽车特色产业链。集聚发展现代服务业。以市级示范性集聚区为重点，加快特色服务业园区建设，不断增强承载力和吸附力。围绕科技服务、电子商务、现代物流等重点领域，加快平台搭建，积极发展平台经济、互联网经济等新业态。以融入主城为契机，着力打造一批高端商务载体，不断壮大楼宇经济和总部经济。加快农业现代化步伐。以国家现代农业示范区建设为核心，大力发展设施农业、休闲农业、智慧农业，力争新增土地流转3万亩、设施农业1.5万亩。放大开心农场示范效应，积极培育新型农业经营主体，新增示范家庭农场20家、“全托管”服务组织100家以上。完善农技推广服务体系，充分发挥景瑞院士工作站示范引领作用，深化农业产学研合作。

（三）更大力度提升城乡品质。践行协调发展理念，更加注重以人为本、量力而行、统筹兼顾，持续深入开展城乡品质提升年活动，加快建设靓丽宜居的通州新城。

高水平建设中心城区。围绕“人文、生态、宜居”，推动城区建设由打基础、拉框架向重细节、提品质转变。对接好南通城市总体规划修编，加快中心城区南进西拓，进一步拓展城市发展空间。全力推进“一河两岸”示范段工程，做好船文化文章，使江海文化与沿河风情交融辉映，彰显“水韵通州”风采。加快城东新区、银河新区开发步伐，不断完善生活功能配套，积极推进新型商业业态建设，加速聚集商气人气，推动城市功能提档升级。深化老小区、棚户区综合改造，大力实施河道疏浚、雨污分流和截污改造，启动“海绵城市”规划建设，推动人居空间更加优质化、宜居化。推进朝霞东路东延、希望路北延等工程建设，打通断头路，畅通微循环。规划建设市民广场等3个停车场，增加投放公共自行车300辆,优化和加密公交线路,逐步解决老城区“行车难”“停车难”问题。

高起点培育特色城镇。全面启动高铁新城开发建设,强化土地、资金等要素保障,加大拆迁安置力度,加快实施站前快速路、南通长江路西延、通扬运河改道等重点交通工程,大力推进南通西站核心区和平东物流园规划建设,拉开建设框架。市级中心镇要坚持“抓规划、强产业、优功能、聚人气”齐头并进,进一步夯实产业基础和经济支撑,提升公共服务配套水平,切实增强综合承载力和吸引力。其他镇要坚持“特色、精致、宜居、生态”理念,在做优形象、做美环境上实现提升。注重老镇区发展研究,盘活存量资源,统筹用地布局,推动协同发展。大力实施南通人民路东延、兴仁收费站等重要道路和节点绿化,积极推进336省道拓宽改造等工程;启动江通线、海五线等县道大中修工程,加快农村公路建设,进一步优化交通路网。深化城乡管理体制改革,深入推进执法重心下移,加强标准化建设,努力推动执法队伍全覆盖。研究出台户籍制度改革实施意见,加速人口向城镇集聚,稳步提高户籍人口城镇化率。

高标准打造魅力乡村。深化镇村布局规划调整,在充分尊重群众意愿的基础上,选定一定数量的村庄作为新型农村社区建设的重点,出台相关扶持引导政策,强化地域风情特色塑造,积极推动基础设施、公共资源、服务配套加快延伸覆盖。高度重视村级集体经济发展,因地制宜加大资产资源盘活力度,积极发展物业租赁型、产业带动型、资源开发型、服务创收型、互助合作型等多业态形式的集体经济,多渠道增加村集体收入,切实增强“造血功能”。以美丽乡村建设为载体,深化城乡环境综合整治,持续改善农村人居环境。加快推进农村河道整治三年行动计划,强化重点难点攻坚,落实好长效管护机制,进一步巩固整治成果,建成水美乡村10个。以花卉产业园为重点,加快进鲜港乡村旅游集聚区等建设,大力发展农家乐,打造乡村旅游特色品牌。

(四)更大力度深化改革开放。坚持以深化改革释放原动力,以扩大开放提升集聚力,努力在更大空间整合资源、在更高层面谋求发展。

抓好重点领域改革。以南通深化陆海统筹发展综合改革为契机,打好全面深化改革组合拳。在简政放权上,以行政审批局为抓手,深入推进相对集中行政许可权改革,探索实施“线上线下”一体化审批模式,积极开展“多图联审”“多评合一”,真正实行“一枚印章管审批”,全面实现服务能力、政府权力、市场活力的正向叠加、同频共振。在要素保障上,突出节约集约导向,积极推进同一乡镇范围内村庄建设用地布局调整试点、零散基本农田归并整合试点,实施城镇低效用地再开发,探索工业用地供应制度改革,切实优化土地利用结构、提升土地利用效益。加快“一街一港一中心”金融集聚区建设,大力引进金融机构和准金融机构,提高各类基金的投资效率,引导和支持企业转型升级,着力打造金融发展高地。在农村改革上,进一步扩大“双置换”改革试点,积极稳妥开展农村土地承包经营权确权登记颁证,大力推进土地承包经营权抵押融资,完善农村产权交易市场体系,促进流转交易公开透明、规范运行。

推动园区内涵开发。围绕“核心极、双前沿、强引擎”目标定位,充分发挥资源承接、功能支撑、产业集聚的重要作用,构筑园区发展新优势。南通高新区要深入实施创新驱动和产城融合两大战略,在特色产业发展、创新载体建设、创新主体培育、创新创业体系构建等方面实现新突破,加快打造人才、创新、产业三大高地,成为区域创新驱动主引擎和新一批国家高新区的标杆。锡通科技产业园要以高端装备制造业为主导,加快推进卡特彼勒设计检测等重点项目和合金机械园、创业园等“园中园”建设,拉开“三纵两横”路网框架,努力打造苏南苏中合作共建示范园区。滨江新区要抢抓综合交通体系建设机遇,实施路网提升、水系畅通、吹沙造田等工程,加快开沙岛—横港沙联动开发进程,成为接轨上海融入苏南的前沿阵地。南通家纺城要深入推进市场采购贸易方式试点,推动传统企业快速转型,重塑家纺产业生态圈,打造特色众创集聚区。空港产业园要发挥开放口岸优势,加快海关特殊监管平台建设,开展跨境贸易电子商务试点,着力打造长三角地区飞机维修改装基地、航空物流枢纽中心和通用航空运营中心。石港科技产业园要全面拉开框架,完善基础配套,做强智能装备、医疗器械等特色产业,成为引领北部发展的强引擎。

拓展对内对外开放空间。践行开放发展理念,把“一带一路”作为扩大开放的优先方向,依托开发园区、优势产业以及人脉资源,大力开拓东盟、中东、中非、拉美等新兴市场,着力构建优进优出的开放新格局。鼓励和引导企业“抱团出海”,推动家纺、建筑等优势产业到境外发展,探索建立境外经贸合作区。积极与长江沿线城市开展多节点多层次合作,促进要素合理流动、产业分工协作,实现共赢发展。主动承接上海自贸区溢出效应,深化与上海外高桥物流中心、陆家嘴国际金融中心的合作。

(五)更大力度改善生态环境。践行绿色发展理念,以南通创建生态文明建设示范区为契机,以实施生态文明重点工程为抓手,促进经济与生态建设良性互动。

突出减排控污。聚焦存量污染防控,落实循环发展引领计划,推动传统产业绿色改造。实施益民污水处理厂分厂扩建和欣源污水处理厂二期工程,推进污水处理配套管网建设,新建污水管网70公里以上,实现市级中心镇建成区污水管网全覆盖。严格项目环保准入门槛,建成污泥无害化处置中心,深入开展企业清洁生产审核,从源头上控制污染。

强化环境整治。围绕确保PM2.5平均浓度持续下降目标,推广清洁能源,加快淘汰燃煤小锅炉,全面淘汰“黄标车”,强化扬尘管理。突出水环境整治,减少农业面源污染,实施河流整治专项行动,整治非法排污口。深入开展钢丝绳、印染、化工、电镀等重点行业专项整治,解决区域突出环境问题,严厉打击环境违法行为。加强生态保护与修复,持续开展植树造林，加快建设绿色通州。

健全保障机制。加强环境执法体系改革，探索污染物排放权交易，推行区域生态补偿、环境信用修复机制，确保区域生态安全。实施网格化管理，加强环境综合执法监管，开展环境监察标准化建设。培养公民环境意识，引导大众养成绿色、低碳的生活习惯。

（六）**更大力度促进社会和谐**。践行共享发展理念，深入实施民生幸福工程，认真办好10件民生实事，不断增强人民群众的获得感和满意度。

拓宽增收渠道促民富。不断完善城乡就业服务体系，健全区镇村三级就业服务平台，推动公共就业服务信息化建设，努力解决结构性就业矛盾。深入实施全民创业工程，完善"四位一体"创业帮扶机制，推进创业载体建设和大学生创业引领计划，让更多群众投身创业行列，全年新增创业人数1200人。进一步完善保障体系，切实做好被征地农民保障工作，实施"全民参保登记计划"行动，确保主要险种参保率达98%以上。打赢新一轮脱贫攻坚战，是全面建成小康社会的关键之举。"十二五"时期，我区按照农村人均收入低于5000元的标准，实现了3.42万人脱贫。近期，省委省政府明确"十三五"时期以人均收入6000元为新一轮扶贫标准，要按照这一最新要求，抓紧精准识别、建档立卡，在此基础上，大力实施脱贫致富奔小康工程，落实好"扶持生产就业脱贫一批、发展医疗教育救助脱贫一批、探索资产收益脱贫一批、完善保障制度兜底一批"的要求，因人施策、逐个销号。同时，高度关注因病、因灾、因残等返贫群体，加大各种形式的社会救助力度，确保圆满完成脱贫任务。

完善公共服务惠民生。统筹各级各类教育的现代化建设，全区教育发展水平总体达到省定指标体系要求。大力发展学前教育，均衡配置义务教育资源，实施中小学教育装备提升、教育信息化工程，确保90%以上的义务教育学校通过市现代化学校验收。着力发展职业教育，实施好通州中专二期工程建设。深化公立医院改革，继续强化镇村卫生机构标准化建设、一体化管理，推进卫生信息化工程、区域医疗联合体改革，不断优化医疗资源配置。深入推进文化惠民工程，繁荣文艺精品创作，加大公共文化服务场所免费开放力度，提升省级公共文化服务体系示范区创建成果。推进文化管理体制改革，建立健全文化事业单位法人治理结构，推动文化产业提质升级。积极开展全民健身运动，加强城乡体育健身工程建设，持续完善公共体育服务体系。继续做好镇敬老院提档升级工作，实施"农村幸福院"项目，加强南山颐养中心运行管理，不断完善社会化养老服务体系。统筹抓好人口计生等其他各项社会事业。

创新社会治理保民安。加强社会治理三级服务平台建设，规范社会组织管理，努力构建社会共治格局。健全矛盾纠纷网格化排查预警体系，大力推进信访法治化建设，不断提高矛盾纠纷化解稳控质效。深化司法体制改革，继续以依法行政、公正司法、法制教育为重点，丰富拓展法治通州内涵，实现城乡公共法律服务平台全覆盖，保持法治建设群众满意度全省领先，全力争创省法治区。深入推进平安通州建设，完善立体化、现代化社会治安防控体系。树牢安全发展观念，落实安全生产责任制，推进食品药品监管"一中心两平台"建设，加大重点行业领域专项整治力度，切实维护人民生命财产安全。

加强和改善党的领导为建设新通州提供坚强保障

完成"十三五"开局之年的各项任务，党的领导是根本政治保证。要适应新的形势和任务需要，认真落实全面从严治党要求，深入实施党建工作创新工程，不断提高各级党委领导经济社会发展的能力，为建设新通州提供坚强保障。

一要统筹谋划把方向。各级党组织要加强对经济社会发展的领导，在把控方向、谋划全局、解决难题上下功夫。要完善党委领导经济社会发展的制度，进一步创新领导经济社会发展的观念、体制、方式方法，完善党委研究经济社会发展战略、定期分析经济形势、研究重大方针政策的工作机制，坚持民主集中制，对"三重一大"等事项集中讨论决策，推动党委领导经济社会发展制度化、规范化、程序化。要善于在国内国际环境的大格局下，以更加宽阔的视野考量和谋划自身发展。要辩证看待全局中有局部、局部中有全局，把握和平衡好各种利益关系，提高利益调节的合理性和精准性。现在，形势变化发展很快，各种矛盾问题错综复杂，应对发展新常态，化解"成长中的烦恼"，都需要专业思维、专业素养、专业方法。要以党委（党组）中心组学习为抓手，推动广大党员干部深刻领会习近平总书记系列重要讲话精神实质，用科学理论武装好头脑。要把学习宣传贯彻十八届五中全会和省市委全会精神，作为当前和今后一个时期重要的政治任务，推动干部培训、宣讲活动、社会宣传"三个全覆盖"。要更加注重加强对新形势的分析、对新问题的解剖，更加注重运用法治思维和法治方式深化改革、推动发展、化解矛盾、维护稳定，不断提高把握运用市场经济规律、社会发展规律、自然规律的能力，不断提高依法办事的能力，从而把手中的方向盘掌控得更好。

二要管党治党严责任。各级党委（党组）要强化主业主责意识，严格落实党建工作责任制，在思想认识、责任担当、方法措施上把全面从严治党要求落到实处，不断提高党的建设科学化水平。要把思想建党作为首要任务，突出加强理想信念教育，进一步拧紧党员干部思想上的"总开关"。培育践行社会主义核心价值观，不断深化公民思想道德建设，做深做透"童声"品牌，广泛开展各类精神文明先进典型评选活动，重视农村精神文明建设，以长效机制引领文明城市常态化建设。坚持党管媒体，加大正面宣传力度，健全新闻发布和政策解读机制，切实提高依法管网治网能力，积极引导社会舆情，有效掌控意识形态阵地。要牢固树立抓基层打基础的鲜明导向，围绕"六强六过硬"要求，拓展"五位一体"工作体系建设，重点突破教育引导群众、引领集体经济发展等课题，强化农村党组织核心地位和整体功能。以纪念建党95周年为契机，广泛开展"最美党员

表彰”等活动，推动基层破难题、树品牌。深化“星级基层党建示范点”创建，常态帮扶薄弱基层党组织。建强基层党组织带头人队伍，进一步拓宽村（社区）干部发展空间。坚持“20字”好干部标准，认真贯彻《干部选拔任用工作条例》及市“2+8”配套制度文件精神，着力规范和完善干部选任程序，严把选人用人关。按照从严管理干部“五个要”若干规定，认真落实党员教育管理“双预警”、干部个人有关事项报告和领导干部经济责任审计等制度，推动从严管理干部常态化。要坚持把纪律和规矩挺在前面，进一步强化党委主体责任、纪委监督责任，贯彻落实好中国共产党《廉洁自律准则》和《纪律处分条例》。充分发挥督导巡查作用，加强对权力运行的监督和制约，加快形成不敢腐、不能腐、不想腐的体制机制。继续保持严惩腐败的高压态势，以坚定决心减存量、遏增量。毫不放松抓好中央八项规定和省市区委十项规定的落实，切实解决发生在群众身边的“四风”问题，对68条省委巡视组反馈意见整改措施，坚决打好攻坚战，不达目的绝不收兵，加快形成作风建设新常态，持续创建“三清”示范区。

*三要凝心聚力抓落实。*中央和省市委对“十三五”发展的大政方针已经明确，区委《建议》对通州“十三五”发展作出总体部署和安排，要按照谋事实、创业实、做人实的要求，一着不让抓落实、见成效。要健全抓落实的责任机制。科学进行责任分解，把目标任务分解到部门、具体到项目、落实到岗位、量化到个人，以责任制促落实、以责任制保成效，形成一级抓一级、层层抓落实的工作局面。特别是对区委《建议》提出的工程、计划、制度、行动等工作抓手，要切实做好责任分工和细化工作，使之可操作、易评价、能考核，确保得到不折不扣落实。要弘扬抓落实的工作作风。抓落实关键看干的结果怎么样，喊过了不等于做过了、表现了不等于执行了、做过了不等于做好了，要继续发扬务实、踏实、扎实的作风，坚持“往下落一个层次”，把“十三五”发展的蓝图转化为施工图、作战图，形成具体的载体和抓手，确保重点工作抓得住、有实效。对于谋定的事项、看准的工作，要咬定青山不放松，一步一个脚印走、一锤接着一锤敲，不达目的不罢休。对于需要长期接力的工作，坚持一张蓝图绘到底，既有当前考虑，也有长远部署，以持久的耐力和韧劲一任接着一任干、一棒接着一棒传，坚持不懈，持之以恒，久久为功。要汇聚抓落实的强大合力。不断创新群众工作体制机制和方式方法，深入开展“三解三促”等密切联系群众的活动，遇事多听群众意见，及时解决群众诉求，努力在服务群众中教育群众、引导群众、团结群众、激励群众。要善于统筹兼顾，把人大、政府、政协的作用更好发挥出来，把党的统一战线、人民团体、各界人士等方面力量广泛调动起来，把全社会创业创新的活力充分释放出来，巩固发展政通人和、心齐气顺的生动局面。要把“三严三实”专题教育的成果转化为抓落实的动力，引导每一位干部珍惜来之不易的岗位和机会，主动担当，敢于负责。深化干部人事制度改革，健全有利于科学发展的目标体系、考核办法、奖惩机制，着力解决少数干部不作为、慢作为、乱作为等问题。结合换届工作，进一步优化班子和干部队伍结构，加强优秀年轻干部培养，加大干部交流力度，健全在实干中发现人才、提拔人才的机制，鼓励创新、宽容失败，激发广大党员干部比学赶超、干事创业的热情。

（资料提供　李艳峰）

政府工作报告

——在南通市通州区第十五届人民代表大会第五次会议上(节选)

(2016年1月13日)

区长　陈永红

2015年工作总结和“十二五”回顾

2015年,在区委的正确领导下,我们全面贯彻党的十八大和十八届三中、四中、五中全会精神,认真落实习近平总书记系列重要讲话精神和对江苏工作的要求,积极应对错综复杂的宏观环境,把握稳中求进总基调,咬定全年目标不放松,扎实开展招商引资和项目建设突破年、创新转型提速年和城乡品质提升年活动,全力推进改革发展稳定各项工作,全区经济社会继续保持平稳健康发展态势。预计全年(下同)实现地区生产总值947亿元,增长10%,一般公共预算收入80.6亿元,增长14.5%。

一、经济运行稳中有进

坚持把经济工作重心放在稳增长、调结构、促转型上,多措并举,科学应对,致力推动经济平稳增长。有效投入进一步加大。扎实推进招商引资和项目建设,全年签约项目135个,计划总投资220.7亿元,新批外资项目40个,外资实际到账2.8亿美元,丽智电子、宝湾物流、找货网等项目落户。建立“季季看、家家到”项目推进机制,每季度组织项目联合开工,华电热电联产、新江海二期等重大项目开工建设,实施亿元以上制造业项目83个、服务业项目75个。聚恒工业园竣工启用,鲜一汽配、芬图贝节能科技等8个项目入驻。17个省市级重大项目超额完成年度投资计划。完成固定资产投资603亿元,增长16%,总量继续在南通保持领先。结构调整进一步加快。实现新兴产业产值706亿元,增长15%。完成技改投入232亿元,增长21.5%,40个项目列入省重点技改计划。创成全国产业集群区域品牌建设试点区。实现服务业增加值406.5亿元,占比提高1.5个百分点。新增市级示范性服务业集聚区3家、AAAA级物流企业2家,景瑞农业被认定为中国物流示范基地。电商产业园集聚美国合丰、四海商舟等知名企业71家。市场采购贸易方式国家试点、跨境贸易电子商务省级试点获批。推出“两日游”线路,组织“万人看通州”活动,上海、苏州等旅游客源市场进一步拓展。现代农业加快发展,新建扩建规模以上农业项目125个,新增设施农业2.2万亩、土地流转3.2万亩。新增家庭农场80家、全托管服务组织97个、市级以上农业龙头企业6家。金土地跻身全国休闲农业五星级示范企业。要素保障进一步加强。出台稳增长、促发展“新十一条”政策措施,兑付各类扶持资金2.4亿元。百强企业纳税增长9.3%,外贸进出口总额达36亿美元。创设产业发展母基金,引导投资3.9亿元。引入国有担保公司,缓解企业担保难问题,新增实体经济信贷投放68亿元。鼓励企业登陆资本市场,四方冷链首发上市申请过会,华夏飞机、华盛高聚物、华隆微电子3家企业在新三板挂牌。金融生态环境综合评估排名全省前列。强化发展用地保障,推进零散基本农田归并整合,实施同一乡镇范围内村庄建设用地布局调整试点。

二、创新战略加快实施

把创新作为引领发展的第一动力,加快完善体制机制,不断激发创新创造活力。平台建设成效明显。全力推动“大众创业、万众创新”,江海圆梦谷、中国创纺e站入围首批省级众创空间,南通高新区世纪大道众创集聚区获批省级试点。举办首届创新创业大赛,承办市“通创荟”系列活动,一批项目与风投、创投机构开展合作。科技之窗基本建成,26个项目落户科创大厦。海兰信海外并购基金成功收购德国罗克森公司。实施产学研合作项目65个,引进省级以上科技服务平台5个,省产研院苏大纺织丝绸研究所挂牌。创新资源加速集聚。“双创”人才工作取得突破,引进培育高层次创新人才53人,新增人才创新创业项目31个。科技与金融加快对接,新引进创投基金13家,新增管理资金14.7亿元。“苏科贷”总额全省县(市、区)第一。科技成果加速转化,5个项目列入省科技支撑计划,德明新材料、沃太能源等孵化项目实现产业化,产值突破亿元。主体作用充分发挥。新增省重点企业研发机构5家、省级企业工程中心5家,新认定高新技术企业49家,全市第一。高新技术产业产值占比达45.6%,全社会研发投入占比达2.5%。新增专利授权2800件,万人发明专利拥有量达到17.3件。深入实施品牌战略,新增中国驰名商标4件。

三、城乡发展更趋协调

突出规划引领,统筹推进城乡建设和环境品质提升。规划布局不断优化。以沪通铁路南通西站、平东物流园、机场大道等重大基础设施建设为契机,进一步优化滨江新区、空港产业园等重点片区发展规划。平稳实施部分行政区划调整,优化镇村布局规划,城镇规模布局更加科学合理。完成城区地下空间、慢行系统、城市家具等专项规划。基础设施更加完善。建成连接南通主城区骨干道路88.5公里,配建绿化做到“一路一特色”,G345南通东绕城段、南通人民路、青年路、世纪大道东延和龙盛大道成为百姓出行新选择。兴仁道口、唐洪路口等节点环境明显改观。实施新世纪大道、银河路西段、立德路改造提标，运盐河公园示范段、张公祠玉兰园建成开放。新建农村公路150公里、标准化泵站150座、防渗渠350公里。城市形象明显提升。推进金霞路、朝霞路街景整治，改造交通节点绿化15处。通吕运河"一河两岸"南岸景观效果初显。完成省"931"、市"951"[1]城市环境综合整治任务108项，改造老小区18个。新建城市雨污收集管网55公里，完成9条河道环保疏浚及生态治理。建成城区公共自行车系统，月均服务市民4.5万人次。市民中心荣获区内首个鲁班奖工程。规范中心城区及重点区域道路桥梁命名。文明城市长效管理实现常态化，通过国家卫生城市、全国文明城市复审，创成江苏省优秀管理城市。生态建设扎实推进。完成重点节能和清洁生产项目12个，淘汰燃煤锅炉119台、印染落后产能3000万米，关闭电镀企业9家。开展钢丝绳、印染行业及小天生港河专项整治，查处环境违法案件157件。覆盖拉网式综合整治工程有序推进，秸秆禁烧和综合利用成效明显。益民污水处理厂迁扩建项目、溯天污水处理厂建成运行，污泥处置中心开工建设，新建城镇污水管网44公里。完成造林绿化2.5万亩，新增城镇绿化130公顷，建成村庄小游园30个。启动实施农村河道整治三年行动计划，疏浚河道377条，打造了一批生态河道和水美乡村。建成省级生态村2个、三星级康居村5个，十总社区荣获"江苏最美乡村"称号。

四、民生事业持续改善

坚持民生优先，强化惠民举措，民生支出占一般公共预算支出比重达81.4%，10件24项为民办实事项目基本完成。公共服务能力提升。新增公办幼儿园10所，创成义务教育现代化学校53所。实施普通高中布局调整和资源整合，通州高中迁入新校区。江苏联合职业技术学院通州分院获批。启动区人民医院、中医院"三乙"创建，迁扩建医疗机构12所。落实国家基本药物制度，全面实行药品零差价销售。文博中心、妇儿中心、图书馆新馆等建成启用，体育中心运营进入正轨。成功承办第七届"江苏戏剧奖·红梅奖"大赛、中国羽毛球俱乐部超级联赛，建成全省首批公共体育服务体系示范区。居民收入稳定增长。开展"送政策、送岗位、送培训"活动，新增就业9316人，城镇登记失业率控制在3%以内。落实农业保险补贴等惠农政策，发放涉农补贴1.4亿元。推广"金农贷""通农贷"等产品，助力农民创业增收。城乡居民可支配收入分别增长8.9%、10%。村集体经济实力持续增强，村营收入平均达95万元。社会保障扩面提标。新增各类参保人员1.2万。企业退休人员养老金、居民基础养老金、城镇居民医保和新农合保障水平进一步提升，城乡低保、重残人员救助等标准继续提高。完善征地补偿和被征地农民社会保障办法。实施机关事业单位养老保险制度改革。建成保障房3200套、安置房89万平方米。南山颐养中心落成，养老服务体系进一步完善。

五、治理能力不断加强

以"保平安、促和谐"为目标，扎实推进社会管理创新。全力攻克各类难题。南部污水处理厂历经4年谈判，成功回购并顺利交接运行。美亚热电收归国有，实现经济和社会效益双赢。华能煤灰堆场回收工作取得实质性进展。以壮士断腕的决心，狠抓国家土地例行督察问题整改并通过验收。整治违建寺观144处。全力保障公共安全。深化平安通州建设，争创"四项建设"[2]领先区，公众安全感进一步提升。严格落实安全生产责任制，开展大宣讲近千场，受教育职工超10万人，创新实施推磨式大检查，责令"三停"[3]企业55家，实现全区企业安全排查整改全覆盖。构建区镇村三级食品药品监管体系，启动农村集体聚餐食品安全管理工作。全力维护社会稳定。畅通群众诉求渠道，"12345"市民服务热线受理来电9.5万件。强化矛盾纠纷调解三级管理，落实区领导接访下访制度，化解突出信访问题43件，依法处置非访，维护社会和谐安定。坚持主动作为、守住底线，妥善解决部分家纺、船舶、房地产企业运行问题。建成省级现代社区治理创新实验区，城乡和谐社区达标率超过85%。

一年来，我们以"三严三实"专题教育为抓手，强化"目标、路径、攻坚、担当"四种意识，不断加强政府自身建设。以铁的意志、铁的措施推动工作落实，将全年目标分解为100项攻坚任务，实行"月计划、周安排、天落实"工作制度，做到有部署、有督查、有考核、有问效。在困难和矛盾面前，坚持靠前指挥、一线推进、集体研究、合力攻坚，有效解决了一批重点难点问题。扎实推进法治政府建设，开展干部法治教育，编制政府行政权力清单，按照法定权限履行职责。有序推进相对集中行政许可权改革试点，启动"三证合一"[4]登记。深入推进政务公开，全年公开政府信息1.3万项。加大行政监察、审计监督和反腐败工作力度，加快创建"三清示范区"[5]。建成省一类公共资源交易市场。严格执行中央八项规定和省市区委十项规定，实施公务用车制度改革，"三公"经费削减率超20%。自觉接受人大及其常委会的工作监督和政协的民主监督，办理区人大代表建议351件、政协提案251件，满意率达100%。

与此同时，积极支持群团组织发挥作用。全区统计、档案、气象、供销、地方志以及慈善、红十字、关心下一代等工作取得新业绩。

各位代表，2015年工作任务的顺利完成，为"十二五"发展划上圆满句号。这五年，我们紧紧围绕"跻身苏中新一轮发展前列"的总体目标，认真贯彻落实中央、省市一系列重要决策部署，抢抓机遇，迎难而上，砥砺前行，取得了令人瞩目的成就。

*一是坚持促发展、快转型第一要务，紧盯目标，奋勇争先，综合实力全面增强。*2015年，全区地区生产总值、一般公共预算收入分别为"十一五"末的1.9倍、2.4倍。高新技术企业由12家增加为143家，高新技术产业产值占比提高15.9个百分点。卡特彼勒、宜家、德尔福等世界500强以及恒科新材料、甬金金属、供销产业园、华电热电、深南电路等重大项目相继落户，新材料、汽车零部件、电子信息等新兴产业板块相继崛起，全区固定资产投资年均增长18.4%，总量

全市第一。创成国家新型工业化产业示范基地。建筑业年产值突破1500亿元,鲁班奖总数达52个。农业现代化水平苏中领先。三次产业占比由7.95:58.25:33.8调整为6.1:51:42.9。镇域经济持续壮大,11个镇区园(街道)一般公共预算收入超亿元,南通高新区突破15亿元。

二是坚持抓统筹、惠民生第一责任,敢于担当,创新突破,小康水平全面提升。办成民生实事项目100项,民生投入超230亿元。城东新区、银河新区基本建成,南山湖公园、"一馆两中心"建成启用,商机、人气加快集聚。融入南通、联接城乡的"十二横十纵"大交通体系全面成型,新建农村公路1000多公里,公交实现村村通。创成国家生态区。城区拉开120平方公里发展框架,建成区面积扩展为"十一五"末的1.6倍,城镇化率提高7.2个百分点。城乡居民人均可支配收入分别为"十一五"末的1.6倍、1.8倍。教育布局、公共卫生服务体系持续优化,城乡居民养老、医疗等保险基本实现全覆盖。住房保障水平全省领先。小康指标综合得分在苏中位列前茅。社会发展水平综合评价全市第一。

三是坚持强基础、利长远第一保障,攻坚克难,埋头苦干,发展环境全面优化。南通高新区晋升国家级园区,核心区科技新城启动建设;锡通科技产业园获批省级苏南苏中合作共建园区;滨江新区开沙岛、横港沙加快联动开发,高铁新城规划建设全面启动;南通家纺城创成国家外贸转型升级专业型示范基地,建成行业唯一的国家级知识产权快速维权中心;空港产业园、石港科技产业园加速壮大。强化发展软环境建设,完成新一轮行政体制改革,组建区经信委、卫计委、服务业发展局、市场监管局、行政审批局。扎实推进简政放权,花大力气整治"中梗阻",审批时限整体压缩50%以上。着力健全大调解、大防控社会治理机制,公众安全感持续位居全省前列。

"十二五"发展所取得的成就,归功于市委、市政府和区委的正确领导,得益于历届领导班子打下的良好基础,离不开区人大、区政协的监督支持,凝聚着全区人民的智慧和汗水。在此,我谨代表区人民政府,向广大干部群众,向人大代表、政协委员,向区各民主党派、工商联、无党派人士和离退休老同志,向驻通部队、武警官兵,向所有关心和支持通州发展的各界人士、海内外朋友,表示衷心的感谢和崇高的敬意!

各位代表,回顾过去,我们也清醒地认识到工作中存在的不足,主要是面对新常态下的新情况、新问题,创新的办法不多、破解的力度不大。船舶、家纺等传统支柱产业增长乏力,房地产市场进入调整期,部分骨干企业运行困难;常态化的招商工作机制还不健全,带动产业转型的好项目、大项目仍然偏少,经济结构调整的效果不明显;科技创新对产业发展的支撑作用尚未有效体现,创新成果转化为现实生产力还不多;接轨上海、苏南,融入南通主城区的步伐有待进一步加快,城乡公共服务均等化水平还需持续提升,特别是教育、医疗、环境等与群众期盼还有较大差距;此外,部分干部干事创业的能力水平、攻坚克难的信心斗志仍需进一步增强,全区上下艰苦奋斗、奋勇争先的社会氛围还不够浓厚。对于这些问题,我们在今后的工作中将高度重视、认真解决。

"十三五"指导思想和奋斗目标

"十三五"时期,通州发展依然处于大有作为的重要战略机遇期。当前,世界经济在深度调整中曲折复苏,新一轮科技革命和产业变革蓄势待发。虽然面临困难,但我国经济长期向好基本面没有改变,正在向形态更高级、分工更复杂、结构更合理的阶段演化。通州处在"一带一路"和长江经济带的交汇节点,位于沪苏通协同发展的前沿区域,多重国家战略叠加效应集中释放、交通枢纽功能日益凸显。同时,经过"十二五"时期的奋斗,我区综合经济实力有了较大提升,发展动力正在加快转换、空间不断拓展优化、路径越来越清晰,完全有基础有条件发展得更好一些、更快一点。我们必须准确把握战略机遇期内涵的深刻变化,准确把握国内外发展大势,准确把握通州发展阶段性特征和新的任务要求,全力推动经济社会发展实现新跨越。

根据区委关于制定"十三五"规划的建议,今后五年我区发展的指导思想是:高举中国特色社会主义伟大旗帜,全面贯彻党的十八大和十八届三中、四中、五中全会精神,以马克思列宁主义、毛泽东思想、邓小平理论、"三个代表"重要思想、科学发展观为指导,深入贯彻习近平总书记系列重要讲话特别是视察江苏重要讲话精神,坚持"四个全面"战略布局,坚持发展第一要务,保持战略定力,深入落实"五个迈上新台阶"[6]重点任务和省委"八项工程"[7],突出陆海统筹、江海联动,全力以赴稳增长、抓创新、调结构,毫不动摇促改革、重法治、惠民生,坚定不移强基础、谋长远、求突破,加快形成引领经济发展新常态的体制机制和发展方式,统筹推进经济建设、政治建设、文化建设、社会建设、生态文明建设和党的建设,着力建设经济强、百姓富、环境美、社会文明程度高的新通州,全面建成小康社会,探索开启基本实现现代化建设新征程,谱写好中华民族伟大复兴中国梦的通州篇章。

"十三五"时期,全区经济社会发展的主要目标是:地区生产总值和居民可支配收入年均增长9%左右,服务业增加值占比超49%,全社会研发投入占比达2.8%,城镇化率达到64.5%。奋力打造创新转型示范区、陆海统筹江海联动交汇区、沪苏通协同发展前沿区、生态和谐宜居区。

为实现上述目标,我们必须深刻领会"创新、协调、绿色、开放、共享"五大发展理念,将之贯穿于建设"强富美高"新通州全过程,并结合落实省市和区委发展新战略、新思路,明确新定位,开辟新路径。

——践行创新发展理念。把创新作为通州发展的动力引擎,摆在发展全局的核心位置,大力发展创新型经济,加快形成以创新为主要引领和支撑的经济体系、发展方式,推进各个领域的全面创新,让创新贯穿一切工作、在全社会蔚然成风,成为通州发展最鲜明的特征和最强劲的动力。

——践行协调发展理念。把增强发展的协调性作为重要取向,统筹经济社会发展的重要领域和重大关系,重点促进城乡区域协调发展,促进经济社会协调发展,促进新型工业化、信息化、城镇化、农业现代化同步发展,推动硬实力和软实力同步提升,整体发展水平走在苏中前列。

——*践行绿色发展理念*。坚守节约资源和保护环境基本国策,坚持可持续发展,坚定走生产发展、生活富裕、生态良好的发展道路,加快建设资源节约型、环境友好型社会,努力让通州的天更蓝、地更绿、水更清,让百姓充分感受到生态之优、自然之美。

——*践行开放发展理念*。充分发挥各级各类载体和平台作用,主动融入新一轮对内对外开放大布局,积极对接“一带一路”和长江经济带战略,提升园区竞争能力,优化对外贸易结构,不断拓展开放新空间、构建开放新体制,加快发展更高层次的开放型经济。

——*践行共享发展理念*。坚持发展为了人民、发展依靠人民、发展成果人民共享,持续加大民生投入,扎实办好民生实事,努力在实现“七个更”[8]目标上取得新突破,让全区人民有更多获得感,使民生成为通州的闪亮名片。

2016 年工作要求和主要任务

2016 年是“十三五”开局之年,是为全面建成小康社会奠定坚实基础的重要一年。做好今年的工作,对我区在区域发展格局中更有作为、更有位置、更有形象,具有十分重要的意义。

2016 年工作的总体要求是:全面贯彻党的十八大和十八届三中、四中、五中全会以及省市区委全会精神,深入落实习近平总书记系列重要讲话特别是视察江苏重要讲话精神,自觉践行五大发展理念,坚持稳增长、调结构、惠民生、防风险,深化拓展“三个年”活动,统筹推进开放创新、转型升级、城乡建设、生态文明、民生事业、政务服务各项工作,奋力实现“十三五”良好开局。

今年的主要预期目标是:地区生产总值增长 9.5% 以上,一般公共预算收入增长 10% 以上,固定资产投资增长 12% 左右,外贸进出口增长 8% 以上,居民人均可支配收入增长 9.5% 以上,城镇登记失业率控制在 3% 以内,全社会研发投入占比 2.6% 左右,万元地区生产总值能耗降幅和主要污染物减排完成市下达任务。

为实现上述目标,我们要重点抓好以下六个方面:

一、突出开放创新,加快动力转换

坚持更高水平开放、更大力度创新,不断拓展新一轮经济发展的动力源泉。

扩大对外开放。实施经济国际化战略,强化招商引资龙头,优化工作推进机制,充实专职招商团队,提升专业化、产业链招商水平。以六大平台为主阵地,加快对接欧美日韩和台湾、北上广深等热点区域,力争新签约 10 亿元以上项目 5 个,超千万美元外资项目 20 个。更大力度接轨上海,加强与外高桥长江经济带项目联动战略合作,建设临沪产业转移基地。加快培育市场采购贸易经营主体,全力推进跨境电商省级试点,建设“网上丝绸之路”重要节点,力争实现外贸进出口 39 亿美元。引导企业主动参与国际合作,推动家纺、建筑等优势产业融入“一带一路”国家战略。

打造创新引擎。主动融入苏南自主创新示范区,策应省产业科技创新中心建设,加快创新资源集聚。做大高新技术企业集群,新认定高新技术企业 30 家,新增省级企业工程中心和技术中心 10 家。落实新的加计抵扣、加速折旧等政策,引导企业增加创新投入。发展创客经济,做实做强江海圆梦谷、中国创纺 e 站等众创品牌,推进省级众创集聚区建设。健全完善协同创新体系,力争实施产学研合作项目 50 个以上。突出科技金融支撑,推动科技、人才、金融、产业有机融合,加快推进金融集聚区建设。新引进创投机构 5 家、“千人计划”等顶尖人才 5 名、省“双创”人才 4 名,实现 10 个孵化项目产业化。

强化园区支撑。发挥六大主力平台资源承接、功能支撑、产业集聚的重要作用,加快做大总量、做精产业、做强实力,进一步提升对全区经济增长的贡献率。南通高新区突出重大项目建设,在招引产业链关键项目上取得突破。高标准建设科技新城,提升创新平台功能和内涵,确保建成省级平台 5 个以上,科技之窗、科创大厦项目入驻率分别达 50%、90%。锡通科技产业园加强与中航孵化器、中日韩中小企业促进会的对接合作,加快合金机械园、创业园等园中园建设,推动一批重大项目落户。滨江新区重点完善旅游配套设施建设,加快旅游项目落地,全面展现开沙岛省级旅游度假区形象。南通家纺城发挥市场采购贸易方式、跨境电商优势,构建家纺产业生态圈。空港产业园依托机场开放口岸,推进保税物流项目建设,着力打造航空物流枢纽。石港科技产业园加快与上海莘庄等先进园区合作,做强智能装备、医疗器械等特色产业,引领北部发展。

二、突出转型升级,调优产业结构

坚持引进与培育并重、质量与效益并举,着力推动一二三产经济质量、发展速度、产出效益同步提升。

推动制造业提档。落实“中国制造 2025”通州行动纲要,着力培育航空配套装备、新能源汽车、机器人等产业集群。新兴产业产值占比提高 1.5 个百分点。积极扶持船舶、家纺等传统产业开展技术革新、工艺优化,全年实施技改项目 100 个以上。以优质增量促进产业集聚,加快推进展华电子、深南电路、四方冷链扩建等重大项目建设,确保华电热电一期、沃德新材料等项目竣工投运。实施企业互联网化提升、制造装备升级计划,培育智能车间、智能制造示范企业 5 家以上。加大服务企业力度,实施实体经济企业“减负”行动。鼓励更多企业借力资本市场,力争新增新三板挂牌企业 5 家以上。

推动服务业提速。加快培育发展现代服务业新业态,推动服务业占比提升。深入推进 3 个市级示范性服务业集聚区建设。科技服务业集聚区力争培育、引进服务平台 5 家、企业 30 家以上。电子商务集聚区确保新入驻电商企业 25 家以上,交易额突破 150 亿元。乡村旅游集聚区加快基础设施建设,力争江海农家乐、花卉园一期等项目建成开放。全力推进服务业重点项目建设,确保棉花交易中心、华诺供应链管理基地等竣工营运,宝湾物流、顺丰二期、圆通速递枢纽中心开工建设。有效整合旅游资源,加快旅游开发,建成省五星级乡村旅游区 1 家。大力培育品牌餐饮、特色商贸,确保社会消费品零售总额超 338 亿元。

推动现代农业提质。加快建设国家现代农业示范区通州核心区。稳步推进农业产业化经营，新增市级以上农业龙头企业4家，新建扩建规模农业项目120个。在新型经营主体、"互联网+农业"、农业科技、农业标准化等方面争树标杆，确保新增家庭农场75家、"全托管"服务示范组织100个、市级以上合作示范社20家。依托金土地、白鹭湖等农业生态园，推动东部生态观光农业串点成线。加快农业基础设施建设，新建农桥100座、农路100公里，改造灌区107个，新增高标准农田1.1万亩。农业综合机械化水平达84%。稳步推进"双置换"改革，完成农村土地承包经营权确权登记工作。深化银农合作，推进土地承包经营权抵押融资，加大金融支农力度。

三、突出建管并重，提升城乡品质

坚持"惠民生、强功能、显特色"发展导向，加快城乡建设提质、管理水平提升，建设靓丽宜居新通州。

强化规划导控。深入对接南通市城市总体规划修编，促进多规融合，争取更大发展空间。加快构建量质并举、衔接紧密的城市规划体系，编制公共交通、城区供热等专项规划。突出交通、产业和功能配套整体联动，深化片区功能规划研究。完成4个镇总体规划修编和100个村庄规划编制，推进镇区园(街道)控规全覆盖。开展规划数字化、信息化建设。聚焦高铁新城规划建设，打造南通西部城市副中心。

优化城市功能。精细化、项目化推进115项重点城建工程。打通朝霞路、希望路等城市干道，改造张园路、银河西路等道路13条，完善城区路网体系和道路微循环系统。强化交通管理疏导，推进停车设施建设，拓展城区公共自行车服务，着力解决"行车难""停车难"问题。扎实推进城市轴线和节点更新改造，扮靓城市家具。实施运盐河、金西中心横河等景观提升工程，新增城市绿化50公顷。加快通吕运河"一河两岸"综合开发，确保世纪公园建成开放。推进雨污分流改造和截污纳管，实施五一河、十四总沟等水环境治理工程。推进棚户区、城中村、老小区改造。推动城东新区、银河新区功能提升，力促万达广场、沛鸿健康等项目开工建设。

加快镇村建设。围绕新型城镇化、城乡一体化，着力改善镇村建设和公共服务，促进重点片区、集镇和美丽乡村梯次发展。市级中心镇加快强镇扩权，促进产城人融合，建设片区组团核心。其他镇提高建设管理水平，实施差异化发展，形成比较优势。发展壮大村集体经济，分类推进特色村、精品村和新型社区建设，培育打造美丽乡村。推进S336拓宽改造，力争金川大道、江平路、渔湾路等镇区干道建成通车。联动推进重点工程征迁，加快多元化安置进程。

提升管理水平。完善城市长效管理和社会参与机制，促进城市管理即时化、高效化。扩容升级"数字城管"，实现城区120平方公里全覆盖。深化市容环境综合整治，推进流动摊点疏导区建设，开展占道经营、渣土运输专项治理。实施市政设施精细化维护管理，分步分片美化提升城区环境。强化属地管理责任，提升城管重心下移、物管全覆盖成效。巩固集镇环境综合整治成果，加强农村环境"五位一体"长效管理，保持违法建设管控、废品站点整治高压态势，确保城乡面貌实现更大改观。

四、突出生态优先，改善人居环境

牢固树立"绿水青山就是金山银山"的理念，健全生态文明制度体系，提升生态文明建设水平。

推动低碳绿色发展。加强高能耗行业管控，开展强制性清洁生产审核，完成淘汰黄标车、燃煤锅炉、印染落后产能任务。实施森蓝环保、宏德机电等一批重点节能和循环经济项目。扩大清洁能源运用，华润充气站和崇海充电站投入使用。创新违法土地管控共同责任机制，提升节约集约用地水平。推广应用绿色建筑技术和新材料，加快创建省级绿色建筑示范区。倡导绿色交通，大力推广新能源汽车，鼓励自行车出行。

加大环境治理力度。坚持铁腕治污，加大钢丝绳、印染等企业以及群众反映突出区域的整治力度，强化农业面源污染防治。严密监控通吕运河、通启运河等主要河流污染源，依法严惩超标排放、偷排偷放，提高水质达标率。切实抓好秸秆禁烧和综合利用工作，加强建设工地扬尘管控，不断改善空气环境质量。严格污染物排放许可，探索主要污染物排放权交易机制，落实绿色信贷[9]、差别水电价等环境经济政策。

深入推进生态修复。持续加强对生态红线区域的保护与监管。加快实施益民污水处理厂二分厂、欣源污水处理厂扩建和污泥处置中心建设等工程。新建污水管网70公里。深入推进覆盖拉网式农村环境整治，建成16个村居污水处理项目。加快推进农村河道整治三年行动计划，落实好长效管护机制。扩大绿化林木覆盖，巩固林业现代化达标成果，完成兴仁道口及G345、南通人民路、世纪大道东延等交通绿廊建设。

五、突出共建共享，增进民生福祉

围绕人民群众最关心、最现实的问题，实施新一轮为民办实事项目，进一步提升群众满意度和幸福感。

提升公共服务水平。完成教育现代化创建任务，发展水平总体达到省定指标体系要求。推动学前教育发展改革，推行集团化办学，扩大优质幼教资源。加快银河小学等义务教育学校建设，解决部分地区班额超标等问题。强化队伍建设，优化教学管理，确保教育质量整体提升。推进通州中专二期扩建，完成特殊教育学校迁建。推动医院规范化管理，建立新的运行、补偿、分配机制。力争区人民医院、中医院创成"三乙"，确保六院和川姜、五接卫生院等新建工程交付使用。启动区级公立医院建设路径研究。推进平潮地区医疗联合体改革试点。加快"智慧卫生"建设，实现医疗信息互联互通。切实加大基层医疗卫生人才培养引进力度。继续实施"十百千万"文化惠民工程，扩大"通州之夜""欢乐江海行"等活动群众受益面。支持文艺创作，推动文艺创新，推出更多精品力作。深入开展全民健身运动，完善公共体育服务体系。

完善社会保障体系。实施"全民参保登记计划"，确保主要险种参保率超98%。统一城乡居民医疗保险制度。逐步缩小城乡低保差距，推动城乡低保标准一体化。切实做好被征地农民社会保障,实现应保尽保、即征即保。推进动态消除"零就业"家庭行动,加大社会救助力度,保障困难群众基本生活。支持社会力量兴办养老机构,鼓励医养结合,实现每千名老人养老床位超30张。高度关注因病、因灾、因残等返贫群体,实行精准扶贫,确保圆满完成脱贫任务。

打造和谐社会环境。强化底线思维,加强调查研判,积极防范化解各类风险。深化"平安通州"建设,进一步织密空地一体治安防控网络。全面落实"三个必须"[10],组织安全生产大宣讲、大考试、大检查、大执法,杜绝较大以上安全生产事故。切实贯彻"四个最严"[11],夯实基层食药监管体系,建成综合检验检测中心。扎实做好舆情监测、舆论引导,净化网络环境。坚持开门接访与依法治访两手抓,从源头上预防和化解矛盾纠纷。启动"七五"普法,提高公共法律服务水平。

六、突出自身建设,优化政务服务

巩固群众路线教育实践活动和"三严三实"专题教育成果,加快转变政府职能、提升政务效能、规范行政行为,不断完善治理体系、提升治理能力。

在深化改革上下功夫。推进相对集中行政许可权改革试点,创新审批方式,优化审批流程,全面实施"多图联审""多评合一"等制度,真正实现"一枚印章管审批"。推进国库集中收付制度改革,建立完善财政透明预算制度。优化政府债务结构,规范融资管理,推动国有公司实体化运营。深化行政执法体制改革,促进环保执法重心下移,探索城乡建设、市场监管等重点领域综合执法。启动工业用地供应制度改革,推进陆海统筹等各项改革试点工作。

在依法行政上下功夫。坚持"法无授权不可为,法定职责必须为",深化落实权力清单、责任清单制度。严格执行重大行政决策法定程序,做到依法决策、科学决策,落实重大决策跟踪反馈和责任追究制度。创新政府信息公开方式,探索大数据应用服务,扩大政府数据资源向社会开放程度。加强执法监督,促进规范执法、文明执法。自觉接受人大法律和工作监督、政协民主监督,认真办好人大代表建议和政协提案。

在狠抓落实上下功夫。强化学习研究,努力掌握新知识、新政策,敢于创新突破,积极应对新情况、新问题,全面提升政府干事创业的成效。强化路径意识,对重点工作任务明确操作方式、实现手段,真正把发展蓝图转化为施工图、作战图,一抓到底,善作善成。强化考核奖惩,建立健全进度反馈通报、重点工作督办、工作责任追究等机制,引导各级干部在狠抓落实上比贡献、争一流。

在从严治政上下功夫。认真贯彻中国共产党廉洁自律准则和纪律处分条例,严格执行中央八项规定和省市区委十项规定,坚决防止"四风"问题反弹。按照省委巡视组反馈意见,对照群众的意见建议,以"钉钉子"精神抓好整改落实。完善厉行节约长效机制,严格执行各项经费管理办法,持续压缩"三公"经费支出。突出行政审批、招标投标、土地出让等关键环节的行政监察和审计监督,强化廉政风险防控。全面落实"两个责任",健全政府系统惩防体系,切实做到严肃教育、严明纪律、严格管理、严惩腐败。

附件1

《政府工作报告》有关词语释义

1. 省"931":"9"是指整治城郊结合部、城中村、棚户区、老旧小区、背街小巷、城市河道环境、低洼易淹易涝片区、建设工地、农贸市场等9类区域,"3"是指规范占道经营、车辆停放、户外广告设置等3项内容,"1"是指提升城市长效管理水平。市"951":在落实省"931"的同时,新增规范洗车场、车辆修理点经营行为2项内容。

2. 四项建设:公安部2014年全国公安厅局长座谈会提出,要加强基础信息化建设、警务实战化建设、执法规范化建设、队伍正规化建设。

3. 三停:停止建设、停止使用、停业停产。

4. 三证合一:按照"一表申请、一窗收件、并联审批、核发一照"的模式,将营业执照、组织机构代码证和税务登记证合并办理。

5. 三清示范区:"三清"指干部清正、政府清廉、政治清明。《中共南通市委关于建设干部清正、政府清廉、政治清明示范区的实施意见》(通委发〔2014〕11号)要求,建设"三清"示范区,提升党风廉政建设整体水平。

6. 五个迈上新台阶:习近平总书记在江苏视察时要求江苏推动经济发展、现代农业建设、文化建设、民生建设、全面从严治党等五个方面迈上新台阶。

7. 八项工程:省委十一届十次全会提出,要重点实施转型升级工程、科技创新工程、农业现代化工程、文化建设工程、民生幸福工程、社会管理创新工程、生态文明建设工程、党建工作创新工程。

8. 七个更:习近平总书记在江苏视察时提出,要努力让人民群众有更好的教育、更稳定的工作、更满意的收入、更可靠的社会保障、更高水平的医疗卫生服务、更舒适的居住条件、更优美的环境。

9. 绿色信贷:环保总局、人民银行、银监会联合发布的《关于落实环保政策法规防范信贷风险的意见》,提出,实施绿色信贷政策,将环保调控手段通过金融杠杆来具体实现,达到遏制高耗能高污染产业盲目扩张,进而改善环境和调整产业结构的目的。

10. 三个必须:十二届全国人大常委会第十次会议表决通过修改后的《安全生产法》,强调管行业必须管安全、管业务必须管安全、管生产经营单位必须管安全。

11. 四个最严:习近平总书记在中央政治局第二十三次集体学习时提出,要用最严谨的标准、最严格的监管、最严厉的处罚、最严肃的问责确保人民群众"舌尖上的安全"。

附件2

2015年政府为民办实事项目完成情况

一、教育惠民方面

1. 实施教育信息化项目。100%基础教育学校实现

“优质资源班班通”,并接入南通市基础教育专网。60%学校建成数字化校园,初步建成教育管理公共服务平台。14%学校开展数字化学习试点,共建共享名师、名校课堂。

项目正在抓紧实施,90%的学校完成校园网布线施工,春节前全面完成;新添计算机1300台,建设录播教室58个、72.6%的学校建成数字化校园;5个数字化教学试点正在组织设备调试安装,建成名师课堂优质教学资源库。

2. 实施南通市教育现代化创建工程。二窎中学、通海中学、金郊初中、石港小学等35所学校通过南通市现代化学校验收。

53所学校通过了义务教育现代化学校市级验收。

已完成。

二、医疗保障方面

3. 实施南通市通州区区域卫生信息化建设。

该项目为跨年度工程,正按时序推进。

4. 整体迁建第七人民医院,建筑面积15000平方米;整体迁建兴仁镇卫生院,建筑面积12000平方米;改扩建十总镇卫生院,建筑面积2000平方米。启动西亭镇、骑岸镇卫生院及高新区社区卫生服务中心建设异地新建前期准备工作。

七院和兴仁、十总卫生院已开工建设,骑岸卫生院进入设计阶段,西亭、高新区社区卫生服务中心正在进行可行性论证。

5. 提高财政补助标准,新农合筹资标准从480元提高到600元,大病保险标准从30元提高到40元。整合城乡居民基本医疗保险制度。建立城镇职工基本医疗自费补充保险制度。

已完成。

三、生态治理方面

6. 实施唐灶港(碧华路—朝霞路段)截污沟改造、世纪大道雨污水管网改造;建设城镇污水管网40公里,把城镇污水处理运行负荷提高到60%。

已完成。

7. 覆盖拉网式农村环境整治项目。在12个镇20个涉农村(居)集居点建设小型生活污水处理设施及配套管网和3个镇的非规模粪便处置中心。

12个镇20个涉农村(居)集居点小型生活污水处理设施及配套管网已建设完成,2个镇的非规模粪便处理中心正在建设中,1个镇即将开工建设。

8. 分批淘汰10蒸吨/小时以下的燃煤锅炉。

四、人居环境方面

9. 对金沙街道15个小区、高新区5个小区实施老小区改造。

已完成18个老小区改造;经征求小区群众意见,2个老小区改造暂缓实施。

10. 拆除农村河道坝头、坝埂1000处左右。疏浚整治县乡河道14条(段),疏浚土方55万立方米。

已完成。

11. 实施村庄小游园建设,建成村庄小游园30个;实施城东新区玉兰园(张公祠)公园绿地工程和金沙横河东段(新通掘路—湘江北路)河道景观工程建设。

建成村庄小游园30个,玉兰园(张公祠)建成开放,金沙横河东段河道景观工程正在扫尾。

12. 新建镇村主干道路150公里、改造农桥4000平方米、完善500公里农路安保工程。

已完成。

五、创业就业方面

13. 新增创业人数1200人,扶持农村劳动力自主创业380人,创业培训人数500人,城镇登记失业率不高于3%。

已完成。

六、城市管理方面

14. 开工建设城区综合批发市场。

已开工。

15. 开工建设竖石河9号美食广场。

规划设计已经完成。地块拆迁协议已签订,待拆除完毕即开工建设。

16. 建设公共自行车租赁系统。在主城区设置30个点位,投放600辆公共自行车。

已完成。

七、文化体育方面

17. 建设40个村(居)示范性文体广场;组织100场精品惠民演出;举办1000场文体活动;培训10000名基层文艺爱好者。

已完成。

18. 新建4个农村体育公园,体育公园配备笼式灯光篮球场、羽毛球、乒乓球、健身步道等设施。在农民集中居住区铺设40套健身路径,添置50张室外乒乓球桌。在城区公园和绿地配套体育设施。

已完成。

19. 实施百场科学健身进社区活动。组织体育社团和全民健身志愿者送体育健身指导、科技知识和器材进社区活动100场。

已完成。

八、金融服务方面

20. 新增社区银行6家,建立农村金融综合服务站210个,实现金融基本服务村村通。

已完成。

九、公共安全方面

21. 实施村级技防监控中心二期项目建设,进一步扩大农村地区技防监控覆盖范围。

正按时序推进。

22. 实施综治信息网格化服务工程。依托中央、省综治信息系统,全区10个部门、19个镇(区)、237个村(居)、720个网格,通过网络专线,添置专用计算机、4G手机进行信息采集上报。

已完成。

23. 实施城区备用水源工程。

已完成。

十、社会关爱方面

24. 为65岁以上老人、重性精神疾病、高血压、糖尿病人免费体检25万人。为2.5万名农村育龄妇女进行乳腺癌和宫颈癌“两癌”免费筛查。为5500对新婚对象免费进行婚前医学检查。为8000名新生儿免费进行新生儿疾病筛查。为符合政策的计划怀孕夫妇免费提供孕前检查及优生指导,预计目标人群6000人,覆盖率达90%以上。

已完成。

附件3

2016年政府为民办实事项目

一、教育发展方面

1. 新增石港镇石南和兴仁镇韬奋2所普惠性幼儿园,新开工建设金沙小学附属幼儿园、西亭镇龙坝幼儿园、五接镇中心幼儿园、川姜镇大地幼儿园;异地新建张芝山小学,新建银河小学、城东新区小学,实施家纺城小学三期工程。

2. 实施中小学教育装备提升工程。全区中小学装备按照省Ⅰ类标准进行建设;实施南通市现代化创建工程,90%以上义务教育学校通过南通市现代化学校验收。

3. 实施通州中专二期工程建设。

4. 实施教育信息化工程,全面完成数字化校园基础设施建设。

二、医疗卫生方面

5. 异地新建十总镇骑岸卫生院。

6. 实施卫生信息化工程(2016年度)。

7. 为2.5万名农村妇女免费进行“两癌”筛查;为5000对新婚对象进行婚前医学检查;为7500名新生儿进行疾病筛查(听力、苯丙酮尿症、甲低症);为符合政策的计划怀孕夫妇免费提供孕前检查及优生指导,目标人群约6000人,覆盖率90%以上。

三、生态治理方面

8. 实施农村河道整治三年行动计划(2016年度),对全区500条等级河道及非等级重要河道进行系统整治,全面落实河道长效管护机制。

9. 实施覆盖拉网式农村环境综合整治项目。2016年在全区16个村居实施农村污水处理项目建设。

10. 对全区重点行业30家企业实施清洁化改造。

11. 开工建设益民污水处理厂二分厂提标扩容工程。

12. 淘汰6台10蒸吨/小时及以下燃煤锅炉。

四、社会保障方面

13. 对19家敬老院进行消防安全改造,对7家敬老院进行提档升级,按照“三有三能六达标”要求购置所需设备。

14. 为200名城乡低保、特困供养人员中的失能、半失能人员配置康复辅助器具。

15. 为纳入城镇职工及居民基本医疗保险、新型农村合作医疗范围的1300名城乡贫困精神残疾人提供免费基本用药。为全区150名14周岁以下残疾儿童提供免费康复训练。

16. 提高新农合筹资标准,人均标准提高到700元(含大病保险50元),参合率达99%。

五、就业培训方面

17. 新增扶持创业人数1200人,扶持农村劳动力自主创业370人,创业培训人数490人。

18. 培育新型职业农民3000人。

六、交通出行方面

19. 新(改)建镇村主干道100公里,改造农桥25座4000平方米。

20. 优化公交线网。更新投放10辆新能源公交车,新辟城区公交208路,优化公交283、363路,加密100路公交班次,开工建设金东新城、锡通科技产业园2个公交回车场。

21. 建成青岛北路智能公交调度中心,推进“掌上公交”便民服务;实施公交一卡通工程。

22. 实施公共自行车服务系统二期工程。设置站点20个、锁桩400个、投放300辆公共自行车。

七、人居环境方面

23. 继续提升城区水环境。实施南山湖水街西侧连接沟水生态治理工程,对十六总港、二号横河(珠江路—金霞大道)进行综合整治。

24. 对城区13个老小区进行改造。

25. 建设市民广场停车场。

八、文化体育方面

26. 实施“十百千万”文化惠民工程。建成40个村级文化广场,组织200场文艺演出,举办1000场文化活动,培训10000名基层文艺爱好者。

27. 全区新建文化分馆3个,图书分馆2个,新增图书20000册,建设基层综合文艺服务中心示范点12个。

28. 为南山湖公园、体育中心、拆迁安置区及新建绿地配备体育健身器材;开放体育中心健身房;改建4片笼式足球场;开展科学健身进社区活动100场。

九、公共安全方面

29. 实施食品药品安全信息化惠民工程。建设“一中心两平台”,即区食品药品安全信息指挥管理中心、远程监管平台和安全信用平台。开发掌上食品药品安全便民服务手机APP客户端。

30. 实施智慧交通平安出行惠民工程。在全区红绿灯路口设置电子警察、监控、智能灯控等设施,为道路畅通、安全出行和压降各类交通事故提供有效保障。

十、法治惠民方面

31. 实施“公共法律服务”惠民工程。推进村居(社区)法律服务全覆盖;启动“七五”普法基层法治文化示范阵地建设530工程;实施法律援助“十百千万”工程。

(资料提供 顾 鹏)

大 事 记
Record of Major Events

编 辑 陈 菊

1月

6日 通州区第十五届人大常委会举行第38次主任会议,研究召开区第十五届人大四次会议有关事项。

7日 通州区第十五届人大常委会举行第二十二次会议。会议听取区委常委、常务副区长陈斌所作的关于区人民政府机构改革方案的情况汇报等。

8日 “领航未来·职击船海”2015年国内重点高校船舶海工领域研究生研修班一行,到通州区参加船舶与海洋工程高层次人才专场对接活动。

△ 南通市委常委秦厚德到通州区检查安全生产工作。

△ 南通市在通州区召开党风廉政建设责任制检查动员会,检查考核2014年度通州区党风廉政建设责任制落实情况。

9日 全区水利工作会议召开,研究部署水利建设和河道整治工作。

10日 通州区召开区级机关部门特色重点工作完成情况年度评议会,对71家机关部门进行现场评议。

19日 全区安全生产工作会议召开。

24日 江苏省科技厅党组副书记、副厅长曹苏民一行调研南通高新区开发建设情况。

25日 南通市委常委、宣传部部长章树山,通州区委书记宋乐伟等领导纪念凭吊周一峰同志诞辰100周年活动。

2月

3日 通州区召开招商引资项目建设动员暨经济发展贡献百强企业表彰大会,贯彻落实中央、省、市有关会议以及习近平总书记视察江苏重要讲话、省委书记罗志军苏中调研时讲话精神,总结上年经济发展情况,表彰经济发展贡献百强企业,部署2015年经济工作尤其是招商引资项目建设工作。

10日 通州区召开党建暨农村工作会议。

12日 中共南通市通州区第十一届纪律检查委员会第五次全体会议在区行政中心举行。会议深入学习贯彻习近平总书记重要讲话和中央纪委五次、省纪委五次、市纪委五次全会精神,按照全面从严治党的新要求,研究部署2015年通州区党风廉政建设和反腐败工作。区委书记宋乐伟到会作重要讲话。他强调,全面从严治党任重道远,党风廉政建设和反腐败斗争使命重大。全区上下要以这次会议为新起点,求真务实、开拓进取、扎实工作,坚持全面从严治党,强化监督执纪问责,努力开创全区党风廉政建设和反腐败斗争新局面。

28日 通州区第十五届人大常委会举行第39次主任会议,确定区人大常委会关于2015年度区人民代表大会闭会期间代表小组活动建议内容等。

3月

3日 由韩国鲜一株式会社投资的韩国鲜一汽配项目成功签约,落户南通高新区。

4日 台湾丽智电子项目正式签约落户南通高新区。首期项目总投资预计6000万美元,注册资本预计1200万美元。

△ 江苏省国土资源厅副厅长李如海一行到通州区调研指导耕地保护及基本农田管护工作。

6日 通州区召开城建工作会议,确定2015年为“城乡建设品质提升年”。

13日 共青团通州区委十六届四次全体(扩大)会议召开。十六届团区委委员、候补委员及各直属团组织负责人齐聚一堂,共商2015年共青团工作。

△ 浙江省人大代表团到通州区参观考察农村集体资产管理与“全托管”服务建设工作。

16日 总投资3600万美元的台湾致嘉电子项目签约仪式在区行政中心举行。

18 日　南通市政协副主席、党组副书记陈德新率调研组到通州区，围绕“营造尊法学法守法用法社会环境，推进法治南通建设”进行专题调研，指导通州区法治建设工作。

23 日　南通市委副书记、市长张国华调研通州当前经济运行情况。

25 日　通州区召开行政区划调整动员大会。本次行政区划调整将现有的 19 个镇调整为 12 个镇、4 个街道，通过将中心城区撤镇设街道，适度合并扩大部分镇的规模，全面加快城镇化建设进程。

27 日　通州区第十五届人大常委会举行第 40 次主任会议。会议听取区财政局关于 2014 年部门预算执行情况和 2015 年部门预算编审情况的报告等。

30 日　总投资 42 亿元的南通新江海动力电子有限公司二期工程等 19 个项目联合开工。

31 日　通州区第十五届人大常委会举行第二十三次会议。会议听取区委常委、副区长陈艳梅所作的《关于加强我区农村河道整治工作议案的办理工作方案的报告》等。

4 月

1—2 日　南通市委第二督查组组长黄玲一行到通州区，通过听取汇报、召开座谈会、个别访谈、实地察看等多种方式，对通州区党的群众路线教育实践活动后续整改落实情况进行督查，并听取相关意见和建议。

17 日　中央电视台少儿频道“大手牵小手”栏目组在通州区“童声里的中国”少儿艺术创研活动基地录制“童声里的中国”少儿艺术活动专场节目。6 月 1—3 日，节目分三次在央视少儿频道播出。

21 日　通州区召开江苏有线通州分公司成立大会。

22 日　由通州区委宣传部、区文明办、区文广新局等九部门联合主办的通州区第四届“古沙读书节”开幕。

27 日　通州区第十五届人大常委会举行第 41 次主任会议。会议听取区气象局关于《中华人民共和国气象法》贯彻实施情况的报告等。

27—28 日　通州区妇女第十五次代表大会在区行政中心举行，全区各行各业 366 名妇女代表欢聚一堂，回顾总结过去 6 年全区妇女投身经济社会发展建设的伟大实践，共商今后 5 年通州妇女事业发展大计。

29 日　农业部副部长张桃林到通州调研现代农业项目。

30 日　江苏省科协党组书记、常务副主席陈惠娟率领党组成员、秘书长徐春生等到通州，专题就省科协事业发展“十三五”规划展开调研。

5 月

11 日　通州区启动“关爱生命、关注安全”主题宣讲活动，强化全社会安全意识，营造安全生产浓厚氛围，推动安全生产工作迈上新台阶。

12 日　全国政协常委、云南省政协常务副主席白成亮率领驻云南全国政协委员考察团到通州考察。

15 日　通州区召开夏季秸秆禁烧和综合利用工作动员会。

18 日　通州区召开“三严三实”专题党课暨专题教育动员会。

20 日　“澳大利亚维州企业家江苏驻点交流项目”考察团到通州区交流考察，共谋发展，推动双方企业交流合作。

22 日　江苏部分全国人大代表到通州，重点围绕“加快先进制造业发展、推动产业结构向中高端迈进”课题进行专题调研。

25 日　通州区第十五届人大常委会举行第 42 次主任会议。会议听取区民族宗教事务局关于宗教活动场所管理工作情况的报告等。

26 日　江苏省财政厅副厅长徐宁率省检查组到通州区，督导检查县域义务教育基本均衡发展情况。

27 日　通州区第十五届人大常委会举行第二十四次会议。会议听取区委常委、常务副区长陈斌所作的《区政府关于依法行政工作情况的报告》等。

28 日　江海国际博览会港深企业家代表团到通州，就城市发展、产业转型升级等方面进行考察。

30 日　全区推进科技创新转型升级暨加快南通高新区发展大会在区行政中心举行。南通市委副书记、市长张国华，省科技厅党组书记、厅长王秦共同为众创空间“江海圆梦谷”“中国创纺 e 站”揭牌。

6 月

3 日　美国密歇根大学副校长助理琼·金森、天津大学校长李家俊率团到通州，就共建可持续建筑环境合作科研中心及联合举办中外合作办学机构进行研讨。

4 日　南通市委书记丁大卫重点围绕谋划“十三五”发展在通州区调研。

5 日　江苏沿海十四县（市、区）政协工作研讨会第四次会议在通州区召开。

8 日　中华全国供销合作总社党组副书记李春生一行到通州视察南通供销产业园建设情况。

9 日　江苏省科技厅副厅长段雄率督查组一行到通州，督查调研通州区经济发展运行情况。

17 日　通州区召开慈善工作表彰大会。

18 日　通州区召开无党派知识分子联谊会二届一次会员大会。会议选举新一届知联会会长、副会长、秘书长和理事等。

19 日　通州区第十五届人大常委会举行第 43 次主任会议。会议听取副区长顾坚所作的关于贯彻实施《中华人民共和国道路交通安全法》情况的报告等。

26 日　通州区举行第十一届高层次人才智力与项目合作洽谈会。来自美国、德国、日本等国家和地区，以及北京、上海、天津、重庆等地高校院所的近60名知名教授专家参会。

29日 江苏华电通州热电有限公司燃机热电联产项目等14个项目集中开工，总投资65.45亿元。其中亿元以上项目9个，涉及节能环保、智能装备、机械制造、新材料、现代纺织等领域。

7月

1日 通州区召开纪念建党94周年座谈会暨“三严三实”专题学习研讨会。会议分两个阶段召开。

6日 南通市委书记丁大卫深入通州部分医院，开展“三解三促”民生建设专题调研。

17日 通州区与上海外高桥物流中心有限公司就长江经济带项目联动战略合作框架协议签约，共同推进南通空港综合保税区（C区）和滨江物流园区的规划建设。

△ 通州区第十五届人大常委会举行第44次主任会议。会议听取区服务业发展局关于通州旅游业发展情况的报告等。

△ 通州区召开深化“五位一体”暨教育引导群众工作推进会，部署下一阶段党建工作，提升基层党建工作水平。

21日 南通市政协主席王德忠一行到通州区视察食品安全工作。

△ 江苏省委常委、宣传部部长王燕文率省委宣传部调研考察组到通州，结合“三严三实”专题教育，就通州区贯彻落实省委省政府推动文化建设迈上新台阶工作会议精神，深入实施文化建设工程情况展开调研。

22日 在2015年全国工业企业品牌培育工作交流会上，国家工业和信息化部认定通州为“全国产业集群区域品牌建设试点地区”。这是通州区家纺产业继获得“国家新型工业化家纺产业示范基地”荣誉后又一国家级产业名片。此次全国共有15个单位获此殊荣，通州是全国家纺产业中第一个。

23日 南通市人大常委会党组书记、副主任黄利金带队，视察通州区关于规范引导农村土地流转、培育发展新型农业经营主体的工作情况。

24日 通州区第十五届人大常委会举行第二十五次会议。会议听取区委常委、常务副区长陈斌所作的关于2015年上半年国民经济和社会发展计划执行情况与下半年工作打算的报告等。

28日 石港科技产业园（石港镇）举行项目集中签约暨投资环境推介会。港口装卸工业设备、标准厂房、复合新材料等19个新项目集中签约，总投资超20亿元，涉及机械制造、纺织服装、食品加工、生态旅游等多个产业门类。

29日 南京海关关长薛金楼一行到通州，就通州开放型经济平台筹建工作进行调研。

31日 中共南通市通州区委十一届十次全体会议在区行政中心召开。会议的主要任务是：深入贯彻党的十八大，十八届三中、四中全会和习近平总书记系列重要讲话精神，按照省委十二届十次全会和市委十一届九次全会的最新要求，总结上半年工作，安排下半年工作，对推动全面从严治党迈上新台阶作出部署，动员全区上下再接再厉、奋发进取，努力完成全年和“十二五”规划各项目标任务，为“十三五”发展奠定坚实基础。

8月

9日 江苏省委第四巡视组巡视通州区工作动员会在区行政中心召开，第四巡视组副组长杨安国就即将开展的巡视工作作动员讲话。

10日 通州区全民健身月启动仪式暨庆祝北京冬奥会申办成功全民健身大联动活动在区体育中心举行。

11日 台湾中山大学管理学院暨工商建研会（南区联谊会）参访团到通州考察访问，双方就开展经贸合作进行深入交流。

20日 通州区第十五届人大常委会举行第45次主任会议。会议听取区财政局关于新《中华人民共和国预算法》贯彻落实情况的报告等。

△ 2015年通州（上海）金融招商推介会在上海浦东国信紫金山大酒店举行，现场签约南通正大凯盛农业产业基金、中国光大银行通州支行等六个项目，涉及基金、融资、创投等金融领域。

25日 通州区与江苏省广电有线信息网络股份有限公司签订战略合作协议，共同推进“智慧通州”建设。

27日 通州区举行“慈善助学工程”第一批慈善助学金发放仪式，共助148名贫困学子圆大学梦。

△ 南通市委副书记、市长张国华带队赴南通高新区、锡通科技产业园调研，并召开现场办公会，研究会办锡通科技产业园建设中的相关问题。

28日 中航国际南通深南电路高端印制线路板等20个项目联合开工，其中亿元以上项目13个，涉及电子信息、智能装备、机械制造等领域。

9月

1日 通州区召开食品安全工作会议，贯彻落实省、市加强食品监管的最新部署。

2日 通州区九三学社在区行政中心隆重集会庆祝成立二十周年。

8日 南通人民东路（通州段）正式通车，这标志着通州区全面对接主城区“十二横十纵”道路体系进一步完善，城区西拓南进、融入主城的步伐进一步加快。

9日 南通市委副书记、市长张国华到南通家纺城调研并召开现场办公会，研究推动通州与海门联动，加快推进市场采购贸易方式试点。

17日 南通市政协主席王德忠率队到通州，就通州区中心镇建设展开专题调研。

18日 通州区召开哲学社会科学界联合会第二次代

表大会,回顾总结过去5年全区广大社科工作者投身经济社会发展建设的伟大实践,共商今后5年通州社科事业发展大计。

19日　广东省肇庆市高要区人大常委会党组书记、常务副主任陈定康率队到南通高新区交流考察。

21日　通州区第十五届人大常委会举行第46次主任会议。会议听取区人民法院关于贯彻执行《中华人民共和国民事诉讼法》情况的报告等。

22日　通州区假座北京新疆大厦举办2015南通通州(北京)文化产业推介会,借力北京文化大平台,推介和开掘通州区文化产业项目,推动文化与产业、科技、资本等各方面的深度融合。活动现场签约"南通一号"、北大创业训练营、大明艺术文化产业园等8个项目,涉及影视和新闻出版、工艺美术、创业培训、家纺电商等领域。

△　五接镇开沙村入选第三批全国特色景观旅游名村,江苏省共4个村入选,南通独此一家。

25日　通州区第十五届人大常委会举行第二十六次会议。会议听取区委常委、常务副区长陈斌所作的关于区十五届人大四次会议议案和代表建议办理情况的报告等。

10月

9日　"2015'万人看通州"活动首发式在南山湖畔举行。

14日　湖南省常德市考察团到南通高新区参观考察。

15日　通州区召开人才工作推进会,统筹做好2016年省"双创计划"组织申报工作,交流人才工作进展情况。

△　鸿海集团总裁郭台铭率富士康科技集团副总裁徐牧基等高管一行到通州,参加位于西亭镇的富士康精密模具(南通)培训中心成立20周年庆祝活动。

18日　通州区举行首届创新创业大赛颁奖暨江海圆梦谷开园活动,金属纳米材料等6个创新创业项目获表彰,连邦计算机集成服务南通有限公司等14家企业入驻圆梦谷,上海兆联企业管理有限公司等6个项目签约高新区。

20日　开沙岛旅游度假区投资环境推介会在沪举行,现场推介10个开沙岛旅游招商项目,推动旅游与文化、产业、资本等各方面的融合。崇明三岛负责人等20多名投资商与会。

21日　通州区召开秋季秸秆禁烧和综合利用工作会议,部署全区秋季秸秆禁烧和综合利用工作。

22日　第八届中国(川姜)家纺画稿交易会在南通家纺城开幕。

26日　通州区第十五届人大常委会举行第47次主任会议。会议听取区市场监督管理局关于《中华人民共和国药品管理法》贯彻实施情况的报告等。

27日　通州城区青岛路作为接入LED路灯照明的第一条路,有68盏传统钠灯更换为LED灯。

28日　南通市政协主席王德忠到通州区调研政协工作。

11月

1日　童声里的中国·第四届江苏省青少年音乐"小茉莉花奖"声乐大赛颁奖音乐会在市民中心的"童声里的中国"少儿艺术创研活动基地举行,标志着大赛圆满落幕。儿童组及少年A、B组共决出金、银、铜奖27个,通州区小选手获一金五铜。

5日　通州区召开依法治区领导小组暨创建省法治区推进大会。

9日　南通创新创业服务品牌"通创荟"走进南通高新区,举行纺织丝绸产业创新创业专场活动,开启科技创新驱动传统产业转型升级新模式。活动中,江苏省产业技术研究院纺织丝绸技术研究所暨南通纺织丝绸产业技术研究院揭牌,南通市纺织丝绸产业技术创新战略联盟和南通市创新创业投资机构联盟正式成立,中国工程院院士姚穆、蒋士成、俞建勇等10位联盟技术委员会专家现场受聘。

12日　国家公务员局党组成员、副局长吴云华率队到通州区调研公务员考核工作。

13日　南通市政协主席王德忠率队就科技中介服务体系建设到南通家纺城作专题调研。

16日　靖江市委副书记、靖江经济技术开发区党工委副书记孙宏建,副市长沈南松率靖江市党政代表团到通州区参观考察。

17日　南通市委常委秦厚德到通州区调研河道长效管理工作。

19日　南通市政协主席王德忠率队到通州区,就"加强环境综合整治,提升美丽乡村建设水平"进行专题视察。

△　溧阳市委书记蒋锋,市委副书记、代市长徐华勤率溧阳市党政代表团到通州区参观考察。

22日　通州区上千名各界群众怀着沉痛的心情到西亭镇草庙村,告别优秀的共产党员、"中国好人"、离休干部宋英老人。

24日　通州区第十五届人大常委会举行第48次主任会议。会议听取区人大常委会执法检查组关于检查《中华人民共和国药品管理法》贯彻实施情况的报告等。

27日　2015年IPC举重欧洲公开锦标赛上,通州残疾人运动员顾小飞勇夺金牌。

△　江苏省公安厅党委委员、副厅长吴跃章率省"六五"普法终期检查组到通州区,对通州区"六五"普法工作展开考核验收。

30日　通州区第十五届人大常委会举行第二十七次会议。会议听取区人大常委会副主任、执法检查组副组长朱卫民所作的关于检查《中华人民共和国药品管理法》贯彻实施情况的报告等。

12月

3日　2015—2016中国羽超联赛江苏(通州)赛区首

场比赛在区体育馆举行，江苏南通三江羽毛球俱乐部坐镇主场迎战青岛首都航空羽毛球俱乐部。

△ 江苏省委宣讲团十八届五中全会和省委十二届十一次全会精神报告会在通州区举行。省委宣讲团成员徐康宁作专题报告。

△ 全省党校系统考察团在江苏省委党校副校长胡志军的率领下，到通州就经济转型与产业升级进行现场考察。

8日 国家知识产权局专利局副局长张茂于率杭州、东莞、景德镇等地知识产权部门到南通家纺城，专题调研知识产权保护工作。

10日 全区建筑业暨“鲁班奖”获奖企业座谈会召开。通州区继上年荣膺3项鲁班奖后，2015年又斩获3座鲁班奖“小金人”，其中一项为本地项目——通州区市民中心。

18日 通州区委十一届十一次全体会议在区行政中心召开。会议全面贯彻党的十八届五中全会、省委十二届十一次全会、市委十一届十次全会精神，总结通州区“十二五”发展取得的重大成就和2015年工作，部署明年工作，审议《中共南通市通州区委关于制定通州区国民经济和社会发展第十三个五年规划的建议》，对通州区“十三五”时期发展做出战略部署，对2015年度干部选拔任用工作开展“一报告两评议”。

23日 南通至台北直飞航线正式开通，这标志着南通和台湾两地的交流合作将更上一个新台阶。

27日 通州区召开相对集中行政许可权改革试点工作动员会，贯彻落实市委、市政府关于相对集中行政许可权改革试点工作的最新要求，加快推进通州区相对集中行政许可权改革试点工作。

28日 南通市政府办印发《关于2015年度全市政府网站测评结果的通报》。《通报》显示，通州区以71.95分的测评得分居南通各区(县、市)榜首。

30日 通州区第十五届人大常委会举行第49次主任会议，研究召开区第十五届人大第五次会议有关事项。

△ 通州区第十五届人大常委会举行第二十八次会议。会议听取区委常委、常务副区长陈斌所作的《关于2014年区级财政预算执行和其他财政收支情况审计反映问题的整改结果的报告》等。

通州名人选介之一

吴遵路

吴遵路(约1000－1065)字安道，北宋丹阳人。宋仁宗明道二年(1033年)，任宫廷藏书校理。因顶撞皇太后而被降职，出任通州知州。当时两淮、浙江发生旱灾、蝗害。他乘灾害尚未蔓及通州，向豪门富户募集钱数万贯，派人航海去南方购回粮食，以平价出售，基本稳定了物价。为治蝗害，他劝告农民广种蚕豆。鉴于邻近州县不少灾民露宿通州街头，凄苦万状，他拿出俸金建草棚百间，并购置草席，准备蔬饭，用来安顿灾民；并给病者以医药，给欲回家者以盘缠。灾荒期间，邻近州县不少灾民流离失所，有的因缺衣少食而死亡，唯独通州安然度过灾荒。范仲淹奉命视察两淮、浙江灾情，向朝廷报告了吴遵路于通州抗灾政绩，请交史馆记载，吴遵路最后升任龙图阁直学士。卒于英宗治平二年(1065年)左右。

(引自《南通县志》人物传第1186页)

通州概览
Survey of Tongzhou

编 辑 冯金荣

地理位置

【概 况】 南通市通州区位于长江三角洲北翼。南起北纬31°52′的张芝山镇竖积洪村,北至北纬32°15′的刘桥镇米三桥村,南北间最大直线距离50公里;西起东经120°41′的五接开沙岛,东至东经121°25′的南通滨海园区北侧,东西间最大直线距离85公里。东临黄海,海岸线长15.97公里;西部地区南濒长江,江岸线长10.77公里;西南与崇川区相接,东南与海门市为邻,北与如东县毗连,西北与如皋市接壤;总面积1525.74平方公里,其中陆地面积1351.50平方公里、江海水域174.24平方公里。全区横宽纵窄,土地平坦,耕层深厚,适耕性强。地势西北部较高,东南部和沿江、近海垦区较低。高程一般在3.80~4.50米,近海最低处为2.20米。交通便捷,新长铁路(支线)和宁通、盐通、通启高速公路穿境而过,通扬、通吕、通启运河和九圩港、遥望港、新江海河等大型骨干河道纵横交错,南端连接苏通长江公路大桥。建设中的沪通铁路长江大桥将把通州融入上海一小时经济圈。南通飞机场位于兴东街道,班机直飞北京、天津、广州、深圳、成都、昆明、武汉、重庆、沈阳、福州、桂林、哈尔滨、太原、南宁、西安、长沙、厦门、海口、青岛、珠海和温州等城市,2015年下半年,又陆续开通韩国、日本和中国台湾等航线。 (方 嵘)

行政区划

【政区沿革】 通州境域,初为长江口海域中的沙洲,南北朝中期出水。南北朝后有人定居,煮盐为业。唐为盐亭场,设防务机构。唐末沙洲涨接大陆,即凿河运盐,开通至杨州的航道,并筑坝圩、培土壤、植麦黍,逐步改变单一从事盐业生产的局面。五代初称静海镇。后周显德五年(958年)设通州,因东北有大海通辽海诸夷、西南有长江连吴越楚蜀、内运渠道达齐鲁燕冀,故而得名。静海镇改称县,隶属通州。

宋仁宗天圣元年(1023年)改通州为崇州,又名崇川,属淮南东路;明道二年(1033年)仍称通州;徽宗政和七年(1117年)改为静海郡,不久复名通州,属扬州。元世祖至元十五年(1278年)升为通州路;至元二十一年复为通州,属扬州路,隶江北淮东道廉访司。

明洪武元年(1368年)废静海县,通州直管静海本土,领海门、崇明两县,属扬州府;洪武九年划崇明县归苏州府,通州仅领海门一县。嘉靖年间(1522—1566年),通州除州城外,分6乡6场。清顺治二年(1645年)属江南省扬州府;康熙六年(1667年)起属江苏省扬州府;康熙十一年(1672年),因江岸坍没,海门废县为乡,并入通州。

清雍正二年(1724年),通州升为直隶州;宣统元年(1909年),设3市区、10镇区、8乡区;宣统二年(1910年),市区、镇区改为市,乡区改为乡。

中华民国元年(1912年)5月,废州,改称南通县,属江苏省;全县仍设13市、8乡,民国9年(1920年),增设三余乡。民国18年(1929年),市乡合并为18个区,区下设镇、乡、闾、邻;民国23年(1934年)又并为13个区,区下设镇、乡、保、甲。

1949年2月2日,南通县全境解放,原县城及港闸等地划出另置南通市,实行城乡分治。南通县政府移驻金沙镇,隶属南通行政公署管辖。同年10月,全县设12个区159个乡。1956年2月和1957年10月两次并区并乡后,全县为8个区47个乡和3个县属镇、2个区属镇。1958年3月,撤销区建制,设通海、通中、通东、通北、通西5个片。1958年成立38个人民公社,实行政社合一,公社下设大队,大队下设生产队;后公社范围逐步调小,至1982年全县有61个公社、5个县属镇。1961年9月,恢复8个区建制;1966年增设十总区。

1983年,实行市管县体制,隶属南通市管辖。同年,政社分设,公社改为乡,大队改为村,生产队改为村民小组,年末,全县为9个区、60个乡、5个县属镇、1个海洋渔业公司。1984年5月,实行镇管村体制,全县设14个镇、43个乡,以后各乡先后改建为镇。1987年2月,撤销区委、区公所,按原行政区域设9个区工委和指导组。1991年1月,陈桥、幸福、秦灶、新开3乡1镇和小海镇的6个村划归南通市区后,县境面积为1637平方公里,人口145万有余。1992年年末,全县为17个镇、32个乡、1个海洋渔港管理委员会、36个居民委员会、884个村。

1993年2月,南通县撤销改设通州市。

1996年4月机构改革中,9个区工委、指导组撤销。2000年全市行政区划再次调整,原49个乡镇撤并为26个。2001年4月,观音山、小海、竹行3镇和市良种场、种畜场划归南通市区,通州市行政区域内的南通农场(省属)和东方红农场(省属)也划入南通市区范围。2002年年末,全市辖23个建制镇,3个街道办事处,376个行政村,52个社区,5个农场。2005年,新设北兴桥、三门闸、五接、李港、海晏5个社区居民委员会,全市有23个建制镇,4个街道办事处,376个行政村,57个社区,5个农场,总面积1351平方公里,总人口126.25万人。2006年,石港镇金庄村并入金庄社区,刘桥镇凤仙村并入刘桥社区;三余镇设立五甲直社区。年末,全市有23个建制镇,4个街道办事处,374个行政村,58个社区,5个农场。总面积1351平方公里,总人口125.64万人。2007年2月,经省政府批准,北兴桥镇、海晏镇与三余镇合并设立新的三余镇;新联镇与刘桥镇合并设立新的刘桥镇。同年,撤销石港镇石西村和渔湾村,设立渔湾、石西社区居民委员会。年末,全市共设20个建制镇,4个街道办事处,372个行政村,60个社区,5个农场。2008年2月3日,经省政府批准,川港镇与姜灶镇合并设立川姜镇。同时,原川港镇所辖八字桥、安东、南兴、大成、保通、通海、竖积洪、培德村整建制划归张芝山镇管辖;原姜灶镇所辖董家埭、利民、周照港、正场、民平村整建制划归先锋镇管辖。2月21日,全市进行村(社区)合并调整,原376个行政村、58个社区合并调整为207个行政村、63个社区。12月,撤销三余镇团结社区居民委员会,建立滨海工业区团结社区居民委员会。年末,全市共设19个建制镇,1个省级经济开发区,4个街道办事处,207个行政村,63个社区,5个农场。总面积1525.74平方公里,其中陆地面积1351.50平方公里。年末,耕地面积7.35万公顷,户籍总人口124.27万人。2009年3月和4月,苏通大桥工业区、通州滨海工业区分别更名为“苏通大桥科技产业园”和“通州滨海新区”。

2009年7月2日,撤销通州市,设立南通市通州区。年末,全区共设19个建制镇,1个省级经济开发区,4个街道办事处,207个行政村,63个社区,5个农场。耕地面积7.06万公顷,户籍总人口124.16万人。2010年年末,全区耕地面积7.02万公顷,户籍总人口124.64万人。2011年9月30日,经省人民政府批准,通州经济技术开发区更名为“南通高新技术产业开发区”。年末,全区设19个镇,1个高新技术产业开发区,4个街道办事处,207个行政村,63个社区,5个农场。耕地面积7.02万公顷,户籍总人口125.25万人。2012年3月20日,南通市人民政府决定(通政发〔2012〕31号),通州滨海新区、三余镇由南通滨海园区代管,行政区域仍隶属通州区。年末,全区设19个镇,1个高新技术产业开发区,4个街道办事处,207个村,63个社区,5个农场,户籍总人口125.73万人。2013年1月10日,区人民政府批准,南通高新技术产业开发区增设碧华、金霞社区;4月15日,二甲镇余西社区居民委员会更名为余西村民委员会。12月,国务院批准南通高新技术产业开发区升级为国家高新技术产业开发区。锡通科技产业园、通州滨江新区、中国南通家纺城、南通空港产业园、石港科技产业园初具规模。年末,全区设19个镇,1个国家高新技术产业开发区,4个街道办事处,208个行政村,64个社区,5个农场。户籍总人口126.27万人。

2014年4月9日,区人民政府批准,金沙镇增设天霞、天熹、天晖、天虹社区。年末,全区设19个镇,1个国家高新技术产业开发区,4个街道办事处,208个行政村,68个社区,5个农场。户籍总人口126.27万人。（方　嵘）

【现行区划】 2015年2月24日,江苏省人民政府批准,撤销金沙镇,以原金沙镇东市等14个社区和进鲜港等9个行政村区域,设立金沙街道办事处。以原金沙镇金南等10个社区和三姓街等10个行政村区域和原先锋镇利民等3个行政村,二甲镇进东、麒麟桥村,川姜镇双池头等6个行政村区域,设立金新街道办事处。撤销先锋镇,以原先锋镇三圩头等8个行政村区域,设立先锋街道办事处。撤销兴东镇,以原兴东镇行政区域设立兴东街道办事处。撤销平潮镇、平东镇,原平潮镇行政区域与原平东镇行政区域合并,设立新的平潮镇。撤销十总镇、骑岸镇,原骑岸镇行政区域与原十总镇行政区域合并,设立新的十总镇。撤销东社镇、五甲镇,原五甲镇行政区域与原东社镇行政区域合并,设立新的东社镇。撤销兴仁镇、四安镇,原兴仁镇行政区域与原四安镇徐家桥等6个行政村和酒店社区合并,设立新的兴仁镇。原四安镇九总渡、龙坝村划归西亭镇管辖。年末,全区设4个街道办事处,12个镇,一个国家级高新技术产业开发区,208个行政村,68个社区居民委员会,5个农场。户籍总人口126.59万人。（陆治平）

气　候

【概　况】 2015年通州区气候特点:与常年相比(1981—2010年,下同),年平均气温偏高,高温日数(日最高气温≥35.0℃,以下同)比上年多9天,降水总量偏多,日照偏少。年平均气温16.0℃,比常年高0.4℃,比上年高0.1℃。年极端最高气温37.6℃(8月2、3日),比上年高2.1℃;年极端最低气温-4.4℃(1月2日),比上年高0.7℃。年降水总量1859.6毫米,比常年多758.7毫米。年日照时数

1759.0小时,比常年少157.1小时。

冬季(2014年12月—2015年2月)　季平均气温5.0℃,比常年同期低0.6℃,其中1月月平均气温显著偏高,季极端最低气温为-4.4℃(1月2日)。季降水量98.3毫米,比常年同期偏少近3成,其中12月比常年偏少近7成。季日照时数423.5小时,与常年同期相近,但各月日照分布不均,其中12月偏多近3成。

春季(2015年3—5月)　季平均气温14.7℃,比常年同期高0.6℃,季极端最低气温-0.8℃(3月10日、11日),季极端最高气温31.0℃(4月2日)。季降水量276.0毫米,比常年同期偏多近2成,其中4月比常年偏多近6成。季日照时数497.3小时,与常年同期持平。

夏季(2015年6—8月)　季平均气温25.5℃,比常年同期低0.7℃,其中7月月平均气温较常年偏低,季极端最高气温37.6℃(8月2日、3日)。季降水量1079.7毫米,近常年同期的2倍,且各月较常年均偏多,其中6月和8月分别偏多近1.6倍和1.2倍,7月偏多近5成。季日照时数448.5小时,比常年同期偏少近2成,其中6月、7月比常年偏少近5成。

秋季(2015年9—11月)　季平均气温18.2℃,比常年同期高0.5℃,季极端最高气温30.5℃(9月4日),季极端最低气温-3.9℃(11月27日)。季降水量364.5毫米,比常年同期偏多近7成,且各月降水分布不均,其中11月偏多近2.4倍,12月偏多近6成,而10月偏少近5成。季日照时数496.2小时,与常年同期相近,但各月日照分布不均,其中10月偏多近2成,11月偏少近5成。

【重要天气和主要灾情】　梅雨　6月24日起入梅(平均入梅日为6月19日),较常年偏晚,7月13日出梅(平均出梅日为7月12日),正常,梅期长19天(常年23天)。梅期降水量281.1毫米,暴雨日(日降雨量≥50毫米,以下同)1天,无高温日。

台风　全年有4个台风影响通州区,与常年相比正常。受台风外围环流影响,其中前3个过程风雨较大,分别是:

7月10—12日,受台风“灿鸿”影响,全区普降大到暴雨,最大降水量70.2毫米,风力普遍7~8级,极大风速23.3米/秒(9级),均出现在三友。金沙街道万顷良田设施园艺基地300个大棚薄膜被吹破。

8月10—11日,受台风“苏迪罗”影响,全区普降暴雨,局部大暴雨,最大降水量134.5毫米,出现在石港,风力普遍6~7级,极大风速为21.9米/秒(9级),出现在三友。

8月23—24日,受台风“天鹅”外围和冷空气共同影响,全区普降大暴雨,最大雨量209.0毫米,出现在先锋。

暴雨　全年出现9次暴雨过程(含局部暴雨过程)。其中6月1—2日受江淮气旋东移影响,全区普降大暴雨,局部特大暴雨,十总、东社等乡镇农田受淹,部分小麦倒伏;先锋、川姜等乡镇道路积水严重,部分厂房受淹。

强对流　全年出现18个雷暴日。其中6月25日傍晚全区出现雷雨大风等强对流天气,最大风力10级(25.1米/秒),出现在新坝,造成由中交二航局承建的沪通铁路大桥六号墩(位于通州区平潮镇长江水域)的4名工人坠落长江,其中3人死亡1人受伤;造成南通中润照明电器有限公司数间厂房屋顶损毁,直接经济损失约35万元;造成平潮、五接镇多户百姓房屋损坏,多棵树木倒伏折断。

高温　全年出现10个高温日,7月底至8月初出现连续高温天气。

寒潮　全年出现3次寒潮过程,分别为2014年12月31日—2015年1月2日、11月24—26日、12月2—4日。

连阴雨　11月出现连续阴雨天气,降水量异常偏多,月雨日20天,最长连续降水日数10天。

雾　全年出现雾日(能见度<1千米)64天。

(周　琦)

2015年通州区主要气象要素情况表

表1

指　标	全年	1月	2月	3月	4月	5月	6月	7月	8月	9月	10月	11月	12月
平均气温(℃)	16	4.9	5.7	9.6	14.7	19.8	23.5	26.2	26.9	23.1	18.8	12.8	6.5
距平(℃)	0.4	1.8	1	1.1	0.5	0.1	-0.2	-1.5	-0.4	-0.2	0.9	1	1
异常情况	正常	显著偏高	正常	正常	正常	正常	正常	偏低	正常	正常	正常	正常	正常
降水量(毫米)	1859.6	48.1	40.2	82	106	88.3	476.6	272	331.1	157	28.9	178.6	51.1
距平(%)	69	-12	-14	2	56	3	162	50	119	46	-49	236	59
异常情况	显著偏多	正常	正常	正常	显著偏多	正常	异常偏多	显著偏多	异常偏多	偏多	偏少	异常偏多	显著偏多
日照时数	1759	119.9	106.7	141.2	178.7	177.4	100.6	134.6	213.3	191.9	202.9	74.4	117.4
距平(小时)	-157.1	-9.7	-17	-5.2	15.1	-9.8	-44.3	-50	7.4	-20.2	35.5	-71	-28.3
异常情况	正常	正常	正常	正常	正常	正常	偏少	偏少	正常	正常	偏多	偏少	正常

(周　琦)

经济体制改革

【概　况】 2015年,通州区经济体制改革围绕任务目标,突出改革重点,狠抓工作落实,着力抓好事关经济转型和长远发展的关键性改革,提振发展信心,激发发展活力,在简政放权、金融改革创新、深化财税体制改革、构建开放型经济新体制和节约集约用地等任务中取得明显成效,切实为全区经济社会发展构建更优机制。

简政放权。完成行政审批服务事项目录清单、政府投资项目目录清单及区级行政权力事项编制工作。规范精简前置性审批,区级行政审批服务事项精简37.5%。加快政府专项资金整合,保留区政府专项资金17项。清理和规范全区行政事业性收费,保留行政事业性收费289项。制定《关于加强通州区镇(区、园、街道)和村(社区)便民服务规范化建设的指导意见(草案)》,完成"一站式"审批向"一窗式"服务改革试点工作。积极探索实施"工商营业执照、组织机构代码证、税务登记证"三证合一登记制度,首批"三证合一"登记证书正式发放。着力谋划拟订事中事后监管,建立健全"3+N"监管办法。出台《南通市通州区政府购买公共服务实施办法(暂行)》,推动政府由服务生产者向组织监管者转变。

金融改革。大力培育各类金融机构和新型金融组织,广发银行通州支行开业,恒丰银行取得省银监局批复,新引进华安财险和建信寿险等保险机构。"江海之星"城市建设基金新增6亿元,累计筹集资金31亿元,天天富余互联网金融累计融资1.70亿元。鼓励建立各类型金融中介服务机构和组织,3家机构入驻综艺金融港。与南通众和担保签约,设立通州办事处。与中新力合公司合作设立科技担保基金4500万元。积极探索建立投贷联动促进机制,资金总额5.60亿元,其中服务通州26家企业2.45亿元。四方冷链待审上市,新三板累计挂牌5家,四板挂牌9家。南通高新技术开发区公开发行募集13亿元企业债。加快建设创新资本集聚区,全区新增创投公司14家,注册资本15.70亿元,其中5家入驻创投中心。年末,创投中心入驻科技金融服务公司3家、创业投资机构19家和私募基金18家。

财税体制改革。健全规范透明预算制度,政府预、决算报告和草案经区人大批准后20个工作日内公开;除涉密部门外,一级部门预算、单位预算及"三公"经费预算全面公开;2014年试点的20家单位全部实现决算公开。7月1日,在区直单位全面实施公务卡结算制度。改革财政资金扶持方式,出台《南通市通州区产业发展母基金管理办法(试行)》,设立产业发展母基金及南通经信众创产业投资基金中心、南通泉达产业投资基金两个子基金,支持企业加快转型升级。推进政府投融资机制改革,完善国有公司法人治理结构、国有公司实体化和政府与社会资本合作(PPP)模式。

发展开放型经济。提升投资便利化,推进贸易便捷化。制定鼓励服务业领域投资办法,外商投资登记实行"三证合一"。积极打造开放平台,南通保税物流中心(B型)可行性报告通过国家级专家评审。优化服务保障体系,出台扶持企业国(境)外注册商标、申请专利政策;以家纺知识产权快速维权中心为平台,建立涉外知识产权保护组织;加大涉外专利保护,对胜诉与和解的纠纷给予补助。

节约集约用地。土地利用总体规划调整完善。原则性修改土地利用总体规划,争取省国土厅下达规划流量指标1026.67公顷(其中160公顷由南通市调剂给滨海园区)。推进同一乡镇范围内村庄建设用地布局调整试点,争取省国土厅将平潮镇作为南通市开展同一乡镇范围内村庄建设用地布局调整试点的3个乡镇之一。编制《平潮镇村庄建设用地布局调整试点方案》,通过南通市政府审批,确定拆旧农用地57.5公顷、建新占用农用地47.26公顷。优化基本农田布局,在进行零散基本农田后备资源调查摸底的基础上,以高新区为试点,调整其约1万亩基本农田布局,促进耕地集中连片,项目用地集约集聚。

农业农村改革。大力培育新型农业经营主体,新建各类家庭农场80家,培育200亩以上规模"全托管"经营主体97个,建成规范化合作社120家,新增市级以上农业龙头企业6家,其中省级1家,市级5家。积极推进"双置换"改革,完成集体资产股份制,组建社区股份合作社4家。实施农地合作社自主经营试点,建成农地股份合作社7家。稳步推进农村土地承包经营权确权登记颁证试点,全区14个镇(街道)120个村开展确权登记工作,西亭镇率先进入公示审核和农户签字阶段。引导土地向新型规模经营主体适度流转集中,全年流转土地2153.33公顷。推进农村产权交易市场建设,所有镇(街道)建成农村产权交易服务中心,形成省、市、区、镇四级农村产权交易网络体系。

(杨宇光)

国民经济和社会发展

【概　况】 2015年,全区实现地区生产总值940.16亿元,按可比价计算,比上年(下同)增长9.9%。按常住人口、户籍人口计算的人均地区生产总值分别为8.23万元和7.43万元,按当年人民币兑美元平均汇率折算分别是1.32万美元和1.19万美元。分产业看,第一产业增加值54.49亿元,增长2.7%;第二产业增加值476.75亿元,增长10.2%;第三产业增加值408.92亿元,增长10.4%。

三次产业结构比例由上年的6.1∶51.9∶42.0调整为5.8∶50.7∶43.5,第三产业增加值占GDP比重提高1.5个百分点。

【民营经济】 2015年,全区新增私营企业3928户,注册资本869.61亿元;新注册个体工商户8987户,注册资金8.24亿元。民营规模工业总产值占全部规模工业总产值的比重和民间投资占全部固定资产投资的比重分别为67.9%和79.6%。

【农林牧渔业】 2015年,全区实现农林牧渔业总产值(现价)93.23亿元,比上年增加5.05亿元,增长5.7%。全年粮食播种面积7.98万公顷,增长0.3%,单产每公顷6750公斤,增长0.4%。粮食总产量53.88万吨,增长0.8%;油料作物播种面积2.94万公顷,下降3.0%,单产每公顷3285公斤,增长0.9%,油料总产量9.66万吨,下降2.1%;棉花播种面积5187公顷,下降9.2%,单产每公顷1245公斤,下降3.5%,棉花总产量0.65万吨,下降12.3%。生猪出栏54.23万头,下降2.6%;猪肉产量4.10万吨,下降2.4%;家禽出栏1189.40万羽,下降3.7%;山羊出栏32.94万只,下降2.6%。水产品产量3.54万吨,下降0.1%,其中,淡水养殖产量2.96万吨,增长0.7%;内河捕捞产量0.58万吨,下降4.1%。

【农业机械化】 2015年,全区农业机械总投入1.05亿元,其中,农民投入7146万元。年末农业机械总动力54.1万千瓦,增加2.9万千瓦。农机化经营总收入6.11亿元,其中跨区作业收入1.10亿元。农业综合机械化水平85.37%。

【水 利】 2015年,全面启动农村河道整治三年行动计划。全年疏浚农村河道377条(段)计327公里,清淤土方460万立方米,拆除坝头坝埂1226条,新建桥涵569座,打捞沉船1080条,清理"三网"1.22万口,整理河坡1439公里,绿化河道岸坡213.33公顷,建成1个"水美乡镇"和10个"水美村庄",改造灌区150个,新建防渗渠道350公里。

【工业·建筑业】 2015年,全区工业增加值395.89亿元,增长10.5%。规模以上工业企业实现总产值1961.71亿元,增长5.7%。其中高新技术产业产值905.79亿元,增长13.0%;新兴产业产值689.10亿元,增长13.3%。九大行业实现产值1954.08亿元,增长5.7%。其中,纺织服装业526.21亿元,增长4.7%;机械业267.74亿元,下降6.2%;轻工食品业219.02亿元,增长11.7%;化工医药业108.12亿元,增长14.3%;电子信息业444.21亿元,增长14.7%;冶金业87.38亿元,增长2.2%;建材业79.76亿元,下降2.0%;船舶业118.59亿元,增长12.6%;电力能源业3.05亿元,增长8.0%。全年规模以上工业企业实现主营业务收入1924.09亿元,增长5.6%;利税总额221.07亿元,增长3.5%。

全年实现建筑业增加值80.86亿元,按可比价计算,增长9.0%。全年完成建筑业总产值1292.70亿元,增长8.7%;建筑施工面积1.20亿平方米,增长5.4%;竣工面积2958.39万平方米,下降22.0%。

【固定资产投资】 2015年,全区完成固定资产投资总额597.74亿元,增长14.9%。其中一、二、三产业分别完成5.06亿元、338.86亿元、253.81亿元,分别增长75.1%、8.9%、23.2%。三次产业投资结构由上年的0.6:59.8:39.6调整为0.8:56.7:42.5。完成工业技改投资271.66亿元,增长25.6%。工业技改投资占工业投资的比重为80.2%,同比提升10.7个百分点。完成基础设施投资82.39亿元,增长21.6%,占服务业投资的比重为32.5%。

全年完成房地产开发投资64.52亿元,下降4.8%,其中住宅投资53.28亿元,下降3.6%。全区在建各类房屋施工面积525.03万平方米,下降4.9%,其中,住宅施工面积384.73万平方米,下降9.7%。全区各类房屋竣工面积121.81万平方米,下降16.2%,其中住宅竣工面积92.26万平方米,下降28.2%。

【国内贸易·旅游业】 2015年,全区实现社会消费品零售总额307.73亿元,增长10.0%。其中城镇消费品零售额209.26亿元,增长10.0%;农村消费品零售额98.47亿元,增长9.8%;批发零售业实现零售额284.49亿元,增长10.2%;住宿和餐饮业实现零售额23.25亿元,增长7.1%。

全区拥有国家AAA级景区2个,国家AA级景区2个,省四星级乡村旅游区3个,省三星级乡村旅游区3个,省工业旅游区(点)2个,全国工业旅游示范点1个。全年实现旅游总收入36.72亿元,增长12.5%,接待旅游总人数298.06万人次,增长10.6%。

【开放型经济】 2015年,全区实现进出口总额35.83亿美元,增长7.8%。其中出口总额31.57亿美元,增长7.3%;进口总额4.25亿美元,增长11.7%。全年贸易顺差27.32亿美元,增加1.75亿美元。

全区实际到账外资2.81亿美元,新批外商投资项目45个,新批协议注册外资5.59亿美元。境外投资注册新设立企业9家,境外中方协议投资总额3.2亿美元,增长67.0%。

全年新签对外承包劳务合同额8224万美元,下降28.4%;完成对外承包劳务营业额1.36亿美元,增长55.5%;新派劳务人员1013人,下降32.2%;年末累计在外劳务人员654人,下降60.2%。

【交通运输、邮政电信和电力业】 2015年,全区公路客运总量1254万人次,下降0.5%;公路货运总量991万吨,增长2.8%;水路货运量193万吨,增长3.2%。年末,全区公路总里程3461公里,其中高速公路88公里、一级公路121公里、二级公路350公里、三级公路222公里、四级公路2671公里。全区镇村公交开通率100%。

年末,全区汽车保有量18.30万辆,增长18.8%;私家车拥有量16.56万辆,增长19.9%。

全年完成邮政业务收入1.82亿元,增长9.8%;收寄国际、国内函件170.54万件,增长25.0%;国际、国内包件2.10万件,下降4.5%;投送特快专递55.63万件,增长

29.3%;发送各类报刊杂志1739.71万份,增长15.2%;年末邮政储蓄余额119.85亿元,增长8.8%。全区年末本地固定电话用户29.71万户,移动电话用户114.73万户,其中4G手机用户38.32万户。

全年用电量50.01亿千瓦时,增长5.0%。第一产业用电量0.65亿千瓦时,增长27.1%;第二产业用电量38.04亿千瓦时,增长3.8%,其中工业用电量36.93亿千瓦时,增长3.6%;第三产业用电量3.81亿千瓦时,增长8.1%。城乡居民生活用电量7.50亿千瓦时,增长8.3%。

【财政和金融】 2015年,全年实现一般公共预算收入80.65亿元,增加10.21亿元,增长14.5%,其中税收收入66.98亿元,增长13.9%。税收收入中,国内增值税(不含改征增值税)6.80亿元,增长4.7%;营业税38.24亿元,增长42.4%;企业所得税(40%部分)6.14亿元,增长29.6%;个人所得税(40%部分)2.50亿元,下降45.3%;城市维护建设税4.04亿元,增长22.0%;房产税1.77亿元,增长2.7%。

年末,全区金融机构本外币存款余额1251.55亿元,比年初增加145.49亿元,增长13.0%。其中城乡居民储蓄存款803.35亿元,增加81.01亿元,增长12.1%。本外币贷款余额678.04亿元,增长11.7%,比年初新增投放71.23亿元。其中短期贷款余额373.35亿元,增长8.4%;中长期贷款余额252.46亿元,增长16.0%。年末不良贷款率1.36%。

【科学技术】 2015年年末,全区有高新技术企业143家,省级企业院士工作站7家,省级重点企业研发机构13家,省级新型科技企业孵化器5家(含众创空间2家),省级众创集聚区1个,省级工程技术研究中心53家。是年,全区新增省级高新技术产品108只,21项科技成果获南通市科技进步奖,专利申请总量4512件,专利授权总量4056件。全区万人发明专利拥有量18.17件。

【教　育】 2015年,全区拥有幼儿园56所,在托幼儿25114人;小学42所,在校学生48244人;初中26所,在校学生21854人;高中4所,在校学生11931人;职业学校4所,在校学生5056人;特殊学校1所,在校学生123人。全区幼儿入园率97.5%,小学入学率、毕业率均100%,初中毕业生升学率、毕业率分别为99.7%和100%。全区职业中学专任教师学历达标率98%,幼儿园、小学、初中、高中专任教师学历达标率均100%。至年末,全区已创成江苏省教育现代化学校53所。

【文化、卫生和体育】 2015年年末,全区拥有档案馆2个,保存档案19.36万卷、38.26万件,其中向社会开放档案10.70万卷,区档案馆馆藏档案数字化副本共1408万页。拥有区级广播电视台1个,镇级广播电视站20个;有线电视用户30.75万户,数字电视用户27.60万户。有表演团体1个、剧场1个、公共图书馆1个、文化馆1个、文化站15个。全年文艺作品获全国奖项4个,省级奖22个,市级奖26个。

年末,全区拥有医疗卫生机构450个,其中医院、乡镇卫生院和社区卫生服务中心37个,社区卫生服务站和村卫生室258个,疾病预防控制中心、卫生监督所、妇幼保健所、采供血机构、计划生育技术服务机构各1个。全区卫生技术人员5680人,其中执业医师和执业助理医师2447人,注册护士2318人。全区拥有医疗标准床位5681张。全年诊疗病人537.77万人次,出院病人16.63万人次。新农合人均筹资标准由480元提高到600元,参合人数82.70万人,共计补偿39265.65万元。

是年,区体育中心场馆单日开放时长15小时,累计接待市民健身202万人次。全年举办国家级赛事6项、其他各类单项比赛及全民健身活动463次,增长11.0%,参加活动158万人次,增长12.9%。举办大型赛事活动13次,其中国家级赛事8次。全区有社会体育指导员4235人,其中一级指导员26人,增长18.2%;二级指导员992人,增长1.0%。全年在南通市级以上比赛中获奖牌56枚,增长1.8%。全年体彩销售额1.55亿元。

【城乡发展·生态环境】 2015年,全区新增绿地面积115公顷,城市绿化覆盖率39.9%;日供水能力24万立方米,水质综合指标合格率100%;燃气普及率、用水普及率、生活垃圾无害化处理率均为100%。全年新增道路照明灯9733盏,新增城市照明总功率3896千瓦。

全区环境质量总体良好。地表水好于Ⅲ类水质的比例为83.0%,细颗粒物(PM2.5)年日均值为50微克/立方米,环境空气质量优良率(AQI)73.1%。全年整治燃煤小锅炉119台,6家企业开展清洁生产审计,4家企业实施VOC(挥发性有机物)治理工程,完成13个覆盖拉网式环境整治项目。近5年,规模工业万元产值能耗总体呈持续下降趋势。2011年至2015年,万元产值能耗分别为0.0576、0.0499、0.0484、0.0486和0.0470吨标准煤。

是年,全区发生交通事故281起,死亡148人,受伤201人,直接经济损失49万元。发生火灾405起,死亡2人,受伤2人,直接财产损失705万元。

【人口·居民生活·社会保障】 2015年年末,全区户籍人口126.59万人,减少0.06%。全年出生10164人,出生率8.03‰,出生婴儿性别比(以女性为1)为1.06:1;死亡人口12201人,死亡率9.64‰;自然增长率-1.61‰。

全区居民人均可支配收入27064元,增长9.0%。按常住地分,城镇居民人均可支配收入37646元,增加3081元,增长8.9%。农村居民人均可支配收入18361元,增加1526元,增长9.1%。城乡居民收入比(以农村居民为1)为2.05:1。全区居民人均消费支出17221元,增长8.3%。其中人均食品烟酒消费支出5363元,增长8.7%;人均衣着消费支出1173元,增长6.9%;人均居住消费支出2872

元,增长8.3%;人均生活用品及服务消费支出924元,增长9.5%;人均交通通信消费支出2278元,增长10.2%;人均教育文化娱乐消费支出3083元,增长8.0%;人均医疗保健支出1009元,增长2.7%;人均其他用品和服务消费支出519元,增长9.6%。

全区从业人员70.0万人。其中第一产业16.60万人,第二产业33.60万人,工业19.90万人,第三产业19.80万人。城镇新增就业9316人,农村劳动力新增转移就业5347人,年末城镇登记失业率2.52%。

全区城镇企业职工基本养老保险、城乡基本医疗保险、工伤保险、生育保险、失业保险参保人数分别为15.02万人、18.67万人、13.60万人、12.14万人和9.45万人;城乡居民社会养老保险参保人数22.68万人,领取养老金人数28.20万人,续保率93.8%。城镇企业职工基本养老保险、城乡基本医疗保险、失业保险参保率达98%以上。城乡低保标准分别为每人每月610元、460元,分别比上年提高40元和60元。农村五保集中和分散供养标准分别为每人每年8400元、7140元,比上年分别提高720元和540元。城市“三无”人员集中和分散供养标准分别提高至每人每月1520元、1200元,比上年分别提高300元。集中和散居孤儿基本生活养育标准分别提至每人每月1680元、1000元,比上年分别提高280元和130元。发放定补类生活救助款8618.91万元,为6777名重病患者支付医疗救助金1545.55万元,为15户三峡移民改造危旧房。在3个镇实施敬老院高标准建设,新增床位566张。(注:公报中发布的2015年数据为初步统计数。部分数据因四舍五入的原因,存在着与分项合计不等的情况;地区生产总值及其分类项目增长速度按可比价计算,为实际增长速度;其他指标除特别说明外,按现价计算,为名义增长速度;根据国家最新修订的《国民经济行业分类》,对三次产业划分进行调整,将原第一产业中的“农、林、牧、渔、服务业”,第二产业中的“开采辅助活动”和“金属制品、机械和设备修理业”等三类行业调入第三产业,上年三次产业同时进行调整;高新技术产业产值根据江苏省科技厅和江苏省统计局《关于发布〈江苏省高新技术产业统计分类目录〉(2012修订版)的通知》(苏科高〔2012〕332号)进行统计,包括航空航天制造业、电子计算机及办公设备制造业、电子及通讯设备制造业、医药制造业、仪器仪表制造业、智能装备制造业、新材料制造业;新兴产业包括新能源制造业、新材料制造业、生物技术和新医药制造业、智能装备制造业、节能环保制造业和海洋工程装备制造业。2012年四季度起,国家统计局实施城乡一体化住户调查改革,统一城乡居民收入名称、分类和统计标准,在全国统一选取16万户城乡居民家庭,直接开展调查。在此基础上,计算了城乡可比的新口径全体居民人均可支配收入以及分城乡居民人均可支配收入。耐用消费品拥有量为城乡一体化改革后的调查数据,与以前年份不可比。规模以上工业统计范围为年主营业务收入2000万元及以上的工业企业。建筑业统计范围为有资质的建筑业企业。固定资产投资统计范围为计划总投资500万元及以上建设项目,房地产投资统计范围为房地产开发经营企业。社会消费品零售总额统计中限额以上单位是指年主营业务收入2000万元及以上的批发业企业(单位)、500万元及以上的零售业企业(单位)、200万元及以上的住宿和餐饮业企业(单位)。本文中农委、农机、水利、交通、旅游、科技、教育、文化、体育、住建、环保、人社、民政等相关内容不包含原三余镇数据)

(黄　凯)

精神文明创建活动

【概　况】 2015年,通州区坚持以培育和践行社会主义核心价值观为工作主线,积极适应精神文明建设发展新常态,继续深入推进诚信建设制度化、志愿服务制度化,继续推进以文明礼仪养成教育为重点的未成年人思想道德建设,继续推进以文明城市长效管理为重点的群众性精神文明建设,完成“十二五”各项目标任务,建设经济强百姓富环境美社会文明程度高的新通州。

【公民思想道德建设】 2015年,通州区紧密联系广大干部群众的思想工作实际,广泛深入地学习、宣传、践行社会主义核心价值观,真正使核心价值观入耳入脑入心。积极培育、选树和宣传先进典型。结合重大主题纪念日、节庆日和“我推荐我评议身边好人”等活动组织开展最美人物选推活动。开展“文明百佳·星耀江海”精神文明先进典型评选表彰活动,评选出十佳助人为乐之星、十佳志愿服务之星、十佳未成年人礼仪之星等10类十佳人物,共100名典型,其中,姜智、高楚姗等分别入选南通市“文明百佳”先进典型,徐长军和曹灿华同时入选12月助人为乐和敬业奉献“中国好人”候选名单。深入开展道德讲堂活动。大力推进诚信制度化建设,通过开展文明餐桌、文明交通、文明旅游等文明引导行动,深化道德教育。组织开展诚信经营创建活动,完成101家“诚信企业”和982家示范店创建任务,建立严重失信黑名单归集发布机制,及时对失信被执行人曝光。全年共曝光失信被执行单位350多家、失信被执行人1600多人。

【文明城市长效管理】 2015年,通州区在原区文明城市建设工作领导小组办公室的基础上,整合区城管局、文明办和数字化城管的优势和力量,拟定组建“通州区文明城市长效管理工作办公室”。以《通州区城市长效管理考核办法》为依据,进一步完善奖惩机制。对建成区范围内的街道、社区、各职能部门长效管理工作进行多层次考核奖励,除明确并严格执行“日督查、周例会、月通报、季考核”制度外,市民巡访团、专业指导组还综合运用每日巡查、现场整改、定期督办等多种行之有效的督查办法,强势推动文明城市长效管理工作的深入开展。区电视台、《通州日报》、党政信息网等媒体分别开辟专题专栏,大力宣传文明城市长效管理工作成效，同时，对影响城市形象的不文明行为进行曝光，促进广大市民文明意识的提高。区创文办每月将南通市市区城市长效管理工作考核情况结合通州区实际进行分解、汇总，并刊登在《通州日报》、党政信息网上，促进各职能部门落实整改，最终以较好成绩通过江苏省复查。

【基础性创建工作】 2015年，通州区组织开展2013—2014年度区级文明创建先进典型推荐评选表彰工作。经自愿申报、公示、推荐、考核、汇总、审议、集中公示等阶段，全区共产生文明创建先进典型493个。同时，向南通市推荐140个文明创建先进典型，受到市委、市政府表彰。兴仁镇徐庄村获全国文明村，中国工商银行通州支行获全国文明单位。继续组织开展"最美乡村、最美家庭"创建活动，十总镇十总社区获第三届江苏省最美乡村。刘桥镇长岸村和东社镇香台村获首届南通市美丽乡村示范村，东社镇庄锡峰家庭等20个家庭获首届南通市美丽农家标兵户。与此同时，通州区评选表彰10个美丽乡村示范村和100家美丽农家示范户。

【未成年人思想道德建设】 2015年，通州区持续放大"童声里的中国"品牌效应，以江苏美德少年为原型，打造儿童音乐剧《田梦儿》在全国巡演。创作出版儿童小说《滑板少年》，生动反映孩子们健康快乐的成长故事。组织开展"童心里的诗篇""成长的童谣"创作推广和"纯美文学润童心"等活动。举办第四届江苏省"小茉莉花"青少年声乐大赛及颁奖晚会。央视少儿频道走进通州，录制"童声里的中国"少儿艺术活动专场节目。同时，以"日行一善，月习一礼"为抓手，扎实开展未成年人文明礼仪养成教育，重点将"童声基地"和"忠孝文化园"打造成仪式教育活动基地。以"学法崇德、争当三好"为主题，深化全区"三好"标兵竞赛评选活动。精心组织"我们的节日""七彩的夏日""缤纷的冬日""网上祭英烈""向国旗敬礼网上签名寄语"等未成年人道德实践活动，推荐马季城获省"十大美德少年标兵"称号。高质量、高标准建成区未成年人成长指导中心，为未成年人提供专业化、科学化、规范化心理健康公益性教育服务。深入开展净化社会文化环境专项治理"蓝天行动"和"平安校园"创建活动，为未成年人的健康成长营造良好社会环境氛围。

【志愿者工作】 2015年，通州区依托金南社区开设公益课堂，邀请书法家为社区孩子免费培训，每月的第一个星期六设为"义诊日"。同时，在江海志愿者服务站开展义诊活动，邀请副主任以上医师参加。以元宵节、六一、暑期等节假日为契机，开展系列关爱残疾人、老党员、困难职工、留守儿童活动。通州"知心姐姐的阳光梦想"和"爱乐团"志愿服务计划项目分别获中央文明办、共青团中央等五部门联合颁发的"第二届中国青年志愿服务项目大赛"金奖和银奖。依托区党员干部进社区平台、江海志愿者服务站平台等网络平台，开展便民利民、文明劝导、公共秩序维护、网络文明传播等工作。 （丁　莉）

组织机构和领导人员名录

中共南通市通州区委员会

书　　记：宋乐伟
副 书 记：陈永红　李　玲（女）　凌建华
常　　委：宋乐伟　陈永红　李　玲（女）　凌建华　桑建美（女）　陈　斌　陈艳梅（女）　虞越嵩　汪水明　瞿云峰　葛卫民　胡卫东　刘克勇（挂职）　达哇旦周（4月任，挂职）

南通市通州区人大常委会

主　　任：明汉清
副 主 任：曹国平　昝圣达　吴晓晖　朱卫民（1月当选）
党组书记：明汉清
党组副书记：曹国平

南通市通州区人民政府

区　　长：陈永红
副 区 长：陈　斌（常务）　陈艳梅（女）　刘克勇（挂职）　刘　洪　李学义　顾　坚　张兴国　陈伟平　徐林锋　李儒斌（挂职）
党组书记：陈永红
党组副书记：陈　斌

政协南通市通州区委员会

主　　席：宋乐伟
副 主 席：施　辉　王沈康　葛　涛　季　平　吴　俊（1月辞，3月退休）　顾建军（1月当选）
党组书记：施　辉
秘 书 长：韩　建（1月当选）
副秘书长：吴宇平（1月当选）

中共南通市通州区纪律检查委员会

书　　记：虞越嵩（兼）
副 书 记：包良均　陈泽华
常　　委：虞越嵩　包良均　陈泽华　张刘华　李功涛　赵建峰　张为民

区委工作部门及直属机构

区委办公室

主　　任:刘学军

副 主 任:沈智慧　王　勇(3月免)　冯永华　严　巍(3月任)

研究室

主　　任:沈智慧

副 主 任:陈国祥(10月免)　吴　昊(2月任)　季　良(10月任)

督查室

主　　任:何　静(女)

组织部

部　　长:桑建美(兼,女)

副 部 长:顾建军(常务,3月免)　钱国宾(常务,3月任)　姜卫国　陈　超

部务委员:曹莉萍(女)　唐　锋(2月任)

组织员办公室

主　　任:徐　华

区级机关工作委员会

书　　记:姜卫国(兼)

副 书 记:季　煜(主持日常工作)　施晓灵(女)

新经济新社会组织工作委员会

书　　记:姜卫国(兼)

副 书 记:顾慧辉(女)

人才工作办公室

主　　任:顾建军(3月免,兼)　钱国宾(3月兼任)

副 主 任:曹邢彬　刘青(8月挂职期满,女)　葛　锋(5月任)　郝国建(9月任,挂职)

宣传部

部　　长:胡卫东(兼)

副 部 长:陈益明(常务)　丁　燕(3月免,女)　曹荣琪(3月任)　陈建华(2月任)

精神文明建设指导委员会办公室

主　　任:陈益明(兼)

副 主 任:张汉忠(2月免)　周　冲

统战部

部　　长:吴　俊(2月免,兼)　顾建军(2月兼任)

副 部 长:樊　珂　易天明

政法委员会

书　　记:瞿云峰(兼)

副 书 记:顾　坚(兼)　何新华　蔡胜江(2月免)　张　显(10月任)　朱晓明(10月任)

政治处主任:杜爱华(女)

社会信息管理办公室

主　　任:

社会管理综合治理委员会办公室

主　　任:张　显(10月兼任)

副 主 任:邱建华

依法治区领导小组办公室

主　　任:瞿云峰(兼)

副 主 任:朱晓明(10月免)

国家安全办公室

主　　任:何新华(10月兼任)

副 主 任:朱永宁

610办公室

主　　任:夏季兵(兼)

副 主 任:陆卫东　王晓梅(女)

机构编制委员会办公室

主　　任:顾建军(3月免,兼)　钱国宾(3月兼任)

副 主 任:邱天擎　陆卫华(10月任)

农村工作办公室

主　　任:姜子国

副 主 任:曹　辉　严卫华(女)　季水华

主任助理:袁国林

纪检组长:戴剑锋(5月任)

区人民政府农村工作办公室

主　　任:姜子国(兼)

区委机要局(区国家密码管理局)

局　　长:蒋建伟

副 局 长:顾晓明　康建锋

区委保密委员会办公室(区国家保密工作局)

主任(局长):蒋建伟(兼)

台湾工作办公室(区人民政府台湾事务办公室)

主　　任:冯永华(5月兼任)

副 主 任:王红琴(5月明确主持日常工作,女)

老干部局

局　　长:陈　超

副 局 长:王建云(主持日常工作,女)　施向东

党校

校　　长:凌建华(兼)

副 校 长:许煜曦(常务)　耿　燕(女)　胡永洲

行政学校

校　　长:陈　斌(兼)

副 校 长:许煜曦　耿　燕(女)　莫建娥(兼,女)　胡永洲

区机关事务管理局

1月，根据通发〔2014〕32号文件《关于区人民政府机构改革的实施意见》通知，区区级机关事务管理局更名为区机关事务管理局。

局　　长：崔红星
副 局 长：吴广强（3月免）　江　毅　曹　军
　　　　　丁华周（10月任）
党组书记：崔红星

接待办公室
主　　任：崔晓东
副 主 任：

党史工作办公室
主　　任：王　飞
副 主 任：阚新华　卫　清
地方志编纂委员会办公室
主　　任：王　飞（兼）

档案局（档案馆）
局长（馆长）：张新丽（女）
副 局 长：张　强　谢国志

人大工作部门

人大办公室
主　　任：单雄清
副 主 任：张菊兰（兼，女）
研究室
主　　任：张菊兰（女）
副 主 任：徐建锋
老干部服务科
科　　长：王祝达
信访督办科
科　　长：徐茂军

财政经济工作委员会
主　　任：金　剑
副 主 任：张蔚华

内务司法工作委员会
主　　任：耿曹均
副 主 任：朱亚琴（女）

人事代表工作委员会
主　　任：姜兆军
副 主 任：王晓霞（女）

环境资源城乡建设工作委员会
主　　任：蔡行一
副 主 任：丁俊荣

农业和农村工作委员会
主　　任：袁学义
副 主 任：徐雪松

教科文卫工作委员会
主　　任：陈旭初
副 主 任：吴伯军

民宗侨台工作委员会
主　　任：徐　雷
副 主 任：

区政府工作部门及直属机构

区政府办公室
主　　任：包云祥
副 主 任：石裕超（3月免，兼）　张晓飞（3月免，兼）
　　　　　陈建华（2月免）　倪健忠（3月免）
　　　　　高宏彬（10月任）　朱国兴　钱晓新
　　　　　钱道锋　施晓辉　张卫忠（5月免）
　　　　　李　锋（3月任）　李　锐（7月任）
党组书记：包云祥
法制办公室
主　　任：包云祥（兼）
副 主 任：李　锐（7月免）
外事侨务办公室
主　　任：包云祥（兼）
副 主 任：于　红（女）
人民防空办公室
主　　任：包云祥（兼）
副 主 任：
主任助理：胡映春
督查室
主　　任：吴兴林

发展和改革委员会
主　　任：朱卫民（2月免）　李均华（2月任）
副 主 任：秦瑞作（2月免）　张颖倩（5月任，女）
　　　　　孙振坚　季玉华（女）　冯建军（5月任）
党委书记：朱卫民（2月免）　李均华（2月任）
纪委书记：丁明体
区政府金融工作办公室
主　　任：朱卫民（2月免，兼）　李均华（2月兼任）
物价局
局　　长：李均华（2月兼任）

副 局 长:张乃文　严　斌

重点建设项目管理办公室

主　　任:王　燕(女)

经济和信息化委员会

主　　任:李均华(2月免)　黄春玉(2月任)

副 主 任:花建山　徐琳琳　周国栋(5月免)
冯建军(5月免)　施卫东(5月任)

党委书记:李均华(2月免)　黄春玉(2月任)

纪委书记:季　然(女)

中小企业局

局　　长:李均华(2月免)　黄春玉(2月兼任)

副 局 长:朱跃琦(5月免)

教育局

局　　长:张进荣

副 局 长:严鼎生　郭志明(7月免)
邢　斌(7月免)　钱国华
王笑梅(7月免,挂职,女)　刘　新
胡清华(7月任)

党委书记:张进荣

党委副书记:严鼎生

纪委书记:张春潮(3月免)　严蔚民(10月任)

科学技术局

局　　长:王钰华(女)

副 局 长:蔡　陶(7月免)　蔡志兵　黄东晓
李宗印(8月挂职期满)
方昌健(9月任,挂职)

局长助理:顾志聪(5月免)

党组书记:黄剑豪(5月免)　王钰华(5月任,女)

党组副书记:王钰华(女)

纪检组长:金俊杰(3月任)

知识产权局

局　　长:王钰华(兼,女)

公安局

局　　长:顾　坚

副 局 长:夏季兵　倪　军(2月免)　王荣华
葛秀清　张　伟(2月任)　王志清
王　东(5月任)

政　　委:倪　军(2月任)

副 政 委:曹群英(女)

党委书记:顾　坚

党委副书记:倪　军　夏季兵(2月任)

纪委书记:张　伟(2月免)

督 察 长:顾　坚(兼)

监察局

局　　长:包良均

副 局 长:李功涛　章　婷(女)

民政局

局　　长:张武军(5月免)　季　亚(5月任)

副 局 长:施锦荣　周玉君　徐建国　金小红(女)

局长助理:金建峰(10月免)

党组书记:张武军(5月免)　季　亚(5月任)

纪检组长:谢　智

司法局

局　　长:张新民(3月通州区纪委对其立案调查)
刘玉贤(5月任)

副 局 长:姜　平　姜志亮

党组书记:张新民(3月通州区纪委对其立案调查)
刘玉贤(5月任)

纪检组长:丁义刚(10月任)

财政局

局　　长:张正杰

副 局 长:沈　杰(1月免)　张　芳(女)　吴雪华
张单华(5月任)　吴巧俏(11月任,女)

党组书记:张正杰

党组副书记:姜　华(12月任)

纪检组长:张晓玲(5月任,女)

人力资源和社会保障局

局　　长:钱国宾(3月免)　张剑冰(3月任)

副 局 长:莫建娥(女)　施雪平　曹　玮　包　坚
李宗印(8月挂职期满)　吴卫东(2月任)
余剑武(9月任,挂职)

党委书记:钱国宾(3月免)　张剑冰(3月任)

党委副书记:莫建娥(2月任,女)

纪委书记:吴卫东(2月免)　朱剑锋(5月任)

军转办主任:吴卫东(2月免,兼)

环境保护局

6月,根据通州区机构编制委员会通编〔2015〕43、44号文件《关于印发南通市通州区环境保护局南通高新区分局主要职责内设机构和人员编制规定的通知》《关于印发南通市通州区环境保护局锡通科技产业园分局主要职责内设机构和人员编制规定的通知》通知,设立南通市通州区环境保护局南通高新区分局、锡通科技产业园分局。

局　　长:丁建荣

副 局 长:朱宝剑(7月免)　陈　卓(12月免,女)
蒋　军　邱少波　曹锡江

党组书记:丁建荣

纪检组长:陆　锋(2月任)

南通高新区分局

局　　长:朱宝剑(7月任)

副 局 长:

锡通科技产业园分局

局　　长:邵勇军(10月任)

住房和城乡建设局

局　　长:周　鉴

副 局 长:吴建林(3月免,兼)　陆建兵(3月免,兼)　季建新(1月去世)　张友奎(3月免,兼)　黄索宇　李晓东　高　翔(7月通州区纪委对其立案调查)　俞政权　蔡世杰(10月任)

总工程师:丁舜锋

党委书记:周　鉴

纪委书记:金佩银(5月免)　葛　俊(10月任)

城市管理局

局　　长:周建清

副 局 长:宋建新(7月免)　成建荣(5月免)　顾军峰(2月任)　王玉华(2月任)

党组书记:周建清

纪检组长:张慧超

城市管理行政执法局

局　　长:周建清(兼)

交通运输局

根据通发〔2014〕32号文件《关于区人民政府机构改革的实施意见》通知,区发展和改革委员会和区沿江(沿海)开发办公室的港口管理职责整合划入区交通运输局,区交通运输局增挂区港口管理局、区铁路办公室牌子。

局　　长:诸培国(11月免)　丁明新(11月任)

副 局 长:金志锋　宋国彬　张　明　季　平(11月免)

党委书记:诸培国(11月免)　丁明新(11月任)

纪委书记:张晓玲(5月免,女)　周　佾(5月任)

港口管理局

局　　长:朱卫民(2月免,兼)　诸培国(2月兼任,11月免)　丁明新(11月兼任)

铁路办公室

主　　任:诸培国(2月兼任,11月免)　丁明新(11月兼任)

农业委员会

主　　任:张剑冰(3月免)　季　勇(3月任)

副 主 任:陈祖建　吴建均(11月免,兼)　季国军　张宏杰　王国强

党委书记:张剑冰(3月免)　季　勇(3月任)

纪委书记:曾雪美(女)

海洋与渔业局

局　　长:张剑冰(3月免,兼)　季　勇(3月兼任)

副 局 长:高创新

水利局

局　　长:丁　华

副 局 长:倪建东　徐春华(5月免)　胡栋林　朱德礼(5月任)

局长助理:方　杏(女)

党委书记:丁　华

纪委书记:周　佾(5月免)　张　帆(10月任)

商务局

局　　长:金泽林

副 局 长:朱德胜　李向阳

党委书记:金泽林

纪委书记:顾　华(3月任)

粮食局

局　　长:金泽林(兼)

副 局 长:朱国安

文化广电新闻出版局

局　　长:陈剑俊(3月免)　许易峰(3月任)

副 局 长:冯罗费(3月免,女)　张贺林　葛红玲(女)　丁　燕(3月任,女)

局长助理:周广清(10月免)

党委书记:许易峰(3月任)

党委副书记:陈剑俊(3月免)

纪委书记:吕志坚

卫生和计划生育委员会

主　　任:吴抑非(3月通州区纪委对其立案调查,女)　张武军(5月任)

副 主 任:季　亚(5月免)　王颖麒　张　毅　刘伟圣　钱素兵　刘永杰　张启军

党组书记:吴抑非(3月通州区纪委对其立案调查,女)　张武军(5月任)

党组副书记:季　亚(5月免)

纪检组长:卞玉梅(女)

审计局

局　　长:黄春玉(3月免)　沈凯军(3月任)

副 局 长:顾　霞(女)　蔡玉新　张单华(5月免)　陈　霞(5月任,女)

党组书记:黄春玉(3月免)　沈凯军(3月任)

纪检组长:王佳蓓(3月任,女)

体育局

局　　长：严鼎生（兼）

副 局 长：曹　劼

局长助理：陈　克

统计局

局　　长：张　勤（女）

副 局 长：季林华（7 月免）　曹　剑（女）

于海燕（10 月任）

党组书记：朱卫民（2 月免，兼）

李均华（2 月兼任，5 月免）

张颖倩（5 月兼任，女）

纪检组长：季甫荣（3 月任）

安全生产监督管理局

局　　长：丁明新（11 月免）　姚　忠（11 月任）

副 局 长：黄建飞　陈　飞　杨　进　宋红军

党组书记：丁明新（11 月免）　姚　忠（11 月任）

纪检组长：徐茂军（5 月任）

市场监督管理局

局　　长：曹　勇

副 局 长：刘玉贤（5 月免）　沈　豪

吴建忠（7 月免）　吴一鸣（9 月去世）

倪　林　陶汉清（7 月免）　张红梅（女）

周宇春（5 月免）　易　建　彭德新

刘庆华　王铁峰（12 月免）

党组书记：曹　勇

党组副书记：刘玉贤（5 月免）

党组成员：曹　龑（副科职）　杨建华（副科级）

纪检组长：陆　辉

服务业发展局

根据通发〔2014〕32 号文件《关于区人民政府机构改革的实施意见》通知，将区发展和改革委员会的服务业管理职责、旅游管理职责整合，组建区服务业发展局，挂区旅游局牌子，为区政府工作部门，与区发展和改革委员会合署办公。

局　　长：秦瑞作（2 月任）

副 局 长：周宇春（5 月任）　高　燕（5 月任，女）

旅游局

局　　长：秦瑞作

信访局

局　　长：石裕超

副 局 长：丁华斌　胡祝平　顾亚明

党组书记：石裕超

党组副书记：丁华斌

民族宗教局

根据通发〔2014〕32 号文件《关于区人民政府机构改革的实施意见》通知，区民族宗教事务局由与区委统战部一个机构、两块牌子调整为单独设置，为区政府工作部门。

局　　长：樊　珂（3 月免，兼）　瞿　勇（3 月任）

副 局 长：龚伟杰

党组书记：瞿　勇（3 月任）

行政审批局

10 月，根据通政发〔2015〕23 号文件《关于设立南通市通州区行政审批局的通知》通知，设立南通市通州区行政审批局，为区政府工作部门，区政务服务中心与其实行一套班子、两块牌子。

局　　长：李　忠（12 月任）

副 局 长：陈　卓（12 月任，女）　葛振军（12 月任）

王铁峰（12 月任）　张志林（12 月任）

党组书记：钱国宾（12 月兼任）

党组副书记：李　忠（12 月任）

纪检组长：马秀荣（12 月任）

政务服务中心

主　　任：姜　华（12 月免）

副 主 任：李　忠　张志林

党委书记：姜　华（12 月免）

纪委书记：马秀荣

广播电视台

台　　长：陈剑俊（3 月免，兼）　陈建华（3 月任）

副 台 长：陈　杰　季雪平（3 月免）　丁晓峰

台长助理：王云峰

党组书记：陈剑俊（3 月免）　陈建华（3 月任）

新闻信息传播中心

主　　任：

副 主 任：丁晓峰（兼）

主任助理：曹　军

地震局

局　　长：

副 局 长：顾志聪（5 月任）

公共资源交易中心

根据通发〔2014〕32 号文件《关于区人民政府机构改革的实施意见》通知，将区招标投标管理中心的工程建设项目招标投标、政府采购的监督管理职责及其他有关部门涉及土地使用权出让、国有产权交易、农村产权交易等公共资源交易的监督管理职责整合，组建区公共资源交易管理办公室，为政府派出机构，正科级建制，与区政务服务中心合署办公。不再保留区招标投标管理中心。

主　　任：陶　洋（2 月任）

副 主 任：丛春明（2 月任）　司红林（2 月任）

党组书记:陶　洋(2月任)
纪检组长:袁卫东(3月任)

招标投标管理中心

主　　任:陶　洋(2月免)
副 主 任:丛春明(2月免)　司红林(2月免)
党组书记:陶　洋(2月免)

乒乓球运动学校(中国乒乓球通州训练基地)

校　　长:王寿兵
副 校 长:沈红东(3月免)
主　　任:王寿兵
副 主 任:沈红东(3月免)　陆志清(兼)
　　　　徐建伟(7月任)

政府投资项目工程建设中心

主　　任:张友奎
副 主 任:李　玹(女)　陈宇光(5月免)
　　　　姜　健(5月任)
总工程师:蔡世杰(5月免)　吴晓东(5月任)

社会矛盾纠纷调处中心

主　　任:张新民(2月兼任,3月通州区纪委对其立案调查)
副 主 任:丁华斌(11月免)　冯跃如　姜　莉(女)

教育督导室

主　　任:王新荣
副 主 任:章锦华(10月免)

沿海开发办公室

根据通发〔2014〕32号文件《关于区人民政府机构改革的实施意见》通知,区沿江(沿海)开发办公室的沿江开发管理职责整合划入区水利局。3月,经区委常委会讨论,区沿江(沿海)开发办公室更名为区沿江开发办公室。

主　　任:
副 主 任:王林源　徐　卓

数字化城管监督指挥中心

主　　任:

建筑工程管理局

局　　长:吴建林(3月免)　陆建兵(3月任)
副 局 长:朱国成　季　杰
党委书记:周　鉴(3月免,兼)　陆建兵(3月任)
党委副书记:吴建林(3月免)
纪委书记:姜亚东

农业机械管理局

局　　长:吴建均
副 局 长:陈树清　张达世(7月任)　姚　冰(女)
党委书记:陈树清
纪委书记:张达世(7月免)

农业资源开发局

局　　长:张剑冰(3月免,兼)　陈国华(3月任)
副 局 长:张建荣　陆跃斌
局长助理:黄剑兰(女)
党组书记:张剑冰(3月免,兼)　陈国华(3月任)

电子政务管理中心

主　　任:张晓飞
副 主 任:包晓炜
区政府网站管理中心
主　　任:张晓飞(兼)
省政府远程通信网通州工作站
站　　长:张晓飞(兼)

招商局

局　　长:金泽林(兼)
副 局 长:顾彬斌　秦　锋

区政府国有资产监督管理办公室

主　　任:姜　华(12月任)
副 主 任:吴巧俏(11月免,女)

企业公有资产管理办公室

主　　任:花建山(兼)
副 主 任:丁淑娥(女)　于建华

市政公用事业管理中心

主　　任:季建新(1月去世)
副 主 任:花云霞(9月任,女)
　　　　蔡世杰(5月任,10月免)
　　　　陆　明(10月任)
城区水环境建设管理处
主　　任:季建新(1月去世)
副 主 任:黄宝乐

房屋动迁管理办公室

主　　任:陆建兵(3月免,兼)　姚　斌(3月任)
副 主 任:张　勇(11月免)　王　昕
　　　　方伶俐(2月任,女)

园林绿化管理中心

主　　任:丁舜锋(5月免,兼)

李晓东(5 月兼任,10 月免)
金建峰(10 月任)

事业单位登记管理局
局　　长:陆卫华(10 月免)

公共资源交易中心

3 月,根据通州区政府办公室通政办发〔2015〕27 号文件《关于印发南通市通州区公共资源交易中心主要职责内设机构和人员编制规定的通知》通知,设立南通市通州区公共资源交易中心。

主　　任:王建兵(7 月任)

教师发展中心

6 月,根据通州区机构编制委员会通编〔2015〕39 号文件《关于设立南通市通州区教师发展中心的批复》通知,设立南通市通州区教师发展中心。

主　　任:

政协工作部门

政协办公室
主　　任:吴宇平
副 主 任:樊冬梅(11 月免,兼,女)　杨　峰　陈　凯
老干部服务科
科　　长:沈　杰

提案委员会
主　　任:孙锦华
副 主 任:曹顾涌

学习、文史委员会
主　　任:钱　俊
副 主 任:陈益明(兼)　王海峰

经济科技委员会
主　　任:李均华(1 月免,兼)　黄剑豪(1 月任)
副 主 任:施季平

文教卫体委员会
主　　任:袁卫平
副 主 任:郭志明(7 月免,兼)

城乡建设、社会法制委员会
主　　任:陈锦新
副 主 任:王　琳(女)

人口资源环境委员会
主　　任:陈汝林
副 主 任:邹宪章

港澳台侨委员会
主　　任:樊冬梅(11 月免,女)
副 主 任:杨　峰

南通高新技术产业开发区

党工委书记:
党工委副书记:汪水明
管委会主任:
管委会副主任:汪水明(主持日常工作,正处职)　曹建新
叶　辉　徐　健　诸培国(7 月任)
纪工委书记:刁玉芬(女)
人大联络处主任:于　燕(女)
政协工委副主任:于　燕(女)
监察室
主　　任:于季华
副 主 任:刘　瑾(5 月任,女)
审计室
主　　任:于季华
副 主 任:
办公室
主　　任:李焱明
副 主 任:王　斐(5 月任)
党群工作局
局　　长:袁利忠(5 月任)
副 局 长:袁利忠(主持日常工作)
曹　铖(10 月免)
经济发展局
局　　长:姚　忠(11 月免)
副 局 长:昝建斌
科学技术局
局　　长:邱　智(5 月任)
副 局 长:邱　智(主持日常工作)　吴小昊
姜一春(5 月任,女)
招商局
局　　长:陈东兵(5 月任)
副 局 长:陈东兵(主持日常工作)　张建新
规划建设局
局　　长:
副 局 长:蔡劲松　张新林(5 月任)
华　璇(5 月任,女)
综合执法局
局　　长:卞建平
副 局 长:吴成梓　金　健(3 月免)
安全生产监督管理局
局　　长:费　平(2 月任)
副 局 长:顾春峰(5 月任)

政法和社会建设局

局　　长：王霄峰（5月任）

副 局 长：王霄峰（主持日常工作）　葛建华

行政服务中心

主　　任：

副 主 任：顾圣亮

财政局

局　　长：倪燕飞（女）

副 局 长：季　彬

公有资产管理办公室

局　　长：倪燕飞（女）

人武部

部　　长：

副 部 长：陈　炎（10月任）

科技新城管委会

主　　任：姜小国

副 主 任：邱　智（5月免）　张永琪　龚志军
丁显有（8月挂职期满）
张友军（8月挂职期满）
尹　盛（8月挂职期满）
刘金波（8月挂职期满）
姜锦华（5月任，女）
周鸣鸣（9月任，挂职）

房屋征收管理办公室

主　　任：

副 主 任：葛震宇　徐敬国（5月任）

空港产业园管委会

主　　任：曹建新

副 主 任：王晓亮（常务）

投资建设服务中心

主　　任：张永琪（5月任）

副 主 任：张永琪（主持日常工作）　李　仲（女）

人才服务中心

主　　任：

副 主 任：张建新（主持日常工作）

锡通科技产业园

党工委书记：李　玲（女）

党工委副书记：吴卫兵

管委会副主任：吴卫兵（主持管委会工作）　廖文华
朱卫民　丁如俊

办公室

主　　任：邵　菊

副 主 任：许建春

经济发展局

局　　长：

副 局 长：丁志岗（2月免）

规划建设环保局

局　　长：

副 局 长：邵勇军　黄建明

安全生产监督管理局

局　　长：丁志岗（2月任）

社会事务局

局　　长：吴建国

副 局 长：张继华

财政审计局

局　　长：

副 局 长：陈　刚　郭志坚

国土分局锡通科技产业园办事处主任：王翕金

3月，锡通科技产业园与张芝山镇实行“园镇合一”管理体制

党工委书记：李　玲（女）

管委会副书记：吴卫兵（3月接受组织调查）

管委会副主任：吴卫兵（3月接受组织调查）　廖文华
朱卫民（7月免）
丁如俊（3月南通市纪委对其立案调查，7月免）

办公室

主　　任：邵　菊（女）

副 主 任：许建春　李菊梅（女）

经济科技发展局

局　　长：周国栋（5月任）

副 局 长：顾　冲（7月免）
徐庆利（8月任，挂职一年）

规划建设局

局　　长：叶天竹（7月任）

副 局 长：叶天竹　黄建明

社会建设管理局

局　　长：

副 局 长：赵春慧　曹　敏（女）　顾　冲（7月任）

财政局

局　　长：陈　刚（7月任）

副 局 长：陈　刚　夏　云（5月任，女）

综合执法局

局　　长：成建荣（6月任）

副 局 长：张　峰（主持日常工作，6月免）　邵勇军
张海峰（7月任）

安全生产监督管理局

局　　长：丁志岗

便民服务中心

主　　任：

副 主 任：刘永华（主持日常工作）　顾学德
陆伟丽（10月任，女）

房屋征收管理办公室

主　　任：吴建国（7月免）

副 主 任:张继华　倪梓程
监察审计室
主　　任:
副 主 任:井　卫　郭志坚
国土分局锡通科技产业园办事处主任:王翕金

石港科技产业园

党工委书记:凌建华(兼)
党工委副书记:龚　卫　陈　兵　吴广进
管委会主任:龚　卫
管委会常务副主任:陈　兵
管委会副主任:葛建中　单志建　王福祥　陈建烽
顾本勇(10 月任)
朱脉勇(8 月任,挂职一年)
纪工委书记:李　锋(3 月免)　吴德水(5 月任)
党工委委员:葛建中　单志建　王福祥　陈建烽　顾本勇
吴德水(5 月任)　陈育锋(7 月免)　陆雪峰
季小雄　陈海林

滨江新区

党工委书记:瞿云峰(兼)
党工委副书记:高锦陈　李卫华(3 月免)
王　勇(3 月任)　李　斌
管委会主任:高锦陈
管委会副主任:李卫华(常务,3 月免)
王　勇(常务,5 月任)　张钱华　王锦明
沈小锋　姚云飞　纪建峰(3 月任)
徐美云(3 月任,女)
演克武(8 月免,挂职)
王　泽(8 月任,挂职一年)
党工委委员:沈小锋　黄亚南　赵　楠　孙志凤
吴锦云(3 月任,女)　李　钢
纪工委书记:朱小祥
开沙岛旅游度假区
党工委书记:瞿云峰(兼)
管委会主任:高锦陈(兼)

南通家纺城

党工委书记:桑建美(兼,女)
党工委副书记:邵爱军　张颖倩(5 月免,女)
张卫忠(5 月任)
管委会主任:邵爱军
管委会副主任:张颖倩(5 月免,女)　张卫忠(7 月任)
陈超平　吴红星(5 月任)
刘其霞(8 月挂职期满,女)
王建南(8 月任,挂职一年)
党工委委员:柏　涛(5 月免)　郭志坚　周　丹(女)
张新荣　卑圣君　樊朝伟(5 月免)
管委会委员:韩建华　郭　华　吴红星　陈　前
张卫华(5 月任)
家纺知识产权快速维权中心
副 主 任:施亚兴(10 月免,女)　秦　兵

空港产业园管委会

主　　任:曹建新
副 主 任:王晓亮(常务)　王昊宇(8 月任,挂职一年)

通州区人民法院

院　　长:刘碧波
副 院 长:张建平　俞继进　张月淑(女)
施为民(2 月任)
专职委员:姜　华(10 月任)　季　忠(10 月任)
党组书记:刘碧波
党组副书记:张建平
纪检组长:施为民(2 月免)　丁建国(5 月任)
政治处主任:陈宗林
执行局局长:喻峰新

通州区人民检察院

检 察 长:黄凯东
副检察长:王　栋　曹卫星　袁国明　左仰东
专职委员:张建兵　潘杏杏(女)
党组书记:黄凯东
反贪污贿赂局局长:王益锋
反渎职侵权局局长:张徐华
政治处主任:王立新
纪检组长:陆　斌

通州区人民武装部

部　　长:杨红卫
政　　委:葛卫民
副 部 长:曹永平
党委第一书记:宋乐伟
党委书记:葛卫民
党委副书记:杨红卫
纪委书记:曹永平

人民团体

总工会
主　　席:曹　华(3 月免)　张淑萍(3 月任,女)

副 主 席:王美霞(7月免,女) 吴宗俊(5月免)
徐 飞
党组书记:曹 华(3月免) 张淑萍(3月任,女)

团委
书 记:叶佳佳(女)
副 书 记:陆伟丽(10月免,女) 曹 铖(10月任)
钱 亮(女)
党组书记:叶佳佳(女)

妇联
主 席:朱汉云(女)
副 主 席:王晓燕(女) 陈爱华(女)
党组书记:朱汉云(女)

科协
主 席:赵国明
副 主 席:张亚新 李国新 郭志明(7月免,兼)
黄东晓(兼) 陈 卓(兼,女)
张宏杰(兼) 刘永杰(兼)
党组书记:赵国明

社科联
主 席:曹荣琪(3月任)
副 主 席:陈泉江 陈建华(2月免,兼)
张菊兰(兼,女) 钱 俊(兼)
许煜曦(兼) 朱卫民(2月免,兼)
金泽林(兼) 陈益明(兼) 张进荣(兼)

文联
主 席:
副 主 席:许 君(女) 钱国华(兼) 赵勇前(兼)
钱荣泉(兼) 张 锋(兼)

侨联
主 席:许 斌(兼)
副 主 席:赵莉玲(5月明确主持日常工作,女)
黄 荣(兼) 蒋 忠(兼)
杨晓婷(兼,女)

工商联
主 席:王沈康(兼)
副 主 席:易天明(常务) 成 军 耿裕华(不驻会)
陆 军(不驻会) 徐国华(不驻会)
谢一峰(不驻会) 俞建辉(不驻会)
姜煜峰(不驻会)
党组书记:易天明

总商会
名誉会长:昝圣达(兼) 易 昕(兼) 孙益源(兼)
刘伯香(兼) 张建石(兼)
会 长:王沈康(兼)
副 会 长:易天明(兼,常务) 成 军
秘 书 长:成 军(兼)

红十字会
名誉会长:宋乐伟(兼) 陈永红(兼) 凌建华(兼)
李学义(兼)
会 长:徐松康(5月免) 刘克勇(5月兼任)
副 会 长:钱 兵(常务) 陈建芳(女)
陈建华(兼) 顾建军(3月免,兼)
陈益明(兼) 张武军(兼)
吴抑非(3月通州区纪委对其立案调查,兼,女)
张进荣(兼) 张正杰(兼)
倪 军(2月兼任) 钱国宾(3月兼任)
季 亚(5月兼任)
党组书记:钱 兵

残联
理 事 长:徐 蔚
副理事长:吕 英(女)
党组书记:徐 蔚

法学会
会 长:瞿云峰(兼)
副 会 长:何新华(兼) 耿曹均(兼) 陈锦新(兼)
包良均(兼) 陆建兵(兼) 张建平(兼)
王 栋(兼) 王荣华(兼) 李 锐(兼)
包 坚(兼) 胡永洲(兼)
刘玉贤(5月兼任)
专职副会长:季海华

贸促会
会 长:
副 会 长:孙晓俊

垂直及双重管理单位

中国人民银行通州支行(国家外汇管理局通州支局)
行长、局长:金志坚(9月免) 季步高(9月任)
副 行 长:曹建平
党组书记:金志坚(9月免) 季步高(9月任)
纪检组长、总稽核:季 芳(女)

中国工商银行股份有限公司南通通州支行
行 长:刘明华(11月免)
副 行 长:姚嘉宁 季 英(女)

党委书记:刘明华(11 月免)
纪委书记:张卫红(3 月免)

中国农业银行股份有限公司南通通州支行
行　　长:宋曙明
副 行 长:金鸿均　邱晓勇　陆肖华　陈爱锋
党委书记:宋曙明
纪委书记:陆肖华

中国建设银行股份有限公司南通通州支行
行　　长:陈家忠
副 行 长:张　奕(女)　刘晓玉(女)　高　峰　朱鹏祥
风险经理:朱鹏祥
党委书记:陈家忠

中国银行股份有限公司南通通州支行
行　　长:周国华(10 月免)　张金国(10 月任)
副 行 长:喻新安　赵玲玲(女)　姜理铭
副 书 记:龚　勤(10 月免)　季　强(10 月任)

中国农业发展银行南通市通州支行
行　　长:王志冬
副 行 长:黄　成(11 月免)　喻中华(11 月免)
支　　书:王志冬

中国人民财产保险股份有限公司通州支公司
经　　理:刘志新(1 月免)　曹星宇(1 月任)
副 经 理:王建南　李劲松
支　　书:刘志新(1 月免)　曹星宇(1 月任)

中国人寿保险股份有限公司通州支公司
总 经 理:
副总经理:朱剑波(主持工作)　庄建新　孙新明(4 月任)
总经理助理:张晶宇(4 月任,女)
副 支 书:朱剑波

南通农村商业银行
董 事 长:佘　俊
行　　长:王晖东
监 事 长:沈峰山
副 行 长:金　泳　刘海山　邵伟俊
党委书记:佘　俊
纪委书记:吴　斌

南通市国土资源局通州分局
局　　长:俞　华
副 局 长:卢　俊　顾为民　张卫东
党组书记:俞　华
纪检组长:季云忠

南通市规划管理局通州分局
局　　长:陆　成
副 局 长:葛振军(12 月免)　朱雪平(女)
总规划师:邹秦川(5 月任)
党组书记:陆　成

国家税务局
局　　长:钱　宏
副 局 长:张圣军　周国均　陆　琰(女)
党组书记:钱　宏
纪检组长:黄聚奇

地方税务局
局　　长:王冠新(11 月免)　袁利兵(11 月任)
副 局 长:周立志(6 月免)　秦丽华　刘国虎(1 月免)　杨贤琳(1 月任)
党组书记:王冠新(11 月免)　袁利兵(11 月任)
党组副书记:周立志(6 月免)
纪检组长:盛险峰(1 月免)　顾　辉(1 月任)

邮政局
总 经 理:施　卫
副总经理:韩玉梅(女)　冯建松(10 月任)
总经理助理:吴勇军
党委书记:施　卫
纪委书记:韩玉梅(女)

中国电信股份有限公司通州分公司(电信局)
总经理(局长):李智标
副总经理(副局长):程　炜　刘　建
党委书记:李智标
纪委书记:程　炜

南通市供电公司通州营业部
总 经 理:严　锋
副总经理:杨晓春　洪　叶(6 月任)
总支书记:杨晓春
总支副书记:严　锋

气象局
局　　长:张素江
副 局 长:吴锐涛(12 月免)　吉慧明(12 月任)

南通市烟草公司通州分公司(烟草专卖局)
经理、局长:张志斐
副 经 理:李铁强

副 局 长:朱卫东

盐务管理局(盐业公司)

局长、经理:

副局长、副经理:姜中华(8月免)

周庙新(8月主持日常工作) 陈小华

党组书记:

党组副书记:姜中华(8月免)

新华书店

执行董事:单守耘(女)

经　　理:单守耘(8月免,女) 成煜林(8月任)

副 经 理:钱 华 成煜林

支　　书:单守耘(女)

区经济实体单位

供销合作总社

主　　任:张慎军

副 主 任:陈志军 陈卫军 曹 雪

党委书记:张慎军

驻外办事处

10月,根据通政干〔2015〕21、24号文件《区政府关于撤销区政府驻南京办事处的通知》《区政府关于撤销区政府驻上海办事处的通知》通知,撤销区政府驻南京、上海办事处。

上海办事处

主　　任:于敏新(11月免)

副 主 任:

南京办事处

主　　任:高宏彬(10月免)

副 主 任:

天津办事处

主　　任:

大连办事处

主　　任:吉文林(11月免,兼)

深圳办事处

主　　任:昝瑞国(11月免)

厦门办事处:

主　　任:仇建平(11月免)

街道党工委、镇党委、人大、政府、政协、纪委

金沙街道(3月撤销金沙镇,设立金沙街道办事处)

书　　记:葛红俊(女)

副 书 记:孙伟俊 杨洪杰 张 显(10月免)

杜 云(8月挂职期满)

凌 健(5月任,挂职)

人大工委主任:曹红军

主　　任:孙伟俊

副 主 任:杨 海(5月免) 何 俊 季 华

施永兵 陆志方

政协工委副主任:蔡小芳(3月免,女)

纪工委书记:王 展

组织委员:曹江梅(女)

宣传、统战委员:蔡小芳(女)

政法委员:陈 亮

党工委委员、人武部长:陆云华

党工委委员:杨 海(5月免) 瞿前进

金新街道(3月设立金新街道办事处)

主　　任:王霄峰(5月任)

副 书 记:王霄峰(3月任) 陈国祥(10月任)

邓永定(11月任,挂职两年)

办事处副主任:王霄峰(3月任,主持日常工作,5月免)

金 健(3月任) 张晓维(3月任)

徐刘波(3月任) 葛建华(3月任)

人武部长:陈 炎(3月任)

党工委委员:樊朝伟(5月任)

兴东街道(3月撤销兴东镇,设立兴东街道办事处)

书　　记:王晓亮

副 书 记:陈 雨 邢建均 童士忠(挂职)

人大工委主任:王美云(女)

主　　任:陈 雨

副 主 任:娄 光 金俊杰(3月免) 姚晓兰(女)

张可嘉 沙 宁(3月任)

政协工委副主任:顾 峰(3月免,女)

纪工委书记:喻晓康

组织委员:沙 宁(3月免)

宣传委员:徐玉红(女)

统战委员:顾 峰(女)

政法委员:卫飞燕(3月免) 吴向晖(3月任)

党工委委员、人武部长:张豪华

党工委委员:娄 光

先锋街道(3月撤销先锋镇,设立先锋街道办事处)

书　　记:张加华

副 书 记:严 勇 马迎霞(女) 季新建

徐新兵(11月任,挂职两年)
人大工委主任:包汉彬
主　　任:严　勇
副 主 任:李昕辉　施晓健(女)　丁金澄　顾云海
政协工委副主任:马秦芳(3月免,女)
纪工委书记:葛　昊(3月任)
组织委员:葛　昊(3月免)
宣传委员:邢志平(10月免)
统战委员:马秦芳(女)
政法委员:朱　勇(女)
党工委委员、人武部长:张乃胜
党工委委员:李昕辉

西亭镇
书　　记:邱志珺(女)
副 书 记:陈晓飞　道宗明
王　洁(5月挂职期满,女)
人大副主席:郭世均
镇　　长:陈晓飞
副 镇 长:张国强　孙　进(3月免)　黄继华
陈　华　徐浩兵(10月,副镇长提名人选)
政协工委副主任:王冬明
纪委书记:张殷红(3月免)　徐　健(3月任)
组织委员:徐祥忠
宣传委员:
统战委员:王冬明
政法委员:施金花
党委委员、人武部长:徐　健(3月免)　黄军(3月任)

二甲镇
书　　记:沈凯军(3月免)　张连清(5月任)
副 书 记:张连清(5月免)　曹　康
倪健忠(3月任)　吴鹏云(5月任)
人大主席:沈凯军(3月免,兼)　张连清(5月任,兼)
人大副主席:陈　平
镇　　长:张连清(5月免)　倪健忠(6月任)
副 镇 长:王　健　季玉梅(女)　吴鹏云(5月免)
高　峰
政协工委副主任:顾红燕(女)
纪委书记:赵晓云(女)
组织委员:曹　鹏
宣传委员:季　琳(女)
统战委员:顾红燕(女)
政法委员:吴其春
党委委员、人武部部长:瞿　杰
党委委员:王　健　王桂英(女)
秦牧秋(5月挂职期满,女)

东社镇(3月撤销东社镇)
书　　记:
副 书 记:匡咏梅(女)　赵建新
徐建华(5月挂职期满)
人大主席:朱汉成
镇　　长:匡咏梅(女)
副 镇 长:何汉江　高　荣　瞿仪晨　徐林冲
政协工委副主任:陈　熹
纪委书记:王雪康
组织委员:邱玲艳(女)
宣传、统战委员:陈　熹
政法委员:卞晓娟(女)
党委委员、人武部长:朱汉斌
党委委员:徐林冲

五甲镇(3月撤销五甲镇)
书　　记:许易峰
副 书 记:曹荣琪　曹锡刚　赵　狄(挂职)
人大主席:陶文龙
镇　　长:曹荣琪
副 镇 长:曹献江　朱春华　徐刘波
政协工委副主任:张小娟(女)
纪委书记:季甫荣
组织委员:王　冬
统战委员:张小娟(女)
政法委员:吴向晖
党委委员:曹献江
人武部长:黄国祥

东社镇(3月撤销东社镇、五甲镇,设立新的东社镇。5月,召开东社镇第四届人代会第一次会议)
书　　记:吴进华
副 书 记:匡咏梅(女)　赵建新　曹锡刚
徐建华(5月挂职期满)　赵　狄(挂职)
人大主席:陶文龙
镇　　长:匡咏梅(女)
副 镇 长:何汉江　高　荣　瞿仪晨　朱春华
徐林冲
纪委书记:王　忻
组织委员:王　冬
宣传委员:陈　熹
统战委员:张小娟(女)
政法委员:卞晓娟(女)
党委委员、人武部长:朱汉斌
党委委员:徐林冲

十总镇(3月撤销十总镇)
书　　记:季　勇
副 书 记:陈亚铭　丁云芬(女)

人大主席：季　勇（兼）
人大副主席：顾雪莲（女）
镇　　长：陈亚铭
副 镇 长：曹　峰　张树新　张元鸿
政协工委副主任：纪宝莉
纪委书记：王　忻
组织委员：
宣传、统战委员：纪宝莉（女）
政法委员：朱徐峰
党委委员、人武部长：黄汉平
党委委员：曹　峰

骑岸镇（3月撤销骑岸镇）

书　　记：丁亚军
副 书 记：陈国华　王淑平（女）
冯国锋（5月挂职期满）
人大副主席：张新华
镇　　长：陈国华
副 镇 长：李国强　顾　华　殷跃飞　张晓维
政协工委副主任：卫庆玉
纪委书记：王淑平（兼，女）
组织委员：朱异玲（女）
宣传委员：花继东
统战委员：卫庆玉（女）
政法委员：杨鹏飞
党委委员：李国强
纪委副书记：丁义刚
人武部长：陈一峰

十总镇（3月撤销十总镇、骑岸镇，设立新的十总镇。5月召开十总镇第十三届人代会第一次会议）

书　　记：丁亚军
副 书 记：陈亚铭　王淑平
人大主席：朱汉成
镇　　长：陈亚铭
副 镇 长：曹　峰　李国强　殷跃飞　张树新
张元鸿
纪委书记：邱玲艳（女）
组织委员：朱异玲（女）
宣传委员：花继东
统战委员：卫庆玉（女）
政法委员：朱徐峰
纪委副书记：丁义刚（10月免）
人武部长：陈一峰
党委委员：曹　峰　李国强　杨鹏飞

石港镇

书　　记：龚　卫
副 书 记：陈　兵　吴广进
人大主席：潘桂华
镇　　长：陈　兵
副 镇 长：葛建中　单志建　王福祥　陈建烽
顾本勇（10月，副镇长提名人选）
政协工委副主任：季小雄
纪委书记：李　锋（3月免）　吴德水（5月任）
组织委员：顾本勇（10月免）
宣传委员：陈育锋（7月免）
统战委员：季小雄
政法委员：
党委委员、人武部长：陆雪峰
党委委员：葛建中　卜　翔（5月挂职期满）

刘桥镇

书　　记：林　峰
副 书 记：顾　灏　孙清建（3月任）　马　锋
李　钰（挂职）
人大主席：陈　凯
镇　　长：顾　灏
副 镇 长：高　健（3月任）　魏建章　朱建芹（女）
吴志祥　陈巧云（女）
政协工委副主任：汤　旭
纪委书记：姜春雷
组织委员：魏　星（7月免，女）　王　霏（10月任，女）
宣传委员：王　霏（10月免，女）
刘淑芬（10月任，女）
统战委员：汤　旭
政法委员：戴葛兵（10月免）
党委委员、人武部长：刘　新
党委委员：朱建芹（女）　刘淑芬（3月任，女）

平东镇（3月撤销平东镇）

书　　记：吴进华
副 书 记：李卫华（1月任）　孙清建　施卫东
人大主席：吴进华（兼）
人大副主席：顾美云（女）
镇　　长：李卫华（1月，镇长提名人选）
副 镇 长：高　健　高建华　夏育华　程金锋
政协工委副主任：任红云（女）
纪委书记：任红云（女）
组织委员：黄　炜（女）
宣传委员：施晨飞
统战委员：任红云（女）
政法委员：孟镇勋
党委委员、人武部长：李国建
党委委员：高建华

平潮镇（3月撤销平潮镇）

书　　记：顾永林

副书记：姚　斌　孙曙彦（女）
人大主席：顾永林（兼）
镇　　长：姚　斌
副镇长：刘　焱（女）　冯志娟（女）　王向阳
　　　　夏　伟　浦晓东
政协工委主任：孙曙彦（兼，女）
政协工委副主任：徐美云（女）
纪委书记：钱　澄（女）
组织委员：徐美云（女）
统战委员：
政法委员：吴锦云（女）
党委委员、人武部长：江　敏
党委委员：刘　焱（女）　张　辉

平潮镇（3月撤销平潮镇、平东镇，设立新的平潮镇。5月召开平潮镇第十八届人代会第一次会议）

书　　记：顾永林
副书记：李卫华　孙曙彦（女）
　　　　顾钱康（11月任，挂职两年）
人大主席：顾永林（兼）
人大副主席：冯志娟（女）
镇　　长：李卫华
副镇长：刘　焱（女）　高建华　夏育华　程金锋
　　　　夏　伟　浦晓东
政协工委主任：孙曙彦（兼，女）
纪委书记：任红云（女）
组织委员：黄　炜（女）
宣传委员：施晨飞
统战委员：李国建
政法委员：孟镇勋
党委委员、人武部长：江　敏
党委委员：刘　焱（女）　高建华　张　辉

五接镇

书　　记：高锦陈
副书记：李卫华（1月免）　王　勇（3月任）
　　　　李　斌
人大主席：张斌林
镇　　长：李卫华（1月免）　王　勇（6月任）
副镇长：沈小锋　姚云飞
政协工委副主任：孙志凤
纪委书记：朱小祥
组织委员：黄亚南
宣传委员：
统战委员：孙志凤
政法委员：
党委委员、人武部长：李　钢
党委委员：沈小锋

四安镇（3月撤销四安镇）

书　　记：张淑萍（女）
副书记：胡劲武　王迎兵
人大主席：顾元华
镇　　长：胡劲武
副镇长：孙建华　顾　倬　熊剑萍（女）　何　莹
政协工委副主任：张国民
纪委书记：王佳蓓（女）
组织委员：刘淑芬（女）
宣传委员：黄建锋
统战委员：张国民
政法委员：朱泽华
党委委员：顾　倬
党委委员、人武部长：黄　军

兴仁镇（3月撤销兴仁镇）

书　　记：沈新宇
副书记：曹　锐　卫志云（女）　蔡卫中
人大主席：沈新宇（兼）
镇　　长：曹　锐
副镇长：蔡文国　王汝英（女）　蒋金忠
　　　　马建芳（女）
政协工委副主任：陈小兵
纪委书记：姜美娟（女）
组织委员：杨　霞（女）
宣传委员：夏　云（女）
统战委员：陈小兵
政法委员：董菊花（女）
党委委员、人武部长：钱建军
党委委员：王汝英（女）

兴仁镇（3月撤销兴仁镇、四安镇，设立新的兴仁镇。5月召开兴仁镇第十八届人代会第一次会议）

书　　记：沈新宇
副书记：胡劲武　王迎兵　卫志云（女）　蔡卫中
人大主席：顾元华
人大副主席：帅剑锋
镇　　长：胡劲武
副镇长：蔡文国　孙建华　顾　倬　蒋金忠
　　　　马建芳（女）　何　莹
　　　　余剑武（8月任，挂职一年）
纪委书记：姜美娟（女）
组织委员：杨　霞（女）
宣传委员：夏　云（6月免，女）
统战委员：张国民
政法委员：朱泽华
党委委员、人武部长：钱建军
党委委员：顾　倬　宋静峰（11月任，挂职两年）

张芝山镇(3月,锡通科技产业园与张芝山镇实行"园镇合一"管理体制)

书　　记:丁如俊(3月接受组织调查,7月免)
副 书 记:瞿　勇(3月免)　曹　锐(3月任)
刘永华(3月免)　张　峰(3月免)
查锡雄(11月任,挂职一年)
人大主席:吴　兵
镇　　长:瞿　勇(3月免)　曹　锐(4月任)
副 镇 长:李　勇(3月免)　叶天竹(3月免)
倪梓程(3月免)　曹　敏(3月免,女)
政协工委副主任:赵春慧(3月免)
纪委书记:井　卫(3月免)
组织委员:李菊梅(3月免,女)
统战委员:赵春慧(3月免)
政法委员:顾学德(3月免)
人武部长:顾　冲
党委委员:李　勇(3月免)　顾　冲(3月免)

川姜镇

书　　记:邵爱军
副 书 记:张颖倩(5月免,女)　张卫忠(5月任)
陈超平　吴红星(5月任)
顾建峰(5月任,挂职)　石星恺(挂职)
人大主席:邵爱军(兼)
人大副主席:周　英(女)
镇　　长:张颖倩(5月免,女)　张卫忠(9月任)
副 镇 长:柏　涛(5月免)　韩建华　郭　华
吴红星(5月免)　陈　前
张卫华(9月任)
政协工委主任:樊　斌(7月免)
政协工委副主任:张新荣
纪委书记:郭志坚
组织委员:周　丹(女)
宣传委员:施亚兴(10月任,女)
统战委员:张新荣
党委委员、人武部长:卑圣君
党委委员:柏　涛(5月免)　樊朝伟(5月免)

部分事业单位

江苏省通州高级中学

校　　长:季仲平
副 校 长:许　斌　秦志强　张圣兵
党委书记:曹光明
党委副书记:季仲平　许　斌
纪委书记:曹光明

江苏省通州中等专业学校(江苏广播电视大学通州学院)

校　　长:邢　斌
副 校 长:张裕涛　张劲松　葛　坚
胡栋均(8月免)　顾　强
姜汉荣(8月任)
党委书记:张　建
党委副书记:邢　斌　胡栋均(8月任)
纪委书记:姜汉荣(8月免)　胡栋均(8月任)

金沙中学

校　　长:李　达
副 校 长:樊　豪(8月免)　羌达勋　黄学恭
薛　军　孙　钢(8月任)
党委书记:李　达

江苏省西亭高级中学

校　　长:严少标
副 校 长:瞿国华　朱新星　缪国林　徐训荣
党委书记:瞿国华
纪委书记:任益南

二甲中学

校　　长:蔡华军(8月免)　季洁华(8月局任)
副 校 长:吴国成(8月免)　季洁华(8月免)
柴淑艳(女)
党总支书记:蔡华军(8月免)　季洁华(10月局任)
党总支副书记:吴国成(8月免)

二窎中学

校　　长:王振华(8月免)　姜建军(8月局任)
党总支书记:王振华(8月免)　姜建军(10月局任)

石港中学

校　　长:丁　建
副 校 长:金郁峰　顾建华　黄　新
党总支书记:丁　建

刘桥中学

校　　长:王新彦
副 校 长:张建明　高　峰　陈　炎
党总支书记:王新彦

江苏省平潮高级中学

校　　长:朱元祥(8月免)　羌建中(8月任)
副 校 长:冯建兵　朱学锋　金均全　孙振建
党委书记:朱元祥(8月免)　羌建中(8月任)
纪委书记:邵　良(8月任)

兴仁中学

校　　长:羌建中(8月免)　包春华(8月局任)
副 校 长:戴红玲(女)

党支部书记:羌建中(8月免) 包春华(10月局任)

姜灶中学

校　　长:薛　彬

副 校 长:张剑峰　薛新华　王能龙

党总支书记:薛　彬

通海中学

校　　长:刘　谨

副 校 长:黄惠超　陈祖平(8月免)

党支部书记:刘　谨

农业综合技术学校

校　　长:李发新

副 校 长:戴　锋　季春雷

党支部书记:李发新

南通市通州卫生职工中等专业学校

校　　长:瞿宝祥

副 校 长:李　建

党支部书记:

党支部副书记:瞿宝祥

人民医院

董 事 长:易　昕

院　　长:陈　建

副 院 长:施　庆　徐　洪　赵　云　郭　云(女)

党委书记:陈　建

党委副书记:施　庆

纪委书记:施　庆

中医院

董事长、院长:曹　杰

副 院 长:杨　将　曹亦军

党委书记:曹　杰

纪委书记:秦晓纲

疾病预防控制中心

主　　任:刘伟圣(兼)

卫生监督所

所　　长:

国家统计局通州调查队

队　　长:葛建刚

副 队 长:严春燕(女)

地产发展中心

主　　任:

土地储备中心

主　　任:刘旭峰

生产力促进中心

主　　任:蔡　陶(7月免,兼)

会计核算中心

主　　任:陈　霞(5月免,女)

地方海事处

主　　任:王新全(2月任)

运输管理处

主　　任:张宏勋

支　　书:刘建新(10月免)

党员干部现代化远程教育办公室

主　　任:朱剑锋(5月免)

人才服务中心

主　　任:顾建华

干部信息中心

主　　任:严　巍(3月免)

对外交流服务中心

主　　任:姜一春(5月免,女)

城管执法大队

大 队 长:顾军峰(2月免)

教 导 员:顾　斌

互联网新闻中心

主　　任:韩立新

安全生产督查大队

大 队 长:施洪春

(曹邢彬)

中共通州区委员会

Tongzhou District Committee of CPC

编　辑　阚新华

综　述

【概　况】 2015年，全区上下认真落实中央和省市委决策部署，牢牢把握工作主线，切实加强统筹协调，各方面工作取得新进步，完成全年主要目标任务，为"十二五"发展划上了圆满句号。全区地区生产总值突破940亿元、一般公共预算收入突破80亿元，分别是"十一五"期末的1.85倍和2.38倍。

经济运行稳中有进。坚持发展第一要务，强招商攻项目、稳运行防风险，保持稳中有进、稳中向好的发展态势。狠抓招商选资，同步推进重大项目和优质中小项目，丽智电子、艾伯勒斜拉索、沃德新材料、旭东压铸等一批项目成功落户，实际到账外资2.81亿美元。狠抓项目推进，华电热电、深南电路等开工建设，全年新开工亿元以上项目27个，省市级重大项目完成投资超年度计划85个百分点。狠抓实体经济，继续落实扶持企业发展政策，强化要素有效供给，百强企业纳税增长9.3%。加强经济运行风险监测管控，高度关注、协调解决企业资金周转困难等问题，守住了不发生系统性区域性风险的底线。巩固提升政府机构改革成果，推进简政放权，设立行政审批局，积极开展相对集中行政许可权改革试点。

创新转型务实奋进。把抓创新促转型摆在核心位置，协同推进科技创新和转型升级。创新载体加快建设，科创大厦投入使用，江海圆梦谷正式开园，成功举办首届创新创业大赛，新世纪大道众创集聚区获得省级试点。创新资源加快集聚，新增高新技术企业49家，高新技术产业产值增长14%；新增创业投资管理公司13家，各类基金完成投资3.94亿元，"苏科贷"总额全省县(市、区)第一；3家企业新三板挂牌，"一街一港一中心"金融集聚区框架初步形成；新引进高层次双创人才53名，新增创新创业项目31个，7个项目列入省双创计划。平台功能加快提升，省产业研究院纺织丝绸研究所成功落户，南通纺织丝绸产业研究院揭牌运行，海兰信海外并购基金成功收购德国罗克森公司，建筑研究院承担的市级重大科技计划通过中期检查。主导产业加快改造，家纺产业列入国家产业集群区域品牌建设试点，40个项目列入省重点技改计划，新增省市级两化融合试点企业7家，高新区获批省两化融合示范区。新兴产业加快培育，汽车零部件、新能源汽车等板块集聚效应不断增强，新兴产业产值增长15%。现代服务业加快发展，家纺电商交易额突破150亿元，市场采购贸易方式实现出口260万美元，跨境贸易电子商务试点获批，服务业增加值占比提高1.5个百分点。建筑业施工总产值突破1500亿元，新获鲁班奖3项，其中市民中心工程荣获首个本土鲁班奖，3家企业入选全国民营500强。

城乡发展协调并进。加大城乡统筹力度，着力推进新型城镇化和城乡发展一体化。平稳实施行政区划调整，城镇规模布局更加科学合理。G345南通东绕城中段、南通人民路东延二期、世纪大道东延等干线道路成环成网，交通实现与主城区深度接轨。编制城区地下空间利用、慢行系统、地下管线、城市家具等6项规划，有序推进"一河两岸"示范段工程，改造提升新世纪大道、银河路，建成运盐河公园示范段，投放600辆公共自行车方便市民出行，18个老小区改造完成，城市功能品质持续提升。镇村发展不断提速，国家现代农业示范区通州核心区加快建设，培育新型农业经营主体303个，新增土地流转2153.33公顷、设施农业1466.67公顷。扎实推进农村改革，土地承包经营权确权登记颁证工作全面展开，"双置换"改革初见成效，实现农村产权交易网络全覆盖。村级集体经济持续发展壮大，所有村集体收入均超30万元。全面完成国家土地例行督察各项任务。村庄环境综合整治深入推进，基础设施不断完善，建成农路150公里，实现公交村村通。农村河道整治扎实推进，疏浚河道377条清淤土方460万立方米，拆除坝头坝埂1226条，绿化河坡213.33公顷。生态环境更趋优化，全力实施五大类16项生态建设重点工程，新增绿化面积1680公顷，秸秆机械化还田

2.67万公顷，整治钢丝绳厂31家，淘汰燃煤锅炉119台，建成城镇污水管网44公里，益民污水处理厂迁扩建工程、溯天污水处理厂投入运行，查处环境违法案件157件。

民生福祉不断增进。紧扣“七个更”要求，扎实推进10件24项民生实事，人民群众获得感切实提升。多渠道促进就业增收，新增城镇就业人数9316人，城镇登记失业率控制在3%以内，城乡居民收入分别增长8.9%和10%。社会保障体系进一步健全，稳步实施机关事业单位养老保险制度改革，基本养老、医疗等主要险种参保率均达98%以上，保障性安居工程和棚户区危旧房改造均超额完成省定目标任务。全面启动新一轮教育现代化建设，中小学布局不断优化，5所完中完成初高中分离，通州高级中学迁入新校区。深入推进综合医改，探索分级诊疗就医模式，实施医疗联合体试点，促进了医疗卫生资源下沉、重心下移。加快发展养老事业，南山颐养中心竣工验收，异地新建两家镇敬老院。深入实施文化惠民工程，央视少儿频道专题播出“童声”基地少儿文艺精品，省青少年“小茉莉花奖”声乐大赛成功落户通州，创排大型音乐儿童剧《田梦儿》获省委宣传部重点扶持并在全省巡演，圆满举办第七届“江苏戏剧奖·红梅奖”赛事。城乡体育设施进一步完善，新增体育场地两万平方米，举办了中国羽毛球俱乐部超级联赛等一系列重大赛事，创成省首批公共体育服务体系示范区。完成违建寺观专项整治年度任务，顺利通过全国文明城市和全国卫生城市复查，社会发展水平评价指数全市第一。深化法治通州、平安通州建设，法治建设群众满意度全省领先，创成全市唯一省级现代社区治理创新实验区。严格落实信访维稳和安全生产责任制，精心组织开展“关爱生命、关注安全”大宣讲，社会大局和谐稳定，被评为省平安区。

党的建设扎实推进。始终把抓好党建作为最大政绩，召开区委全会专题研究部署全面从严治党工作，出台推动全面从严治党迈上新台阶的意见及相关配套制度。扎实做好宣传思想工作，深化学习型党组织建设，积极开展立体式巡回宣讲。大力培育和践行社会主义核心价值观，开展“我推荐我评议身边好人”活动，选树“十类十佳”百名典型，公民道德素质不断提高。严格落实《干部选拔任用工作条例》和市“2+8”配套制度，实施优秀年轻干部“5311”培养计划。探索建立基层党组织书记抓党建工作“10+X”责任体系，全面加强基层服务型党组织建设，深入实施党建惠民服务工程，创新社区党建“335”模式，组织开展“寻找最美党员”活动。严格落实“两个责任”，认真开展党风廉政建设督导巡查。强化综合电子监察平台建设，实现对镇区园(街道)全覆盖。坚持以开展“三严三实”专题教育为契机，持之以恒抓好中央八项规定和省市区委十项规定的落实，着力推动反“四风”、转作风向广度深度拓展。坚持把纪律和规矩挺在前面，始终保持惩治腐败的高压态势。与此同时，人大、政协深入调查研究，积极建言献策，实施有效监督，有力推动了各项重点工作的落实。人武、统战、群团、老干部、关心下一代等各项工作都取得新成绩。

（李艳峰）

重要会议

【全区党建暨农村工作会议】 2月10日，区委、区政府召开党建暨农村工作会议。总结2014年党建和农村工作成绩，部署2015年党建和农村工作。区委书记宋乐伟出席会议并讲话。会议指出，2014年，全区深入开展群众路线教育实践活动，党员干部精气神不断提振。各级党组织深入实施党建工作创新工程，统筹推进宣传、组织、纪检监察、统战等各项工作，进一步提升了党建工作水平，优化了发展环境，为全区经济社会发展凝聚了合力，贡献了力量。全区认真贯彻中央和省市决策部署，全面落实强农惠农政策，扎实推进农村改革创新，农业农村工作取得显著成效，农业经济持续增长，农村改革持续深化，镇村环境持续优化，民生事业持续改善，荣获南通市“三农”工作综合考评一等奖。会议指出，习近平总书记在江苏视察时，首次提出“全面从严治党”，这意味着治党管党的系统性、整体性要求大大提高。全区上下要认真贯彻落实总书记关于从严治党的新思想、新论断，始终突出问题导向，把全面从严治党贯穿于改革发展全过程，贯穿于党的建设和党内生活各个方面，深入推进党建工作创新工程，努力形成聚精会神抓党建、抓好党建促发展的生动局面。会议对做好2015年党建工作强调：要从严管理干部队伍。全面落实从严管理干部要求，使全面治党的制度笼子更加紧密牢固。始终坚持“好干部”选人用人标准，真正把“信念坚定靠得住、为民服务能力强、勤政务实作风好、敢于担当负责任、清正廉洁有正气”的好干部选准用好。严格执行“四个不”的刚性要求，严格执行习总书记强调的“零容忍的态度不变、猛药去疴的决心不减、刮骨疗毒的勇气不泄、严厉惩处的尺度不松”的刚性要求，坚定反腐决心。巩固扩大教育实践活动成果，进一步转作风树形象，对照心中有党、心中有民、心中有责、心中有戒的“四有”要求，真正树立为民务实清廉的良好形象。要打牢夯实基层基础。把基层组织尤其是村级基层组织作为党在农村工作的主体力量和战斗堡垒，把抓基层、打基础作为打通联系服务群众“最后一公里”的重中之重，在做实“五位一体”党建惠民联动工作体系上下功夫、求突破。以组织覆盖推动服务从“大村向小组”延伸；以阵地优化推动服务从“楼上到楼下”“办公室向田间户头”拓展；以保障激励推动服务从“保运转向促长效”深化。要营造良好发展氛围。要突出鼓劲造势，充分展现通州大建设、大发展的生动场景，提升通州的知名度、美誉度；要突出舆论引导，积极引导社会舆情，牢牢掌握意识形态工作的领导权、管理权、话语权；要突出凝心聚力，统一战线要发挥人才荟萃、联络广泛、协调各方的优势，为全区经济社会发展增添动力，最大限度增加社会和谐因素，形成同唱一台戏、齐心抓发展的良好局面。各级党组织要狠抓党建工作责任落实，切实担负起抓党建的政治责任，真正在全区形成书记抓、抓书记、一级抓一级、层层抓落实的责任落实体系。要保障党建工作投入，围绕新形势下基层党建工作中遇到的重点难点问题，不断创新工作思路、体制机制和方式方法，使党建工作更加科学规范、富有特色、充满活力，争创更多的全市第一、全省典型、全国先进。

会议对做好2015年“三农”工作提出要求：一要大力发展现代农业。要始终绷紧巩固农业基础这根弦，按照生产技术先进、经营规模适度、市场竞争力强、生态环境可持续的要求，调整优化农业结构，做优高效农业，提高技术装备水平，加快转变农业发展方式，加速农业现代化步伐。二要全面深化农村改革。把深化改革贯穿于“三农”工作全过程，做好“主体”文章，积极引导发展家庭农场、“全托管”服务等多种形式的适度规模经营；做好“土地”文章，进一步加大土地流转力度，全面开展土地确权登记颁证工作，稳妥推进农村土地制度改革；做好“股份”文章，积极推进社区股份合作制和土地股份合作制改革，让农民人人享有股份和资产收益权。三要深入推进强村富民。继续推进农民收入倍增计划，通过资产经营型、资源开发型、合作组织型、资本运作型、服务创收型等多业态强村，通过增加经营性收入、提高工资性收入、提升财产性收入等多渠道富民，同时精准化扶贫，不断提升富民强村水平。四要持续提升环境质量。全区上下要迅速行动，下大力气，发动引导广大群众积极参与、全力支持，营造强大声势，努力实现“河畅、水清、岸绿、景美”，同时做好拆违控违和农村乱建小庙整治工作，实现乡村面貌的大改观。会议强调，城乡一体化是解决“三农”问题的有效途径。要推进新型城镇化。要把完善出台村庄布局规划作为一项重点任务，确定好近期规划发展的重点村庄和特色村庄，制定周密的建设方案。要积极推动市级中心镇建设，各镇要突出抓好功能完善和产业集聚，齐头并进、争先进位，打造统筹城乡发展的重要支撑点。要推进公共服务均等化。加快农村基础设施提档升级，积极繁荣农村社会事业，不断提升农村群众幸福指数。村党组织书记身处一线，地位特殊、岗位重要、作用突出，各相关部门、各级党委政府要把对村党组织书记的重视、关心、爱护真正落到实处。“三农”工作涉及面广、工作量大，要强化责任落实，切实加强对“三农”工作的领导，坚持把“三农”工作放在重中之重。要强化投入保障，坚持把农业农村作为各级财政支出的优先保障领域，不管财力多么紧张，都要确保用于农业的投入只增不减，真正把有限的财力用在农业现代化的关键环节，用于改善农村公共服务、提高保障水平。要强化创先争优，继续坚持“三农”工作强基础、创特色、树品牌的发展思路，大力发展现代农业和智慧农业，培育一批特色示范，带动旅游业发展，形成现代农业新亮点，进一步提升通州现代农业的影响力，同时切实提高服务基层的能力。区委副书记、区长陈永红主持会议，并就贯彻落实好会议精神提出要求。会议表彰了2014年度农业、农村工作先进集体和先进个人。区委副书记凌建华宣读表彰决定。区领导明汉清、李玲、凌建华、桑建美、陈斌、陈艳梅、汪水明、瞿云峰、葛卫民、胡卫东、刘克勇、施辉在主席台就座。

【全区文明表彰暨作风建设大会】 2月25日，区委、区政府在行政中心召开全区文明表彰暨作风建设大会。区委书记宋乐伟出席会议并作重要讲话。会议要求全区上下学先进、找差距，争一流、比作为，提振精气神、提升落实力，努力在新的一年里作风实现新转变、工作取得新成效。会议指出，2014年，全区上下认真落实中央和省市区委决策部署，经济社会发展取得了可喜成绩，作风建设也在服务全区经济社会发展大局中得到了锤炼、经受了考验，工作效能有了新提升、服务能力有了新增强、干部队伍有了新形象，赢得了基层和群众的广泛认可。但客观地看，全区机关作风仍存在不容忽视的问题，必须引起高度重视，切实加以整改。各级党员干部必须把“三严三实”作为干事创业的指南，拧紧螺丝、上紧发条，保持力度、保持韧劲；必须时刻做到心中有党、心中有民、心中有责、心中有戒，以更大的热情和干劲，促发展、惠民生、保稳定；必须严格落实“两个责任”，各司其职、各负其责，抓好班子、带好队伍；必须持续深化“四个力戒、四个力行”，坚决打好反“四风”、转作风持久战，努力营造锐意进取、昂扬向上的好风气。会议强调，全区上下要做到四个“落实”：一要聚焦中心，全力落实。全区上下要围绕区委十一届九次全会提出的“强基础、谋长远、求突破”，按照区“两会”的具体部署，谋篇布局、展开工作。要分解任务，编制详细方案，拿出推进计划，定人员，定时限，定责任，确保各项工作每周都有新进展，不断见到新成效；要凸显抓手，以招商引资和项目建设、创新转型、城乡品质“三大突破”为抓手，进一步激发斗志，增强动力，埋头苦干，推动发展；要步调一致，在思想上合心、工作上合力、行动上合拍，使各项工作始终与全区中心工作同步同拍、同频共振。二要紧扣目标，狠抓落实。全区上下要进一步增强目标意识，对照目标找差距，咬住目标不放松。动作要更快，始终紧扣目标，拼字当头、抢字当先，强化序时观念、进度观念，真正做到工作速度更快，工作成效更优；劲头要更足，各级干部要进一步增强研究谋划工作的劲头，铆足推动工作的劲头，以实际行动推动各项目标高质量完成；效果要更好，看工作成效大不大、看群众满意不满意，多做打基础、利长远，暖民心、得民心的实事好事，经得起时间和历史的检验。三要争创特色，促进落实。继续发挥特色重点工作的导向作用，激励全区上下争创特色、争先进位。要在勇争一流上创特色，有先必争、有旗必扛，以一个个特色亮点，推动全区总体工作走在前列；要在重点攻坚上创特色，善于把尽职履责的责任感与实际操作的创造性结合起来，坚持用创新的思维、改革的办法、科学的途径，去解决问题、攻克难题；要在深化改革上创特色，奋力冲破思想观念的束缚、攻克体制机制上的顽疾、突破利益固化的藩篱，打造具有通州特色的改革品牌。四要锤炼作风，保障落实。全区上下要持续抓好各项整改任务的落实，实实在在地兑现好承诺，决不能让“四风”问题反弹回潮。要向“为官不为”动真碰硬，坚持突出典型引路、强化责任追究“两手抓”，切实解决不作为、慢作为、乱作为现象；要对“中梗阻”持续发力，抓“一把手”作风建设，抓简政放权和权力下放，抓干部轮岗、交流，切实解决机关作风疲沓、软弱涣散和“中梗阻”问题；要让守纪律讲规矩成为政治自觉，坚持严字当头，加强纪律规定的刚性约束，确保党的纪律和规矩严格执行。会议强调，要着重突出考核问效、督查问责、反腐问廉“三问”，继续加大考核力度，深入一线督促检查，保持惩治腐败的高压态势，大力营造一心一意促发展、群策群力抓落实的浓厚氛围，确保机关作风建设真正取得实效。区委副书记、区长陈永红主持会议，并就贯彻落实会议精神提出要求。区委副书记凌建华宣读了表彰决定。区领导明汉清、李玲、桑建美、陈斌、陈艳梅、虞越嵩、汪水明、瞿云峰、葛卫民、胡卫东、刘克勇、施辉在主席台就座。平潮镇、金沙镇、教育局、住建局、市场监督管理局主要负责同志作表态发言。

【全区行政区划调整动员大会】 3月25日，区委、区政府在行政中心召开全区行政区划调整动员大会，深入贯彻落实省、市对通州区部分行政区划调整的批复精神，全面部署行政区划调整工作，动员全区上下统一思想、凝聚共识，落实责任、强化措施，确保圆满完成区划调整的各项任务，共同把这件关系通州全局和长远的大事办实办好，推动全区经济社会在更高起点上又好又快发展。区委书记宋乐伟作重要讲话。区委副书记、区长陈永红宣读了省、市关于通州区部分行政区划调整的方案。通州区行政区划将现有的19个镇调整为12个镇、4个街道，通过将中心城区撤镇设街道，适度合并扩大部分镇的规模，全面加快城镇化建设进程。会议强调：一要统一思想，形成共识，深刻领会区划调整的重大意义。一是经济社会发展的必然趋势，无论是从经济发展规律，还是从外部大环境以及通州自身需求来看，都是大势所趋、势在必行。二是优化生产力布局的重要举措，通过部分区域相邻、产业相近镇的撤并，在理念上渗透、经济上平衡、资源上整合，集聚各类要素资源，推动镇域经济规模化、集约化发展。三是新型城镇化和城乡一体化的迫切要求，既有利于构建规模适度、梯次鲜明的城镇体系，又有利于增强中心城区的集聚功能，加快推动城区西拓南进，实现与南通主城区无缝对接和融合发展。四是全面提升行政效能的重要途径，有利于建立起结构合理、管理科学、廉洁高效、运转协调、行为规范、与市场经济相适应的行政管理体制；有利于降低运行和发展成本，更好地提高为民服务水平和办事效率。二要把握原则，突出重点，全力推进区划调整工作的实施。本次行政区划调整要以产业集聚、布局合理、促进发展、沿革历史、便于管理为基本原则，全力推进产业的集聚化、规模化、链式化发展，保持基础设施完好和重点基本建设的连续性，进一步加快新型城镇化与城乡一体化发展进程，扎实有序、积极稳妥地做好各项便民工作。行政区划调整工作涉及面广、政策性强，在具体操作中要妥善处理好机构编制、组织人事、资产管理、合并办公、档案印章和证照等管理、建设项目管理、财政体制、统计口径、规划调整、政策对接、施教区、目标管理考核等12个问题，确保行政区划调整稳妥有序推进。三要加强领导，精心组织，凝聚做好区划调整工作的合力。全区上下要以积极的姿态，投身区划调整的各项工作，确保区划调整行动快、震荡小、成本低、效果好。必须强化责任，密切配合。各党政主要负责人要负总责、亲自抓，分管领导要靠前抓、具体抓，形成协作配合、齐抓共管的局面；各工作组和指导组要整体联动，全力做好各项调整工作。必须注重引导，稳步推进。各新建镇（街道）要教育引导广大干群支持、配合区划调整工作；区级机关要多为区划调整办好事办实事；宣传部门要强化正面引导，努力营造有利于区划调整的良好氛围。必须严肃纪律，规范操作。要严肃政治纪律、组织人事纪律、财经纪律、工作纪律，保证这项工作顺利进行。必须抓好细节，确保稳定。要认真做好矛盾纠纷排查调处和群众来访工作，主动深入一线、深入基层、深入到矛盾集中的地方，把群众的思想动态摸得更深更透，把各方面的情况考虑得更细致，努力把问题解决在萌芽状态。会议强调，行政区划调整勾画了新的发展格局，拉开了新的竞争序幕。各镇区园、街道要迅速行动起来，按照“强基础、谋长远、求突破”的要求，以区划调整为新的起点，毫不松懈抓招商引项目，坚定不移抓创新促转型，一着不让抓建管提品质，激发新一轮创业激情，掀起新一轮的发展热潮。区委常委、纪委书记虞越嵩宣读行政区划调整有关纪律要求；区委常委、组织部部长桑建美宣布行政区划调整有关人事调整决定，并举行集中授印仪式。区委副书记凌建华主持大会，并就贯彻落实会议精神提出要求。区领导明汉清、李玲、陈艳梅、汪水明、瞿云峰、胡卫东、刘克勇、施辉等在主席台就座。

【“三严三实”专题党课暨专题教育动员会】 5月18日，区委在行政中心召开“三严三实”专题党课暨专题教育动员会，区委书记宋乐伟给全区广大干部党员上了一堂生动的廉政党课。会议指出，“三严三实”是各级干部修身做人的基本遵循、用权律己的警世箴言、干事创业的行为准则。全区广大党员要以这次专题教育为契机，以“三严三实”为标杆，争当忠诚、干净、担当的模范和表率。大力弘扬“马上就办”作风，把抓改革、促发展、惠民生的各项工作做得更加扎实。会议强调，当前腐败现象仍呈易发多发态势，必须坚持“零容忍”，杜绝“选择性反腐”，打好“预防针”，涂牢“防腐剂”，坚决查处领导干部违纪违法案件，切实解决发生在群众身边的腐败问题，做到反腐没有禁区、没有特区、没有盲区。一要思想教育“醒醒脑”。着力用好廉政教育传家宝，坚定党员干部思想信念，强化廉政教育入耳入心，筑牢广大党员干部廉洁从政、拒腐防变的思想基础。二要帮助提醒“扯扯袖”。充分发挥好督导巡查的作用，重点做好见早、见小、见初，进行善意提醒，真诚批评帮助，早发现、早提醒、早纠正一些问题。三要廉政约谈“拎拎神”。坚持把约谈紧紧抓在手上，纪委要强化廉情约谈，通过提醒约谈、信访约谈、警示约谈，达到抓早抓小、监督预警的目的。各级领导要主动约谈，真正做到约谈全方位、全覆盖。四要制度笼子“扎扎紧”。着重抓好党内监督制度、选人用人管人制度、深化体制机制改革、完善国有企业监管制度等四个方面的制度建设，从细微处入手，从管用处抓起，积极推进，稳步实施。会议要求,党员干部要以开展“三严三实”专题教育为契机,带头加强党性修养,带头改进工作作风,带头遵守廉洁从政各项规定,争做对党忠诚、个人干净、敢于担当的表率。一是心中有党不忘恩。要坚持思想引领,各级党员干部要持续深入学习总书记系列重要讲话精神,努力做到学习跟进、认识跟进、行动跟进,始终保持政治上的清醒和坚定。要加强党性锻炼,坚持不断改造主观世界,坚定不移反“四风”转作风,努力做到在路线原则上立场坚定、在大是大非面前头脑清醒、在关键时刻经得起考验。要严守纪律规矩,始终坚持严字当头,加强纪律规定的刚性约束,动真碰硬正风肃纪,确保党的纪律和规矩严格执行。二是心中有民不忘本。要始终牢记自己是人民的公仆和勤务员,把人民赋予的权力真正用来为人民服务。工作上突出民生优先,大力推进各项民生实事工程,不断加大扶贫帮困工作力度,不断提高人民群众的幸福感和满意度。要突出群众满意,深入推进“百千万”工程,持续开展好“三解三促”活动,做好河道整治等涉及群众自身利益的工作,实现为民服务“零距离”。三是心中有责不懈怠。干事创业是首责,敢于担当显品格,要在狠抓落实中体现担当。各级党员干部要认真对照《领导班子和领导干部“为官不为”问责暂行办法》,踏踏实实抓好各项工作落实,以实干求得实效,以实绩赢得民心。要在攻坚克难中体现担当,知难而进、迎难而上,提升攻坚克难能力,想方设法予以破解。要在深化改革中体现担当,敢啃“硬骨头”,善打攻坚仗,蹄急步稳、主动作为。四是心中有戒不妄为。各级领导干部要培育健康高雅的情趣,始终保持高尚道德情操和健康生活情趣,自觉远离低级趣味,切实把高尚的精神追求内化为自己的生活态度和生活方式;坚守亲情友情的底线,既要真诚待人、乐于助人,又要坚决按党纪国法、政策制度办事;树立依法用权的观念,牢固树立为官就要学法、为政就要用法的理念,自觉做尊法、学法、守法、用法的模范,时时、事事、处处绷紧廉洁自律这根弦。全体与会人员观看了《利剑出鞘斩贪魔》警示教育片。区委副书记、区长陈永红主持会议,要求各级党组织和党员干部迅速传达学习,筑牢思想根基。区四套班子领导参加活动。

【全区推进科技创新转型升级暨加快南通高新区发展大会】 5月30日,全区推进科技创新转型升级暨加快南通高新区发展大会在行政中心举行。会议贯彻落实中央、省市关于创新转型的最新要求,动员全区上下坚定不移把创新驱动作为根本动力、把转型升级作为关键之策,奋力推动经济发展迈上新台阶,增创新一轮发展新优势。南通市委副书记、市长张国华,省科技厅党组书记、厅长王秦共同为众创空间“江海圆梦谷”“中国创纺 e 站”揭牌。区委书记宋乐伟对相关工作进行部署。区委副书记、区长陈永红主持会议。会议指出,近年来,通州区切实担负起创新转型发展新使命,经济增长质效明显提升。在发展新常态背景下,通州将聚焦关键、务实举措,力促创新驱动取得新突破。一要全力推进高新区转型发展,加快创新集聚区建设、积极培育战略性新兴产业、大力发展科技金融、深化体制机制创新。二要积极推动大众创业万众创新,加快众创空间建设、加快集聚创新创业人才、加快优化创新创业环境。三要切实增强企业自主创新能力,培育新型企业集群、鼓励企业开展协同创新。会议强调,要瞄准方向、紧抓重点,对接“中国制造 2025”,改造提升三大传统产业、重点发展五大优势产业、培育壮大三大新兴产业,加快建设制造强区;聚焦“互联网 +”,加强互联网基础设施建设,发展互联网平台经济,推动互联网与产业的融合创新,大力发展互联网经济;以生产性服务业为重点,在新业态上求突破,推动制造业服务化,加快发展服务经济,推动转型升级取得新成效。全区上下要改进作风、真抓实干,加强研究比能力,积极作为比信心,转变作风比服务,推动经济发展迈上新台阶。王秦对通州科技创新转型升级工作予以高度评价。王秦说,通州科技创新与产业发展紧密结合,转型升级与引领发展统筹推进,这些都为全省的科技创新和转型升级工作积累了宝贵经验。全区科技创新与转型升级迈出坚实步伐,创新能力不断增强,创新型企业队伍不断壮大,创新环境不断优化。王秦希望通州以高新区建设为着力点,坚持把科技创新放在发展前提的核心位置,牢牢把握产业科技创新主攻方向,实现科技和产业无缝对接,不断提高科技进步对于经济增长和转型升级的贡献力度。要强化企业主体地位,加快培育创新型企业集聚,建立覆盖企业初创、成长、发展等不同阶段的经费支持体系。要更大力度推进高新区建设,明确发展定位,加快打造创新核心区,推动产业高端发展。要优化创新创业环境,推动大众创业万众创新。张国华指出,近年来,通州构建了以企业为主体,政产学研用金介相结合的区域创新体系;构建了以高新技术产业和战略性新兴产业为方向的现代产业体系;构建了以国家高新区为引领的创新创业载体体系;构建了以整合配置资源为特色的政策支持体系,全区推进科技创新、转型升级的成绩值得充分肯定。通州要以此次会议为契机,努力走在全市创新转型发展前列。一要在科技、人才、产业深度对接上下功夫,做大做强主导产业,大力推动制造业服务外包,抓好科技成果研发转化,以创新加快产业向高端攀升,围绕产业集聚人才。二要在企业、载体、平台同步提升上下功夫,强化企业主体地位,注重载体功能开发,着力增强平台服务功能。三要在体制、机制、融资激发活力上下功夫,打通科技、经济、产业、人才转移转化通道,助推科技创新。张国华强调,要集成各方面的力量,建设好南通高新区。南通要全力以赴、全力支持高新区建设,通州要集中力量,突出高新区的引领集聚辐射作用,突出开放式、网络化、集聚型、高效率的创新体系,突出政府、市场、社会联动,把高新区打造成全省自主创新示范区。张国华希望通州和南通高新区在创新转型方面不断取得新业绩,为全市顶住经济下行压力作出新贡献、树立好榜样。与会人员观看了《创新转型在通州》专题片。南通高新区、南通家纺城负责同志作表态发言。市政府秘书长顾诺之,区四套班子全体领导参加会议。

【纪念建党94周年座谈会暨“三严三实”专题学习研讨会】 7月1日下午，通州区召开纪念建党94周年座谈会暨“三严三实”专题学习研讨会。会议强调，扎实开展“三严三实”专题教育，推动全面从严治党迈上新台阶，是当前党的建设面临的重要任务。全区各级党组织和广大党员要进一步解放思想、抢抓机遇，同心同德、攻坚克难，以优良务实的党风促政风带民风，为全区改革发展添动力、增合力。会议分两个阶段召开。第一阶段，表彰了“五星级基层党建示范点”“五位一体”工作先进个人、优秀党小组长和优秀党员中心户（群众示范户）。宋乐伟代表区委向受到表彰的先进单位和个人表示祝贺，并就围绕全面从严治党提出要求：一要增强自觉意识，准确把握全面从严治党新要求。要准确把握全面从严治党的重要意义。要清醒地认识到，只有坚持全面从严治党，才能使我们党更加坚强有力，在全面建成小康社会、全面深化改革、全面推进依法治国进程中更好发挥领导核心作用；只有坚持全面从严治党，才能始终永葆党的先进性和纯洁性；只有坚持全面从严治党，抓住了党的建设根本，才能为深入推进党的建设新的伟大工程指明前进方向。要准确把握全面从严治党的基本内涵。要确保党要管党不留死角、从严治党没有盲区；要把严的要求、严的标准、严的措施落实到党的建设各方面；要针对党的建设中的现实矛盾和党员干部队伍中存在的具体问题，拿出务实管用的工作措施。要准确把握全面从严治党的现实需求。要把全面从严治党要求贯穿于“十三五”发展全过程，努力形成一心一意谋发展、聚精会神抓党建、抓好党建促发展的生动局面。二要践行“三严三实”，主动适应全面从严治党新常态。要从严抓思想教育。抓紧抓牢思想政治建设这条生命线，不断提高党员干部教育的针对性、有效性。要从严抓干部管理。严格执行《干部任用条例》“2+8”配套制度，从严把好选人用人关。要从严抓好干部日常监督管理，坚持以正面教育为主、预防为主、事前监督为主，深化党政正职用人责任审查、编制责任审核和经济责任审计“三责联审”制度，构建完备的制度监督网。要从严抓作风建设。以“三严三实”专题教育为契机，把做心中有党、心中有民、心中有责、心中有戒的“四有”干部落实到巩固扩大教育实践活动成果上，落实到践行“三严三实”行动上，让“忠诚、干净、担当”成为通州干部的鲜明特质。要从严抓违纪惩处。完善不想腐的教育机制，不能腐的防范机制，不敢腐的惩戒机制，坚决查处违纪违法案件，以反腐败斗争实际成效取信于民。三要坚持固本强基，持续筑牢全面从严治党新平台。要夯实夯牢基层组织。以组织的全覆盖推动服务的全延伸，以阵地的优化推动服务从“楼上到楼下”“办公室向田间户头”拓展，以保障激励推动服务从“保运转向促长效”深化，进一步健全“五位一体”党建惠民联动工作机制。要配优配强服务队伍。把人员选配作为重中之重，把教育培训作为有效举措，把考核激励作为重要保障。要最优最佳发挥作用。要推进富民强村，热心服务群众，干净坦荡做人，时刻将自己置于群众的监督之下，管住自己，管好班子，以清廉为民务实的形象赢得群众的支持和拥护。在第二阶段的“三严三实”专题学习研讨会上，区领导宋乐伟、陈永红、李玲、凌建华、桑建美、陈斌、汪水明、瞿云峰、葛卫民、胡卫东、刘克勇、达哇旦周分别围绕“做人要实”主题作交流发言。会议强调，领导干部要在“做人要实”上带好头，锤炼好作风、展现新作为，将“做人要实”的要求体现到党内生活和干事创业的方方面面，争当襟怀坦荡、公道正派、诚实守信的表率，以作风建设的新成效凝聚起推动改革发展的强大正能量。第一阶段会议由区委副书记凌建华主持，区委常委、组织部部长桑建美宣读表彰决定。区领导明汉清、施辉、曹国平、吴晓晖、朱卫民等参加会议。

【区委十一届十次全会】 7月31日，中共南通市通州区委十一届十次全体会议在区行政中心召开。全会审议通过了《中共南通市通州区第十一届委员会第十次全体会议决议》。区委常委会主持会议。宋乐伟、陈永红、李玲、凌建华、桑建美、陈斌、陈艳梅、虞越嵩、汪水明、瞿云峰、葛卫民、胡卫东、刘克勇、达哇旦周在主席台就座。区委委员、候补委员出席会议。区委书记宋乐伟代表区委常委会作工作报告。会议指出，2015年以来，面对复杂多变的宏观环境，通州以学习贯彻习总书记视察江苏重要讲话精神为工作主线，引导全区上下深刻把握“四个全面”战略布局、“强富美高”发展定位、“五个迈上新台阶”重点任务，强基础、谋长远、求突破，各方面工作扎实有力推进，成效逐步显现。主要以“三个年”活动为主抓手，着重抓了四个方面工作：保持定力积极作为，推动经济稳定健康发展；民生保障持续加力，人民群众获得感切实提升；改革法治两轮齐转，发展动力与活力不断增强；深入践行“三严三实”，全面从严治党取得新成效。下半年，全区要深入贯彻省市委全会精神，更加自觉树立强基础、谋长远、求突破的导向，更加扎实推进“三个年”活动，确保全面完成年度目标任务。重点要抓好八个方面的工作：一要全力保持平稳增长，攻投入要量质并举，优企业要多措同施，防风险要上下联动；二要强力主攻转型升级，抓实制造业转型升级，抓住“互联网+”机遇，抓好制造业和现代服务业深度融合；三要着力做实创新驱动，载体建设要实、主体培育要实、创业创新要实、要素集聚要实；四要奋力深化改革开放，深入推进简政放权，积极破解要素制约，主动融入国家开放战略，切实提升园区开发水平；五要大力提升城乡品质，坚持规划引领，强化建管并重；六要倾力推进民生改善和社会治理，突出文化建设，切实改善民生，增强社会治理能力；七要努力加强生态建设，强化节能减排，突出污染防治，完善制度体系；八要合力谋划“十三五”发展，要明大势、看大局，要广纳言、谋实事，要可操作、能落地。会议强调，要按照省市委的最新要求，从历史大视野、时代大格局、现实大考验三个层面来加深认识从严治党的丰富内涵和重要任务，紧扣把握主基调、认准主路径、突出主对象、落实主要求、实现主目标五个重点，努力在全面从严治党上做到管理更严格、纪律更严明、干部更清正、政治更清明，为“迈上新台阶、建设新通州”提供坚强保证。具体要做到：在思想建党和制度治党上下功夫，在持续改进作风上下功夫，在从严选好管好干部上下功夫，在夯实基层基础上下功夫，在惩治腐败上下功夫，在严格落实管党治党责任上下功夫。会议号召，全区上下要一心一意谋发展、聚精会神抓党建，奋力推动全面从严治党迈上新台阶，为完成“十二五”各项目标任务、建设经济强、百姓富、环境美、社会文明程度高的新通州而不懈奋斗。会上，区委副书记、区长陈永红传达了省委十二届十次全会和市委十一届九次全会精神。列席会议的有：区纪委委员；不是区委委员的区人大、政府、政协负责同志及各镇区园（街道）、各部门、人民团体、有关重点企业的主要负责同志等。

【省委第四巡视组巡视通州区工作动员会】 8月9日，省委第四巡视组巡视通州区工作动员会在区行政中心召开，第四巡视组副组长杨安国就即将开展的巡视工作作了动员讲话，南通市委常委、纪委书记庄中秋就通州区配合做好巡视工作提出要求，区委书记宋乐伟作表态发言，区委副书记、区长陈永红主持会议。省委第四巡视组全体成员；区四套班子全体领导；区人民法院、区人民检察院主要负责人；区纪委常委；区委组织部副部长；各镇区园（街道）党政主要负责人；区各部委办局主要负责人；2012年后退休的县（处）级以上老干部参加会议。杨安国在讲话中指出，巡视是党章赋予的重要职责，是党要管党、从严治党的重要手段，是党内监督的战略性制度安排。党的十八大以来，中央和省委高度重视巡视工作，中央政治局常委会多次听取汇报，习近平总书记每次都发表重要讲话，从战略高度提出要求，明确了巡视工作方针，为巡视工作指明了方向。省委常委会、省委“五人小组”会议切实加强巡视工作组织领导，定期听取巡视情况汇报，研究重要情况和问题，对加强和改进巡视工作提出了一系列新要求。一定要从全面从严治党的战略高度认识和理解巡视工作，围绕党风廉政建设和反腐败斗争这个中心，紧扣“四个着力”重点，切实将突出问题找准找实，有效推动各类问题的解决。要把纪律挺在前面的治本要求贯彻到巡视过程中，把严明党的纪律和规矩作为巡视的工作重点，通过巡视唤醒党员干部的党章党规党性意识，切实把守纪律、讲规矩作为从政的生命线，真正做到执行纪律无条件、遵守规律不含糊、遇到红线不触碰。杨安国强调，巡视工作向地市县一级延伸，是实现巡视“全覆盖”的客观要求。将进一步突出主责主业，坚持“三个不变”，即“聚焦中心”定位不变，“四个着力”重点不变，“发现问题”任务不变，着重检查通州区党组织领导班子是不是履行了党章规定的职责、担负起管党治党主体责任和监督责任；是不是贯彻了党的十八大，十八届三中、四中全会和习近平总书记系列重要讲话精神；是不是执行了党的路线方针政策和决议，体现了对党忠诚；是不是存在权力寻租等腐败问题，并注意盯住重点人、重点事和重点问题，确保巡视监督步步深入、步步见效。宋乐伟表示，省委第四巡视组对通州开展巡视，既体现了省委对通州工作的关心，也体现了对通州各级领导班子和领导干部的爱护。区委将讲政治、明大局，坚决把思想和行动统一到中央和省委开展巡视工作的部署要求上来，切实增强政治自觉、思想自觉、行动自觉，齐心协力把省委交办的巡视任务完成好。讲规矩、守纪律，真实反映情况，主动接受监督，坚决配合巡视组开展工作，努力把巡视过程变为查找不足、剖析原因、促进工作的过程。讲认真、求实效，坚决抓好巡视结果运用，推动各级党委更好地履行主体责任、纪委更好地履行监督责任，以反腐败斗争实际成效取信于民，不断把通州的各项事业推向前进。庄中秋要求，通州区各级党组织和党员干部要从守纪律、讲规矩的高度出发，统一思想、全力配合，确保巡视工作顺利进行。要统一思想认识，深刻理解全面从严治党新常态下巡视工作的重要意义。要树立政治意识和大局意识，自觉接受省委巡视组的巡视监督，主动配合巡视组开展工作，确保省委巡视组在通州区正常、有序地开展工作。要以接受巡视为契机，按照省委和市委的总体部署，以更高的定位，更宽的视野，谋划推进各项工作。要进一步完善思路，突出重点，创新举措，努力使党员干部精神面貌有新变化，工作作风有新改进，廉洁自律有新增强，各项事业有新发展，在推进五个“迈上新台阶”中不断取得新突破。

【区委“十三五”规划《建议》征求意见座谈会】 12月8日，区委“十三五”规划《建议》征求意见座谈会在区行政中心召开，会议就通州区“十三五”规划《建议》广泛征求各界意见和建议。区委书记宋乐伟主持并作重要讲话。通州区委高度重视“十三五”规划《建议》编制工作，历时数月深入调研、反复讨论，起草形成了征求意见稿。会上，通州区部分党代表、人大代表、政协委员、民主党派人士、基层工人、农民、知识分子、老干部代表，以及部分镇（区、园、街道）负责同志，紧扣通州“十三五”期间的发展机遇、产业发展趋势、深化改革要求以及当前面临的突出问题等，畅所欲言交流意见，对事关通州发展的科技创新、重大项目、平台建设等以及群众关注的司法、医疗、教育、体育等提出了许多建设性意见和建议。会议指出，认真制定好区委“十三五”规划建议，将为编制通州区“十三五”规划纲要和各项专项规划提供重要指导和依据，需要凝聚全区上下各方面的智慧和力量，广泛征求各方面意见。起草组要进行认真梳理，充分吸收，进一步修改完善好规划建议。会议强调，规划《建议》要突出引领性、创新性和可操作性，无论是谋篇布局还是目标任务、重大举措，都要符合中央要求、通州实际、时代特点，尤其要更加贴近群众，争取形成一个各方面认可、鼓舞人心的规划《建议》。区领导凌建华、汪水明、陈伟平等参加会议。

【区委十一届十一次全会】 12月18日，中共南通市通州区委十一届十一次全体会议在区行政中心召开。这次会议的主要任务是：全面贯彻落实党的十八届五中全会、习近平总书记系列重要讲话特别是视察江苏重要讲话精神，按照省委十二届十一次全会和市委十一届十次全会的最新要求，总结今年工作，谋划通州区“十三五”发展，审议《中共南通市通州区委关于制定通州区国民经济和社会发展第十三个五年规划的建议(讨论稿)》,部署明年工作,动员全区上下进一步解放思想、开拓进取,凝心聚力、攻坚克难,为建设经济强百姓富环境美社会文明程度高的新通州而不懈奋斗。区委常委会主持会议。宋乐伟、陈永红、李玲、凌建华、桑建美、陈斌、陈艳梅、虞越嵩、汪水明、瞿云峰、葛卫民、胡卫东、刘克勇、达哇旦周在主席台就座。区委委员、候补委员出席会议。区委书记宋乐伟代表区委常委会作工作报告。会议指出,2015 年以来,面对错综复杂的宏观环境和艰巨繁重的改革发展稳定任务,全区上下认真落实中央和省市委决策部署,牢牢把握工作主线,切实加强统筹协调,各方面工作取得新进步,完成全年主要目标任务,为"十二五"发展画上了圆满句号。具体表现为:经济运行稳中有进、创新转型务实奋进、城乡发展协调并进、民生福祉不断增进、党的建设扎实推进。同时,在实际工作中,着重把握了四个方面:贯彻精神保持定力,谋划发展激发活力,狠抓落实精准发力,改进作风持续用力。会议指出,理念是行动的先导。党的十八届五中全会提出的创新、协调、绿色、开放、共享五大发展理念,是关系我国发展全局的一场深刻变革。全区上下要把五大理念贯穿发展全过程、各方面,以新理念引领新发展。会议强调,2016 年是"十三五"的开局之年,也是为全面建成小康社会奠定坚实基础的关键之年,做好明年工作意义重大、影响深远。全区工作的指导思想是:全面贯彻党的十八大和十八届三中、四中、五中全会以及省委、市委全会精神,深入落实习近平总书记系列重要讲话特别是视察江苏重要讲话精神,自觉践行五大发展理念,深化拓展"三个年"活动,统筹推进经济、政治、文化、社会、生态文明和党的建设,奋力打造创新转型示范区、陆海统筹江海联动交汇区、沪苏通协同发展前沿区、生态和谐宜居区,为建设"强富美高"新通州而努力奋斗。会议要求,2016 年要重点抓好六个方面的工作。一要更大力度推进项目建设,强化招商选资、拓宽投资空间、提高推进效率。二要更大力度推动创新转型,深入推进创新驱动发展,丰富载体平台功能、增强企业创新能力、构筑创新人才高地;加快推动产业迈向中高端,优化提升主导产业、大力培育新兴产业、集聚发展现代服务业、加快农业现代化步伐。三要更大力度提升城乡品质,高水平建设中心城区、高起点培育特色城镇、高标准打造魅力乡村。四要更大力度深化改革开放,抓好重点领域改革、推动园区内涵开发、拓展对内对外开放空间。五要更大力度改善生态环境,突出减排控污、强化环境整治、健全保障机制。六要更大力度促进社会和谐,拓宽增收渠道促民富、完善公共服务惠民生、创新社会治理保民安。会议强调,完成"十三五"开局之年的各项任务,党的领导是根本政治保证。全区上下要适应新的形势和任务需要,认真落实全面从严治党要求,深入实施党建工作创新工程,统筹谋划把方向,管党治党严责任,凝心聚力抓落实,不断提高各级党委领导经济社会发展的能力,为建设新通州提供坚强保障。会议号召,全区上下在市委的坚强领导下,振奋精神、开拓进取、扎实工作,为全面建成小康社会、探索开启基本实现现代化建设新征程而努力奋斗。宋乐伟就《建议(讨论稿)》向全会作了说明。与会人员分组进行了认真热烈的讨论。全会审议通过了《建议》和全会《决议》。会上,区委副书记、区长陈永红传达了省委十二届十一次全会和市委十一届十次全会精神。区委副书记凌建华对2015 年度全区干部选拔任用工作作了专题报告。会议对市管领导班子和领导干部进行了年度考核测评。列席会议的有:区纪委委员;不是区委委员的区人大、政府、政协负责同志及各镇区园(街道)、各部门、人民团体、有关重点企业的主要负责同志等。

(邓志强)

重大决策

【大力开展"三个年"活动】 区委提出,以"招商引资和项目建设突破、创新转型提速、城乡品质提升"三个年活动为抓手,强基础、谋长远、求突破,促进经济平稳健康发展和社会和谐稳定。大力开展招商引资和项目建设突破年活动,全年实际到账外资超 3 亿美元,新开工亿元以上项目 27 个。大力开展创新转型提速年活动,创新载体加快建设,科创大厦投入使用,江海圆梦谷正式开园,新世纪大道众创集聚区获得省级试点;平台功能加快提升,省产业研究院纺织丝绸研究所成功落户,南通纺织丝绸产业研究院揭牌运行;主导产业加快改造,家纺产业列入国家产业集群区域品牌建设试点,建筑业施工总产值突破 1500 亿元,新获鲁班奖 3 项;新兴产业产值增长 15%;现代服务业增加值占比提高 1.5 个百分点,大力开展城乡品质提升年活动,平稳实施行政区划调整,城镇规模布局更加科学合理;全面拉开 120 平方公里发展框架,建成区面积拓展到"十一五"期末的 1.6 倍;积极抢抓沪通长江大桥等交通基础设施加快建设的重大机遇,超前谋划高铁新城发展,成立指挥部高标准编制发展规划、高效率推进开发建设;G345 南通东绕城中段、世纪大道东延等干线道路成环成网,交通实现与主城区深度接轨;积极实施农村河道整治三年行动计划,打造了一批生态河道和水美乡村。

(钱云鹏)

【全面深化改革】 2015 年,认真贯彻落实中央和省市委决策部署,先后召开区委全面深化改革领导小组会议 7 次,研究确定并着力推进七大类 26 项 60 条年度改革重点任务,推动中央和省市各项改革举措落地生根;积极向上争取重大改革试点,跨境贸易电子商务等试点成功获批;突出经济体制改革这一重点,相对集中行政许可权改革试点加快推进,组建行政审批局,实现"一枚印章管审批",国土、金融、农业农村等方面改革取得重大进展;生态、民主法制、文化、党建、纪律检查等领域改革统筹推进,取得预期效果。

(葛坚强)

【省委巡视组反馈意见整改落实工作】 根据省委统一部

署，8月9日—月25日，省委第四巡视组进驻通州区开展常规巡视工作。11月2日，巡视组通报巡视反馈意见后，区委迅速召开常委会，进行了认真学习和研究，把整改落实作为当前和今后一个时期重要政治任务。区委主要负责同志切实履行第一责任，亲自动员部署，迅速制定实施方案，成立了区委关于省委巡视组反馈意见整改落实工作领导小组，建立了一把手负总责、分管领导牵头抓、主办单位具体负责、协办单位积极配合的一级抓一级，层层抓落实的整改责任落实机制。区委坚持领导带头、即知即改、开门整改，将巡视组反馈的问题在通州大众报上向社会公开，并将细化的整改任务分解方案在党内进行了通报。整改过程中，以“认真”精神抓任务分解，把巡视组反馈的14项具体问题，细化分解为68个整改任务，扎扎实实地抓好每个整改任务的推进落实。以“钉钉子”精神抓问题整治，结合“三严三实”专题教育的深入开展，结合落实全面从严治党迈上新台阶的最新部署，结合建设“强富美高”新通州的各项任务，把巡视组反馈问题整改与教育实践活动后续整改和“不严不实”问题整改同部署、同推进、同督查，促进问题真解决、早解决。以“拧螺丝”精神抓常态长效，一方面抓好现有制度的执行，对教育实践活动中的18项新建制度切实抓好贯彻执行，确保出台一个就执行落实好一个，并严肃问责，切实维护制度的严肃性和权威性；另一方面承接和落实好中央、省市委出台的加强作风建设制度规定，制定完善相关配套制度，着力构建内容协调、程序严密、配套完整、有效管用的制度体系，推进整改工作常态长效。（蒋建军）

调查研究

【概　况】 2015年，区委办公室（研究室）紧扣全区经济社会发展大局，认真开展调查研究，积极为区委献计献策。围绕“十三五”发展定位，配合区四套班子领导开展相关调研20余次，组织各地各部门开展专题调研20余次，形成调研文章50余篇。同时，针对创新转型、深化改革等区委重点工作，撰写《强化创新驱动，打造转型发展新动能》《关于我区农村改革的有关情况和建议》等调研报告10余篇，为区委领导科学决策提供重要依据。（吴　昊）

组织工作

【概　况】 2015年，通州区委组织工作坚持以学习贯彻党的十八大、十八届三中、四中、五中全会以及习近平总书记系列重要讲话精神为“一个统领”，贯穿推进全面从严治党“一条主线”，紧紧围绕发展大局，强化问题导向、实践导向、改革导向“三大导向”，突出思想教育从严、干部管理从严、组织建设从严、制度执行从严、党管人才从严“五个重点”，服务大局抓保障，紧扣问题抓创新，各项工作取得了预期成效，区委组织部获得“南通市文明单位”，被区委、区政府授予2015年度目标管理绩效考核先进集体。

抓实效，从严基层党建工作。实施党建主体责任工程。探索建立基层党委（党工委、党组）书记抓党建工作“10+X”责任体系，实施党建惠民服务工程。深入推进“五位一体”工作体系和社会治理网格化“两网合一”，创新社区党建“335”模式，形成新的社区党建工作格局。扎实推进区镇村三级260个综合性便民服务平台建设，配套建立村干部巡查、领导干部挂钩联系等20多项工作制度；实施教育引导统领工程。不断深化教育引导群众工作，评选出基层党组织10个创新模板、40个经验做法、40个典型事迹，精心组织开展“寻找最美党员”活动，积极构建以“服务凝聚、宣讲教育、典型感染、理念引导、文明影响”为主要内容的“五个一线”工作制度。

抓机制，从严做实干部工作。树立“以德为先、重视基层、注重实绩”的用人导向来选拔和使用干部，细化和规范干部选拔任用工作流程。圆满完成行政区划调整和区政府机构改革中的干部调整和配备工作。出台《领导干部轮岗交流工作实施细则》，加大干部跨地区跨部门跨行业的交流力度。严格执行拟提拔干部报告个人有关事项制度，强化对拟提拔对象信息的审核把关。加强干部监督联席会议成员单位的信息共享，严防干部“带病提拔”。认真做好公务员职务与职级并行审核工作，高标准完成公务员和参照管理人员以及区管企事业单位中层以上管理人员的档案专项审核工作。深入推进全区重大战略系列培训计划，精心组织全区转型升级与创新发展、现代服务业发展等专题培训班，选送36名同志参加中央、省市组织的各类培训。用好菜单式选学讲座、干部在线学苑等平台，实行“线上”“线下”选学学时管理，健全完善了领导干部自主选学、网上选学定期通报制度。

抓落实，从严自身建设工作。坚持严字当头，从严治部、从严律己、从严带队伍。制定《部机关“三严三实”专题教育实施方案》，大力发扬“安专迷”精神，通过部长导读文件、科室微型党课、争当岗位标兵等方式提升组工干部业务素质和创新能力。推行日常调研“5+1”工作模式，通过蹲点走访、跟踪调研、实地查看，及时掌握干部思想动态、德才实绩及组织工作任务落实情况。对全年的目标和阶段性任务实行“任务项目化、项目责任化、责任具体化”，明确到人，抓效益、抓进度、抓落实，以“钉钉子”精神抓到实处。营造“甘当人梯、乐于奉献、敢于担当”的氛围，不折不扣把从严治党要求贯彻落实到组织工作中，切实做到自身正、自身净、自身硬。

【“三严三实”专题教育活动】 成立区委“三严三实”专题教育协调小组，研究制定全区《关于在领导干部中开展“三严三实”专题教育的实施方案》和常委会具体工作方案、学习研讨方案，对专题教育的重点环节、主要措施、方法步骤

全区纪念建党94周年座谈会暨“三严三实”专题学习研讨会

等进行细化，明确时间表和任务书。继续弘扬群众路线教育实践活动中形成的“认真、求真、顶真、动真”精神，以“六查六看六整治”为主线，突出以上率下、问题导向，坚持规定动作重提升、自选动作创特色，合力推动“三严三实”融入领导干部的经常性教育和工作新常态。高质量讲好专题党课，切实增强政治自觉。区委主要领导亲自上专题党课，区级党员领导到分管部门或挂钩联系的镇（街道）、村（社区）讲党课。各基层党组织广泛开展特色党课活动700多场次，组织党员干部深入田间地头、车间班组，累计宣讲300余场、受众5万余人次。高质量开展专题学习，切实增强思想自觉。区委围绕“严以修身、做人要实、严以律己”内容，开展了4次专题学习研讨，常委会集中学习研讨的参与范围扩大到全体中心组成员和处级领导干部。在做好规定动作的同时，还通过派单选单引导学、线上线下自主学、正反典型对照学等方法做好自选动作，有效提升了学习效果。高质量实施专题调研，切实增强行动自觉。区委常委会带头建立集体查摆和会办制度，下发《进一步加强区四套班子领导挂钩联系镇（区、园、街道）工作方案》，参学领导固定联系一村一组一企一户，并与联系点工作考核相挂钩。全区参学领导共走访接待群众1053人次，收集意见建议378条，梳理出“不严不实”问题542条，解决具体问题187个，指导建成“五星级党建示范点”13个，形成《推动党的建设迈上新台阶思路研究》等27篇调研成果和265条工作建议。

【干部教育培训】 按照区委干部教育工作领导小组成员会议要求，通过《2015年干部教育培训工作要点》，提出围绕服务发展大局、全面深化改革创新，全面深入推进全区重大战略系列培训计划。4月开始，精心组织法治素养提升、转型升级与创新发展、现代服务业发展等专题培训班，统筹推进新媒体应对、企业管理创新、招商引资实务等40个主体班学习班次，共培训各级领导干部4000余人次。先后选送48名同志参加中央、省市组织的各类培训。覆盖科级领导干部、后备干部、高层次人才、选调生等对象，举办“菜单式”选学讲座7期，遴选干部在线学苑40个课件，不断加强党史国情、领导能力等方面的学习。狠抓学风建设，重新开发网络学习签到系统，出台《通州区机关事业单位培训费管理办法》，扎口各部门单位外出班次管理。在年轻干部培训班、党外干部培训班中探索了“跟班考察＋量化考核＋考试测评”新模式。实施年轻干部“线上线下”学习工程，将695名35周岁以下年轻公务员纳入网络学习范畴，实行学分学时制管理，健全完善了领导干部自主选学、网上选学定期通报等制度。

【大学生村官培养】 组织实施大学生村官实践能力提升工程，分层分批选派50名“两委”正职大学生村官到所在镇、街道机关挂职，68名副职村官到金新街道华山社区等七大村级实践锻炼基地跟班学习。组织大学生村官“走出去”换位体验，对比找差，学习因地制宜的发展理念和管理方式，感受机关、先进村居推进工作的力度和干劲，打开工作眼界和思路，强化短板认知和发展、进位、效能等意识，养成较高的领导素质和领导水平，多岗历练一批党政后备和村（社区）“两委”正职后备干部。配套制定实践锻炼管理制度，明确到岗到位、日志记载、成果交流等方面的量化要求，科室牵头挂职单位（基地）做好期满考核工作，考核结果挂钩个人年度考核。

【规范中层干部选拔任用】 在规范镇街道中层职位、名称、职数的基础上，出台《关于规范镇（区、园、街道）党政机关中层干部选拔任用工作的指导意见》（通组〔2015〕53号），规定任职最低经历和最高年龄限制及交流轮岗年限，一般采用全员竞岗方式选任中层干部，明确按照竞争岗位或竞争中层正、副职任职资格形式差额进行笔试、面试、民主测评和考察等10项程序。区镇合一的镇区园，可按照“统一使用、分类管理”的原则，让事业人员在性质和待遇不变的情况下，与行政人员公平竞争、择优上岗，充分保证人岗相宜、人尽其才。自此，区级机关、区属事业单位、镇（区、园、街道）机关中层干部选任悉数纳入规范化管理轨道。

【从严监督管理干部】 贯彻《党政领导干部选拔任用工作条例》，用好全程纪实系统。严格执行拟提拔干部报告个人有关事项制度，强化对拟提拔对象信息的审核把关。贯彻中组部《关于组织人事部门对领导干部进行提醒、函询和诫勉的实施细则》，切实做到抓早抓小、预防在先。加强干部监督联席会议成员单位的信息共享，严防干部“带病提拔”。开展“三责联审”整改情况“回头看”检查，加强对“一报告两评议”的结果运用，从严抓好单位与个人相关问题的整改落实。充分发挥干部监督管理横向联动机制作用，规范“12380”、来信来访等举报内容的受理和查处，强化对干部八小时之外的监督，切实做到从严监督、挺纪于前。

通州区第十一届高层次人才智力与项目合作洽谈会

【人才工作】 召开区委人才工作领导小组(扩大)会议,15个镇(区、园、街道)设立人才工作站,人才工作运行机制日臻完善。加速集聚高层次双创人才,分产业举办第十一届高洽会,近60名高层次人才参会,现场签约项目8个。分地域开展招才引智活动,先后联系对接高校专家近40位。全年新增创新创业项目31个,引进创新创业人才53名,其中国家“千人计划”专家、“长江学者”特聘教授等顶尖人才12名。加大省“双创计划”申报工作组织力度,新增省“双创计划”7个,为历史之最。组织实施区“510英才计划”,独立资助和配套资助26个项目,资助总额达2335万元。加强高层次后备人才培养与管理,组织开展首期培训班,选聘19名高层次后备人才任区属事业单位股级干部。加快推进人才项目产业化进程,全区35家人才创业企业实现销售收入2.53亿元。

【创新基层党建体系模式】 深入推进“五位一体”工作体系和社会治理网格化“两网合一”,创新社区党建“335”模式。深入实施“百千万”工程,全面推行在职党员到村(社区)志愿服务信息化管理,帮助群众解决实际问题1800多个。扎实推进区镇村三级260个综合性便民服务平台建设,实行“一站式、一条龙、一口清”服务模式,配套建立起村干部巡查、领导干部挂钩联系等20多项工作制度,确保九大类40多个服务项目得到优质高效落实。探索建立基层党委(党工委、党组)书记抓党建工作“10+X”责任体系,一人一档建立“责任清单、鼓励清单和约束清单”,通过季度点评会、半年推进会、年终述职会,督促基层党组织书记申报“党建创新创优项目”38个,签订“责任书”76份,有力推动了党建责任落实。

【干部人事档案专项审核】 完成4599卷应审干部人事档案审核登记及汇总分析工作。统筹指标任务和时序进度,实行“1+1+1”审核模式,即初审、复审、核对各由1名同志负责,压茬审核乡镇、机关、企事业单位科级以上干部人事档案。争取公安、教育等领导小组成员单位及干部任职单位、主管部门的支持和配合,对出生时间记载不一、考察任免材料不全、学历状况不清等问题进行调查取证、材料补集,有效防止档案“误诊”现象。同步更新实体档案和干部信息系统,还干部人事档案真实、准确、完整、规范的应有状态,形成实体档案和电子系统并存共用的管理生态,为今后干部人事档案数字化建设,减少人为接触原始纸质档案奠定基础。

(黄建锋)

宣传工作

【概　况】 2015年,通州宣传思想文化战线着力培育和践行社会主义核心价值观,深化思想理论建设,营造良好舆论氛围,推动文化改革发展,提高社会文明程度,工作富有特色、形成亮点,为通州圆满完成“十二五”各项目标任务、奋力走在苏中新一轮发展前列,提供有力的思想保证、舆论支持、精神动力和文化条件。

理论武装工作坚强有力。广泛开展学习宣传贯彻习近平总书记系列重要讲话精神活动,召开学习贯彻习近平总书记系列重要讲话精神理论研讨会,组织“四个全面”重大战略思想和十八届五中全会精神宣讲,深入到机关、镇村、企业,广泛开展讲座600余场,受众达10万人次。制定区委中心组学习计划和区委常委“三严三实”专题学习研讨方案,精心组织区领导干部集中学习12次,专题学习交流讨论6次。不断创新党员干部冬训工作,2个镇获全省“冬训工作先进集体”荣誉,1人获评全省“冬训工作先进个

“四个全面”理论宣讲

人”。深入开展应用课题研究，1 项课题获省社科联应用研究立项专项资助，1 项课题获南通市年度热点课题立项。创意组建安全生产宣讲团，赴全区各镇（区、园、街道）企业进行巡回宣讲，共举办宣讲 956 场，听众 10.50 万人次，实现安全生产全覆盖。

舆论引导水平扎实提升。围绕区委区政府工作中心，策划组织做好“三严三实”、创新转型、城乡环境整治、文明城市长效管理、生态文明建设等重大主题宣传。积极拓展对外宣传，全年在《南通日报》头版用稿 73 篇，遥遥领先其它县（市、区）。积极推进传统媒体、新兴媒体融合发展，集中力量主推“南通州”微信公众号，整合电视、报纸、广播精彩内容，打造综合型新媒体平台，清廉通州、南通州、通州区图书馆、通州青年、二甲正能量等一批部门和镇区园的微信公众号展现活力，新媒体群集效应开始显现。定期举办新闻业务培训和岗位练兵，培养全媒体采编队伍，参加南通新闻界全媒体技能大比武，选送的 4 件作品全部获奖。组织新闻发言人培训和网络舆情应对与管理培训，提升媒体应对能力，稳妥有效化解舆论危机。完善网络舆情预警、研判、引导、应急处置体制机制，做精做优@通州发布，唱响网络文化主流音，荣获南通市 2015 年春节网络文化活动优秀组织奖和南通网络文化季最具人气活动项目奖。

社会文明程度明显提高。推进文明城市长效管理，对建成区范围内的街道、社区、各职能部门长效管理工作进行多层次考核奖励，通过全国文明城市考核检查。开展文明村镇、文明社区、文明单位创建，兴仁镇徐庄村获评全国文明村，中国工商银行通州支行获评全国文明单位，十总社区获评第三届“江苏最美乡村”。广泛开展学雷锋志愿服务活动，不断提升志愿服务专业化水平，西亭镇的“知心姐姐”青年志愿者团队展示的“知心姐姐的阳光梦想”和萤火虫志愿者志愿者协会的“爱乐团志愿服务计划”在“第二届中国青年志愿服务项目大赛”中分别获得金奖和银奖。社会主义核心价值观落细落实，把江海明珠广场和人民公园打造成社会主义核心价值观主题广场、公园。组织“我推荐我评议身边好人”活动，评选十类十佳人物共 100 名典型，徐长军、曹灿华入选“中国好人”12 月份候选人，马季城同学荣获江苏省“十大美德少年标兵”。组织开展诚信经营创建活动，2015 年度共完成 101 家“诚信企业”和 982 家示范店的创建任务。

文化事业产业齐头并进。组织文化企业走出去，参加（深圳）国际文化产业博览交易会、海峡两岸文化产品博览会、南通市文化产业招商推介会等活动，成功举办 2015 南通通州（北京）文化产业推介会，其中 8 个项目现场成功签约。组织 2015 年新春文化大舞台、江海民俗文化节、文化七下乡、“通州之夜”广场文艺演出、“舞动江海”群众广场舞大赛等系列活动，推出一批具有地方特色、深受群众欢迎的优秀公共文化服务产品和服务项目。顺利完成通州广电网络与省网络的整合，忠孝文化园初步建立了新型事业单位法人治理结构，4 月，全国最高孔子像在忠孝文化园圆满落成。推动文艺精品创作持续繁荣，通剧《范老爷判婚》先后在市、区进行巡演，并参加全国稀有剧种展演；原创动漫《熊仔》再次亮相央视少儿频道、优漫卡通、五大卡通卫视、省级卫视等 500 多家电视台；纪实文学《闯荡南非洲》被评为江苏《中国梦 · 我心中的梦》一等奖作品；国画《圣地豪气》在国家级美术作品展——“铁的新四军”红色记忆 · 经典美术作品展中获荣优秀作品奖；小品《二嫂争媳》获中国曲协 2015 年全国曲艺新作大赛优秀作品奖、江苏省“中国梦　我心中的梦”曲艺作品征集二等奖；儿童励志电影《鹰笛雪莲》在全国公映，参加第七届欧洲万像国际电影节，荣获“最佳儿童故事片奖”。

“通州之夜”广场文艺演出

“童声”品牌影响持续放大。“童声里的中国”基地步入实体化运作阶段，中央电视台少儿频道“大手牵小手”栏目组走进基地，通州 16 个精品节目登录央视少儿频道，央视新闻频道进行新闻报道。基地创编的大型现代音乐儿童剧《田梦儿》获得省委宣传部、省文明办重点扶持，在第三届江苏省美德少年颁奖仪式上完成首演，省委常委、宣传部

第四届江苏省青少年音乐“小茉莉花奖”声乐大赛在通州区举行

长王燕文、副省长曹卫星现场观摩，已在省内外巡演150多场，观众超过12万人次。“中国·江苏首届少儿诗会”走进南通诗歌朗诵音乐会在基地首演，拉开全省巡演的序幕。第四届江苏省青少年音乐“小茉莉花奖”声乐大赛在基地隆重举行，获奖歌手成为“童声里的中国”首批签约小歌手，同时进入创研活动基地优秀人才档案库，该赛事自此落户通州。全国范围内发起“核心价值观沐浴我成长”新童谣征集、评选活动，收到来自全国4万多首作品，评选出120首，结集出版。（邵丹丹）

统一战线工作

【概　况】 2015年，通州区按照“强基础，谋长远，求突破”的工作思路，以实施“凝心聚力服务工程”“党外干部培养工程”“海外人士关爱工程”为重点，以开展“双促”主题活动为抓手，坚持围绕中心，服务大局，努力在推进统战工作创新，加强队伍建设，提升统战工作科学化水平上下功夫，大力推进统战工作创新创优。区委统战部连续四年被评为“中国统一战线宣传先进单位”，被中央统战部宣传办表彰。

【合作共事】 2015年年末，全区共有民建、民进、农工党、九三学社4个民主党派基层组织。民主党派成员151名，其中，民盟盟员17名，民建会员21名，民进会员21名，农工党党员20名，九三学社社员72名。全区落实中央和省委统战工作会议精神，加强与民主党派联系协商，建立健全民主党派联系服务、沟通协调、情况通报、评比表彰等制度，拓宽各民主党派知情参政渠道。支持各民主党派服务社会行动。农工党通州支部以“健康服务同心行”为主题，组织市、区两级医院专家开展免费诊疗服务，被授予“全国先进基层组织”称号；民进通州支部通过开展“牵手组合行动”，打造了全国社会服务品牌，获得民进中央表彰；通州九三建立南通首家民主党派专家工作站，组织专家开展农业技术指导、免费义诊咨询等活动；民建通州支部、知联会通过开展服务敬老院老人、关爱困境儿童等活动。

【“凝心促改革，聚力促率先”主题活动】 年初，区委统战部下发《关于在全区统战系统开展“凝心促改革，聚力促率先”主题活动的实施方案》（通委统〔2015〕8号），以“我为‘双促’献一计”为主题，广泛动员统一战线各界人士积极参与。全年征集各类建议116条，内容涉及科技创新、产业发展、城乡统筹、环境整治等各个方面。梳理合理化建议编发《同心建言简报》，报送区委、区政府，受到区委主要领导的重视和关注。通过制定参考课题、出台激励措施、推动调研成果转化等办法，全年完成33个调研课题。其中1篇调研成果作为政协1号提案，2篇为省招标课题，5篇作为政协全会发言。7月20日，南通市主题活动推进会在通州召开，通州区的经验做法在全市推广。

【经济统战工作】 开展非公经济人士理想信念教育。全面调查登记40周岁以下，子承父业的创二代和自主创业的年轻企业家118名，其中创二代73名，自主创业人员45名，具有海外留学经历的23名。会同区人社局、工商联联合举办新生代非公经济人士培训班，35名青年企业家到井冈山江西干部学院集中培训。采取“党组织+商会组织”模式，开展“党旗在商会飘扬”主题活动，推进商会党建工程。典型引路，通过通州电视台创办“家纺风采”“家纺精英创业史”“通州家纺在转型”“铁军风采”等栏目。开展非公企业调研走访，帮助企业搭建产学研合作平台，助推非公企业积极转型。支持浙江商会与通州中专合作，签订联合办学协议，挂牌成立通州中专浙江商会学生创业实践基地和通州中专浙江商会家纺设计研究院。组织家纺商会会员企业赴埃塞俄比亚、南非和迪拜参观考察、开拓市场，联合市电商协会与阿里巴巴联系洽谈，拓展“互联网+”业务。组织浙江商会会员企业赴德国法兰克福和土耳其参展，拓展国际市场；装饰装修服务商会开通400-1058-315商会服务投诉热线，与市场监督管理部门共同维护企业和消费者合法权益，与招商银行通州支行合作为会员单位办理移动pos机，方便企业经营。东北联合商会组团参加“西柳杯”北派服饰设计大赛。纺织服装商会组织会员企业参观中国国际缝制设备展览会。邀请澳大利亚企业家和港深两地工商界人士来通州区参观考察、洽谈交流，努力为引资引智牵线搭桥。全年促成3个投资项目，总投资3300多万元。

【党外人士培养工程】 出台《关于加强新形势下党外代表人士队伍建设的实施意见》（通发〔2015〕18号），进一步规范党外代表人士队伍建设。大力开展党外年轻干部培养选拔，组织46名党外干部专题培训，安排重点培养对象到信访、拆迁一线岗位锻炼。在通州电视台开设“党外代表人士风采录”专栏，分期宣传报道10个典型事迹。

【海外统战工作】 加强海外人士联谊交流，争取人心、凝聚力量。以香港通州同乡会为平台，开展旅港乡亲联谊活动，邀请包括全国人大代表、香港教育工作者联会会长杨耀忠在内的多名在港知名人士和50多名旅港乡亲参加。以“温暖侨心”为核心，大力实施海外人士、归侨侨眷及“三胞”眷属关爱行动，积极开展走访慰问、关爱空巢家庭、帮助排忧解难。组织侨界人士参加“亲情中华”文艺演出、海内外青少年交流和华人华侨回乡探亲接待等工作，加强沟通联系，增进感情联络。全年共接待海外华人华侨8批、60多人次，为加快通州发展凝聚人心、汇聚力量。

【民族宗教】 贯彻中央民族工作会议精神，建立“少数民族之家”，完善台帐资料登记，深入推进民族团结进步事业。推动“大众创业、万众创新”少数民族致富典型培育活动，至2015年年末，共扶持少数民族创业典型23个。多方筹措近2万元慰问金，走访慰问少数民族困难家庭60余户。依据国家民族政策，为24人更改了民族成分，为94名享受中、高考照顾政策的考生签署了审核意见，协调解决8名少数民族儿童就学问题，维护民族领域的和谐稳定。召开全区宗教活动场所安全工作会议，组织消防安全知识讲座，签订《安全责任书》，定期走访督察，规范宗教场所管理。发动宗教界人士向贫困家庭、贫困学生、尼泊尔灾区祈福募捐，全年捐款9万多元。根据全市统一部署，对全区197处违建寺观开展地毯式排查，逐一甄别造册，稳步推进违规寺观专项整治工作。

【统战信息宣传】 全年报送统战信息、宣传稿件180余篇。其中，《南通通州：实施商会党建工程》被《中国统一战线》采用；《通州区平东镇"四心工作法"助推少数民族创业就业》《顺应新常态，努力新作为》《九三学社通州区委举办信息员沙龙》《通州区委统战部加强基层统战工作》《牵手架起服务桥，行动收获满眼春》等稿件在《挚友》上发表；被《南通日报》《南通统一战线》等媒体平台录用的稿件80篇；在其他媒体、平台上发布的稿件80余篇。2015年年末，喻迎春、杨平2名同志受中央统战部宣传办表彰。

（杨　平）

农村工作

【概　况】 2015年，通州区认真贯彻落实习近平总书记视察江苏时的重要讲话和省、市农业农村工作会议精神，按照新常态思路，打牢"三农"发展基础，重点围绕"抓改革、促发展、强基础、惠民生"工作，全面谋划布局，推动现代农业持续发展，粮食产量实现"十三连增"，农民增收实现"十三连快"。

【现代农业发展】 深入开展重大项目推进年活动，全区新建扩建规模农业项目125个，完成投入量16.2亿元，其中景瑞果蔬加工、金土地观光游乐园等单体投资千万元以上项目达到52个。全区建成净棚面积500亩以上的基地23个，实施规模对虾养殖项目16个，新增高效设施农业面积3.2万亩，其中钢架结构的设施面积2.2万亩。十总镇、东社镇成为万亩设施农业镇，十总镇二爻居、迎阳村和东社镇新街村成为设施农业专业村。积极培育休闲农业品牌，全区新增休闲观光农业项目10个，总投资达1.8亿元。白鹭湖庄园喜获江苏省四星级乡村旅游区称号。南通金土地生态农业园获全国休闲农业与乡村旅游星级示范创建企业。2015年，景瑞公司被命名为全国第一家农业生鲜类"中国物流示范基地"，销售已经扩大到700多家大型超市。

【农民专业合作组织建设】 2015年，通州区围绕打造百家规范合作社，引导和督促合作社加强财务管理，全区培育规范化合作社100家，8家合作社获省级农民合作社示范社、20家合作社被评为市级农民合作社示范社，天泰粮食种植专业合作社获省"双十佳"品牌。引导合作社以项目建设促发展，以发展提升带动能力，15家合作组织获上级扶持资金360万元。积极推介金融支持新型经营主体的新模式，解决农民合作社发展融资难的问题，推荐22家合作社参加市"通农贷"业务，申请货款额度共计1180万元。积极推进"双置换"改革试点，在兴仁镇徐庄村、兴东街道土山村、川姜镇姜灶社区、平潮镇桃郸4个村开展整村集体收益权置换社区股份改革试点，并分别组建社区股份合作社；完成西亭镇亭湾蔬菜种植农地股份合作社、十总镇迎阳村阳阳农地专业合作社等8家农地合作社的自主经营示范社试点工作。

【农村集体"三资"管理】 继续深入开展农村集体三资规范化管理活动，下发《关于进一步加强农村集体"三资"管理工作的实施意见》《南通市村级集体经济组织资金管理办法》，对当前农村集体"三资"权属是否明晰、财务制度执行是否到位、民主管理制度是否健全、工程项目管理是否规范、基层农经管理力量是否有力等五个方面提出了明确的要求。建立财务会审机制和白条专项治理机制，每两个月开展一次财务会审活动，积极开展村级集体经济组织"白条问题"专项治理活动。建立内部审计机制，重点审计村级集体收支情况，集体资金、资产和资源管理，村级债权债务管理、专项资金使用管理和工程项目管理等情况。推动三资管理信息化，各镇村全面使用通州区农村集体三资管理信息网，达到"三资"管理制度流程上网、档案信息保管、远程实时监控，形成区、镇、村实时监督农村集体"三资"运行格局。

【村级集体经济发展】 明确发展目标，完善发展政策，细化工作措施，一着不让地抓好村级集体经济发展。年初，组织各村制定村级集体经济发展方案，要求各村根据实际，明确增收重点，排出时序进度，认真组织实施。强化工作举措，到完成任务有困难的镇开展调研，帮助他们分析现状，挖掘潜力，多渠道发展村级集体经济。区、镇、村建立村级经济发展台账，每两个月对村营收入完成情况进行核查，随时把握工作动态。开展村际竞赛活动，根据四项指标，对全区各村进行综合排名，对前移幅度最大的20个村给予奖励。全区217个村，实现村级集体经济收入总额1.93亿元，村均89万元。

【农民负担监督管理】 召开全区农经工作会议，对做好2015年一事一议筹资筹劳工作作动员和部署，明确通州区2015年度一事一议筹资筹劳筹集上限控制标准，即筹资每劳45元，筹劳5个工日，自愿以资代劳每工日10元。发放《农民负担监督卡》《农民负担政策告知书》均为26.35万份和专用电脑票据18.40万份，发放率达到100%。2015

年度全区开展一事一议筹资筹劳筹集工作的共有17个镇165个村，其中只开展筹劳的有149个村。年初立项申报财政奖补项目个339个，涉及67个村，惠及30.43万人。其中道路327个、农村水利9个（防渗渠8条、泵站1座）、环境卫生设施1个、绿化1个、文化体育场所1个。投入资金3995.73万元，其中一事一议资金583.94万元、省级奖补资金2808万元、区配套资金151.27万元、其他资金452.52万元。完成新建水泥路159.20千米，防渗渠2.40千米。

【农村土地承包管理】 2015年，通州区118个行政村开展确权登记工作，确保全区50%以上的村完成试点。制定下发《关于认真做好农村土地承包经营权确权登记颁证工作的实施方案》，文件明确了工作目的、工作任务、登记原则和工作内容，及具体的工作流程、工作步骤和验收标准。对照农业部三个行业标准和省档案局关于农村土地承包经营权确权登记有关档案规范化管理的要求，形成了农村土地承包经营权承包地块测量的招标文件。加强确权登记工作业务培训，下发《致广大农民一封信》，就开展确权登记工作的重要意义、主要内容、相关要求做详细解释和具体说明。2015年，118个村4192个组完成测绘和制图任务。

【村庄环境整治】 继续开展"省三星级康居乡村"创建工作。积极培育典型，引导农村环境整治提档升级。上半年金沙镇金北村、东社镇香台居、二甲镇定兴桥村、刘桥镇长岸村、兴仁镇温桥村通过省三星级康居乡村验收，全区省"三星级康居乡村"已达10家。十总镇十总社区获第三届"江苏最美乡村"。

【农业保险与扶贫开发】 全区种植业保费2401.8万元，主要种植业品种承保面达到90%以上。高效农业保费3278.7万元，高效农业保费占总保费的58%。新增南美白对虾、肉鸽和仔猪3个险种，参保险种达到25个。全区农业保险共理赔资金3244.10万元。深入开展领导干部"村村到、户户访"调研走访活动，不断加强特殊群体生活保障。认真开展省市组织的调查摸底工作，为"十三五"确定低收入农户标准奠定良好基础。圆满完成"十二五"脱贫攻坚扫尾工程，全区5000元以下的贫困人口共2387人、1265户，脱贫率100%。

【市级中心镇建设】 积极组织镇与部门进行对接协调，切实帮助解决中心镇建设中出现的困难和问题，同时组织各相关部门加强跟踪督促和服务指导，对重点建设工程、重点指标进展情况，定期跟踪，加强研究分析。2015年通州区三个市级中心镇在全市考核中排名第一，其中平潮镇、二甲镇获优秀。平潮镇新增领证项目19个，飞云家居、格雷特数控等项目竣工投产，华达钢板桩等项目开工建设，大力推进同一乡镇范围内村庄建设用地布局调整试点工作，积极组织重大项目预审，争取土地指标，瀚高科技和海森特重工获通过。同时积极探索村庄环境外包试点。二甲镇全力对接区"一河两岸"搬迁项目，安钢科技、通联农资等6个亿元项目开工建设，大力开展镇区环境综合整治，集镇管理、农村"四位一体"长效管理工作位居全区前列。石港镇全年新开工工业项目8个，总投资达5.70亿元，紫鑫大楼等商住开发项目逐步建成，逐步形成商业氛围，老镇区功能不断完善，新镇区建设步伐加快，公交客运站、消防站投入使用，六院异地新建工程已完成主体建设，强化对景区开发，积极申报国家湿地公园，大力推进"七局二中心"的机构建设，新的石港便民服务中心已投入使用。

【产权交易市场建设】 通州区农村产权交易市场为省试点单位，2015年，通州区加大产权交易工作力度，提高交易量，稳步推进镇级农村产权交易市场建设，选择五接、十总两个镇率先开展试点工作，年底前全区各镇（区、园、街道）全部建立镇级农村产权交易服务中心，形成覆盖全区的区镇两级农村产权交易网络。2015年全区完成农村产权交易544笔，成交总金额1.66亿元，其中土地承包经营权流转交易540笔，流转面积1227.71公顷，流转总金额16578万元，农村集体资产交易4笔，交易总金额为22万元。

（孙淑慧）

政 法 工 作

【概　况】 2015年，通州区主动适应形势任务变化，扎实推进政法各项重点工作，为"十二五"发展任务的圆满完成作出积极努力。2015年6月，通州区被省社会治安综合治理委员会表彰为2014年度平安县（市、区）；全区法治建设满意度位居全市乃至全省前列。

【政法保障作用】 落实重点项目稳评。1月至10月，全区共评估重大风险项目361个，同意实施项目358个，未发生有重大影响的群体性事件和个人极端事件。积极探索建立第三方稳评工作机制，至2015年底，通州区共成立第三方评估公司3家，开展第三方评估项目59个。强化信访维稳工作。先后完成各级"两会"、国家公祭日、区行政区划调整、中国南通江海博览会、抗战胜利七十周年、省委巡视组驻通、十八届五中全会等期间的信访维稳工作任务。全程参与解决土地卫片执法拆违、重大项目推进、土地例行督查、征拆项目扫尾等重点工作推进过程中涉及到的相关问题。加大执法保障力度。严厉打击各类严重刑事犯罪，认真查办破坏市场经济秩序和贪污、渎职等职务犯罪案件。妥善处置了社会影响大的明德重工破产清算案件，职工得到有效分流清退；积极协调多方共同化解处置中瑾置业有限公司的破产问题。

【平安通州建设】 坚持系统治理，创建举措更务实。综治信息系统科学运行,二甲镇被确定为市级综治信息系统应用试点单位。网格体系健全完善,召开全区深化网格化服务管理工作推进大会,建成“23510”网格化服务管理机制。积极开展系列平安创建活动,十月份,通州区召开“平安家庭”创建活动总结表彰会。坚持综合治理,资源整合更有效。防控体系建设深化发展,点面结合抓巡防,拓展延伸抓技防,扩充建设公共安全智能化工程,深入推进“村级技防”二期工程建设;探索建立集约化指挥、日常化运行、高效化保障、常态化训练机制为一体的合成警务模式,年内通过合成侦查破获32串240余起系列性侵财案件,侵财案件破案数同比上升8.8%。特殊人群综合管控,从监督行动、心理抚慰、生活援助、鼓励参加公益活动等四个方面入手,为社区矫正对象“立体疗伤”;大力推进重点青少年群体成长护航工程,深入推进未成年人零犯罪社区创建活动;出台《严重精神障碍管理治疗项目工作实施方案》,对肇事肇祸等严重精神障碍患者,按照“一名医生、一名民警、一名村(居)干部、一名监护人”的要求落实责任人,确保管控到位;高标准建设区、镇、村三级平台,目前通州区镇、村两级平台建成率在南通领先。坚持源头治理,解决问题更主动。开展访调对接促积案化解,落实社会稳定风险评估制度,加强初信初访化解工作,做实做强医患纠纷、婚姻家庭纠纷等专业调处机构。全力开展进京非访、去省集访化解稳控工作,区主要领导、分管领导每季度对发生进京非访情况突出的单位进行约谈,区委常委会明确对非访实施单独考核。

【法治通州建设】 召开政法工作会议、依法治区领导小组暨创建省法治区推进大会,全面部署和推进工作。出台《中共南通市通州区委关于贯彻落实党的十八届四中全会精神和省委市委意见全面推进依法治区的实施意见》《贯彻落实区委十一届九次全会〈实施意见〉重要举措分工方案》《2014—2015年度江苏省法治县(市、区)考核验收责任分解》《贯彻落实区委十一届九次全会〈实施意见〉重要举措2015年工作要点》等文件,分解落实责任、指导推进工作。及时调整区依法治区领导小组成员,梳理完善全区法治建设组织网络,实施双月工作定期指导,组织半年度全区法治建设工作督查,开展“平安法治建设定点普讲帮扶”活动,对15个镇(街道)进行创建宣传和指导。至2015年底,12个镇通过南通市年度法治镇复审,2个镇成功跻身南通市法治镇行列。大力推进法治文化阵地建设,出台《关于加强全区法治文化阵地建设的意见》,对全区15个镇(街道)法治文化阵地建设情况进行专项督查。至2015年底,5个镇(街道)建成区级法治文化示范阵地。抓住领导干部这个“关键少数”,组织“党政领导谈法治”论文征集,分别在浙江大学、厦门大学举办两期领导干部法治素养培训班。加强十八届四中全会精神宣传,认真总结和宣传通州区法治政府建设“5155”工程(5张清单、1个平台、5项制度体系、5个配套改革),努力扩大法治通州建设影响力。

【政法队伍建设】 深化思想建设。坚持把“三严三实”专题教育活动作为当前一项重大政治任务,围绕为民务实清廉主题,以人民群众满意为目标,大力开展思想信念和宗旨教育。为检验活动成效,在全区政法系统组织开展了“三严三实”先进事迹报告会。注重典型培育。发挥先进典型的示范引领作用,提升典型效应,不断推动全区政法工作再上新台阶。学有榜样,赶有目标,持续激发工作热情。强化监督问责。利用全市各县(市、区)交叉督察政法队伍机制,坚持每季度开展一次督察,建立了通报反馈、追究问责、限期整改等制度,强化结果运用,始终保持队伍的良好形象。开展执法督查。对29类重点司法案件,坚持每季度一评查,全年共实施备案审查重点案件79件,确保司法公正。

(姜 波)

通州区政法系统召开“三严三实”先进事迹报告会

机构编制工作

【概 况】 2015年,区编办按照省、市、区委关于全面深化改革和深化行政审批制度改革的决策部署,围绕政府职能转变,大力简政放权,优化机构设置,理顺权责关系,创新体制机制,提高行政效能,各项工作成效显著。至2015年底,全区设置行政机构82家,事业单位451家。核定行政编制3366名,事业编制14821名。在编行政人员3277人,事业单位在编人员14135人。

【全面推进行政审批制度改革】 完成“5张清单”。在2014年完成3张清单的基础上,协调配合相关部门完成区政府行政权力目录清单和区政府核准的投资项目目录清单。其中区级行政权力目录清单保留区级行政权力4113项。同时制定印发《南通市通州区行政权力事项目录清单管理办法》,从制度层面保障行政权力事项目录的规范管理。并通过政府门户网站将行政审批制度改革“5张清单”向社会公布。完善服务体系。政务服务平台建设逐步完善到位。区级行政权力网上运行、电子监察监控系统完成软件开发,已通过验收并正常运行。区、重点镇(区)两级行政机关网上便民服务平台建设初步完成。区政务服务中心完成“一站式”审批向“一窗式”服务改革试点工作,设立单独窗口,实行“一表式”受理,对餐饮(娱乐)项目进行试点,凡在中心登记的,实现在一个窗口受理、预审、办结。实行工商营业执照、组织机构代码证和税务登记证“三证合一”。强化配套措施。通过出台“事中事后监管办法”、《区级机关部门、镇区园目标管理绩效考核实施意见》、推进公共资源交易管理体制改革等一系列配套措施,进一步强化政府监管责任。强化对特色重点工作的考评,镇区园的考核突出经济建设、民生保障、生态文明等重点指标。区公共资源交易中心的及时组建,为公共资源交易提供统一规范、上下衔接的良好平台。

【积极提供机构编制保障服务】 助推区划调整。针对全区又一轮区划调整,坚持从严从紧的原则,重新核定涉及区划调整的镇和街道党政机关和事业单位人员编制和领导职数,共精简机构19家,压缩行政编制44名、事业编制39名、科级以上领导职数15名。同时拟定《关于区划调整后机构设置实施意见》,按照对口合并、不再新增的原则,对区级机关派驻各镇相关机构设置、机构名称等提出明确规范的处理意见。推动机构改革。认真贯彻落实《关于区人民政府机构改革的实施意见》,组建区卫生和计划生育委员会、区市场监督管理局、区民族宗教局;结合实际,对原发改委和物价局进行整合,组建新的发改委、区公共资源管理办公室;整合职能相近的检验检测机构和技术资源,组建区综合检验检测中心。在调整、理顺原计生委、发改委、商务局的有关职责的基础上,全面完成相关部门的“三定”,各部门人员移交已全部到位,已按新的“三定”规定正常履职。整合职能相近的检验检测机构和技术资源,组建区综合检验检测中心。整合区地政管理所、房屋产权监理所职责,设立区不动产登记交易中心。

【合力推进重点镇(区)园行管体制改革】 在第一批向重点镇(区)园下放89项区级行政权力事项的基础上,第二批下放涉及城管、安监2个部门的共156项行政处罚、行政强制等行政权力事项。推进锡通科技产业园和张芝山镇实行“区镇合一”管理体制改革,印发新的“三定规定”。对已实行“区镇合一”的滨江新区、家纺城、石港科技产业园进行深入调研,梳理出“三大平台”建设等方面存在的问题,提出进一步完善体制机制、规范运行的建议意见。对经济发达镇平潮镇、二甲镇提出行政管理体制改革建议方案,并予以实施。

【着力推动相对集中行政许可权改革试点】 制定下发《通州区相对集中行政许可权改革试点方案》,组建区行政审批局和南通高新技术产业开发区行政审批局,于12月底正式挂牌运行。坚持精简高效、审管分离、协同监管、稳步推进的原则,主要依法履行区级相关部门划转的涉及市场准入、投资建设领域行政审批事项的审批职责,实行“一枚印章管审批”,彻底解决审批时间长和盖章多、收费多、中介多、材料多“一长四多”等突出问题。

【提升事业单位登记管理水平】 加强法人年度报告公示。印发《关于做好2014年度全区事业单位法人年度报告公示的通知》,将470家事业单位的法人年度报告书在区编办网站的法人年度报告公开栏予以公示,接受社会监督。加强法定代表人培训。举办一期事业单位法定代表人培训班。邀请南通市委党校、南通职业大学、南通市人社局的专家分别就加强党风廉政建设、事业单位财务管理、事业单位人事管理工作等方面作讲座。加强区划调整后管理。指导事业单位登记工作专办员对撤并整合的事业单位,进行网上登记操作。规定在三个工作日内完成网上电子材料的申报及纸质材料的报送工作,共办理设立登记单位2个,变更登记手续86家,注销登记单位15家。

【深化事业单位法人治理结构试点】 通过建立法人治理结构,试点单位更积极的投入社会公益事业。五甲镇卫生院围绕群众关切的医疗安全、服务质量、就医费用等突出问题推出了一系列惠民便民措施,让群众尽快感受到法人治理带来的好处。

【中文域名注册及网站挂标达双百】 将党政机关、事业单位自建的门户网站作为重点监督的对象,监督和跟进各部门单位的中文域名及网站挂标情况,对有问题的单位及时进行督办。2015年,全区中文域名注册单位517家,中文域名注册率100%,网站挂标185家,挂标率100%,实现双百的目标要求。

【控编减编】 认真贯彻落实中央关于财政供养人员只减不增和严格控制机构编制的有关规定,全区控编减编工作成效显著。以组建区市场监督管理局为契机,将机关人员编制由原75名,调整为56名,精简25.3%,用于充实基层一线执法力量。通过整合重组等方式,各级各类学校由2012年的94家,调整为78家,共减少学校16家。通过区划调整,共减少事业机构19家,精简行政编制44名,事业编制39名,科级以上领导职数15名。整合基层医疗卫生机构资源,优化教育布局结构,推进广电网络体制改革撤销各镇广播电视站18家,收回事业编制88名。

【开展领导干部“三责联审”】 会同区委组织部、审计局联合对全区部分镇和区级机关有关部门实施用编责任审核工作。通过对石港镇、川姜镇等开展用编责任审核工作,有效强化领导的机构编制意识和自律力,提高依法履职、科学行政的能力,规范机构编制日常管理行为。 (尹　琪)

机关党的建设

【概 况】 2015年，通州区级机关工委以全面从严治党为主线，以服务中心、建设队伍为核心，以践行“三严三实”、用心为民服务为关键，以“落实《条例》、依规治党，改进作风、提升效能，服务民生、创先争优”为工作重点，持续推进学习、规范、服务、创新、廉洁“五型机关党组织”建设，不断提高机关党的建设科学化水平，为奋力走在苏中新一轮发展前列提供思想政治和组织保证。

抓住关键，营造氛围，提升党员干部能力素质。扎实开展党的十八届四中、五中全会和习近平总书记系列重要讲话精神学习活动，以集中研学、领导带学、个人自学、专家授学、讨论互学、督查促学等方式引导广大机关干部把思想和行动统一到中央和省、市、区委的决策部署上来。5月份举办三期机关党员轮训班。结合纪念抗日战争胜利70周年，组织区级机关党员干部参观中共江北特委纪念碑，加强爱国主义和革命传统教育。以学习型机关党组织示范点创建等活动为抓手，努力营造崇尚学习、尊重知识的良好氛围。通过组织开展专题讲座、心得交流、知识竞赛、征文评选、演讲比赛等活动，加深机关党员干部对十八大、十八届三中、四中、五中全会精神的理解和把握。深入开展读好书、做好事、当好干部、争创先进“三好一争”主题实践活动。2015年下半年，在全区范围组织开展“践行‘三严三实’，用心为民服务”读书征文比赛活动，择优推荐18篇优秀征文在《通州日报》发表。举办“身边的好青年”主题演讲比赛，努力营造比学赶超浓厚氛围，促使年轻干部以饱满热情、实干精神、优良作风，积极投身“强富美高”新通州建设。

理顺关系，强化指导，夯实机关党建工作基础。根据省委文件要求，积极开展机关党组织隶属关系调整工作。区级机关十五家由系统（行业）党委管理的机关党组织、2000多名党员关系转入机关工委统一管理。指导5家原属部门管理的机关单位在机构改革后根据规定单独成立机关党组织。对前期关系挂靠在机关工委的部分企业党组织进行清理，划归主管部门或实行属地管理。以开展党组织关系排查工作为契机，从源头上治理区级机关党员组织关系“空挂”“失联”等现象，解决“口袋党员”“隐身党员”等问题，进一步严格规范党员日常教育和管理监督。组织开展星级党建示范点创建活动。通过开展机关党建工作调研活动和召开机关党建调研座谈会的形式，对69家区级机关党组织星级党建示范点创建工作进行具体指导，不断提升创建水平。加大对党建工作基础薄弱党组织的扶持指导力度，采取专题培训、观摩先进、登门指导等方式，促进后进转化，实现整体提升。16家工委所属机关党组织被区委表彰为“五星级基层党建示范点”。全面落实依规治党、从严治党要求，规范机关党建工作。对机关基层党组织换届选举和发展党员工作发文进行了规范。

加强研究，注重创新，推进机关党建信息化建设。抓好机关党建工作责任制的落实，完善机关工委、机关基层党组织、机关党员个人“三位一体”的党建工作标准化体系。会同区委组织部、区财政局将机关党建工作经费列入部门预算，为党员学习培训、组织开展党内活动提供经费保障。加强机关党组织班子建设，以增强学习调研能力、服务发展能力、业务工作能力、工作创新能力为重点，不断提高机关党组织班子解决实际问题、做好党建工作的能力。下发《通州区机关党建信息工作实施办法》，进一步提高机关党建信息报送工作的规范化、制度化水平，更好地发挥机关党建信息在交流工作经验、展示党建成果和服务领导决策等方面的重要作用。2015年通州创新互联网和自媒体管理推进党员干部进社区服务工作先后在省工委调研座谈会、市工委服务型党组织推进会上专题交流发言，通州服务型机关党组织建设工作在全省县（市）区机关工委书记培训班上作经验介绍。通州工委党建信息录用量在南通各县（市）区中排名第一，荣获省工委表彰的2015年度机关信息工作先进单位。大力提升机关党建工作信息化、规范化水平，精心研究、设计开发并运行推广集“公告、党组织设置、党组织关系接转、入党积极分子培养、党员奖惩、党费收缴、换届选举、台账资料、活动信息发布及浏览、党建工作评议管理”10个模块于一体的电子党务系统，机关党建系列业务工作初步实现电子化管理和操作。

搭建平台，构建体系，创新服务基层群众载体。以“坚持创新创优，深化主题活动”为重点，构建党组织和党员共同服务科学发展的工作体系。组织开展机关惠民党建服务品牌创建和“服务群众展形象·先锋引领树标杆”主题党课活动，努力把机关惠民党建服务品牌打造成密切党群关系的新纽带、促进中心工作的新平台。以“狠抓窗口建设，注重示范引领”为重点，构建党组织和党员共同服务群众的工作体系。围绕建设服务型机关党组织的要求，深入推进文明机关创建、争创“优质服务示范窗口”等工作，积极开展“寻找最美共产党员”活动，发挥典型引领示范作用。以“整合城乡资源，深化三解三促”为重点，构建党组织和党员共同服务基层的工作体系。广泛开展“党员干部进社区服务”活动，不断深化“三解三促”活动。分别在“七一”前和国庆后，集中组织开展2次“在职党员干部统一服务日”活动。

落实责任，细化措施，强化机关作风效能建设。组织广大机关党员干部学习习近平总书记在十八届中纪委五次全会上的重要讲话精神，把守纪律讲规矩摆在更加重要的位置。引导机关党员干部始终牢记并坚决贯彻中央八项规定和省市区委十项规定，握好心中有党的“定海神针”，在党言党、在党忧党、在党为党，在大是大非面前旗帜鲜明，在歪风邪气面前立场坚定，恪守一心为民的“信念坐标”，在联系基层服务群众过程中吸取营养、经受锻炼、接受监督，时时自警自省自律，清清白白做人、规规矩矩干事。认真贯彻落实中央和省市区纪委全会精神，严格落实党风廉政建设责任制，完善和落实述职述廉、谈话和诫勉、询问和质询等党内监督各项制度。重点围绕协助、推进、教育、监督检查和支持等职责，细化机关党组织、纪检组织在落实主体责任、监督责任方面的具体任务和措施并逐项落实到位。扎实推进机关内部廉政风险防控机制建设，常态化开展“三重一大”事项全程监督，有效提高制度反腐执行力。加大查办违法违纪案件力度，充分发挥惩治的震慑作用。深入推进党务、政务和各领域办事公开，积极争创党务公开示范点。积极推进法治机关建设，把机关党建工作放入依法治国、依规治党的大局中谋划，切实运用法治思维、法治方式推动机关党建工作。抓好法律法规知识的学习宣传和教育培训，组织机关干部职工参加“中国梦·劳动美”全省职工学法用法法律知识竞赛，在区级机关大力营造尊法、学法、守法、用法的浓厚氛围。

【区级机关党员轮训】 5月，举办三期机关党员轮训班，区级机关300名普通党员分三批参加了培训。培训内容包括习近平总书记系列重要讲话精神、“四个全面”战略思想和战略部署、社会主义核心价值观理论、中共党史、机关干部职业道德教育等。培训期间还组织学员就“机关党员如何在服务发展、服务基层、服务群众中更好地发挥先锋模范作用”这一主题进行了分组研讨。通过培训，加强对机关党员干部思想、能力、作风等方面的教育和锻炼，努力建设一支讲党性、重品行、作表率和为民、务实、清廉的机关党员队伍，为建设“强富美高”新通州提供坚强有力的组织保证和人力支撑。

通州区级机关党员轮训班

【党员干部进社区服务活动】 2015年，继续在区级机关事业单位组织开展“党员干部进社区服务”活动，引导党员干部八小时内岗位建功比作为，八小时外志愿服务作表率。是年，19个城市社区开展志愿服务活动438次，区级机关、事业单位近3000名党员干部参加以党建工作指导、政策法规宣传、环境卫生整治、法律咨询援助、扶贫帮困助残、文明新风普及、文体活动组织、民情信息收集、小区治安巡逻等为主要内容的志愿服务活动16182人次，在社会上产生了一定的反响。

（吴　凤）

老干部工作

【概　况】 2015年，全区老干部工作以全国、全省离退休干部“双先”表彰会议精神为统领，坚持把为党的事业增添正能量作为老干部工作的价值取向，不断推动全区老干部工作转型发展、科学发展，为建设“强富高美”新通州做出了新贡献。

强化组织领导，努力提高老干部工作科学化水平。区委、区政府继续把老干部工作纳入全区经济社会发展全局和党建目标管理考核范畴，进一步健全各级老干部工作领导组成员例会制度。老干部主题实践活动、牵手结对大学生村官活动列入区委特色重点工作。

贯彻双先精神，加强“两项建设”。先后召开老领导春节团拜会、区划调整专题情况通报会、重阳节情况通报会，先后组织老领导参观视察全区交通重点工程、“通州智造”的高新技术企业。开展“怎样做一名称职的老干部”“三严三实”专题学习讨论活动，引导广大老干部严守政治纪律。全区105个老干部党组织实现“三型”达标，推动老干部党组织工作的常态化、制度化。

聚焦优势，服务大局。深入开展“学典型、争先进，比贡献、展风采”主题实践活动，组织广大离退休干部开展“重温入党誓词”活动；老干部宣讲团深入社区、学校开展“纪念抗日战争胜利70周年百场宣讲活动；老干部撰写区镇调研报告和建言献策报告30余篇，一事一建言300余条；广大老干部积极建言“十三五”规划编制工作；积极参与农村“四位一体”长效管理；30多名老干部积极参与科研培训、知识产权保护等科普活动；一大批老干部开展法律咨询、社区矫正、普法宣讲等活动，全区共表彰10个主题实践典型集体和30名典型个人。

认落实生活待遇，老干部成果共享。明确并提高老干部春节和夏季慰问的标准，坚持和完善老干部“三个保障机制”，坚持领导带头、分级负责，做好春节和夏季走访慰问老干部工作。在落实好离休干部制度规定范围内医药费实报实销的基础上，今年离休干部住院期间发生的自费部分医药费补助标准实现了提档升级。进一步在优化医疗服务、完善绿色通道上下功夫，确保离休干部就医优先优待。

搭建平台，服务转型。举办区管退休干部培训班，组织就近就地参观视察本地改革开放新成果。对抗战时期离休干部进行全面走访慰问。区老干部大学共开设18个专业，42个班级，参加学习的学员达1600余人次。

【老干部结对牵手大学生村官活动】 全区296名老干部结对牵手228名大学生村官，实现全覆盖。各地通过思想教育课、农技培训课、纠纷处理分析课等形式，推动大学生村官在土地流转、集体经营、拆迁拆违、农路建设、社区创建等方面加快成长成才。2015年，有9人纳入选调生培养管理，4人入围省委选调生。

【纪念抗战胜利70周年主题活动】 为纪念抗日战争胜利70周年，在离退休干部中开展以"回顾抗战历史、弘扬爱国精神"为主题的"十个一"系列活动，包括抗战老同志老战士座谈会、老干部书画展、红歌会、纪念抗战胜利特刊、主题党日活动、纪念抗战胜利主题宣讲、纪念抗战胜利图片展等，激励老同志为建设强富美高的新通州增添正能量。

【建立涉老团体联席会议制度】 3月26日，区委老干部局牵头建立涉老团体联席会议制度，进一步加强涉老团体之间的联系，统筹涉老团体的有关重大活动，总结推广各涉老团体先进经验，培育老干部主题活动先进典型，真正形成涉老工作"一盘棋"工作格局。 （陈雪莲）

对台（湾）工作

【概　况】 2015年，通州区委台办坚持党的"和平统一，一国两制"基本方针，以"做好台湾人民工作"为主线，找准对台工作与地方经济建设的结合点，把推动两岸关系和和平发展作为工作的主方向，把做好对台经贸、交流合作作为工作的主抓手，认真做好两岸交流交往，切实搞好入岛交流活动，打好"乡情牌""友情牌""亲情牌"，采取"请进来、走出去"的方针，扎实工作，开拓奋进，全力开创全区对台工作的新局面。

2015年，区委台办牢牢把握新常态下对台工作新要求，积极走出去、请进来，围绕"对台招商大突破"这个中心主动作为。走出去招商。先后组织2批11人次因公考察团，9批20余人次企业商务考察团赴台。因公考察团拜会了台湾多家上市公司和大企业家，推介通州，邀请到通州考察。由四方冷链等企业组成的商务考察团，就寻求与台企合作、学习先进管理模式等与知名台企开展经贸合作。请进来招商。与高新区及相关镇街道园，一道先后组织接待台北电脑公会、昆山高新区台协会、南通市台商企业转型峰会、台湾中山大学工商建研会等8批150余人次到通州区考察、洽谈。同时协调重点镇街道园与本办一起赴昆山、上海等地，拜访当地台谊会、台协会领导、重要台商企业负责人，邀请到高新区、川姜、石港、西亭、二甲等镇区园实地考察，陆续谈成一批合作投资意向。展华电子、丽智电子、玖爱亲乐园等台资企业正在加快注册、土地挂牌等程序。

2015年，区委台办组织赴台招商团组分批次到台湾考察洽谈。4月23日至4月28日，区长陈永红率团赴台；5月26日至6月1日，区人大主任明汉清率团赴台。台湾丽智电子项目于年3月4日正式签约落户南通高新区，首期项目总投资6000万美元，注册资本预计1200万美元，首期项目投产后预计年纳税销售可达3亿元人民币，年纳税1500万元人民币；台湾致嘉电子于2015年3月16日再次签约落户南通高新区，总投资3600万美元。两次团组赴台通过进一步洽谈沟通，促进了这些项目早开工，早建成，早出效益，为通州的创新发展注入新活力。10月13日上午，总投资7000万美元的台湾丽智电子（南通）有限公司在通州高新区举行开工仪式。区委书记宋乐伟，区委副书记、区长陈永红出席活动。另外区委台办通过经常上门走访慰问、与台胞台属保持密切联系。年初，区委台办对全区王继东等重点台属进行了走访慰问，对特困台属顾达勋每季度都上门慰问。对江有义等16名台属因私赴台，台办均给予了最大限度的帮助。帮助台胞张洛宣就近入学。区委台办积极与台湾、省台办、公安等部门联系沟通，为台胞去台湾考SAT寻求解决办法。年初，在通州区台谊会的帮助下，市台协会看望慰问通州区22名麻风病人，并送去了慰问金。中秋邀请在通台商参加茶话联谊，增加感情促进交流。

【省台办到通州调研】 6月11日，省台办经济处处长杨剑、省台办经济处调研员丁慧明、省台办经济处主任科员郭玉振一行到通州区考察调研，对通州区台创园的规模和台创园内展示的以台湾新品种新技术生产种植为主的蔬菜、水果品种给予高度评价。

【郭台铭考察通州】 2015年10月15日上午，鸿海集团总裁郭台铭率富士康科技集团副总裁徐牧基等高管一行到通州，参加位于西亭镇的富士康精密模具（南通）培训中心成立20周年庆祝活动，市委书记、市人大常委会主任丁大卫到场祝贺，区委书记宋乐伟，区委副书记、区长陈永红出席活动。

郭台铭是世界级著名企业家，其创办的鸿海集团是享誉全球的高新科技领域跨国集团，旗下的富士康科技集团先后在大陆投资30多个科技园区。1995年2月，富士康科技集团与南通市合作共建的南通培训中心落户通州西亭。目前，该中心拥有各类世界领先水平专业机械设备800余台，先后与300余所大中院校开展合作，由单一培训模式发展为多专业复合培训模式，迄今已为企业培养1.8万余名数控、铣削、研磨等专业技能人才，不少人成为获得全国劳模、省技能状元称号的优秀骨干。 （张伟光）

党史工作

【概　况】 2015年，通州区切实履行以史鉴今、资政育人重要职能，党史征编研究工作取得新进展。继续收集整理编辑《中共南通市通州区执政纪事》（1979—2015）。深入开展党史宣传教育活动，加强党史学习教育基地、党史"六进"示范点的建设和维护。参与周一峰同志诞辰100周年纪念活动、刘桥镇陈极孝烈士纪念碑修建活动。继续在《周末好生活报》报制作刊出“故事爷爷讲坛”“新四军战斗在大江南北”专栏。

【抗战胜利70周年纪念专题活动】 3月,收集整理南通县抗战史料,编写《牢记抗战悲壮历程 共圆中华民族伟大复兴梦》宣讲稿,约1万多字,印刷抗战宣讲资料9700多份,发送到各机关、镇区以及学校。5月,与区关工委、区委老干部局、区教育局等部门组建宣讲队伍,先后组织宣讲360多场次。与新四军研究会通州分会、区关工委联合编辑出版《新四军战斗在大江南北》一书,共20余万字;与新四军研究会通州分会、区关工委、区档案局等联合出版纪念抗战胜利70周年特刊《悲壮的历程 永恒的丰碑》,共10万余字,印刷2000册,发送到机关、镇、学校、社区。挖掘抗战模范的生平事迹,组织编写通州抗战人物传共35名,编入《南通抗战人物传》,其中殷逸和孙占彪传入选《江苏抗战人物传略》和《江海春秋》。在中共江北特委纪念园,制作抗战胜利70周年纪念专版并展出。8月,参与组织召开通州区纪念抗战胜利70周年座谈会,邀请参加过抗战的老同志、抗战英模后人代表等参加。 (杨王军)

党校工作

【概 况】 2015年,区委党校全年举办主体培训班12期,培训1374人。其中,党员发展对象培训班2期,每期4天、215人;区级机关党员轮训班3期,每期3天、299人;公务员初任培训班1期,12天、36人;区属事业单位工作人员初聘培训班1期,5天、41人;大学生村官培训班1期,12天、19人;参照公务员法管理事业单位工作人员培训班2期,每期3天、共302人。举办贯彻落实《事业单位人事管理条例》工作培训班2期、462人。全年共发表各类论文、调研报告32篇,其中省级以上24篇。

【流动党校】 为拓展教学面和延伸教学渠道,党校与相关部门、镇(区、园、街道)协调联系,以送教上门的形式开展教学活动。全年进行市外现场教学3次:组织教师赴西安、哈尔滨、苏州建筑工地进行现场教学,培训800多人次;联办班7个:分别与滨江新区、十总镇、先锋街道、市场监督管理局、公安局、教育局、通州湾陆海统筹示范区联合举办干部教育培训班,培训2000多人次。

【专题宣讲】 组织教师撰写党的十八届四中、五中全会精神、习近平总书记系列重要讲话精神、“四个全面”战略布局等专题宣讲稿,到机关、镇(区、园、街道)、社区开展宣讲活动共计79场,听众超3万人。

【决策咨询】 围绕区委、区政府的中心工作和全区经济社会发展实际,撰写调研文章11篇。包括:围绕全区建设沪通大桥、高新技术产业高端化、现代服务业、“智慧通州”建设、建筑业产业现代化、发展现代农业、新型农业经营主体发展、服务型党组织建设、社区居家养老服务等。编印《参阅资料》10篇,供区四套班子领导及有关部门决策参考,区委主要领导对其中2篇调研报告作了批示。1篇调研报告被省委党校确定为重点课题并已结项。1项课题列为南通市2015年度经济与社会发展热点课题并获三等奖,4项课题被区社科联列为本年度经济与社会发展重点应用研究立项课题,并获一等奖1项、二等奖1项、三等奖2项。4篇理论文章在区学习贯彻习近平总书记系列重要讲话精神征文活动中分获一等奖1项、二等奖1项,三等奖2项。

(黄春燕)

2015年区委党校在省级以上刊物发表的科研成果

表2

作者姓名	成 果 标 题	类别	刊物、出版社
胡永洲	加强新型农村社区建设的思考	论文	云南农村经济 2015.2
	新形势下推进南通工业转型升级的若干思考	调研	苏东论坛 2014.3
	南通高新技术产业高端化发展研究	调研	江南论坛 2015.9
	构建“互联网+农业”智能生产力模式的思考	论文	上海农村经济 2015.8
	推进基层社会治理法治化	论文	中共山西省直机关党校学报 2015.4
陈锦昌	建筑工人心理健康与调适	论文	建筑工人 2014.12
	推进通州生产性服务业集聚发展的调查与思考	调研	上海市经济管理干部学院学报 2015.4
	地方政府致力生产性服务业集聚发展的思考	论文	新西部 2015.1(下旬)
	依责任清单助地方政府改进作风常态化	论文	黑龙江省社会主义学院学报 2015.1

续表2

作者姓名	成 果 标 题	类别	刊物、出版社
张 华	促进建筑业产业现代化的路径分析	论文	云南农村经济 2015.4
	把通州打造成苏中地区面向亚太开放的重要门户和重要泵站	调研	苏东论坛 2015.3
张洁云	南通市推动新型城镇化建设研究	调研	云南农村经济 2014.6
	统筹发展背景下新型城镇化	论文	中共云南省委党校学报 2015.2
	促进通州新型农业经营主体发展的调查与思考	调研	上海农村经济 2015.10
张 梅	通州发展现代农业的调查与思考	调研	山西省直机关党校学报 2015.5
杨 曼	提高领导干部运用法治思维和法治方式能力的思考	论文	兵团党校学报 2015.1
	简政放权在基层遇到的困难和阻力	论文	苏东论坛 2015.3
	智慧，让生活更美好——关于江苏省南通市通州区“智慧通州”建设的调查与思考	调研	桂林市委党校学报 2015.2
	把握政治规矩 遵守政治纪律	论文	福州党校学报 2015.5
杨 曼 杨 玲	服务型政府法治化建设的若干思考	论文	郑州市委党校学报 2015.5
杨 玲 沈 平	党员干部教育模式创新探析	论文	前进 2014.3
	基层服务型党组织建设、实践问题路径	调研	云南省委党校学报 2015.4
刘 蕊 李俊杰	出租车行业发展现状及发展方向分析	论文	云南农村经济 2015.3
	国外推动老龄化健康发展对我国老龄化发展的启示	论文	云南农村经济 2015.5

信息工作

【概 况】 2015年，区委办信息工作紧紧围绕“上报省市信息”和“服务同级党委”两个重点，自我加压，奋进创新，以新的思路新的措施保持了信息工作的优势地位，在省市信息工作评比中均名列前茅。

【上报信息】 今年以来，面对信息工作的新要求，努力掌握信息报送新流程，认真探索总结信息录用新规律，拓展信息得分新领域，区委办在年度“马拉松”式的信息工作中取得了优异成绩。主要是紧抓三个重点报送信息：围绕上级党委、政府的方针政策和重大决策反馈信息，《基层反映新环保法实施存在两大问题》《基层反映推动三证合一存在两大难题亟待进行顶层设计》为省委《江苏信息》录用。围绕区内一段时期的工作重点反馈信息，《南通市通州区成立省内首个建筑业基金——南通鲁班产业基金》等被省委《快报》录用。围绕群众关心的难点、热点问题反馈信息，《基层热议2017年实施的延迟退休方案》《基层反映当前公务员队伍普遍处于亚健康状态》等一批社情民意类信息均被省委《江苏信息》刊物采用。全年精心制作并上报信息1600余篇，报送总量和采用积分均居省前列，列市第一。其中，5篇舆情分析材料得到省委主要领导批示。

【服务同级党委】 今年以来，内刊编辑以《要情快递》为载体，紧贴全区重点工作，及时探寻、汇总各镇区园、各单位各部门在工作中值得借鉴的好做法、好经验以及出现的新典型、新亮点，为领导掌握情况提供有效服务，为各单位各部门学习借鉴、沟通交流搭建平台；同时以信息报送系统为平台，对各镇区园、各单位各部门信息报送数量、采用文稿数量和题目及时给予分类、分期通报，激发各报送单位信息调研工作积极性，在全区上下形成了争先进位做信息的浓厚氛围。共编辑《要情快递》248期400余篇内部材料，为领导掌握实情、科学决策提供参考。此外，根据省市委会议精神，将重要紧急信息列入报送重点，切实加大监测力度，建立一线联系制度，全年共处理重要紧急信息200余件次，区委主要领导批示24件次，真正实现重大突发事件和紧急敏感情况重要信息“第一手情况”“第一道研判”“第一时间报送”的目标，确保各类突发事件和矛盾得到了及时妥善解决。（章灵芝）

督查工作

【概 况】 2015年，区委督查室紧紧围绕区委中心工作和决策部署，突出重点、找准关键，不断夯实运行机制、努力创新督查方法、有效提升督查实效，较好地发挥了督查职能作用，有力推动了党委决策的全面落实。

【夯实督查基础】 牢固树立抓督查就是抓发展、抓执政、抓落实的理念,面对新形势新常态下区委的重大决策、重要部署和重点任务,突出理论与实践相结合、督查与调研相结合、了解情况与解决问题相结合,通过持续深化知识体系、逐步完善督查机制、全面夯实效能作风,强督促重落实谋实效的能力和水平有了进一步提高。

【强化督查落实】 狠抓决策督查。围绕区委重大决策和重要部署,按照区委十一届九次全会精神,对全区重点工作目标任务分解立项,对73项重点工作实行定期跟踪督查,共编制《通州督查专报》五大专题22期,为区委领导全面准确地了解工作动态,统揽全区工作发挥了积极作用。对常委会议定事项中的22项推进落实类工作进行了阶段性跟踪督查,督促党委阶段性工作的落实。强化专项督查。紧跟区委主要领导重要活动、重大会议及专题调研工作部署,对为民办实事工程、三大产业研究院、招商引资工作、违建寺观整治等83件交办事项进行了定期跟进和督查上报,对全区土地例行督察拆除复耕、清理规范基层台账、政协社情民意、夏季秸秆禁烧、进京上访非访等重点事项开展了多轮实地督查,为领导掌握重点工作动态和及时了解推进情况起到了参谋助手作用。严格批件办理。共办理“省委书记信箱”来信5件、市领导批件11件,其他查办件14件;办理“区委书记信箱”来信164件,办结率为100%;承办政协提案22件,回复率、满意率均为100%。

【督查方式创新】 细分专题分类督查。改进“一月一专报”的《通州督查专报》传统模式,创造性地将全区重点工作分解成经济、社会、城建、生态、党建五大专题,依据不同报送周期分为经济专题每月报,社会专题、城建专题、生态专题季度报,党建专题半年报,更加突出重点、显见成效、有针对性地定期跟进督查。科学设定分期督查。对区委主要领导交办的83件督查事项,按轻重缓急设定了周报、半月报、每月报的分级报送制度。对实效强、周期短事项实行周报,对领导特别关心事项实行半月报,对需常态化推进或建设周期长、短期见效慢事项实行每月报,在呈现阶段性进展的同时避免了无效督查。持续跟进重点督查。强化深入基层一线、反复跟踪推进的实地督查。在市生态故园建设项目督查中,以明查暗访相结合全面增强督查实效;在秸秆禁烧督查中,突出白天促工作完成、晚上查在岗情况;在土地例行督察拆除复耕工作督查中,坚持工作日每天跟进、休息日全天巡查,以此推促党委各项决策部署落到实处。 (何 静)

保密工作

【概 况】 2015年,通州区认真贯彻落实《中共中央关于加强新形势下保密工作的决定》及各级保密工作会议精神,以突出加强新形势下保密管理能力和依法行政水平为抓手,着力强化保密指导、宣传、监督、检查和服务等工作,充分发挥“保安全、保发展、促和谐”的职能,为通州区改革发展、大局稳定保驾护航。

【加强保密管理】 完善定密管理。根据通州区的实际需求帮助区级单位建立定密责任人制度、明确重点县(区)级涉密单位定密的责任、权限、程序、国家秘密的知悉范围、国家秘密的变更与解除程序,确保“五个到位”,即定密意识到位、定密责任到位、定密依据到位、履行程序到位、定密监督到位。落实中央有关网络保密管理规定。严格实行涉密计算机、内部非涉密计算机、互联网计算机分类核查和防护。完善“违规外联监管平台”管理,以违联监管平台为抓手,大力促进全区内网管理工作规范化、上水平。强化涉密人员管理。落实国家关于加强涉密人员保密管理工作指导意见,开展涉密人员确定及分类管理工作,依照“积极防范、突出重点、依法管理”的保密工作方针,着重抓好专兼职人员的“入门培训”并督促各单位与新进人员签订《保密承诺书》;规范基层单位脱密期人员监管,及时了解脱密期人员个人的思想政治素质及现实工作表现,确保涉密人员在脱密期内仍履行保守国家秘密的义务。积极服务企业平稳发展。积极配合省、市保密局开展军工单位保密资格复查工作,帮助企业建立健全巩固审查认证成果的长效管理机制,2015年全区新增军工科研生产单位1家。在全区范围内组织开展保密普查,共涉及部门单位130余个,完善了通州区保密工作数据库年度更新机制;规范涉密设备维护和涉密载体销毁工作,销毁各类材料千余份,接收处理内网硬盘81块。

【保密宣传教育】 举办中央文件收文单位机要秘书培训,对13家中央文件收文单位机要秘书进行了业务指导,明确机要秘书的义务和应承担的法律责任。举办面向新任公务员、事业单位人员、大学生村官等新录用人员的系列培训,全年共培训220人次。提升保密干部素质,积极组织人员参加上级部门各类培训,提升在岗人员的政治意识、责任意识、实干意识、使命意识,锤炼了一支政治强、业务精、作风好、纪律严的保密工作队伍。

【保密工作检查】 涉密网络保密管理专项检查。4月,开展了涉密网络保密管理自查自纠工作,检查各单位信息公开保密审查流程、网站发布信息登记制度落实情况、所有网站发布信息登记建档资料台账情况等等,确保了涉密网络的绝对安全,信息公开行为有据可查、有责可问。国有企业保密管理专项检查。6月,对全区10家国有和国有控股企业、金融机构涉及保密的9个方面29项内容进行专项检查,切实加强国有企业保密管理,提升保密工作服务保障经济建设大局的能力和水平。国家考试保密检查。5月,联合相关单位进行高考保密专项检查,确保从试卷的领取、运送、保管三个环节万无一失,圆满完成高考保障任务。

(吉 良)

通州区人民代表大会常务委员会

Tongzhou District People's Congress Standing Committee

编辑 马钰

综述

【概况】 2015年，区人大常委会共召开常委会会议7次、主任会议12次，听取和审议"一府两院"专项工作报告22项，作出决议、决定6项，依法任免国家机关工作人员71人(次)，办理议案1件、建议359件，对1部法律法规开展执法检查，备案审查规范性文件3件，备案司法案件61件，编发常委会《会报》7期、《通州人大》6期。接待群众来访18人(次)，受理群众来信75件。常委会听取、审议关于计划和预算执行情况、财政决算、审计、机构改革方案、相对集中行政许可权改革试点方案等报告，开展"十二五"规划执行情况和"十三五"规划编制工作专题调研，研究出台《关于实施全口径预决算审查监督暂行办法》。对7个政府部门工作进行评议。听取和审议关于学前教育改革发展情况报告、城市管理工作情况报告、旅游业发展情况报告。开展《中华人民共和国药品管理法》执法检查，听取《中华人民共和国气象法》《中华人民共和国道路交通安全法》贯彻实施情况报告；听取区政府全面推进依法行政工作情况报告、区法院关于贯彻执行《民事诉讼法》情况报告和区检察院关于反贪污贿赂工作情况报告。拓宽代表知情议政渠道，为代表履行职务搭建平台；通过听取和审议区政府关于议案办理工作方案和议案办理情况报告、实地视察、座谈交流等方式，加大对区第十五届人大第四次会议议案办理工作监督力度；提高代表建议办结率和办成率；组织基层人大负责人参加学习培训，开展评比表彰活动。是年，区人大常委会被评为南通市人大工作先进单位。

重要会议

【区第十五届人大第四次会议】 1月15—17日在区行政中心举行。出席会议的区人大代表应到376人，实到356人，因事因病请假20人。区委、区政府、区政协以及区有关部门负责人列席会议。会议先后听取区人民政府区长陈永红所作的通州区人民政府工作报告、区人大常委会主任明汉清所作的通州区人大常委会工作报告、区人民法院院长刘碧波所作的通州区人民法院工作报告、区人民检察院检察长黄凯东所作的通州区人民检察院工作报告，审查通州区2014年国民经济社会发展计划执行情况和2015年国民经济社会发展计划(草案)、通州区2014年财政预算执行情况和2015年财政预算(草案)。会议经过审议，通过以

通州区第十五届人民代表队大会第四次会议

上报告，并作出相应决议。会议期间，袁学义等代表联名提出的《关于加强农村河道整治工作的议案》被列为大会议案，交由区人民政府办理，并授权区人大常委会对办理情况进行跟踪督办。代表们在会议期间提出的356件建议、批评和意见，分别交区人民政府和有关部门研究办理，在大会闭会后6个月内办理完毕并答复代表。

【区第十五届人大常委会第二十二次至第二十八次会议】

1月7日，区第十五届人大常委会第二十二次会议在区行政中心举行。会议听取和审议区人民政府常务副区长陈斌所作的关于机构改革方案情况的报告、区人大常委会研究室负责人所作的关于区人大常委会工作报告起草情况的说明，审议区人大常委会工作报告，以电子表决方式通过区人大常委会工作报告（草案）。听取和审议区人大常委会副主任曹国平所作的关于区第十五届人大第四次会议有关建议事项说明，以电子表决方式通过区第十五届人大第四次会议日程（草案），主席团和秘书长、常务主席、执行主席轮值建议名单，预算审查委员会、议案审查委员会组成人员建议名单，副秘书长和秘书处各组正、副组长建议名单，各代表团正、副团长和代表队正、副队长建议名单，列席人员范围和人数的建议意见。听取和审议通过区人大常委会副主任吴晓晖所作的关于代表变动和补选代表资格审查情况的报告、区人大常委会2015年工作要点（草案）。听取和审议区人大常委会主任明汉清所作的关于提请任命王晓霞等人职务的议案和提请任免于燕职务的议案。以电子表决方式，任命王晓霞为南通市通州区人大常委会人事代表工作委员会副主任、徐雪松为南通市通州区人大常委会农业和农村工作委员会副主任；任命于燕为南通高新技术产业开发区人大联络处主任，免去其南通高新技术产业开发区人大代表工作委员会主任职务。听取和审议区人民政府常务副区长陈斌受区长陈永红委托所作的关于提请包良均等人职务任免的议案。以电子表决方式，决定免去蔡忠南通市通州区监察局局长职务、包良均南通市通州区司法局局长职务、吴抑非南通市通州区卫生局局长职务、季亚南通市通州区人口和计划生育委员会主任职务、丁建荣南通市通州区物价局局长职务、张新民南通市通州区食品药品监督管理局局长职务；决定任命包良均为南通市通州区监察局局长、张新民为南通市通州区司法局局长、吴抑非为南通市通州区卫生和计划生育委员会主任、曹勇为南通市通州区市场监督管理局局长。听取和审议区人民政府副区长陈海群的辞职报告，以电子表决方式，通过南通市通州区人民代表大会常务委员会关于同意陈海群辞去南通市通州区人民政府副区长职务的决定（草案）。

3月31日，区第十五届人大常委会第二十三次会议在区行政中心举行。会议听取区人民政府副区长陈艳梅所作的关于加强通州区农村河道整治工作议案的办理工作方案报告、区人大常委会副主任朱卫民所作的《关于实施全口径预决算审查监督的暂行办法（草案）》的起草说明、区人大常委会副主任吴晓晖所作的关于行政区划调整后新建镇人大选举工作的报告，审议区人大常委会关于行政区划调整后新建镇人大选举问题的决定（草案）。听取和审议区人大常委会主任明汉清所作的关于提请任命曹红军等人职务的议案、区人民政府常务副区长陈斌受区长陈永红委托所作的关于提请李均华等人职务任免的议案和提请张剑冰等人职务任免的议案、区人民法院院长刘碧波所作的关于提请任命施为民职务的报告和提请任免李振男等人职务的报告，听取李均华等人拟任职发言，审议区人大常委会委员顾建军的辞职报告。以电子表决方式，任命曹红军为南通市通州区人大常委会金沙街道工作委员会主任、王美云为南通市通州区人大常委会兴东街道工作委员会主任、包汉彬为南通市通州区人大常委会先锋街道工作委员会主任；决定免去朱卫民南通市通州区发展和改革委员会主任职务、李均华南通市通州区经济和信息化委员会主任职务、钱国宾南通市通州区人力资源和社会保障局局长职务、张剑冰南通市通州区农业委员会主任职务、陈剑俊南通市通州区文化广电新闻出版局局长职务、黄春玉南通市通州区审计局局长职务；决定任命李均华为南通市通州区发展和改革委员会主任、黄春玉为南通市通州区经济和信息化委员会主任、秦瑞作为南通市通州区服务业发展局局长、张剑冰为南通市通州区人力资源和社会保障局局长、季勇为南通市通州区农业委员会主任、许易峰为南通市通州区文化广电新闻出版局局长、沈凯军为南通市通州区审计局局长、瞿勇为南通市通州区民族宗教事务局局长；免去张明华南通市通州区人民法院审判委员会委员职务，季忠南通市通州区人民法院兴仁人民法庭庭长职务，步静宜、吴晓萍南通市通州区人民法院民事审判第一庭副庭长职务，张志远、赵曦明、朱兴新、陈洪亮、范德余、黄亚新南通市通州区人民法院审判员职务；任命施为民为南通市通州区人民法院副院长，李振男、金永南为南通市通州区人民法院审判委员会委员，季忠为南通市通州区人民法院高新技术产业开发区人民法庭庭长，步静宜、吴晓萍为南通市通州区人民法院高新技术产业开发区人民法庭副庭长，王蓓蓓为南通市通州区人民法院兴仁人民法庭副庭长，吴晓玲为南通市通州区人民法院三余人民法庭副庭长。以电子表决方式，通过南通市通州区人民代表大会常务委员会关于行政区划调整后新建镇人大选举问题的决定（草案）、通州区行政区划调整后新建镇选举委员会组成人员和关于同意顾建军辞去南通市通州区人民代表大会常务委员会委员职务的决定（草案）。

5月27日，区第十五届人大常委会第二十四次会议在区行政中心举行。会议听取和审议区人民政府常务副区长陈斌所作的关于依法行政工作情况报告、区人民政府副区长陈伟平所作的关于城市管理工作情况报告；听取和审议通过区人大常委会关于组织区人大代表评议区政府部门工作的实施方案（草案）、区人大常委会关于检查《药品管理法》贯彻实施情况的方案（草案）、关于调整区十五届人大闭会期间部分代表小组划分及正、副组长的方案（草案）；听取和审议区人民检察院副检察长曹卫星受检察长黄凯东委托所作的关于提请邱华等人法律职务的报告，审议丁如俊的辞职报告，以电子表决方式，任命邱华、朱尉、伍倩、王烨峰、王贵杨为南通市通州区人民检察院检察员，通过区人大常委会关于同意丁如俊辞去南通市通州区人民代表大会代表职务的决定（草案）。

7月24日，区第十五届人大常委会第二十五次会议在区行政中心举行。会议听取和审议区人民政府常务副区长陈斌所作的关于2015年上半年国民经济和社会发展计划执行情况与下半年工作打算的报告，区财政局局长张正杰受区人民政府委托所作的关于2015年上半年财政预算执行情况和下半年工作打算的报告，区审计局局长沈凯军受区人民政府委托所作的关于2014年区级财政预算执行和其他财政收支情况的审计工作报告，区财政局局长张正杰受区人民政府委托所作的关于通州区2014年财政决算（草案）的报告。以电子表决方式，通过南通市通州区人民代表大会常务委员会关于批准通州区2014年财政决算的决议（草案）。听取并审议通过《通州区人大常委会关于规范性文件备案审查的实施办法（草案）》。听取和审议区人民政府常务副区长陈斌受区长陈永红委托所作的关于提请张新民等人免职的议案和关于提请季亚等人职务任免的议案，以电子表决方式，决定免去张新民南通市通州区司法局局长职务、吴抑非南通市通州区卫生和计划生育委员会主任职务、张武军南通市通州区民政局局长职务；决定任命季亚为南通市通州区民政局局长、刘玉贤为南通市通州区司法局局长、张武军为南通市通州区卫生和计划生育委员会主任。

9月25日，区第十五届人大常委会第二十六次会议在区行政中心举行。会议听取和审议区政府常务副区长陈斌所作的关于区十五届人大四次会议议案和代表建议办理情况的报告、区政府副区长刘克勇所作的关于学前教育改革发展情况的报告；听取和审议16位由通州区选举产生的市人大代表的述职报告；听取和审议区人大代表季强的辞职报告，以电子表决方式，通过南通市通州区人民代表大会常务委员会关于同意季强辞去南通市通州区人民代表大会代表职务的决定（草案）。

11月30日，区第十五届人大常委会第二十七次会议在区行政中心举行。会议听取和审议通过区人大常委会副主任、执法检查组副组长朱卫民所作的关于检查《药品管理法》贯彻实施情况的报告，区人大常委会关于召开区第十五届人大第五次会议的决定（草案）；听取和审议区人民法院院长刘碧波所作的关于提请任命姜华等人职务的报告和区人民检察院检察长黄凯东所作的关于提请任命王立新法律职务的报告。以电子表决方式，任命姜华、季忠为南通市通州区人民法院审判委员会委员，王立新为南通市通州区人民检察院检察委员会委员；通过南通市通州区人民代表大会常务委员会关于同意毛金中辞去南通市通州区人民代表大会代表职务的决定（草案）。

12月31日，区第十五届人大常委会第二十八次会议在区行政中心举行。会议听取和审议区人民政府常务副区长陈斌所作的关于2014年区级财政预算执行和其他财政收支情况审计反映问题的整改结果的报告，审议通过区财政局局长张正杰受区人民政府委托所作的关于调整2015年财政收支预算的报告；听取和审议区发改委主任李均华受区人民政府委托所作的《通州区国民经济和社会发展第十三个五年规划纲要（草案）》编制情况报告；听取区人大常委会研究室负责人所作的关于区人大常委会工作报告起草情况说明，审议通过区人大常委会工作报告；听取和审议区人大常委会副主任曹国平所作的关于区第十五届人大第五次会议有关建议事项的说明，以电子表决方式，通过区第十五届人大第五次会议日程（草案），主席团和秘书长、常务主席、执行主席轮值建议名单，预算审查委员会、议案审查委员会组成人员建议名单，副秘书长和秘书处各组正、副组长建议名单，各代表团正、副团长和代表队正、副队长建议名单，列席人员范围和人数的建议意见，关于设立南通市通州区第十五届人民代表大会法制委员会和财政经济委员会的建议（草案）。听取并审议通过区人大常委会副主任吴晓晖所作的关于代表变动和补选代表资格审查情况的报告。听取和审议区人民政府常务副区长陈斌受区长陈永红委托所作的关于提请丁明新等人职务任免的议案和提请李忠任职的议案、区人民检察院检察长黄凯东所作的关于提请任命施锋等人法律职务的报告，以电子表决方式，决定免去诸培国南通市通州区交通运输局局长职务、丁明新南通市通州区安全生产监督管理局局长职务；决定任命丁明新为南通市通州区交通运输局局长、姚忠为南通市通州区安全生产监督管理局局长、李忠为南通市通州区行政审批局局长；任命施锋、吴萍、陈育为南通市通州区人民检察院检察员。

【区第十五届人大常委会第38次至第49次主任会议】 1月6日，区第十五届人大常委会第38次主任会议在区行政中心举行。会议讨论区人大常委会工作报告（草案）、区十五届人大四次会议日程（草案），听取区十五届人大常委会代表资格审查委员会关于代表变动和补选代表资格审查情况的报告，讨论区十五届人大四次会议主席团和秘书长、常务主席、执行主席轮值建议名单，区十五届人大四次会议预算审查委员会、议案审查委员会组成人员建议名单，区十五届人大四次会议副秘书长和秘书处各组正、副组长建议名单，各代表团正、副团长和代表队正、副队长建议名单，听取区十五届人大四次会议列席人员范围和人数的建议意见；研究区人大常委会2015年工作要点及其实施计划（草案）。

2月28日，区第十五届人大常委会第39次主任会议在区行政中心举行。会议研究2015年区人大代表小组活动建议内容、区人大常委会关于实施全口径预决算审查监督的暂行办法（草案）和关于政府性融资资金管理使用监督暂行办法（草案）。

3月27日，区第十五届人大常委会第40次主任会议在区行政中心举行。会议听取区财政局关于2014年部门预算执行及2015年部门预算编制情况的报告、区卫计委关于“单独二孩”计划生育新政策执行情况的报告，讨论关于行政区划调整后新建镇人大选举工作的报告，研究区人大常委会关于行政区划调整后新建镇人大选举问题的决定（草案）和新建镇选举委员会成员建议名单。

4月27日，区第十五届人大常委会第41次主任会议在区行政中心举行。会议听取区气象局关于《气象法》贯彻实施情况的报告、区人民检察院关于反贪污贿赂工作情况的报告。

5月25日，区第十五届人大常委会第42次主任会议在区行政中心举行。会议听取区民族宗教事务局关于宗教活动场所管理工作情况的报告，研究区人大常委会关于组织区人大代表评议区政府部门工作的实施方案（草案），区人大常委会关于检查《药品管理法》贯彻实施情况的方案（草案），关于调整区十五届人大闭会期间部分代表小组划分及正、副组长的方案（草案）。

6月19日，区第十五届人大常委会第43次主任会议在区行政中心举行。会议听取区公安局关于贯彻实施《道路交通安全法》情况的报告，研究关于组织南通市人大代表向原选举单位报告履职情况的实施方案。

7月17日，区第十五届人大常委会第44次主任会议在区行政中心举行。会议听取区服务业发展局关于通州旅游业发展情况的报告、区农机局关于推进秸秆机械化还田工作情况的报告，研究讨论《通州区人大常委会关于规范性文件备案审查的实施办法（草案）》。

8月20日，区第十五届人大常委会第45次主任会议在区行政中心举行。会议听取区财政局关于新《预算法》贯彻落实情况报告。

9月21日，区第十五届人大常委会第46次主任会议在区行政中心举行。会议听取区人民法院关于贯彻执行《民事诉讼法》情况报告、区编办关于《通州区相对集中行政许可权试点方案》情况报告。

10月26日，区第十五届人大常委会第47次主任会议在区行政中心举行。会议听取区市场监督管理局关于《药品管理法》贯彻实施情况报告、区农委关于培育和发展新型农业经营主体工作情况报告。

11月24日，区第十五届人大常委会第48次主任会议在区行政中心举行。会议听取区人大常委会执法检查组关于检查《药品管理法》贯彻实施情况报告，研究召开区第十五届人大第五次会议的有关事项，讨论区第十五届人大第五次会议代表团队组建方案。

12月31日，区第十五届人大常委会第49次主任会议在区行政中心举行。会议讨论区人大常委会工作报告（草案）、区十五届人大五次会议日程（草案）；听取区十五届人大常委会代表资格审查委员会关于代表变动和补选代表资格审查情况报告；讨论区十五届人大五次会议主席团和秘书长、常务主席、执行主席轮值建议名单，预算审查委员会、议案审查委员会组成人员建议名单，区十五届人大五次会议副秘书长和秘书处各组正、副组长建议名单，各代表团正、副团长和代表队正、副队长建议名单；听取区十五届人大五次会议列席人员范围和人数的建议意见；研究设立通州区人民代表大会法制委员会和财政经济委员会的建议（草案）；研究确定2015年度办理建议先进单位和个人；讨论《通州区宪法宣誓组织工作规程（草案）》。

重要工作

【评议区政府部门工作】 2015年，区人大常委会组织区人大代表先后对区科技局、公安局、财政局、商务局、统计局、信访局、民族宗教事务局近三年来的工作进行评议。从调研、评议、整改三个环节入手，全面了解人民群众对被评部门工作的意见和建议并指出问题，被评部门正确对待评议意见，制定方案，分解责任，强化措施，把整改作为扬长补短、改进部门工作的契机。常委会改变以往当年完成评议工作的做法，决定将听取被评部门整改工作情况报告延续到次年，持续跟踪被评部门整改情况，确保评议工作取得实效。

人大代表评议政府部门工作

【《药品管理法》执法检查】 5—11月，区人大常委会开展《中华人民共和国药品管理法》贯彻实施情况执法检查。常委会成立执法检查组，研究制定检查方案，举行法律知识讲座，熟悉法规条款。通过听取相关单位情况汇报、实地检查、随机抽查、座谈交流、查阅执法案卷等方式，对全区涉药单位进行检查，多渠道听取群众呼声、多形式了解实际情况、多层面进行研究分析。11月，常委会听取和审议执法检查报告，并将报告连同审议意见一并交由区政府研究处理，针对药品监督管理中经营不够规范、使用存在隐患、监督相对薄弱等问题，建议区政府及相关部门进一步加强药

执法检查会议

品生产、经营、使用等环节管理,落实药品监督管理责任,净化药品市场,保障人民群众用药安全。

【基层人大工作先进单位和个人评选】 2015年,区人大常委会组织基层人大负责人参加上级人大的培训活动,邀请基层人大负责人列席常委会会议。继续开展争创基层人大工作先进单位和个人活动,经主任会议研究,确定刘桥镇、金沙街道、高新区、兴东街道、十总镇、五接镇、平潮镇、西亭镇、先锋街道、二甲镇为基层人大工作先进单位,曹红军、王美云、于燕、陶文龙、朱汉成、潘桂华、陈凯、顾元华、吴兵、邵爱军为基层人大工作先进个人。

【代表工作】 2015年,区人大常委会制定下发《2015年区人大代表小组活动建议内容》,指导代表小组围绕经济社会发展和民生热点问题开展调研视察等活动。定期向代表通报常委会重大工作安排和重要活动,邀请代表列席常委会会议、参加执法检查和调研视察,安排代表参加行风评议、列席政府相关会议和旁听法庭审理。邀请28名代表列席区人大常委会会议,50多名代表参加各项调研、视察等活动。组织16名南通市人大代表向原选举单位报告履职情况。区第十五届人大第四次会议以来收到的359件代表建议中,得到区政府直接采纳解决的175件,一次答复代表满意率达99.7%。组织开展代表建议办理先进单位和先进个人评比活动,经主任会议研究决定,区住建局、交运局、水利局、公安局、农委、人社局被评为办理工作先进单位,王秉坤、李彩、仇星煜、陈李华、顾晓彬、戴中华被评为办理建议先进个人。

(杨志明)

通州名人选介之二

钱 嵘

钱嵘(约1506－1570左右)字君望,明代通州人。嘉靖十一年(1532年)进士,出任抚州推官。善于平反冤案,邻近郡县多起悬案也由他审理。后升广西按察使,办事顺乎风土民情,地方安定。唯有靖江王以宗室自居,恣意搜刮,并辟地下室以藏奇珍。此事以前无人敢于过问。钱嵘不避权贵,查实后依法处治。在任浙江道监察御史期间,极力上书为通州奏免种马,指出:通州"三面濒江,一面边海,中复系运盐河通十场,不宜养马";并恳切陈述通州从为六安州临时替领贡马任务后,不料竟成为定例。由于"地碱水咸,草土不服,虽称种马.并不产驹,而瘦损倒死十常八九",年耗银13500余两,而朝廷实用3224两。"是通州民独受养马之害,朝廷未尝获通州一马之用也"。疏上,交户部审议,认为钱嵘所奏,俱合实情,通州种马遂免。消息传来,父老子弟欢呼动地,并为他立生祠,称"钱公世德祠。"卒于明隆庆四年(1570年)左右。

(引自《南通县志》人物传第1186页)

通州区人民政府

Tongzhou District People 's Government

编 辑 张晓芹

综 述

【概 况】 2015年,通州区把握稳中求进总基调,咬定全年目标不放松,扎实开展招商引资和项目建设突破年、创新转型提速年和城乡品质提升年活动,全力推进改革发展稳定各项工作,全区经济社会继续保持平稳健康发展态势。实现地区生产总值940.16亿元,增长9.9%,一般公共预算收入80.65亿元,增长14.5%。

经济运行稳中有进。坚持把经济工作重心放在稳增长、调结构、促转型上,多措并举,科学应对,致力推动经济平稳增长。有效投入进一步加大。扎实推进招商引资和项目建设,全年签约项目135个,计划总投资220.70亿元,新批外资项目40个,外资实际到账2.81亿美元,丽智电子、宝湾物流、找货网等项目落户。建立"季季看、家家到"项目推进机制,每季度组织项目联合开工,华电热电联产、新江海二期等重大项目开工建设,实施亿元以上制造业项目83个、服务业项目75个。聚恒工业园竣工启用,鲜一汽配、芬图贝节能科技等8个项目入驻。17个省市级重大项目超额完成年度投资计划。完成固定资产投资597.74亿元,增长14.9%,总量继续在南通保持领先。结构调整进一步加快。实现新兴产业产值706亿元,增长15%。完成技改投入232亿元,增长21.5%,40个项目列入省重点技改计划。创成全国产业集群区域品牌建设试点区。实现服务业增加值406.5亿元,占比提高1.5个百分点。新增市级示范性服务业集聚区3家、AAAA级物流企业2家,景瑞农业被认定为中国物流示范基地。电商产业园集聚美国合丰、四海商舟等知名企业71家。市场采购贸易方式国家试点、跨境贸易电子商务省级试点获批。推出"两日游"线路,组织"万人看通州"活动,上海、苏州等旅游客源市场进一步拓展。现代农业加快发展,新建扩建规模以上农业项目125个,新增设施农业1466.67公顷、土地流转2133.33公顷。新增家庭农场80家、全托管服务组织97个、市级以上农业龙头企业6家。金土地跻身全国休闲农业五星级示范企业。要素保障进一步加强。出台稳增长、促发展"新十一条"政策措施,兑付各类扶持资金2.40亿元。百强企业纳税增长9.3%,外贸进出口总额达36亿美元。创设产业发展母基金,引导投资3.90亿元。引入国有担保公司,缓解企业担保难问题,新增实体经济信贷投放68亿元。鼓励企业登陆资本市场,四方冷链首发上市申请过会,华夏飞机、华盛高聚物、华隆微电子3家企业在新三板挂牌。金融生态环境综合评估排名全省前列。强化发展用地保障,推进零散基本农田归并整合,实施同一乡镇范围内村庄建设用地布局调整试点。

创新战略加快实施。把创新作为引领发展的第一动力,加快完善体制机制,不断激发创新创造活力。平台建设成效明显。全力推动"大众创业、万众创新",江海圆梦谷、中国创纺e站入围首批省级众创空间,南通高新区世纪大道众创集聚区获批省级试点。举办首届创新创业大赛,承办市"通创荟"系列活动,一批项目与风投、创投机构开展合作。科技之窗基本建成,26个项目落户科创大厦。海兰信海外并购基金成功收购德国罗克森公司。实施产学研合作项目65个,引进省级以上科技服务平台5个,省产研院苏大纺织丝绸研究所挂牌。创新资源加速集聚。"双创"人才工作取得突破,引进培育高层次创新人才53人,新增人才创新创业项目31个。科技与金融加快对接,新引进创投基金13家,新增管理资金14.70亿元。"苏科贷"总额全省县(市、区)第一。科技成果加速转化,5个项目列入省科技支撑计划,德明新材料、沃太能源等孵化项目实现产业化,产值突破亿元。主体作用充分发挥。新增省重点企业研发机构5家、省级企业工程中心5家,新认定高新技术企业49家,全市第一。高新技术产业产值占比达45.6%,全社会研发投入占比达2.5%。新增专利授权2800件,万人发明专利拥有量达到17.3件。深入实施品牌战略,新增中国驰名商标4件。

城乡发展更趋协调。突出规划引领,统筹推进城乡建设和环境品质提升。规划布局不断优化。以沪通铁路南通西站、平东物流园、机场大道等重大基础设施建设为契机,进一步优化滨江新区、空港产业园等重点片区发展规划。平稳实施部分行政区划调整,优化镇村布局规划,城镇规模布局更加科学合理。完成城区地下空间、慢行系统、城市家具等专项规划。基础设施更加完善。建成连接南通主城区骨干道路88.5公里,配建绿化做到"一路一特色",G345南通东绕城段、南通人民路、青年路、世纪大道东延和龙盛大道成为百姓出行新选择。兴仁道口、唐洪路口等节点环境明显改观。实施新世纪大道、银河路西段、立德路改造提标,运盐河公园示范段、张公祠玉兰园建成开放。新建农村公路150公里、标准化泵站150座、防渗渠350公里。城市形象明显提升。推进金霞路、朝霞路街景整治,改造交通节点绿化15处。通吕运河"一河两岸"南岸景观效果初显。完成省"931"、市"951"城市环境综合整治任务108项,改造老小区18个。新建城市雨污收集管网55公里,完成9条河道环保疏浚及生态治理。建成城区公共自行车系统,月均服务市民4.50万人次。市民中心工程荣获区内首个鲁班奖。规范中心城区及重点区域道路桥梁命名。文明城市长效管理实现常态化,通过国家卫生城市、全国文明城市复审,创成江苏省优秀管理城市。生态建设扎实推进。完成重点节能和清洁生产项目12个,淘汰燃煤锅炉119台、印染落后产能3000万米,关闭电镀企业9家。开展钢丝绳、印染行业及小天生港河专项整治,查处环境违法案件157件。覆盖拉网式综合整治工程有序推进,秸秆禁烧和综合利用成效明显。益民污水处理厂迁扩建项目、溯天污水处理厂建成运行,污泥处置中心开工建设,新建城镇污水管网44公里。完成造林绿化1666.67公顷,新增城镇绿化130公顷,建成村庄小游园30个。启动实施农村河道整治三年行动计划,疏浚河道377条,打造一批生态河道和水美乡村。建成省级生态村2个、三星级康居村5个,十总社区荣获"江苏最美乡村"称号。

民生事业持续改善。坚持民生优先,强化惠民举措,民生支出占一般公共预算支出比重达81.4%,10件24项为民办实事项目基本完成。公共服务能力提升。新增公办幼儿园10所,创成义务教育现代化学校53所。实施普通高中布局调整和资源整合,通州高中迁入新校区。江苏联合职业技术学院通州分院获批。启动区人民医院、中医院"三乙"创建,迁扩建医疗机构12所。落实国家基本药物制度,全面实行药品零差价销售。文博中心、妇儿中心、图书馆新馆等建成启用,体育中心运营进入正轨。成功承办第七届"江苏戏剧奖·红梅奖"大赛、中国羽毛球俱乐部超级联赛,建成全省首批公共体育服务体系示范区。居民收入稳定增长。开展"送政策、送岗位、送培训"活动,新增就业9316人,城镇登记失业率控制在3%以内。落实农业保险补贴等惠农政策,发放涉农补贴1.40亿元。推广"金农贷""通农贷"等产品,助力农民创业增收。城乡居民可支配收入分别增长8.9%、10%。村集体经济实力持续增强,村营收入平均达95万元。社会保障扩面提标。新增各类参保人员1.20万人。企业退休人员养老金、居民基础养老金、城镇居民医保和新农合保障水平进一步提升,城乡低保、重残人员救助等标准继续提高。完善征地补偿和被征地农民社会保障办法。实施机关事业单位养老保险制度改革。建成保障房3200套、安置房89万平方米。南山颐养中心落成,养老服务体系进一步完善。

治理能力不断加强。以"保平安、促和谐"为目标,扎实推进社会管理创新。全力攻克各类难题。南部污水处理厂历经4年谈判,成功回购并顺利交接运行。美亚热电收归国有,实现经济和社会效益双赢。华能煤灰堆场回收工作取得实质性进展。狠抓国家土地例行督察问题整改并通过验收。整治违建寺观144处。全力保障公共安全。深化平安通州建设,争创"四项建设"领先区,公众安全感进一步提升。严格落实安全生产责任制,开展大宣讲近千场,受教育职工超10万人,创新实施推磨式大检查,责令"三停"企业55家,实现全区企业安全排查整改全覆盖。构建区镇村三级食品药品监管体系,启动农村集体聚餐食品安全管理工作。全力维护社会稳定。畅通群众诉求渠道,"12345"市民服务热线受理来电9.50万件。强化矛盾纠纷调解三级管理,落实区领导接访下访制度,化解突出信访问题43件,依法处置非访,维护社会和谐安定。坚持主动作为、守住底线,妥善解决部分家纺、船舶、房地产企业运行问题。建成省级现代社区治理创新实验区,城乡和谐社区达标率超过85%。

(马　丹)

重要会议

【区政府全体(扩大)会议】　2015年,区政府共召开区政府全体(扩大)会议3次。2月26日,区政府召开全体(扩大)暨廉政工作会议,要求政府系统各部门、各单位提升认识、明确任务、强化措施、狠抓落实,确保政府廉政建设取得实效,确保全年各项目标任务全面优质完成。陈永红强调,做好2015年政府各项工作,当务之急是认真贯彻落实全区文明表彰暨作风建设大会的会议精神,突出"四个必须、四个落实"最新要求,提振精气神、提升落实力,以优良的工作作风,推进全年各项工作取得新提升、新突破。7月2日,区政府党组召开"三严三实"主题党课暨全体(扩大)会议,区委副书记、区长陈永红围绕"三严三实"主题,上专题党课,要求区政府系统以践行"三严三实"为动力,精诚团结,合力攻坚,推动政府各项工作争先进位。陈永红要求,政府系统各部门要将"三严三实"的要求内化于心、外化于行,转化为推动政府各项工作的新动力。一要在学习研究上下功夫,夯实干事创业的基础。二要在工作组织上下功夫,提高干事创业的实效。三要在勤政廉洁上下功夫,守住干事创业的底线。10月12日下午,区政府召开全体(扩大)会议。陈永红强调,政府系统各部门、各单位要深入贯彻省市对当前工作的最新要求和市会议精神，以更加饱满的热情、更加昂扬的斗志、更加踏实的作风，进一步狠抓发展、真抓实干，争分夺秒、主动作为，全面完成全年和“十二五”目标任务。陈永红强调，面对四季度艰巨复杂的工作任务，要以严和实的精神狠抓工作落实，以各项工作的新成效，检验“三严三实”专题教育成果。

【区政府常务会议】 2015年，区政府共召开政府常务会议13次，发会议纪要13期。1月4日，召开第42次政府常务会议，听取2015年政府工作报告（送审稿）起草情况汇报，专题研究2014年财政预算执行情况和2015年财政预算（草案）的报告（送审稿）、2014年国民经济和社会发展计划执行情况与2015年国民经济和社会发展计划（草案）的报告（送审稿）。1月25日，召开第43次政府常务会议，学习习近平总书记在十八届中纪委五次全会上的重要讲话精神，专题研究2015年通州区生态文明建设重点工程项目计划、明确国有公司购买土地涉及相关税费结算办法的建议方案、推进农村社区股份合作制改革试点的实施方案、进一步深化农村改革加快都市生态型现代农业发展的实施意见、深化医药卫生体制改革建设现代医疗卫生体系的实施意见、通州区广电网络整合资产移交、人员划转等工作实施办法。3月2日，召开第44次政府常务会议，专题研究通州区安全生产行政执法委托实施办法、2015年招商引资和项目建设突破年主题活动实施方案。4月29日，召开第45次政府常务会议，听取南部污水处理厂终止原《特许权合同》和《补充合同》及资产转让情况，专题研究进一步规范公共资源交易有关事项的意见、加快推进“全托管”新型农业经营主体建设的工作意见、南通市通州区区级部门预算单位公务卡结算管理暂行办法、南通市通州区机关事业单位差旅费管理办法、南通市通州区国有公司薪酬考核管理指导办法（试行）。5月27日，召开第46次政府常务会议，专题研究中国制造2025年通州行动纲要、促进“互联网+”行动计划的实施意见、大众创业万众创新通州行动计划（2015—2020年）、进一步加快生产性服务业发展的实施意见、主动融入苏南国家自主创新示范区加快南通高新区转型发展的实施意见。6月25日，召开第47次政府常务会议，听取全区土地例行督察整改工作进展汇报，专题研究建立和完善部分优抚对象抚恤补助自然增长机制的建议方案、2015年通州区社会救助标准提标方案、通州区居民用管道天然气价格改革方案、通州区病死动物无害化收集处理体系建设实施方案、区级政府行政权力清单。8月5日，召开第48次政府常务会议，专题研究通州区文明城市长效管理工作方案和考核办法、区国有公司实行分类管理的建议、南通市通州区加快推进金融集聚区建设实施方案。8月27日，召开第49次政府常务会议，听取2015年为民办实事项目进展情况，专题研究通州区相对集中行政许可权改革试点方案、深化行政审批制度改革“五大整治行动”工作方案、加强政府投资工程建设项目标后监管的实施办法、对水利局《关于江苏禹和水利工程建设有限公司土地置换的报告》的建议方案。9月26日，召开第50次政府常务会议，专题研究深化行政审批制度改革加强事中事后监管的意见、南通市通州区2015年度新型农村合作医疗实施意见、南通市通州区城镇居民医疗保险筹资标准调整方案、南通市通州区公务员津贴补贴和事业单位绩效工资调整办法、通州区城区、部分镇道路桥梁命名的请示。10月30日，召开第51次政府常务会议，专题研究2016年城建重点工程计划、进一步加强镇级公共资源交易管理工作的意见、明确公共资源交易过程中违法违规行为调查处理职责的建议方案。11月28日，召开第52次政府常务会议，听取当前信访维稳形势通报和工作建议、南通市南山颐养中心运营管理招标初步方案，专题研究南通市通州区2014年冬季退役士兵安置实施方案、南通市通州区关于加强农村集体聚餐管理的实施意见。12月12日，召开第53次政府常务会议，专题研究南通市通州区相对集中行政许可权改革试点实施意见及市场准入、建设项目审批领域首批集中行政审批事项目录、南通市通州区环境保护领域综合行政执法体制改革试点方案、调整全区执行省政府26号令的被征地农民基本生活保障标准的意见。12月26日，召开第54次政府常务会议，听取2016年政府工作报告（送审稿）起草情况汇报，专题研究2015年财政预算执行情况和2016年财政预算（草案）的报告、2015年国民经济和社会发展计划执行情况与2016年国民经济和社会发展计划（草案）的报告、南通市通州区国民经济和社会发展第十三个五年规划纲要（草案）的报告、区2016年为民办实事项目安排、南通市通州区公务用车制度改革总体方案。

【区长办公会议】 2015年，区政府共召开区长办公会议24次，发会议纪要24期。2015年1月25日，召开第1次区长办公会议，听取江苏中新资源集团有限公司土地出让金有关情况说明，专题研究区政府2月份重点工作安排、申请拨付综治信息系统经费并列入财政预算的请示、川姜镇申请成立家纺产业技术研究院管理公司的请示、2015年通州区城镇园林绿化工作实施方案、对部分工业企业办房产证前需补办相关手续的会商意见、工业用地分割转让土地登记有关问题的处理意见（试行）、通吕公路（西段）沿线高立柱广告设施整治实施方案、2015年中小学校舍安全工程规划、组建通州区文化传媒有限责任公司的请示、提高全区部分优抚对象等人员抚恤和生活补助标准的建议方案等事宜；2月7日，召开第2次区长办公会议，听取与中航国际新能源公司实施合同能源管理（EMC）项目的情况汇报，专题研究进一步加强严格管控违法建设工作的若干规定、富康燃气有限公司移交管道燃气经营权的请示等事宜；3月2日，召开第3次区长办公会议，专题研究区政府3月份重点工作安排、拨付城区文明城市创建相关费用的请示、区财政局融资工作相关问题的请示等事宜；3月14日，召开第4次区长办公会议，听取通州区2015年全国劳动模范初步推荐人选和后备人选名单，专题研究建设区综合检验检测中心的请示、2015年全区主要经济指标任务分解方案、南通市通州区集镇环境长效管理考评办法、2015年金融工作考核奖励办法等事宜;3月28日,召开第5次区长办公会议,专题研究区政府4月份重点工作安排、加快企业科技创新工作方案、加快科技创新促进转型发展若干政策意见及2015年通州区专利资助办法、加快解决施工图审查中心资质的请示、通州区2015年秸秆禁烧和综合利用工作意见、2015年通州区秸秆禁烧和综合利用工作考核办法、通州区2015年夏季秸秆禁烧督查巡查工作方案和督查巡查人员考核暂行办法等事宜;4月11日,召开第6次区长办公会议,传达南通市政府全体(扩大)会议精神,听取一季度全区安全生产工作汇报、居梦莱公司处置情况的汇报,专题研究区财政局关于建立通州区政府和社会资本合作(PPP)试点工作联席会议制度的请示、南通高新区管委会关于请求同意收购南通东大商贸发展有限公司东大工业园土地及地面资产的请示、实施横港沙固沙护滩一期工程整改与防洪补救工程的报告、横港沙固沙护滩二期工程永久性导堤回购相关事宜的请示、高新区社教中心综合楼搬迁补偿建议方案、南通神辉置业有限公司实体化运行的建议方案等事宜;4月18日,召开第7次区长办公会议,专题研究通州区区级以上征迁安置项目考核办法(试行)、与江苏银行开展“城市建设基金资管计划”融资方案的请示等事宜;4月29日,召开第8次区长办公会议,专题研究区政府5月份重点工作安排、认真做好农村土地承包经营权确权登记颁证工作的实施方案、南通市通州区产业发展母基金管理办法(试行)、推进新型工业化加快转型发展的若干政策意见、存量土地成本结算有关问题的请示等事宜;5月9日,召开第9次区长办公会议,听取关于市政道路及小区建设等配套给水工程交由区给水排水安装公司施工的请示、区社会福利中心建设进展情况的汇报,专题研究南通市通州区生态红线区域优化调整方案、关于委托南通通明实业有限公司实施城建供电改造工程的请示、中联科技集团上市工作中有关遗留问题等事宜;5月23日,召开第10次区长办公会议,听取锡通科技产业园关于给予拆迁安置资金支持的请示、2015年通州区土地例行督察工作进展情况汇报,专题研究申请增加区级科普专项经费的请示、南通市通州区覆盖拉网式农村环境综合整治专项资金管理暂行办法、南通市国家卫生城市通州区复审迎查工作方案、将“经一路”周边蒸汽管道及部分供电线路进行改造的请示、关于请求将城建市政给水工程交由区自来水有限公司代建的请示、南通市通州区水域滩涂养殖规划(2015—2024年)等事宜;5月27日,召开第11次区长办公会议,专题研究区政府6月份重点工作安排、南通市通州区2015年公交优化工程实施方案、高新区社教中心综合楼的搬迁补偿建议方案、落实征地预存款的请示、落实部分道路征地预存款的请示、开展区农村公共服务运行维护机制建设工作的请示、妥善解决南通艺玲丝绸有限公司职工医保问题的建议等事宜;6月13日,召开第12次区长办公会议,听取全区信访维稳情况汇报、全区安全生产工作情况汇报,专题研究建设区消防应急救援大队、十总消防站和锡通园(张芝山)消防站的请示、公开招聘2015年镇(区、园、街道)公办幼儿园教师的方案、进一步深化全区综合治税工作方案、通州区人民政府关于加强审计工作的意见、通州区2015年燃煤锅炉淘汰、改造及提标工作方案、直接拨付区“十三五”规划编制经费的请示等事宜;6月25日,召开第13次区长办公会议,听取通政发〔2014〕2号文件实施前政府工程变更检查情况汇报,专题研究区政府7月份重点工作安排、城区周边环境整治工作实施方案、通州区区级行政权力事项目录清单管理办法、公开招聘2015年镇(区、园、街道)公办幼儿园教师的方案等事宜;8月5日,召开第14次区长办公会议,听取东社镇申请建设便民服务用房的情况汇报、兴东街道社区卫生服务中心建设方案调整的说明,专题研究区政府8月份重点工作安排、做实南通市通州区惠通投资有限责任公司主营业务的请示、南通市通州区公办幼儿园建设补助办法、对输送团队游客来通州的旅行社给予奖励的请示、实施益民水处理有限公司二分厂提标改造有关事项的请示、富都豪园一期工程延期缴纳相关规费的请示等事宜;8月27日,召开第15次区长办公会议,专题研究区政府9月份重点工作安排、成立区政府推进职能转变协调小组的建议方案、关于加强行政审批中介服务机构监督管理工作的意见、2015年通州区覆盖拉网式农村环境综合整治项目方案、原通州区国有、大集体企业职工在通州区外退休享受医保财政补助的请示、青年路沿线高立柱广告整治实施方案、调整十总镇医疗机构建设规模的请示等事宜;8月29日,召开第16次区长办公会议,听取拓宽改造336省道通州段的请示、通州美亚热电有限公司股权债权收购及后续管理有关情况的汇报,专题研究明确拆迁安置房建设项目招投标有关事项的方案、调整通州城区住房保障低收入家庭收入标准的请示、做好2015年度农村危房改造工作的请示、通州区住宅专项维修资金管理实施细则、江苏省刘桥粮食储备直属库危仓老库拆除重建项目的请示等事宜;9月19日,召开第17次区长办公会议,专题研究规范区属国有企业出资人的意见、南通市通州区属企业国有资本经营预算管理办法(试行)、南通市通州区机关事业单位培训费管理办法、南通市通州区机关事业单位会议费管理办法、提前支付南通世纪大道东延工程桥梁1标工程款的请示、南通北收费站绿化提升的请示、通州区创新创业种子基金管理办法、通州区科技型中小企业贷款担保基金管理办法、通州区人武部战备工作试点建设方案等事宜;9月26日,召开第18次区长办公会议,专题研究区政府10月份重点工作安排、正大凯盛(中国)农业产业发展基金通州区合用基金方案、《关于大力推进企业上市若干政策的意见》的补充意见说明、建立南通市通州区企业上市联席会议制度的请示、建立南通市通州区新能源汽车推广应用区级财政补贴实施细则、相关部门申请“十三五”专项规划编制经费的会商意见、对南通市南山湖颐养中心物资设备采取分类采购的请示等事项;10月30日,召开第19次区长办公会议,听取2015年度教育信息化项目的相关情况汇报,专题研究区政府11月份重点工作安排、区第七人民医院整体迁建工程的方案、推进市场采购贸易方式试点工作采取的相关优惠政策、南通市国家卫生城市通州区复审迎查考核补充方案、南通市通州区畜禽养殖区域规划、通州区畜禽养殖场关停拆除补偿办法(试行)等事宜;11月6日,召开第20次区长办公会议,专题研究通州区推进电镀加工企业关闭政策意见、南通市二甲人民医院委托管理协议的修改意见、平潮镇区域医疗联合体试点工作方案、通州区"十三五"农村河道轮浚规划、区公安局7个基层所队营房搬迁及所需改造经费的请示、申请区综合检验检测中心工程建设概算的请示、区部分单位办公用房的安排建议等事宜;11月13日,召开第21次区长办公会议,专题研究关于全区调整机关事业单位工作人员基本工资标准、乡镇机关事业单位工作人员实行乡镇补贴、县以下机关建立公务员职务与职级并行制度等工作的贯彻实施方案、关于调整区级机关、事业单位编制外用工待遇的实施方案等事宜;11月28日,召开第22次区长办公会议,专题研究区政府12月份重点工作安排、南通先锋染织有限公司企业改制前退休职工医保费遗留问题处理的请示、区乒乓球运动学校关于购买标准校车及解决运行经费的请示、要求调增通州区第六人民医院迁建工程投资规模的请示、拨付特殊教育学校搬迁改建经费的请示等事宜;12月12日,召开第23次区长办公会议,听取贯彻执行《南通市职工医疗保险办法》《南通市居民基本医疗保险办法》的情况报告,专题研究开展人民防空机动指挥通信系统建设的请示等事宜;12月26日,召开第24次区长办公会议,听取通州区彩神涂料色浆有限公司使用权补偿问题的汇报,专题研究2016年度全区征迁和安置计划、通州区2016年水利建设与管理意见、五大园区2016年基础设施建设计划、促进全区房地产市场消费的意见、区惠通投资有限责任公司参股上海中汇金投资股份有限公司的有关事宜、拨付教师发展中心建设改造经费的请示等事宜。

(顾　鹏　马　丹　姚勤勤)

重大活动

【为民办实事工程】 2015年,在广泛征求社会各界建议意见的基础上,确定政府十方面为民办实事工程。一是教育发展方面。新增石港镇石南和兴仁镇韬奋2所普惠性幼儿园,新开工建设金沙小学附属、西亭镇龙坝、五接镇中心、川姜镇大地4所幼儿园;异地新建张芝山小学,新建银河小学、城东新区小学,实施家纺城小学三期工程。实施中小学教育装备提升工程,全区中小学装备按照省Ⅰ类标准进行建设;实施南通市现代化创建工程,90%以上义务教育学校通过南通市现代化学校验收。实施通州中专二期工程建设。实施教育信息化工程,全面完成数字化校园基础设施建设。二是医疗卫生方面。异地新建十总镇骑岸卫生院。实施卫生信息化工程(2016年度)。为2.5万名农村妇女免费进行"两癌"筛查;为5000对新婚对象进行婚前医学检查;为7500名新生儿进行疾病筛查(听力、苯丙酮尿症、甲低症);为符合政策的计划怀孕夫妇免费提供孕前检查及优生指导,目标人群约6000人,覆盖率90%以上。三是生态治理方面。实施农村河道整治三年行动计划(2016年度),对全区500条等级河道及非等级重要河道进行系统整治,全面落实河道长效管护机制。实施覆盖拉网式农村环境综合整治项目,2016年在全区16个村居实施农村污水处理项目设施建设。对全区重点行业30家企业实施清洁化改造。开工建设益民污水处理厂二分厂提标扩容工程。淘汰6台10蒸吨/小时及以下燃煤锅炉。四是社会保障方面。对19家敬老院进行消防安全改造,对7家敬老院进行提档升级,按照"三有三能六达标"要求购置所需设备。为200名城乡低保、特困供养人员中的失能、半失能人员配置康复辅助器具。为纳入城镇职工及居民基本医疗保险、新型农村合作医疗范围的1300名城乡贫困精神残疾人提供免费基本用药。为全区150名14周岁以下残疾儿童提供免费康复训练。提高新农合筹资标准,人均标准提高到700元(含大病保险50元),参合率达99%以上。五是就业培训方面。新增扶持创业人数1200人,扶持农村劳动力自主创业370人,创业培训人数490人。培育新型职业农民3000人。六是交通出行方面。新(改)建镇村主干道100公里,改造农桥25座4000平方米。优化公交线网,更新投放10辆新能源公交车,新辟城区公交208路,优化公交283、363路,加密100路公交班次,开工建设金东新城、锡通科技产业园2个公交回车场。建成青岛北路智能公交调度中心,推进"掌上公交"便民服务;实施公交一卡通工程。实施公共自行车服务系统二期工程,设置站点20个、锁桩400个、投放300辆公共自行车。七是人居环境方面。继续提升城区水环境,实施南山湖水街西侧连接沟水生态治理工程,对十六总港、二号横河(珠江路—金霞大道)进行综合整治。对城区13个老小区进行改造。建设市民广场停车场。八是文化体育方面。实施"十百千万"文化惠民工程,建成40个村级文化广场,组织200场文艺演出,举办1000场文化活动,培训10000名基层文艺爱好者。全区新建文化分馆3个,图书分馆2个,新增图书20000册,建设基层综合文艺服务中心示范点12个。为南山湖公园、体育中心、拆迁安置区及新建绿地配备体育健身器材;开放体育中心健身房;改建4片笼式足球场;开展科学健身进社区活动100场。九是公共安全方面。实施食品药品安全信息化惠民工程,建设"一中心两平台",即区食品药品安全信息指挥管理中心、食品药品远程监管平台和安全信用平台,开发掌上食药安全便民服务手机APP客户端。实施智慧交通平安出行惠民工程,在全区红绿灯路口设置电警、监控、智能灯控等设施,为道路畅通、安全出行和压降各类交通事故提供有效保障。十是法治惠民方面。实施"公共法律服务"惠民工程,推进村居(社区)法律服务全覆盖;启动"七五"普法基层法治文化示范阵地建设530工程;实施法律援助"十百千万"工程。 (马　丹)

【现代农业加快发展】 2015年,全区以建设南通国家级现代农业示范区通州核心区为目标，大力实施农业现代化工程，培育各类新型农业经营主体303个，新增土地流转2133.33公顷、设施农业1466.67公顷，110个农产品通过“三品”认证，土地承包经营权登记颁证工作全面展开，农村产权交易网络实现全覆盖，金土地农业生态园跻身全国休闲农业与乡村旅游五星级示范企业。

【农村水环境改善】 启动实施农村河道整治三年行动计划，对全区1152条等级河道及农村沟塘进行系统整治，2015年，全区共疏浚河道377条，拆除坝头坝埂1226座，新建桥涵569座，整修河坡1439公里，打造了一批生态河道和水美乡村，多次接受南通市政协、市人大代表现场视察，得到各方高度评价。

【通州南山颐养中心落成】 通州南山颐养中心于2015年12月18日顺利通过竣工验收，总建筑面积4万平方米，床位800张，总投资1.8亿元。该中心是通州区首家医养结合养老机构，设计理念先进，配套设施齐全，建筑规模、床位总量和内部功能均达全省一流水平。（丛 阳）

【普通高中布局调整】 2015年7月，区内5所三星级普通高中进行布局调整。刘桥中学高中部整体迁入平潮中学，二甲中学、石港中学、姜灶中学的高中部与金沙中学高中部进行整合，成立新的金沙中学，并迁至新址（原通州高级中学老校区）；通州高级中学整体南迁至新校区（高新区）。本次普通高中布局调整共涉及学生近5000人，老师近900人，是通州历年来涉及学校数最多、师生数最多、范围最广的一次学校布局调整。至此，全区实现完中初、高中分离。

【通州区被列为省级学前教育体制改革试点区】 2015年6月下旬，江苏省教育厅决定在国家教育体制改革试点地区的基础上新增学前教育体制改革试点地区，通州区和如皋市、东海县、阜宁县、徐州市铜山区成为新增的5个试点地区。

【通州区跻身江苏省首批公共体育服务体系示范区行列】 2015年4月9日，江苏省政府在扬州召开全省公共体育服务体系建设推进会。会议公布6个省辖市、49个县（市、区）为首批省级公共体育服务体系示范区。通州区成功创成省首批公共体育服务体系示范区。

【承办2015—2016年中国羽毛球俱乐部超级联赛（江苏通州赛区）】 2015年12月3日—2016年1月26日，中国羽毛球俱乐部超级联赛（江苏赛区）在通州区举行。该项赛事为全国高端体育职业联赛之一，由中央电视台体育中心与中国羽毛球协会主办，各地承办。江苏通州赛区共7场比赛，有8支职业俱乐部、近百名运动员参赛，其中包括林丹、谌龙、李雪芮、王适娴等知名球星。（张雪兵）

【被认定为全国产业集群区域品牌建设试点区】 7月22日，在2015全国工业企业品牌培育工作交流会上，国家工业和信息化部认定通州为“全国产业集群区域品牌建设试点地区”。这是通州区家纺产业继获得“国家新型工业化家纺产业示范基地”荣誉后又一国家级产业名片。通州是全国家纺产业中第一个获得此荣誉的地区。

【现代物流】 2015年，全区创成AAAA级物流企业2家，景瑞农业被认定为中国物流示范基地，A级物流企业总数全市第一。

【安全生产大宣讲】 2015年5月11日，区政府启动全区“关爱生命、关注安全”主题宣讲活动，涉及船舶海工、纺织、化工、机械、钢丝绳等8个代表行业，全年累计开展巡回宣讲956场，覆盖全区600多家规模企业和2000多家小微企业，受教育职工超10万人。（眘志强）

【南通通州（北京）文化产业推介会】 9月22日，通州区在北京新疆大厦举办2015年南通通州（北京）文化产业推介会，借力北京文化大平台，推介和开掘通州区文化产业项目，推动文化与产业、科技、资本等各方面的深度融合。活动现场签约“南通一号”、北大创业训练营、大明艺术文化产业园等8个项目，涉及影视和新闻出版、工艺美术、创业培训、家纺电商等领域。

【承办“江苏戏剧奖·红梅奖”大赛】 2015年9月17日—24日，第七届“江苏戏剧奖·红梅奖”大赛在通州区举行。来自全省各地基层剧团的200多名专业演员及戏剧爱好者，在6天内通过9场复赛及4场决赛，争夺大赛金、银、铜奖等奖项。通州区共有8名选手、7个节目参赛。

【启动平潮区域医疗联合体改革试点】 2015年12月，通州区在平潮区域启动医疗联合体改革试点，探索构建合理的就医秩序，形成“基层首诊、双向转诊、急慢分治、上下联动”的分级诊疗格局，提高通州区医疗资源利用效率，保障基本医疗供给，解决群众“看病难”问题。（陈晓峰）

【住房保障通过国家专项审计】 全区保障性安居工程及农村危房改造顺利通过国家审计署专项审计。全区公租房新开工514套、基本建成818套，棚户区改造新开工3316套、基本建成2328套，超额完成省下达指标任务。全区改造完成农村危旧房1606户，超额完成省下达区农村危房改造1600户任务。

【成立南通铁军产业基金】 4月18日，南通铁军产业基金启动仪式在南通四建集团有限公司举行。该产业基金由凯璞庭资本管理（集团）有限公司、南通四建集团有限公司两大集团共同出资组建，注册资金5000万元。（王天天）

【南通家纺城列入市场采购贸易方式试点】 11月3日，经省政府、商务部等同意，南通家纺城列入市场采购贸易方式试点范围。11 月 26 日首笔货值 5.6 万美元的床上用品六件套通关，当年全区通过市场采购贸易方式出口货物 65 单，出口总额 839 万美元。 （李晓东）

政府法制工作

【规范性文件审查】 2015 年，区政府法制办公室组织起草及审核规范性文件 2 件，经区政府颁布实施。

1.《通州区征地补偿和被征地农民社会保障办法》

2.《南通市通州区城镇职工基本医疗自费补充保险暂行办法》

【行政复议】 区政府法制办认真做好行政复议工作，针对新《行政诉讼法》实施后行政诉讼案件数量大幅上升的情况，健全行政复议机关与审判机关定期交流机制，加大行政争议调解力度，努力化解个案争议，依法公正办理行政复议案件，坚持有错必纠，切实提升行政复议应诉质量。2015 年共办理行政复议案件 82 件，其中立案受理 56 件，维持 29 件，撤销 6 件，驳回 5 件，责令答复 1 件，终止 7 件，确认违法 8 件。

【行政审批制度改革】 全面梳理政府职权，精简行政审批事项，提升行政审批效率。6 月，区政府发文公布区级保留权力事项清单（通政办发〔2015〕73 号）。根据职权法定、转变职能和简政放权要求，集中梳理政府各部门行政权力，清理权力事项，编制权力清单，涉及部门 37 家，保留权力事项 3707 项，包括行政处罚、行政强制、行政征收、行政征用、行政给付、行政裁决、行政确认、行政奖励及其他行政权力等，行政审批服务事项 406 项。在巩固提升行政审批"三集中、三到位"工作成果的基础上，按照精简高效、审管分离、协同监管、稳步推进的原则，积极稳妥地为相对集中行政许可权改革试点工作保驾护航。加强与 2015 年新成立的行政审批局沟通协调，着手市场准入和建设项目审批两大领域所涉及的行政审批事项合法性审查，开展相关行政许可事项清理，依据相关法律规定，建立健全运行机制，依照法定程序完善手续，在现行法律框架内解决好行政审批局履行行政审批职能的相关法律关系问题，进一步提升行政审批效率，切实方便企业和群众办事。 （邱　晶）

外事工作

【概　况】 2015 年，通州区外事侨务办公室按照地方外事"为中央整体外交服务，为地方经济建设服务"根本宗旨，充分发挥自身职能作用，认真做好出国（境）管理、对外交流和外事服务工作，积极开拓外事工作新领域，努力为通州经济和社会建设服务。

【出国（境）管理】 2015 年，区外侨办继续认真贯彻落实中办〔2008〕9 号《关于进一步加强因公出国（境）管理的若干规定》及省市有关因公出国（境）管理文件精神，严格执行年度出访计划，严格控制因公出国（境）团组数量和规模，落实事前公示、事后公开和出访报告报送制度。同时，对 2014 年之前的党政干部因公出国团组（2013 年 6 批 29 人次、2014 年 4 批 18 人次）进行自查。至 2015 年年底，共审批出国（境）团组 19 批 67 人次，其中党政干部出访 9 批 27 人次。

【对外交流】 2015 年，区外侨办积极为区领导和机关、企业因公出国（境）工作提供优质服务。主要出访有：通州区委书记宋乐伟率领的赴德国、瑞士、捷克经贸团；通州区委副书记、区长陈永红率领的赴新加坡、日本招商团；通州区委常委、组织部长桑建美率领的赴美国、加拿大经贸团以及通州区委常委、副区长陈艳梅率领的赴英国、荷兰、意大利经贸团。通过组团出访，增强对外友好交流，促进通州对外开放，推进招商引资、项目落户工作，提高通州及企业在国际上的知名度和影响力。

【外事服务】 为助推通州区传统产业转型升级，使通州企业能"走得出，走得顺，请得进"，区外侨办对企业因公出国（境）及邀请客商来华简化手续、优化服务、加强管理。2015 年，共办理审批企业人员出访 19 人次，审批企业邀请客商入境 169 人次，为通州区外向型经济的健康发展提供有力保证。同时区外侨办还积极做好 APEC 商务卡申办工作，至今已申报 APEC 商务卡 167 张，获颁 162 张。

【涉外管理】 针对涉外事件政治性、政策性强的特点，坚持"统一领导、归口管理、分级负责、协调配合"原则，按照《通州区涉外突发事件应急预案》要求，进一步建立健全涉外突发事件应急机制，更好地做好涉外事件的预警和防范，科学指导协调有关部门及时妥善处理各类涉外突发事件。 （徐　娟）

侨务工作

【概　况】 2015 年，通州区外侨办充分发挥侨务工作在经济建设和社会发展中的独特优势，紧扣区委区政府的中心工作，认真做好护侨暖侨、以侨引侨工作。

【侨务引智】 2015 年，区外侨办充分发挥外侨资源的独特优势，主动融入人才强区战略，向通州区海内外侨界人士大力宣传南通市江海英才引进计划和通州区“510 人才引进计划”及投资环境，突出对海外高层次人才的感情投入和服务引导。5 月，推荐高新区等重点园区与参加“海外知名侨商南通行”的 50 多位海外知名侨商深入洽谈对接，并建立长期的交流合作机制。鼓励侨企走出去开拓市场，组织 30 多家企业参加南通企业“走进印度”“走进南非”投资说明会，并全力支持企业参与“一带一路”建设。

【社区侨务】 2015 年，按照南通市“新侨乡”建设总体要求，区外侨办因地制宜推进“新侨之乡”建设，扩大华侨村的影响力和凝聚力。6 月，南通市人大常委会副主任程静带队到通州调研华侨村建设情况。在侨商人数众多的高新区文山村设立“侨之家”“侨法宣传角”，大力开展各种形式的侨法宣传和便侨、利侨活动，10 月，文山村被评为“全省社区侨务工作示范单位”。

【维护侨益】 2015 年，区外侨办继续当好侨胞“娘家人”，切实维护侨胞合法权益。坚持以法护侨，主动耐心接待，提高为侨服务质量，做侨的知情人、贴心人和代言人。4 月，会同侨联办理南通市政协提案“关于修复爱国华侨教育家李春鸣故居的建议”。全年共接受华人、华侨、港澳同胞及归侨、侨眷来信来访 12 批次。调处有关建房、生活困难、子女就学、迁坟祭祖等诸多事项，办理“三侨”子女享受中、高考优惠政策 5 人。先后接待华人、华侨、港澳同胞 5 批 16 人次，接待海外社团 3 批 12 人次，积极宣传党的侨务方针政策，宣传侨法，宣传通州，促进侨胞反哺家乡。（徐 娟）

民族宗教工作

【概 况】 2015 年，通州区民族宗教事务局依法履行宗教事务管理职责，保护公民宗教信仰自由，维护宗教界的合法权利，促进宗教关系和谐。在全区 242 个村（社区）建立少数民族之家，增挂牌匾，完善台账资料，与少数民族困难群众结对帮扶、调处矛盾纠纷，进一步推动民族团结进步。积极争取省级少数民族扶贫资金，推动“大众创业、万众创新”，培育有一定规模的少数民族创业典型 23 个，激发少数民族群众创业热情，鼓励企业吸收少数民族群众就业。3 月，区民族宗教事务局由与区委统战部一个机构、两块牌子调整为单独设置，设办公室（民族科）、宗教科（行政服务科），行政编制 5 名，为区政府工作部门。

【民族团结】 2015 年，区民族宗教事务局多方筹措慰问金 2 万余元，慰问少数民族困难家庭 70 余户。按照国家有关民族政策，全年为 24 人更改民族成分，在审核把关的基础上，为 94 名享受中、高考照顾政策的考生签署审核意见。成功处置突发回民事件 3 起，协调解决少数民族儿童上学 8 人次，维护民族领域和谐稳定。

【宗教活动场所建设】 6 月 28 日，总投资 2000 万元的南山寺藏经楼建设工程启动。11 月 29 日，西社庙举行圆通宝殿佛像开光仪式。12 月 26 日，西禅寺举行大雄宝殿落成暨大佛开光仪式。南山寺、香光寺、慈云寺通过省三星级档案室验收，南山寺、慈云寺被评为江苏省四星级宗教活动场所，香光寺、普昭禅寺、普缘寺被评为江苏省三星级宗教活动场所，香光寺、普照寺、普缘寺创建江苏省四星级宗教活动场所通过初步验收。

【宗教文化】 6 月 30 日，普昭禅寺举办首届“一叶禅”书画笔会，来自南京市书协、泰州市书协、南通市书协的 14 名书画名家参加盛会。8 月 3 日，南山寺举办万年宝鼎洒净活动。9 月 3 日，南山寺在通州塔内展开抗日书画展，并为逝去英豪念诵地藏菩萨本愿经。9 月 20 日，南通市区及通州、海门等地的部分书画家齐聚西禅寺，参加“重光墨韵”书画笔会，现场作品 80 余幅。10 月 13 日，江心寺举行由圣宇法师主讲、为期七日《地藏经》讲经法会，近 300 位居士信众前来听讲。10 月 20 日，由通州电视台制作的《觉正法师》专题片播出，该片以香光寺为背景，报道区佛教协会会长觉正长老的事迹。12 月 5 日，江心寺举行妈祖殿全堂佛像开光法会。12 月 13 日为全国第二个“南京大屠杀国家公祭日”，通州区各佛教寺院分别举行法会，为南京大屠杀死难者诵经祈福。12 月 24—25 日，基督教圣光堂、金沙教堂等堂点举行圣诞庆祝活动。全年发动宗教界人士和信教群众向社会困难群体祈福募捐，共筹集善款 9 万余元。尼泊尔地震后，各寺观举行法会，为尼泊尔人民祈福，现场募捐 2 万余元。

南山寺为尼泊尔举行祈福法会

【对外交流】 5 月 6 日，台湾圆照寺参访团一行 60 余人在住持敬定法师的带领下参访南山寺。9 月 1 日，区佛教协会组织区佛协副秘书长以上及各佛教场所负责人 23 人赴常州天宁寺、宝林禅寺和宜兴大觉寺参学。11 月 22 日，白龙禅寺监院隆学法师带领禹稷寺、白龙禅寺法师及信众代

台湾圆照寺参访团到南山寺

表一行54人前往苏州市灵岩山寺参学。

【违建寺观专项治理】 根据全市统一部署，6月起对全区197处违建寺观开展专项治理工作。在全面掌握违建寺观的数量、名称、建设时间、经费来源、占地面积、发起人、信众数量等情况的基础上，制定《2015年通州区专项整治乱建寺观工作实施方案》，成立违建寺观专项治理工作领导小组及相关督查小组，精心组织，全面推进。4月22日，市委统战部副部长、市民族宗教事务局局长马建清调研通州违建寺观治理情况。4月24日，区委、区政府召开非法宗教场所调查摸底工作会议。5月13日，市政协副主席、市委统战部部长殷雄调研通州违建寺观治理进展情况。6月23日，区委、区政府召开全区乱建寺观专项治理工作动员大会。至12月31日，完成规范管理1处，改作他用97处，拆除51处。

【宗教场所安全管理】 2月，召开全区宗教活动场所安全工作会议，邀请区消防大队作消防安全知识讲座，各宗教活动场所签订综治和安全建设责任书。会同区宗教团体对全区宗教活动场所开展防火、防盗、防事故为重点的安全隐患检查，邀请区消防大队进行夏季消防安全大检查，全年综合检查4次。积极落实宗教活动场所大型活动备案审批制度，全程派人跟踪服务，协调当地政府、公安、派出所及相关部门，为活动的前期准备、活动的安全进行提供保障，全年未发生安全责任事故。 （周建勇）

信访工作

【概　况】 2015年，全区信访工作以开展“信访工作基层基础提高年”系列活动为载体，深入推进信访工作制度改革，用新理念提出新思路，用新举措应对新情况，用新办法解决新问题，不断推动信访工作创新发展，以“事要解决”为核心，运用法治思维和法治方式推进信访问题化解，形成齐抓共管的信访工作大格局，依法信访的导向进一步树立，信访秩序更加规范。先后完成全国、省、市两会、省沿海开发战略会议、国家土地督察南京局督查组在通、江海国际博览会、省委巡视组来区巡视、十八届五中全会等期间的信访维稳工作任务。

【信访总量】 2015年，全区共受理群众来信来访1842件次，其中来信543件，下降（与上年相比，下同）18%，来访1299批8925人次，批次下降26%；发生越级上访213批2158人次，其中进京上访77批111人次，赴省上访66批227人次，去通集访70批1820人次；区领导接待信访群众164批772人次，化解信访问题79件；交办突出信访问题87件，化解62件，化解率71%；受理信访事项复查申请156件，其中立案受理形成复查意见28件，复查维持率达100%。

【阳光信访】 2015年，根据省市要求，在15个镇（区、园、街道）和42个区直部门深入开展“阳光信访”信息系统平台建设，先后开展两期业务培训班，实现办信、接访、网上投诉办理、督查督办等基本业务的全覆盖；实现信访信息全录入、业务全流转、数据全生成、办理全公开，全力打造网上信访主渠道。全年“阳光信访”信息系统共办理信访件1898件，其中来信618件，来访915件，上级交办件237件，领导信箱72件，网上投诉56件。

【夯实镇村信访工作基础】 2015年，区信访局帮助基层不断完善以“镇区信访接待站、村（社区）信访接待室、村组信息点”为核心的基层信访工作网络；年度内下基层督查指导34场次，协调处理跨地区跨部门问题19件；10月在局域网开通网上信访受理平台，让群众变走访为网上信访提供平台支撑；发挥村居第一防线作用，提高镇村干部信访工作的责任心和积极性，在全区238个村居、15个镇（区、园、街道）中开展无访村居、无访镇（区、园、街道）创建活动，共评定161个村居为无访村居。 （曹月青）

接待工作

【概　况】 2015年，通州区接待办主动适应新常态，树立新形象，贯彻落实中央八项规定、省市区委十项规定和通州公务接待有关规定精神，紧紧围绕区委区政府中心工作，充分发挥接待工作的服务和保障作用，为全区经济社会发展做出积极贡献。圆满完成政产学研国际合作（美国密歇根大学、天津大学）研讨会、中央电视台“童声里的中国”专场文艺演出、2015—2016年中国羽毛球俱乐部超级联赛江苏（通州）赛事、第四届江苏省青少年音乐暨"小茉莉花奖"声乐大赛、台商郭台铭到通州考察等重大活动的接待保障工作。先后接待驻滇全国政协委员通州考察团、全省党校系统"经济转型与产业升级"现场教学团、常州市溧水区党政代表团、扬州市江都区考察团、靖江市考察团等大型团队来通考察调研的学习交流活动。全年共完成接待任务162批4100人次。其中，中央及省部级领导11批150人次，外省县市宾客26批1010人次，省内（含省厅委办及院校新闻单位）和其他地区宾客105批2150人次，大型团队8批380人次，军队（含预备役）宾客6批190人次，其他宾客6批220人次。（蒋何鑫）

电子政务工作

【概　况】 2015年，区电子政务管理中心紧紧围绕全区中心工作和本部门年度目标任务，攻坚克难，全力推进，在政府信息公开、网站建设管理、政府信息化建设等方面取得一定成绩。

【"中国通州网"改版】 2015年，政府门户网"中国通州网"在坚持"公开、互动、服务"三原则的基础上，推出"两网两微一端"全媒体发布方式，通过网站、微博、微信、客户端等媒介，以图文并茂、即时传播的矩阵方式，全天候全方位发布通州资讯。通州市民通过网络可以方便地获取各种政府信息，查询各种解读文章，收集各种数据资料，做到随时随地可查、可知、可用。网站改版融通桌面与掌端，延揽图文并视听，从外观到内涵有了全新改变。新版"中国通州网"成为通州对外推介的最新城市名片。

【政务服务新平台】 为在互联网上建立区委区政府的"发布厅""工作室""服务站"，努力保持时时在线、天天在线，区电子政务管理中心进一步完善新闻发布、访谈直播、热线服务、网上办事、调查征集等功能，提高回应的有效性、针对性。通过建言献策、意见征集、网上听证等方式，公开向社会征求解决方案，构建网上"献智"文化。针对网上服务事项涉及面广、政策调整快的特点，利用政府网站改版契机，重点加强社会保障等12项主题服务的改造，和职能部门进行衔接，明确更新时效和格式规范，废止过时栏目和信息，建立动态更新机制。

【数据传输快车道】 2015年，区电子政务管理中心以优化协同办公、拓展系统应用、完善电子监察为重点，进一步提升电子政务工作程序化、规范化、透明化水平。以政府机构改革、市民中心启用为契机，重点建设区云计算中心项目和镇区园便民服务综合管理系统项目。通过对现有服务器的升级改造、云计算平台的扩容，建成统一分配管理、统一监控调度的数据中心。针对机构改革中政府部门职能变化情况，会同区纪委（监察局）做好权力阳光网上运行平台的整合、升级和改造，重点保证系统顺利平稳过渡。

【信息安全防火墙】 2015年，区电子政务服务中心坚持"积极防御、综合防范"方针，不断优化网络环境，全面提高信息系统安全防护能力。在做好委托第三方安全测评的同时，加强政府网站群的日常巡检，做好系统数据备份、安全补丁升级等各项安全措施，开展网站伪链、暗链、黑链的检测工作，防瘫痪防攻击；做好网站群服务器、部门网站服务器、应用系统的运行维护管理工作，定期做好系统软件及应用软件的升级维护工作。对行政中心机房进行部分改造，新增精密空调，淘汰老旧设备，升级网络设备，提升机房环境，做好电子政务外网的维护和管理工作。（季　璟）

地方志工作

【概　况】 2015年，通州区地方志工作以推进二轮修志工作为重点，相继完成《通州市志（1993—2009）》《通州年鉴（2015）》出版发行任务。其中，《通州年鉴（2015）》全书88万字，设34个篇目、233个分目、1000多个条目，正文照片74张。

【《通州年鉴（2013）》获省一等奖】 3月，江苏省政府办公厅发文通报第三届江苏省年鉴奖获奖年鉴，《通州年鉴（2013）》获市、县（市、区）综合年鉴一等奖，这是《通州年鉴》连续三届获此奖项。《通州年鉴（2013）》共设篇目34个，分目231个，条目1000余个，随文图片74幅，计91.6万余字，全面系统地反映2013年度通州区经济社会发展状况。该部年鉴装帧精美，语言简炼流畅，彰显地方特色。封面刊印"通州名人"朱理治铜像，并于封页刊载其生平简介，提升了通州文化底蕴。卷首公益彩版特设"通州好人"光荣榜，篇目"特载"中增设分目"通州好人"，记载社会影响较大的"通州好人"典型事迹，广泛宣传通州精神文明创建成果，体现了鲜明的年度特点和时代特征。全书除百科部类外，设有重要文件选编及文件目录索引、统计资料、荣誉栏等，资料性条目占有较大比重；"附录"内容贴近群众生活，可读性更强。

【《通州市志（1993—2009）》出版发行】 6月，《通州市志（1993—2009）》由中国文史出版社正式出版发行。该志为《南通县志》的续志，修编工作历时8年，记述时限上起1993年1月，下限断至2009年7月通州撤市设区。全志设33篇、196章、777节，共221万字，目录中英文对照，分上、下两册，是一部集自然、政治、文化和社会历史的资料性著作，主要由地理、政区、人口与计划生育等篇目以及综述、大事记、附录等部分组成，充分展示通州市的自然与社会、政治与经济、文化与历史的崭新风貌，客观反映通州市社会变迁和改革开放所取得的辉煌成就。该志的出版对于传承历史文化、弘扬精神文明、建设文化强市、助推通州现代化建设，具有不可替代的重要意义。（陈　菊）

档案工作

【概　况】 2015年，区档案局紧紧围绕区委、区政府中心工作，以新馆启用为契机，强化服务理念，创新服务方式，充分发挥档案工作“资政、惠民、育人”作用，圆满完成年度各项目标任务。荣获“十二五”期间全省档案工作先进集体、全省档案宣传工作先进集体荣誉称号，建成江苏省中小学档案教育社会实践基地，档案文化主题展示厅获全省档案文化精品二等奖。

提升全社会档案意识。2015年，区档案局以新馆启用为契机，全面提升全社会档案意识，提高档案工作的社会影响力。一是举办通州区第二届档案夏令营活动。二是开展“国际档案日”系列宣传周活动。活动围绕“档案——与你相伴”主题开展征文活动；送档案文化进社区、进校园；设立档案文化流动展厅，向居民、学生发放《家庭建档指导手册》《档案利用实例》等宣传画册，普及档案文化知识。三是举办通州区首届学生成长档案大赛活动。四是成功创建省级中小学档案教育社会实践基地。区档案馆努力创新服务机制，加强档案资源建设，充分挖掘馆藏档案的历史内涵和文化底蕴，把档案工作与开展爱国主义教育、加强青少年德育教育相结合，通过建立馆、校合作机制，开展形式多样、内容丰富的活动，对广大中小学生进行爱党、爱国、爱家乡教育，取得良好社会反响。10月成功创建省级中小学档案教育社会实践基地。

推进特色重点工作。一是全面铺开镇区园、机关档案接收进馆工作。2015年，区档案局将资源建设作为特色重点工作加以推进，全面启动镇区园、机关文书档案进馆工作，实行纸质档案和电子档案同步移交，共计接收76家单位113个全宗的纸质档案38988卷、359636件。电子数据包括案卷级目录37432条，卷内目录626653条，件盒级目录240250条。二是加快推进档案信息化建设。2015年，区档案局加大软、硬件设施投入力度，一期完成馆藏案卷级、文件级目录数据库建设，馆藏存量档案全文数字化达723万页。同时还将馆藏部分珍贵档案及旧报合订本送省档案局数字中心进行不拆卷数字化加工。三是围绕中心，服务民生能力得到新提升。区档案局充分发挥档案行政管理职能，主动介入镇区行政区划调整工作，区档案馆负责接收撤并机关档案室移交的纸质和电子档案；对撤并机关所有公章接收并封存；监督事业站所相关档案的对口移交。大力推进农村土地承包经营权确权登记颁证档案管理工作。做好重大建设项目档案管理登记工作，切实提高重大建设项目档案管理者的业务水平和实际操作能力。推动通州区宗教场所档案工作规范化建设。

【档案文化主题展示厅对外开放】 7月，档案文化主题展示厅正式对外开放，该展厅占地450平方米，分档案面貌、档案管理、档案资治三大篇章，运用丰富、珍贵的档案资源，利用翔实的历史资料、实物仿制展品，全面展示通州的江海风韵和历史印记，充分反映悠久的档案文化历史、国史、党史、通州史。展厅实行敞开式服务，市民可在工作日进入参观，真正发挥档案的育人功能。12月，该展厅获全省档案文化精品二等奖。

档案文化主题展示厅向社会开放

【第二届档案夏令营活动】 7月29—30日，区档案局精心部署，策划举办通州区第二届档案夏令营活动。活动主题为：走进档案、了解历史、圆梦未来。通过组织青少年学生参观档案文化主题展、智能化档案库房，亲自体验查档、调档过程，现场观摩、动手参与档案数字化加工，学习成长档案、家庭档案有关知识及现场有奖档案知识竞答等活动，丰富了学生的暑期生活，增强爱国、爱党、爱乡情怀，充分发挥档案馆的育人功能和公共服务职能。

【首届学生成长档案大赛活动】 6—8月，为进一步增强全社会的档案意识，扩大档案工作的社会影响力，引导学生从小树立档案意识，区档案局举办通州区首届学生成长档案大赛活动。在报名参赛的50名学生中挑选出32名，经集中统一指导，孩子们亲手制作、整理自己的成长档案。大赛将评选出的“十佳成长档案”在档案馆底楼大厅展出，并设置一、二、三等奖进行表彰。

【省级中小学档案教育社会实践基地创建】 10月20日，由省档案局、省教育厅组成的中小学档案教育社会实践基

区档案局举办首届通州区学生成长档案大赛活动

地创建联合考评组对通州区档案馆的创建工作进行考评验收。在听取情况汇报、现场察看、检查台账后，考评组一致认定通州区档案馆创建工作领导重视、软硬件设施到位、工作扎实、活动内容丰富多彩，达到中小学档案教育社会实践基地验收标准，以96.5的高分通过省级中小学档案教育社会实践基地验收。

【镇区园、机关档案接收进馆】 2015年，区档案馆新馆启用后，全面启动通州区有史以来规模最大、接收档案数量最多的镇区园、机关文书档案进馆工作，进馆实行纸质档案和电子档案同步移交，将各镇区园、区直部门保存的2010年以前形成的永久、长期(30年)纸质文书档案进行全文数据扫描。区档案馆严把档案进馆质量关，组成多个质量检验小组，对进馆单位的档案逐卷检查、逐件审核，电子目录逐条核对，对不符合质量要求的实行限期现场整改，整改验收通过后方可办理移交手续。计划接收的76家单位113个全宗全部接收完毕，共计接收纸质档案36943卷、237901件。电子数据包括案卷级目录37432条，卷内目录626653条，件盒级目录240250条。

全面完成机关、乡镇档案接收进馆工作

【查档服务大厅对外开放】 11月底，区档案馆服务大厅正式对社会开放。大厅集档案利用服务中心、政府信息公开查阅中心于一体，便捷的查档系统及馆内档案目录的准确完善，为群众办事节省大量时间。短短一个月共接待500余人次，其中提供有效利用400余人次，充分体现区档案馆的公共服务功能。群众为办理银行贷款、领取房产证、户口迁移等事项，前来查阅自己的婚姻档案。通过网络电子查档系统，从登记到出具档案证明，整个过程平均只需五分钟便可完成。 (赵冬梅)

行政审批工作

【概　况】 2015年，通州区政务服务中心进一步加强政务服务体系建设，不断深化行政审批制度改革，提升行政服务水平，提高行政审批效率，不断巩固"三集中、三到位"工作成果，积极为企业、群众提供优质、快捷、高效服务。中心各窗口全年共受理并办理各类行政审批、许可、服务事项140.17万件。其中工行办件量为4.52万件、财政局办件量为1.03万件、气象局办件量为140件、经信委办件量为164件、散装水泥办办件量为95件、房产监理所办件量为6.18万件、住建局办件量为590件、规划分局办件量为355件、国土分局办件量为2693件、人防办办件量为25件、发改委办件量为346件、商务局办件量为2420件、建工局办件量为59件、城管局办件量为1007件、安监局办件量为143件、国税局办件量为16.66万件、地税局办件量为36.64万件、卫计委办件量为1343件、交通运输局办件量为2.39万件、环保局办件量为318件、农委办件量为193件、公安局(治安)办件量为7.68万件、公安局(出入境)办件量为3.13万件、文广新局办件量为42件、消防大队办件量为285件、墙改办办件量为111件、水利局办件量为16件、市场监管局办件量为1.60万件、烟草局办件量为3449件、民政局办件量为1.26万件、公积金中心办件量为1.91万件、价格认证中心办件量为829件、人社局(就业中心)办件量为8.38万件、人社局(医保中心)办件量为18.97万件、人社局(人才中心)办件量为3100件、审图中心办件量为138件、人社局(企保中心)办件量为9.09万件、人社局办件量为3802件、联通公司办件量为3558件、移动公司办件量为4581件、公交公司办件量为3496件、电信公司办件量为1.07万件、自来水公司办件量为8.96万件、华润燃气办件量为6.18万件、农村产权交易中心办件量为218件、有线电视办件量为4961件、新农合办件量为6470件、高新区办件量为163件。

【改革创新】 2015年,为进一步深化行政审批制度改革,围绕全区招商引资、项目建设,更好地服务项目、服务民生,区政务服务中心在全体进驻部门(单位)中开展"改革服务创新年"活动,各部门在简化审批流程、缩短服务时限、提高服务效能等方面积极探索改革服务创新项目。供水供气设5个"水气一窗式"服务窗口、就业和医保设4个"社保综合缴费"服务窗口,减少群众缴费排队等待次数;地税窗口实行"容缺受理",允许基本符合条件的纳税人"先办后补",省、市、区新闻媒体分别进行采访报道;财政局窗口将会计证换证5个工作日和新发证10个工作日缩短为当场办结、医保简化长期居住外地异地就医手续等10项改革服务创新项目全部实施完成。

【三证合一】 2015年,区政务服务中心积极谋划推行"三证合一"(工商营业执照、组织机构代码证、税务登记证)登记管理工作,通过整合原区工商局、区质监局、国税分局和地税分局等窗口,成立"三证合一"综合窗口。5月20日,通州区发放首张"三证合一"执照并率先在全省镇、区、园基层便民服务中心推行"三证合一"登记工作。10月,通过改造升级各部门业务系统,实行"一窗受理、互联互通、信息共享",顺利实行"一照一码"(工商部门核发加载统一代码的营业执照)登记改革,实现市场监管、国税、地税同步受理、同步审批、同步发照的高效优质集约型审批方式。

【行政审批中介服务】 9月,区政府出台《关于加强行政审批中介服务机构监督管理工作的意见》,按照依法界定、厘清事项,明晰职责、强化监管、市场优先、有序竞争的原则,明确区政务服务中心从中介服务事项名称、设定依据、收费标准、办理程序以及是否指定中介服务单位等方面对进驻部门在行政审批中介服务情况进行全面调查摸底,促进行政审批中介服务市场的健康有序发展,进一步缩短行政审批周期,提升行政审批服务效能。

【区行政审批局成立】 2015年,按照《关于通州区相对集中行政许可权改革试点方案的批复》(通办发〔2015〕75号)精神,南通市通州区人民政府《关于设立南通市通州区行政审批局的通知》(通政发〔2015〕23号),设立南通市通州区行政审批局,为通州区政府工作部门,区政务服务中心与其实行一套班子、两块牌子。将市场准入和投资建设两大领域涉及到的区政府办(人防办)、区发改委、区环保局、区住建局、区文广新局、区商务局、区安监局、区服务业发展局、区市场监管局、区卫计委、区经信委等部门的部分行政许可事项(含行政其他事项)72个事项,统一划入区行政审批局。国土分局、规划分局等部门涉及两大领域的11个行政许可事项全部进驻区行政审批局,实行统一办公。同时,从各部门选调39名工作人员,按照"编随事走、人随编走"的原则划转到行政审批局。12月27日,全区召开相对集中行政许可权改革试点工作动员会,12月28日,行政审批局对外运行,实行"一枚印章管审批"。 (苏晓容)

公共资源交易管理工作

【概　况】 2015年,通州区公共资源管理办公室以"依法透明、廉洁高效"为工作原则,树立"您的放心是我们的追求、您的满意是我们的目标"工作理念,确立"12345"发展思路,全面深化公共资源交易工作改革,队伍建设、服务能力、监管水平、社会影响不断提升。全年完成交易项目2474项,交易额61.26亿元,节约资金16.28亿元,节约率21%,其中工程类项目959项,交易额54.07亿元,节约资金14.78亿元,节约率21.47%;采购类1515批次,交易额7.19亿元,节约资金1.50亿元,节约率17.28%。镇级完成交易项目1611项,交易额1.36亿元,节约资金2450万元,节约率15.4%。

【管办分离】 3月16日,成立通州区公共资源交易管理办公室及通州区公共资源交易中心,公共资源交易管办分离制度正式实施,按照"一委一办一中心"的管理模式运行:"一委"即区公共资源交易管理委员会,主要履行负责公共资源交易重大问题的决策、重大事项的协调和领导工作;"一办"即区公共资源交易管理办公室,主要履行公共资源交易过程中的监督、管理职责;"一中心"即区公共资源交易中心,主要履行的是服务职能。运行模式实行严格的"管办分离",明确"公管办"和"交易中心"的职能定位,人员、职责、财务相分离,改变过去既当"裁判员"又当"运动员"的双重角色,从制度上保障公共资源交易过程中的合法性和结果的公正性。

【一网四库十系统】 2015年,区公管办改版升级门户网站,建立完善的专家库、信息库、诚信库和监督员库,建立健全工程招投标、政府采购、产权交易、围标串标对比等10个子系统,建设手机版公共资源交易网站,为社会提供方便快捷的信息和服务。

【开评标分段管理】 制定规则与流程,实行项目注册登记、文件审核、开标服务、评标监管分段管理,使监督与服务彻底分开;开辟专家专门通道,专家通过两道指纹系统签到进入评标区,杜绝与投标人照面;统一保管通信工具,评标区所有人员通信工具统一收缴,完全隔离与外界的联系;限制人员进入评标区,仅限招标代理或业主代表一人进行入评标区,减少人为干扰评标过程。

【社会监督员】 2015年,区公管办分两批聘请126名社会监督员，参与开标、评标全过程监督，现场监督工作人员政风行风情况，全年监督项目326个418人次，参与明察暗访8次16人次，增加招标投标透明度，提高公信力。

【标后监管】 2015年，区公共资源管理办公室出台《关于加强政府投资工程建设项目标后监管实施办法》，与区住建局、区交通局、区水利局等行业主管部门建立定期会商、信息交流、联合执法检查等制度，积极开展标后联合检查活动，严肃查处违法违规行为，保障政府投资工程顺利实施。

（姜敏敏）

机关事务管理工作

【概　况】 2015年，区机关事务管理局把提高服务保障水平作为机关事务管理工作的出发点和落脚点，围绕全区中心工作，在服务提质、资产管理、节能降耗等方面取得新成效。

【安全保障工作】 2015年，区机关事务管理局以安全管理为重点，狠抓监管落实。定期组织安全检查，及时发现、排查安全隐患；加强行政中心、市民中心秩序管理，认真审核换发车辆通行证，下发行政中心人员出入证，做好内、外部车辆分流工作；召开驻行政中心各单位办公室主任会议，举办消防安全培训，提升各单位工作人员安全意识；加强安全、消防监控管理，提高人防技防水平，提升保安队员职业资格证书持证率，及时整改设施设备存在的问题；加强信访管理，处理上访878批8300人次，其中50人以上35次，100人以上21次；加强监督考核，严格执行《行政中心保安队员考核办法》和《市民中心物业管理考核办法》，赏罚分明，提升保安队员工作积极性。

【国有资产管理】 2015年，区机关事务管理局以清理办公用房为突破口，提高资产管理能力。重点做好机关办公用房复查工作，成立督查组，严格检查区级机关、乡镇超标准办公用房清理情况，确保全区超标准办公用房整改到位；严格执行《党政机关办公用房建设标准》，挖掘房屋使用潜力，加大统筹管理力度，根据部分机关部门办公用房使用需求和机构改革情况，制定办公用房调配使用方案并推动搬迁到位，盘活房产资源。加强车辆编制管理，严格控制全区一般公务用车总编制，认真执行车辆配备标准，规范审批流程。配合纪检监察部门实行节假日和非工作期间公车集中停放和使用报备制度，要求所有公务用车（除值班车辆），非工作时间一律实施封存，行政中心院内的车辆停放在各单位指定停车场，在外单位的车辆停放在各自的办公地点内，不得开回驾驶人员的住地停放；做好40辆新能源汽车推广工作，制定车辆推广计划，做好新购车辆审批入编工作，同时积极探索研究新能源汽车配备更新、日常使用、处置等配套管理制度。

【公务用车制度改革】 2015年，区机关事务管理局在全区机关单位启动公务用车改革。严格遵守车改基本政策，认真划定参改机构、人员、车辆范围，对车改范围内的镇区园街道、各部门、各单位的公务用车、人员、费用等信息进行反复审核，全面掌握一般公务、执法执勤用车运行使用情况，结合实际制定公务交通补贴标准。按照保留车辆控制性规模制定具体管理办法，牵头制定司勤人员安置、拟取消车辆停驶封存和处置方案。反复研究车改工作中遇到的具体问题，通过采取派驻服务、建立保留车辆统一集中管理平台等方式，为公务出行提供保障。加强监督检查，按要求规范逐步实施保留车辆统一标识、固定号牌、安装卫星定位系统。12月下旬，车改进入具体实施阶段。12月31日，在各参改单位现有总计742辆车中，封存387辆，公务用车制度改革工作基本完成。

【后勤服务】 2015年，区机关事务管理局提升行政中心食堂管理水平，在市民中心投入使用导致就餐人员增加的情况下，采取错时就餐的方式有效缩短排队打饭时间；根据季节变化，增加水果、粗粮；实行"每周菜谱早知道"，在机关网站公布菜谱。做好"一馆三中心"后勤保障。把市民中心服务保障作为工作重点，集中力量做好安全保卫、资产接收、物业管理工作，为中心的正常运转提供坚实保障。根据各单位使用需求，坚持"厉行节约、合理配置、力求实用"原则，做好办公家具二标段的采购安装验收工作；派驻工作组，提前介入、主动参与，做好妇儿中心、图书馆、文博中心启用准备工作。加强安全保卫管理，对安保人员严格要求，做好秩序维护、巡逻检查，保障中心安全运转。

【机关财务服务】 2015年，区机关事务管理局做好统管单位的经费结报、财务记账、报表编制等日常性工作，按要求做好预算编制、预算执行、经费分析工作；做好财务公开，接受财务监督，定期向各单位公布经费预算的收支及执行情况，在财务网站上提供工资、费用支出明细、预算指标、项目支出明细、个人就餐卡消费明细等数据；严格执行财务制度，遵守财经纪律。认真落实政府采购制度、重大支出申报制度，加强财务管理工作，为机关各单位的正常运转提供财务保障。

【公共机构节能管理】 2015年，区机关事务管理局做好市民中心节能优化升级工作，以"被动式"节能技术为主、"主动式"节能技术为辅原则，市民中心灯光照明系统、空调系统、太阳能光伏系统、雨水回收再利用系统等达到国家二星级绿色建筑水平，是年，市民中心被评为江苏省公共机构节能示范单位；开展能源资源消耗统计工作，借助节能管理系统平台进行能耗数据、基础信息核查，并及时调整完善公共机构名录库；开展全区公共机构节能宣传周活动，采取多种形式普及节能常识，加强宣传教育，开展"全国低碳日"活动，推广节能节水新技术；通过加大宣传教育、健全监督机制、完善管理制度、开展节能改造、狠抓示范单位创建等方法，公共机构节能管理水平取得新提高，全区公共机构人均综合能耗同比下降3.6%。

（王鑫刚）

政协通州区委员会

Tongzhou District Committee of CPPCC

编 辑 杨王军

综 述

【概 况】 2015年,通州区政协把握团结民主主题,将稳增长、促转型作为履职主线。围绕经济转型升级、法治建设、规划编制和城乡统筹等议题积极建言献策,主动作为,牵线搭桥促成一批项目落户。发挥政协工作优势,利用提案、调研视察、反映社情民意、走访等形式体察民意、化解民忧。做好维稳和增进团结工作,通过与民主党派协商共事、扩大联谊交往等,增强凝聚力和影响力。聚焦服务基层,加强队伍建设,以开展"三严三实"专题教育活动为契机,搭建学习平台,活跃委组活动,改进制度建设和机关作风,以提升政协工作科学化水平。

重要会议

【区政协十二届四次全体会议】 1月14—16日,政协通州区十二届委员会第四次会议在区行政中心举行,由区政协十二届委员会常务委员会主持并召集。区委、人大、政府和区纪委、人武部、法院、检察院领导,历届区人大、政协的老领导,区机关部门、单位负责人,镇(区、园)统战委员及省、市政协委员和有关特邀人士应邀出席。会议听取和讨论区委书记宋乐伟所作的重要讲话,听取和审议施辉所作的常委会工作报告和王沈康所作的提案工作报告。会议选举顾建军为政协南通市通州区第十二届委员会副主席,韩建为政协南通市通州区第十二届委员会秘书长,孙锦华、易天明、顾标、黄剑豪为政协南通市通州区第十二届委员会常务委员会委员。会议期间,委员通过协商讨论、提交提案和反映社情民意信息等形式,围绕区重点工作及群众普遍关心的热点、难点问题献计献策,部分委员作大会发言。与会委员列席区十五届人大四次会议,听取并讨论区长陈永红所作政府工作报告和其他有关报告。审议通过《中国人民政治协商会议南通市通州区第十二届委员会第四次会议决议》,听取提案审查报告。会议表彰2014年度承办政协提案先进单位、先进个人、优秀提案、政协工作先进集体和优秀个人。

【区政协十二届十三次至十七次常委会议】 1月13日,区政协召开十二届十三次常委会议第一次会议。会议协商通过增补区政协十二届委员名单、有关人事任免、区政协十二届四次会议日程(草案)以及其他事项。会议由区政协副主席、党组书记施辉主持。1月14日,区政协召开十二届十三次常委会议第二次会议。会议听取区委常委、组织部长桑建美关于政协南通市通州区第十二届委员会第四次会议副主席、秘书长和常务委员候选人协商名单说明。会议协商区政协十二届四次会议选举办法(草案)。会议由区委书记、区政协主席宋乐伟主持。

4月16日,区政协召开十二届十四次常委会议。会议围绕"加快发展现代服务业,推动产业转型升级"课题,听取省委党校教授孙月平所作现代服务业发展专题讲座。区政协副主席季平主持会议。

7月1日,区政协举行十二届十五次常委会议,专题协商"加快发展现代服务业,推动产业转型升级"课题。会上,3个调研组从发展生产性服务业、生活性服务业、文化产业等方面进行交流,并介绍先进地区经验和做法。组织全体政协常委参观南通国际家纺城电商园、科技新城、空港产业园、绿博园等现代服务业项目,会议协商通过调整和撤销有关区政协委员名单。区政协副主席葛涛主持会议,副区长张兴国出席会议并讲话。

9月30日,区政协召开十二届十六次常委会议,对区城管局工作情况进行民主评议,协商通过区政协《对区城管局工作情况民主评议的意见》。听取区城管局主要负责人就做好城管工作、落实整改措施作表态发言。机关党派团体组成调研组，结合城管工作，围绕“违法建筑管控、小区环境治理、城乡环境长效管理、数字城管提档升级”等4篇调研报告进行交流。

12月24日，区政协举行十二届十七次常委会议。听取区政府关于政协提案办理情况通报，协商通过区政协“两个工作报告”及召开区政协十二届五次会议等决定。区委常委、副区长刘克勇代表区政府作关于区政协提案办理情况通报。是年，区政府共接到交办提案251件，所有提案均按时办结。办复提案中，已解决或基本解决的161件，占承办总数64.1%；正解决或列入计划逐步解决的81件，占承办总数32.3%；因条件、政策所限一时难以解决或留作参考的9件，占总数3.6%。会议协商通过调整区政协委员名单和区政协十二届五次会议常委分工轮值建议名单、秘书处成员建议名单、委员讨论组召集人建议名单。区政协副主席顾建军主持会议。

区政协举行十二届十七次常委会议

重要工作

【关注改革发展】 围绕稳增长、促转型主线，为推动全区经济社会发展出谋划策。探索转型升级路径。把“加快发展现代服务业、推动产业转型升级”课题作为协商议政重点，形成调研报告3篇和考察报告1篇，在此基础上召开区政协十二届十五次常委会议，形成建议案，先后就重大项目建设、工业化与信息化“两化融合”、科技创新和人才工作、乡村旅游业发展、节约集约利用土地等课题进行协商。聚焦法治建设。选择“营造尊法学法守法用法社会环境，推进法治通州建设”课题开展季度协商座谈活动，围绕“六五”普法工作和新安全生产法、新环保法贯彻实施情况进行视察，提出意见建议。建言规划编制。围绕“我为‘十三五’规划献一计”主题举办“委员论坛”活动，组织党派、团体、界别及基层工委，围绕智慧城市建设、家纺产业电子商务等课题调查研究，形成调研报告24篇，参与南通市“十三五”规划方案意见征求工作。助力城乡统筹。对区城管局开展民主评议，并作为民主监督重点。将发展壮大村级集体经济作为季度协商重点课题，形成调研报告和协商意见，报送区委、区政府，就全区交通重点工程推进、安置房建设、体育产业发展和完善养老体系等开展专题视察调研。

【聚焦民生热点】 运用调研、视察、提案、社情民意等手段，为改革发展和民生改善履职尽责。注重提案工作。强化政协主席会议集体督办、区领导现场督办、专委会对口督办等多项提案办理制度。开展提案办理“回头看”，完善跟踪协商，推进22件重点提案办理落实。会同区“两办”召开提案办理督查推进会，开展提案会商活动，在全省政协系统率先制定《提案办理协商实施办法(试行)》。开展调研视察。将实施农村河道整治三年行动计划作为协商调研重点，通过专题调研、专题建言献策会、专题视察等形式推动工作。就学前教育改革发展、气象为农服务、高层次人才培育等20个课题进行视察调研，为解决热点问题献计。反映社情民意。利用座谈协商、委组活动、来信走访等途径，广泛收集社情民意，全年共收集社情民意信息110多条，编辑《社情民意专辑》10期，区主要领导每期即阅即批，其中“加强南山湖公园流动摊点管理”“关注困境未成年人”等建议得到采纳。开展走访活动。结合“三严三实”专题教育活动，开展走访政协委员和实体经济发展情况调研。发挥联系广泛、渠道畅通政协优势，引进省工商联与德国高级专家组织(SES)合作的国外智力项目。

【促进团结民主】 发挥政协优势，重点做好维稳和增进团结工作。协商共事。为各民主党派、工商联、无党派和社会各界人士创造协商空间，优化议政条件。组织专委会、基层工委与各党派团体，围绕科技创新、转型升级、生态建设等27个课题开展合作调研。邀请各党派团体、各阶层人士参与提案督办、行风监督、民主评议、对口协商等咨政监督活动。联谊交往。组织澳大利亚雇主工商总会通州行活动，邀请港深两地企业家、国有企业负责人、通州籍在外企业家到通州交流考察。承办江苏沿海十四县(市、区)政协工作研讨会第四次会议，参加长三角地区十三县(市、区)政协工作研讨会。协助省市政协就旅游产品开发、养老体系建设、科技中介等课题开展视察调研。发挥文史功能。整理出版《通州文史》第18期，12万字，整理《老照片—通州记忆》史料。张謇研究会以“张謇地方自治与社会治理思想”为专题，开展学术研讨，做好会刊《謇园》征编、出版工作。政协书画摄影联谊会围绕“抗日战争胜利70周年”主题组织活动。服务基层。参与挂钩镇项目建设、“三解三促”、信访包案等重点工作，加强重点信访人员思想疏导，帮助化解矛盾，加强与民族宗教人士、“三胞”眷属和新社会阶层等群体联系沟通，开展新生代非公经济人士调查登记、学习培训等工作。

【强化自身建设】 以开展“三严三实”专题教育活动为契机，坚持强素质、树形象，夯实政协工作基础。多形式学习。区政协党组开展“三严三实”专题教育活动，取得成效；组织委员参加情况通报会、专题报告会、工作座谈会、委员学习日等活动，听取专家讲座和全区经济社会发展情况通报，接受党风廉政教育；制定《委员学习安排意见》，编发《学习资料》4期10万字，丰富政协网站内容。活跃委组活动。加强主席会议对界别工作领导，优化委组结构，专委会、基层工委、联络组开展视察调研、建言献策、对口联系等活动。各党派团体、相关界别开展健康服务同心行、传承传统文化、牵手乡村小学等活动。创新工作机制。完善特邀成员管理、专委会对口协商、季度协商座谈会、提案办理协商等制度，推动协商民主制度化、规范化、程序化建设。抓机关作风。参与文明城市创建、“党员干部进社区等活动，学习贯彻廉洁自律准则和纪律处分条例，精简各类会议文件，弘扬政协机关勤政节俭优良作风。 （孙崇兰）

通州名人选介之三

陈实功

陈实功（1555－1636）字毓仁，号若虚，别号“六和堂主人”。明代通州人。家境宽裕，但幼年多病，乃萌发以医药济世的想法。稍长，改习儒为学医。毕生致力于外科医疗，精益求精，往往手到病除，并首创气管缝合、鼻息肉摘除、下颌脱臼整复、脱疽切指、枯痔、痔瘘挂线等手术。他悉心钻研，集传统医学之大成，认真总结外科临床经验，于明万历四十五年（1617年）秋完成《外科正宗》一书的著述，计4卷、4门、157目。全书首先论述痈疽的病源、诊断和治疗，继而分论各种外科病理、症状和治疗方法，并附以典型病例；最后介绍各种炼药的方法。该书在中医外科古籍中，以“列症详、论治精”著称。他注重医德，立有“五戒”“十要”，举凡热情关怀病人、恤贫念苦、不接受病家馈赠，以及为妇女看病须有其亲人在场等，俱在规条之列，并身体力行。为人谦恭，助人为乐，赡养清寒族人13家；为家乡修山路，造石桥，设养济院，置义田，焚借据，贩饥寒，施棺木等，义举不可胜数。崇祯九年（1636年）逝世。通州人感其德，建“陈公祠”表示纪念。《外科正宗》一部为其遗著。清乾隆五十六年（1791年）该书传至日本，后又传至朝鲜等国，被国外医学界推崇为“世界最早成文的医学道德法典”。遗物另有青瓷乳钵1只，为国家一级文物，现存南通市博物馆。

（引自《南通县志》人物传第1187页）

纪检监察

Discipline Inspection an Supervision

编　辑　阚新华

综　述

【概　况】 2015年，全区各级纪检监察机关全面履行党章赋予的职责，强化监督执纪问责，深化纪律检查体制改革，抓好各项重点任务落实。坚决挺纪于前，组织学习贯彻新修订的《廉洁自律准则》和《纪律处分条例》。履行党风廉政建设监督职能，推动各级党组织和纪检组织落实“两个责任”。以落实中央八项规定和省市区委十项规定精神为重点，持续发力加强监督检查，严查快办顶风违纪行为，深入纠治群众身边“四风”和腐败问题。以“零容忍”态度惩治腐败，完善反腐败协调机制，加强案件监督管理，扎实开展督导巡察。推进源头治理，广泛开展反腐倡廉宣传教育，弘扬“古沙清韵”廉政文化。扎紧制度笼子，全面实施领导干部党风廉政动态信息监管制度、干部任职前廉政审查制度、廉情约谈暂行办法。加快推进“三转”，出台纪律检查体制改革实施方案，调整委局机关内设机构，规范镇区园街道纪委（纪工委）书记分工，在派驻机构全覆盖的基础上推出报告工作、定期约谈、述职述廉、责任追究等派驻纪检组长管理新机制。深入开展“三严三实”专题教育，加强机关工会、机关党委、机关妇委会建设，成立内部监督委员会，加强纪检监察干部队伍建设。

【区纪委十一届五次全体（扩大）会议】 2015年2月12日下午，中共南通市通州区第十一届纪律检查委员会举行第五次全体（扩大）会议。会议深入贯彻十八大和十八届三中、四中全会精神，学习习近平总书记重要讲话和上级纪委全会精神，研究部署2015年通州区党风廉政建设和反腐败工作。

区委常委、区纪委书记虞越嵩作题为《担当全面从严治党依规治党的政治责任，推动党风廉政建设和反腐败工作迈上新台阶》的工作报告。报告回顾总结2014年全区党风廉政建设和反腐败工作，研究部署2015年工作任务。通州区委书记宋乐伟到会并讲话。全会要求全区各级纪检监察组织和纪检监察干部要以党的十八大和十八届三中、四中全会精神为指引，认真贯彻习近平总书记系列重要讲话精神和对江苏工作的最新要求，按照中央纪委五次全会部署，坚持全面从严治党、依规治党，严明政治纪律和政治规矩，深化纪律检查体制改革，深入落实“两个责任”，持之以恒改进作风，坚决遏制腐败蔓延势头，坚定不移推进党风廉政建设和反腐败工作，为通州区奋力走在苏中新一轮发展前列提供坚强保障。

出席会议的有区纪委委员15人，列席会议的有各镇区园纪（工）委书记，区委各部委办、区各委办局、垂直管理部门（单位）、区各直属单位分管负责人（纪委书记、纪检组长），区管企事业单位纪委书记，区纪委、监察局各室（中心）主任。

区纪委五次全会

主要工作

【坚持纪在法前】 认真学习贯彻新修订的《中国共产党廉洁自律准则》和《中国共产党纪律处分条例》，围绕严守党的纪律主题，区委主要领导给全区党员干部上"守纪律、讲规矩"专题党课，组织召开全区警示教育大会，将党纪党规列入任前廉政知识测试的重要内容。全区各级党组织把两部党内法规纳入中心组学习、党课教育内容，广泛组织专家辅导、专题讨论。坚持纪比法严，对信访举报、专项检查、督导巡察等工作中发现的问题线索实行集中管理，定期梳理排查、研究分析，严格按照五类标准确定处置方式。坚持从严执纪，用好执纪监督"四种形态"，对存在苗头性、倾向性问题的党员干部函询5人(次)，进行批评教育、提醒谈话、诫勉谈话等处理40人(次)，对反映失实的予以澄清了结，让有反映的干部讲清问题、认识错误、及时改正。对问题较严重的作出党纪处分和组织处理，党纪轻处分208人、重处分42人，党纪轻处分占比83.2%。

【"两个责任"落实】 为强化责任意识，到镇区园街道走访约谈20人(次)，对派驻纪检组组长全面实施"工作约谈"，并与驻在单位一把手约谈23人(次)。结合实际制定镇(区园街道)及机关部门责任制考核各41个指标，将基层单位党员干部纪律建设纳入党风廉政建设责任制考核的重要指标，按照时间节点有序推行巡查、点评、交办、测评。由区委常委、党员副区长对带队对17家部门和单位落实"两个责任"等情况进行督查，年底对各镇(区园街道)、各部门和单位落实情况全面开展检查考核。坚持对"两个责任"履行不到位的实施"一案双查"，21人因主体责任落实不力、3人因监督责任落实不力被问责。

【持续正风肃纪】 坚持"制度严管、组织监管、社会共管、科技协管"，打造干部监督"四管"机制：严格落实中央八项规定、省市区委十项规定精神，推行《党员领导干部操办婚丧喜庆事项监管制度》；完善正风肃纪工作机构，采取明查与暗访相结合、专项督查与综合检查相结合、上门检查与受理举报相结合的办法，定期开展作风建设监督检查；调整监督员队伍，优化组成结构，提高成员代表性；以全天候、多方位、宽领域为目标，采取在媒体开辟正风肃纪专版，公布举报途径等方法，增强作风建设监督合力；借助网络监控、暗访摄像等科技手段，对公款吃喝、公车私用、工作纪律、窗口服务、执法行为等开展常态化督查。以公务用车使用管理为重点，组织59个暗访小组对121个场所进行检查，开展"反浪费反奢侈""小金库""违规吃喝"、收送节礼专项检查3轮，发现问题41个，督促落实整改措施29条，完善制度13项。紧盯元旦春节、中秋国庆等重要节点，开展作风建设专项督查。及时组织核查群众信访举报、职能部门移送、媒体曝光反映的问题线索，严肃查处公款大吃大喝、公款旅游、公款购买赠送年货节礼等违纪违规问题，党纪政纪处分5人(正科级干部2人)，诫勉谈话4人(副科级干部2人)。

【群众身边"四风"和腐败问题纠治】 在全区全面开展纠治群众身边"四风"和腐败问题专项整治工作，集中查办、督查督办基层干部在土地征收流转、"三资"管理、惠农补贴、扶贫救济、低保资金管理使用、城市拆迁改造等6个方面的问题，追究党纪政纪责任44人。

【纪律审查】 全年组织审查案件302件，其中科级领导干部46件，党纪政纪处分297人，移送司法机关11人，查处百万元以上案件6件，挽回经济损失3777万元，在全市纪律审查"三位一体"综合评比中名列前茅。既坚决查处了一批有影响的领导干部严重违纪案件，也严肃查处了一批农村基层干部违纪案件，处分村干部119人。

【纪律审查方法创新】 在案件审查中，坚持既集中力量、深挖细查、重点突破，又以点带面、扩散思维、辩证联系，在同系统、同类别的单位和岗位拓展案源，延伸查办整个系统内的有关问题。运用"系统查、查系统"审查方法，查处医疗系统系列案件，共有19名工作人员被党政纪立案，其中正科级干部2人，副科级干部2人，吴抑非、张新民、张耘、夏宝泉、周袁平等7人被移送司法机关处理。进一步完善纪委组织协调，司法、组织、政法、财政、审计等部门共同参与的反腐败协调机制，深度整合反腐败资源，形成各方联动、共同发力的工作格局。坚持快查快结，集中精力查清主要违纪问题，对涉嫌违法犯罪的及时移送司法机关。加强案件监督管理，完善办案流程，强化办案保障，严格依纪依法安全文明办案，全面推行执纪审理"三审一评"，提高纪律审查质效。

【督导巡察】 成立督导巡查工作领导小组，出台《关于党风廉政建设督导巡查工作的实施意见》，制定党风廉政建设督导巡查《工作规程》《督导巡查员管理暂行办法》《督导巡查单位选择办法》《服务保障办法》等配套制度。聚焦全面从严治党，紧扣"六大纪律""四个着力"，加强对纪律执行情况的监督，第一轮巡察发现突出问题11个，移交问题线索9条，并对巡视发现的问题，加强跟踪，督促整改。

【廉政教育】 强化纪律教育，围绕"守纪律，讲规矩"主题区委主要领导给全区党员干部上专题党课，组织"廉政准则""廉政法规知识"在线测试，以"5·10"思廉日、"算好廉政账"专题教育月为抓手开展了纪律教育、警示教育，以"清廉通州"微博微信等新媒体加强中央。强化责任教育，在纪检监察系统开展了以"树立纪律意识""握紧纪律尺子"的"四个一"教育活动，编发纪检监察系统案例提醒短信，组织学习习近平总书记和王岐山同志重要论述，观看纪检系统违纪违法警示教育片，及时转变纪律审查理念。

【学习贯彻《中国共产党廉洁自律准则》和《中国共产党纪律处分条例》】 区委、区纪委分别开展《准则》和《条例》专题集中学习，就贯彻落实提出具体要求。各地各部门围绕“学《准则》、守《条例》、明党纪”主题，开展专家辅导、专题讨论、交流心得等活动。印制《准则》和《条例》宣传页，利用电视、报纸、城区 LED 显示屏等媒介，播放《准则》《条例》相关内容。在“清廉通州”微博、微信上开通专题版块，连载《准则》和《条例》的具体内容、举办“你问我答”活动。组织编写知识题库，在“通州廉政网”开展“学《准则》、守《条例》、明党纪”在线知识测试活动。

【效能建设】 持续加大党员干部作风建设力度，完善《作风效能建设考评实施办法》，开展“效能通州”品牌建设，全面推行一次申告查实待岗、首问负责、限时办结等提效制度，由媒体公示各部门效能履职承诺，并将效能视频监控覆盖到镇区园(街道)便民服务中心及审批中心窗口。完善效能建设明查暗访常态机制，加大日常查访频度深度和督查通报力度，发出 6 期通报，曝光 51 个问题。采取现场质询、现场测评、现场亮分等方式对 49 个部门和单位政风行风建设情况开展集中评议，并将评议结果运用到效能建设考评中。

【执法监察】 完善区纪委监察局、工作室、基层纪检监察组织分层分级的监督网络，共监督“三重一大”项目 191 个，区监察局对东飞花园(安置房)二期、运盐河示范段工程进行立项监督，确保了工程建设优质高效。强化生产安全事故执纪问责，重点对责任人员实施责任调查，问责 1 人。参加土地例行督察、夏秋季秸秆禁烧、庙宇整治、全国卫生城市迎查督查、“三解三促”等一系列专项督查工作。

【制度建设】 以《领导干部党风廉政建设动态信息本》为载体，设计包括个人重大事项、配偶子女从业情况等 14 项必报内容，实施廉政动态信息监管；推行干部任职前廉政审查机制，由相关职能室对照拟任名单逐个审查遵守党纪党规情况；实施《廉情约谈的暂行办法》，对存在苗头性、倾向性问题的党员干部分类采取提醒谈话、诫勉谈话等组织措施；推行行政执法部门履职风险“三联防工程”，20 个行政执法部门联动开展风险防控活动 114 次；加强综合电子监察平台建设，督促优化镇级平台建设，全程监控行政权力、重大项目、资源交易等质态，对告警纠错办件及时发起网上督办。

【纪律检查体制改革】 出台《通州区党的纪律检查体制改革实施方案》，明确 5 类任务 29 个具体项目，扎实推动纪检体制改革，权力运行监督、双重领导体制、派驻机构管理等具体项目。按照《关于县级纪检监察机关内设机构调整的指导意见》(苏纪办发〔2015〕12 号)要求，设置办公室、纪检监察干部管理监督室、宣传教育室、党风政风监督室、信访室、案件监督管理室、4 个纪检监察室、案件审理室等 11 个内设机构，参照省市两级纪检监察机关核定内设机构职责，委局机关内设机构调整后，从事监督执纪的机构数、编制数分别占 72.7% 和 77.7%。

【双重管理体制完善】 出台《关于规范镇区园街道纪委(纪工委)书记工作分工的通知》并开展专项督查工作，完善工作报告、定期约谈、年度述职述廉、工作例会、责任追究等 5 项制度。健全纪律审查工作“统管体系”，全区范围内信访举报统一备案、问题线索统一管理、办案力量统一调配、重点案件统一审理，并在区、镇(区园街道)纪(工)委间探索创建直查直办、上下协办、指定交办等新模式。规范收集、登记、分类、排查、转办督办、保密等所有的环节线索管理，涉及“两报告”范畴的问题线索单独登记，按要求形成处置情况报告。

【派驻机构管理】 派驻机构实现全覆盖，对 31 个系统规模大、直属单位多、监督对象多的部门，单独设置派驻纪检组；对业务相近、相关或系统规模小的部门，设置派驻机关工作室实行归口管理，明确派驻纪检组长不再分管纪检监察业务以外工作。出台《加强派驻纪检机构管理的实施意见》《派驻纪检组(纪工委)绩效考核办法》，制定加强派驻纪检组长工作管理的述职述廉、定期约谈、报告工作、责任追究等五项制度，在管理过程中采取了联系协作机制，即在 31 家派驻机构中成立 5 个纪检监察协作组，明确区纪委常委、监察局副局长与各协作组挂钩联系，指导协调。

【纪检队伍建设】 深入开展“三严三实”专题教育，区纪委常委会班子列出不严不实问题清单，立行立改、即知即改。进一步加大干部教育培训力度，选派青年干部到一线岗位实战锻炼，着力提高整体素质和监督执纪能力。加强机关工会、机关党委、机关妇委会建设，通过机关党建和群团工作推动机关文化建设。对全区 180 多名纪检监察干部建立电子监督信息库，将干部基本信息、出国境、财产、社会关系、奖惩、问责等信息录入数据库，并定期核查。成立内部监督委员会，下设预警谈话、信访调查、内审、督查等四个工作组，定期分析研究委局机关工作人员的思想、工作、学习和生活等方面情况，加强对委局机关工作人员执行各项纪律的情况监督，加强对委局机关财务收支审计和物资管理督查。

“通州之夜”纪检专场

(曹　忠)

民主党派·工商联

Democratic Parties · Association of Industry and Commerce

编 辑 杨王军

九三学社南通市通州区委员会

【概　况】 2015年，九三学社南通市通州区委员会（以下简称“社区委”）有医疗卫生、农业经济、综合、建筑、科技教育5个支社，共有社员72名，其中女社员23名，退休社员13名。全年发展新社员6名。社员中高级职称47人，占社员总数的65%。有16名社员为区政协委员，4名社员为区人大代表，5名社员为南通市政协委员，1名社员为南通市人大代表。其中，1名为通州区政协副主席，2名社员为通州政协常委，2名社员为通州人大常委。是年，通州九三社被省九三评为参政议政先进集体，2名社员被省九三评为先进个人，13位社员被市委会评为先进个人。1件个人提案被评为市政协优秀提案，1件集体提案、2件个人提案被列为区政协重点督办提案并被评为区政协优秀提案。

【通州九三学社组织成立二十周年】 9月2日，通州九三学社组织成立二十周年汇报会召开。区委书记宋乐伟、九三学省委主委叶勇等出席活动，并为通州九三学社专家工作站揭牌。社区委与区摄影家协会联合组织九三社员风采摄影比赛，印制《九三学社通州社员风采录》，同时，将近5年来党派集体提案整理，编印《通州九三集体提案汇编》。

【参政成果】 年初，在通州区“两会”上，社区委围绕全区经济和社会发展中重大问题，以及人民群众关注的热点、难点问题，提交政协提案49件（其中党派集体提案10件），人大建议11件。在南通市“两会”上，通州九三社员中政协委员、人大代表共提交政协提案12件，人大建议2件。集体提案《深化法治通州　开创政治文明新篇章》被区政协会列为发言提案。

【课题调研】 2015年，社区委确定调研课题任务17件，其中，《关于进一步加强农村公共服务能力建设》和《实施互联网+行动计划，促进传统产业转型升级》两个课题为九三学社省委招标课题，论文《法治背景下信访调解机制变革》为九三学社中央宣传部“法治精神与规则意识研讨会”课题，论文《社务工作中继承传统和开拓创新》为九三中央论坛用稿，《加强民主党派自身建设问题研究》和《民主党派在法治建设中的作用》为区委统战部课题。社区委召开课题组负责人会议，及时了解调研工作进程，并下发《关于认真组织开展课题调研的通知》，以推进课题工作深入开展。《综合治理农药残留问题，全面提高农产品质量安全水平》《建立区域医疗联合体　提升服务质量与绩效》等16件调研报告通过评审，10份调研报告转化为集体提案。课题《实施互联网+行动计划，促进传统产业转型升级》参加区政协委员论坛交流。《明确目标　落实责任　努力夯实控违工作基础》控违专题调研报告，在区政协民主评议城管局会上发言。

【信息工作】 社区委进一步加强信息员队伍建设，确定信息员30名，每月开展信息沙龙活动，组织信息骨干进行座谈，有2名社员被社省委聘为信息员。撰写并上报各类信息60余条。在区委统战部“我为双促献一计”活动中，上报计策信息20余条。其中，钱栋梁的《事故伤亡人员赔偿应取消城乡差别》和李红军的《应统一交通信号灯直行与左拐先后顺序》被社省委录用。

【服务社会】 2015年，社区委与刘桥镇共同组建九三学社专家工作站，聘请首批专家20名，设医卫、农业、法律、经济4个专家组，为刘桥镇新联社区提供指导服务。与摄影家协会联合开展“摄影”献爱心到敬老院活动，为平潮、石港镇敬老院老人拍摄全院“全家福”和个人照。并通过微信平台发动社员募捐，为贫困家庭共筹得捐款3200元。医卫支社走进企业开展“工伤预防伴你行”宣讲活动，对区慢病防治工作者进行糖尿病防治知识专题讲座，到骑岸工业园区企业开展义诊咨询活动，在金沙街道北山社区为居民举办“秋冬季中医养身知识”讲座。农经支社成员积极参加“强农惠民”送科技下乡活动，扎实推进农业新知识、新品种、新技术普及和应用。科教支社开展“名师传教行”活动，以南通市政治学科基地、南通市名师工作室和通州区英语学科基地为依托，联合各类优质教育资源，充分发挥基地平台作用，对南通市青年政治教师、金沙中学高中英语教研组、平潮中学高中数学教研组、西亭中学高中英语教研组进行培训，提升区教师业务素质和教育水平。建筑支社承办区委统战部民主党派工作会议，向王选基金会捐赠书画作品3幅，组织社员参观考察通州九三社员主持的建设项目。综合支社组织普法讲座，为金乐小学捐赠书包368个。

（张晓燕）

中国农工民主党南通市通州支部

【概　况】 2015年，农工党通州支部共有党员20人，主要分布在医药卫生界，其中区人大代表1人、区政协委员6人。认真履行参政议政、民主监督职能，深入调查研究，积极建言献策，深度反映社情民意。在区政协十二届四次会议上，黄永清作“借力私募股权战略资本，推进通州潜力企业登陆资本市场”发言，并获年度优秀集体提案。黄永清“关于加强流通渠道管理，确保食品安全的建议”和曹汉彬“关于加强培养年轻中医，发展我区中医事业的建议”获年度优秀个人提案。在农工党省委开展的“2015年深化医疗卫生体制改革”联合调研活动中，吴益祥的调研报告《加快推进分级诊疗制度建设的思考》，获一等奖。在农工党南通市委表彰中，获“先进基层组织一等奖”“社情民意信息征集组织奖”和“党务宣传工作先进集体”称号。是年，被中国农工民主党中央授予“先进基层组织”称号。

【社会服务活动】 4月和10月，农工党通州支部分别在兴东、兴仁镇开展“健康服务同心行”大型义诊活动。先后组织市区两级医疗卫生专家32人进村居，开展送医、送药、送健康知识，并对基层医疗卫生机构进行技术指导，累计义诊758人次。

（吴益祥）

中国民主促进会南通市通州区支部

【概　况】 2015年，中国民主促进会南通市通州区支部共有会员21名，其中女会员5名，退休人员1名。有6名会员当选市、区人大代表、政协委员。在社会服务、教育文化、民主监督、参政议政等方面做出优异的成绩。是年，民进通州支部被评为民进南通市先进基层组织、民进南通市创建励志教育社会服务品牌先进支部、民进南通市新闻宣传工作先进支部，获“民进全国社会服务先进基层组织”称号。

【“牵手组合行动”】 2015年，民进通州支部学习继承民进“立会为公”、服务社会优良传统，努力打造“牵手组合行动”品牌，牵手少年儿童、传统文化、乡村小学、课堂改革、道德讲坛、经济建设，坚持支部成员人人有事做，解难事，办实事，做益事。3月，承办民进南通市委“三八”妇女节女会员“通州行”活动，在亭西小学栽种广玉兰近60株，向学校捐赠少儿读物400多本。4月，与崇川区基层委员会携手开展送教下乡活动，把“情境教育”送进亭西小学。通师二附、城中小学、跃龙小学的5名优秀教师，上数学、语文、美术、科学、英语5节示范课，艺术地演绎“真、美、情、思”，受到师生欢迎。6月，参与承办“相约中国梦，放歌六一节”主题活动。邀请亭西小学全体师生走进通城，参观南通博物院，并与南通市特教中心孩子们进行互动，践行“普特携手”“教育均衡”“励志教育”等主题融合。12月，邀请省特级教师、民进南通市委副主委陈萍到亭西小学，为一年级学生执教《冰花》，让乡村孩子同等享受优质教育资源。支部会员曹晓峰演示国家非物质文化遗产——蓝印花布制作过程，让学生零距离接触了家乡乡土文化。支部会员、“无臂书法家”王剑华讲述自己意外失去双臂一腿后，自强不息，终成书法家人生历程，为孩子们作励志报告会。支部资助西亭小学贫困学生3位，捐赠《童心里的诗篇》《无翅奋飞写人生》等书籍，价值1.1万余元，帮助学校建成“牵手书屋”。是年，民进中央机关报《民主》杂志第九期“基层”专栏，以“牵手架起幸福桥，行动收获满眼春”为题介绍民进通州支部“牵手”服务品牌创建工作。

【参政议政履职】 2015年，民进通州支部加强调研，出色完成参政议政履职任务。在区“我为双促献一计”活动中，提交文章19篇。在区委统战部的调研课题评比中，提交的《发挥统一战线在协商民主中的重要作用》获三等奖，《关于十三五期间通州文化精品培养的建议》获优秀奖。在区政协组织的“我为通州‘十三五’献一计”委员发言活动中，撰写的《关于“十三五”时期通州文化精品培育的建议》受到肯定。在区政协十二届五次全会上，《放大童声里的中国品牌效应，弘扬社会主义核心价值观》被评为优秀提案，提交发言稿《立足核心素养，激发高中内涵发展活力》和《让“童声里的中国”品牌在通州更接地气》的集体提案。在省民进“2015江海论坛·文化建设与发展”活动中，严少标、张锋的论文《孵文化精品，铸艺术丰碑：关于加强文化精品培育的建议》和曹晓峰的论文《做个手巧心灵的筑梦者：谈谈非遗项目在校园的传承》入选活动论文集《吴韵汉风》。

【会员服务社会活动】 2015年，会员、区文联副主席张锋参与策划全国首届“童心里的诗篇”活动，制作音乐儿童剧《田梦儿》，在省内外巡演。举办首届“童声里的中国·成长的歌谣”征集大赛、第四届“小茉莉花”奖声乐大赛、第二届“江苏少儿才艺大赛”等。开展“精品剧目进校园”活动和“文学名家进校园”活动。支部活动“励志教育文化校园行”获“民进江苏省社会服务工作优秀成果”称号。“无臂书法家”、支部会员王剑华赴美，参加纪念世界反法西斯战争胜利70周年中美交流活动，其口书《和平万岁》等受到美国友人好评。民进中央机关报《民主》杂志在第八期“风范”专栏，以《活就要活出精彩人生》为题介绍王剑华人生事迹。在区委统战部组织的党外代表性人士宣传工作中，袁宏亮和曹晓峰事迹在通州电视台展播。在区政协十二届五次全会期间，通州电视台“委员风采”栏目采访报道支部主委严少标，并以“倾心教育事业，关注民生发展”为题，在《通州日报》刊载严少标专访。是年，严少标获民进江苏省先进个人荣誉。

（王国华）

中国民主建国会南通市通州区支部

【概　况】 2015年，中国民主建国会南通市通州区支部有会员23人，主要由经济界人士构成，其中市、区级人大代表和政协委员8人。紧紧围绕区重点工作，切实加强自身建设，积极履行参政党职能，扎实推进支部工作，积极开展活动，取得好成绩。

【参政议政】 2015年，在市、区两级“两会”上，民建通州区支部的人大代表和政协委员积极履职，踊跃提交建议和提案。在区“两会”上，提交个人提案和建议12篇。其中，《关于完善全托管服务模式的建议》被列为市政协重点督办提案，并被评为年度优秀提案。在区委统战部开展的“我为‘双促’献一计”活动中，组织会员围绕区委重点工作建言献策，提交建议14份。在“十三五”规划建言献策会上，蒋超的《关于提高中小企业自主创新能力的建议》作交流。

【社会服务】 2015年，会员企业南通三江置业参与组建联谊性组织万和会，其职业经理人捐款1.8万元，资助区内贫困生6名。在回馈社会的同时，会员积极组织健康有益的社会活动，是年，会员企业通州大傅文化传媒参与策划迎新年“新华金通家园”杯全民健身大型活动、南山湖1号2015年华东五省市羽毛球大赛、第五届“吃在通州”美食文化节、2015—2016中国羽毛球俱乐部超级联赛、第三届通州好声音大奖赛等，在社会上形成一定影响。

（吴建均）

区工商业联合会

【概　况】 2015年，区工商联以中央、省统战工作会议精神为指针，牢牢把握促进非公经济健康发展和非公经济代表人士健康成长两大任务，充分体现统战性、经济性和民间性相统一，突出商会经济、教育引导、组织提升、参政议政、作风建设五项重点工作，着力推进各项工作落实。是年，区建筑房地产商会获省工商联商会组织先进集体称号，区家纺商会、通州总商会上海商会获市工商联先进商会组织荣誉，区装饰装修服务商会“家居建材惠民采购平台”和区浙江商会“‘微’服务圆梦‘微’心愿”两个服务品牌被评为市商会组织优秀服务品牌。会员企业南通江海电容器股份有限公司荣获省优秀民营企业称号。

【非公经济人士教育培训】 2015年，继续以理想信念教育为重点，着力提升非公经济代表人士政治思想素质，培养爱国、敬业、诚信、守法、奉献的积极分子队伍。邀请享受国务院特殊津贴专家、中国建筑业协会副会长、南通四建集团名誉董事长耿裕华，为区工商联执委作“在新常态下，拥抱互联网时代，提高资源整合能力，加强企业文化建设”的主题讲座，以拓展企业家互联网思维。各商会根据行业特点开展培训。区东北联合商会、区浙江商会邀请商会法律顾问为会员企业做互动式法律知识讲座，帮助企业更好的掌握和运用法律，规避司法风险；区建筑房地产商会组织会员企业法人开展安全法规培训，筑牢安全防范堤坝；区机械商会组织会员企业参加省经信委组织的制造业服务在线培训，提升专业素质。注重新生代企业家队伍建设。配合区委统战部开展新生代企业家调查摸底工作，选拔推荐3名优秀青年民营企业家参加全市第二期民营企业家赴深圳培训，联合区委统战部、区人社局开展新生代企业家赴井冈山培训活动，通过红色教育，增强企业家“四信”观念。

【会员参政议政】 2015年，在区政协十二届四次全会，提交《抢抓新常态下新机遇，激发通州经济新动力》提案，被确立为1号提案，并列为区政府、区政协重点督办提案，组织开展专题督办。开展家纺电子商务调研，撰写《关于“十三五”发展家纺产业电子商务的建议》，提出“十三五”加快家纺电子商务发展的建议并在委员论坛交流发言。参与区政协评议城管工作，撰写《加强小区市容秩序管理　改善市民居住生活环境》调研报告，提出进一步加强小区市容秩序管理工作建议；参与区委统战部组织的委员履职情况调研，重点对企业家委员届中履职情况进行调查了解，以提升企业家委员履职意识和参政议政能力。

【招商引资和招才引智】 2015年，区工商联继续通过发挥通州在外商会作用，广泛吸引在外企业家回乡投资。通州上海商会副会长朱剑锋投资3300万元，在南通高新区落户上海行高智能装备和上海展大搬运设备项目；南通深圳商会副会长季建华在十总落户苏华贸易有机粮种植及低温储藏项目，三年投资1亿元，一期投资400万元。借助省工商联资源，争取澳大利亚维多利亚州雇主工商总会企业家到通州考察。13名维州政商企代表与区部分政事企单位进行现场考察洽谈，既推介通州，又与维州雇主工商总会建立起长期合作关系，为通州企业走出去打下基础。通过省工商联为江华机械引进德国高级专家组织（SES）专家，帮助企业解决部分技术难题，优化改进工艺流程，培训提升企业高层现代管理理念，成为继苏南之后，省联在苏中、苏北民营企业中首次成功引智合作，有力助推区民营经济转型发展。

【宣传推介】 2015年，区工商联（总商会）与家纺商会共同策划《家纺风采》栏目，全方位、立体式报道通州家纺精英创业创新事迹，成为继《通州创业人》和《铁军风采》两个栏目之后，又一集中展示区企业家创新创业群像力作。同时与董连治策划室合作的《家纺精英创业史》出版发行。建筑房地产商会精选收录81篇报道，制作一千分钟《铁军风采》专题片公开发行。

【第五届"吃在通州"美食文化节】 9月13日，由区工商联（总商会）策划指导、区服务业商会餐饮分会举办的第五届"吃在通州"美食文化节开幕，成为"政府支持、商会搭台、企业唱戏、市场化运作"又一次成功实践。通过开展大型广场美食交流、举办"食尚·通州"大型文艺演出、餐饮慈善基金·义卖资金捐助贫困大学生、名店招牌菜大厨现场秀、第三届"通州好声音"卡拉OK大奖赛、通州美食摄影作品展等系列活动，弘扬通州美食文化、繁荣餐饮市场、拉动旅游消费、树立餐饮服务品牌，取得良好效果。 （蒋玉芝）

通州名人选介之四

丁有煜

丁有煜（1683－1764）字丽中，号个堂。祖籍海门，后迁居通州静海乡（今兴仁一带）。少时即摈弃科举，无心于功名，而潜心研究诗画、书法、金石。其画多以梅兰竹菊"四君子"为题材，蕴意其中。其画竹，竿如金削.叶似铁铸，自题"竹从胸中来"，自号"个老人"，钤印用"狂竹园丁"等。郑燮称其"画法从书法"。其绘《菊石图》，以玲珑山石烘托挺拔丛菊，突出秋菊傲霜神态，并题以"寒花无俗艳，秃颖画新霜"，可见有所寄托。其诗质朴雄厚，感情真挚，多反映百姓的苦难，控诉官府的横征暴敛，《中秋风雨》诗，借"天心应忌满，此夜月羞明，愁于欢时伏，光从敛处生".表达眷怀故国、期望未来的深沉民族感情。晚年，住通州城南"双薇园"，避世隐居，不为足疾、目疾所难，仍坚持吟诗作画，誉满大江南北。曾于金沙逗留，为南山"翠微诗社"中之长者。乾隆二十九年卒。有《双薇园集》《双薇园诗集》和《与秋集》行世。袁枚为之叹息："个老亡，江北无名士矣"。丁逝世后28年，清廷下令禁毁其诗集。

（引自《南通县志》人物传第1187页）

社 会 团 体

Social Organizations

编 辑 阚新华

区 总 工 会

【概　况】 2015年，区总工会紧紧围绕发展大局，认真履行工作职责，竭诚服务广大职工，较好地完成了各项目标任务。凝聚职工力量，建功立业活动取得明显成效。向省、市总工会推荐并由其表彰一批先进集体与个人，“五一”前夕在全区表彰20个五一劳动奖状、20个工人先锋号、30个五一劳动奖章获得者。16个镇（区、园、街道）都建立了工会劳动保护监督检查员服务站，组建行业性劳动保护监督检查小组305个。开展工资协商春、秋季要约行动，全区各类企业工资集体协商建制率达到90%，其中独立建会企业建制率达到100%。深入开展“三谈三增”活动，全区85%以上企业开展，其中规模以上企业达100%。广泛开展“安康杯”竞赛活动，参赛企业864家，参赛职工10.36万人，比上年度增长6%。开展安全生产法治教育，引导职工自觉参与劳动保护，“安全隐患随手拍”活动中一线职工共发现并整治安全隐患130多处。加强企业负责人安全生产培训工作，全年培训52期5000多人次。拓展帮扶服务，困难职工生活实现有效保障。大力开展家庭助困、重症助医、子女助学、劳模助难活动，区总工会全年帮扶各类困难职工980人次，帮扶资金120万元，帮扶人次与资金数量均为历年之最。大力开展“春风送岗位”活动，会同区人社、妇联、残联等部门举办就业招聘会，全区约150家企业提供就业岗位6000多个，进场求职人员达8000多人次，近3000人与招聘企业达成初步意向。拓展服务内涵，与团区委、区妇联联合举办“相约江海·牵手未来”大型单身青年职工联谊活动，为200多名单身青年职工牵线搭桥，其中近20对牵手成功。加强工会组织自身建设，全年完成建会任务291家，其中独立工会181家、工会小组110家，覆盖下属单位60余家；发展会员21359人。加强工会干部培训工作，在上海交通大学举办了1期有120多人参加的高层次工会干部培训班，取得良好效果。是年，区总工会荣获全国工会财务工作先进集体称号，在区级机关目标管理绩效考核中进入优秀行列。

通州区工会干部赴上海交大培训

【第四届职工职业技能比武】 举办了传染病防治技能竞赛、学校食堂厨艺技能竞赛、卫生计生监督技能竞赛、企业财务人员业务技能竞赛、中青年教师教学技能竞赛、盲人按摩职业技能竞赛、金融机构点钞识假技能竞赛、场（厂）内专用机动车辆作业人员技能竞赛、粮食行业职工职业技能竞赛、光缆网络维护服务技能竞赛等十大技能比武，王烨、张国炎、张娟、何佳晖、邱训君、徐春、徐如一、曹琴、黄飞、蔡明等10位选手夺得技能比武单项第一名，被区劳动竞赛委授予“十大金牌职工”称号。全区共有800多名职工参加竞赛活动。

【和谐劳动关系“三级共创”活动】 认真贯彻落实《中共中央国务院关于构建和谐劳动关系的意见》，在全区工会系统开展了和谐劳动关系“三级共创”活动，主要内容是在镇（园、区、街道）总工会、村居工会联合会、50人以上独立建会企业这三级工会协同开展和谐劳动关系合格、先进、示范工会创建活动，计划利用3年时间全区80%以上的基层工会达到合格标准，其中15%达到示范标准。出台明细的考核评价标准，从9个大项进行考核，得分80分以上者为合格工会、90分以上者为先进工会、95分以上者为示范工会。把职工满意率作为先决条件，合格、先进、示范工会的职工满意率必须达到80%、90%和95%。对年内发生劳动争议企业败诉案件、因劳动关系纠纷引发职工集访等群体事件、企业拖欠工资和发生重大伤亡事故的企业工会实行一票否决。全区90%以上独立建会企业工会都参加了这项活动，经过初步考评，当年共有50%的企业达到了合格工会标准。南通市总工会转发通州区文件在全市推广。

【“双百圆梦”工程】 深入实施以“帮百名优秀学生圆梦，助百户困难职工家庭脱贫”为主要内容的“双百圆梦”工程，2015年暑期将“双百圆梦”工程受对象作了调整，保持100个常数。组织部分受助学生进行座谈、交流，邀请具有同样生活困难经历，靠自强不息和各界帮扶学业有成，考取国有银行岗位的同志现身说法。积极做好回通州毕业生就业的推荐、联系工作，2015年毕业的17人已全部就业。

【全面成立镇级总工会】 7月，区总工会会同区委组织部下发《关于进一步加强镇（区、园、街道）工会建设的意见》，全面加强基层工会组织建设和人才队伍建设。8月18日，十总镇召开总工会成立暨工会第一次代表大会，选举产生了十总镇总工会第一届委员会委员和经费审查委员会，拉开了工作序幕。至12月底，全区所有镇级工会全部改选升级为总工会。

（刘　娜）

共青团南通市通州区委员会

【概　况】 2015年，全区各级团组织以“枢纽型”团组织建设为统揽，倾力打造能力培养、孵化培育、金融支持、跟踪服务的青创服务体系，重点培育青少年志愿服务品牌项目，创新开展“三单式”工作法，团结带领团员青年在更高层次上协调推进经济、政治、文化、社会和生态文明建设。是年，团区委荣获省团属报刊宣传工作先进单位，团区委申报的“知心姐姐的阳光梦想”“爱乐团志愿服务计划”分获第二届中国青年志愿服务项目大赛金、银奖。

【思想引领工程】 5月，举办“江海少年形象大使”评选大赛，引导广大青少年树立远大理想信念，自觉把个人梦想融入到民族复兴的中国梦。6月，开展通州区“十佳青年”评选活动，通过报纸、网络、微信等渠道，向社会展示我区青年的先进事迹，让青年选出自己心目中的“十佳青年”。12月，与区委组织部联合举办“身边好青年”演讲比赛，在青年群体中营造比学赶超的浓厚氛围。继续开展“青春励志分享会”系列活动，通过从高层次后备人才、创业青年、十佳青年等各类群体中挑选典型，分享青春故事，弘扬正能量，在青年中营造“奋斗的青春最美丽”的向上氛围，已成功举办六期。

【青年创新创业工程】 4月，与科技新城联合成立“青年科创空间”，广泛开展创业训练营、“江海圆梦谷”Logo征集等活动，在青年群体中培育创客精神，弘扬创新创业文化。6月，举办“筑梦创业　青春携手”青年联谊活动，搭建创业青年沟通交流平台，迸发创新创业思维。7月，与通州农行合作，推动金融业优秀青年担任乡镇编制外团委副书记，提升金融服务农村青年创业的实效。7月，“大众创业，万众创新”座谈会暨南京工程学院通州实践基地揭牌仪式在区行政中心举行，进一步推动了“政产学研”合作，为创新创业提供智力支持。10月，与区人才办、区科技局、区人社局、科技新城等部门联合举办了“圆梦江海·创业121”通州区首届创新创业大赛，吸引来自江苏、上海、广东、安徽等地近80个项目参赛，最终“金属纳米材料·高精度·工业化量产”“纳米应力应变传感器开发及产业化”“车载马达智能化制造装备线的研发及产业化”等项目脱颖而出，分获大赛一、二、三等奖。

【公益品牌活动】 3月，联合区残联在残疾人康复中心开展了“陪你一起过元宵”3·5学雷锋志愿活动，来自各行各业的20多名青年志愿者与阳光家园的孩子们共同度过了一个难忘的元宵佳节。3月，开展“情暖江海路·青春志愿行”志愿服务集中行动，来自30多家单位的200多名志愿者为广大市民提供政策咨询、血压测量、图书义卖、免费配钥匙、理发等丰富多彩的志愿服务。8月，与区文明办联合开展“返乡大学生牵手留守儿童”志愿服务行动，20多名返乡大学生与60多名留守儿童一起度过了一个温馨、充实的暑假。12月，通州区申报的“知心姐姐的阳光梦想”和“爱乐团志愿服务计划”赴重庆参加第二届中国青年志愿服务项目大赛，经过激烈的角逐，两个项目脱颖而出，分获大赛金奖、银奖。

【成长护航工程】 通过创新开展“希望来吧”“青春给力站”“青春加油站”等载体建设，实施“三单式工作法”，以清单式管理、订单式帮扶、菜单式服务的形式，实现“一对一”结对帮教，全面关心关爱重点青少年群体健康成长。1月份，举行以“重点青少年群体服务管理”为主题的“共青团与人大代表、政协委员面对面”活动。5月，召开通州区预防青少年违法犯罪工作暨重点青少年群体“成长护航工程”推进会，区委常委、政法委书记瞿云峰出席会议并讲话，区委常委达哇旦周和南通团市委副书记王鸣昊共同为兴仁镇兴仁社区“青春加油站”揭牌。

【圆梦助学活动】 6月，举办“为爱健走　助学圆梦”公益徒步活动，来自全区各行各业的600余名徒步爱好者参加了活动，活动共筹集善款2万元，全部善款第一时间发放给青海省贵德县贫困学子。8月，开展“圆梦大学助学行动”，发放助学金3.9万元，帮助13名贫困学子圆了大学梦。9月，开展2015年度“青年文明号”结对贫困学生助学活动，活动期间共112家青年文明号集体和参创集体参与捐款，共筹善款52992元，发放给111名贫困学生。9月，开展2015年希望工程秋季助学活动，共资助特困学生50名，每人一次性资助300元，共计资助15000元。12月，团区委、区希望工程办公室联合区民政局、区慈善基金会举办2015年度第二批慈善助学金暨“希望工程”秋季助学金发放仪式，为全区1201名贫困学子发放助学金，资金总额高达86.64万元。

【青少年文化活动】 6月，与区教育局、区环保局联合开展“小手拉大手，禁烧共携手”黑板报设计比赛，活动评审组共收到来自68所中小学的参赛作品208件，有力地宣扬了绿色生态的环保理念。8月，团区委、区文明办组织20多名大学生志愿者到通州区消防中队，向奋战在一线的消防官兵们致以节日的问候，为他们送去夏季消暑用品，志愿者们为消防官兵们表演了精心编排的节目，丰富了军营文化生活，体现了军民鱼水之情。8月，团区委、区总工会、区妇联联合举办“相约江海　牵手未来”——通州区青年联谊会，来自全区各行各业的120多位单身青年齐聚现场，上演了一场浪漫邂逅。

（王　飞）

区妇女联合会

【概　况】 2015年，全区各级妇联组织全面贯彻《中共中央关于加强和改进党的群团工作的意见》及习近平总书记系列重要讲话精神，围绕中心、服务大局，深入基层、服务妇女，各项工作取得新成绩。全年超额完成“实施巾帼创业创新行动”及“评选最美家庭传承文明新风”两项重点特色工作。区家长学校总校被省妇联、省教育厅评为江苏省优秀家庭教育指导服务机构；区妇联获得南通市妇联系统婚调大赛及家庭学法达人赛两项优秀组织奖及区“平安建设工作先进集体”称号。

【通州区妇女第十五次代表大会】 4月27日，通州区妇女第十五次代表大会在行政中心隆重举行，全区各行各业的366名妇女代表欢聚一堂，回顾总结过去6年投身经济社会发展建设的伟大实践，共商今后5年妇女事业发展大计。南通市妇联党组书记、主席钱锁梅，通州区委书记宋乐伟等领导到会祝贺。朱汉云受区妇联第十四届执行委员会委托向大会作工作报告。团区委书记叶佳佳代表群团组织向大会致辞。4月28日下午，区妇女联合会第十五届执行委员会第一次全体会议召开，选举产生了区妇联新一届领导班子，朱汉云同志当选区妇女联合会第十五届执行委员会主席，王晓燕、陈爱华当选副主席，卜翠薇等11名同志当选常务委员。

【南通市农村妇女创业创新行动推进会】 12月18日，全市农村妇女创业创新行动推进会在通州召开，南通市“双学双比”竞赛活动领导小组组长、市政府副市长赵闻斌、市“双学双比”竞赛活动领导小组副组长、市妇联主席钱锁梅出席会议，市政府副秘书长薛谦主持会议。当日，与会人员还观摩了通州开心田园生态农场等农村妇女创业创新工作现场。

【区妇联十四届七次执委(扩大)会议】 1月28日上午，区妇联召开十四届七次执委(扩大)会议。区妇联第十四届执委会委员以及各镇区妇联主席、受表彰的机关妇委会主任代表参加了会议。区妇联党组书记、主席朱汉云作题为《主动作为　凝聚合力　新常态下扎实推进妇女儿童工作创新发展》的工作报告。区委组织部部长桑建美出席会议并作重要讲话。

【巾帼创业创新行动】 8月12日，由《中国妇运》、江苏卫视等媒体记者组成的采访团，到通州围绕“创业、创新、创意”巾帼在行动项目进行采访，多家媒体进行了专题报道。建立28个女大学生创业实践基地，促成28名女企业家与105名女大学生牵手结对，扶持11名女大学生实现了创业梦想。培育3个省级、7个市级、25个区级巾帼来料加工基地，带动2.7万名妇女实现了创业就业目标。举办各类妇女创业培训班8期，召开现场观摩推进会2次，参与人数达768人次。帮助23名城乡妇女贷款230万元，实现创业梦想。与南通虞姬家纺有限公司、南通新天地跨境电子商务基地合作，建立巾帼电子商务创业孵化基地，开展“巾帼创客”妇女创业电商项目试点活动，2015年，全区从事电商的女性有2780多人，其中从事跨境电商女性为32人。2015年，全区荣获全国巾帼建功标兵1名、入围省级巾帼科技创新百名人物1名、南通市十大女杰2名。

【“最美家庭”评选活动】 2015年，区妇联联合区委宣传部、区文明办等单位依托城乡240多个“妇女儿童之家”，全方位、多视角开展推荐寻找评选活动。1月28日下午，南通市“最美家庭”事迹巡回报告会走进通州。3月6日下午，召开纪念“三八”国际劳动妇女节105周年大会，对第四届“十大孝星”等进行了表彰，并部署2015年通州寻找“最美家庭”工作。联合区电视台拍摄专题片，滚动播放，同时将全区选树的最美家庭事迹，通过制作展板集中展示最美家庭风采。5月15日上午，全区各级妇联干部80多人集中观摩先锋街道三圩头村“十佳最美家庭”评选现场，并在先锋街道举行全区寻找“最美家庭”活动推进会。8月10日，联合区关工委在平潮镇金桥村校外辅导站举行“最美家庭”故事分享会，8月28日下午，举办全区暑期社区学生“讲身边最美家庭故事、展最美家风”演讲比赛活动。

【平安家庭创建系列活动】 3月9日，区妇联联合区司法局等单位在通州大润发广场举办“三八”维权周暨“平安家庭”创建宣传咨询活动。9月24日，在“中秋”“国庆”两大节日来临之际，区妇联组织走访慰问留守流动、刑释解教、贫困单亲、孤困儿童等特殊家庭代表共10户。10月10日，开展大型宣传咨询活动，正式拉开通州区开展男女平等基本国策实施20周年暨第二届“平安家庭”创建宣传月活动的序幕。10月15日上午，区妇联赴兴仁镇徐庄村开展“送法进万家”普法活动，特别邀请区家庭普法巡讲团成员、区法院高级法官、副院长张月淑作“家庭法律与技巧”专题讲座，这是家庭普法巡讲团成立以来的首场讲座。10月23日，特邀市妇联领导就男女平等基本国策、妇女权益保障法等内容进行专题讲座。10月30日下午，通州区召开“平安家庭”创建活动总结表彰大会，区妇联主席朱汉云总结近年来“平安家庭”创建工作经验，安排部署下一阶段工作任务。南通市妇联钮曦副主席、通州区委常委、政法委瞿云峰书记出席会议并作重要讲话。会上对10个区“平安家庭”创建活动先进集体、10个先进个人、10个维护妇女权益示范岗、10个“金牌老舅妈”调解员和30户“平安家庭”示范户进行了表彰；与会领导向10名区家庭普法巡讲团成员颁发了聘书并为郁伯珍、姜艳钰家事调解工作室授牌。

【“向日葵、康乃馨”公益项目圆梦行动】 1月，区妇联走访慰问通州区困难“三八红旗手”、单亲贫困母亲、退职村居妇代会主任、孤儿代表等146人，慰问金、慰问物资总额达6万余元。省妇联宋江英副巡视员代表省妇联到通州慰问贫困妇女和贫困白血病儿童家庭，为她们送去慰问金和慰问品。5月11日，区妇联赴苏州慰问金沙街道华山花苑的3岁白血病女童曹可馨。6月1日区妇联在区实验小学蕊春大剧院举办区庆六一“儿童梦　共成长”汇报展演，区委常委、组织部桑建美部长为全区儿童少年送上节日祝福与问候。7月23日，区妇联代表前往区人民医院ICU病房，看望并慰问被重型卡车严重撞伤的俞燕同学及她的家人。7月24日上午，南通市“健康女人　幸福人生”女性健康知识讲座走进通州。10月21日下午，区妇联、区慈善基金会、区民政局联合举办单亲贫困母亲“圆梦行动”座谈会，全区100名单亲贫困母亲每人得到1000元捐助资金。

【全区婚姻家庭纠纷调解员技能比武选拔赛】 6月19日，区妇联举办全区婚姻家庭纠纷调解员技能比武选拔赛。由基层推荐的8名优秀婚姻家庭纠纷调解员，集中在区社会矛盾纠纷调处中心二楼大调解室，针对同一案例，逐一展开现场调解。经五位评委当场评分，决出前5名。这5名同志在南通市技能比武决赛中获得一个一等奖、三个三等奖的好成绩。

（刘莉莉）

区科学技术协会

【概　况】 2015年，区科协突出“三服务”，自觉融入中心工作，以“两级同创”为契机，以改革创新为动力，倾力打造“创新之家、智慧之家、温馨之家、活力之家”，深入实施能力提升、协同创新、科普惠农、科普益民、特色品牌、场馆建设“六大工程”，实现新突破。区科协连续三年被中国科协表彰为全国科普日活动优秀组织单位，连续两年获评全省县级科协创新发展能力提升计划优秀单位，并在全省大会交流发言；通州建成省级科普示范区并被高分推荐为全国科普示范区。

【省级科普示范区建成】 坚持以全国、全省科普示范区“两级同创”为契机，着力提升科协工作水平和服务效能。4月，完成全国和江苏省科普示范区创建申报工作，并顺利通过市级审核。统筹部署，提请区委办、区政府办下发《创建2016—2020年全国和江苏省科普示范区活动实施意见》；召开创建迎查动员会议，分解创建指标，落实各项创建任务。协调组织全民科学素质领导小组有关成员单位和镇、区、街道抓住重点，全面推进。7月底，顺利通过省级检查验收，成功建成省级科普示范区，并被省科协高分推荐参评全国科普示范县(市、区)。

【科普示范体系完善】 按照省科协规范化试点要求，开展新一轮区级科普示范体系建设，2015年培育7个区级科普示范镇、街道，60个区级科普示范村、科普示范社区。安康社区被推荐为全国科普示范社区，江苏景瑞农业建成全国科普教育基地；建成4个省级科普示范镇、街道、村、社区。

【2015′海智人才通州行活动】 借助省海智大会契机，联合区人才办组织2015′海智人才通州行活动，邀请中国旅美科技协会、欧美精英创业家协会、伏羲华人创新联盟、新中科促会、加拿大中国专业人士协会等方面9位海智人才，组织南通高新区、锡通科技产业园、石港科技产业园3个园区、9家对接企业和7家创投公司参加活动。台湾创业类项目——三维体感深度摄像签约落户南通高新区科技新城；2个项目达成合作意向。积极组织2家企业参加省海智大会路演、2家企业参加海智展览。通州海智基地被评为省优秀海智工作基地。

2015'海智人才通州行活动科协

【双创讲座】 举办科技咖啡馆活动，邀请施荣恩(schramm)、夏春阳2位中外科技专家作创新创业高端讲座。共有60多位企业家、科技工作者、大中专毕业生参加活动，反响强烈。邀请南京市创业明星朱凯博士作专题报告会。结合创新创业高端讲座，联合有关方面开展专利推送，是年全区6家企业、累计14家企业签订专利推送协议。

【协同创新】 主动做好省纺织工程学会与省级协同创新基地——南通家纺城的联系服务，深化协同创新，10月成功举办江苏科技论坛纺织分论坛暨第十二届长三角科技论纺织分论坛，顺利通过了省级协同创新基地中期验收。联系省科技咨询服务中心与南通高新区科技新城对接，双方招才引智合作达成初步意向。

【厂会协作】 组织区级学会、镇区科协开展“大协作大服务活动”，推动与企业、村场、种养大户技术对接，是年6个项目被评为市级优秀厂会协作项目。

【科普惠农兴村计划实施】 通州区天泰粮食专业技术协会和区植保站推广研究员张夕林分获全国、全省“基层科普行动计划”先进集体和先进个人。目前，全区共培育国家级、省级科普惠农兴村计划项目13个(其中国家级8个)，上级财政奖补158万元。项目数和奖补资金总额均位列全市首位。建成4个省级科普惠农服务站。

【第五届自然科学论文评选】 以区政府名义组织开展第五届自然科学论文评选活动，共征集论文157篇，区政府表彰一、二、三等奖论文36篇，分别奖励4000元、2000元、1000元，区科协表彰优秀论文60篇。

【信息化平台】 大力推进科普常态化，依托区级报纸、广播、电视，开辟科普专栏、专题和频道，建成了“三位一体”覆盖全区的报广电立体科普网；实施“南通智慧科普”县区级服务站建设，投入92万元，在40个社区和科普示范点布设全媒体科普电子屏，首批20台已于7月底到位；推出“通州科普之窗”微信平台，加强科协网站维护管理，逐步形成网、信、屏“三位一体”的新媒体科普格局。

【第27届科普宣传周活动】 5月22日，围绕“创新创业　科技惠民”这一主题，在十总镇举办第27届科普宣传周暨第31届科技先锋超市主场活动，来自区级机关15家单位的近百名科普志愿者参加了主场活动。活动现场有大型科普咨询、科普文艺专场演出、科普展、科普灯谜有奖竞猜等内容丰富的科普活动。本届科普宣传周期间，区科协还开展科技传播专家进通州活动，邀请东南大学周建中教授为广大师生作《科学思维与创新方法》报告会；向各镇、村居、区级机关赠送科普资料及挂图。

（张丽敏）

区文学艺术界联合会

【概　况】 2015年，通州区文联团结带领各专业文艺家协会、各基层文联组织和广大文艺工作者，积极主动，开拓创新，为繁荣文艺创作，培养文艺新人，不断满足人民群众精神文化生活的需要做出了积极的贡献。

【“童声里的中国”少儿艺术活动专场】 4月17日，中央电视台少儿频道“大手牵小手”栏目组到通州区“童声里的中国”少儿艺术创研活动基地录制“童声里的中国”少儿艺术

中央电视台少儿频道《大手牵小手》走进童声基地

活动专场节目。节目于5月30日至6月13日每周六分三次在央视少儿频道播出。鞠萍、周洲、红果果、绿泡泡等著名央视少儿频道主持人主持节目。来自"童声里的中国"少儿艺术创研活动基地、区实验小学蕊春艺术团、区通州小学等演出单位的1200多名小学师生参加了演出和录制。

【大型现代音乐儿童剧《田梦儿》首演】 9月26日，大型现代音乐儿童剧《田梦儿》，在南京举办的第三届江苏省美德少年颁奖仪式上首演。江苏省委常委、宣传部长王燕文，江苏省政府副省长曹卫星，与百名美德少年及南京市少年儿童代表共600余人观看演出。该剧由江苏省委宣传部、江苏省文明办出品，江苏省少年儿童文化艺术促进会、南通市委宣传部、"童声里的中国"少儿艺术创研活动基地联合承制，江苏常州金坛华罗庚艺术团出演。邀请了中国儿童戏剧研究会名誉会长李若君、中国舞台美术协会会长薛殿杰、国家一级编剧薛梅、国家一级导演胡一飞、著名作曲家周文军等担纲主创。

大型现代音乐儿童剧《田梦儿》剧照

【"童心里的诗篇"诗歌朗诵音乐会】 3月底，由江苏省委宣传部、江苏省教育厅、江苏省文化厅、共青团江苏省委、江苏省作家协会、江苏省广播电视总台主办，江苏省中华诗学研究会、江苏省少年儿童文化艺术促进会、"童声里的中国·少儿艺术创研活动基地"承办，新华日报、扬子晚报、《扬子江》诗刊、江苏教育报刊社、江苏省朗诵协会协办的中国江苏首届全国少儿诗会《童心里的诗篇》在南京启动。本届少儿诗会覆盖全国31个省市自治区的2万余所中小学校，内容包括创作大赛、结集出版、颁奖典礼、朗诵巡演、专家讲座等。活动初期的创作比赛征稿对象主要面向全国16岁以下的中小学生，投稿期从3月20日起持续两个月，新体诗、旧体诗词、散文诗均可参与。全国各地中小学校积极响应，踊跃参与，主办方共收到45000多份作品。获奖作品结集出版并赠送全国2万多所中小学收藏。10月15日，中国·江苏首届少儿诗会走进南通诗歌朗诵音乐会在通州区"童声里的中国"中国少儿艺术创研活动基地上演，拉开"童心里的诗篇"诗歌朗诵音乐会全省巡演的序幕。省委宣传部部务委员李朝润，市委常委、宣传部长章树山出席活动。

"童心里的诗篇"诗歌音乐朗诵会走进南通

【第四届"小茉莉花奖"声乐大赛】 11月1日，童声里的中国·第四届江苏省青少年音乐"小茉莉花奖"声乐大赛颁奖音乐会，在南通市通州区"童声里的中国"少儿艺术创研活动基地落下帷幕。本次大赛由江苏省音乐家协会、江苏省爱乐艺术交流服务中心、南通市通州区委宣传部主办，南通市通州区文联、"童声里的中国"少儿艺术创研活动基地承办。本次大赛共评出金5名、银奖10名、铜奖12名和优秀奖21名，以及优秀教师奖、组织奖，获金、银、铜奖的小歌手共同在"童声基地"种下希望树，启动营造小茉莉生长林，并留下了成长小脚印。在颁奖活动现场，获奖的最佳小歌手进行现场签约，成为"童声里的中国"首批签约小歌手。同时，获奖选手进入"童声里的中国"少儿艺术创研活动基地优秀人才档案库，为文化部、中国音协、长三角地区今后的国际国内比赛、文化交流活动及各类演出提供后备人选，并入选"江苏省小茉莉花艺术团"，开展对内对外文化交流活动。

【少儿系列长篇科幻小说《滑板少年》出版】 儿童文学作家张剑彬创作、"童声里的中国"少儿艺术创研活动基地参与出品的少儿系列长篇小说《滑板少年》，由南京大学出版社出版。第一辑共出版四部长篇小说。作品充满正义的力量，引导读者在曲折生动的情节中感受正义、勇气、亲情、友情、宽容，进一步领悟担当与责任。

【首届"童声里的中国·成长的歌谣"创作大赛】 首届"童声里的中国·成长的歌谣"创作大赛由中共江苏省委宣传部、江苏省文明办、江苏省教育厅、共青团江苏省委、江苏省妇联主办；江苏少儿出版社、江苏省音协教育委员会、江苏教育报刊总社、"童声里的中国"少儿艺术创研活动基地协办；江苏省少年儿童文化艺术促进会承办。

【南通市文联第十届"五月风"文艺展示月暨第五届"通州艺苑"文学艺术展示周开幕式】 5月17日，南通市第十届"五月风"系列活动暨第五届"通州艺苑"文学艺术展示周活动在通州区金沙街道天虹社区启动。本次活动的主题是"深入生活、扎根人民"。启动当天，"深入生活、扎根人民"惠民、为民、乐民汇报展演为此次艺术展示周拉开了帷幕。整台节目以音乐、舞蹈、戏剧、朗诵等形式，展示通州文艺家们从火热生活中锻造出的文艺精品。南通市委宣传部副部长顾华、南通市文联主席王法、南通市通州区委常委宣传部部长胡卫东、通州区副区长李学义共同启动水晶球。在启动仪式上，还为"大路飞歌"通州交通运输建设主题摄影大赛获奖作者颁奖。

"中国梦故乡情"江苏城市摄影擂台赛通州站

第五届"通州艺苑"文学艺术展示周开幕式

【"金土地杯"中国梦·故乡情2015第三届江苏城市摄影（团体）擂台赛（通州站）活动】 9月5日，"金土地杯"中国梦·故乡情2015第三届江苏城市摄影（团体）擂台赛首站在南通市通州区启幕。这次活动，由中国摄影报社、江苏省摄影家协会、通州区委宣传部主办，南通市摄影家协会、南通市通州区文联承办，南通金土地生态农业园、通州区摄影家协会协办。大赛共收到来自宿迁等5个城市参赛团队拍摄的800多幅作品，分自由组和专业组进行评比，最终58幅获奖。通州庄学雷的作品《水陆空交响曲》获专业组一等奖；蒋辉的《秀一把》、朱国兴的《眺望黎明》、郑富芹的《佛门深深》、陈中香的《通州揽胜》分获二等奖。中国摄影家协会副主席邓维，中国摄影报社副社长方焕然，江苏省摄影家协会主席沈遥，江苏省摄影家协会副主席兼秘书长吉龙生，江苏省摄影家协会顾问梁玉飞，南通市委宣传部副部长、南通市摄影家协会主席顾华，南通市文联党组书记、主席王法等出席活动。活动期间，中国摄影家协会副主席邓维做关于纪实摄影的讲座。

【范小青"当下的社会与文学"专题讲座】 10月中旬，由南通市文联、通州区委宣传部主办，通州区文联承办的省作家协会主席范小青专题讲座《当下的社会与文学》在通州区文博中心二楼小剧场举行。来自南通市的作家、高校学生、各界人士、文学爱好者近400人聆听讲座。

【"移动杯·美丽通州随手拍"手机摄影大赛】 该活动由通州区区委宣传部、文联、政府网管中心、互联网新闻中心联办。大赛旨在鼓励人民群众发掘身边感人事例，感受身边的美。活动于5月17日启动，至8月30日共收到2000余幅作品，《晚霞映彩桥》《荷魂》等作品获奖。

2015 年度通州区文联会员部分发表、出版及获奖作品一览

表 3

类别	项目名称	作　者	出版(展览、演出)情况	主办单位	全国获奖	获省(市)奖
小话剧	今夜有雨	顾学军	第六届全国小戏小品展演	中国戏剧家协会	优秀入选剧目	—
小品	牛二进城	顾学军	第六届全国小戏小品展演	中国戏剧家协会	优秀入选剧目	—
小品	二嫂争媳	姜冬云	全国曲艺新作品征集	中国曲协	一等奖	—
小品	救	姜冬云	中华颂第六届小戏小品曲艺大展	中国剧协艺术发展中心等	金奖	—
小品	二嫂争地	编导:姜冬云 导演:张　山 演员:张　山、李汉芳、周玉珍	江苏省中国梦题材作品征集	江苏省委宣传部、江苏省曲协	—	二等奖
通剧	珍珠塔羞姑	叶　香	第七届“江苏戏剧奖·红梅奖”	江苏省文化厅、江苏省文联、江苏省戏剧家协会	—	金奖
通剧	烂柯山痴梦	何婷婷	第七届“江苏戏剧奖·红梅奖”	江苏省文化厅、江苏省文联、江苏省戏剧家协会	—	铜奖
小品	租房风波	杨文秀	第七届“江苏戏剧奖·红梅奖”	江苏省文化厅、江苏省文联、江苏省戏剧家协会	—	铜奖
音乐剧	稳稳的幸福	曹　磊	第七届“江苏戏剧奖·红梅奖”	江苏省文化厅、江苏省文联、江苏省戏剧家协会	—	优秀表演奖
话剧	无辜的罪人	马跃峰	第七届“江苏戏剧奖·红梅奖”	江苏省文化厅、江苏省文联、江苏省戏剧家协会	—	优秀表演奖
音乐剧	稳稳的幸福	黄美夏子	第七届“江苏戏剧奖·红梅奖”	江苏省文化厅、江苏省文联、江苏省戏剧家协会	—	表演奖
小品	心心相印	倪　敏	第七届“江苏戏剧奖·红梅奖”	江苏省文化厅、江苏省文联、江苏省戏剧家协会	—	表演奖
音乐剧	芝加哥	吴　慧	第七届“江苏戏剧奖·红梅奖”	江苏省文化厅、江苏省文联、江苏省戏剧家协会	—	表演奖
黄梅戏	洞房	易　彬	第七届“江苏戏剧奖·红梅奖”	江苏省文化厅、江苏省文联、江苏省戏剧家协会	—	表演奖
通剧	行　路	何婷婷、葛卫东、季新华	全国稀有剧种展演	上海人民广播电台	—	优秀表演奖
歌剧	党的女儿	吴永聪	第七届“江苏戏剧奖·红梅奖”	江苏省文化厅、江苏省文联、江苏省戏剧家协会	—	表演奖
相声	今天你微了吗	姜冬云	江苏曲艺芦花奖	江苏曲协	—	创作奖
小品	《租房风波》《公园一角》	何婷婷	江苏曲艺芦花奖	江苏曲协	—	表演奖
美术	寒冬素装图	陈鹏刚	“悲鸿精神”全国中国画作品展览	中国美协	—	—
美术	高唱八路军歌	陈鹏刚	“民族魂”——纪念中国人民抗日战争暨世界反法西斯战争胜利 70 周年美术作品展览	民革中央、中国美协	—	—
美术	巢之恋	陈鹏刚	第二十一届全国版画作品展并被收藏	中国美协	—	—

续表 3

类别	项目名称	作　者	出版(展览、演出)情况	主办单位	全国获奖	获省(市)奖
美术	眯细眼“红导”哥	陈鹏刚	“第三届全国少数民族美术作品展”续展	国家民族事务委员会、文化部、中国文联、中国美协	优秀作品奖	—
美术	挡不住的喜悦	陈鹏刚	第二届江苏省文华奖·优秀美术作品展	江苏省文化厅	—	—
美术	晨曦	陈鹏刚	2014 当代百名中国工笔画提名展并被收藏	中国书画报、美术报社	—	—
美术	圣地豪气	李　进	举办的“铁的新四军”红色记忆·经典美术作品展	中国美协	优秀奖	—
美术	遥望港的晌午	华振明	时代足迹——2015·中国百家金陵画展	中国美协	—	—
美术	践行·筑梦	华振明	第二届江苏省文华奖·优秀美术作品展	江苏省文化厅	—	—
摄影	水陆空交响曲	庄学雷	中国梦·故乡情 2015 第三届江苏城市摄影(团体)擂台赛	中国摄影报社、江苏省摄影家协会	一等奖	—
摄影	眺望南山湖	朱国兴	中国梦·故乡情 2015 第三届江苏城市摄影(团体)擂台赛	中国摄影报社、江苏省摄影家协会	二等奖	—
摄影	独钓石臼湖	肖　军	中国梦·故乡情 2015 第三届江苏城市摄影(团体)擂台赛	中国摄影报社、江苏省摄影家协会	二等奖	—
摄影	丹徒跳跳面	潘为公	中国梦·故乡情 2015 第三届江苏城市摄影(团体)擂台赛	中国摄影报社、江苏省摄影家协会	二等奖	—
诗词	南涯山怀豫章先生	汤俊峰	“纪念黄庭坚诞辰 970 周年全国大赛”	中华诗词协会	优秀奖	—
诗词集	驿梅轩诗词曲赋联集	顾开之	出版	—	—	—
诗词	发表 100 多首，并作为当代重要诗词家作了推介	沈双建	发表	《诗书画》杂志第 17 期及《诗潮》杂志	—	—
论文	试谈毛泽东诗词的语言变异艺术	邵建新	—	中国毛诗会	二等奖	—
长篇小说	海豚王	张剑彬	出版	吉林出版集团	2015 年冰心儿童图书奖	—
长篇小说	芥末爱情	张剑彬	出版	内蒙古出版集团、内蒙古文化出版社	—	—
长篇小说	滑板少年 1：会呼吸的古铜钱	张剑彬	出版	南京大学出版社	—	—
长篇小说	滑板少年 2：食人蝙蝠	张剑彬	出版	南京大学出版社	—	—
长篇小说	滑板少年 3：滑板上的生死时速	张剑彬	出版	南京大学出版社	—	—

续表 3

类别	项目名称	作　者	出版（展览、演出）情况	主办单位	全国获奖	获省（市）奖
长篇小说	滑板少年 4：家里有个怪婆婆	张剑彬	出版	南京大学出版社	—	—
舞蹈	花—叶	杨撼宇	江苏省文华奖	江苏省文化厅	—	决赛入围
舞蹈	太阳鼓	杨撼宇	第十届“明珠杯”全国才艺邀请赛	—	金奖	—
舞蹈	菊花台	殷晓莉	“缤纷长三角——浦东潍坊杯”排舞邀请赛	上海市群众艺术馆、上海市浦东新区文化艺术指导中心	金奖	—
舞蹈	国王的道歉——砰砰砰	殷晓莉	“缤纷长三角——浦东潍坊杯”排舞邀请赛	上海市群众艺术馆、上海市浦东新区文化艺术指导中心	银奖	—

（许　君）

区哲学社会科学界联合会

【概　况】 2015 年，通州区社科联开展理论研讨、应用研究、社科普及和队伍建设等工作，取得明显成效。是年，区社科联获省社科联系统 2015 年度“工作创新奖”、南通市社科联系统 2015 年度“先进社科联奖”。1 项成果获江苏省社科界第九届学术大会优秀论文二等奖，1 项成果获南通市年度热点问题研究优秀成果三等奖，1 项成果获南通市年度学会征文优秀论文一等奖，1 项成果获南通市社科界第四届学术大会优秀论文三等奖。

【区社科联第二次代表大会】 9 月 18 日，区社科联第二次代表大会在区行政中心召开。区委书记宋乐伟出席会议开幕式并讲话。区委副书记凌建华、区委常委宣传部长胡卫东、副区长李学义出席大会。南通市社科联党组书记、副主席徐爱民到会祝贺并讲话。大会通过曹荣琪同志代表区社科联第一届理事会所作的工作报告，明确今后 5 年区社科联的指导思想和工作任务。会议选举产生区社科联第二届理事会主席、副主席，曹荣琪当选为区社科联第二届理事会主席，陈泉江当选为专职副主席，沈智慧、张菊兰、李锋、钱俊、胡永洲、季玉华、施卫东、吴雪华、钱国华当选为兼职副主席。会上，区委、区政府表彰了 2010—2014 年度全区社科工作优胜奖单位 20 个、优秀社科工作者 30 名。

通州区社科联第二次代表大会

【学习贯彻习总书记讲话精神理论研讨活动】 1 月，区社科联联合区委宣传部在全区开展“学习贯彻习近平总书记系列重要讲话精神”征文、评奖活动，经组织评审，共评出获奖论文 17 篇，分别给予表彰奖励。7 月，举办学习贯彻习近平总书记系列重要讲话精神理论研讨会，南通市委宣传部副部长黄正平作《伟大的中国道路，恢宏的战略布局》主题发言，部分获奖作者作交流发言。区委常委、宣传部长胡卫东出席研讨会并讲话。

【应用课题研究】 紧紧围绕区委十一届九次全会确定的创新转型、开发开放、城乡统筹、民生保障、生态治理等中心工作，深入开展年度应用课题研究，组织专家对申报的应用研究课题成果进行评审，对 23 项优秀应用研究成果给予表彰奖励。

【江海文化研讨活动】 10 月，召开通州区社科界江海文化座谈会，12 位专家学者围绕创新江海文化发展思路畅所欲言，从南通地方语言特

学习贯彻习近平总书记系列重要讲话精神理论研讨会

色、张謇思想、历史文化保护等多个层面进行探讨。组织参加南通江海文化理论研讨活动，报送理论研讨文章4篇；组织社科理论工作者撰写江海文化体会文章，6篇文章在《南通日报》刊登。

【第六届社科普及宣传周】 9月29日，通州区第六届社科普及宣传周启动暨抗战胜利70周年讲座在区档案馆举行。活动以“弘扬法治精神，传播法治文化”为主题，重点安排大型广场咨询、百场法治宣传进社区、纪念抗战胜利百场宣讲会、社科知识基层行、社科图片展、社科书展等内容丰富、形式多样的活动。启动仪式上，区委宣传部副部长、区社科联主席曹荣琪为新命名的区社会科学普及示范基地——区档案馆授牌。南通新四军研究会通州分会秘书长陆子森做《抗战中，共产党的旗帜高高飘扬》讲座。

【社科知识宣传普及】 11月在《通州日报》上开设“学习贯彻十八届五中全会精神——推动通州全面建成小康社会”专栏，刊登社科理论工作者学习党的十八届五中全会精神体会文章15篇；大力普及党的理论创新成果，组织宣讲党的十八届三中、四中、五中全会精神和“四个全面”战略布局、省市区委全会精神等专题800余场，受众15万余人次；举行“纪念抗战胜利70周年百场宣讲”活动，宣讲290余场，听众超15万人次，该活动获省社科普及专项经费资助；开展“百场法治宣传进社区”活动，共宣传120余场，受众10万余人次；举办“金沙市民讲坛”3期。

金沙市民讲坛

【社科普及示范基地提档升级】 以省市社科普及示范基地复评和新申报为契机，积极组织申报省市级社科普及基地工作。区图书馆被评为省级社科普及示范基地，两家市级社科普及示范基地通过复评，区预防职务犯罪文化基地被评为市级社科普及基地。

【社科理论骨干培训】 着力提高全区社科理论骨干的政治理论素养和业务能力。组织社科学会骨干认真学习党的创新理论，自觉用党的创新理论武装头脑，指导社科工作。组织理论骨干赴上海市宣传系统人才交流中心复旦培训基地参加全区宣传干部培训班，组织参加在中国人民大学举办的南通市社科理论骨干培训班，集中学习与社科工作相关的新理论、新知识。（陈泉江）

区归侨侨眷联合会

【概　况】 2015年，区侨联依托海内海外两个平台，进一步深化老侨新侨两个并重，发挥组织优势，服务侨界群众，服务全区经济社会发展，相继组织开展“冬日暖侨心”“夏日送清凉”“关爱空巢侨界家庭”“贺卡递乡情”“电邮传乡音”等系列凝心聚力活动，通过组织侨界人士互访交流、走访慰问、学习参观、座谈联谊等多种形式的活动，进一步贴近侨心，提升侨联组织凝聚力。全年共接待海外侨胞、港澳同胞、留学生9批37人次，处理侨界群众来信来电来访8件次，答复率100%。

【暖侨心活动】 区侨联坚持重大节日和不定期上门走访慰问，及时了解侨界群众的生活疾苦，竭尽所能为侨排忧解难，不断扩大“暖侨心”活动的受益面，全年共走访慰问50多家侨户，走访侨港资企业10多家。继续实施“关爱空巢侨界家庭”行动，进一步加大对空巢侨属的关爱，实施“三必访”举措，即回乡时上门看望走访一次、重大节日上门看望走访一次、出国前上门看望走访一次,此举得到侨属一致肯定。

【侨界迎端午联谊活动】 6月18日,区侨联组织侨界迎端午联谊活动,全区空巢侨眷家庭和侨眷代表共计30人参加活动。区侨联向大家送上节日慰问和祝福,介绍侨联工作开展情况,与侨眷们亲切交流。与会侨眷畅所欲言,交流各自的工作、生活和所见、所闻、所想,讲述自己在侨联组织这个大家庭里的愉快经历。此次活动促进了沟通与交流,进一步增进了侨联与侨界群众之间的情感,提升了侨界凝聚力,更激发了侨界群众贡献社会、服务社会的主动性。

【办理市政协第367号提案】 区侨联认真办理区政府交办的市政协南通市十一届四次会议第367号提案(《关于修复爱国华侨教育家李春鸣故居的建议》)。侨联领导高度重视,克服多方困难,为修复李春鸣故居多方协调沟通。一是与李春鸣故居所在镇做好沟通联系,先后多次赴西亭镇李春鸣故居现场察看,与西亭镇党委、政府负责人商议修复故居涉及到的相关事宜,西亭镇党委、政府及时取消对李春鸣故居拆迁的计划,将李春鸣故居的修缮同镇建设规划同步实施;二是与李春鸣先生故居所有权的国内亲属做好沟通协商工作,与外侨办、西亭镇一起到李春鸣故居房屋所有人家中,面对面协商,了解情况,征求意见;三是与市侨联做好沟通联系,争取工作支持。6月份,由区侨联撰写的提案办理意见已报区政府通过。

【与香港通州同乡会联络联谊】 区侨联充分借助"香港通州同乡会"的平台优势,加强与港胞的联络联谊,进一步增进与港胞的情谊,了解港情。8月8日,香港通州同乡会成员一行11人,踏上回乡观光之路。区侨联组织港胞们参观了"童声里的中国""区城市展览馆"和城东新区。看到家乡日新月异的发展,切身感受到家乡环境的优美和高标准的规划远景,香港同乡会成员一行非常感慨和振奋,盛赞家乡的发展和宜人的环境。

【"喜迎中秋"系列活动】 中秋前夕,区侨联通过组织侨界人士互访交流、走访慰问、组织参观、聚餐联谊等多种形式,进一步密切与侨界群众的情谊。侨界群众相聚一起,相互交流,互致问候。通过参观新城变化,侨界群众进一步了解通州今年新的发展,更增添大家的荣誉感、归属感和为家乡发展作贡献的激情。

【通州籍旅美侨领主办纪念抗战胜利70周年大会】 8月1日,由通州籍旅美侨领吴有义先生积极筹办的纪念抗战胜利70周年大会在旧金山南湾状元楼成功举行。此次大会由吴有义先生所在美西和统会主办,旧金山统促会、斯坦福大学中国学生学者联谊会、北加州江苏同乡会、大上海联盟、华夏联谊会以及河北同乡会协办。湾区30多个社团近300位嘉宾和各界人士参加大会。中国驻旧金山总领事罗林泉出席大会并致辞,他高度肯定美西和统会等社团举办纪念大会具有重要意义。侨联之友、美西和统会会长吴有义先生指出举办纪念活动旨在铭记历史、缅怀先烈、珍视和平、警示未来,期盼祖国繁荣富强。 (管 鹰)

区红十字会

【概 况】 2015年,南通市通州区红十字会紧紧围绕区委、区政府工作大局,履行《中华人民共和国红十字会法》赋予的职责,弘扬"人道、博爱、奉献"的红十字精神,做强"三救三献"红十字核心业务工作,大胆创新、打造品牌,推动全区红十字工作迈上新台阶。在中国红十字会报刊宣传工作会议上,区红十字会作为全国6家交流单位之一、唯一县区级红十字会在大会上作经验交流,荣获2015年中国红十字会总会报刊宣传先进集体一等奖。区红十字会还获得2015年度《江苏红十字》报刊宣传工作先进单位县(市、区)级一等奖。区红十字会组织建设工作被江苏省红十字会作为典型案例上报中国红十字会总会。

【组织建设】 4月,召开五届五次常务理事会、理事会,会议增选区教育局局长张进荣、区财政局局长张正杰、区公安局政委倪军、区委组织部常务副部长钱国宾为区红十字会兼职副会长;7月,召开五届六次常务理事会、理事会,会议增选区委常委、副区长刘克勇为区红十字会会长,区民政局局长季亚为区红十字会兼职副会长。5月、10月,分别建立区市场监督管理局红十字会和区实验中学红十字会。全年发展新会员8152人。

【业务能力建设】 完善工作制度,制定出台《南通市通州区红十字会备灾仓库管理规定》和《南通市通州区红十字会关于差旅费支出的若干规定》,进一步规范备灾救灾工作流程,提高办事效率和服务水平。加强工作培训,5月、11月分别举办"全区学校红十字工作培训班"和"全区红十字通讯员培训班",进一步提升红十字会基层干部和通讯员的理论素养和业务水平。健全公开机制,向社会公开区红十字会2015年预算情况和2015年"博爱送万家"活动救助情况,实时公示日常捐赠,进一步打造公开透明的红十字会。

【"江苏省红十字示范学校"争创活动】 认真贯彻《学校红十字会工作规则》,积极开展争创"江苏省红十字示范学校"活动,下拨基层组织建设经费5万元,加强学校红十字阵地建设。经过评估验收,兴东小学、五接小学、石港中学等3所学校成功创建,被省教育厅、省红十字会评为第四批"江苏省红十字示范学校",上榜数量位居南通各县(市、区)第一。

【应急救援】 加强备灾物资储备工作，招标采购了1000条价值共6.88万元的棉被。拓展筹资渠道。区政府向“红十字人道救助基金”注资60万元，专项用于备灾救灾救助和救护工作；接收通州蒙盛经贸有限公司捐赠的价值4万余元的贝因美奶粉；开展“博爱在通州、人道万人捐”募捐活动，全年共募集捐款116.09万元。

【人道救助】 开展2015年“红十字博爱送万家”活动，发放救助款物近60万元，惠及全区1114户贫困家庭。开展红十字博爱助学活动，30名大学新生和7名历届优秀大学生获得17.1万元资助。联合区公安局、城管局分别设建立《红十字金盾救助基金》和《红十字关爱最美环卫人救助基金》，对公安系统、环卫系统的困难职工发放了6.4万元救助金。做好《中小学生红十字重症住院医疗互助金》补助工作，为512名重症学生发放互助金129.38万元，给患病学生送去人道关爱。开展日常救助，26个贫困家庭获得了5.06万元救助款。积极争取上级援助，两名白血病患儿获得小天使基金救助；为金沙街道敬老院争取到价值20多万元的养老项目资助物资。

【救护培训】 大力推进应急救护公益培训这一省市政府民生实事项目，全年共举办各类培训班100余期，培训初级救护员1156名，对9582人进行了普及性培训。积极争取区委组织部的支持，把红十字应急救护培训纳入区委党校党员干部轮训内容，搭建了红十字应急救护培训新平台。积极参加由区委宣传部牵头组织的全区“关爱生命、关注安全”主题宣讲活动，深入企业一线开展应急救护知识宣传普及，开展巡回宣讲950余场，10.5万余人接受了生命安全教育培训。广泛开展红十字应急救护进校园活动，举办中小学生暑期应急救护公益讲堂。加强青少年应急救护培训阵地建设，在省通州中等专业学校设立南通首家红十字青少年应急救护培训基地。做好初学驾驶人卫生救护培训工作，通过公开招募救护师资志愿者、召开救护培训教学研讨会、参加上级红会救护培训师资教学法比赛以及省级救护师资复训等途径，加强师资队伍建设，不断提升培训质量。全年举办培训班143期，培训初学驾驶人1.5万余人。

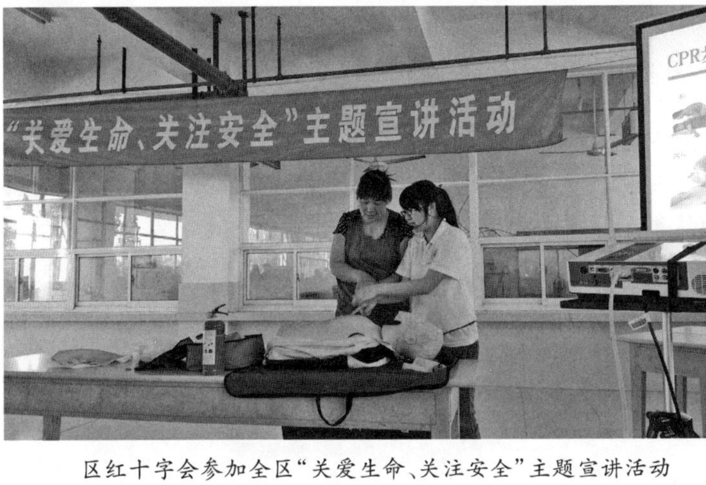

区红十字会参加全区“关爱生命、关注安全”主题宣讲活动

【医疗服务“三进”活动】 与区卫计委联合制定印发《2015年红十字医疗服务“三进”活动方案》。全年组织全区卫生系统红十字志愿者集中开展了4次红十字医疗服务“三进”活动。各级医疗卫生单位红十字志愿者定期进乡镇、进村居，为群众开展健康检查、卫生宣教、义诊、巡诊、疑难病例会诊、困难群众定点上门医疗康复等“送医、送药、送健康”服务，全区各级医疗卫生单位红十字志愿者已累计服务2万余人次，区红十字会为困难群众免费赠送价值10万余元的药品。

【主题志愿服务活动】 “5·8”世界红十字日期间，区红十字会组织城区医疗卫生单位开展了主题宣传活动，弘扬“人道、博爱、奉献”的红十字精神。区人民医院、区中医院、区卫生监督所、区疾控中心、区血站、区第二人民医院等单位的红十字志愿者在城区新瑞广场，运用展板、发放资料、现场演示等形式，向市民宣传红十字知识、无偿献血、造血干细胞捐献、器官捐献等科普知识；同时在现场设置专家义诊区，为过往行人义诊、免费测血糖、测血压等。5月12日，区红十字会联合区地震局、区人防办等16家单位，在城区金游城广场开展了以防震减灾为主题的科学防灾减灾宣传活动，进一步普及应急救护知识，提高广大市民的自救互救能力。9月12日，第16个世界急救日期间，联合区人民医院到东社镇香台村开展义诊、应急救护技能演示、发放《市民安全救护手册》等纪念活动，宣传普及应急救护知识，提高广大老年人的自救互救意识。重阳节前夕，组织爱心车队的志愿者到二甲镇敬老院开展重阳敬老慰问、观光浏览活动。

【志愿捐献工作】 6月，省通州高级中学高二年级徐艾明同学为其母亲捐献骨髓，为表彰他孝老爱亲的感人事迹和可贵精神，区教育局、区红十字会联合印发表彰决定，授予徐艾明同学“通州区优秀红十字青少年”荣誉称号，并奖励5000元。全年新增造血干细胞志愿者62名，初配相合志愿者16名，高配相合志愿者8名，1人进入体检程序。

【参加总会知识竞赛】 5月，中国红十字会总会举办“2015年全国红十字青少年自救互救知识竞赛”，区红十字会组织全区4万余名青少年参加了知识竞赛活动，区红十字会和31家学校红十字会获最佳组织奖，2名红十字青少年获个人奖。

【“世界急救日”专场公益晚会】 9月，在金新街道华山社区北广场举办第六届南通市红十字博爱之夜——“世界急救日”专场公益晚会。

区红十字会联合市红十字会举办第六届南通市红十字博爱之夜——“世界急救日”专场公益晚会

应急救护培训老师精心准备了止血包扎、气道异物梗阻、心肺复苏等与大家日常生活息息相关的救护技能，并进行现场教授，让市民学到应急救护知识，增强自救互救意识。

【媒体宣传创新】 组织开辟专版，在《通州日报》介绍预防踩踏急救知识和通州红十字工作。积极设立“大爱通州”专栏，宣传报道红十字人道救助活动典型，进一步扩大红十字会的社会影响。举办爱心义卖活动。3月，在全区各大媒体连续刊登“爱的传递”义卖物品征集启事，得到社会爱心人士的积极响应，征集到义卖物品百余件；5月，举办“大爱通州——爱的传递”义卖活动，义卖款项全部汇入相应的救助基金中，营造良好的公益慈善社会氛围。（邵晓明）

通州名人选介之五

王鸿寿

王鸿寿(1850－1925)祖籍安徽，生于通州。从小至“小福寿班”拜师学戏。后因其父被诬陷，家庭遭灭门之祸。他幸由戏班掩护，藏身衣箱之中，逃出虎口。从此隐姓埋名，以卖艺为生，艺名“三麻子”。他长期在上海献艺，汲取众家之长，融会贯通，特别着意于红生戏中关羽的人物形象塑造，将揉脸法改为银朱勾脸，画蚕眉凤目，戴夫子盔，着云头靴，用青龙刀，拥“关”字旗，造型威严而庄重。清同治九年在天津紫竹林“兴华园”演出关戏《古城会》《水淹七军》，别开生面，台下掌声不绝，誉满北国京剧舞台。国画大师刘海粟称赞他“演红生为一代巨匠，叱咤风云，不失儒雅。倚刀理髯，驰马观书，壮不伤秀，实已至化境”。他红生戏路很宽，以关羽为主，其他尚有姜维、赵匡胤、关胜等，因人而异，各具特色。他也擅长文武老生，如《跑城》中的徐策，《醉轩捞月》中的李白，而特别喜欢演民族英雄岳飞，唱做并工，为内行人所倾倒，因而为南派京剧奠基人之一、表演艺术大师。他还是一位多产的戏曲作家，曾与汪笑侬等合编了不少新剧目，其中关戏为35出。“麒派”创始人周信芳为其嫡传弟子。“武生泰斗”杨小楼特备门生帖子，拜其为师，专学《洞庭湖》一戏中的岳飞。他自成“王派”，誉满天下。民国11年(1922年)，他年逾古稀，带病应邀在上海登台演关戏《走麦城》，不想一下舞台，双脚浮肿，裕疮迸裂，鲜血直流，竟一病不起，民国14年春节溘然长逝。后人尊之为“红生鼻祖”。周恩来总理久闻其名，于1952年特邀请其嫡传弟子李洪春为中央领导同志演出关戏《单刀会》，盛赞“王派”演关戏的精湛艺术。

（引自《南通县志》人物传第1188页）

人民武装
People 's Armed Forces

编 辑 杨王军

中国人民解放军 通州区人民武装部

【概 况】 2015年,区人民武装部认真贯彻新时期军事战略方针,以强军目标为统领,以"三严三实"专题教育为抓手,按照抓班子、带队伍,抓训练、谋打赢,抓基层、打基础,抓安全、促发展,抓作风、树形象的总体思路,积极作为,创新发展,稳步推进国防后备力量建设。是年,通州区被评为市"征兵工作先进单位"、省"国防动员先进单位"。

【政治工作】 深入学习贯彻党的十八届四中、五中全会精神和习主席系列重要讲话精神作,利用中心组学习、民兵集训等时机抓好系统学习,进一步提升官兵理论素养和思维层次,推动党的创新理论宣传普及、落地生根。精心组织"学习践行强军目标、做新一代革命军人"主题教育和纪念抗日战争胜利70周年系列活动,引导官兵自觉践行"四有"革命军人标准。认真开展"正确面对得与失,凝心聚力抓准备"和"三严三实"专题教育活动,召开民主生活会查找剖析问题,研究制定整改措施。重视做好意识形态领域工作。坚持用党中央重大决定统一官兵思想行动,严密组织信息清查清理,党员干部人人写出党性分析材料,全面肃清流毒影响。开展社团工作专项清理整治,官兵人人作出不参加社团承诺,确保部队绝对忠诚、绝对纯洁、绝对可靠。

【战备训练】 狠抓日常战备。修定完善作战方案和应急预案,开展国防动员潜力调查,通过省军区、军分区大规模作战能力评估。组织开展作战值班规范化整治,搞好业务培训,加强教育管理,确保人员时刻在位履职。扎实推进战备规范化建设,建成兵器室、作战室、战备器材库等战备基础设施和指挥控制平台。12月底,军分区在通州召开现场观摩会。狠抓骨干训练。突出现役干部基本理论、专业技能训练,坚持每天1小时体能、每周完成1份战术作业、每月组织1次考核,9名干部通过军分区年度军事训练考核。遴选7批82人次民兵骨干参加省军区、军分区集训培训和跨区联训,其中19人获名次。狠抓分队训练。5月,组织民兵高机连40人进行为期15天封闭式集训,在军分区实弹射击考核中获第一。11月,组织民兵应急连120人进行30天强化集训,遴选出34名骨干参加军分区战斗体能竞赛考核,获第三。协调组织区国动委"八办"和民兵预备役520人,先后3次参加省市"苏防"和"通防"系列演习,受到省军区肯定。

【征兵工作】 落实主体责任。出台《关于进一步加强征兵工作的意见》,把征兵工作纳入武装工作和专武干部年度考评,建立政府主导、人武部主抓、相关部门配合的协调运作机制,落实区、镇(街道)、村(居)三级联控,逐级分解细化征兵工作各项任务和指标。加大宣传力度。在新闻媒体和政府网站开辟专栏专题,及时报道、宣传征兵工作动态和优惠政策。人武部领导录制征兵电视讲话,向全区适龄青年发出参军报国号召。城区部分LED显示屏滚动播放征兵宣传图片和口号,镇(街道)、村(居委会)按要求悬挂征兵宣传横幅,通过立体式全方位宣传,把征兵工作触角延伸到社会各个角落。把握关键环节。严把体格检查、政治考核、学历审查、审批定兵和廉洁征兵五道关口,落实"三公开""四张榜",全过程实行"阳光操作",完成年度新兵征集任务,大学生比例首次达到50%以上,所征新兵无一例退兵,兵员整体质量较上年提升。

【拥政爱民】 广泛开展"双百双建"活动,与盐城市滨海县条洋村结成帮扶对子,落实帮扶资金10万元,3名团职干部每人结对该村一名贫困大学生,每年落实助学资金1500元。积极参加区"博爱在通州、人道万人捐"活动,机关25名干部职工共捐款3300元。春节前由部领导带队开展关爱"一老一少一基层"走访慰问活动。充分发挥军地桥梁纽带作用,积极做好涉军维权工作,军地双方先后派出8批50余人次,成功处理1起涉军缠访事件,受到军地各方好评。组织驻军部队和民兵预备役人员积极参与地方防汛抗台、秸秆禁烧和文明创建活动等,7月,动员民兵应急连120人做好抗击台风"灿鸿"准备,为处置应急突发情况提供可靠力量保障。

【预备役营建设】 通州预备役高炮营认真做好组织整顿工作,完成预任预编官兵出入队38人次,5月,接受团整组抽查,合格率100%。以大项军事活动为牵引,注重锤炼摔打部队。4月,参加省"苏防"快速动员演练,受到省军区考核组赞扬。做好战备基础建设,预备役建设日趋规范,执行非战争军事行动能力进一步增强。 (傅小兵)

中国人民武装警察部队通州区中队

【概　况】 2015年,中国人民武装警察部队通州区中队坚持依法从严治警,始终把国防教育和普法教育作为精神文明建设重要组成部分,立足于"打得赢,不变质"两个历史性课题,着眼适应高科技局部战争特点,围绕执勤、反恐和处置突发事件中心,依据《军队基层建设纲要》,按照"强班子,打基础,谋发展,保稳定"工作思路,以"打造全面过硬,争创先进中队"为奋斗目标,补短板、治弱项,狠抓经常性基础性工作落实,圆满完成总队经常性基础性工作规范试点任务。扎实开展"学习践行强军目标,做新一代革命军人"主题教育活动。是年,被武警省总队评为"基层建设先进中队"和"正规化执勤优秀单位",1个班获嘉奖,1人立三等功,9人被评为"优秀士兵",12人获嘉奖,1人被支队评为训练标兵,1人被评为执勤标兵,1人被评为十大优秀士官。

【军事训练】 从严、从难、从实战出发,开展岗位练兵活动。围绕"两个确保"奠定坚实基础。不断推出新举措,开展经常性军事训练,确保"军事训练八落实"落到实处,全面提高官兵军事技能。按照上级要求,创新训练方法,强化内务管理,提高训练质量。抓好经常性思想政治教育,面对当前世界恐怖势力不断扩大的新形势,牢固树立"居安思危"忧患意识和"积极预防、高效处置"指导思想,确保一旦发生恐怖事件,就能立即出动,高效处置。中队从兵力部署、力量使用、组织指挥、装备器材和保障措施等方面进行相应训练和准备,做到"拉得出、上得去、打得赢",快速反应、高效处置,确保社会和谐稳定,人民安居乐业。

【执勤和处置突发事件】 2015年,始终以执勤和处置突发事件为中心,制定预案,明确职责。除完成固定目标看守任务外,主要担负武装押解、武装巡逻及其他临时性任务,配合公安机关完成各项任务。主动与看守所搞好协作,研究制定执勤目标安全和处置突发事件行动预案,严密组织各项勤务训练,严格落实奖惩制度,做到依法执勤、文明执勤、正规执勤。应急战备,组织有序。落实好战备措施,做到人员、物资、装备始终处于良好战备状态,遇有紧急情况能快速反应,确保"拉得出,打得响,联得上"。保持人员在职在位,成立执勤应急小分队,时刻准备"上一线、打头阵"。加强战备训练,提高应急反恐分队处置能力,在中秋、国庆节,完成战备、维稳常态备勤等任务,并被总队评为"正规化执勤等级优秀单位"。

【军地共建】 2015年,继续与共青团通州区委结成"四联"对子,形成思想工作联抓、公益事业联做、人才培养联手、文体活动联谊的良好氛围。将中队建成国防教育阵地,先后接待团体、单位人员参观3000余人次。帮助学校开展军事训练、国防教育30多次。开展扶贫帮困和"一帮一"献爱心活动,全年捐款捐物折合人民币5000多元、义务献血35人次。积极联系地方相关部门,组织电脑操作、烹饪等技术学习,培育军地两用人才,为官兵退伍再就业提供技术支撑,为地方经济社会发展输送有用人才。 (王志逢)

中国人民武装警察部队通州区消防大队

【概　况】 2015年,区消防大队按照"深入夯基础、全力保稳定、持续走前列"工作思想,坚持以"四项建设"为载体,全面加强队伍正规化、执法规范化和消防基础设施建设化,全力提升部队灭火救援和应急保障能力,实现社会面火灾形势稳中有降的总体目标。区财政投入6000万元,新建区应急救援大队、十总镇消防站和锡通园区消防站。是年,通州中队获"青年文明号"称号。

【消防监督与执法】 2015年,深入推进单位消防安全"户籍化"管理和消防安全"四个能力"建设,推动社会单位消防安全主体责任落实,开展消防监督执法转型升级,推进消防工作社会化,激发公众参与消防工作积极性。相续开展夏季消防检查、劳动密集型企业专项治理、非法建筑专项治理等活动。全年共检查单位3373家/次,发现火灾隐患或违法行为3140处,下发行政处罚决定书354份,临时查封80处,行政强制1次,责令"三停"单位33家,拘留1人。

【消防宣传教育】 2015年,联合区委宣传部开展以"关爱生命、关注安全"为主题的集中宣讲"七讲"活动(进乡镇、进企业、进社区、进课堂、进军训、进机关、进家庭),构建"大教育、大培训、大宣传"消防宣传格局。建立完善新闻媒体协作机制,积极推进消防从业人员职业技能培训鉴定工作。全年共举办各类消防宣传活动956场次,1000余家企业105000名职工参加培训,以提升企业消防安全防范能力。开展微信媒体宣传,建立发布通州消防公众微信公众平台,发动政府部门、企事业单位、学校负责人及学生家长加微信关注,每日发布火灾警示、预警和火灾预防、应急逃生等消防知识,注册关注消防微售平台人数2万余人。在区级媒体设立消防工作专栏2个，在“119”消防宣传月期间，开展“参与社区消防，建设平安家园”主题活动，建立重点单位QQ群和微信群，发布消防安全知识。是年，全区公众消防安全知晓率由上年的40%提升至80%。

【灭火救援及执勤训练】 2015年，区消防大队共有现役官兵40人，文员21人，专职消防队员90名，各类消防执勤车24辆。区财政投入400元，购置灭火救援器材和消防员个人防护装备。以公安部“四项建设”为载体，认真落实市《灾情等级划分和灭火救援力量调度规定》和《江苏省消防部队灭火救援现场秩序六项纪律》。加强消防指挥中心建设，推行“一点接警、多点出动、多线并进”力量调度模式。开展实战化练兵，全面提升中队整建制训练水平，深化“研讨式熟悉、互动式演练”工作，进一步强化火灾防控能力。是年，共接警1056起，参与重大活动保卫3起，出动车辆2116台(次)，出动人员1020(次)，抢救21人，疏散群众5人，保护财产价值8600余万元。 (王林伟)

滨海园区公安边防大队

【概　况】 2014年12月，通州区公安边防大队更名为南通滨海园区边防大队，下辖新开港、遥望港和东凌港3个边防派出所。管辖常驻人口1.17万户、3.13万人，出海港口6个，出海渔船303艘、渔民1066人，企业69家。2015年，以边防辖区维稳为第一要务，以爱民固边工作为中心，以作风建设为突破口，以机制创新为动力，紧紧围绕“四项建设”，强固班子、筑牢警魂、夯实基础、规范管理。部署开展缉枪治爆、刑事破案攻坚、集中查港查船、抗战胜利70周年安保等专项行动，从边境维稳、执勤执法等方面加强与公安联合，提升管边控边能力。是年，共接处警1387次，查破治安案件96起，调解矛盾纠纷539起，维护边境秩序，为驻地安全稳定提供有力保障。

【社会管理创新】 2015年，推动警务前移，警力下沉，落实民警村官汇报工作制度，提高警民双向熟悉率，把增进警民情感作为基础工作抓牢抓实。20名民警村官向群众报告工作55次，开展民意测评29次。加强沟通协调，确保滨海园区边防鹰眼项目完工，辖区数字监控网络深度运用，最大限度发挥科技装备效能，打造网格化智能管控示范区。常态化开展网络安全管理和信息化装备维护，推行网上练兵、网上作战、网上查缉应用，实现人员与装备、中心工作与信息化有机融合。

【执法执勤】 按照公安基础信息化要求，依托“大走访”平台，进一步加强民警走访力度，围绕流动人员和重点人口，在出租房屋、集贸市场、建筑工地等重点地区，以及洗浴中心、宾馆旅店等治安复杂场所进行排摸检查，进一步提高信息新录入度。在警务实战化上，积极筹建“多所参与、统一行动、共同查处”为主要模式的刑侦破案队，协调滨海园区分局刑侦大队结成2个刑事案件互助小组，建立多元互动、警情研判和案卷评审三项机制，以提升各单位大案攻坚、小案侦防以及预警防范能力。为实现警力跟着警务走，在遥望所大学城新建大学城警务站。在执法规范化上，组织社区、消防、办案、交通以及内勤民警参加执法培训。

【爱民固边】 针对辖区社会矛盾纠纷“燃点低、触点多、易集中暴发、化解难度大”等实际，主动介入、靠前工作，构建“党政军警民”五位一体工作格局，推行边防大队领导挂钩乡镇，派出所领导包村、社区民警包户的矛盾纠纷“包片负责制”，积极开展矛盾纠纷集中排查化解工作。是年，共走访群众8700余人，排查调处各类矛盾纠纷489起，为群众办实事76件，有效维护社会治安和谐、稳定。 (昝小燕)

人民防空

【概　况】 2015年，通州区民防工作坚持“长期准备、重点建设、平战结合”方针，较好完成年度工作任务。民防地面指挥中心与省市实现互联互通。建立通信设备维护保养制度，保证机房和指挥场所室内环境达到规定要求，始终处于良好运行状态。定期参加省、市民防局组织的视频会议系统联调工作。民防专业队年度整组和组训工作圆满完成。及时对民防专业队进行整组，依托区教育局新成立20人的心理防护专业队，并按照要求结合各自任务开展训练，提升专业队应急救援能力。完成全省首次统一组织的“9·18”防空警报试鸣活动。投入资金34万余元，对全区19台固定警报器的功放和音响系统进行升级改造，确保音响试鸣成功率。同时，在通州高级中学和金郊初中新添2台固定警报器，扩大音响覆盖范围。组织开展防灾减灾疏散演练。在金沙街道育才社区，利用党员干部冬训活动，组织社区居民进行应急逃生疏散演练和灭火器材操作使用演示。在虹南社区虹南花苑，组织近200名小区居民开展应急逃生疏散演练。民防工程建设超额完成年度目标任务。坚持“以建为主、以收促建”指导思想，全区民防工程建设呈现出较好发展态势。民防工程新立项17个，约13.20万平方米；新开工9个，约8.50万平方米；竣工9个，约4.70万平方米。广泛开展民防宣传教育工作。继续抓好在校学生人防知识教育，落实2万多元资金征订《民防知识》课本及《民防应急手册》，及时为各学校免费提供《民防知识》课本、光盘、人防教育图册和教具等。加强全社会民防宣传，“5·12”防灾减灾日，在金游城与地震、水利、住建等部门联合开展防灾减灾集中宣传活动，布设防灾减灾宣传展板、发放防灾减灾知识课本和宣传手册、开展现场咨询等。结合区科普宣传周活动和科普日活动，在十总、平潮镇开展防灾减灾知识科普宣传活动，在《通州日报》开辟民防专栏，举办第三届民防知识有奖竞赛活动，增强广大市民国防观念和民防意识。 (朱　峰)

法　　治

Rule Of Law

编　辑　杨王军

综合治理

【概　况】 2015年,通州区落实维护稳定第一责任,提高社会治理第一能力,以"系统治理、综合治理、源头治理、依法治理"为统领,务实提高综治平安建设工作水平,有效提升公众安全感、矛盾化解率和社会和谐度。区公安机关破获刑事案件2510起、"八类"案件90起,破获率分别为45.13%、97.83%。全区共受理调处矛盾纠纷7748起,调处成功7493起,调处成功率。其中三级调解组织受理调处3317起,调处成功3266起,调处成功率98.5%。在南通市公众安全感测评数据中,通州公众安全感96.5%。是年,《南通市通州区深化网格化服务管理工作显成效》被《江苏政法》综治专刊录用,被《江苏法制报》、江苏长安网、南通政法网等媒体录用综治平安建设信息75条。

【综治平安建设领导责任制】 通州区将综治平安建设纳入党政目标管理绩效考核,与镇(区、园、街道)党(工)委、政府(办事处)和区综治委成员单位"一把手"签订综治平安建设责任书,严明责任。南通市通州区社会管理综合治理委员会更名为南通市通州区社会治安综合治理委员会,区委常委、政法委书记任主任,区人大、区政府、区政协分管领导任副主任,48个部门、单位主要领导或分管领导任委员,组织领导体系健全。对推进中的困难问题及时提交区委、区政府解决。1月,区长办公会研究关于拨付综治信息系统经费并列入财政预算的请示,综治信息化日常运转经费85万元纳入财政预算。9月,区委常委会第73次会议讨论深入推进平安通州建设意见,确保综治平安建设顺利推进。坚持工作例会制度,召开政法工作例会,交流重点工作推进情况。7月,区综治委召开全体成员(扩大)会议,区公安局通报社会治安形势、现代防控体系建设及流动人口管理现状和下步工作打算,区经信委、教育局、妇联作工作交流。是年,依据《江苏省社会治安综合治理警示制度》,对3家发生重大被盗案件企业发出警示,督促企业落实防范措施。

【治安防控体系建设】 2015年,根据上年年底常住人口、暂住人口数据变动情况,确定各镇区专职巡防辅警应配数,按照省"城镇万分之十二、农村万分之九,每镇不少于50名"的标准,全区配全专职巡防辅警1401名,专职队伍建设到位。全面推进"摩托化"巡防,增加路面见警率,提升"监巡对接"成效,全区共盘查人员2.17万人,盘查车辆5031辆,通过巡防、技防等方式共抓获各类违法犯罪嫌疑人226名。将村级技防监控中心二期工程建设纳入区为民办实事项目,11月23日,召开全区现场推进会,组织参观十总镇技防监控中心、二窎居技防监控中心和高新区双福佳苑技防监控中心,十总镇和江苏有线通州分公司作交流发言,会议表彰上年度村级技防监控中心建设示范单位2个、优秀单位6个。

【矛盾纠纷大调解机制建设】 突出源头预防,指定"第三方"评估机构两家,全年"第三方"评估量占30%以上,提高风险评估公正性。是年,共报备重大项目(事项决策)512个,评估完成425个,准予执行423个。充分发挥大调解视频指挥系统、大调解网络学苑作用,推动大调解网络实体化、成果实效化。强化网格排查预警机制,持续推动医调、公调、检调、诉调、消调对接等调解组织建设常态化、规范化。建立人大代表、政协委员、社会组织等第三方参与的矛盾调处化解机制,形成"全社会参与、全领域覆盖"大调解工作网络和"齐抓共管、共同负责"的大调解工作体系。加大经常性和集中性矛盾纠纷排查力度,深入开展矛盾纠纷"大排查、大调处"专项活动,做到"小事不出村、大事不出镇、矛盾不上交"。健全矛盾纠纷分色预警、分级处置制度和重大矛盾纠纷快报、直报和零报告制度,增强矛盾纠纷排查调处工作的预见性、主动性和科学性。

【系列平安创建活动】 扎实推进系列平安创建，活动做到“四有”（有计划部署、有督查指导、有考核验收、有命名表彰）。出台平安医院、平安学校、平安诚信守法企业等系列创建意见，做到年初有计划部署、有具体实施方案。对平安寄递、危爆物品管理、打击处理非法集资等创建工作，建立“五个一”工作机制，即一套班子、一个方案、一张清单、每月一总结、每季度一点评，做到目标任务有分工、任务进展有台账、专题研究有记录、工作动态有简报、工作落实有督查考评。5月6日，在兴仁镇召开全区预防青少年违法犯罪工作暨重点青少年群体“成长护航工程”推进会，深入开展“青少年维权岗”“未成年人零犯罪社区（村）”创建活动，全区共有各级青少年维权岗18个，其中国家级3个、省级3个，未成年零犯罪社区（村）210个、创建达标率88.2%。与区妇联召开“平安家庭”创建活动总结表彰会，表彰区“平安家庭”创建活动先进集体10个、先进个人10个、维护妇女权益示范岗10个、“金牌老舅妈”调解员10个和“平安家庭”示范户30户。平安镇（区、园、街道）创建成果进一步扩大，全区12个镇被南通市确认为2014年度平安法治乡镇（街道），新确认3个。始终抓实平安学校创建，全区学校共有27所获“江苏省平安校园”、45所获南通“最安全学校”、29所获南通市长安学校创建先进校。

【夯实基层工作基础】 2015年，继续坚持区政法部门挂钩督查制度，对各镇（区、园、街道）、区综治委各成员单位开展三次督查检查，对发现的问题印发检查通报、发出整改通知书，及时发现问题和解决问题。区综治办每月收集汇总一次情况，形成社会治安形势分析研判报告，供领导决策参考。进一步推进镇村两级平台建设，村居服务管理平台建成211个，建成率87.6%，在建4个。南通家纺城（川姜镇）被省综治委列为重点整治地区，区综治委成立专项工作领导小组，区综治办多次到现场指导，重点整治赌博机违法犯罪、赌博等突出性问题，是年，通过省和南通市检查验收。加强肇事肇祸等严重精神障碍患者救治救助，出台实施办法，召开肇事肇祸等精神障碍患者服务管理工作交办会，对易肇事肇祸危险度3级以上的每位患者各建立1个“四帮一”管控小组，成员为村干部、片警、精防医生、家属，并签订责任书。对纳入管理的重性精神疾病患者，区二院每年至少随访4次，每次均进行危险性评估。对危险度3级及以上的精神病人信息，公安与卫生部门实现资源共享、信息互通。

【综治信息化系统建设】 2015年初，组织区、镇、村三级管理员进行数据认领和基础数据录入业务培训。2月，发放手持终端，对镇区园分管领导、专干、管理员、网格员进行手持终端操作方法培训。7月，对各镇网格员组织开展综治E通客户端操作使用培训。并对镇（区、园、街道）开展三次综治信息化建设情况督查。是年，区综治办、电信公司联合举办管理员培训3期186人次，送培下乡38期700多人次，镇村录入各类信息94.10万条。会同区公安局出台《关于加快综治信息化系统数据整合工作的通知》，对基层完善涉及公安业务的部分数据信息起到指导作用，在收集流转、分析研判和情况动态掌控上形成初步实战应用效果。

（朱　华）

依法治区

【概　况】 2015年，通州区以争创全省法治区为目标，以提升法治建设群众满意度为导向，扎实开展法治系列创建，全面推进依法治区。

【法治通州创建】 统筹推进，把法治建设纳入经济社会发展整体规划，摆上党委政府重要议程。区委出台全面推进依法治区实施意见和年度工作要点，把“行政审批制度改革、推进政社互动、涉法涉诉信访改革”等法治相关工作列入全区深化改革重点任务。把法治建设列入区党政目标管理绩效考核和领导班子年度考察考核，组织层层签订法治建设责任书。出台贯彻落实区委全面推进依法治区实施意见分工方案，细化分解落实工作任务，通过政法工作会议、创建省法治区推进会等方式部署和推进。加强法治建设组织网络和工作制度建设，深入开展系列基层基础法治创建，加大平安法治融合发展力度，规范推进模式。区人大常委会、区政协、区委宣传部门、区级机关工委等部门结合自身职能，把法治建设作为年度工作重要内容予以落实。

【依法治理实践】 规范重大决策程序。严格落实重大决策“五大”环节。设立区委法规科，区政府法制办负责人列席政府常务会议，对党委规范性文件、政府文件、会议纪要等进行合法性审核。认真落实稳评工作责任制，积极探索第三方稳评工作。推进依法行政，重点建设行政审批制度改革“5155”工程。建立“5张清单”。全面完成“行政权力事项、行政审批事项、政府专项资金管理、行政事业性收费和政府基金项目、政府核准投资项目”目录清单编制工作，推进区级行政权力事项下放落实。打造“1个平台”。成立行政审批局，推进行政权力“三集中三到位”、政务服务中心管理系统建设，完善行政权力网上公开透明运行机制。深入推进政府信息公开，优化行政审批服务。组织实施“改革服务创新年”活动。强化“5项制度体系”。通过“建立事中事后监管制度、优化完善综合执法体系、推行政府绩效管理制度、健全责任追究制度、建立政府购买服务制度”等举措，健全优化行政执法体系和综合监管体系。成立“市场监督管理局”，积极探索跨部门、跨行业综合执法。推进“5项配套改革”。改革工商注册登记制度、社会组织管理制度、公共资源交易管理体制、政府机构体系、重点镇区园管理体制。强化司法公正。加强政法队伍思想建设，举办“三严三实”先进事迹报告会。加强典型培育，组织开展评比活动。加强监督问责，实行政法机关重大事项报告制度，定期开展队伍督察和重点案件评查。加强涉法涉诉信访处置，落实诉访分离机制，开展涉法涉诉信访积案化解“百日攻坚”活动。加强司法救助。推进司法改革。执行立案登记制度，创新立案方式。健全审判权运行机制，抓好改革试点工作，制定工作方案、办案责任制以及工作规范。加快推进职务犯罪侦查信息化和装备现代化建设，深化涉法涉诉信访改革，完善检察为民服务中心硬件建设和功能优化，提供“一站式”服务。在全区内遴选优秀律师组成专家库，在全市率先建立律师介入涉检信访工作机制。规范执法司法行为。区法院强化庭审、裁判文书、重点案件评查，推进审判流程信息、裁判文书、执行信息三大公开平台建设，加强“12368”语音平台建设和法院开放日活动，全面推行网络司法拍卖，落实新闻发言人制度。区检察院强化检委会制度建设和规范运行，打造检务公开平台，召开专题动员大会，出台工作规定和案件评查办法，推出“四合一”评查模式，相关做法在全省检察机关作经验交流，并被《检察日报》报道。区公安局调优执法标准体系，制定执法管理委员会议事规则、行政案件说理执法规范，修订执法办案工作规范，加强执法主体建设，实行“阳光警务”。

【法治宣传教育】 领导干部法治素养。认真落实领导干部述法考评、任前法律知识考试制度，坚持党委（党组）中心组集体学法制度，将法治类课程作为“通州干部在线学苑”必修课程，课时不少于40学时。发挥区委党校培训主阵地作用，把法律知识教育列入干部培训班内容。在副科级以上干部“菜单式”选学讲座中定期邀请法律专家、学者授课，在浙江大学、厦门大学举办两期“全区领导干部暨法学会骨干法治素养研修班”。法治宣传教育。开展“法律六进”活动，深化“普法环区行”活动。推进“谁执法谁普法”机制、以案释法制度，开辟以案释法讲坛。创新普法形式，开展拍摄普法微电影、“寻找学法幸运星”等活动，建立企业普法QQ群，开通普法微博、微信，举办“建筑与法”高层论坛。法治文化阵地。出台区加强法治文化阵地建设的意见，明确建设标准。是年，建成区级示范标准的镇村法治文化游园（广场）6个、法治文化企业1个，市级法治文化示范点1个。公共法律服务。推进区镇村“一对一”法律服务工程，将镇村公共法律服务平台建设列入政府百项攻坚克难任务。社会依法治理。加强基层民主自治建设，健全和落实“四民主两公开”制度，村居（社区）依法治率达到省定标准。加快社区社会组织培育发展，推进“政社互动”，被表彰为“全国社会组织创先争优优秀指导单位”。推进企业民主管理，深化职工维权，开展企业与职工“三谈三增”活动，被省评为厂务公开民主管理创新成果奖，并在《工人日报》报道。健全依法维权和化解纠纷机制，开展“信访法治年”活动。开展法治惠民实践，扎实开展民生热点领域的执法检查和专项整治活动，按照省、市要求及时部署“法润江海·和谐万家”法治惠民十项实事工程。在南通市组织的法治建设群众满意度测评中，通州区年度社会发展水平评价位居第一。

（姜　波）

公　安

【概　况】 2015年，区公安局坚持以“强基固本、提能增效”为目标指引，紧紧抓住“打基础、练真功、求规范、强队伍”四条主线，不断夯实公安工作长远发展根基，主业绩效和队伍建设保持良好平稳态势。政治大局稳定。健全应急联动协作机制，加强特（辅）警、机关合成行动、防暴突击队伍建设，圆满完成抗战胜利70周年纪念活动、沪通铁路开工等安保任务230余次。畅通群众诉求渠道，办理市局领导批示件29件、党政平台交办件21件、信息公开97件、警民E家群众来信153件。开展矛盾风险化解会战，矛盾调处成功率95.6%。建立公安信访“首接首办责任制”和“领导包案制”，初信初访化解率98.6%。治安秩序可控。牢固树立“一切面向实战、一切为了实战”工作理念，统筹内部资源，创新勤务模式，提升核心打赢能力，成功侦破部督“4·26”制造假币案等大要案件。实体化运作合成作战中心，加强等级化技术室创建，强势推进打击侵财犯罪质效提升年等专项行动，全年破现行案件2097起，抓获刑事作案成员1493人，逃犯144人，刷新命案连续16年全破新纪录。组建打击通信网络诈骗犯罪实战研判轮训队，成功阻止通信网络诈骗案件112起，避免财产损失365.75万元。加大毒品违法案件侦办力度，抓获涉毒刑事作案人员69人，查获吸毒人员336人，缴获毒品3500余克。防控能力提升。加强实战型指挥中心和基层所队勤务指挥室建设，高标准搭建智能化、一体化指挥调度平台，提升预警决策能力。组建主城区便衣巡逻中队和派出所摩托化巡防中队，健全等级巡防勤务模式，全年未发生有重大影响的大要恶性案件。推进“公共安全智能化工程”延伸拓展工程，完成S225通富北路、G345、龙昌大道等道路电警卡口建设。实施全区“村级技防监控中心”二期工程，以实现城乡视频监控一体化。研发视频实战平台，通过技防破案828起，预防制止案（事）件40起。综合管控见效。开展户口登记管理专项清理和流动人口管控会战，进一步优化人口管理质态。加强场所、行业分级管理，“两行”系统安装率、应用率、信息采集率均达100%。健全区、镇交通安全联席会议制度，有效解决各类道路突出隐患，全年重大事故发生数和死亡人数同比分别下降5.8%和6.5%。深化消防安全“防火墙”工程建设，全力打造城区5分钟、乡镇15分钟灭火救援圈。完成新一轮危险物品单位治安防范达标创建，深化单位内部安全检查，全年未发生重大有影响安全事故。执法成绩显著。实行法制民警、案件主办民警准入制度，选拔117名办案骨干担当主办民警，推动民警执法办案向职业型、专业化转变。开展法治文化建设阶段性达标创建活动，兴仁所、川姜交警中队被评为法治文化建设示范单位。推广行政调解、行政指导、刑事和解等柔性执法方式，实现执法法律、社会和政治效果的有机统一。搭建“可回溯式”执法管理体系，倒逼执法质量有效提升，获县级公安机关执法质量考核八连优，蝉联全省县级公安机关执法示范单位。是年，区公安局相继获国家级荣誉2次，省级荣誉9次，市级荣誉88次，其中，个人一等功1人，集体二等功2个，个人二等功2人，集体三等功6个、个人三等功25名，市级嘉奖38人。

区公安局举办第四届警察文化节

【警队政治建设】 2015年，围绕“铸警魂、提警务、聚警心、抓警风、美警营、亮警徽”目标，强化教育引导、典型示范、文化熏陶和实践养成，铸造通州公安铁军品牌。抓班子强管理。开展“五位一体”党建惠民联动工作体系创建，评选基层党建示范点6家，总结提炼“五型党组织”“七色党建”等特色经验，发挥党员民警先锋模范作用，提升职业境界。开展“三严三实”“扬铁军声威、铸忠诚警魂”等主题教育实践活动，固化党的群众路线教育实践活动成果，坚定理想信念，筑牢思想根基。深化应用民警职业生涯规划系统，举办“我的青春我作主”青春励志分享会暨民警职业规划论坛，完善新警选岗、轮岗交流、机关遴选、跟班锻炼等制度，启动全区公安机关执法勤务机构警员职务选拔工作，拓展民警职业发展空间。建立警力动态配置机制，制定实战警力动态配置标准，建立适应实战需要的组织结构和警力布局。优待警聚警心。丰富《从优待警十五项措施》内涵，成立通州红十字会公安分会，建立民警互助基金，定期开展大病特困民警慰问，共争取省、市大病特困补助、积劳成疾病故抚恤等26人次，发放抚恤慰问金93.20万元。将休假纳入绩效考核，鼓励民警进行分段式休假，分批组织功模疗养活动，完成民警、职工两次常规体检，全局年休假率达95%。制定专业技术岗位文员分类管理实施方案，推进警务辅助人员管理制度改革，提高文员辅警辅助效能。开展第四届警察文化节，依托“五会六部”金盾文体俱乐部，建立完善网上、网下活动基地，举办“清风颂·正气扬”廉政法治文化建设书画大赛、全警“悦读计划”等文体活动，丰富民警业余文化生活，提升队伍凝聚力和战斗力。练作风促效能。定期召开内部监督联席会议，通报交流苗头性、倾向性问题，形成齐抓共管合力。开展“六破六立”主题教育实践活动，明确党风廉政建设24项措施，健全具有通州公安特色的惩治和预防腐败体系，推选先锋派出所为市廉政文化示范点。狠抓网上督察中心建设，举报投诉等问题查结率和反馈率均为100%。树立“两个维权”理念，及时查处侵犯公安民警正当执法权益案（事）件20起，处理违法犯罪嫌疑人22人，切实维护民警合法权益。公布办事时限，强化效能监督，设置兴仁出入境受理点，服务时限提速15%以上。育品牌创先进。建立教育训练“一警一档”，创新“菜单式选学”“套餐式轮学”“积分式评学”选学模式，启动“体能超市”“网络警院”教学新载体，举办10批不同警种民警集中轮训，参训率达90%。建立与高等政法院校联合办学制度，相继组织中层领导干部赴华东政法大学培训、政工干部赴上海市委党校学习，取得好效果。举办第二届警务技能节，参加省厅“四项建设”考核竞赛活动，1人被省厅记二等功，6人获得省厅比武前三名被市局嘉奖，在市局警种岗位技能比武中，16人被评为警种岗位标兵，5个警种单位获集体前三名。完善典型阶梯培养机制，分类分层建立典型个体培养成长档案，充实典型标兵数据库，做好跟踪培养，引领整个公安队伍争先创优。健全新闻中心机制，开办“剑兰文学杂志”和“通警微政工”“社会治安防控升级”等先进做法被《人民公安报》等上级刊物报道，全方位展示通州公安良好形象。

【基层基础建设】 2015年，深入推进“警务大数据”工程，不断创新标准化采集、多元化整合、智能化监管、实战化研

区公安局组建派出所摩托化巡防中队

判等工作机制，加快推动基础工作转型升级。序时完成110接处警系统、首长指挥室升级改造，全面完成25个派出所、10个交警中队勤务指挥室建设，先后购置警车、平板电脑、测速仪、执法记录仪、单车装备等警务装置装备，提升实战效能。健全“三位一体”勤务模式，规范相邻警务区联勤联防机制，社区民警见警率大幅提升。强化派出所小型作战单元建设，破获市局挂牌案件10串，省厅挂牌案件1串。全面推广基层单位执法管理室，提升基层执法管理水平。有序推进执法办案场所规范化改造和管理使用，以达到公安部“四个一律”工作标准。

【重点地区治理】 2015年，强化重点地区切块整治，有效解决张芝山地区流动人口管理、川姜地区沿街赌博机、金通公路两侧招嫖等突出治安问题。开展“打黄赌、铲源头”专项行动，办理娼赌刑事案件27起，刑拘53人，全区涉娼、涉赌警情同比分别下降25%、10%。组织打击食药环犯罪“利剑行动”，共办理食药环刑事案件2起，采取刑事措施3人。组织“缉枪治爆”专项行动，破获涉枪刑事案件2起，办理行政案件14起。严厉打击经济类违法犯罪，成功破获部督“4·26”制造假币案等经济类案件31起，抓获涉案嫌疑人54人。完成新一轮危险物品单位治安防范达标创建，全区有8家剧毒化学品单位，7家烟花爆竹批发公司，3家放射源单位完成软件升级改造。

区公安局破获特大制贩假币案

【人口管理】 2015年，以推进户籍制度改革为契机，进一步优化人口管理和服务质态。全区常住人口总数为113.95万人，暂住人口登记数为12.7万人。年内共受理户口变更869次，办理身份证5.9万余人，办理临时身份证1.1万余人，接受群众咨询6000余次。持续推进户口登记管理专项清理工作，清理重户口及应销未销信息259条，发现假出生医学证明28例，办结使用伪造出生医学证明案件2起。大力推进异地身份证办理及二代身份证上门服务，将临时身份证办理权限下放至基层派出所，办理户口审核事项6100余份。开展“流动人口管控会战”，新增流动人口6.5万人（注销6.41万人）、出租房屋4434户（注销2217户），办理居住证3.3万张。

【出入境管理】 2015年，以精诚服务、精细管理为目标追求，全力深化出入境品牌建设。全年共受理出国（境）申请30364人次，同比增加26%。其中去港澳12078人次，同比增长8%；去台湾1489人次，同比增加10%；出国16797人次，同比增加45.6%。临时来通的境外人员2385人次，其中外国人2034人次，港澳居民85人次，台湾居民265人次，华侨1人次。为境外人员共办理各类签证（注）、居留证件154人次。

【跨省“碰瓷”案】 2014年10月26日，通州公安110接葛某报警称，其驾驶三轮车正常行驶至兴东镇时被3名男子“碰瓷”，并被诈骗人民币2万元。区公安局刑警在调查中发现此案可疑，遂顺线深挖，经7个多月连续作战，摸清该“碰瓷”团伙组织结构，先后抓获犯罪嫌疑人20余人，侦破福建、浙江、山东、江苏等省全国几十个城市的“碰瓷”诈骗案件50余起。是年，该案成为已破获的全国最大跨省“碰瓷”案件。

【开发区“3·7”故意杀人案】 3月7日，季某云（女，33岁）被发现死在开发区八角亭小区家中床上。接报警后，区公安局组成专案组展开调查，锁定并抓获犯罪嫌疑人杨某华（男，36岁）。经查，受害人季某云系杨某华妻子，双方因情感问题曾多次发生纠纷。3月6日21时许，杨某华要求其妻季某云一同到外地打工，遭拒绝后，杨用家中水果刀猛戳季身体，致季受伤出血死亡。案发后杨某华企图自杀未遂。

【“2·3”君雅浴室被盗案】 2月3日2时许，顾某将装有43万元和价值10万余元金银首饰的铁皮柜放至金沙镇君雅浴室三楼吧台，于6时许发现浴室后门挂锁被撬，该存放财物的铁皮柜被盗。接到报警后，区公安局组织刑警对此案展开全面侦查，最终锁定安徽涡阳人侯某庆（男，30岁）和许某峰（男，33岁）有重大作案嫌疑，分别于3月5日、4月22日，赴安徽、云南，将2名犯罪嫌疑人抓获归案。

【“4·26”特大制贩假币案】 4月26日下午，区公安局接到群众举报，发现一托运件内藏有200张10元面额假币。后围绕此线索深入侦查，逐步揭开一张行销全国20余省市、数额超千万元的假币制贩网络。9月，区公安局展开收网行动，一举端掉制贩假币窝点3个，现场缴获10元和20元面额的假币200余万元，以及大量制假工具、原材料，抓获涉嫌制贩假币犯罪嫌疑人7名，破获2015年全国开展打击假币专项行动以来，江苏省最大规模假币案件。

【五接“5·5”故意杀人案】 5月5日，通州公安110接到报警，王某琴（女，25岁，甘肃省康乐县人）被群众发现死于五接镇家中。区公安局迅速启动重大恶性案件侦查预案，组织干警对该案进行调查，成功抓获犯罪嫌疑人黄某勇（男，43岁）。经查，黄某勇与王某琴为夫妻关系，黄怀疑妻子有外遇，两人因感情问题发生争吵，黄某勇一气之下用绳子将王某琴手脚捆住，并用被子将其捂死。

【区教育局服务器被非法入侵案】 7月8日下午，通州公安110接到区教育局工作人员报警称，5月以来通州区基础教育网多次被恶意篡改，危及信息安全。区公安局迅速组织警力展开侦查，于8月9日将犯罪嫌疑人从某刚（男，27岁，徐州市沛县人）抓获。经查，从某刚自2014年起，利用黑客手段非法入侵全国各地党政机关、院校等网站200多家，并帮助他人在攻下的网站上挂接非法网站牟利，共非法获利20余万元。　　（白　鸽）

检　察

【概　况】 2015年，通州区人民检察院紧紧围绕“四个全面”战略布局和区中心工作，充分履行检察职能，积极深化检察改革，坚持全面从严治检，为建设经济强、百姓富、环境美、社会文明程度高的新通州，提供有力法治保障。是年，获“全国检察宣传工作先进单位”“全省检察委员会工作先进单位”“南通市文明单位”等称号。

【刑事检察】 2015年，加大对侵害群众利益多发性犯罪的打击力度，受理公安机关提请逮捕案件326件392人，受理移送审查起诉案件880件1115人，经审查批准逮捕304人、提起公诉1072人。依法快捕快诉故意杀人、抢劫、强奸等严重暴力案件犯罪嫌疑人52人，保持高压态势，有力震慑犯罪。高度关注社会治理中出现的新情况、新问题，重点打击涉案金额大、社会影响广的犯罪案件，提前介入重特大案件22件，对省公安厅挂牌督办的、利用现货交易平台网络诈骗2000余万元的5名犯罪嫌疑人依法从快批捕，对王某某等11人聚众斗殴案、首例遗弃亲生子女案、特大跨省团伙“碰瓷”案依法提起公诉。加大对食品药品领域刑事犯罪打击力度，对4件4人提起公诉，保障人民群众食品药品安全。积极参与经济秩序整顿，依法提起公诉破坏社会主义市场经济秩序的犯罪案件30件55人，为经济社会发展提供有力司法保障。强化知识产权保护，依法起诉假冒注册商标、销售假冒注册商标的商品等案件13件33人，其中，成功办结一起侵犯世界500强的外资企业知识产权案件，维护外企合法权益。促进“美丽通州”建设，依托环保检务工作站，与环保部门构建线索共享、程序联动、证据协助、宣传联合等机制，在办理如皋某医药有限公司环境污染案中，发出检察建议3份，督促相关部门追回环境污染直接经济损失117万余元。

【职务犯罪查办】 2015年，深入开展查办国企、民生领域职务犯罪专项行动，立案侦查贪污、贿赂、渎职侵权等职务犯罪案件22件27人，其中，查办处级干部2人，科级干部10人，涉案金额100万元以上案件13件14人，为国家挽回经济损失1000余万元。查办的区卫计委原主任吴某某、区司法局原局长张某某等大案，在全区引起较大反响。立案查办行贿犯罪案件6件9人，不断加大对行贿犯罪打击力度。严查惠民补贴和重大交通事故背后的渎职犯罪5件5人，追回国家和群众损失100余万元。是年，1件受贿案被评为全省“十佳优质案件”，撰写的“一案一总结”材料被评为全省优秀“一案一总结”，区检察院反贪局被南通市检察院记集体三等功，参评全市政法系统“公正司法示范点”和“全省十佳反贪局”。

【职务犯罪预防】 2015年，结合查办案件，加强职务犯罪预防工作，开展职务犯罪预防“乡村行”、检察长宣讲团、“金融话清风”廉政教育、案件剖析等预防宣传活动52次，预防职务犯罪文化基地被评为“市统战系统廉政文化教育基地”和“市社会科学普及示范基地”。联合邮政部门组建“鸿雁清风”志愿者服务队，123名志愿者在邮路上投递预防职务犯罪宣传手册2万余份。完成预防调查报告、类案分析报告4份，发出书面检察建议2份，推动相关单位出台制度4项。

区检察院组织育才中学学生代表参观法治教育基地

【刑事诉讼监督】 2015年,加强刑事立案监督和侦查活动监督,依法监督应当立案而未立案、不应当立案而立案的案件3件,纠正侦查机关违法行为10件次。扎实开展“破坏环境资源犯罪专项立案监督活动”和“危害食品药品安全犯罪专项立案监督活动”,在一起环境污染案中,立案监督的郭某某非国家工作人员受贿案、夏某某向非国家工作人员行贿案均被法院判处有期徒刑以上刑罚。加强刑事审判活动监督,对996件刑事案件提出量刑建议,一审量刑建议采纳率为97%。

区检察院举办首届“检察文化节”

【民事行政检察】 2015年,建立健全民行检察联络员制度,在司法行政机关、律师事务所等聘请联络员18名,进一步畅通申诉渠道,受理公民和法人不服审判机关已生效民事、行政判决、裁定的申诉24件。强化对民事行政诉讼、行政执法活动法律监督,发出检察建议19件。积极履行支持起诉职能,为7名农民工追讨拖欠工资款8万余元。加强打击虚假诉讼职能宣传,开展法治宣传9次,发放宣传资料500余份,办理的虚假诉讼案件被评为“全市检察机关民事行政检察精品案件”。

【刑事执行检察】 2015年,强化刑罚执行和监管活动监督,提出书面纠正意见2件,发出书面检察建议7件,有力维护监管秩序和被监管人合法权益。开展“社区服刑人员脱管、漏管专项检察活动”,检察社区服刑人员158人,监督收监10人,监督脱管1人。开展羁押必要性审查工作,对2人变更强制措施。完善权利义务告知及约见检察官制度,受理在押人员控告、申诉21件,为13名在押人员追回合法财产2万余元。全程同步监督社区服刑罪犯特赦工作,建议对1名涉嫌重新犯罪的社区服刑罪犯不报请特赦。

【控告申诉检察】 2015年,深化涉法涉诉信访改革,完善检察为民服务中心建设,接待来访群众342人次,受理分流首次来信来访137件次。在全市检察机关率先建立律师介入涉检信访工作机制,邀请律师介入涉检信访8次,化解缠访缠诉6起。办结刑事申诉案件5件,其中,季某某刑事申诉案被评为“全市检察机关控告申诉精品案例”。开展实名举报答复和特困刑事被害人救助工作,对23件实名举报进行答复,给6名特困刑事被害人发放救助金3.5万元。

【检察队伍建设】 2015年,扎实开展“三严三实”专题教育和“四严”教育整顿活动,通过举办检察长上党课、“四个全面”重大战略部署解读、十八届五中全会精神宣讲等活动,促使干警坚定理想信念、提升政治修养、改进工作作风,区检察院部门及干警分别受到上级表彰23次、61人次。加强全员教育培训和岗位练兵,依托全省首届最佳法学社——古沙法学社,开展疑案探析、理论研讨、辩论赛等活动10余次,被《西南政法大学学报》等期刊录用论文5篇,2项检察理论课题被最高人民检察院、省社科联立项。强化检察文化建设,举办首届“检察文化节”,开展摄影作品展览、疑案精析研讨会、微电影《路》首映式等活动,增强队伍凝聚力和科学发展软实力,获全市女检协“歌唱祖国·金秋颂”合唱比赛一等奖。 (张建兵 张 涛)

审 判

【概 况】 2015年,区人民法院紧紧围绕“司法为民、公正司法”工作主线,服务全区工作大局,狠抓执法办案第一要务,严格落实司法为民举措,不断提高司法公信力,切实增强干警整体素质,努力做优基层司法产品,各项工作取得新进展。全年新收各类案件13532件,审执结13057件,结案率96.5%,收结案数分别比上年(下同)增长1.6%和3.33%。

【刑事审判】 2015年,受理各类刑事案件942件,审结855件。依法惩处罪犯1172人,其中判处十年以上有期徒刑18人。严厉打击各类黑恶势力犯罪、严重暴力犯罪、多发性侵财犯罪,拉尔拉则等5人持刀入户抢劫,均被判处十一年以上有期徒刑,打击犯罪分子嚣张气焰。在中国南通家纺城等地召开集中宣判大会6场,保持严打高压态势。严厉打击网络犯罪,依法判处通过网络贩卖亲生女儿的林某有期徒刑五年。协调南通中院在通州公开宣判毒品死刑案,区司法局组织部分社区矫正人员旁听,接受教育,有效遏制毒品犯罪蔓延。严格执行认罪认罚从宽处理刑事政策,对主观恶性较小、犯罪情节轻微、悔罪表现好的过失犯、未遂犯、未成年犯,依法从轻、减轻处罚。

【民商审判】 2015年,受理各类民事案件8099件,审结

区人民法院在南通家纺城召开千人公判大会

7949件。针对婚姻家庭纠纷多发态势，通过依法判令承担精神损害赔偿责任、履行精神赡养义务等方式，制裁家庭暴力、倡导夫妻忠诚、弘扬孝老美德，维护家庭关系和睦与稳定。审结赡养、抚养、婚姻类纠纷案件1827件。针对机动车交通事故责任纠纷多发态势，在高新区法庭集中审理相关案件1045件，调解、撤诉率达61.72%，案件平均审理天数缩短11天。针对群体性欠薪纠纷多发态势，开展专项调研，平等保护劳资双方权益，审结相关案件218件。对用人单位因资金周转困难暂时性欠薪，但及时补发的，驳回劳动者经济补偿金诉求。针对民间借贷案件多发态势，依法审查借贷关系真实性，严格界定利率标准合法性，审结相关案件841件，维护正常资金融通秩序。

【知产审判】 2015年，受理知识产权民事、行政案件435件，审结424件。强化家纺类著作权保护，同时注重外观设计专利权保护。加强与快速维权中心对接，拓展家纺花型设计保护路径，审结外观设计专利案件9件。强化打击知识产权侵权行为，同时注重权利人与使用人互惠共赢。全区3家歌厅被中国音像协会起诉侵犯著作权后，通过调解促成双方达成有偿使用合作协议。强化本地客商知识产权保护，同时注重平等保护外商知识产权。美国实耐宝公司计算机软件著作权案，入选全省十大知识产权典型案例，成为该公司在全球刑事维权首起成功案例，增强外商对中国知识产权保护信心。

【执行工作】 2015年，共受理执行案件4038件，执结3383件。全面采集失信信息，将2535名失信被执行人信息录入全国法院查询平台，在出入境、出行、银行贷款等方面实施信用惩戒，促使200多人主动履行义务。多维披露失信被执行人信息，在《通州日报》、官方微信、微博及城区电子显示屏上曝光被执行人138人次。严厉打击失信行为，加强“总对总”“点对点”司法查控平台建设，对被执行人在全国范围内银行结算账户进行查询，与公安、市场监管、国土等部门建立查询对接机制，共发出查询通知书1.6万余份，查扣被执行人银行存款1.2亿元，对拒不履行义务141名被执行人依法采取司法拘留措施。开展涉金融案件集中执行等专项执行活动，召开集中法制教育大会，23名被执行人在会后主动给付执行款130余万元。

【法官队伍建设】 坚持院、庭长带头办案，院、庭长办案数量占全年案件总数26.8%，为提高法官庭审驾驭能力、裁判思维能力发挥示范作用。丰富培训形式，立足实用性、可操作性，开展青年干警菜单式学习、岗位练兵活动，2名干警分获省、市级业务标兵荣誉称号。先后组织400余人次到政法高等院校、上级法院进行封闭式培训。提高司法调研水平，5篇案例入选《中国法院2015年度案例》。《知识产权“三合一”审的实践与探索》《群体性欠薪纠纷司法应对》两篇调研成果，分别在最高人民法院和省高级人民法院作交流发言。扎实开展理想信念教育、“三严三实”专题教育和“不作为乱作为”专项整治，排查问题43条，整改完成38条。开展廉洁司法集中警示教育活动3次，增强干警拒腐防变意识。加大督察工作力度，开展元旦、春节节俭过节情况专项督查以及端午节、国庆节等节假日期间作风建设情况专项督查等活动。每两个月发出一期督察通报，规范干警行为，促进司法规范化。

【服务发展大局】 发挥司法服务职能，助力项目建设突破。派驻专人对“一河两岸”景观工程提供法律指导，先后审结工程实施过程中拆迁补偿纠纷4件。参与南部污水处理厂受让研判、美亚热电厂善后处理，协助区政府在法律框架内成功回购。妥善审理新引进的11家企业在落户、生产

区人民法院召开南通明德重工重整案第一次债权人会议

经营过程中发生的纠纷，为招商引资营造良好司法环境。发挥司法调节职能，助力创新转型提速。受理明德重工、中瑾投资等企业破产案件12件，审结5件。对有重大影响的破产企业，精心制定审理方案，在企业驻地党委、政府及公安、人社、住建、经信委等部门支持下，有序分流职工3600多人，维护社会稳定。注重破产企业资产优化组合，南通新三维棉业有限公司破产财产变卖后，协助南通振乾纺织科技有限公司顺利落户，为地方经济发展注入新活力。认真审理农村土地流转相关案件30件，十总镇二爻社区经济合作社诉尹某等9人24.7公顷土地租赁合同纠纷案，判决被告支付租赁费41万余元，维护土地流转效力。高效审理金融案件，审结小额贷款公司、金融担保公司涉诉案件101件，依法维护新兴金融主体合法权益，促进金融业创新转型。发挥司法保障职能，助力城乡品质提升。积极支持环保部门开展"亮剑行动"，建立非诉委托执行绿色通道，全年受理涉环保非诉行政处罚执行案件28件，强制关停污染环境企业15家。积极支持土地控违工作，指导相关镇和部门依法拆除当事人彭某等人占用0.53公顷基本农田建造违法建筑，取得良好社会效果和法律效果。

【便民服务】 执行立案登记制度，做到有案必立、有诉必理。加强立案引导，对当事人提交起诉材料不符合要求的，发放一次性补正告知书，当场登记立案率达99.4%，充分保障当事人诉权。创新立案方式，开展预约立案、网上立案、上门立案工作，最大限度地方便当事人诉讼。加强立案环节司法救助工作，加强与法律援助中心对接力度，通过指导诉讼、法律释明、减免诉讼费等方式，确保困难群众打得起官司。全面完成审判流程、执行信息和裁判文书"三大公开平台"建设，在中国裁判文书网公开裁判文书8178份。开设"12368"诉讼服务热线，解答当事人诉讼咨询。开展法院开放日活动6次，听取社会公众对法院工作意见和建议。在淘宝网开设司法拍卖平台，上传拍品107件，成交41件，成交金额8500余万元，为当事人节约佣金300余万元。推进法官驻村工作，以挂钩联系到村居、巡回审判到村居、法治宣传到村居、结对帮扶到村居为主要内容，助力法治村居建设，赢得基层组织和群众好评。 （李　慧）

司 法 行 政

【概　况】 2015年，区司法局加快推进法治宣传教育、公共法律服务、矛盾纠纷调处、特殊人群管控"四个全覆盖"工作体系建设，以争当全省司法行政系统排头兵为引领，充分发挥新形势下司法行政职能作用，为平安、法治、和谐通州做出积极贡献。

【法治宣传】 围绕弘扬社会主义法治精神这一主线，扎实开展法治宣传工作。全面迎接"六五"普法终期考核验收，积极争创"六五"普法全国先进。法治文化阵地不断扩面，协助金沙街道建成普法小游园，在东社忠孝文化园建成法治长廊，打造成通州"德法同行"法治宣传品牌阵地，全区建成区级法治公园(广场)5个。培植青少年法治教育基地，形成"一校一品"的局面。以案释法制度全面落实，在平安法治通州栏目开辟以案释法法律讲坛，制作播出以案释法节目8期。开展普法环区行、法治文艺下基层、"宪法进万家"等主题宣传活动，全年累计出车118次。全区各地组织法制文艺下基层活动160场，专场宪法宣传活动22场，印制发放"宪法宣传单"10万份。开展法律知识有奖问答活动，参与群众108人。

法治文艺演出如火如荼

【人民调解】 人民调解工作扎实推进，深入开展矛盾纠纷"大排查、大调处"专项活动，真正做到"小事不出村、大事不出镇、矛盾不上交"。健全矛盾纠纷分色预警、分级处置制度和重大矛盾纠纷快报、直报和零报告制度，不断增强矛盾纠纷排查调处工作的预见性、主动性和科学性。完善重大矛盾纠纷风险评估机制，认真做好防范工作。调整充实专职调解员队伍，组织开展基层调解员培训，探索专职调解员初级职称评定，进一步提升专职调解员综合业务素质，调动调解员工作积极性。是年，全区共受理调处矛盾纠纷9116起，调处成功8617起，其中三级调解组织受理调处3317起，调处成功3266起，调处成功率98.5%。全区劝阻群体性上访431批次2601人次，防止矛盾激化275起，防止民转刑案11件次16人。区调处中心受理调处124起，全部调处成功，涉赔金额1716.30万元，其中死亡纠纷20起，涉赔金额907.60万元。

【社区矫正】 投入100余万元为基层司法所配备新能源汽车、矫务通、执法记录仪、指纹识别仪等执法装备，基层基础建设扎实。组织执法人员参与省"法网杯"社区矫正信息化应用竞赛和全市社区矫正岗位练兵和技能比武活动，3

区司法局社区矫正工作迎来首支“夕阳红”志愿者服务队

名选手分获“岗位能手”“执法标兵”“优秀选手”称号，区司法局获团体二等奖。社区矫正执法大队对16家司法所进行检查，重点检查平台使用、档案管理、规范落实情况，并对检查情况分析总结进行通报。在全省首创成立案件审理委员会对案件开展集中审理，出台《南通市通州区社区矫正案件审理规定（试行）》《通州区社区矫正教育学习清单》，按序时完成社区服刑人员报请特赦工作，对社区服刑人员违规、违法行为“零容忍”。是年，共办结审前评估327件，假释评估29件，诉前评估13件，公安委托评估3件，暂予监外执行评估1件。全区累计接收社区服刑人员364人，依法解除社区矫正446人。累计警告处分92人次，提请收监执行8人。

【法律服务】 镇村公共法律服务平台建设被列入区政府2015年百项攻坚克难任务之一，围绕中心工作，统筹全局，集中全系统力量，对照建设标准，通过现场指导、座谈、协商，共同破解创建过程中的难题，推动公共法律服务体系建设全区覆盖。全区各镇（街道）公共法律服务中心、村（社区）司法行政服务站均建成。兴仁镇亚振家具公司建立全省首个企业司法行政服务站，并获省司法厅长柳玉祥批示。深入开展法律服务顾问全覆盖工作，全面提升法律服务助推城乡建设水平。认真抓好律师、基层法律工作者“一对一”法律服务工作，坚持每月督查，推动法律服务全覆盖工作开展。采取政府购买服务方式，全年投入法律援助经费24万元、基层法律服务工作者服务经费23万元。进一步深化“四进四推”专项法律服务活动。“12348”法律咨询热线实行24小时服务，在全区范围建立法律援助联络员制度，在工青妇残联信访等建立法律援助工作站，应援尽援，应援优援，便民服务网络更加紧密。是年，办理法律援助案件1010件，公证事项3536件，“一对一”顾问律师为顾问单位提供各类咨询70余件，代理顾问单位办理诉讼案件21件，非诉事务2件。

区司法局组织开展首届“12348”法律服务日活动

【司法队伍建设】 深入践行“三严三实”专题教育实践活动，坚持把解决民生问题作为践行群众路线的重要着力点，打造政治、业务、责任、纪律和作风过硬的司法行政队伍。认真执行党风廉政建设责任制，坚持标本兼治，综合治理，惩防并举，注重预防，层层签订党风廉政建设责任书，认真执行党中央“八项规定”和省市区委十项规定。局领导深入挂钩司法所，采取多种方式听取意见27次。分期分批召开行风监督员、服务对象、法律工作者等面向不同对象的工作汇报会，参加人员超过90人次、发放调查问卷80多份，开展谈心谈话60多人次。不断深化“三解三促”活动，走访慰问联系镇村困难户、低保户。加强机关内部管理监督。组织局机关干部学习《准则》《条例》，开展“守纪律讲规矩”主题教育活动，制定出台《南通市通州区司法行政队伍正规化、专业化、职业化建设工作实施方案》，狠抓规范化建设，大力改进机关作风。加强社会监督。开展政风行风民主评议活动，推进党务政务公开，主要负责人走进中国通州“在线访谈”，提升司法行政工作知晓度、影响力。聘请政风行风监督员，召开政风行风监督员、管理和服务对象座谈会，收集各类建议和意见25条，及时开展自查自纠，发现问题及时整改到位。办理“12345”热线答复9件，无一件延期超期，办结率和群众满意率达100%。

（范田晶）

农 业

Agriculture

编 辑 杨王军

现代高效农业

【概 况】 2015年,通州区以南通市创建国家现代农业示范区建设为契机,加快推进农业规模化、特色化、科技化、产业化,提升传统优势产业、拓展高效园艺产业、优化特种养殖产业,农业转型升级步伐加快,农业经济运营质态趋好,促进农民增收、农业增效、农村繁荣。是年,新建扩建规模以上农业项目125个,完成项目投入量17.30亿元。新增设施农业面积1.47万公顷,全区设施农业面积达到1.23万公顷,占耕地面积17.6%。农业龙头企业新增投入达到1.30亿元,新认定市级农业龙头企业5家,省级农业龙头企业1家。新增休闲观光项目8个,新增投入1.60亿元。南通金土地生态农业园获全国休闲农业与乡村旅游星级示范创建企业称号。

【项目农业】 2015年,全区新建扩建规模以上农业项目125个,完成项目投入量17.30亿元。重点实施市"863"工程年度计划任务和规模设施种养基地工程,新建20公顷以上的钢架设施基地项目22个,钢架净面积761公顷;新建连栋温室项目5个,面积31.80公顷,全区连栋温室面积145.33公顷。十总、东社、二甲镇成为万亩设施农业镇,十迎阳村、二窎居等村(居)成为设施农业专业村。

【现代农业园区】 2015年,通州台创核心园新增投资总额6200万元,新增设施面积473.33公顷。景瑞院士工作站完成土建工程,进行装潢和科研设备购置,先期开展相关科研项目。食品加工项目厂房内部实施改造,进行设备安装。花卉产业园完成初步规划编修,项目实施单位和项目组织单位签订合作协议。金土地物联网和电商平台建设项目在实施中。大农农业管理和仓储中心建设,形成项目框架。是年,十总镇高效设施产业园新增投资总额4800万元,新增设施面积166.67公顷;基础设施建设全面推进,整治河道48公里、修建桥梁36座、修筑水泥路6条,长11.1公里;培育市级以上农业龙头企业1个。通州开沙岛沿江休闲核心区建成游客中心、东沙大桥、东沙湿地、中国乒乓球通州训练基地、江心寺、秀岛山庄、典园山庄、高尔夫球场、华能渡假村等9个景点。

金土地热带水果生产区

【优势特色产业】 全区新建扩建各类种植基地、养殖基地、加工基地50个。设施蔬菜、设施葡萄、南方果品、设施对虾养殖、食用菌种植成为新兴特色产业。蔬菜、优质山羊、特色水产3个十亿元以上产值规模进一步放大,双低油、优质弱筋小麦、优质稻米产业、生猪产业进一步提升。十总、骑岸、二甲、东社等镇引进的云南罗平小黄姜、日本芥菜、弥猴桃、杭白菊、无花果、阳光玫瑰葡萄、蔬菜等高档优质园艺作物品种100个以上,种植面积286.67公顷。

种 植 业

【概　况】 2015年,认真落实粮油生产的各项关键技术措施,实现大面积生产增产增收,全区7.98万公顷粮食平均单产450.04公斤,总产53.88万吨,粮食总产再创历史新高。其中小麦平均单产382公斤,水稻平均单产634公斤,稻麦连续4年实现吨粮县目标,油菜平均单产225公斤,单产位居全省前列。

【惠农补贴政策】 2015年,全面落实直补、农资综合补贴,水稻、玉米、棉花、小麦、油菜良种推广补贴,棉花目标价格改革补贴等惠农措施,发放补贴资金8419.84万元。其中水稻直补资金876.02万元,农资综合补贴资金6200.5万元,水稻良种补贴资金618.60万元,棉花良种补贴资金8.64万元,玉米良种补贴资金75.26万元,小麦良种补贴资金347.27万元,油菜良种补贴资金185.45万元,棉花目标价格改革补贴108.10万元。

【部、省级万亩示范片创建】 2015年,在石港、西亭、十总等4个镇,建立部、省级粮油万亩示范片10个,示范片总面积7306.67公顷,涉及农户3.91万户。按照省粮油高产创建测产验收办法,水稻万亩示范片平均亩产698.4公斤,超过全区平均亩产64.4公斤。小麦万亩示范片平均亩产467.3公斤,超过全区平均亩产85.3公斤。油菜万亩示范片平均亩产270.4公斤,超过全区平均亩产45.4公斤,经省专家组实产验收,亩产列全省第二。

【全国基层农技推广体系改革与建设补助项目】 根据省农委关于全国基层农技推广体系改革与建设补助项目通知精神,在十总镇渡海亭村和石港镇志田村、四港村、金庄居、北渡村、渔湾村,遴选示范户100个,在全区聘用8名技术指导员对示范户进行入户指导和培训,并向每位示范户发放280元的桑保农药、优新蚕药及蚕种,年末完成各项绩效考评指标。2015年主推蚕品种3个:菁松×皓月、苏豪×钟晔、苏秀×春丰,示范户100%采用上述品种;2个主推桑品种,入户率达95%以上;主推技术5项,入户率和到位率均达到95%以上;示范户平均亩桑产茧量较辐射户增长率达到11.8%,纯收入平均增长率达到11.6%,是年,通过省、市级验收。

【省蚕桑科技入户工程】 2015年,在全区招聘蚕桑技术指导员20名,在4个镇14个村遴选240个科技示范户。通过入户指导、集中培训、发放物化补贴等形式,推广主推品种及技术,示范户平均亩桑产茧量较辐射户增长率达到11.1%,纯收入平均增长率达到11.1%,辐射户平均亩桑产茧量、纯收入较一般农户增长率分别为10.7%、11.1%,并通过省、市级验收。

【农民科技教育培训】 2015年,完成各类培训17期,专业涉及林业、农产品电子商务、农资营销、蚕桑、蔬菜、高效粮食种植及家畜禽饲养等。培训具有一定种养规模并有强烈创业愿望的农民3124人,完成省下达任务数101.2%,其中,农业职业技能培训2904人,农产电子商务培训134人,部级项目培训家庭农场主80人,青年农场主6人。同时进行农艺工和家禽养殖工技能鉴定,有309人通过理论和操作考核。

【农业科技项目】 2015年,实施省农业科技入户工程,实现农业科技推广产业和村村全覆盖,提升农业劳动者科技素质,促进农业增效、农民增收。全区建立稻麦油和蔬菜种植、畜禽养殖、水产和蚕桑科技示范户2830家。东社镇白龙有机肥厂的畜禽粪污综合处理技术、十总镇绿欣蔬菜现代农业的蔬菜病虫绿色防控技术推广、石港镇狼山鸡新品系选育及半开放式饲养模式构建与推广,3个项目被省农委确定为三新工程项目。获部省级农业科技项目建设资金378万元。

【农业科研】 2015年,《紫甘蓝—紫薯—蚕豆—玉米(豇豆)—芹菜安全高效种植模式研究与示范》获南通市农业科学技术推广奖三等奖。南通市申报的《通州区"菜篮子"基地蔬菜标准化生产技术应用与推广》获农业推广奖三等奖。制订南通市地方标准:《黄秋葵设施生产技术规程》《菜用香椿栽培生产技术规程》。完成省、市下达的稻、麦品种试验:省水稻区域试验(小区)两组29个品种、迟熟中粳组15个品种、淮南迟播组14个品种,省水稻生产试验(大区)两组8个品种,省水稻预备试验97个品种,南通市水稻适应性试验8个品种,扬州农科院14个水稻品种、区农科所自选6个水稻品种,共计266个水稻试验小区。完成省种子管理站、省农科院、扬州市农科院小麦室、南通市种子管理站50个小麦品种的区域、生产、适应性试验,共计141个试验小区。完成油菜省品比试验14个品种、南通市品比试验8个品种、南通市直播57个品种的试验,共计123个小区。

【区农产品质量安全检测体系完善】 10月24日起,区农产品质量检测中心整建制划入区市场监管局综合检验检测中心。全区形成以区检测中心为龙头,镇检测站为骨干,基地检测室的三级检测网络体系,做到检测网络全覆盖。通过举办检测技能大比武,镇村与基地检测人员培训,驻点指导等形式以提升基层队伍检测能力水平,乡镇检测工作正常开展,所有保供基地实验设备配齐,确保上市前都做到正常自检。

【"三品"认证】 2015年,新增认证"无公害""绿色""有机"农产品共计241个,其中新认证"无公害"农产品126个,"有机"农产品115个,新增认定无公害农产品面积4000公顷,新增认定无公害农产品产量8万吨。

【测土配方施肥技术推广】 2015年，区土肥站继续列入测土配方施肥项目巩固县，实施周期为2014年6月—2015年6月和2015年6月—2016年6月。完成土样和植株样品的分析化验。化验分析土壤样品503只，2765项次，植株样品372只，32项次，肥料样品8只，56项次，共3937项次。进一步调优专用肥配方，认真做好测土配方施肥专用肥的调拨供应。全年设计小麦专用配方2个、油菜2个、水稻3个、蔬菜1个。小麦、油菜、水稻三大主要作物全面推广应用测土配方施肥技术。推广测土配方施肥技术11.08万公顷，其中小麦、油菜、水稻、玉米、棉花、蔬菜分别为2.4万公顷、2.3万公顷、3.07万公顷、0.6万公顷、0.47万公顷、2.21万公顷。施用配方肥6.01万公顷，推广专用肥3.96万吨。其中小麦配方肥施用数量为1.2万吨，施用面积2万公顷，油菜配方肥施用数量为1万吨，施用面积1.67万公顷，水稻配方肥施用数量为1.57万吨，施用面积2.08万公顷，蔬菜配方肥施用数量为0.2万吨，施用面积2667公顷，与上年相比基本持平。蔬菜上主要开发专用肥进行示范。进一步建设和完善区级测土配方施肥示范方，加大镇、村级示范方建设力度。建立测土配方施肥示范方102个，其中区级示范方17个。通过宣传培训、召开现场会，使测土配方施肥技术落实到田间地头。全区示范方面积2733.33公顷。

【割麦留高桩和油菜、蚕豆杆壳还田】 通过参与"999"民生热线技术讲座、镇广播站和拉横幅标语、发放资料等，广泛宣传割麦留高桩和油菜、蚕豆杆壳还田。同时以农民实用技术培训班为契机，在各镇开展面对面技术培训，重点讲秸秆焚烧的害处，秸秆还田的好处及技术要求。在区广播电台做讲座1次，发放技术资料5万多份，在主要路段拉横幅标语100多条。夏熟作物秸秆还田应用面积占播种面积80%以上，亩均还草量180公斤以上。

【农作物种子安全监管项目】 春、秋两季全面检查全区内种子经营企业及120余家主要种子经营门店，查处种子案件5起，有效地规范种子市场秩序。对辖区内种子生产基地进行田间检验确认，把好种子生产源头关。全年种子质量检测，合格率为98.6%。在石港镇建立区主要农作物新品种安全测试与示范基地，占地3.33公顷，主要进行区主要农作物新品种引进安全测试与示范，同时开展农业新技术试验与示范。是年，引进测试、示范水稻品种14个，同时进行水稻钵苗机插新技术的试验、示范，10月17日，组织各镇农业服务中心技术人员及种田大户观摩。秋播落实安全测试及示范品种小麦、油菜各10个。

【蔬菜病虫绿色防控技术推广示范点建立】 2015年，按照省植保站要求部署，区设立十总镇二爻社居蔬菜病虫绿色防控技术推广示范点。其中重点建设基地3个，核心示范基地1个，面积为20公顷，辐射周边村组166.67公顷；单项主推技术示范基地2个，为爻南基地面积33.33公顷、迎阳村基地面积30公顷。

养 殖 业

【概 况】 2015年，全区紧扣重大动物疫病防控、畜牧业转型升级、畜产品质量安全这条主线，强化动物防疫员队伍建设，做好畜牧业新品种、新设施、新技术推广，以及畜禽屠宰、检疫管理，全年未发生重大动物疫病、未出现畜产品质量安全事故，畜牧业转型升级成效显著，规模养殖占比进一步提升，畜牧生产呈现稳步健康发展势头。至年末，生猪圈存28.03万头，年出栏54.23万头，比上年同期下降2.6%；家禽栏存421.58万羽，年出栏1189.40万羽，比上年同期下降3.7%；羊栏存24.82万只，年出栏32.94万头，比上年同期下降2.6%；大家畜存栏0.16万头，比上年同期上升6.7%。重大动物疫病强制免疫的应免率达100%，免疫抗体合格率达80%以上，畜禽养殖、防疫信息建档率和报送率均达100%，牲畜挂标率达100%，规模场病死畜禽的无害化处理率达100%，动物及其产品没有检出有毒有害物质，全年没有发生重大动物疫情。

【标准化规模养殖场建设】 大力推进畜禽标准化养殖，促进畜牧业转型升级。区政府出台扶持政策，对获部级标准化养殖场补助3万元，省级生态健康养殖场补助1万元。开展省级生态健康养殖示范创建，创建省级生态健康养殖示范场4家，完成市下达任务数的133%，同时，对9家省级生态健康养殖示范场开展复检，有5家通过复检。新改扩建生猪规模养殖场4家，完成市目标任务。是年，全区生猪规模养殖场(户)1069户，出栏43.13万头，占生猪出栏数的85.8%，比上年同期增长4.4%。大中型生猪规模养殖场(户)162户，出栏31.45万头，占生猪出栏数的62.5%，比上年增长7.4个百分点。蛋禽栏存500羽以上有257户，栏存173.19万羽，占蛋禽栏存数95.0%，比上年同期增长2.7%；肉禽规模养殖户129户，出栏747.43万羽，占肉禽出栏数96.0%，与上年同期基本持平；奶牛存栏20头以上有3户，栏存数1282头，占比100%。

【畜禽品种改良】 以生猪良补项目建设为抓手，大力推进生猪品种改良。2015年，省下达区能繁母猪良补任务数为1.60万头，至年末，全区能繁殖母猪圈存2.57万头，剔除较大规模养殖场能繁母猪数，散养户能繁殖母猪约1.70万头，全年良补项目实现全区域覆盖。

【加强防疫监管】 加强重大动物疫病免疫监管，确保免疫密度免疫质量达到国家规定要求，做到防疫资金规范使用。规范检疫行为，提高检疫质量，立案查处违法收购生猪案1起。做好动物防疫条件监管，对申办动物防疫条件合格证的企业，及时到现场验收发证，对领取动物防疫条件合格证的企业定期检查，不符合条件的及时整改。

【畜禽屠宰管理】 加强对生猪定点屠宰场的监督管理，建立门禁制度。下发《关于加强生猪定点屠宰场病害猪收集处理监管工作的通知》，明确病害猪收集处理责任、范围及监督管理，确保生猪屠宰企业病害猪收集管理工作落到实处。与商务部门做好交接，对全区屠宰企业进行调查摸底，关闭平东镇、新联镇、东社镇、兴东镇等4家生猪定点屠宰场，并制定三年关停方案。

【投入品监管】 区动物卫生监督所与全区畜禽规模养殖场、屠宰加工场、兽药饲料生产经营企业签订投入品管理责任状。制定瘦肉精检测方案，并积极组织实施，养殖环节全年瘦肉精检测共计2430头份，实现全覆盖。加强对规模养殖场监督检查，建立投入品采购、使用制度，规范投入品使用、管理。加强兽用处方药管理，对兽药经营企业和大型规模养殖场技术人员进行培训，统一台账、处方、管理模式和经营行为，规范市场秩序。

【蚕　桑】 2015年，全区共发蚕种7458张，同比减发2920张，减少28.1%，总产茧312吨，同比减少28.6%。由于养蚕环境被污染产生蚕不结茧现象，茧价下行（每公斤蚕茧下跌3元以上）等原因，蚕养殖减幅较大。蚕桑比较效益略有下降，桑园面积年末数为300公顷（实际投产面积267公顷左右）。饲养的蚕品种为“菁松×皓月”3924张、“苏豪×钟晔”3049张，苏菊×明虎485张。全区张种茧款收入1532元，亩产值3935元（含桑园套种、套养收入671元）。

【渔业科技入户】 2015年，区渔业科技入户工程实施第9年，遴选示范户350户，示范面积678公顷，辐射带动养殖1258户。在十总镇上雁村等10个村进行整村推进。以南美白对虾、河蟹、大宗淡水鱼作为主推品种。以南美白对虾健康养殖技术、河蟹健康养殖技术、微生物制剂使用技术、微孔增氧技术作为主推技术。开展春季服务月、夏季行动、秋季病害防治宣传周等，通过技术培训、现场交流、观摩会等指导形式，扎实推进科技入户工程。全年组织各项专题活动36次，发放科技书籍和技术资料3430份，培训示范户、辐射户2000余人次。在省、市、区等媒体上宣传报道48篇次。通过科技入户工程项目实施，使先进实用技术入户率达90.1%，示范户主推品种覆盖率达76.4%，示范户养殖收入比周边养殖户平均收入提高12.7%。

【沼气工程】 2015年，在东社、石港、兴仁镇实施省规模化畜禽粪便综合利用项目4个，建设100立方米沼气工程2处、200立方米沼气工程1处、300立方米沼气工程1处，总池容为700立方米。正常运行后，年产6.3万立方米沼气，供20户家庭生活用能，沼气发电5万千瓦时/年。项目竣工投产后可有效减少规模养殖场污染排放，产生的沼液能浇灌55公顷农田、果园，以改善和提高农产品品质。

林　业

【概　况】 2015年，以“改善生态环境、提升城市形象”为目标，坚持“绿色通道优先、生态廊道优先，片林绿化优先”为原则，全区完成造林绿化面积1680公顷，其中生态防护林966.67公顷，高速公路绿色通道景观提升133.33公顷、生态廊道（二期）绿化133.33公顷，苗圃式绿化126.67公顷，道路河道绿化320公顷。建成省级绿化示范村10个，森林生态示范村2个。林木覆盖率稳步提升，至2015年年底，区林木覆盖率达到24.9%，与上年相比提高1.55个百分点。

【生态防护林工程】 2015年，全区继续推进生态防护林工程建设，沿用租地造林模式，各镇区统一招投标，实行工程化造林并养护3年的管理机制，共实施生态防护林面积966.67公顷。东社镇、兴东街道、金沙街道在生态防护林建设上成效显著，连片面积均在6.67公顷以上，全部采用“高档次、大规格”的景观绿化树种，以提升区农村绿化的整体水平和景观效果。

石港安永苗木基地

【生态廊道工程】 2015年，继续推进生态文明建设，进一步完善生态廊道建设，拓展沿路沿路生态景观带，在东社镇营造出一条贯通东部“一产主导”乡镇，并环绕市级重点农业园区的生态廊道。规划总长度20公里，南起S318线景瑞园区，北至新通掘公路平海公路交界，绿化总面积133.33公顷，沿路沿河两侧各建设不少于50米宽绿化带，建筑物密集地段利用零星土地建设绿化片林。该工程融绿色生态、休闲观光为一体，乔、灌、草相结合，常绿植物与落叶植物相搭配，以体现四季色彩变化，营造自然丰富的生态景观。

【林业行政执法】 加强林业行政执法工作,全年办理野生动物驯养繁殖许可证新证 2 本,年检 6 本,处理滥伐林木行政案件 3 起 3 人次,移交公安处理案件 1 起 4 人次,非法猎捕野生动物案件 2 起,累计缴获放生鸟类及陆生野生动物 50 余只,共 100 余公斤。

【林业有害生物防治】 2015 年,加强对林业有害生物的防控工作,4—12 月,开展林业有害生物普查 6 次,对意杨、香樟病虫害进行监测预报并组织防治,全区累计应监测意杨面积 666.67 公顷,香樟 133.33 公顷,完成 7 期舟蛾类和樟巢螟的虫害测报工作,未发生 1 起省市通报事故。在开展化学防治的同时积极探索物理防治、生物防治以及药剂注干等综合防治措施。在刘桥镇绿色通道意杨林带内安装 96 盏太阳能灭虫灯,通过灯光诱虫杀虫。在刘桥、兴仁、先锋等镇绿色通道意杨林带中采用药剂注干的方式防治杨树舟蛾类害虫。在沈海高速公路通州区段先锋、张芝山段两侧的绿化带通过释放白蛾周氏啮小蜂防治美国白蛾。

【第九次森林资源清查】 2015 年,开展省第九次森林资源清查工作。7 月起,对全区 97 个省定固定样地进行逐一外业调查、内业整理,最终形成调查成果资料,9 月,顺利通过国家林业局华东森林资源监测中心的检查验收,为林业建设和经济社会发展提供重要决策依据。97 个固定样地中有林地样地为 17 个,其中,2010—2015 年通过推进植树造林新增有林地样地 10 个。

【古树名木普查】 2015 年,对全区 100 年以上的古树名木进行逐株调查,经查共有古树名木 58 株,其中,一级古树 8 株(包括一株名木)。通过此次普查,系统地掌握古树名木的资源总量、种类分布及生长状况,建立规范古树名木档案,宣传普及古树保护的基础知识,增强人们对古树名木的保护意识,为古树名木保护、传承绿色生态文明奠定基础。

(卞 勋 陈周舟)

通州区古树名木录

表 4

编号	中文名	树龄	具体生长位置	等级长势及保护措施
1	银 杏	360	金沙街道朝阳居委会	二级,有围栏
2	银 杏	209	金沙街道金北村头总桥南山寺	三级,砌花坛
3	银 杏	310	二甲镇余西居委会原余西中学	二级,砌花坛
4	银 杏	310	二甲镇余西居委会原余西中学	二级,砌花坛
5	银 杏	210	二甲镇余西居翻身街	三级,有围栏
6	银 杏	210	二甲镇余西居光荣街	三级,有围栏
7	银 杏	170	二甲镇通运桥村袁灶小学	三级,砌花坛
8	罗汉松	400	二甲镇通运桥村袁灶小学	二级,砌花坛
9	圆 柏	210	二甲镇余西居余西小学	三级,砌花坛
10	罗汉松	110	二甲镇余西居余西小学	三级,砌花坛
11	紫 薇	110	二甲镇余西居余西小学	三级,砌花坛
12	榆 树	110	东社镇东社居东街 13 组	三级,砌花坛
13	银 杏	810	东社镇唐洪村 9 组慈云寺	一级,砌花坛,已装避雷针
14	银 杏	810	东社镇东社居 3 组东社市场	一级,砌花坛,已装避雷针
15	银 杏	115	东社镇平和村 33 组严小俊家	三级,砌花坛
16	银 杏	150	五接镇桃园村福慧寺	三级,砌花坛
17	银 杏	130	五接镇天后宫村李港幼儿园	三级,砌花坛
18	银 杏	190	五接镇天后宫村李港幼儿园	三级,砌花坛
19	银 杏	110	五接镇天后宫村李港幼儿园	三级,砌花坛
20	银 杏	270	刘桥镇慎修村三聖寺	三级,砌花坛
21	银 杏	150	五接镇桃园村福慧寺	三级,砌花坛
22	银 杏	410	十总镇育民村原沙坝小学	二级,砌花坛

续表 4

编号	中文名	树龄	具体生长位置	等级长势及保护措施
23	银　杏	310	十总镇东场村原东场小学	二级,砌花坛
24	银　杏	360	十总镇东场村头总庙	二级
25	银　杏	510	十总镇渡海亭村 49 组王金全家	一级
26	银　杏	310	十总镇渡海亭村原红墩校	二级,砌花坛
27	银　杏	110	十总镇渡海亭村 25 组	三级
28	银　杏	614	石港镇广济桥城隍庙	一级,砌花坛,已装避雷针
29	银　杏	610	石港镇广济桥都天庙	一级
30	银　杏	810	石港镇广济桥佑圣宫	一级,已装避雷针
31	银　杏	510	石港镇广济桥碧霞宫铸管厂	一级,砌花坛
32	银　杏	310	石港镇北渡村 43 组尹淑均家	二级
33	银　杏	310	石港镇北渡村 43 组尹淑均家	二级
34	银　杏	120	高新区张謇校门西北	三级,砌花坛
35	银　杏	120	高新区张謇校西南围墙外	三级
36	银　杏	260	高新区张謇校北校区	三级,砌花坛
37	银　杏	260	高新区张謇校北校区	三级,砌花坛
38	银　杏	130	高新区博爱医院	三级,砌花坛
39	银　杏	210	高新区皇经堂西南	三级,砌花坛,长势差
40	银　杏	110	高新区皇经堂东南	三级,砌花坛,长势差
41	银　杏	110	高新区皇经堂东北	三级,砌花坛,长势差
42	银　杏	110	高新区皇经堂西北	三级,砌花坛,长势差
43	银　杏	410	兴东街道杨世桥天竺山寺西	二级,砌花坛
44	银　杏	410	兴东街道杨世桥天竺山寺西	二级,砌花坛
45	银　杏	110	兴东街道紫星村南 7 组原光明小学	三级
46	银　杏	110	兴东街道紫星村南 7 组原光明小学	三级
47	银　杏	160	兴仁镇兴仁居垃圾房东	三级
48	银　杏	160	兴仁镇三庙村东郊庄园后	三级,有围栏
49	小叶黄杨	330	兴仁镇长林桥村卫志云宅	二级
50	小叶黄杨	330	兴仁镇长林桥村卫志云宅	二级
51	银　杏	510	兴仁镇温桥村原韬奋小学	一级,名木,已装避雷针
52	银　杏	110	先锋街道三圩头村灵峰寺	三级,有围栏
53	银　杏	110	先锋街道三圩头村灵峰寺	三级,有围栏
54	银　杏	400	先锋街道花园村老金山校货运站南	二级,砌花坛
55	银　杏	310	高新区正场村委会幼儿园	二级,砌花坛
56	桂　花	160	石港镇施志明宅	三级
57	蜡　梅	130	石港镇徐祥禧宅	三级
58	银　杏	110	兴仁镇	三级

农业机械化

【概　况】 2015年,通州农机部门以主攻薄弱环节机械化为重点,大力推广先进适用农机化技术,积极培育农业生产经营主体,切实抓好农机安全生产,全年未发生一起重特大农机安全事故。

【秸秆机械化还田】 2015年,新增55.13千瓦以上大中型拖拉机273台、配套秸秆还田机755台。为普及和推广秸秆还田技术,做好示范演示和技术培训,发放宣传资料6000多份。5月,在刘桥镇米三桥村召开区夏季秸秆机械化还田现场推进会,200多人观摩。石港、兴仁、平潮、五接、西亭、十总、兴东等镇相继召开麦秸秆还田现场会,二甲、西亭、东社镇召开油菜机收和油菜秸秆还田现场会,全区举办秸秆还田技术培训29期,培训机手和农民5200多人次。是年,三麦秸秆机械化还田1.51万公顷,水稻秸秆机械化还田1.33万公顷,建成秸秆机械化还田示范村62个。

【农机购置补贴资金创历史新高】 为大力推广高效特色农机具,区财政对大中型拖拉机、乘坐式插秧机、油菜收割机、播种机等农机具,给予作业奖励。区农机局深入宣传政策,定期公示购机者姓名、地址和资金使用进度,每月按不低于10%比例上门验机核实。镇农业服务中心严格按照程序受理补贴申请,审核相关资料,加强机具核实,建立核实台账,按时将购机者信息公示到村,使农机购置补贴政策顺利实施。是年,全区共推广财政补贴机具1657台,受益农户及组织1230个,享受中央及省级财政购置补贴2024.68万元,报废更新补贴21.50万元。农机购置补贴总额比上年提高37.39%,为历年最高。

【新型农业经营主体建设】 2015年,根据区《加快推进"全托管"新型农业经营主体建设工作意见》,出台鼓励开展粮食生产"全托管"服务奖励政策,对新增"全托管"面积达到一定规模的农业经营主体给予奖补。培育13.33公顷以上规模"全托管"经营主体97个;新增服务面积2038公顷,其中货币型全托管1695.33公顷。五接、石港、平潮等镇实现"全托管"村级全覆盖。区农机部门积极引导农机手、种田大户等各类主体从事"全托管"经营,树立"全托管"先进典型,一批会懂技术、会操作、善经营的新型农民脱颖而出。石港镇农成农机合作社理事长韩建刚获南通市"五一劳动奖"。区共创农机合作社将业务延伸到苏州、盐城等地跨区"全托管"服务,获"全国五十佳优秀创新示范农机合作社"称号。

【农机基础设施建设】 4月,区农机局、财政局联合印发《关于组织做好2015年度农机库和农机维修点建设项目申报的通知》,要求按照"统一规划、合理布局、做大做强"原则,加大推进标准农机场库和维修点建设力度,为农业生产经营主体发展提供物质条件。区财政对"全托管"项目服务主体建设粮食烘干中心每个奖补30万元,建设农机库每个奖补10万元。至年底,经区农机局、财政局联合验收,"全托管"项目主体新建标准农机库10个,二级农机维修示范点2个,粮食烘干中心8个,配套烘干机32台套。全区项目服务主体累计建设粮食烘干中心18个,配套烘干机71台套,标准化机库33个。

【基层农机安全监管】 2015年,为进一步完善农机安全监管网络,稳定村农机安全员队伍,区财政提高对村农机安全生产工作补助,标准由上年的每村每年1000元提高至每村每年1500元。为层层落实农机安全生产责任,区农机局与镇农业服务中心签订"农机安全生产责任状"15份,镇与村(居)签订农机安全生产责任状212份,区农机监理所与农机手签订"安全生产责任书"3500多份。农机经营单位提交农机安全生产承诺书7份,五接、十总、石港、刘桥等镇分别与农机合作组织、"全托管"经营主体签订安全生产责任书,落实安全生产主体责任。9月,印发《关于加强农机合作社安全管理工作的通知》,督促合作社、农机大户采取有效措施,落实主体责任,开展农机安全自查自纠活动。

【农机安全生产】 强化农机安全生产意识,多渠道、多层次地组织安全生产培训,相继开展农机安全学习日、宣传咨询日、安全生产月、农机安全警示教育、安全宣誓等活动,举行农机事故应急预案演练,实现安全教育经常化、制度化。深入开展农机安全生产三项行动,按照"自查自纠、督查整改、总结提升"步骤有序推进,深挖细究,查漏补缺。成立4个督查检查组,分区域开展督查检查。完善联动联查制度,积极配合公安加强对上道路拖拉机安全监管,对农机事故易发生的重点场所、要害部门、关键环节、重要时段检查到位,共出动检查车辆16台次,检查人员65人次,排查一般隐患35起,现场整改35起。9月17日,全市农机安全生产工作座谈会在通州召开。11月24日,省农机局在通州开展农机化法治建设和行政执法调研观摩(苏南苏中片),学习观摩通州农机依法行政和法制管理工作。　（丁　霞）

农业资源开发

【概　况】 2015年,区农业综合开发以建设高标准农田为主线,以培育新型经营主体、构建新型农业经营体系为两翼,加大投入力度,提高农业综合生产能力,强化农业基础设施建设,促进农业增效,农民增收,着力提升农业综合开发效益,为全区现代农业发展发挥主力军作用。是年,3个农业开发项目通过南通市级验收,新争取国家高标准农田项目3个，产业化经营项目3个。获市农业资源开发系统1等奖。

【国家高标准农田建设项目】 2015年，邀请区农委、水利、国土等部门共同会商，整合社会资源，科学选项，汇聚相关专家现场勘察、测量、定点定位，加强项目培育，做好项目库建设。新建国家农业综合开发高标准农田建设项目3个，项目位于西亭、十总、石港镇的7个行政村。开发总面积1666.67公顷，财政项目资金3308.40万元，新建泵站22座，防渗渠道54.58公里，水泥道路41.35公里，农村桥梁15座等。

【国家产业化经营项目】 2015年，新建国家农业综合开发产业化经营项目3个。利用上年国家产业化结余资金，由南通双和食品有限公司，建设2859吨禽肉加工原料收购项目，项目总投入3295万元，其中贷款总额2290万元，申请财政贴息97万元。区2900吨禽肉加工流动资金贷款贴息项目，建设单位为南通双和食品有限公司，项目总投入3000万元，其中银行贷款2430万元，申请财政贴息105万元。区8000吨蔬菜加工原料收购流动资金贷款贴息项目，建设单位为江苏嘉安食品有限公司，项目总投入4000万元，其中银行贷款2500万元，申请财政贴息150万元。

（蔡维熙）

通州名人选介之六

王兆芳

王兆芳（1861－1898）字漱六，清代通州兴仁项家桥人。世代务农，家境贫寒。他幼年丧父，母改嫁后始进学塾读书。同治十二年举家迁徙中母子失散。他于通州街头被吴举人收为书僮。伴读中好学不倦，受到主人器重，并得到在吴氏家塾任教的金沙秀才邱松甫喜爱。邱中举后，资助他进江阴南菁书院攻读经史，并收为婿。他治学能广采博纳，见识有古人未到之处，很受经学名家管理江苏学政的黄体芳赏识，被江苏学台吴汝纶收为得意门生。卒业后，任云南大姚县教谕二年。光绪十五年（1889年）应试中举。他虽博览群书，学识渊博，但因身材矮小，其貌不扬，被慈禧称为“矮脚书橱”，未能进身仕途。后回金沙设馆教读，潜心研究经学，称其屋为“霞山精舍”。通州张謇慕其名，曾登门拜访，切磋学问。光绪二十四年，中国教育会会长蔡元培发来聘函请他担任北京京师大学经学主讲。正当整装待发，他突患脑溢血，不治去世。著作有《公羊异礼疏证》一卷、《经义征学》四卷、《古今义鉴》二卷、《教育原典》六卷、《才兹文》《文学释》各一卷，《霞山精舍文献记》等。内容考核翔实，说理透彻精辟。张謇在送的挽联中称他为“文者先生”。

（引自《南通县志》人物传第1189页）

水 利

Water Conservancy

编 辑 杨王军

【概 况】 2015年,通州区紧紧围绕水利现代化战略目标,加强"六大体系"建设,以农村河道整治为重点,加快水利建设步伐,水利建设和管理取得明显成效。完成重点水利工程15大类27项工程,投资总量4.20亿元,向上级争取项目17项,争取补助资金1.10亿元。全面启动农村河道整治三年行动计划。实施沿海水利通吕运河通州西段整治工程、小农水重点县工程、千亿斤粮食田间工程、中央财政土地出让金项目。认真落实水资源管理制度,切实加强计划用水管理和地下水保护。共处理水事纠纷35起,立案查处6起。是年,区水利局被确定为全省法治水利示范点。东社、张芝山、石港、平潮等镇水利站达到省现代化水利站建设标准。横港沙护滩固沙一期工程取得水利部长江水利委员会批复,液体化工码头取得交通部岸线使用批复。

【农村河道整治】 2015年初,区委、区政府出台《通州区农村河道整治三年行动计划工作方案(2015—2017年)》,要求对区内等级河道及非等级重要河道进行系统整治,全面落实河道长效管护机制,实现"河畅、水清、岸绿、景美"工作目标。由此拉开农村河道整治序幕。全区上下大力整合各类资源,统筹推进拆坝清障、河道疏浚、桥涵配套、岸坡绿化等河道整治建设项目。至年底,疏浚河道377条,清淤土方460万方,河道整坡1439公里,绿化岸坡213.33公顷,建设桥涵569座,拆除坝头坝埂1226条,打捞沉船1080条,清理"三网"1.20万口。重点打造十总镇为全区首个"水美乡镇",东社镇香台村、二甲镇余西居等10个"水美村庄",组织实施20公里生态河道工程,启动生态廊道水环境治理一期工程。在开展河道整治同时,坚持建管并重,落实管护责任,投入管护经费1500万元,其中,投入135万元购置36条机械保洁船用于三、四级河道保洁;投入100万元设置一、二级河道拦截设施619条段。农村水环境面貌进一步改善。

【农田水利建设】 2015年,实施中央财政小型农田水利重点县项目第七期工程,项目位于十总、二甲镇的19个村,总投资4229万元,其中中央财政补助800万元,省级财政补助1300万元,区镇财政配套2129万元,建设灌溉泵站58座,防渗渠道113公里,渠系配套建筑物7971座,新建自动化控制中心用房2座,安装灌溉用水计量设施64台套。实施新增千亿斤粮食产能规划灌区末级渠系田间三期工程,项目位于西亭、平潮镇的5个村(居),总投资1500万元,其中中央财政补助1200万元,区级配套300万元,拆建灌溉泵站14座,新建防渗渠道30公里、农路16公里。继续实施区级灌区改造工程,项目涉及石港、刘桥等5个镇,总投资2900万元,其中区级投入1950万元,镇级配套950万元,拆建灌溉泵站39座、防渗渠道131公里。实施中央财政土地出让金项目,项目位于金沙镇的城东、港北村,总投资1437万元,疏浚整治河道13条31公里,新建桥涵26座,新建生态护岸7公里。

【省重点水利工程】 10月,完成省重点水利工程建设,即通吕运河通州西段整治工程项目,总投资6631万元,整治河道13公里,疏浚土方182万立方米,新建护岸3公里。

【防汛防旱】 调整充实区防汛防旱指挥机构,建立健全防汛队伍,强化防汛物资保管与储备,加强防汛值班,组织抢险演练,提高应急能力。认真落实防台预案,强化应急保障,科学应对处置,成功防御9#、13#、21#强台风影响和"6·1""6·26"特大暴雨袭击,全区未出现重大灾情损失和人员伤亡,实现安全度汛。

【水资源管理】 2015年,严格落实水资源管理制度,切实加强计划用水管理和地下水保护,地下水位上升明显。强化用水计量和水资源有偿使用,全年征收水资源费650万元。加大水资源执法监管力度,封堵非法入河排污口51个,查处城区第一集贸市场违章水井43眼,予以强制填埋。节水型社会建设富有成效,用水效率进一步提高,4项数据均高于考核指标。万元GDP用水量52.45立方米,较上年下降12.51%；万元工业增加值用水量10.51立方米，较上年下降20%；工业用水重复利用率78%；水功能区水质达标率70%。在2014年度南通市水资源管理制度考核中，通州区获优秀等次，列全市第一。（马旭东）

通州名人选介之七

包柽芳

包柽芳（约1520－1580）明代浙江嘉兴人，以进士授官贵州提学副使。明穆宗隆庆三年（1569年）调任两淮盐运使司通州分司盐运判官。他体察下情，恤民艰苦。到任不久，海堤为大潮冲坏多处，有人主张仍就海堤旧址加以修筑以节省费用。他亲至各场沿海去处逐一勘察，认为马塘、石港等场草荡、盐灶原先在堤外的居多数，按照旧址筑堤难获安全；为屏障灶荡，应将海堤向外扩展。于是，请求上司准许增修堤岸十五六里，东起彭家缺口，南接石港新堤。上司准其请。堤成，人称“包公堤”，并为之立生祠，比之于范文正公（仲淹），功不可没。卒于明万历八年（1580年）左右。

（引自《南通县志》人物传第1186页）

通州名人选介之八

李湛源

李湛源（约1730－1790）本名海门。清代通州石港人。精通围棋，为秀才。一次，州官周介堂出题考试，他很快交卷。周介堂阅其文并不满意，然觉此生才思敏捷，问其爱好特长，湛源率尔以对，称爱弈。周当即命备棋具一试，湛源不因对手为州官而有所畏怯。经过较量，周介堂以败阵告终，承认其棋艺高强。湛源苦读多年，仍未中举，于是以下棋为谋生手段。后长期居留京师，成为名噪一时的围棋“十八国手”之首。王公大多邀其对弈，图以取胜来炫耀自己，然湛源从不逢迎，而是认真对付，将对方杀个落花流水。权贵惶急，托人赠财物以通关节。湛源佯为答应，结局仍使对方败北。他虽身怀绝技，但非金钱所能收买。后叶落归根，于乾隆五十五年老死于家乡石港。与人合著有《授子谱》行世。

（引自《南通县志》人物传第1188页）

工　业

Industry

编辑　陈　菊

综　述

【概　况】 2015年,面对国际国内宏观经济下行错综复杂的严峻形势,通州区深入开展转型升级提速年活动,研究出台创新政策措施,做到出手早出手快出手准,顶住下行压力,经济增长保持在合理区间。产业结构不断优化,发展后劲不断增强,百强企业支撑作用突出。完成规模工业增加值437.80亿元,比上年(下同)增长11%。规模工业产值1961.71亿元,增长5.7%。工业应税销售841.50亿元,增长1.2%。工业投入338.86亿元,增长8.9%。技改投入271.66亿元,增长25.6%。工业用电36.93亿千瓦时,增长3.6%。主要经济指标总量继续在南通保持领先,规模工业产值在南通率先超2000亿元。通州区被国家工信部命名为全国产业集群区域品牌建设试点地区,被江苏省经信委、国土厅表彰为江苏省建设高标准厂房及使用先进区第一名。江苏景瑞农业科技公司成为中国物流示范基地。江海电容器公司成为全国电子信息行业优秀创新企业。南通高新区成为江苏省两化融合示范区,成功申报省物流基地。江苏景瑞农业科技公司技术中心成为江苏省物流企业技术中心。南通供销产业园发展有限公司、南通顺丰速递有限公司成为省重点物流企业。

重大项目建设实现突破。全年在建5亿元以上项目12个,累计完成投资22.67亿元。新江海动力一期工程竣工投产,雄邦压铸新能源汽车关键部件生产线、甬金金属三期等项目加快推进。新江海动力二期、华电热电、深南电路、致嘉电子等重大项目开工。34个技改项目列入江苏省重点工业投资技改项目计划,列入项目数量位居南通第一。

科技创新成效明显。全年新增省两化融合试点企业4家、南通市融合创新企业3家,新培育区两化示范融合试点企业10家。韩通船舶通过全国首批两化融合管理体系贯标试点企业审核评定。新创江苏省两化融合示范区1个(累计2个)。新创建省级企业院士工作站2家、省级企业技术中心5家、市级企业技术中心6家、南通市行业技术服务中心1家。至年底,全区有省级院士工作站7家、省级企业技术中心31家、市级企业技术中心21家。新创省市首台套重大装备及关键部件6个(累计26个)。成功申报省重点新产品新技术研发推广项目60个、创新能力建设项目2个、品牌产品质量攻关项目5个。8个新产品通过省级鉴定。

特色产业板块成功打造。现代纺织、机械装备、船舶海工、食品加工、新能源、新材料、节能环保、电子信息八大主导产业实现规模工业产值1888亿元,增长9.8%,占全区规模工业产值92.8%。成功打造现代纺织、机械装备、船舶海工、新能源、新材料、电子信息六大百亿级特色板块。现代纺织实现规模工业产值488.07亿元,增长7.3%,占规模工业产值24.9%。机械装备实现规模工业产值243.97亿元,增长17.6%,占规模工业产值12.4%。新能源产业实现规模工业产值307.32亿元,增长12.2%,占规模工业产值15.7%。新材料产业实现规模工业产值167.74亿元,增长2.1%,占规模工业产值8.6%。电子信息产业实现规模工业产值235.40亿元,增长17.5%,占规模工业产值12.0%。船舶海工实现规模工业产值236.72亿元,下降19%,占规模工业产值12.1%。

现代物流加快发展。新创国家AAA级以上物流企业4家,新创省重点物流企业2个、省物流基地1个、国家物流示范基地1个。至年底,全区共有国家AAA级以上物流企业20家,其中国家AAAA级物流企业9家,国家AAAAA级物流企业1家,省重点物流基地1个,省重点物流企业3家。总数在南通保持领先。南通供销产业园是全国供销系统第一家国家AAAAA级物流企业、国家五星级仓库。

【景瑞农业成功创建中国物流示范基地】 10月,江苏景瑞农业科技发展有限公司被中国物流与采购联合会命名为中国物流示范基地,成为全国第一家农业生鲜物流示范基地。该公司是一家以农业高科技为核心竞争力、以生鲜农产品销售物流配送运营新模式为特色，集生鲜农产品产、销、物流配送于一体的AAAA级综合服务型物流企业和AAA级信用企业。公司的生鲜农产品物流运营模式是"现代化种植＋公司化经营＋智慧物流＋质量溯源＋物联网"一体化运营，已发展成具有统一种植、统一订单、统一收购、统一加工、统一配送、统一服务功能的现代化生鲜农产品蔬菜冷链物流配送服务企业，逐步形成"基地—配送中心"＋"配送中心—终端门店"的两级物流配送模式。（张雨林）

工业投入

【概　况】 2015年，通州区完成工业投入338.86亿元，比上年（下同）增长8.9%。实施工业投入项目540个，其中亿元项目86个，5亿元以上项目12个。实施工业技改项目490个，完成工作量271.66亿元，增长25.6%，占全部工业投入80.2%。从内部行业看，设备制造业取代纺织服装业成为全区第一大工业支柱行业，完成投资71.72亿元，占工业投资比重为21.2%，提升1.2个百分点。纺织服装业完成投资70.84亿元，占工业投资比重为20.9%，下降2.1百分点。金属制品业、计算机通信和其他电子设备制造业、电气机械和器材制造业分别完成投资31.73亿元、27.37亿元、23.06亿元。五大支柱行业共完成投资224.71亿元，占工业投资比重为66.3%。汽车制造业投资实现重大突破，总规模破百亿元，达100.11亿元，是上年的4倍，完成投资18.88亿元，增长111.7%。（严效新　季小平　朱素宾）

【空港产业园项目集中签约】 4月，南通空港产业园圆通航空、恒诚科技、空港大酒店、综艺航空等4个项目集中签约落户园区，总投资6亿元。作为市、区两级联动推进的重点园区，南通空港产业园依托南通机场，以发展空港物流、飞机维修配套服务、临空型先进制造业、通用航空基地为重点，总规划面积为28.8平方公里。随着园区内各项软硬件设施和生态环境不断完善，已吸引中国民用航空飞行校验中心（CFI）、顺丰速运、华夏航空工程技术有限公司等一批知名企业落户。此次集中签约的4个项目主要涉及空港物流、飞机维修配套服务等产业。（季小平）

【鲜一汽配项目投运】 11月10日，鲜一汽配南通有限公司投运，该公司主要生产汽车转向装置和悬架零部件。这是韩国鲜一株式会社继天津开发区后，在中国投资的第二家工厂，总投资3600万美元。（张雨林）

技术创新

【概　况】 2015年，通州区坚持科技引领创新驱动，充分发挥企业主体作用，不断提升服务科技创新水平。推进企业技术中心建设，建成省级企业技术中心31家、市级企业技术中心21家、区级企业技术中心30家。67个项目列入江苏省重点技术创新导向计划，4个企业产品列入省重点推广应用的新技术新产品目录（第九批），5个企业的9个产品通过省级新产品新技术鉴定。发挥企业创新引领作用。南通江海电容器公司成功创建成全国电子信息行业优秀创新企业，江苏景瑞农业科技公司技术中心成功申报省物流业企业技术中心。（杨　亲）

招商引资

【概　况】 2015年，通州区招商引资工作有序开展。共签约项目137个。其中，内资项目115个，总投资191.74亿元，注册资本55.81亿元，亿元以上项目75个，总投资166.1亿元；外资项目22个，总投资9.84亿美元，注册资本2.76亿美元。千万美元以上项目15个，总投资9.45亿美元，注册资本2.47亿美元。重大项目6个，其中，内资项目4个，总投资52.80亿元；外资项目2个，总投资5.62亿美元。共领证项目119个。其中亿元以上内资项目34个，总投资75.48亿元，千万美元以上外资项目16个，总投资10.37亿美元。（杨海蓉）

工业组织

【概　况】 2015年，通州工业牢牢把握"稳中求进"的工作总基调，以加快转型升级为主线，实施"四换三名"（机器换人、腾笼换鸟、空间换地、电商换市，名企、名品、名家）工程，着力推进"六新六突破"（新产业、新引擎、新动力、新优势、新平台、新亮点，在新兴产业、大企业集团、创新能力、智慧城市、物流平台建设上实现突破），打造通州工业经济升级版。4月，出台新11条政策推进实体经济稳增长，主要包括鼓励企业扩大规模、支持企业增加投入、推进产业链抱团发展、鼓励扩大外贸进出口、促进新兴服务业发展等五个方面。完成南通市15个重点节能和循环经济项目，淘汰印染落后产能3000万米、燃煤锅炉119台，超额满完成"十二五"单位GDP能耗下降17%的任务。向上争取资金项目实现突破。江海电容器和桑夏太阳能两个项目获中央财政资金扶持1600多万元；甬金金属成功申报重点领域关键环节技术项目，获省转型升级扶持资金200万元；19个项目入选南通市级技术改造项目，获扶持资金2200多万元；通州区成功申报全国产业集群区域品牌试点区，获省经信委扶持30万元，全市唯一。新增两家挂牌上市公司，累计有20家企业在资本市场挂牌上市，其中境内外主板和创业板上市7家、新三板挂牌4家、四板挂牌9家，挂牌上市企业数量在全市位居第一。

【现代物流业招商会】 6月29日，通州区在福建晋江市举办2015通州（泉州）现代物流业招商推介会。这是通州现代物流业首次对外招商，共邀请福建晋江等地37家重点物流企业客商参加。会上，有2个项目入驻中国供销集团南通国际棉花交易中心并办理工商注册领证手续。福建达发物流有限公司、福建交通物流有限公司、福建晋江科达物流有限公司、福建新华洲农副产品批发市场物流有限公司等4家客商与通州区签订意向性投资协议，投资总额近5亿元，主要涉及智慧物流、家纺供应链管理智能仓储、石材运输配送、农副产品物流。

【产业发展母基金成立】 4月起，区经信委会同财政局、发改委（金融办）、服务业发展局、商务局、科技局、人才办、人民银行等，起草通州区产业发展母基金管理办法。5月15日，区政府办以通政办发〔2015〕53号文件，发布《通州区产业发展母基金管理（试行）办法》。随后成立通州区产业母基金管理委员会及办公室，确立子基金合作方。6月25日，分别签约江苏省高科技产业投资股份有限公司、南通百淼投资管理有限公司，注册成立南通经信众创产业投资基金和南通泉达产业投资基金。通州区产业发展母基金由通州区政府设立并按市场化方式运作，通过与金融机构、专业基金公司合作的政府性引导基金。首次发起成立两个子基金，每个子基金规模不少于2亿元，首期规模不少于5000万元。基金采取决策、管理、评审和执行相分离的管理体制。由母基金和两家基金公司共同出资成立，严格按市场化运作。基金公司将根据需要追加投资，充分发挥财政资的撬动作用，引导社会资本和金融资本更多的投身通州实体经济。

【韩通重工签订德国油轮】 12月中旬，江苏韩通船舶重工有限公司与德国船东Jacob签订2+2+2+2艘74K DWT LR1型油轮订单15艘。该船型由SDARI设计，满足HCSR规范，总长228米，型宽38米，型深19.8米。

【金飞达公司收购“奥特佳”】 5月，经中国证监会核准，金飞达公司通过重大资产重组收购南京奥特佳新能源科技有限公司100%的股权，公司全称变更为“奥特佳新能源科技股份有限公司”，证券简称由“金飞达”变更为“奥特佳”。“奥特佳”主要从事汽车空调压缩机的生产与销售，是国内自主品牌的龙头企业。（张雨林）

【获驰名商标4件】 8月，江苏蓝丝羽家用纺织品有限公司注册的“蓝丝羽lansiu及图”商标、南通信一服饰有限公司注册的“菲菘·舍芮丝Fee Cerise”商标、南通乔德（南通）纺织品有限公司注册的“JOES及图”、南通御丰塑钢包装有限公司注册的“御丰”商标被认定为中国驰名商标，全区驰名商标总数上升至18件，位居南通市前列。近年来，通州通过优化培育政策、强化培育服务、固化培育价值等方式，大力实施名标培育“1410”工程（力争年底新认定驰名商标1件、省著名商标4件以上、市知名商标10件以上），强化商标保护能力，增强商标运用水平，推动全区商标保护能力全面增强和商标发展质量全面提升。

【恒科新材料车间获省示范智能车间】 8月，江苏恒科新材料有限公司聚酯、长丝产品生产车间被江苏省经信委评定为全省首批示范智能车间，是全省化纤制造板块唯一获此殊荣的公司。江苏恒科新材料有限公司是中国500强企业恒力集团在南通设立的子公司，公司主要生产聚酯切片、差别化化学纤维等。在发展过程中，恒科新材料注重科技创新，推进化纤制造从低端向中高端迈步，在化纤成套生产线已实现数字化自动化的基础上，促进各生产工序的自动链接与智能物流系统的融合，迈出从制造向“智”造的关键一步。

【“创纺E站”被认定为市级众创空间】 9月，南通家纺城建设的“中国创纺E站”被认定为首批市级众创空间。近年来，南通家纺城加快推动传统产业、传统电商和传统外贸转型，抓住市场和生产制造的核心和转型升级的关键，建设“中国创纺E站”，为转型升级更好地提供载体平台、生活设施、人才服务等，走出了一条传统产业转型升级的新路，为“稳增长、促转型”提供了强大动力。“中国创纺E站”有50多家电商入驻，涉及创意设计、物流仓储、平台服务等多种电商领域。

【甬金金属获省专利项目优秀奖】 11月，由省知识产权局组织开展的第九届江苏省专利项目奖评选结束，经专家评审和评选工作领导小组研究决定，江苏甬金金属科技有限公司的“具有光亮表面的奥氏体不锈钢带的制作方法”获得省专利项目优秀奖。甬金金属高度重视知识产权工作，已申请发明专利32件、实用新型专利35件、PCT专利8件，形成了一批关键技术成果和核心知识产权，全面提升了企业自主创新能力和核心竞争力。（季小平）

民营经济

【概　况】 2015年，全区个体工商户、私营企业户分别为84284户、29334户，列南通市九个县（市、区）第一，个体工商户、私营企业户分别比上年（下同）新增6942户、1814户；新增一般纳税人571户，小规模纳税人3558户。规模以上民营工业增加值282.49亿元，增长12.6%。固定资产民间投资额465.16亿元，增长10.3%。引进超千万元市外民资项目60个，注册资本27.05亿元，其中亿元以上项目26个，注册资本15.10亿元。全年民营经济各项指标保持平稳发展态势。

【园区建设】 2015年，全区9个南通市重点工业集中区新增投资135.50亿元，其中高新技术产业投入65.70亿元，实现营业收入1308.40亿元；兴仁镇、平潮镇、五接镇、川姜镇等四个工业集中区营业收入超百亿元。推进工业园区创建活动，石港镇工业集中区被命名为“南通市特色园区”。

【高标准厂房建设】 6月，省国土厅、省经信委联合发文《关于表彰2014年度全省高标准厂房建设与使用先进地区的通知》（苏国土资发〔2015〕211号），通州区为全省高标准厂房建设与使用先进地区第一名，并在全省国土资源节约集约利用综合评价考核中加2分奖励和省经信委转型升级专项资金奖励。这是继2012年获省国土厅、经信委表彰后，通州区再获此荣誉。 （蒋洪飞）

电力运行

【概　况】 2015年，全区电力稳中有升，但增幅放缓。全年最大负荷89.25万千瓦（8月份），比上年（下同）下降0.3%。电网供电相对充裕，迎峰度夏有序用电应急预案未启动。美亚热电有限公司发电1.20亿千瓦时，增长12.5%；供热47.83万吨，下降5.0%。全社会用电突破50亿千瓦时，达50.01亿千瓦时，增长5.0%，总量保持南通市第一，增幅第四。其中，一产用电6548万千瓦时，增长27.1%；二产用电38.04亿千瓦时，增长3.8%；三产用电3.81亿千瓦时，增长8.1%；城乡居民生活用电7.5亿千瓦时，增长8.3%。全区工业用电36.93亿千瓦时，增长3.6%，增速放缓，总量居南通市第二，增幅第四，其中轻工业用电增长7.7%，重工业用电下降2.1%。工业用电占全社会用电的73.9%，工业用电占比低于开发区、海安、如东，列南通市第四。

【电力增容持续下滑】 2015年，全区完成电力增容56.46万千伏安，下降7.4%，增量列南通市第二、增幅第五。其中，工业企业增加21.84万千伏安，下降19.6%，增量列南通第三、增幅第五；居民、商业等照明增加33.44万千伏安，增长1.8%。全年企业恢复运行容量32.87万千伏安，增长22.3%，新装及增容1600千伏安（含）以上企业6家。企业暂停（减容）变压器容量56.21万千伏安，增长32.1%。 （董　君）

通州名人选介之九

黄朝飏

黄朝飏（1810－1863）清代通州小海人。粗通文墨，爱交游。道光咸丰年间，英、法等帝国主义发动侵华战争，清政府对外屈辱求和，对内却加紧掠夺。官绅横行，民不聊生。他受太平天国革命影响，在扬州人盛广大协助下秘密组织后天教“龙华会”，在军山烧香上供，联络贫苦农民共谋抗清义举。同治二年（1863年），会员发展至千人，并争取狼山镇候补千总陈廷贵为内应。他派人与江南太平军联系，约期农历五月十四日夜于军山举火鸣炮为号，接应太平军大军过江，攻取通州城。但因组织松懈，走漏消息，为奸绅密告，通州团练督办王藻与知州黄金韶慌忙派兵镇压。一时间，腥风血雨笼罩小海、新港镇一带。他被捕后备受酷刑，仍大义凛然，其妻陈氏亦毫不屈服，结果均被杀害，连其未成年的孙儿亦未能幸免。会友死难者百余人，陈廷贵亦被杀。史称“军山农民起义”。

（引自《南通县志》人物传第1188页）

建 筑 业
Architectural Industry

编 辑 陈 菊

综 述

【概 况】 2015年,通州区完成建筑业总产值1293亿元,比上年(下同)增长10%。实现地税入库11.87亿元,增长14.9%。坚持创新驱动,大力扶持和引导高等级资质企业做大做强,不断提升市场竞争力和产业发展层次。3家特级企业总产值占全区建筑业总产值的58%。转型升级不断推进,全区一级专业资质企业达18家,涉及类别30多个,专业产值完成232.80亿元,占总产值15.5%,增长13.3%。积极开展"加强作风建设,打造铁军之家"品牌创建活动和送服务到企业、送服务进工地等系列活动,切实为企业、工地解决实际问题。针对行业热点问题,深入京津冀、沪宁线等市场调研,多渠道提供市场信息,及时为企业破解难题。开展安全生产大检查、"打非治违"和专项整治工作"三项行动",制定相应工作方案,督促企业及时整改,降低重大事故发生率。

【何建调研南通四建】 3月25日,四川省住房和城乡建设厅厅长何健一行到南通四建集团公司,就南通地区建筑业情况以及南通四建企业发展经验进行调研交流。南通四建集团公司党委书记耿裕华介绍南通四建股权改制历程和打造多元化集团控股企业的经验做法与心得体会。何健对南通四建打造鲁班奖质量品牌,通过股权改制和控股模式等管理创新实现企业迅速发展壮大的做法表示值得学习借鉴,并对公司在突出主业的同时,积极拓展经营范围,优化产业链结构的思路表示赞赏。

【南通铁军产业基金启动】 4月18日,南通铁军产业基金启动仪式在南通四建集团有限公司举行。该产业基金是由凯璞庭资本管理(集团)有限公司、南通四建集团有限公司两大集团共同出资组建,注册资金5000万元。资金由南通铁军投资管理公司管理。基金采取资本管理与项目运营捆绑运作方式,主要从事PPP产业基金、创业投资基金、供应链金融三大事业板块,为政府平台公司提供金融服务、为科技型创业企业提供创业资金等。

建筑施工

【概 况】 2015年,全区建筑施工在建施工面积1.20亿平方米,比上年增长11%。新开工面积2800万平方米,竣工面积2200万平方米,承建高层建筑4000幢,其中超高层建筑780幢。海外市场完成营业额1.80亿美元。期末从业人员28万人,主要指标基本保持上年水平或略有上升。

【7家企业入围省建筑业百强】 全区有7家企业获评2014年度江苏省建筑业竞争力百强企业,分别是:南通四建集团

四川省住建厅与南通四建公司交流工作

有限公司(排名第7位)、通州建总集团有限公司(排名第14位)、南通新华建筑集团有限公司(排名第28位)、江苏通州四建集团有限公司(排名第44位)、南通英雄建设集团有限公司(排名第53位)、江苏通州二建建设工程公司(排名第59位)、南通卓强建设集团有限公司(排名第66位)。另有3家企业获评2014年度江苏省建筑业最具成长性百强企业,他们是:南通长城建设集团有限公司(排名第5位)、南通扬子设备安装有限公司(排名第44位)、南通市江海公路工程有限公司(排名第90位)。

【3家企业入围民营企业500强】 据全国工商联发布的2015年度中国民营企业500强榜单,南通四建、通州建总、南通新华3家建筑集团入围。按照2014年的营业收入排名,南通四建以195.58亿元位列中国民营企业500强第223名、建筑企业类第18名,通州建总以189.30亿元位列中国民营企业500强第231名、建筑企业类第19名,南通新华以120亿元位列中国民营企业500强第395名、建筑企业类第48名。

【7家企业入围建筑业"双百强"】 据中国建筑业协会公布的2014年度中国建筑业"双百强"企业评价结果,全区有7家企业入围,分别是:南通四建集团有限公司、通州建总集团有限公司、南通新华建筑集团有限公司、江苏通州二建建设工程有限公司、南通卓强建设集团有限公司、江苏通州四建集团有限公司、南通英雄建设集团有限公司。

【通州建总入围承包商80强】 由中国《建筑时报》和美国《工程新闻记录》(ENR)合作举办的2015ENR/建筑时报"中国承包商80强和工程设计企业60强"排名揭榜,通州建总集团有限公司以2014年工程承包营业收入231.20亿元入围"中国承包商80强",名列第33位。至此,通州建总集团有限公司已连续12年荣登"80强"榜单。

工程质量

【概 况】 2015年,全区以"建设工程质量治理两年行动"为切入点,引导企业始终把"质量兴业"放在经营管理的首位,全力打造精品工程,取得较好的成绩。通州市民中心、中洋高尔夫公寓、中银国际金融大厦等3项工程获"鲁班奖",其中南通四建、通州建总共同承建的市民中心填补了区内建筑工程"鲁班奖"空白。另获"国优奖"3项,省、市优质工程奖35项。

【获"鲁班奖"3项、"国优奖"3项】 2015年,通州区获"鲁班奖"3项,分别是:南通四建集团有限公司和通州建总集团有限公司承建、南通承悦装饰工程有限公司和江苏达海智能系统股份有限公司参建的通州区市民中心,南通扬子设备安装工程有限公司参建的中银国际金融大厦,南通四建集团有限公司参建的中洋公寓1—5号、10号楼及地下室。获"国优奖"3项,分别是:南通四建集团有限公司施工的上海临港普洛斯国际物流园G块物流仓库项目一期工程、通州建总集团有限公司施工的扬中第八届园博会主展区工程、南通新华建筑集团有限公司承建的苏州中央锦城项目。

【4项工程获"白玉兰"奖】 2015年度,全区有4项工程获上海市建设工程白玉兰奖(市优质工程)。分别是:南通四建集团有限公司承建的融侨商业广场公寓式办公楼B座、上海临港普洛斯国际物流园G地块物流仓库项目一期工程G1仓库、华东理工大学奉贤校区药学楼,通州建总集团有限公司承建的上海交通大学医学院附属第三人民医院门急诊、医技楼改扩建工程,南通四建集团有限公司参建的金山新城区A20-2地块30号房工程。

【1项工程获金石奖】 南通四建集团有限公司承建的中国民用航空电子产业园建设项目一期石材工程,荣获2015第七届中国·长三角优秀石材建设工程金石奖(建筑内装饰奖)。

安全生产

【概 况】 2015年,全区建筑业牢固树立"以人为本、安全发展"理念,着力在落实责任、完善机制、强化监管上下功夫,促进安全管理水平不断提高。定期召开安全生产形势分析会,严格安全生产条件核查。扎实开展"安全生产月"活动,大力推进"平安工地"建设。深入开展安全生产大检查、深化打非治违和专项整治"三项行动"。施工现场全面推广使用LBS信息化管理系统,对重点工程实行现场视频监控,避免较大以上安全责任事故的发生。加强村镇建设安全管理业务指导,组织村镇建设工程安全管理业务指导。扎实推进"三类"人员继续教育培训,完成8928名"三类"人员继续教育培训。强化安全生产督查,抓好建筑起重机械监督管理,全年签发书面隐患整改通知1560份,停工通知书48份,起重机械禁用通知书35份,封停起重机械17台,发现事故隐患7000条,经反复督促整改近7000条,整改率达98%以上。强化文明施工,全区通过省标准化示范工地考评7个、市标准化示范工地15个。

科技教育

【概 况】 2015年,全区建筑业积极推进产业新技术以及"互联网+"与BIM技术的融合应用,努力提高建筑业科技含量值,以工业化和信息化为两翼,促进企业积极转变增长方式。鼓励企业充分发挥技术研发中心的引导示范作用,注重全行业的科技进步,以适应高端工程项目施工的新要求。全系统有20个工法人选省级工法,1个工法入选国家级工法;获发明专利6项、实用新型专利23项。通州建总大厦等7项工程通过省级科技示范应用工程验收。组织开展第十六届QC小组成果发布会并选送优秀成果参加省、市交流,获国家QC成果奖31项。58篇科技论文参加南通市级交流,获一等奖7篇。指导建筑企业积极引进和培养人才,不断扩充全行业人才总量,努力提升产业人力资本水平。全行业招聘录用大专以上毕业生306人,完成大中专学生初聘890人。开展全系统企业中级职称专场评审工作,1094人获得工程师职称。完成一、二级建造师初始注册183人,全区一、二级建造师总数达4700人,列全国领先水平。组织各类人员培训考试和继续教育3.13万人次。

【B2B网站打造】 2015年,为抢乘"互联网+"东风,南通四建、通州建总等5家建筑企业共同出资打造专业的B2B网站——筑财网,逐步实现网上建材交易新模式。

【15人获省级以上表彰】 2015年,全系统有6人获评2014年度江苏省建筑业优秀企业家;3人获评2014年度江苏省建筑业优秀企业经理;4人获"2014—2015年度国家优质工程奖突出贡献者"称号。1人荣获"中国建筑业优秀高级职业经理人"称号。1人受邀为"复旦企业管理杰出贡献奖推荐专家"并获"'十二五'最受尊敬的苏商领袖"称号。

【教育培训】 2015年,建筑业人才开发工作取得新进步,指导建筑企业人才引进和培养工作,扩充全行业人才总量。其中组织八大员培训考试2200人、三类人员培训考试3000人。完成八大员继续教育1600人、三类人员继续教育6800人、二级建造师继续教育1200人、职称继续教育4200人。召开建筑业高级工、技师培训考核工作会议,完成技能等级培训考核213人、初中级工3200人、高级工1800人、特种作业7100人。

【华新环保获高新技术企业认定】 2015年,华新环保设备工程有限公司与众多高等院校、科研单位联姻,大力培养和引进科技人才,增强自主研发能力,成为科技进步型企业,得到政策扶持,增强企业在市场的核心竞争力,获首批国家级高新技术企业认定。

【达海智能入选省重点企业研发机构】 2015年,省第三批重点企业研发机构名单公布,江苏达海智能系统股份有限公司入选。省科技厅对入选企业优先给予政策支持并授予统一的铭牌,使其成为全省重大产业关键技术突破的主战场和新产品创新的策源地,同时对其中评估优秀的企业予以补助等支持措施。 (茅胜南 秦沈平)

通州名人选介之十

沙 淦

沙淦(1885~1913)字宝琛,别号愤愤。清末通州李观音堂人。为通州公立高等小学高材生。清光绪三十一年东渡日本,留学东京"成城警监学校"。后加入孙中山组织之"同盟会。宣统三年回国,著书办报,宣传革命,极力抨击袁世凯违背民意破坏共和。同年于南京对清军策反,险遭捕杀。武昌起义中于汉阳参加救护工作。旋回上海,与上海都督陈其美(英士)共谋发动进攻上海制造局之役,事成,任陈其美都督府参谋。民国2年7月二次革命军兴,积极参加讨袁活动,因革命军饷给不继,乃以红十字会野战医院名义返通,拟往江北各县筹募捐款。岂料刚抵南通即为袁氏爪牙所捕,未及讯问,省电忽至,于8月11日在城北王家坝被害。其遗骸归葬李观音堂东北,称"沙烈士墓";狼山山腰建有"沙淦烈士碑亭"。

(引自《南通县志》人物传第1190页)

2015 年通州区重点建筑企业完成指标情况一览

表 5

序号	单位名称	建筑业总产值（千元）	房屋建筑施工面积（平方米）	其中：当年新开工面积（平方米）	计算劳动生产率平均人数（人）	10 层以上建筑（幢）	资产合计（千元）	所有者权益合计（千元）	工程结算收入（千元）	工程结算税金及附加（千元）	管理费用中税金（千元）	利润总额（千元）	建筑业增加值（千元）
1	南通四建集团有限公司	31814390	33293953	12787659	98038	740	32592811	2889347	19602108	653950	10199	576243	7635454
2	通州建总集团有限公司	21523762	31326107	10576963	46014	1021	24469509	825988	17457027	593837	194	686276	5165703
3	南通新华建筑集团有限公司	12856186	19572019	4904686	22065	895	15199186	1982621	12856186	431967	3857	452302	3085485
4	江苏通州四建集团有限公司	6922989	6000013	1566330	14805	481	7585659	1000867	5065950	174001	8807	657251	1661518
5	南通英雄建设集团有限公司	8013116	7032493	2213380	25564	672	8013116	1157141	5361847	213489	1206	242976	1923148
6	南通永峰建筑安装工程有限公司	4240618	2658709	1592648	15404	13	4240618	319359	1272185	—	1512	19082	1017748
7	江苏通州二建建设工程有限公司	8765970	8120972	4741791	21800	191	8765970	3060812	4516696	179173	—	375518	2103833
8	南通长城建筑安装工程有限公司	8076758	8696743	3692543	16751	—	8676758	530887	1988284	66210	1	94522	1938422
9	华东建设安装有限公司	3820900	—	—	4715	—	3820900	943486	3724500	122908	2450	208572	917016
10	南通扬子设备安装有限公司	2903739	—	—	10771	—	2903739	195493	1123437	37747	659	33211	696897
11	南通通博设备安装工程有限公司	2500080	—	—	1466	—	2500080	121596	1079914	36034	6564	153439	600019
12	江苏蛟龙重工集团有限公司	6259242	—	—	1008	—	6334170	727386	6259242	156540	35465	751462	1502218
13	南通承悦装饰集团有限公司	3055392	—	—	480	—	3055392	1136998	3055392	101744	810	558377	733294
14	江苏金轮装饰集团股份有限公司	2801241	—	—	10927	—	2801241	654407	2238673	98109	480	174726	672298
15	江苏通州基础工程有限公司	554528	—	—	165	—	554528	67571	579326	19465	214	21061	133087
16	南通新华钢结构工程有限公司	1000045	—	—	141	—	1000045	121772	803620	3340	425	64496	240011
17	南通蓝天彩钢结构工程有限公司	170950	—	—	233		170950	31012	98107	3501	1447	3027	41028
18	江苏达海智能系统股份有限公司	247220	—	—	107		247220	593216	239783	10100	150	31183	59333
19	江苏船谷重工有限公司	300435	—	—	140		300435	56073	219733	6590		6720	72104
20	南通通西建筑装饰集团有限公司	921690	—	—	972		921690	241033	909887	40943	1251	28163	221206
21	南通华宇建筑装饰有限公司	158631	—	—	635		158631	100510	135628	3160	2100	9618	38071

城乡建设
Urban and Rural Construction

编 辑 杨王军

城镇规划

【概 况】 2015 年,通州区城乡规划工作围绕科学引导城乡发展目标,进一步创新理念,开拓思路,完成编制城区地下空间利用规划、城区慢行系统规划、城区地下管线综合规划、城市家具系统设计、镇村布局规划优化以及北部片区 1:2000数字化地形图测绘等项目,加快实现城乡发展从"做大做强"向"做精做优"转变,构建特色鲜明、功能互补、和谐相融的现代城乡质态。全年共核发《建设项目选址意见书》66 份、总用地面积 654.54 公顷,建设用地规划许可证 74 份、总用地面积 134.19 公顷,建设工程规划许可证 77 份、总建筑面积 112.22 万平方米,乡村建设规划许可证 175 份,审批农民建房 315 户。

【城区规划编制】 以提升城市发展品质为目标,开展城市家具系统设计,完成城区范围内交通设施、信息设施、照明设施、公共休闲服务设施、卫生设施、管理设施等六大类城市家具布点规划和方案设计。完成城区慢行系统规划,提出结合绿地、水系等公共空间建设慢行绿道,形成城市绿道网络体系。树立"立体规划"思维,编制城区地下空间利用规划,结合项目、未来轨道交通建设,促进地上、地下一体开发,提高城市地下空间利用效率、改善城市环境质量。组织编制地下管线综合规划,合理确定各类管线设施位置、规模、走向,建立地下管线建设综合协调机制,杜绝"马路拉链"现象,提高城市建设水平。

【村镇规划编制】 准确把握各类村庄特征、演变规律和农民生产、生活习惯,优化镇村布局,明确发展村庄布点、规模、用地范围,提出差别化建设引导要求和配套设施建设标准。完成石港镇"多规合一"试点研究工作,将研究成果在镇村布局规划中予以落实。结合行政区划调整,指导平潮、兴仁、十总、东社等镇展开城镇总体规划修编工作。依据南通市滨江新区城市设计等相关规划,调整优化五接镇总体规划。积极与上级部门沟通,协同张芝山镇修编调整镇总体规划,完成先锋镇多个单元控制性详细规划编制任务。

(夏轶丽)

城市建设

【概 况】 2015 年,通州区住房和城乡建设工作以省新型城镇化和城乡一体化发展规划为指引,围绕区"城市建设品质提升年"工作部署,完善市政道路网络,提升城区景观绿化,疏浚治理城区河道,强化民生实事保障,完成各项城建重点工程和行业服务管理工作。是年,被表彰为区城镇建设与管理工作先进集体、生态文明建设工作先进集体、文明城市长效管理工作先进集体以及"办理人大代表建议先进集体",获区建筑业发展优秀组织奖。

【市政道路】 2015 年,完成新建和改造城区道路 6 条,总长约 7060 公里,投资约 2.10 亿元,城区道路微循环能力进一步加强。其中,新世纪大道(S335 至银河路),长 2661 米,宽 50 米;银河路(希望路至新世纪大道),长 900 米、宽 35 米;尚德路(原经一路,行根路至银河路),长 2445 米、宽 14 米;弘德路(原经三路,金桥路至效贤路),长 265 米,宽 14 米;新园路(原十五总港西侧支路,古沙路至古盐路),长 524 米、宽 6 米;翠安路(翠园路至新园路),长 270 米,宽 14 米。4 条新建道路在施工中,为清河路(原横河南路,金霞路至湘江北路)东延,长 650 米、宽 17 米;毓秀路(原滨河西路,银河西路至太山路)南延,长 439 米、宽 22 米;康宁路(原盐河南路,金霞路至福利中心北门),长 920 米、宽 25 米;运盐河路(金霞路至湘江北路),长 650 米、宽 25.5 米。城区及有关镇 129 条道路、130 座桥梁重新命名方案顺利通过区政府审议。结合文明城市创建，改造背街后巷6个，面积约1.95万平方米，更新道路标指示牌50余块、新增停车泊位400多个。

【城区绿化】 2015年，城区绿化工程建设投入约1.8亿元，新增绿化面积50公顷。新建运盐河公园示范段、玉兰园、唐洪路口等游园绿地；实施完成金霞路（大庆路至古潭路）景观绿化、古盐路（希望路至金霞路）两侧景观绿化、金洲路（新金路至龙盛大道）两侧景观绿化、新金路（竖石河至金洲路）两侧景观绿化、新世纪大道分车带绿化景观工程、S335新增地块绿化景观工程等11条道路景观绿化；实施完成金霞路与古沙路、古盐路、为民路等10处节点绿化；完成十五总港（古沙路至古盐路）、十七总港（古沙路至古盐路）景观绿化、十五总港南段、运盐河中段、二号横河（崇德路至希望路）5条河道景观绿化；完成好亿莱西侧地块、明富佳苑北侧绿地等10处零星地块绿化；建设金北村苗圃1个。城区绿化养护管理工作全年投资约900万元，落实专业绿化养护企业7家，管养面积约600公顷。公园养护管理投入约500万元，南山湖公园、霞中公园、人民公园等8个城区公园实现物业化管理，面积约108.5公顷。

【城区水环境建设】 2015年，加大城区河道水体置换力度，有效改善内河水体水质。完成《通州区污水处理专项规划》修编。投资345万元，引进新型环保疏浚技术实施城区河道生态清淤工程，完成中心竖河、八角亭河、新金河北段，总长2657米，河道清淤2.03万立方米。投资584万元，实施城区运盐河（崇学桥至运盐河竖石河口段，长600米）、万顷良田十三总沟（为民路至运盐河段，长775米）2条河道的清淤整治工程。投资540万元，实施城区中心横河、中心竖河、一号横河、北山湾等4条河道的水生态治理工程，水域面积约15.3万平方米。该工程主要选用水菖蒲、鸢尾、狐狸藻、香菇草、美人蕉等28种水生植物，利用生态浮岛、漂浮湿地、污水口预处理和喷泉曝气系统，有效改善治理河道水质，达到“清水、岸绿、景美”的目标。实施城区重点区域雨污分流与截污改造工程，为唐灶港（华伟公司至拓玉公司段）截污沟改造工程，新建DN400拉管172米、混凝土挡墙60米，铺设污水管道DN500PVC－U实壁管65米、污水检查井6座。完成北山饭店内部雨污分流改造和部分河道回填工程，改造污水收集管道500余米，实现北山饭店周边区域污水全覆盖收集，消除北山湾、运盐河周边水体黑臭现象。是年，通州区通过全国文明卫生城市、全省优秀管理城市等考核检查。

【老旧小区改造】 2015年，区财政投入1960万元，实施18个老小区（组团）综合改造，为金沙街道民政局宿舍楼、啤酒厂宿舍楼、明富佳苑、城东村一组联建楼、城市花园、花行桥新村、马北小区、学林东苑、建筑一村、第七工程处、总工会老宿舍楼、北山花苑、交通南村等13个小区，金新街道金和小区、师范桥67号楼、金桥南苑、金桥东苑、金桥花苑等5个小区。改造内容主要包括完善小区路网系统，修补破损路面，增设小区停车位，建造地下排水系统，清掏化粪池，实现小区雨污分流，增加小区路灯、绿化和监控设施，美化小区环境。至年底，共新增停车位887个、铺设雨污管道13.7千米，硬化路面4.5万平方米，补植绿化539平方米，配套路灯监控268套，惠及居民4800多户。

【城市亮化工程】 大力推进路灯规范化管理，路灯亮灯率全年保持在99%以上，设施完好率保持在97%以上。完成南通人民路东延二期（长6.85千米）、通刘公路（长3.8千米）、南通世纪大道东延（东快速路至金浩大道）3条交通道路路灯配套工程，共投入资金2945.56万元，新增广场灯、单臂灯、双臂灯等灯具1556套。完成海五线（骑石桥至北桥路，长5.6千米）、海五线（骑岸镇至十总镇，长5.4千米）、洋海线（十八总至北一环北延，长3.2千米）、北二线（金三线至北兴桥，长10.2千米）、金三线（东社至忠义桥，长6.8千米）、亭西大道（西亭中学北，长3.1千米）、平海公路西段（西亭至横港，长6.8千米）、平海公路东段（通洋路至古沙路，长2.4千米）、沿河路（东社镇至忠孝园段，长4.5千米）等9条干线道路亮化工程，共投入资金2479.82万元，新增路口广场灯、单臂灯等灯具1423套。完成新世纪大道（金南桥至通吕公路，长3.1千米）、银河路（新世纪大道至希望路，长0.85千米）、尚德路（长2.7千米）3条城区改造道路的路灯配套工程，总投资734.08万元，新增路口广场灯、单臂灯、双臂灯等灯具278套。实施南山寺、实验小学金桥校区、人民法院、人寿保险、农村商业银行、金沙横河等地段的城区楼宇景观完善工程，安装LED洗墙灯、数码管、点光源、瓦楞灯、投光灯，共计21500多盏，工程造价780万元。

【村镇建设】 完成省下达区农村危房改造1600户任务，实际实施1600户（新建1100户，修缮500户）。对217个村居开展村庄基本情况、农房现状、集中供水、道路硬化、垃圾处理、污水处理等调查，录入全国人居环境系统。制定《关于下达2015年度全区村庄小游园建设任务的通知》，指导镇（街道）建设小游园30个。加快城镇绿化建设，150公顷一般公共绿地完成166.4公顷，50公顷公园绿地完成33.9公顷。十总镇骑岸居申报全国传统村落，兴仁镇阚庵东村被确定为2015年度省级美丽乡村建设示范项目。实施镇建成区污水收集管网建设，累计投入资金约4000万元，新增城镇污水收集管网44.6千米。

【供　水】 2015年，自来水销售6987万吨，饮用水水质合格率100%。接管原先锋镇和川姜镇划入金新街道9个村及金余片的供水服务工作，增加直接服务对象约1.5万多户。完成水表检定19186只，维修直径100毫米以下管道2312处，直径100毫米以上管道193处。完成新世纪大道、银河路、康富路、油榨路等市政道路、“一河两岸”南片等配套给水管道施工，完成恒隆御品、南湖学府等新建住宅小区、金缘B区等2个安置小区及啤酒厂宿舍楼等10个改造小区的供水管道新建、改造任务，共铺设管道60千米。完成南通市人民路东延、南通世纪大道东延、G345国道、通如线（通州段）给水工程，全区区域供水长度为54.72千米。

【燃　气】 2015年，销售燃气4008万立方米、同比增长20.1%，发展用户2.06万户、同比增长20.9%，累计用户数8.44万户（民用户8.42万户、商业用户153户、工业用户45户）。新建市政中压燃气管道约48千米，运行中天燃气高压管网36千米、中低压管网近450千米、天然气接收门站1座、液化天然气供气站2座、压缩天然气供气站1座、L－GNG汽车加气站1座。联合开展燃气安全生产专项整治，查扣非法设点经营企业液化气钢瓶29个、过期充气钢瓶实瓶17个、冒用其他企业塑封钢瓶实瓶21个，共发现安全隐患146处，隐患整改145处，隐患整改率达到99.5%。燃气行业管理实行闭环监管，全区燃气经营企业实现安全平稳运行。

【污水处理】 区益民污水处理厂迁建项目位于高新开发区文学路南、新江海河东、希望路西、文鼎路北，占地面积14.02万平方米。人工湿地项目位于该项目南侧，占地面积8.20万平方米。污水处理项目总投资约4.36亿元，主要包括：城市污水处理厂1座，总规划19.20万立方米/日，一期实施4.80万立方米/日，污水泵站1座，设计规模9.60万立方米/日，污水管道（直径160～220厘米）长约5.80千米。至10月，污水处理厂南迁扩建工程一期建成并正式投入试运行。益民污水处理厂老厂区全年处理污水1277万吨、处置污泥近6500吨。南部污水处理厂于8月由区益民水处理有限公司接管运行，并更名为益民二分厂，至年底，该厂区共计处理污水500.30万吨、处置污泥1.40万吨，建设污水管网19.80千米。城区及南部片区污水收集处理能力进一步增强。

【建设市场管理】 2015年，发放施工许可116份、面积361.6万平方米，施工合同备案248份、造价91.50亿元。办理工程竣工备案90个、面积281.74万平方米，监理合同备案87份，组织重大项目初步设计会审18项。开展"工程质量治理两年行动"常态化检查及建筑业企业信用考核活动，进一步规范建筑市场秩序，促进全区建筑业健康有序发展。受理工程质量监督166项，面积349.05万平方米；参与竣工验收项目121项，建筑面积201.67万平方米。接收156个建设项目资料、资料案卷6000余卷，验收、审核建设项目工程竣工档案资料116个，签证单位工程竣工验收证明203份，竣工工程档案接收证明书156份，竣工工程档案备案报告102份。实施新建工程施工图及抗震设计审查165项，总面积282万平方米，报建工程施工图及抗震设计审查率100%。规范行政审批服务和行政权力网上运行，办结事项合计452件，其中行政许可118件、行政处罚14件、行政审批85件，其他行政权办结事项235件。开展行政执法检查和执法巡查活动63次，发责令改正通知书19份，实施行政处罚案件14起、处罚金额69.68万元，查处违章建筑面积16.45万平方米、涉及工程造价约1.30亿元。

【绿色建筑示范区创建】 2015年，《南通市通州区绿色建筑示范区实施方案》和《南通市通州区水资源利用专项规划》《南通市通州区建筑能源专项规划》《南通市通州区绿色交通专项规划》及《南通市通州区固体废物专项规划》通过省住建厅专家组论证。按照建筑节能与绿色建筑示范区创建要求，积极开展绿色建筑项目设计标识申报及准备工作。至年底，确定绿色建筑技术咨询服务单位示范项目共13项，总建筑面积168.6万平方米。其中，区社会福利中心（公建）、高标准中学（公建）、翰林御花园（住宅）等3个项目已取得一星级绿色建筑设计标识，总建筑面积计19.40万平方米；区市民服务中心（公建）及碧桂园·天玺湾（住宅）取得二星级绿色建筑设计标识，建筑面积55.40万平方米。

（徐志宏）

城市管理

【概　况】 2015年，通州区城市管理局（行政执法局）坚持环境维护和文明提升并重，突击整治与长效管理同步，强化管理与倾力服务同行，着力城市品质提升、镇村长效管理、市民便捷出行三项特色工作，在城管重点工程与队伍建设上下功夫，取得新成效。是年，区政协对城管民主评议满意率96.9%、基本满意率13.0%。

【环境整治】 2015年，先后完成省、市整治项目108个，拆除非法"高炮"广告32只。坚持"一周整治一条路，一路一周一整理"，全力推进新通掘路、新世纪大道、朝霞路、金桥路等路段环境综合整治，在第二集贸市场、南山湖北侧、杏园路与青岛路交界处等地设置流动摊点疏导点，逐步实现主干道严禁、次干道严控、背街后巷规范。严控工地扬尘污染，实现建筑工地、渣土运输源头上控制、全过程监管，力促城区土堆变小，弃土变少，空气变好，共清理各类装潢垃圾8.30万余吨，清运无主垃圾3.90万吨。坚持将城区垃圾扫到底、扫干净、扫彻底，日清垃圾160余吨。大力开展"治臭"行动，用水枪将城区臭味、霉味、焦味冲刷掉，对城区公厕实行专人管理，家居式保洁。是年，城区新通掘路获评市级示范路，碧堂庙社区被评为省级示范社区。开展为基层"三服务"活动，以服务机械吸粪、服务洒水降尘、服务执法管理培训为重点，积极为基层排忧解难。先后为集镇提供服务45次，组织培训772人次，机械吸粪公厕75座、计213吨，洒水清洗路段67条、长401公里。采取"游击"式巡查、交办式告之、参与式拆除、曝光式通报等方法，打击违法建设，先后派员350人次，帮助镇区园街道拆除图斑180宗，发现拆除违法建设615起，腾出土地6.60公顷，取缔、归并废品收购站点82处，腾出土地1.60公顷。坚持农村环境“五位一体”联查、联评、联考，通过点上整治、面上推进，滚动式督促等方式，提升农村环境。全年共处置生活垃圾25.40万吨，日均处置量705吨，同比增加2万吨，增幅8.5%。

【城管重点工程】 2015年，财政投入200余万元，在城区建设公共自行车站点30个，投放自行车600辆，锁车柱800个，于9月23日竣工并投入使用，至12月底共售卡5694张，日均使用量为2235人次。投入500余万元，扩建川姜镇垃圾转运站，缓解通海地区垃圾转运压力。投入700万元，添置河道保洁船10辆、环卫洗扫车7辆、三轮保洁车10辆、清洗车4辆，以提高城区环卫机械化作业率。投入200余万元，在城区内新建独立式公厕5座，升级改造老公厕15座，缓解市民“如厕难”问题，并改造环卫休息房。投入600余万元，购置新能源电动扫地车与巡逻车30辆。

【城市综合管理】 2015年，利用文明城市复审迎查、省优秀管理城市创建和国家卫生城市复审迎查等契机，借助区城管委平台，建立健全责任明晰的城市综合管理体系，以及高效运转的综合协调机制和考评机制，深化城管体制改革，推行城管重心下移，不断调整区、街道城市管理职能与分工，每月召开联席会议1次，定期组织对派驻队伍考核检查，逐步建立条块结合、权责统一的长效管理机制。对城区所有主次干道非机动车停放管理全部实行市场化运作，采取服务外包，提高管理效果。牵头组织公安和金新、金沙街道等成员单位开展“洗修车场所秩序”、流动摊点、占道经营、车辆停放与渣土(扬尘)管理等专项整治30余次，持续巩固卫生城市、文明城市建设成果，实现与市区卫生城市、文明城市长效管理无缝对接。全年共受理“12319”城市管理方面的案件55366件，结案率达98.5%。坚持城管执法队伍全员上岗培训，实行在职人员“一月一课”“月学月考”“网络自学”和实践式培训，全体执法人员做到文明管理、公正执法、微笑服务。通过“送出去、请进来”方式，定期组织全体城管执法人员分批参加法律法规、执法业务等教育培训，先后邀请省、市8名专家讲授市容管理相关法律法规，切实提高城管工作依法行政水平。是年，办理城市管理行政执法案件1528件，受理行政许可1860件，到信到访646件，无一起行政复议或行政诉讼。

【队伍建设】 坚持每周安排一名中层干部在周一晨会上进行“你在为谁工作”心得体会交流。每月组织一次以加强党性修养为主要内容的党课教育，组织老劳模重作事迹报告，传递有为有位正能量。全年召开中层以上干部作风效能建设集体约谈4次，120名与会对象进行表态发言。认真落实一把手“四不直接分管”工作要求，“三公”经费使用发票报销不过周，用联审会签方式助推敏感问题处理阳光、透明、公开，构建城管人在廉洁方面不“试水”。全年组织16次廉政提醒谈话，共计60人次，与全系统党员干部及其家属分别签订《廉洁从政承诺书》与《城管党员干部家属助廉承诺书》共计164份。按照“三重一大”事项监督程序，对城管特色重点工程建设、大额物品采购及44名城管人员竞争上岗进行监督。坚持每天发送一条廉政短信，组织98名党员赴环本农场监狱接受教育，筑牢守法防线。落实党建目标责任，制定出台城管局年度党建工作计划，明确党建工作目标和任务，及时调整完善局团委、妇委会成员，明确分工与职责，并与基层5个党支部和4个临时党支部签订目标责任状，建立健全党组定期研究基层组织建设工作制度，做到定时开会、定时检查、定时解决难题。积极开展争先创优活动，制定《区城管系统开展争先创优活动实施办法》，在全系统内形成“比、学、赶、超”浓厚氛围。建立党员干部市容环卫责任区，全系统党员在各自岗位上恪尽职守，模范行事，为群众树榜样。组织系统干部职工开展“迎‘五一’劳动技能大练兵”及“迎国庆文体竞赛”活动，举办“环卫工人节”文艺演出。开展“城管人谈当兵人”和“烈日下的环卫风采”等征文活动，促进党员干部以良好工作业绩回馈社会各界对环卫关爱和支持。全年行政审批窗口2人次被评为“月度服务之星”，行政服务窗口获得“红旗窗口”的荣誉称号2次，先后评出城管局月度先进个人576人(次)。全年承办理人大代表建议、政协提案46件，满意率100%，建议提案办理获全区先进。制定《区城管局接受区政协民主评议工作实施方案》，成立民主评议工作领导小组，明确工作任务和时间节点，积极配合区政协就加强城乡环境长效管理、违法建设管控、小区市容秩序管理、完善数字城管提高工作效率等4个调研课题，广泛征求社会各界意见和建议。针对调研反映的在依法行政、履行职责、工作作风、提案办理、廉政建设等5个方面，存在问题292条，认真梳理和归纳，制定相关整改措施，整改情况向区政协十二届四十四次会议汇报，得到与会委员肯定。以贴近工作，贴近实际，贴近百姓的“三贴近”为主线，强化宣传报道，加强网络舆情监控，发现问题及时处置应对。在《通州日报》上刊发“通州城管”专刊6期，被区级及以上报刊、网络等媒体录用稿件500余篇，其中，以《打造魅力城管，坚持共享发展》为标题在《新华日报》宣传通州城管。信息宣传工作位居市、区城管系统前列。 （祁家中）

房地产业

【概　况】 2015年，通州区加强住房保障和房产管理工作，严格执行南通市《新建普通商品房预售资金管理办法》，全面启用《2014年版商品房预售(现售)买卖合同示范文本》，区政府出台《关于促进全区房地产市场消费的意见》和《通州区住宅专项维修资金管理实施细则》等，推进房地产市场促消费、稳房价、出库存。开展老楼危楼安全隐患排查治理，切实做好房屋安全管理工作，加大保障性住房建设和配租力度，推进物业管理服务提升。全区住房保障和房地业持续健康发展，房屋产权登记、安全鉴定、白蚁防治等工作有序推进。

【房地产市场】 2015年，全区注册登记从事房地产开发建设企业45家，其中一级资质2家，二级资质22家，三级资质16家，四级资质5家。房屋征收服务机构20家，房地产评估机构8家，房地产测绘机构6家。物业管理公司57家，其中一级6家、二级8家，管理小区167个、总面积1218万平方米，以及商业办公楼总面积约92万平方米。共筹集房屋公共维修基金3.34亿元。房地产开发完成投资46.16亿元、同比下降21.23%，其中，城区完成投资41.22亿元、同比下降13.62%。房地产项目新开工面积86.89万平方米、同比下降41.33%，其中城区房屋新开工面积72.13万平方米、同比下降14.16%。商品住宅新开工面积69.32万平方米、同比下降16.14%，其中城区商品住宅新开工面积56.76万平方米、同比下降24.13%。商品房竣工面积85.16万平方米、同比下降31.13%，其中城区商品房竣工面积73.91万平方米、同比下降21.16%。商品房住宅竣工面积58.22万平方米、同比下降37.62%，其中城区商品住宅竣工面积48.64万平方米、同比下降36.33%。商品房(含商业、办公)销售面积98.73万平方米、同比下降21%，其中城区商品房销售75.69万平方米、同比下降14.65%。城区住宅销售面积43.95万平方米、同比增长15%。全区商品房销售金额累计45.48亿元、同比增长5.97%，其中商品住宅销售金额38.92亿元、同比增长13.79%，商品住宅销售均价6318.74元/平方米、同比增长1.09%，商品住房销售4565套、同比增长14.72%。

【区第十二届房地产交易会】 12月31日，区第十二届房地产交易展示会在江海阳光城成功举办。有12家房地产开发企业携17个精品楼盘，以及20家建材销售商、1家装修公司、4家银行机构和1家二手房中介企业参加展会。受政府及开发企业双重购房补贴措施刺激，房地产市场“刚需型”和“改善型”购房需求持续升温。此届房交会期间，累计成交商品房222套、成交金额累计11258万元。其中，成交商品住宅81套、金额6830万元，商铺133套、金额3900万元，二手住房8套、金额528万元。有131套商品房达成交易意向。

【房地产行业管理】 2015年，认真贯彻落实《不动产登记条例》相关规定，积极推进不动产登记机构设置工作。完成房屋初始登记1677件、面积343.86万平方米，转移登记20841件、面积174.86万平方米，其他权项登记7076件、面积771.27万平方米。加大直管公房巡查监管力度，清理和整顿转租、强占公房等现象，构建承租人“一户一档”基础档案，推进公房管理信息化，全年征收租金343.42万元。对平潮、石港等危旧公房实施修缮改造，逐步改善承租人居住条件，有效提升房屋质量，共查房56户次，受理报修685户次，实施大中修7578.87平方米，投入资金约40万元。完成房屋安全鉴定83处、建筑面积62.97万平方米。完成新建房屋白蚁防治面积近250万平方米，上门勘察蚁害166户，灭治126户、面积3680平方米。组织开展老旧危楼排查，检查房屋1500余幢、总面积约45万平方米，确认危房287幢、面积8.60万平方米。

【住房保障】 2015年，全区公租房新开工514套、建成818套，棚户区改造新开工3316套、建成2328套，超额完成省下达指标任务。指导各镇(区、街道)改造完成农村危旧房1592户。上市交易房改房75套，出具房改情况证明103份，审核职工申领补贴63人，补贴金额77万元，32户城区困难家庭迁入新居，19户廉租房申请家庭通过联审，发放廉租房补贴13.50万元、职工购房补贴77万元。是年，区保障性安居工程及农村危房改造通过国家审计署专项审计。

【物业管理】 2015年，全力推进“物业管理全覆盖提档升级”活动，积极构造街道、社区、业主委员会、物业服务企业“四位一体”工作平台。加大物业管理全覆盖分级分类考核力度，对城区141家老旧小区、28家拆迁安置小区、29家业主自治小区考核4次，核发物管补贴1912万元。审核住宅小区专项维修58个，支付维修资金102万元。

(徐志宏)

住房公积金管理

【概　况】 2015年，南通市住房公积金管理中心通州管理部狠抓公积金扩面建制，将更多企业员工纳入公积金保障体系，圆满完成各项目标任务。全年新增187家单位开户，净增职工5083人。归集8.44亿元，列六县(市、区)第一，同比增长15.8%。至年底，累计归集47.71亿元，余额21.27亿元。全年共有9.91万人次提取住房公积金52336.12万元，提取额占同期归集额的62%。至年底，累计提取总额26.44亿元，占累计归集总额的55.4%。全年共发放公积金贷款1330笔，4.51亿元，比上年增加300笔，1.32亿元，发放笔数和金额分别提高29.1%、41.5%，呈上升势头。至年底，累计发放1.38万笔，33.10亿元，贷款余额为18.25亿元，存贷比为85.8%，在比较合理区间。逾期率为零，连续12年保持无一户一次逾期纪录，资产质量优良，无违规发放贷款。全年实现业务收入8413.89万元，同比增加1061.59万元，增长14.4%。业务支出2168.12万元，同比减少1698万元，下降43.9%，主要原因是央行利率下调，公积金利息支出大幅减少所至。实现增值收益6245.77万元，同比增长79.2%。全年提取廉租房建设补充资金1274.80万元，累计提供4851.47万元。是年，获市文明单位、区文明单位。

(邱云霞)

交通·邮电·供电

Communications · Postal and Telecommunications · Supply of Electricity

编 辑 陈 菊

交 通

【概 况】 2015年,通州区(含滨海新区,下同)境内公路总里程3463.93公里(含新增通洋高速公路里程22.89公里,不含其它新增未列入统计公路里程),公路密度256.40公里/百平方公里,其中高速公路90.89公里,一级公路120.64公里,二级公路349.92公里,三级公路222.32公里,四级公路2670.51公里,等外公路9.64公里。公路桥梁1307座40206.22延米。公路客运站场9个,其中二级站1个,三级站3个,公交回车场5个。航道总里程570公里,其中三级航道38公里,五级航道75公里,六级航道53公里,七级航道2公里,等外30吨级航道277公里,等外10吨级航道125公里。可通航水利闸5个。港口码头99座(其中沿江港口码头10座,内河港口码头89座),泊位139个(其中沿江港口泊位12个,内河港口泊位127个),码头总延长10400米。铁路里程17公里,车站1个。机场1个。

【基础设施建设】 全年完成建设总投资近15亿元。龙盛大道、人民路东延二期、X305、南通世纪大道东延、石港富港路、北一环北延、通刘公路、345国道南通东绕城中段等公路建成或基本建成通车;通吕运河通州段整治二期工程全部完成;通扬运河改造完成工可;新225省道、龙盛大道、X305和东沙大桥连接线等完成公路绿化工程,提升城市绿色形象;兴仁收费站、南通北出口及平潮高速出口等公路绿化工程扎实推进;南通世纪大道东延、人民路东延二期、富港路、北一环北延以及通刘等公路绿化工程前期工作展开。干线道路"成环成网",深度接轨南通基本实现,通州"十二五"交通建设画上圆满句号。

【工程建设管理】 严把施工单位质量保证体系审核关,严格监督程序,突出关键工序,强化试验检测,所有受监项目委聘2家试验检测机构负责试验检测,确保工程质量监管全覆盖。以创建"平安工地""打非治违"和"标准化建设"等活动为载体,全年组织专项检查、月度巡查等各类检查14次,及时查纠限期整改问题71个,促进交通工程质量和施工安全上新台阶,工地标准化、文明化程度明显改观。

【公路管理】 公路养护:由单一养护向管养一体转变,鼓励为主向奖优罚劣转变,提高养护工人积极性,改善养护工作质量,干线公路路况MQI值94.3,同比下降2.18%;PQI优良路率91.9%,同比下降3.36%。农路管理:继续开展县道路肩集中整治活动。出动人员150余人、车辆15辆次,清理种植面积6万余平方米,有效遏制路肩种植,全省各县背靠背考核名列第六。路政管理:加强治理超限运输管理。实施路面治超检查114次,检查车辆540辆,其中违法车辆199辆(国省道129辆,县乡道70辆),卸(驳)载超限货物2084吨,罚款51.5万元,超限运输现象得到有效遏制。加强路政管理和路域环境专项治理。开展"拆非标净化路域环境"专项活动,拆除20个单位22块非标,有效净化公路视觉污染;实施路政许可131件(其中延续许可46件),收取路产赔(补)偿费255.40万元;办理公路处理案件117件,追回公路路产损失39万元;办理公路处罚案件664件,罚款10.93万元。清除公路堆积236处1526.8立方米、摊点5729个、非公路标志5061块;落实养护单位及时修补路面坑槽85处678平方米;责令当事人清洗路面污染76处1043平方米。

【航道管理】 加大航政执法力度。全年上航182天,巡航910人次、13531公里,发现纠正违反航道法规行为8起,行政处罚6件,清理非法渔具75条,收取航道赔(补)偿费287.57万元,行政许可4件。完成辖区通启河、通吕河、九圩港等主要干、支线航道679.3公里清障扫床,其中干线航道168.07公里(全年两次);完成168.07公里六级以上航道 370 个断面测量；航道护岸维护观测 29.5 公里；完成通扬运河平东段 45 米水损护岸维修工程；完成老江海河通栟线河口段航道维护疏浚工程，疏浚土方 8060 万立方米；5 座发光航标更换发光体，确保航道安全通畅，干线航道通航保证率 100%、航标正常率 99%。

【运输管理】 运输管理：完善应急预案，保障重点运输。完成公路客运量 1254 万人，下降 0.5%，公路旅客周转量 87986 万人公里，下降 0.5%；公路货运量 991 万吨，增长 2.8%，公路货物周转量 149629 万吨公里，增长 4.5%；水路货运量 193 万吨，增长 3.2%，水路货运周转量 40278 万吨公里，增长 1.1%，圆满完成春节、国庆、高考等重点运输保障任务，未发生重特大事故和旅客滞留现象，实现客运安全有序目标。开展道路运输专项整治，加大客货源集散地管理。查处各类违章 480 起，有效维护客货运输市场秩序。运用运政在线和重点车辆监控平台，对 4 家危货运输企业及车辆实施电子查岗和动态监控，4 家拥有 50 辆及以上重型载货汽车（总质量为 12 吨及以上普通货运车辆）或半挂牵引车普货运输企业实现卫星定位自主监控。强化水路经营资质核查。完成 4 家水路运输企业、102 艘船舶 38467 载重吨核查工作，核查合格率 100%。实施车辆提档升级，推进运输节能减排。更新 LNG 清洁能源车 42 辆（公交 38 辆、客车 4 辆）、高级大型客车 12 辆。LNG 清洁能源车、高级客车占比分别升至 36.5% 和 19.4%。公营班线车辆 41 辆，达到 76%。全区拥有营运载货汽车 4718 辆，减少 7%，其中罐式货车、集装箱货车、专用载货车及危险品运输车等特种车辆达到 2275 辆，减少 3.2%。加快危货运输车辆更新更型。报废转出 35 辆，新增 33 辆，淘汰营运黄标车 36 辆。港口管理：较好承接沿江港口管理职能移交和省市港口管理职能下放职责，督促各沿江港口企业编制全员岗位安全手册，开展沿江港口未批先建专项整治活动，完成新世界通用码头初步设计和施工图设计审批；新世界通用码头完成船舶岸电低压系统建设，减少待港船舶辅机运行废气排放污染。核发内河港口经营许可 5 家，内河港口企业持证率不断提高。加强从业人员培训管理。联合安全生产监管部门培训港企安全员 60 名，危货港企安全监管系统岗前培训 25 名，提升港企安全管理水平。出台港口码头"三场一站"扬尘整治实施方案，加快老旧港机更新速度，辖区所有混凝土港企道路实现硬化，物料罐区安装吸尘装置，大型煤堆密闭堆放或加盖防扬尘网，装卸作业增添喷淋设施，实行湿式作业，减少扬尘污染。汽修管理：强化日常监管和实时监控。与各维修企业签订维修质量管理责任书，督促企业将维修质量责任落到实处。新车入户技术等级评定检测 490 辆，二级维护竣工检测 7959 辆，等评结合二维检测 5361 辆，委托检测 438 辆，燃油消耗核查 484 辆，为营运车辆安全运行提供有效技术保障。驾培管理：推进驾培智能系统升级。16 家驾培机构 658 辆教练车辆全部完成智能管理系统升级。开班 602 期，审核培训学员 3.28 万人，审核培训记录 10.03 万人次。组织文明志愿活动，8000 余名学员参加值勤，增强学员遵守交通法规意识。落实从业人员继续教育，开班 24 期，1736 人完成继续教育签注。深化品牌建设，提升行业竞争力。品牌建设取得实效。指导南通顺丰速递有限公司完成省农村交通物流示范项目申报工作。指导江苏通大车业有限公司、通州区中外汽车修配有限公司、南通汽运集团金沙汽车修理厂三家企业加入南通市打包申报绿色汽修团队。信誉考核再获佳绩。全区初评道路客运 AAA 级企业 1 家，AA 级 1 家，水路货运 AAA 级企业 2 家，AA 级 1 家，道路货运 AAA 级企业 3 家，AA 级 37 家，A 级 2 家。

【海事管理】 加强辖区水域安全管理。全年上航 5927 人/天，检查船舶 10738 艘，检查危险品企业 87 次，办理危险品船舶签证 832 艘次 209200 载货吨，办理海事行政处罚案件 3407 起，罚款 530.02 万元。1—9 月份征收海事规费 595.1 万元（根据国家发改委、财政部通知，10 月份起取消征收）；办理船舶进出港签证 1.19 万艘次（其中危险品船舶签证 832 艘次）、660.39 万载重吨，分别是去年同期 68% 和 70%。完成辖区通航水域 240 艘无主水泥沉船排查工作，为组织清理打捞，改善通航环境打下基础。重点水域水上水下活动安全监护保障有力，大件运输 63 艘 12600 装载吨、新造船舶 9 艘下水移泊护航安保服务及时周到，无因管理不善而发生航道堵塞事件，辖区航道畅通有序，安全形势平稳。

【安全管理】 加强领导，落实安全生产责任。召开各类专题会议 76 次，宣传咨询 5 场次，发放宣传资料 8125 份，发送安全警示短信 8907 条次，安全生产警钟常鸣，全员安全生产认识提高；抓活动，开展专项检查和安全征文、交通安全形势分析报告评比及新《安全生产法》知识竞赛等系列活动，择优选送南通市交通运输局参赛，区交通运输局获安全生产形势分析研判报告优秀奖，新《安全生产法》学习征文优秀奖 2 名，安全生产知识有奖问答一等奖 3 名、二等奖 1 名、优秀奖 7 名。全年组织检查组 272 个，出动检查人员 1939 人次，检查各类运输企业 577 家，发现排除各类隐患 661 起，现场整改 635 起，限期整改 26 起，罚款 22.70 万元。整合全行业各类信息系统资源，深化安全管理信息化应用，运用现代电子数字科技手段，实施全行业远程监控管理，不断提高监管效率，提升安全生产控制力。

【交通执法】 全系统实施交通行政处罚（处理）案件 4725 件（处罚案件 4612 件，2000 元以上罚款案件 602 件，处理案件 113 件），罚款 641.08 万元，收取赔（补）偿费 36.11 万元，行政许可 394 件，行政许可、行政处罚网上公开透明运行 100%，按时办结 100%，廉政告知 100%，执法回访 100%，重大行政许可和处罚回访 100%，更好接受管理相对人监督。无行政诉讼、行政复议和行政诉讼败诉案件。

【交通惠民】 大力发展"绿色公交"。新增 LNG 清洁能源公交车38辆，清洁能源公交车总量达到116辆，占比升至39%。努力打造"便民公交"。石港公交回车场建成投入使用。新辟胜利桥公交回车场至二甲公交226路和1条镇村公交线路，调整公交203路、221路、289路，加密公交271路、281路和282路，全区公交线路达50条，其中城区7条、城乡24条、镇村19条，城区公交出行分担率13.8%，折合公交315.3标台。随着公交311路和南通628路开通、公交203路和398路延伸，实现181个行政村村村通公交、"十二五"期末镇村公交开通率100%目标。加快建设"智能公交"。投资4620万元兴建青岛北路公交智能调度中心一期土建工程，启动室内装修和设备采购工作。继续推进"便捷交通"。建成农村公路150公里，完成县道大修22.07公里、县乡道安保工程88.5公里、农路安保工程630公里、危桥改造25座（其中农路危桥22座计4000平方米、县道危桥3座），公路交通安全畅通便捷。

【东沙大桥通车】 1月1日，东沙大桥正式通车。东沙大桥及接线工程起于沿江公路五接段与兴五大道平交处，在大、小李港间穿过天生港水道，终点止于东沙岛东边缘，与滨江新区东沙大道相接，线路全长3.42公里，双向四车道，设计时速80公里，道路等级为二级公路。其中东沙大桥全长1838.8米，主桥桥型为双塔双索混凝土斜拉桥，主塔高90.54米，主桥宽27.5米，单孔双向通航设计，通航宽220米，通航净空高18米。该项目2012年2月28日开工，2014年8月16日大桥合龙，2014年12月31日完工，历时1038天。工程造价4.50亿元。由江苏省交通科学研究院股份有限公司设计、监控，中铁大桥局集团第六工程有限公司施工，中铁武汉大桥工程咨询监理有限公司监理，南通市公路管理处中心试验室检测，江苏华宁工程咨询监理有限公司管理。

（徐锦忠）

邮　　政

【概　况】 2015年，通州区邮政局实现邮政业务总收入2.01亿元，比上年（下同）增长21.2%，其中邮务类收入5541万元，代理金融业务收入累计1.44亿元，代理速递业务收入134万元。实现收支差额6742万元。深入推进"爱心邮路"帮扶工作，关心关爱海晏麻风村残老、敬老院孤寡、结对社区困难家庭等，与民办"英才小学"结成帮扶对子；与区检察院联合组建"预防邮路"，为邮政服务社会注入新内涵。

【普惠金融服务】 2015年，通州邮政多举措积极探索普惠金融创新发展新路径。突出转型引领，优化窗口服务。在11个网点推进转型工作，至此转型覆盖率达72%。细化"一局一策""一点一策"方案，抓好小微企业代发、外来务工人员、特色农业经济项目等，分阶段、有重点地开展特色宣传和外拓走访，细化和完善客户走访与维护机制，提高普惠金融服务效率；丰富理财、代理保险、中邮证券等金融产品及服务，打造一体化综合服务平台。强化主动服务，助力地方经济。通过上门走访、寄发普惠金融服务意见征询函等方式，对种养殖户等特色客户群进行梳理，开展"五大尊享"特色活动，组织普惠金融知识公益讲座等，为客户提供个性化服务方案的同时助力地方经济发展。拓宽服务理念，优化客户体验。开展"六一""父亲节"系列主题营销活动、客户回馈"亲子一日游"活动，创新老年客户"岁月留金"特色项目，开展"福农卡"预存有礼、电子银行主题活动等，不断延伸普惠金融便民服务内涵，优化客户用邮体验，增强邮政与客户的黏连度。

【函件业务】 创新服务通州文化节活动，举办"蓝世界"儿童剧演出活动；以《惠游江苏》《畅游长三角》《通州饭票》等产品为媒，积极切入餐饮店、书店、校园平台，实现产品多渠道开发；成功打造通州信函传媒广告发布平台；服务小微企业发展，扎实做好名址数据库维护工作。全年国内电商小包业务收入304.29万元，国际电商小包形成收入57.77万元。

【电商业务】 探索运作农产品返城项目，打造通城实时配送综合服务平台，全面完成"好礼邮——月满中秋"项目；创新代理车险营销模式，突出团险、"人车联保"等组合优势，开发本地汽车美容、旅游社和餐饮等商户，为本地会员提供专属服务；推进综合服务平台、"惠民优选""积分商城"等线上平台打造，在全省率先以样板店形式组织"亭东加盟店茅台家常酒订货会"活动，开展大富豪订货会、商品团购会等。全年电商业务收入1088万元，收入规模位列全区第一、全省第四，其中增值业务收入919万元，全省排名第二。

【发投业务】 组织"校园行"系列活动，开展图书漂流、"六一小小报童"义卖、"书香邮政　品味生活"校园图书营销、"书香校园行"公益大讲堂等特色活动，以公益服务搭建邮政、刊社、校方的合作平台，取得较好经济效益和社会影响；为外勤投递配备智能终端，实现投递管理智能化；规范报刊亭管理，《扬子晚报》日均销售破千份；扎实推进报刊大收订活动，实现报刊发行收入750万元，增长2.8%。

【集邮业务】 注重集藏氛围营造，举办生肖、包公特种邮票、纪念抗战胜利70周年邮票首发仪式；开展"进校园"系列活动，搭建文化传播平台，先后组织23场公益讲座，发展会员800多名；推广"邮意思"及自有公众号、微信、淘宝店等线上平台，实现销售渠道创新。

（张晓丹）

电 信

【概 况】 2015年，中国电信股份有限公司通州分公司围绕有效益规模发展为中心，贯穿“规模发展、转型升级、改革创新、提质增效”为主线，加快“全光网城市”建设，全面完成“十二五”各项目标任务。是年，公司先后获省电信公司五一会战“核心商圈优秀奖”、南通市文明单位等称号。

【网络建设】 进一步加大投资建设力度，全面升级有线、无线一体化的精品网络，充分发挥电信三百兆优势。全年新增光缆近10.48万芯公里，新增通信管道281孔公里，新建和改造FTTH用户达21万户，FTTH光网住户覆盖率达99.7%；设有4G基站数689个，4G网络基本覆盖各小区、镇区及大部分乡村。全力支持地方建设，在城区世纪大道、银河路、经一路、一河两岸工程、沪通铁路复线、中石油天然气管道、高新园区、滨江园区、滨海园区等线路完成迁改任务，共迁移杆线39.10公里，配套管道101.5孔公里。

【品牌服务】 打造宽带卓越品牌服务，做好“装的放心、用的开心、修的省心、续的舒心、宽带宽心”的百兆宽带“五心服务”，推广宽带自助排障报障线上功能，提升用户感知。建立4G快速服务响应、投诉处理专项机制，做好“优质网络服务、优质流量服务、优质渠道服务、优质产品服务、优质关怀服务”的天翼品牌“五优服务”，公司获省放心消费创建活动“示范单位”、省消协“诚信单位”等称号。

（胡金华）

移动通信

【概 况】 2015年，中国移动通信集团江苏有限公司通州分公司坚持以客户为中心，不断提升自身发展水平和服务质量，获得社会和客户的高度认可。拥有移动用户80万户，4G流量用户近34万户，各类营业厅265家，其中新一代卖场172家，乡村便民店192个，网络覆盖率达99.9%。公司先后获江苏省巾帼文明岗、江苏省2013—2014年度诚信单位等荣誉。

【网络建设】 持续做好4G网络的建设和运营工作，加快推进VOLTE的商用进程。4G基站规模达710个，实现乡镇以上区域连续覆盖，高校、核心商圈、中小类集团等重点场景深度覆盖。提升移动光纤宽带接入能力，推进新增移动宽带覆盖工程，已覆盖80%以上区域；推进“品质宽带”工作，切实提升用户感知；丰富产品应用，利用互联网电视等产品更好的满足老百姓的信息化需求。 （石玉峰）

联 通

【概 况】 2015年，中国联合网络通信有限公司南通市通州区分公司认真贯彻落实公司发展战略，大力推进缺陷排查机制，建立健全服务质量管理体系。在“沃飞跃”实体门店稳步建设的同时，迅速推广官方微博、互联网手机营业厅、微信公众号等新型服务渠道。

【网络通信】 推进“沃超越”4G精品网络建设工程，开通4G基站134个，重点加强高新区、锡通产业园、滨江新区、空港产业园、石港科技园等园区，以及高速沿线、乡镇主干道路沿线4G网络覆盖和商务区、小区的深度覆盖，建设物理基站458个，开通室内分布系统47个。拥有GSM移动电话交换容量58万门、信道总数21.80万个、固定电话交换容量32万门、互联网接入端口数16万，高带宽小区新增覆盖用户5万户。

（冒建锋）

供 电

【概 况】 2015年，南通供电公司通州供电营业部完成供电量49.75亿千瓦时，比上年（下同）增长5.0%；售电量47.86亿千瓦时，增长6.1%。供售电量继续位居南通县（市、区）之首。新装、增容用户3.62万户，共计容量564557千伏安。城市配变关口电压合格率99.98%，农村配变关口电压合格率98.34%；城市、农村D类用户电压合格率分别为99.98%，99.93%。淮上线特高压工程通州境内线路43公里93基塔，按时序计划顺利进行。狮桥变110千伏出线、35千伏庆丰变第二电源线路、35千伏新联变第二电源线路走向确定，完成工程前期工作。

【电网建设】 全年配网项目投入资金2.28亿元，其中成本类项目153个，资本类项目244个。完成农网项目628个，投入资金1.23亿元，，完成率100%。先后分拆锋场线、民平线、川南线、袁镇线、袁东线、望夏线、安东线等重载负荷线路7条。新增改造10千伏架空线路331.82公里、电缆线路4.8公里；新增布点和增容改造配变383台，容量为8.97万千伏安；新增改造柱上开关106台。

【运行维护】 配电班组充分发挥10个维护站的作用，以班组配网指挥平台为载体，大力开展线路巡视和缺陷消除工作。成立开关调试攻关小组，对所有开关进行保护定值整定及调试，确保第一时间将故障影响范围缩至最小。运维班组采用红外测温、局放测试等技术手段进行监测，建立动态电能质量管理机制。全年共处理一类缺陷150余处，结合计划停电更换老旧令克1600余组、避雷器1600余组，

线路巡检人员对1000千伏淮上线安全巡检

安装驱鸟器3200余只，加装绝缘护套3600余处。加装智能分界开关、自动化开关380台，线路自动化保护覆盖率达48%。线路跳闸率比上年下降35%，多次创造连续10天无停电故障记录，首次出现连续20天无停电故障。

（吴庆华）

通州名人选介之十一

巫钲一

巫钲一（1906~1927）南通县西亭镇人。于南通读中学时，爱读进步书籍，并接济贫困同学。深恶军阀横行，曾于运动会场上与学友痛揍仗势欺人之军阀马弁。民国13年考入上海大学，认识早期共产党人恽代英。翌年受指派回通，以国民党特派员身份改组国民党通如县党部，并在工人、学生中宣传孙中山先生的三大政策，将进步青年组织起来。五卅惨案发生后，又自上海返通，介绍惨案真相，鼓动学生和市民开展反帝爱国运动；以私资出版《滴血报》，创办大同文化服务社，出售进步书刊，宣传进步思想；并与窦止敬、叶胥朝等于如皋、掘港建民鸣社、创办《民鸣报》，反对强权，争取自由。其活动引起地方反动当局的注意。民国15年被迫流亡日本，后考取东京早稻田大学经济系，因积劳成疾，于民国16年逝世于日本。当年冬.家乡各界三四百人为其召开隆重的追悼会，称他为南通民主革命的先驱者之一。

（引自《南通县志》人物传第1190页）

商贸·旅游

Commercial · Travel

编　辑　陈　菊

综　　述

【概　况】 2015年,全区着力扩大消费需求,推动限上企业特别是重点商贸企业加快发展,实现社会消费品零售总额307.73亿元,比上年(下同)增长10%。6月,南通家纺城成功入围江苏省50亿市场;7月,“西亭脆饼”和“新中腐乳”两个品牌成功入选江苏省首批“江苏老字号”。全年组织开展各类安全检查活动51次,检查主体355家(次),及时消除和排除大小隐患38起,继续保持商务领域安全生产无等级事故。

【通富农贸市场开放】 8月,通富农贸市场对外开放,该市场位于兴仁镇通富佳苑北侧,总面积1100多平方米,市场内设有144个摊位、32间门面房。市场外设有活禽宰杀区域,以及一个专供周围居民卖菜的“自产自销”大棚,统一管理路边摊位,改善了农民卖菜环境。该市场由兴仁镇政府投资3000万元兴建,可满足周边4.50万居民的生活需求。

商务领域安全培训

【市场秩序整顿】 先后开展“打击侵犯知识产权和制售假冒伪劣商品专项行动”“农村和城乡结合部市场销售假冒伪劣商品专项整治”“车用燃油专项整治”“单用途商业预付卡专项整治”“通州区旅游纪念品市场专项整治”等活动,组织协调区知识产权局等部门10余名执法人员,对全区部分商场开展专利联合行政执法检查。全区新增区级备案发卡企业1家,累计共有区级备案企业两家、南通市级备案企业两家、域外备案企业8家。先后组织开展单用途商业预付卡执法和专项检查23次,出动车辆23台次、人员65人次。春节、国庆前夕,现场检查通州文峰大世界、大润发等企业,指正企业在发卡过程中不规范行为,并敦促企业限期整改。

【酒类流通管理】 全区登记备案的酒类经营企业(户)2861家(户),其中批发企业86家、零售企业2565家、餐饮企业210家。先后出动车辆26台次、执法人员125人次,检查酒类经营企业(户)306家。对18家未经酒类备案登记擅自从事酒类经营企业(户),当场发放告知单,并限期办理备案登记手续;7家经营企业(户)酒类随附单使用不规范,当场进行纠正;上门张贴“关爱未成年人健康成长,不向未成年人销售烟酒”警示标志192份。

【茧丝绸监管】 全区种植桑田面积由上年的5000亩下降至4500余亩,蚕农养殖户4600余家,共发种7518张,同比减发7.24%。产量312.40吨,同比减少7.5%;收购均价36.57

元/公斤。春、秋茧收购前，及时通知具有蚕茧收购资格的茧站负责人及辖区政府，重申蚕茧收购不得打白条、不得低价恶性竞争、不得跨区域收购等规定，明确属地政府分管领导为监管第一责任人；蚕茧收购期，组织人员到有关茧站，坐站监督有关规定落实情况，切实维护茧农权益。蚕茧收购中，未发生各类纠纷和违规经营行为。

【生猪屠宰监管移交】 根据上级生猪屠宰监管职能调整的有关通知精神，从1月22日起，区商务局向区农业委员会移交生猪定点屠宰监管职责，通州生猪定点屠宰监管职责从2月1日起由区农业委员会正式承担。根据政企分开的要求，区商务局原下属国有企业区食品总公司资产、人员不作移交。 （凌 华）

粮油贸易

【概 况】 2015年，全区3家国有粮食购销企业共实现利润987.30万元，比上年增长4.3%，继续名列南通各县（市、区）第一。全年共收购小麦4.90万吨（储备2.39万吨，托市2.51万吨）、粳稻2.59万吨（储备2.01万吨，托市58吨），为农民增收1500多万元。适应农村粮食生产"全托管"新形势，积极为种粮大户和粮食合作社提供烘干服务，其中骑岸粮食储备库为种粮大户和粮食合作社烘干小麦1.1万吨、粳稻8000多吨，占入库稻谷的75%。加大涉农粮食政策宣传力度，《通州油菜籽价格同比缩水近四成》《粮食烘干亟需降本增效》《通州获国家千万元油菜籽补贴》等多篇新闻、信息先后被《新华日报》《南通日报》及省两办内参录用。

三级储备粮质量完好，数量真实，粮食仓储"一符四无"（账物相符；无鼠雀、无霉变、无虫害、无事故）合格率连续34年保持100%。全系统共投入维修资金420.50万元。

粮库安全检查

区粮食购销公司骑岸粮食储备库投入使用。国有资产增值872.32万元，实现改革改制以来连续15年安全生产零事故。全面升级粮情测控系统，由原来的模拟系统升级为数字系统，科学保粮率达95%。

【基础设施】 9月，总投资1250万元的区粮食购销公司骑岸粮食储备库扩建工程完工，新建两栋总仓容为1万吨的标准化高大平房仓及其配套设施（包括职工食堂和宿舍等），总建筑面积超过4300平方米，并在夏粮收购期间部分仓容投入试用，秋粮收购前全面投入使用。10月，投资90万元的骑岸粮食储备库11台粮食烘干机改造结束，在秋粮收购期间发挥了重要作用。完成刘桥粮食储备直属库旧库翻新改造和烘干设施建设前期相关工作，部分危房老库拆除重建。

【粮源掌握】 充分发挥国有粮食企业的主渠道作用，鼓励购销企业开展门市收购、常年收购，拓展生产基地建设，健全订单收购等多种购销方式、对接机制，积极推进与种粮大户、农业经济合作组织、农民经济人的产销合作，有效掌握粮源，促进粮食供需平衡。全力推进粮食全产业链联盟建设，共完成自营式产业联盟合同216.27公顷，占力争目标任务的108%，订单式联盟合同1155.13公顷，占力争目标任务的347%，通过订单入库的小麦6000多吨、稻谷4000吨，取得较好的经济与社会效益。

【"五放心粮店"建设】 区商务局积极建设"半小时放心粮油消费圈"，营造便民利民、放心消费环境，努力实现质量、价格、计量、卫生、服务"五放心"。10月，南通市粮食局，南通市放心消费活动办公室，对通州区12家到期"五放心粮店"进行复审检查，结果全部合格。这12家"五放心粮店"分别是：润泰商业有限公司、通州世纪联华超市有限公司、区军粮供应站、金沙金南桥粮店、金沙丁延明粮油经营部、十总谷贸粮店、石港广济桥粮店、刘桥大桥粮店、兴仁美英粮店、张芝山安明粮店、平潮镇宗静粮油经营部、川姜镇刘家米行。11月，6家粮油店被南通市粮食局、市放心消费活动办公室授予"五放心粮店（柜）"称号。这6家"五放心粮店（柜）"分别是：平潮镇孙美玲粮油店、张芝山镇建英油米经营部、西亭镇陈向东粮油店、东社镇金城粮油店、东社镇龙泉粮店、四安镇平凡粮店。至2015年年底，全区共有南通市"五放心粮店（柜）"24家，实现"五放心粮店"镇区全覆盖。

【油菜籽补贴】 2015年，通州油菜籽上市以后，价格远低于粮农心理预期，市场每公斤收购价格在3元左右，比上年低2.10元，下跌41.2%，且有价无市。8月，国家对农民实行油菜籽补贴，通州共获国家油菜籽补贴1131万元（包括通州湾江海联动开发示范区），名列全省第一。 （凌 华）

供销合作贸易

【概　况】 2015年，通州区供销合作总社按照全国总社提出的“改造自我、服务农民”的要求，加快改革创新，努力提升为农服务工作水平。全年新建为农服务社35家、农民专业合作社15家、专业合作社联合社1家，成立2家农业企业和3个家庭农场。区供销合作总社被南通市委、市政府通报表彰为农服务先进单位，被省供销社评为创新工作先进单位。

【土地托管】 2015年，通州区供销合作总社推进大田托管工作，以江苏通联农资有限公司等为龙头，开展“订单式”“保姆式”土地托管服务。培育5家全托管组织，托管服务面积5266.67公顷，纳入托管服务农户达4万多户，实现农户、村集体、龙头企业多方共赢。江苏通联农资有限公司流转土地66.67公顷，建成现代农业基地，成为农业机械化耕种、农业标准化种植示范区。

【农超对接】 2015年，通州区供销合作总社积极开展农超对接，搭建对接平台，推介通州农产品。组织通州10多家知名企业、专业合作社80多个名特优产品参加2015海峡两岸名优农产品展销会和沪通两地供销社农产品进上海展销会，签订合作意向协议9000多万元。

【项目建设】 2015年，通州区供销合作总社利用自身优势推进项目建设。和盛农资有限公司投资1000万元兴建南通地区最大的粮食烘干中心，日烘干能力300吨，利用秸秆作为清洁热源，解决阴雨天粮食烘干问题，促进粮食的安全保管。江苏通联农资有限公司投资3000万元在二甲镇兴建通联农资综合服务中心，打造以“农资”为主题的特色物流园，成为现代化的农资仓储物流中心及农化服务中心。积极发展电子商务，推进圣水微商城建设，全年点击量超过1.1万人次。　（张淑娟）

烟草专卖

【概　况】 2015年，通州烟草专卖工作紧紧围绕“楷模”战略以及“全国一流、全省先进”的工作定位，突出“战略、规范、创新、质效、管理、文化、队伍”七个关键词，圆满完成各项工作任务。全年累计销售卷烟3.93万箱，实现销售额（含税）13.31亿元，比上年（下同）增长11.6%；实现税利3.59亿元，增长25.1%；上缴税收6319万元，增长25.8%。

【烟草专卖管理】 强化终端建设。统一定制7900根标价套，免费为1950节功能终端柜台发放安装。加强市场监管，开展“冬季会战”“闪电17号”“闪电18号”等专项集中整治行动，加大与公检法三部门的沟通与协作，专卖管理工作成效明显。全年共查获各类案件88起，其中1万元～5万元案件27起，5万元以上案件7起，查扣违规烟5228.1条（其中假烟559.7条），案值109.20万元，移送区公安立案两起、移送工商立案1起，办结符合国标的真品卷烟非法流通网络案件1起。坚持依法行政，行政许可服务窗口两次被区政务服务中心评为红旗窗口，未发生行政诉讼和行政复议案件。深入推进法治烟草建设，区烟草专卖局被通州区评为“依法治理工作先进集体”。

【精益管理】 围绕“计划、责任、过程、评价、改善”，搭建精益管理基础框架，并把精益管理理念与管理体系建设、对标、创优等各项工作紧密结合起来，以精益管理为原则，以体系文件为抓手，运用PDCA原理，推动企业管理水平不断提升。7月，南通烟草在通州召开精益管理现场会。

（宋长俊）

石油购销

【概　况】 2015年，通州区持有成品油零售经营批准证书的企业104家，其中加油站80家（含高速2家），加油点21家，加油船3只。因政府拆迁、经营条件差等原因，申请歇业5家。全年销售汽油10.69万吨，柴油9.06万吨（含宁启高速先锋服务区油品销量），分别比上年增长6.8%和3.2%。根据江苏省新一轮油品置换方案，是年底，全区加油站全面使用第五阶段柴油。　（邱　华）

盐　业

【概　况】 2015年，通州区盐务局（江州公司）盐品销售7101吨，其中食盐销售5954吨（小包装食盐3460吨，大包装食盐2494吨），工业盐销售1147吨，实现销售收入2233万元，非盐销售收入444万元。全年碘盐覆盖率98%以上，居民合格碘盐食用率98%以上。9月，获省“放心消费”先进行业荣誉称号。

【盐业案件查处】 加强市场监管，确保食盐安全。全年查处各类盐业违法案件75起，其中餐饮、腌制、商超等违规用盐及违规经营类案件26起，跨界侵销类案件20起，外来散装盐（湖北应城桂花、永祥、三晶牌包括无标识的以及英文字母包装的）案件29起。检查宾馆、餐饮行业、熟食加工业412家，单位、学校食堂308家，商超6116家（次），用盐工厂180家，行政指导并责令改正102家。走访居民灶台7200多家，发放宣传资料2万多份。查获各类私盐产品

15.98 吨，没收各类私盐产品 9.07 吨，其中查获外省市的私盐 8.07 吨，罚没款 4.99 万元。

【盐业宣传】 深入到重点市场、重点区域、边界地区宣传食盐专营的重要性，宣传食用非碘盐和不合格盐产品所隐藏的风险，宣传碘缺乏病的危害。充分利用"3·15"消费者权益保护日、"5·15"碘缺乏病宣传日，在通州大润发广场进行大型宣传活动，悬挂横幅 4 条，摆放宣传展板 6 块，发放宣传资料 1 万多份，接受咨询近 500 人。 （吴汉余）

旅 游 业

【概　况】 2015 年，通州区坚持把旅游业作为经济发展的重要载体，推动重点项目建设，丰富旅游产品体系。南通洲际绿博园一期项目全面建成，进鲜港乡村旅游集聚区启动建设，石港渔湾水道景区重装营运。创建省四星级乡村旅游区 1 家、省工业旅游点 2 家。完善旅游基础设施，提升服务接待水平，推进景区旅游厕所、生态停车场、标识标牌、WIFI 全覆盖建设工程。推出"通州二日游"线路，开展旅游市场精准营销，加速旅游业由传统观光游向休闲度假游转变。全区实现旅游总收入 36.72 亿元，比上年（下同）增长 12.5%，接待游客 298.06 万人次，增长 10.6%。

【进鲜港旅游集聚区启动建设】 进鲜港乡村旅游集聚区位于金沙街道，规划总面积 10.68 平方公里，东至一总路，西至苏 223 线东绕城段，南至通吕运河，北至北三环（规划中），集聚区确立"江海鲜境，水韵金沙"的发展定位，按国家 AAAA 级景区标准打造。8 月，金沙街道和南通金土地生态农业有限公司签约花海项目。花海项目是进鲜港乡村旅游集聚区的核心项目，规划面积 312 公顷。

【南通洲际绿博园一期项目建成】 12 月，洲际绿博园一期项目全面建成。洲际绿博园位于先锋街道双盟村，园区坚持"主题鲜明化、产品个性化、功能复合化、市场精准化"原则，以"珍奇植物，奇妙花园"为主导，打造集"植物收集与展示、科普教育、自然保护、主题摄影、生态休闲娱乐"于一体的综合型主题植物园。一期总投资 2 亿元，占地面积 22 公顷，建有"生命之舟"沙生植物馆、热带水果谷、热带名花和雨林馆、紫薇园、樱花林、荒漠沙柳园、月亮湾戏水沙滩、微缩草原、梯田花海等精品展馆展区。

南通洲际绿博园沙生植物馆

【忠孝文化园建成全国最高孔子石雕塑像】 4 月 2 日，全国最高的孔子石雕像在区忠孝文化园落成。孔子雕像由福建省华峰盛石业雕刻有限公司捐赠，高 27 米，加上基座共 32 米，主体部分由 480 多块石质部件拼接而成，重 1000 多吨，与园内忠孝坊、中华柱、24 忠 24 孝石雕园等景观交相辉映，提升了文化园内涵和层次。

忠孝文化园孔子石雕像

【白鹭湖庄园创建省四星级乡村旅游区】 12 月，白鹭湖庄园创建省四星级乡村旅游区。白鹭湖庄园位于十总镇南侧，占地面积 33.33 公顷。景区注重品牌提升战略，立足生态环境优势，挖掘特色文化资源，做足牡丹主题文化，配套建成"双龙观"道教文化区，使景区业态更加丰富，乡村旅游要素更加完善。

【金土地农业园入选首批省乡村旅游项目】 10 月，南通金土地生态农业园入选首批省乡村旅游创新项目。金土地生态农业园位于二甲镇，占地 80 公顷，投资 3 亿元，是集种植、养殖、观光、休闲、科普为一体的综合性农业园。该园坚持农旅结合，以农促旅，紧扣火龙果观光采摘和生产型种植发展主线，以农村生态资源、农耕文化、乡村风情等为依托，将火龙果文化与休闲旅游有机结合，打造火龙果特色旅游休闲基地。园区推行有机栽培，搭建智能温室，生态种植13.33公顷火龙果，吸引游客现场采摘、品尝、购买；丰富旅游业态，增设水陆游玩体验新项目，吸引亲子游；创新旅游产品，推出火龙果认养项目，增加“农家乐”的参与体验性。

金土地第一届“火龙果”文化节

【两园获省工业旅游点称号】 12月，通州老裁缝家居创意园、圣果葡萄酒庄园获省工业旅游点称号。老裁缝家居创意园由江苏老裁缝家纺工业有限公司创办，位于川姜镇川姜工业园区。其秉承“整体家居”发展理念，注重工业与旅游融合发展，打造特色工业旅游产业，于2010年动工建设航母商城体验馆，形成人文视觉享受和购物新体验。圣果葡萄酒庄园由江苏圣果葡萄酒业有限公司创办，位于南通高新技术开发区，占地两百余亩。其拥有全自动化葡萄酒灌装生产线，打造葡萄酒主题旅游、专业品酒培训、休闲体验三大旅游产品，是集葡萄酒生产、葡萄酒品鉴、餐饮美食、娱乐休闲为一体的综合性庄园。

【“通州二日游”发布】 7月3日，“通州二日游”线路在南通市乡村旅游节暨金土地第一届“火龙果”文化节的媒体吹风会上首次发布，省、市、区15家主流媒体和30多家上海、南通和通州的旅行社负责人参会。“通州二日游”线路涵盖南山寺、忠孝文化园、金土地生态农业园、石港渔湾水乡等通州知名景点景区。线路发布后，区旅游局与上海锦友旅行社、苏州文化国旅等20多家旅行社达成旅游战略合作协议，实现地接旅游市场精准营销的大突破。

【金土地第一届“火龙果”文化节】 7月16日，南通乡村旅游节暨金土地第一届“火龙果”文化节在二甲镇金土地生态农业园拉开帷幕，南通市景区代表、省市区新闻媒体及来自上海、苏南等地的游客参加开幕式。整个活动至8月31日结束，为期45天。活动期间金土地生态农业园推出火龙果文化展、火龙果美食及系列商品展、南通乡村旅游商品展、赏紫薇花海等主题活动，策划“弘孩儿寻宝金土地”、亲子趣味运动会、评选合影最美家庭等系列亲子游活动。

“万人看通州”首发式现场

【“2015′万人看通州”活动】 10月9日—12月31日，区旅游局联合多部门组织开展“2015′万人看通州”活动，活动首发式在南山湖畔举行。区旅游局根据通州旅游资源，结合不同群体需求，设计以采摘、休闲为主题的乡村游，以体验、娱乐为主题的文化游，以购物、观光为主题的工业游等多种线路。活动形式以各镇（区、园、街道）、区直各机关事业单位宣传发动与市民自发参与相结合，全区市民凭身份证在景点享受门票半价优惠。活动期间，景区景点共接待通州本地游客2万余人。区旅游局还联合《通州日报》开展“我最爱的通州景点”征文、摄影比赛。

【开沙岛旅游度假区投资环境推介会】 10月20日，区旅游局联合滨江新区管委会在上海浦东新区举行“2015南通开沙岛旅游度假区投资环境推介会”，上海市的旅游界专家、旅游客商代表共60余人参会。主办方推介开沙岛投资环境和重点投资招商项目，客商代表意向性推介3个特色旅游项目。会后，与会的20多名投资商实地考察开沙岛，就项目投资进行深度洽谈。

（沈　英）

对外经济贸易

Foreign Economy and Trade

编　辑　马　钰

综　述

【概　况】 2015年，通州区商务局以《关于积极构建开放型经济新体制的实施方案》和“招商引资突破年活动”为契机，突破各项工作瓶颈，开放型经济呈现“总体平稳、质态提升、转型加快”良好态势。是年，区商务局在南通市商务局2015年度县（市、区）商务主管部门综合绩效（综合外资、外贸、外经及载体建设）考评中第3次蝉联第一。

对外贸易

【概　况】 2015年，全区733家外贸进出口企业实现外贸进出口总值35.83亿美元，比上年（下同）增长7.4%。其中，出口31.57亿美元，增长7.3%；进口4.25亿美元，增长11.7%。纺织、服装制品进出口总量12.36亿美元，下降2.1%，机电产品进出口总量11.26亿美元，增长11.4%。江苏韩通船舶重工有限公司和江苏恒科新材料有限公司两家外贸企业出口总额超亿元，其中韩通船舶出口总额再次超两亿美元，蝉联通州第一外贸大户。8月25日，《南通家纺城期盼列入叠石桥市场采购贸易试点》被第95期《省内信息摘编》录用。

【服务企业】 2015年，通州区商务局建立镇（区、园、街道）外贸工作联络机制。每月对进出口总量前30名企业和增、跌幅前5位的大户企业进行调研，重点了解下滑原因及面临困难，最大限度帮助企业解决实际问题，每季度对全区12家纳入南通市百强的企业运行情况及订单情况进行摸排；对117届、118届广交会参展企业进行走访，了解经营情况以及在手订单情况。是年，帮助228家外贸企业申报到各类国家、省、市扶持资金3575.92万元，为40家出口300万美元以下企业办理出口信用保险；草拟出台全区稳定外贸增长相关政策，召开外贸企业政策宣讲会，帮助符合条件的企业最大限度用好用足扶持政策。

【市场开拓】 2015年，通州区商务局为18家企业争取25届华交会展位23个。分别为57家、60家企业争取117届、118届广交会展位110个、112.5个。鼓励并组织企业参加市商务局、贸促会重点组织的其他各类境内外展会。引进江苏合丰供应链管理有限公司。

【转型升级】 11月3日，经国家商务部和江苏省政府批

区商务局邀请海关人员为企业解读政策

准,南通家纺城被列入市场采购贸易方式试点范围,享受市场采购贸易方式政策红利。自11月26日首笔货值5.6万美元的床上用品六件套通关后,全区通过市场采购贸易方式出口货物65单,出口总额839万美元。加快设立互联网信息平台部门监管审批系统,多次赴义乌考察学习市场采购贸易方式的操作流程、管理制度、相关配套政策等;12月15日,南通跨境贸易电子商务试点协调会在通州召开,明确在南通空港产业园试点跨境贸易电子商务。12月初,南京海关致函南通市人民政府,同意并支持南通除"网购保税进口"模式以外的各类跨境贸易电子商务试点,南通空港产业园获准先试先行,南通仅此一家。

利用外资

【概　况】 2015年,全区实际到账外资2.81亿美元,引进1亿美元重大外资项目2个。南通家纺城、平潮镇和兴仁镇分别以1445.8万美元、1638万美元和1384.2万美元超额完成外资到账任务。

【考核激励】 2015年,通州区商务局研究制定新一轮招商引资考核评分和奖励办法,加大对重大项目、重点园区和招商工作人员的考核激励力度。实行重点单位每周联系制度,经常到各地了解项目信息和工作推进情况,加大重点项目所在单位和项目投资方的磋商力度,对审批、注册、开工等时间节点,实行动态跟踪、全程服务。主动协同投资方与省、市商务部门沟通联系,力促项目审批便利快捷。

外经合作

【概　况】 2015年,全区境外投资注册新设立企业9家,6家境外企业进行增资,境外中方协议投资总额3.20亿美元,增45.5%。10月10日,《通州鼓励企业走向"一带一路"境外投资总额超10亿美元》被《南通日报》头版头条录用。

【境外投资】 11月,龙鼎投资南通有限公司在安哥拉首都罗安达市筹建的中国商贸城一期近5万平方米的展示厅装修基本结束,10多家企业入住,整个展示厅可以容纳200多家企业。该公司计划投入9800万美元,在罗安达市征地24.5公顷,进行房地产开发和实业投资。南通综艺投资有限公司从事新材料项目投资、国际贸易、实业投资、投资管理、投资咨询服务等业务,增资2亿美元。江苏省高科技产业投资有限公司的维尔京群岛江苏风险投资有限公司,从事创业投资、资产管理、投资咨询等业务,增资6000万美元。

服务外包

【概　况】 2015年,通州区完成服务外包合同额3557.47万美元,其中在岸2528.74万美元,离岸1028.73万美元;完成服务外包执行额3473.53万美元,其中在岸2456.20万美元,离岸1017.33万美元。新增8家服务外包企业。《南通与电商联合打造"网上家纺城"》《南通家纺迈向跨境电商蓝海》分别被9月1日、11月12日的《国际商报》录用。

【新增8家企业】 2015,全区新增8家服务外包企业。分别是:南通继保软件有限公司、卡特彼勒(通州)有限公司、南通恒和服务外包有限公司、江苏濠汉信息技术有限公司、江苏合丰供应链管理有限公司、甲骨文(南通)技术人才创新基地、南通芯电物联网科技有限责任公司、南通行车宝网络科技有限公司,并通过南通市商务局认定。

【载体建设】 10月,建筑面积3.8万平方米的科创大厦正式交付使用;建筑面积31.8万平方米的科技之窗紧锣密鼓建设中。2015年,通州区商务局与江苏虚拟软件园进行对接,江苏软件公共服务平台通州分中心顺利建成。

【招商引资】 2015年,通州区商务局加大服务外包企业招引力度,在上海、深圳、浙江等地举行多场服务外包专题小型招商推介会,连邦软件的智能家庭云服务、甲骨文(南通)技术人才创新基地、江苏广和的通州分布云、天欣天思软件、南通瀚明信息的智慧城市自提柜系统项目等一批服务外包项目已落户科创大厦。 (凌　华)

南通市通州区哲学社会科学界联合会

NAN TONG SHI TONG ZHOU QU ZHE XUE SHE HUI KE XUE JIE LIAN HE HUI

省人大常委会科教文卫委员张锦道到通州调研社科普及立法工作

通州区社科联第二次代表大会

南通市通州区哲学社会科学界联合会（简称通州区社科联）是通州区委、区政府领导下的群众团体，成立于2009年12月，是南通市成立的首家县级社科联组织。

近年来，区社科联团结、依靠全区广大哲学社会科学工作者，紧紧围绕通州区委区政府中心工作和经济社会发展中的热点难点问题，开展年度重点应用课题研究，共收到应用研究成果240多项，评选表彰优秀成果109项，编发《通州社科论坛》10期；多项成果被区委主要领导批示，转化为政策文件；积极向省市推介应用研究成果，10多项成果在省市获奖。积极开展理论研讨活动，相继举办“学习贯彻党的十八大精神”“学习贯彻习近平总书记系列重要讲话精神”等专题理论研讨活动，为通州经济社会持续健康发展提供理论支撑。深入实施“个十百千万”社科普及工程，成功举办六届社科普及宣传周活动，开展各类社科广场咨询活动120余场，发放宣传资料10万余份，接受市民咨询1万多人次；举办9期金沙市民讲坛，深入基层开展各种理论宣讲活动4000余场，受众60万人次，切实提升了广大市民的人文社会科学素养。组织开展两届全区哲学社会科学优秀成果评奖活动，共评出优秀成果62项，充分发挥区政府社科评奖的激励和导向作用。区社科联先后荣获“全国先进社科组织”、省社科联系统“工作创新奖”，多次被评为南通市社科联系统“先进社科联”。

理论研讨活动

党的创新理论宣讲

市民讲坛

学生参观朱理治纪念馆展板

广场咨询活动现场

JIN SHA JIE DAO

金沙街道

2015年以来，金沙街道按照继续把握“一个定位”、打造“三大亮点”、实施“五项建设”的“135”思路，有力地推动经济社会平稳健康持续发展。是年，该街道实现地区生产总值97.57亿元，完成社会固定资产投资26.80亿元；一般公共预算收入6.17亿元；城镇居民人均可支配收入37676元，农民人均纯收入23729元，分别增长9.0%和9.5%。

是年，该街道先后被评为省学习型党组织建设工作先进单位，省3A数字档案室，通州区党建、精神文明建设工作先进集体、区城镇建设与管理工作先进集体、区民生及社会建设工作先进集体、区文明城市长效管理工作先进集体等。

恒生 · 汇金广场一角

建设路商业圈

金东新城

运盐河示范段

花海签约项目

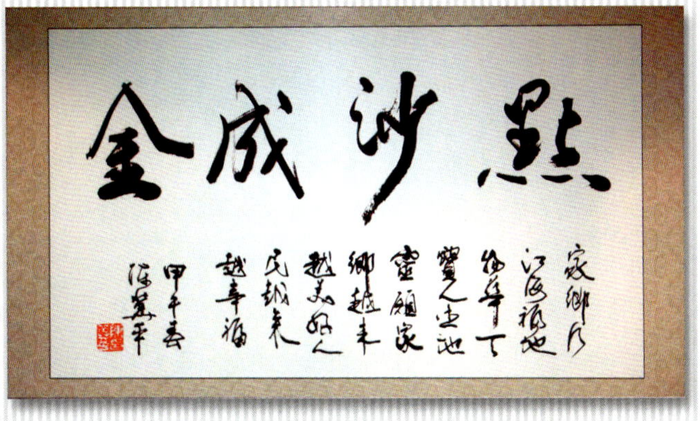

中国法学会党组书记、常务副会长陈冀平为家乡题词“点沙成金”

台创园

万顷良田

张謇玉兰园

银河新区夜景

百场文化惠民活动开幕式

XING DONG JIE DAO

兴东街道

兴东街道位于长江三角洲北冀、通州区西首、南通市东首，南通机场与沈海高速入口均在其境内，交通区位优越。2015 年 3 月，江苏省政府批复同意南通市通州区部分行政区划调整，撤销兴东镇，设立兴东街道。街道总面积 30.46 平方公里，人口 3.28 万人，辖 9 个行政村、1 个社区居委会。

经济运行稳中有进。2015 年全年完成工业应税销售 14.81 亿元，服务业应税销售 30.10 亿元，实现规模工业产值 101.51 亿元、高新技术产值 8.50 亿元、新兴产业产值 4.90 亿元，完成固定资产投资 15.12 亿元，实现农林牧渔业总产值 1.82 亿元。一般公共预算收入 1.76 亿元。新增规模以上工业企业 1 家、规模以上服务业企业 1 家、重点服务业企业 5 家、新三板挂牌企业 2 家。

镇村统筹面貌提升。继续巩固镇区集镇管理“五整治、五提升”效果，加强对镇区环境的长效管理。大力实施河道整治工程，机场沿线和镇区跃进河、解放河、北吃水河、向阳河打造成景观河和生态河。继续加大集镇建设投入，实现镇区主要单位污水管网全覆盖。继续强化宜居工程，加快安置房建设，兴飞花苑一期建筑面积 18.20 万平方米交付使用，二期工程正在施工中。

民生福祉不断增进。以增进民生福祉为目标，积极推进民生工程建设，新建幼儿园进入外配套施工，即将交付使用。全年新建农路 4 公里，新增路灯 1 公里，改造危桥 2 座，疏浚整治农村河道 16 条（段）长 12 公里，建设防渗渠道 41 公里。推进文体中心及体育公园建设，着力丰富群众精神文化生活。全面推行“131”管理模式，构建 “村、组、户” 三级网格，维护稳定创新社会管理。逐月按季开展安全生产大排查、确保各项工作落到实处。

2015 通用航空产业发展论坛

兴东街道第一届文化艺术节

兴东机场二号航站楼

兴东街道社会主义价值观巡讲

新建成的兴飞花苑

兴东街道中心幼儿园新大楼

建设中的兴飞花苑二期工程

兴东卫生院新大楼

兴仁镇

XING REN ZHEN

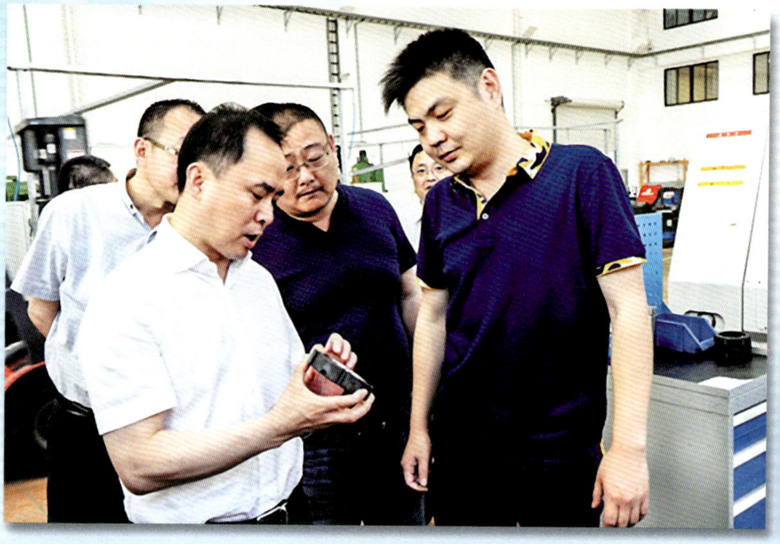

区委书记宋乐伟调研兴仁镇

兴仁镇于2015年3月由原兴仁镇和四安镇撤并新建。镇域面积77.56平方公里，耕地面积3620公顷，人口7.65万人，辖3个社区、16个行政村，有规模以上工业企业80家，其中上市企业1家，机电风电、纺织服装、机械制造形成该镇三大支柱产业。合并后的兴仁镇交通枢纽作用更加突出，宁启铁路穿镇而过，沈海、沪陕、通启高速公路实现互通，江海大道、新s225省道、洋兴公路贯通全镇，由公路、铁路、航空、航道等相结合的综合交通运输体系正在逐步完善之中。

该镇围绕“一心、两轴、五区”的镇区总体规划。以江海大道、通富北路南段为重点发展经济，实现二产向三产延展。以通扬运河改线（团结河拓宽改造）工程为契机，推动现代服务业、岸线产业发展。利用通富北路沿线规划的1000多亩建设用地，引导工业产业沿通富北路向温桥工业带集聚。抢抓城郊农业发展机遇，以推广农业“全托管”、家庭农场、农业全程专业化等新型经营模式为抓手，不断提高农业产业化发展水平。

交通便捷

兴仁镇纪念建党94周年暨"三严三实"专题党课

通富农贸市场

兴仁小学新建工程

南通市通州区市场监督管理局

NAN TONG SHI TONG ZHOU QU SHI CHANG JIAN DU GUAN LI JU

副区长刘洪在家纺城便民服务中心颁发首张镇级“三证合一”营业执照

副区长刘洪出席食品安全宣传周启动仪式并讲话

依法对“民生护卫在行动”系列执法“亮剑”行动中查获的过期变质食品、不合格药品、侵权商品等进行集中销毁

2015年，南通市通州区市场监督管理局情系民生保安全，心系大局促发展，勇当改革的先行军、市场主体的护航者、百姓利益的维护者，积极为通州百姓安康守护市场环境，助推大众创业万众创新。

该局对接区项目建设，推行“准入快车”“放权便民”“电商成长”等优质服务；助推“质量强区建设”，指导家纺产业园成功创建“南通市质量先导区”。当年，共培育中国驰名商标4件，全面落实“三证合一”“一照一码”等商事制度改革事项，支持“智慧通州”建设。开展“十百千”大走访，推出“百员联百企”服务机制，深入企业纳谏言、解难题；建立政企联合维权两级网络，帮助企业跨区域维权。该局还以保障民生安全为追求，以守护食品药品、产品质量、特种设备、百姓消费等安全为重点，开展“民生护卫在行动”系列执法活动，其中食品药品案件在全省名列前茅，为全省机构改革后的食品药品行政执法工作做出榜样。

是年，该局被评为目标管理绩效考核先进集体，先后涌现出“南通市法制建设先进个人”姜丽均、入围“中国好人榜”的基层监管员徐长军等模范典型，全面展现新部门、新形象、新作为。

对药品零售单位进行日常监督检查

区人大常委会检查贯彻实施《药品管理法》情况，考察南通三越中药饮片有限公司

局领导带头开展“十百千”大走访活动

向广大市民进行打击假冒伪劣的宣传教育

在南通惠成食品有限公司等食品生产企业开展日常检查

检查农贸市场计量器具

查处违法加工过期食品窝点

查处侵权商品包装印制窝点

对大型游乐设施进行检查

兴东街道土山村纵一河

金沙

团结河东

省中小河流治理项

通州属长江流域平原河网地区，水域面积占全区总面积的 16.9%，现有等级河道 1152 条，水系发达，纵横交错。

近年来，区委、区政府高度重视农村河道环境，通过持续不懈的治理，农村水环境得到较大改善。但是，部分农村河道内沉船、坝头坝埂随处可见，群众拦网养鱼现象屡见不鲜，造成水系不畅，水体不活。农村水环境与水利现代化目标和人民群众期盼存在较大差距。

为顺应群众期盼，区委、区政府审时度势，决定从 2015 年开始，利用三年时间，实施农村河道整治行动。通过拆坝清障、河道疏浚、岸坡绿化、生态修复等措施疏通水系、盘活水体、美化环境，把通州建设成为"河畅、水清、岸绿、景美"的宜居水乡。

行动计划实施以来，各镇（区、园、街道）党委政府高度重视，迅速行动，掀起农村河道整治热潮。2015 年，全区共疏浚河道 377 公里，土方 460 万立方米，拆除坝头坝埂 1226 条，新建桥涵 569 座，打捞沉船 1080 条，清理"三网"1.2 万口，整修河坡 1439 公里，绿化河道岸坡 213.33 公顷，打造了一批风景优美的农村河道。现将部分整治后的农村河道予以展示。

中小河流治理项目通吕运河

余西古镇护城河

张芝山镇天星横河

运盐河余西段

河

金新街道金乐二号横河东段

兴东街道土山村纵一河南段

西亭镇四总渡中心河

十总镇爱东竖河

石港西竖河

刘桥镇王东桥中心河

刘桥段

五接镇开沙村八组匡河

兴仁镇西竖河北段

河道保洁

南通市通州区水利局

NAN TONG SHI TONG ZHOU SHUI LI JU

二甲镇护衔河

平湖镇高港花坝界河

南通市国土资源局通

NAN TONG SHI GUO TU ZI YUAN JU TONG

江苏省国土资源厅厅长李侃桢(中)考察通州区川姜镇标准厂房

省国土厅副厅长祖耀升考察十总镇省以上投资复垦项目

近年来,南通市国土资源局通州分局面对人多地少,后备资源匮乏之区情,围绕“尽职尽责保护国土资源、节约集约利用国土资源、尽心尽力维护群众权益”工作定位和保护资源、节约集约、维护权益、改革创新工作目标,优化环境,提升服务,推进国土资源利用与管理方式的根本性转变。先后被评为“江苏省高标准厂房建设与使用先进地区”“江苏省节约集约模范县(市)”。

一是以构建共同责任机制为保证,严格落实耕地管护责任。强化党委领导、政府负责、部门协同、公众参与、上下联动的耕地保护共同责任机制。不断完善耕地保护“三级两网”建设,提升全区耕地及基本农田质量,深入开展“双百整治”和耕地保护“十百千”工程,五年内在全区将开展16个高标准基本农田土地整治项目建设。二是以切实维护百姓权益为根本,不断夯实基础业务工作。及时解决征地补偿中的各种新问题、新矛盾,切实维护被征地农民的利益。全力推进通州区不动产统一登记工作,完成了数据融合、流程再造和窗口建设,建成不动产登记信息系统平台,承担不动产登记职责,提供“一站式”登记服务。三是积极探索节约集约用地的有效途径和措施,建立并全面推行“批前三引导、批中三约束、批后三跟踪、违约三受限”的“四步十二法”节约集约用地管理机制,在全区营造节约集约用地的良好氛围,取得显著成效。

纪念土地日街头法律咨询活动

全系统中层干部参观区检察院廉政教育基地

州分局
OU FEN JU

国土资源管理区、镇、村三级干部会议

农民集中居住区

开设宣传资讯台，为群众解答土地问题

在城区小学开展“6·25”全国土地日主题黑板报比赛

十总镇省以上土地整理项目

川姜高标准厂房

南通市通州地方税务局

NAN TONG SHI TONG ZHOU DI FANG SHUI WU JU

区委书记宋乐伟慰问地税窗口工作人员

2015 年，全系统围绕“完善征管改革，推进依法行政”主题，紧扣“规范行政执法、深化征管改革、提升党建水平”主线，扎实推进各项重点工作。

全年组织各项收入 93.33 亿元，比上年（下同）增长 12.8%，其中地方公共财政预算收入 56.79 亿元，增长 16.4%。

一年来，区地税局始终坚持与时俱进、深化改革发展意识。一方面突出基础提升，征管改革逐步深入。优化人力资源配置，合理定岗、量才使用；加强征管指标监控，提升征管质量；依法行政，规范风险应对；启动“税收执法规范年”活动，将税收执法规范涵盖征收、管理、服务等各个方面；全面贯彻执行《全国县级税务机关纳税服务规范》，进一步规范办税服务操作流程，更加突出遵从引导，服务水平全面提升。另一方面突出人本管理，团队活力明显增强。落实市局《分局长履职评价办法》，深入推进“三分能量值”绩效考核办法，打造“四个轮训基地”，持续实施“青蓝对接”工程，积极组织参与市局“地税文化月”系列活动，落实中央八项规定和纠正“四风”自查自纠工作，制定《督查督办管理办法》，促进“制度化、科学化、常态化”发展。全系统全年荣获“全国巾帼文明岗”“全国文明单位”等县（区）级以上荣誉 59 项。

通州地税充分发挥“首席办税员”示范引领作用

通州国税、地税联合开展思廉教育活动

全区地方税务工作会议

倾听诉求，维护权益

通州地方税务局拓展训练激发团队活力

在线访谈，互动交流

税收宣传走进民俗文化节

南通市通州区总工会

NAN TONG SHI TONG ZHOU QU ZONG GONG HUI

区总工会负责人到高温一线慰问职工

2015年，区总工会组织带领全区广大工会干部，紧紧围绕发展大局，认真履行工作职责，竭诚服务广大职工，较好地完成了各项目标任务。开展包含中青年教师教学技能、厂内机动车操作、学校食堂从业人员厨艺等在内的十大工种职业技能比武，表彰“金牌职工”10名。广泛开展“安康杯”竞赛活动，参赛企业864家，参赛职工10.36万人，比上年度增长6%。在工会系统开展和谐劳动关系“三级共创”活动，90%以上独立建会企业工会参加，50%达到合格标准。帮扶各类困难职工980人次，帮扶资金120万元，均为历年之最。在工会系统开展“争扛红旗、争当标兵、争创一流”活动，大力营造创先争优氛围，打造模范部门和过硬干部队伍。当年，区总工会在年度区级机关单位目标管理考核中荣获一等奖。

与上海交大联办工会干部培训班

苏中片新常态下企业民主管理创新发展现场观摩会在通州召开

16个镇(区、园、街道)全部成立总工会。图为十总镇成立大会现场

区总工会十四届五次全委(扩大)会议

单身青年职工联谊活动

十大技能比武。图为厂内专用车辆技能比武现场

NAN TONG SHI TO

南通市通州区公安局

区委书记宋乐伟带队慰问一线执勤交警

区委副书记、区长陈永红到区消防大队调研指导

2015年，区公安局紧紧围绕区委、区政府“强基础、谋长远、求突破”总基调，坚持以“强基固本、提能增效”为目标指引，抓住“打基础、练真功、求规范、强队伍”主线，不断夯实公安工作长远发展根基，着力打造长安建设先导区，主业绩效和队伍建设保持良好平稳态势。

是年，全区共立刑事案件4637起，破案2096起，破现案率45.2%，刷新命案连续16年全破新纪录；抓获刑事作案成员1493人、逃犯144人，连续4年在南通市县级公安机关综合绩效考评和区政府目标管理绩效考核中进入先进行列。区局指挥中心110接警台被评为全国巾帼文明岗，兴仁交警中队被评为全国青年文明号创建活动成绩突出单位，拘留所被省公安厅荣记集体二等功，石港派出所被评为“全省优秀派出所”，刑警十中队被评为省级“青年文明号”；民警曹灿华被评为全省“人民满意政法干警”，荣记个人一等功；赵忠祥被评为南通“最美警察”，荣记个人二等功；徐锋被评为全省公安机关业务工作标兵，荣记个人二等功。

“八一”前夕，区委副书记凌建华等看望慰问一线消防、武警官兵

5月29日，区公安局组织开展迎六一“娃娃进警营”活动，邀请五甲小学春蕾女童和特殊教育学校聋哑儿童走进警营观摩体验

G ZHOU QU GONG AN JU

省公安厅党委副书记、副厅长邵木金在市政府党组成员、市公安局党委书记、局长陈旭陪同下到区公安局检查督导“四项建设”工作

区公安局加强特辅警队伍建设

区公安局开展实弹射击训练，增强队伍技能水平和实战能力

区公安局多次组织开展防通讯网络诈骗宣传活动

12月15日，在区文博中心剧场举办“向人民报告”通州区公安局第四届警察文化节闭幕式

南通市通州区司法局

NAN TONG SHI TONG ZHOU QU SI FA JU

区司法局局长刘玉贤走进中国通州“在线访谈”

2015年，区司法局紧紧围绕区委、区政府部署，深入推进“四个全覆盖”工作体系建设，为通州奋力走在苏中新一轮发展前列的发展目标提供法治保障。

普法阵地扩面提质。协助金沙街道建成普法小游园，在忠孝文化园建成法治长廊，打造成通州“德法同行”法治宣传品牌阵地，全区已建成区级法治公园（广场）5个。培植青少年法制教育基地，形成“一校一品”喜人局面。

法律服务跨越发展。区、镇、村三级公共法律服务平台全面建成，兴仁镇建立全省首个企业司法行政服务站。采取政府购买服务方式，深入开展法律服务全覆盖工作，全面提升法律服务助推城乡建设水平。认真抓好律师、基层法律工作者“一对一”法律服务工作，坚持每月督查，提升服务质效。进一步深化“四进四推”专项法律服务活动。12348法律咨询热线实行7*24小时全天候服务，在全区范围全面建立法律援助联络员制度，在工青妇残联信访等部门建立法律援助工作站，应援尽援，应援优援，全区公共法律服务体系建设实现跨越式发展。

是年，通州区“六五”普法工作获省、市“六五”普法终期考核验收组高度评价。在省“法网杯”社区矫正信息化应用竞赛、全市社区矫正岗位练兵和技能比武活动中，区司法局3名选手分获“岗位能手”“执法标兵”“优秀选手”称号，并获团体二等奖。区司法局信息工作获省司法厅贺信。区司法局法援科孙建新、张芝山司法所陈永刚入选2014—2015年度通州“十大法治人物”。

3月，南通市政协领导到通州调研法律服务工作

4月，区司法局、南通四建、南通名人律师事务所联合举办“建筑与法”法律服务高峰论坛

7月，区司法局召开政风行风建设情况汇报会

8月，区司法局社区矫正工作首支“夕阳红”志愿者服务队成立

司法所执法装备集中发放

4月8日，区司法局组织开展首届“12348”法律服务日活动

兴仁亚振家具有限公司建立全省首个企业司法行政服务站

法治文艺演出

10月，区司法局邀请上海专家把脉队伍“三化”建设

NAN TONG SHI TONG

南通市通州区人民法院

召开党组会议研究部署审判工作

2015年，区法院认真学习贯彻党的十八大和十八届三中、四中、五中全会以及习近平总书记系列重要讲话精神，着力保障发展，狠抓执法办案，强化队伍管理，稳妥推进改革，各项工作取得新进展。全年受理各类案件1.35万件，比上年(下同)上升1.6%，审执结1.31万件，上升3.33%，审判质效继续名列全市法院前列。被通州区委、区政府表彰为“区级机关目标管理绩效考核先进集体”“党建、精神文明建设工作先进集体”“法治建设工作先进集体”“作风效能建设工作先进集体”。被南通市中级人民法院荣记集体三等功。司法宣传工作获最高人民法院表彰。张芝山法庭被省高级人民法院命名为全省法庭文化建设示范单位。

南通明德重工重整案第一次债权人会议

ZHOU QU REN MIN FA YUAN

“三严三实”专题教育活动

坚持院、庭长办案，院长刘碧波亲自开庭审理案件

在石港镇江海村村民家门前巡回审判

书记员业务技能竞赛

南通市通州区人民检察院

NAN TONG SHI TONG ZHOU QU REN MIN JIAN CHA YUAN

3 月 26 日，省检察院检察长徐安在通州区检察院调研指导工作

2015 年，南通市通州区人民检察院以忠诚履职、倾情服务、护航发展为总抓手，精心谋划“强基础、谋长远、求突破”的整体工作思路和“八个着眼”的具体工作举措，把维护稳定和促进法治社会建设贯穿于司法办案全过程，不断加大查办和预防职务犯罪工作力度，不断加强和规范诉讼监督工作，积极谋划推进检察改革工作，大力推进司法规范化建设和检察队伍建设，各项检察工作成效显著，亮点频现。

是年，区检察院先后被评为“全国检察宣传先进单位”“全省检察委员会工作先进单位”“江苏省检察机关十佳反贪局（反渎局）”“全省检察机关最佳法学社”“南通市文明单位”。在 2015 年度南通市人民检察院综合考评中，被评为南通市先进基层检察院。

6 月 18 日，首届通州检察文化节开幕式

12 月 5 日，南通市检察院在区检察院开展高检院课题研讨论证会

7 月 1 日，首届通州检察文化节闭幕暨文艺汇演

6 月 30 日，与《人民检察》杂志社共同组织举行疑案精解研讨会

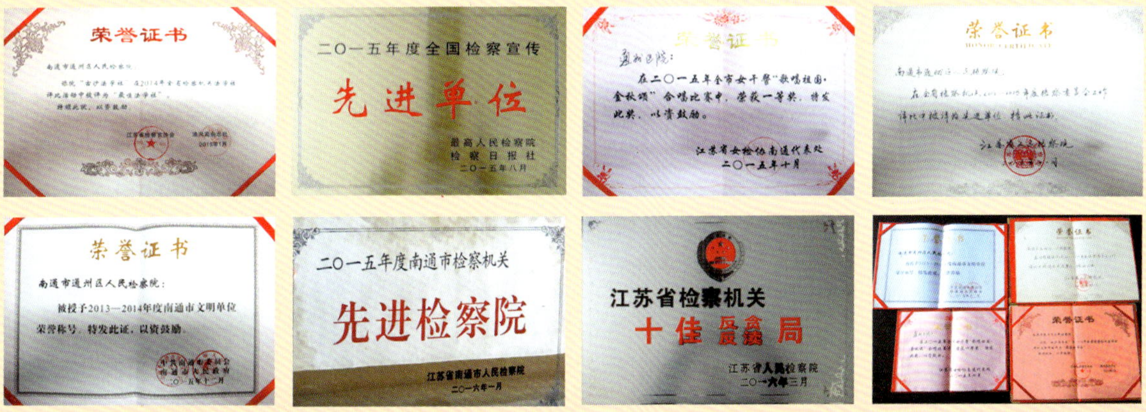

TONG ZHOU QU CHENG SHI GU

南通市通州区城市管理局（行

区委副书记、区长陈永红慰问环卫工人

区城管局党组书记、局长周建清（左二）就川姜转运站扩建工程深入现场调查研究

2015 年，通州区城市管理局（行政执法局）紧紧围绕区委、区政府的中心工作和南通市城管工作的总体部署，以开展“城市品质提升年”活动为契机，以实施“123456”工程为抓手，坚持环境维护和文明提升并重，突击整治与长效管理同步，强化管理与倾力服务同行，着力在城市品质提升、镇村长效管理、市民民便捷出行三大特色工作、城管重点工程与队伍建设上做文章、下功夫，创特色，取得了一定成效。是年，新华日报 11 月 9 日以《通州打造魅力城管，坚持共享发展》为标题，对该局的做法进行了报道，区政协民主评议以 96.87% 的满意率和 12.95% 的基本满意率予以肯定。是年，顺利通过国家卫生城市的复审，城管局驻行政审批窗口荣获全省住建系统“优质服务窗口”称号，同时获得区级机关目标管理绩效考核先进集体，党建、精神文明建设先进集体，城镇建设与管理工作先集体等多项殊荣。

城区公共自行车

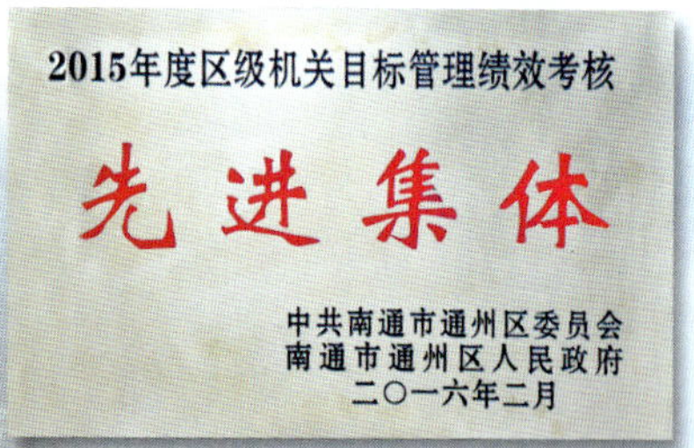

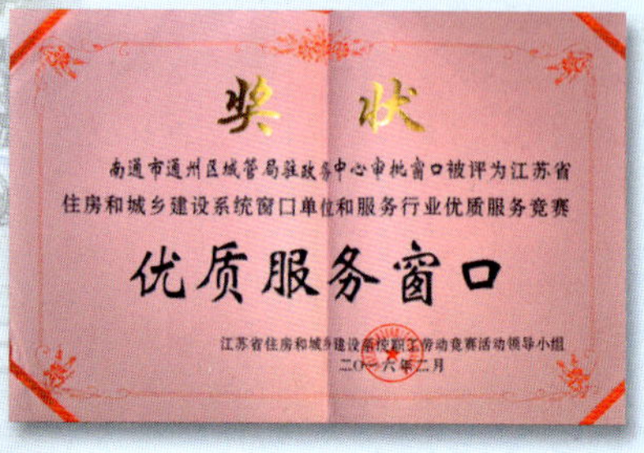

N LI JU HANG ZHENG ZHI FA JU

执法局）

答疑解惑

整治一新的“金霞路”（原名“新通掘路”）

新建公共厕所

帮助基层开展队列训练

南通市通州区体育局

NAN TONG SHI TONG ZHOU QU TI YU JU

华东五省市羽毛球比赛

2015年，通州区认真贯彻落实国家体育总局一系列指示要求，积极构建政府主导、部门协同、全社会共同参与的“大群体”工作格局。充分挖掘体育的社会功能，广泛开展便民利民的群众性赛事活动，在强健人民体质、提高幸福指数、增加和谐因素中发挥积极作用。全年先后举办江苏省第十届“泛沿江体育带”全民健身大联动南通分会场暨首届环南山湖欢乐跑活动、华东五省市羽毛球邀请赛、江苏省少儿乒乓球赛、麦迪篮球明星赛、全国青少年毽球锦标赛、2015－2016中国羽毛球俱乐部超级联赛等赛事活动，赛事人气和知名度节节攀升，取得良好的经济社会效应。同时联手专业机构办赛，积极引入社会力量，不断创新办赛模式，逐步构建赛事举办的多元化投入机制和多样化运营机制，不断提升通州城市影响力和知名度。

2015-2016中国羽毛球俱乐部超级联赛

江苏省少年儿童
乒乓球冠军赛

麦迪篮球明星赛

环南山湖欢乐跑活动

全民健身日启动仪式

健身设施

南通市通州区档案局（馆）

NAN TONG SHI TONG ZHOU QU DANG AN JU(GUAN)

4月24日，区委书记宋乐伟考察区档案馆

5月4日，区委副书记、区长陈永红考察区档案馆

2015年，区档案局围绕区委、区政府中心工作，强化服务理念，创新服务方式，充分发挥档案工作“资政、惠民、育人”的作用，圆满完成年度各项目标任务，被评为“十二五”期间全省档案工作先进集体、全省档案宣传工作先进集体，建成江苏省中小学档案教育社会实践基地，档案文化主题展示厅获全省档案文化精品二等奖。

是年，区档案局以新馆启用为契机，全面提升全社会档案意识，加强档案资源建设，充分挖掘馆藏档案的历史内涵和文化底蕴，把档案工作与开展爱国主义教育、加强青少年德育教育相结合，通过开展系列形式、内容丰富的活动，对广大中小学生进行爱党、爱国、爱家乡教育，举办通州区第二届档案夏令营活动；开展“国际档案日”系列宣传周活动，举办通州区首届学生成长档案大赛活动等等，在此基础上成功创建省级中小学档案教育社会实践基地。全力推进特色重点工作，全面铺开机关、乡镇档案接收进馆工作，这是通州区有史以来规模最大、接收档案数量最多的一次档案进馆活动，进馆实行纸质档案和电子档案同步移交，包括各镇、高新区、

8月26日，区委常委、副区长刘克勇考察中小学档案教育社会实践基地创建工作

9月29日，区档案馆被命名为“通州区社会科学普及示范基地”

5月5日，举办机关档案人员继续教育培训班

区直部门2010年以前形成的永久、长期保存的纸质文书档案以及对应的电子目录，全文扫描数据。加快推进档案信息化建设，加大软、硬件设施投入力度，一期完成馆藏案卷级、文件级目录数据库的建设。为充分体现新馆、新气象，区档案馆以打造优质服务、争创人民满意窗口为目标，在提高服务质量，优化服务效率上下功夫，开展“零距离、零障碍、零投诉”档案利用服务，围绕民生需求，不断挖掘档案价值，提供深层次、高质量的档案信息产品，为全区政治、经济、民生需求提供可靠依据。

6月9日，“档案与你相伴”活动进校园

7月29日，举办通州区第二届青少年档案夏令营活动

中国烟草·江苏 CHINA TOBACCO JIANGSU 南通市通州区烟草专卖局（分公司）

深入一线，指导工作

机关工委组织调研烟草公司

2015年，南通市通州区烟草专卖局（分公司）追求精益，争当楷模，圆满完成全年各项任务，主要经济指标再创新高。全年上缴税收6319万元，比上年增长25.8%；查获各类涉烟违法案件88起，并办结符合国标的真品卷烟非法流通网络案件1起。局（分公司）先后被评为南通市和通州区文明单位，南通市廉政文化示范点，通州区第二轮“五星级基层党建示范点”，在兴东街道永庆村建办“同心”帮扶之家，被《中国烟草》杂志评为“利群公益榜样”提名奖。

客户经理走访客户

廉政文化示范点检查

“同心”帮扶之家——节前慰问

思廉日，参观廉政教育基地

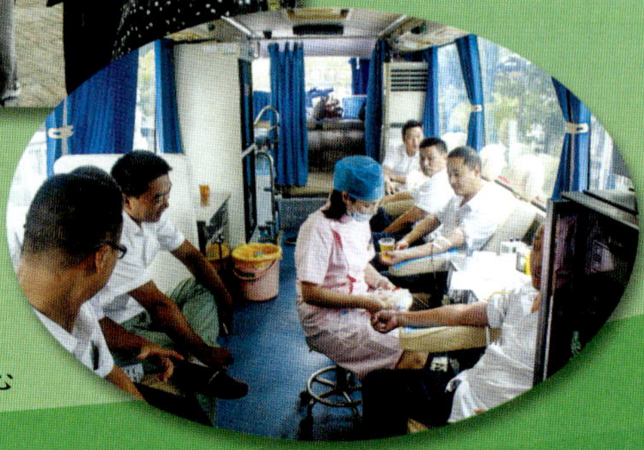
无偿献血，奉献爱心

园区开发

Park Development

编　辑　冯金荣

综　述

【概　况】 2015年,通州区继续加大有效投入、加快结构调整、加强要素保障,推动园区开发建设,促进经济平稳增长。一是扎实推进招商引资和项目建设。南通高新区新增工商登记注册外资1.46亿美元,注册外资实际到账7081万美元。韩国"鲜一汽配"、德国"芬图贝节能换热器"、台湾"丽智电子"及"新能源汽车充电桩""旭东汽配""众福金属""沃德储能科技"签约落户。锡通科技产业园引进超1亿美元项目2个、上市公司1家和超10亿元人民币项目1个,成功签约内外资项目7个,新增注册资本10亿元。滨江新区继续抢抓沪通铁路、南通西站建设和通扬线航道整治等机遇,规划建设现代物流业。空港产业园圆通航空枢纽、民航校飞中心、航空实训基地开工,恒诚科技、空港大酒店和综艺航空物流签约。二是进一步加快结构调整,发展新兴产业。南通家纺城以智慧家纺、电子商务、现代物流为重点,加大技改投入,推动新业态、新模式发展,建设家纺城电子商务产业园、家纺研究院、微供市场,为家纺产业转型升级奠定基础。蓝丝羽、凯瑞家纺、派得羽绒等一批企业实现技术升级。合理布局园区公共基础设施及功能配套项目,大力发展生产性服务业,推动产城融合。三是增创发展优势,加强要素保障。深入学习、接轨、配套、服务上海自贸区,提升园区开发开放层次。南通高新区充分发挥利用外资计划单列省级授权效应,实施外商投资管理体制改革,被授予国家知识产权试点园区。新世纪大道众创集聚区获省级试点,"江海圆梦谷"被认定为首批省级新型科技企业孵化器。锡通科技产业园放大苏南苏中合作共建园区政策优势,实行"园镇合一"运行机制和政企分开,水务、市政等公司实体化运作发展模式。是年,南通高新区与天津大学、美国密歇根大学签订共建"可持续建筑环境合作科研中心",创新机制、整合资源,提高开放开发水平,加快建设特色园区、创新园区、智慧园区、功能园区、活力园区和品质园区。南通家纺城与阿里巴巴合作参与"中国质造——南通好家纺"及"中国原产地"活动,引进和培育"找货网""千家万纺"为代表的电子商务服务机构,被评为南通市首个电子商务示范集聚区。滨江新区、石港科技产业园功能不断完善,园区整体实力提升。 （方　嵘）

南通高新技术产业开发区

【概　况】 2015年,南通高新区坚持稳中求进总基调,围绕"加快转型升级、实现创新驱动"总要求,充分认识、有效把握、主动适应新常态,以建设国家高新区为重点,大力实施创新驱动和产城融合战略,强势推进招商选资、项目建设、载体建设、服务保障和依法行政,加快建设特色园区、创新园区、智慧园区、功能园区、活力园区和品质园区,经济社会各项事业稳步推进。全年完成规模工业产值492.14亿元,比上年(下同)增长11.6%,其中高新技术产业产值273.07亿元,增长13.7%;工业应税销售175.44亿元,增长5.8%;工业投入100.73元,增长18.4%;公共财政预算收入15.30亿元,增长16.5%。新增工商登记注册外资1.46亿美元,注册外资实际到账7081万美元。全年在建重大项目31个,总投资211.20亿元,在建安置房小区5个,总建筑面积150万平方米。被授予国家知识产权试点园区,科技创新评价位列全国115家高新区第60位。新世纪大道众创集聚区获省级试点,"江海圆梦谷"被认定为首批省级新型科技企业孵化器。6月3日,天津大学、美国密歇根大学与高新区签订共建"可持续建筑环境合作科研中心"备忘录,共建可持续建筑环境合作科研中心,推动全市现代建筑产业化发展。

【市科技局与高新区签订协作推进园区建设协议】 1月5

日，南通市科技局与高新区管委会协作推进高新区建设协议签约，双方决定建立协作推进机制，共同推进南通国家高新区建设。主要内容包括：推进科技体制创新、特色产业发展、创新资源集聚、创新核心区建设、创新创业平台建设、产学研协同创新、知识产权创造与保护和科技创新政策落实。

【"鲜一汽配"签约】 3月3日，韩国鲜一株式会社投资建设的鲜一汽配项目签约落户南通高新技术产业开发区。该项目总投资3600万美元，主要从事汽车吸能式转向系统关键零部件的生产和销售。这是该社继天津开发区后在中国投资建设的第二家工厂，项目租用聚恒工业园标准厂房生产，2016年初竣工投产。

【"丽智电子"签约】 3月4日，由工业领先的晶片二极管制造商——台湾金仁宝集团投资建设的台湾丽智电子项目签约落户南通高新技术产业开发区。项目位于希望大道东侧、康富路南侧，占地9.53公顷。项目总投资6000万美元，主要从事贴片式电阻的生产和销售，是该集团在国内建设的第二家工厂。

【金新街道划归高新区代管】 3月，《省政府关于调整南通市通州区部分行政区划的批复》（苏政复〔2015〕22号）批准通州区部分行政区划调整，将南通高新区现行代管的原金沙镇金南、八角亭、镇南、金乐、碧堂庙、金桥、果园、华山居委会和三姓街、狮子桥、花家渡、界北、文山、油榨、张门、邢园、元帅庙、通灵桥村委会区域与原先锋镇利民、正场、民平村委会，二甲镇进东、麒麟桥村委会，川姜镇双池头、复兴、朝东圩、夏四店、大石桥、金普村委会区域合并，设立金新街道办事处，为通州区委、区政府派出机构，由南通高新区代管，与高新区政法和社会建设局合署办公。金新街道办事处行政区域总面积101.80平方公里，人口12.39万人，驻地为油榨村金乐街8号。

【新江海动力电子项目一期投产】 3月30日，新江海动力电子有限公司项目一期工程竣工投产，二期工程同时开工。该项目由全国电容器行业"小巨人"——南通江海电容器股份有限公司投资建设，主导产品为新型能源、节能装备专用薄膜电容器和金属化镀膜等，广泛应用于风力发电、太阳能光伏发电、军工等领域。项目总投资12亿元，占地面积14.67公顷，规划建设10条高压薄膜电容器生产线。

【"芬图贝节能换热器"签约】 6月1日，德国Waermetauscher Technologie Ltd（WTT）公司投资建设的芬图贝节能换热器项目签约落户南通高新技术产业开发区。项目总投资1500万欧元。主要从事不锈钢节能热交换器的生产、销售和出口贸易。产品广泛应用于原子能、冶金、食品等工业部门。现正在进行设备安装。

【"新能源汽车充电桩"签约】 6月2日，江苏东源电器集团股份有限公司投资建设的南通东源新能源科技发展有限公司签约落户南通高新技术产业开发区。该项目总投资10亿元。主要从事新能源汽车充电桩技术开发、设备及相关产品研发、生产和销售。东源电器是华东地区高压开关设备的主要生产基地，江苏省开关行业重点骨干企业，主要产品：高、低压开关及成套设备，数字化电器设备、配网智能化设备及元器件等。

【"旭东汽配"和"众福金属"签约】 6月6日，日本水谷产业株式会社投资建设的日本旭东汽车部件和上海众福金属制品项目签约落户南通高新技术产业开发区。旭东汽配项目总投资3.60亿元，占地面积7.33公顷。主要从事铝、锌有色金属高精密、高气密性压铸件的开发、生产和销售。产品应用于汽车、摩托车、机械电子、办公家具等多个领域。众福金属为旭东压铸的配套企业，项目总投资4亿元，占地面积4.67公顷，在高新区同步建设新厂。

【"一区一战略"科技项目洽谈会】 7月4日，高新区组织雄邦压铸、环球光学、宏德机电、南通海狮船舶等14家企业赴沈阳参加通州—东北科技招商暨南通高新区"一区一战略"科技项目洽谈会。中科院沈阳自动化所封锡盛院士及中科院长春应化所、光机所，中科院沈阳自动化所、沈阳工业大学和哈尔滨工程大学进行科技成果发布。高新区与中科院长春应化所签订合作共建技术转移中心协议，7家企业与高校院所达成合作意向。

【"深南电路"开工】 8月28日，位于南通高新技术产业开发区的中航国际南通深南电路有限公司项目开工建设。该项目由深圳中航集团股份有限公司旗下的深南电路有限公

中航国际南通深南电路项目奠基

司投资建设。总投资20亿元。主要从事高端印制电路板(PCB),高密度、多层封装基板等的研发和生产。中国航空工业集团是中央管理的国有特大型企业,深圳中航集团股份有限公司是中航集团下属从事非航空业务的重要平台。

【“沃德储能科技”签约】 9月2日,沃德储能科技项目签约落户南通高新技术产业开发区。该项目由美国Volta Materials Ltd投资,主要从事高性能储能材料及储能产品的研发、生产、销售及出口贸易。项目总投资29亿元,分两期建设,一期租用聚恒工业园标准厂房进行生产。Volta Materials Ltd公司专注于超级电容器、储能电池的新材料、新技术研发、生产和销售,产品主要应用于电动汽车、储能及其他清洁能源领域。

【首届创新创业大赛暨江海圆梦谷开园】 10月18日,通州区首届创新创业大赛颁奖暨江海圆梦谷开园活动在科创大厦举行。活动中,上海兆联企业管理有限公司等6个项目签约,金属纳米材料等6个创新创业项目获表彰,连邦计算机集成服务南通有限公司等14家企业入驻江海圆梦谷。互联网+百人会发起人张晓峰、Oracle全球职业教育(中国区)总经理叶洋、创斯达集团董事长刘佳炎等企业家就互联网+创新创业,互联网+传统产业转型升级等话题进行讨论,部分获奖项目进行了路演。

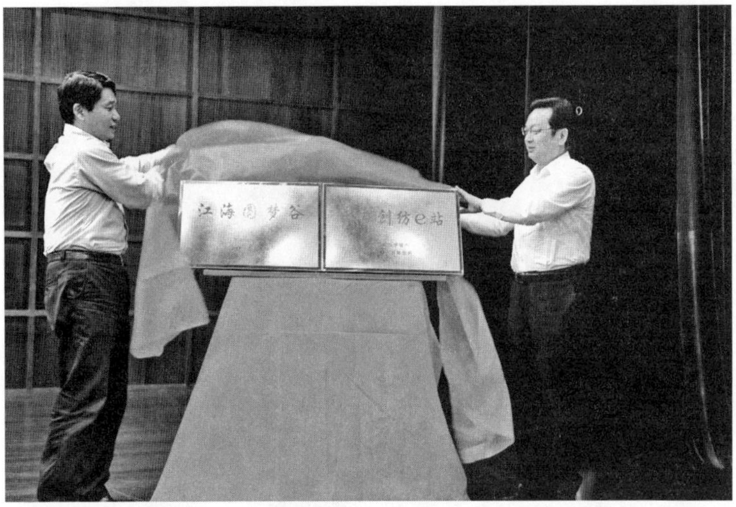

江海圆梦谷、中国创纺e站揭牌

【“农副产品物流中心”签约】 10月28日,通州农副产品物流中心项目签约落户南通高新技术产业开发区,位于龙盛大道南侧、金源路西侧。项目总投资2亿元,规划用地面积6.93公顷,分两期实施,一期建设农副产品批发交易市场、电子商务交易平台和综合配套服务区;二期建设仓储配送中心。该项目是区政府2015年为民办实事重点工程之一,由中国供销集团南通产业园投资建设。

【南通纺织丝绸产业技术研究院揭牌】 11月9日,“通创荟”走进高新区——“纺织丝绸产业创新创业”专场活动在科创大厦举行。江苏省产业技术研究院纺织丝绸技术研究所暨南通纺织丝绸产业技术研究院揭牌,南通市纺织丝绸产业技术协同创新战略联盟和南通市创新创业投资机构联盟同时成立。纺织丝绸研究所由省产业技术研究院、苏州大学、南通市科技局、南通高新区共同建设,研究所入驻科技之窗,拥有研发及实验场所约6000平方米,承担30余项省部级项目,拥有100多项授权发明专利,与江苏大生集团等30多家南通企业联合建立协同创新中心、工程技术研究中心和研究生工作站等。

【上海新韩银行与高新区签约】 11月5日,南通高新区与上海新韩银行在上海韩国商会共享空间举行合作业务签约,为南通韩资企业提供金融和非金融服务支持。韩国新韩银行是新韩金融集团全资控股银行,也是韩国最大的商业银行之一。新韩银行(中国)公司下辖17家分支机构,主要为企业客户提供公司银行、私人银行、投资银行、资产管理、保险经纪等业务。（罗 炜）

锡通科技产业园

【概 况】 2015年年初,经省发改委、商务厅批准,锡通科技产业园列为全省首家苏南苏中合作共建园区。3月,区委、区政府研究决定,锡通科技产业园与张芝山镇实行“园镇合一”发展新模式。本着“精简、统一、高效”原则,对机构和人员设置进行全面整合,职能机构由原先的6个增加到11个,其中便民服务中心等窗口机构沿用镇政府原址,避免机构整合后镇区群众办事“两头跑”的弊端。8月,实行政企分开,锡通科技产业有限公司实体化运作,突出公司开发的主体地位,提升开发建设的市场化、专业化水平,推进机关部门职能转变,强调为民服务的规范化、系统化。同时,加强基础设施建设,全力开展招商引资、拆除违章建筑,整顿机关作风。

【基础设施建设】 3月,锡通科技产业园与张芝山镇实行“园镇合一”,园区面积扩大到50平方公里。为使老镇区和园区发展协同融合,对园区总规划调整,确定“东进、南拓、西优、北融”的空间布局定位。同时,继续加大基础设施投入,在园区“五纵五横”主干道的基础上,深入推进“五纵六横”的次干道路网建设,启动区6平方公里建成近30公里的高标准路网、6公里生态水系和超百万平方米绿化景观。完善老镇区功能,实施张江路、西一、二环和南一环等道路建设,增强园镇合一后的交通融合。加快推进六期安置房、区域污水管网、敬老院等民生工程建设。成功争取到336省道纳入区级投资建设计划。启动好得家、时代尚城、新天地等商住项目建设,城镇配套设施进一步完善。

【招商引资】 2015年，锡通科技产业园先后组织招商人员赴上海、北京、深圳、山东、福建、浙江等地招商60多次；邀请国企机械、制药机械、爱力科、中航联创等80多批次客商来园区实地考察。6月10日，与江苏儒耀道具（集团）有限公司签约。项目注册资金1亿元，建成投产年销售2亿元，税收超1000万元。7月2日，与江苏帅龙集团有限公司签约。项目总投资20亿元，注册资金6亿元，分三期实施，计划年产大桥斜拉索和配套用钢索30万吨，年产值36亿元，利税9亿元。8月，与深圳赤湾石油基地股份有限公司签约。项目总投资1.15亿美元，注册资金3800万美元。根据企业发展规划，充分发挥园区交通区位优势，建设综合型物流基地，其中包括：绿色城市配送中心、高端供应链管理中心、大型电子商务运营结算中心、国际供应链金融服务中心、智能物流供应链应用中心、国际流通企业总部基地和新能源示范基地。

锡通科技产业园与帅龙集团签约桥梁缆索项目

10月23日，与上海金桥经济技术开发区签订合作框架协议，吸引该区因产业结构调整升级需要外迁的企业进驻锡通园区。是年，园区引进超1亿美元项目2个、上市公司1家和超10亿元项目1个。成功签约内外资项目7个，新增协议注册资本10亿元。 （龚云珠）

通州滨江新区

【概　况】 2015年，通州滨江新区（五接镇）积极应对错综复杂的宏观环境，把握稳中求进总基调，坚持落实“创新转型、开发开放、城乡统筹、民生保障、生态治理”和稳增长、调结构、促改革、惠民生、保环境目标任务。全年实现工业总产值200.50亿元，占全区工业总产值的10.0%；完成工业应税销售151.90亿元，比上年增长3.2%，两项指标分列全区第三位和第二位。恒力、韩通重工分别完成应税销售103.80亿元和32亿元，分列全区工业应税销售百强企业第一位、第二位。全镇纳税超200万元企业11家，4家企业进入全区纳税百强。荣获“南通市2015年度民营经济发展先进乡镇”称号。

【“恒科新材料”获全国民企科技发展贡献奖】 4月15日，江苏恒科新材料有限公司获“全国优秀民营科技企业民营科技发展贡献奖”。该奖项是通过国家科技部申报和推荐，中国民营科技促进会评审委员会评审及公示，经国家科技部、国家科学技术奖励工作办公室批准成立，由中国民营科技促进会颁发。

江苏恒科新材料有限公司一直坚持以技术为导向，不断进行技术创新，建立科学技术研发中心，完善知识产权制度，加强知识产权转化及开发，提高企业专利成果转化能力和产品技术含量，树立企业品牌。一年来，已申报获得实用新型专利10项，实审发明5项，所研发10D系列超细旦涤纶长丝项目被列为2014年度市级重大科技创新专业项目，填补了国内空白。

恒力（南通）新材料产业园瞄准市场高端、努力研发新品，实现销售破百亿元、列全区工业应税销售百强企业第一。图为质检人员正细致检查产品

【江苏恒科新材料获评省首批示范智能车间】 8月8日，江苏恒科新材料有限公司聚酯、长丝产品生产车间被评为江苏省首批示范智能车间，是全省化纤制造板块唯一获此殊荣的公司。近年来，江苏恒科新材料有限公司不断深化两化融合，全面提升生产车间智能化水平，推动信息网络技术与工业生产深度融合。公司注重科技创新，围绕设计、生产、管理、服务等环节，深化信息技术的集成应用，提高生产设备、生产过程、制造工艺智能化水平，推进化纤制造从低

端向中高端迈步，在化纤成套生产线已实现数字化自动化的基础上，促进各生产工序的自动链接与智能物流系统的融合，迈出从制造向“智”造的关键步伐。

此次评审，由江苏省经信委联合专家组进行全面、综合评估，经过基层推荐、形式审查、材料评审、现场核查等审核过程最终评定。

【“图海机械”开工】 8月13日，南通图海机械有限公司在滨江新区开工建设。

该公司是一家主要从事石油机械制造、加工、销售于一体的现代化制造企业，拥有研发、生产各种机械设备的专业队伍和覆盖全国的销售网络。项目总投资2.18亿元，占地面积4公顷，位于五接镇沿江公路工业区。建成投产后，年生产能力150台/套石油机械装备。

（赵　楠）

南通家纺城电子商务产业园

中国南通家纺城

【概　况】 中国南通家纺城位于“中国家纺名镇”——川姜镇，是家纺产业集聚地，在产业不断发展过程中逐渐形成了专业化的家纺市场。2014年，为更好培育家纺产业，扩大市场影响力，南通家纺城党工委、管委会，与川姜镇实行“区政合一”管理体制，以此推动产城融合、创新发展。

南通家纺城围绕家纺产业积极推动市场建设，规划的南通家纺城核心区为12.5平方公里，已建成3平方公里，在核心区内集聚了5000多家商户，经营面积超150万平方米。面料及成品销往国内80%以上的地级市，同时远销东南亚、中东、南非、欧美等100多个国家和地区，是全国规模最大、市场占有率最高的家用纺织品生产、销售、出口基地，2015年实现市场成交额450亿元。整个家纺城市场主要分为六大功能片区，分别为面料交易、辅料交易、平台载体、仓储物流、行政商务和生活配套。在核心区周围方圆2平方公里以内，拥有1500多家企业，2800多家工厂，其中拥有自营进出口权的外贸出口企业149家，规模以上企业99家，销售超亿元企业24家，中国驰名商标4个（梦之语、金太阳、圣夫岛、蓝丝羽）。

2015年，南通家纺城积极推动新业态、新模式发展，建设南通家纺城电子商务产业园、家纺研究院，市场集聚形成新天地电子商务产业园、微供市场，开展市场采购贸易方式试点工作，为家纺产业转型升级奠定坚实基础。品牌企业积极开拓，蓝丝羽、凯瑞家纺、派得羽绒等一批家纺企业通过智能改造提升柔性化制造水平，实现技术升级。电子商务持续发展，与阿里巴巴合作，组织品牌企业参与“中国质造——南通好家纺”及“中国原产地”活动，10天销售突破3700万元；引进和培育“找货网”“千家万纺”为代表的一批电商领军企业，获南通市首个电子商务示范集聚区称号，家纺城电商园入驻76家电商企业、新天地电商园入驻逾百家网供企业，微供市场形成140多家商家集聚，全年实现电子商务交易额120亿元。跨境电商势头良好，引进四海商舟、合丰供应链、创澜电子、环球掌柜等一批跨境电商服务机构，10多家外贸家纺工厂率先涉足跨境业务，全年实现跨境业务成交额2亿元人民币。

中国南通家纺城

【市场采购贸易方式试点】 9月，南通家纺城被纳入市场采购贸易方式试点范围。承接试点工作后，迅速完成软件、硬件、招商、协调对接等准备工作，11月26日完成首单出口，至年末成功招引160家商户、12家外贸公司、5家货代公司、1家报关报检公司注册备案，总计完成65

单采购,金额 839 万美元。 (顾莹琰)

南通空港产业园

【概　况】 南通空港产业园被列为南通市“十二五”重点培育的新兴产业基地和现代物流业发展重点园区,是国家级南通高新技术产业开发区的重要板块。2015 年,落户园区的 3 家企业运行良好。其中华夏工程技术有限公司实现销售收入 4000 万元,纳税 679 万元;顺丰速运有限公司实现销售收入 3.60 亿元,纳税 1093 万元。年末,圆通航空枢纽、民航校飞中心、江苏工程职业技术学院航空实训基地等一批项目即将开工建设。

华东地区首届通用航空发展论坛

【李书东考察园区】 3 月 30 日,美国航空运动协会(ASA)会长李书东一行在参观位于园区内的华夏航空工程技术有限公司后,实地考察南通空港产业园。兴东街道招商部门向美国客人播放空港产业园宣传片,介绍园区的发展规划,双方还进行了深入交流。

【华东地区首届通用航空发展论坛】 4 月 16 日,通州区人民政府主办,南通空港产业园、华夏航空工程技术有限公司承办的 2015 华东通用航空产业发展论坛在南通举行。民航华东局副巡视员李锦高、通航处处长倪一宏、中国航空器拥有者及驾驶员协会秘书长张峰,中国民航飞行学院等高校的专家学者及华东六省一市的 100 多家通航企业参加此次活动。

【4 项目集中签约】 4 月 16 日,南通空港产业园举行项目集中签约活动。圆通航空、恒诚科技、空港大酒店、综艺航空物流 4 个项目集中签约落户,总投资 5.50 亿元,计划两年内建成运营。其中恒诚科技项目总投资 5000 万元,主要经营航空器内饰生产、装饰等业务;综艺航空物流由南通综艺投资有限公司总投资,主要经营航空物流、国际航空金融、贸易等业务。圆通航空项目总投资 1 亿元,依托南通兴东机场,建设航空货运和分拣转运枢纽。 (宋燕婷)

石港科技产业园

【概　况】 2015 年,石港科技产业园按照石港镇大力实施园区、镇区、景区和生态农业区“四区联动”发展战略,解放思想聚合力,攻坚克难求突破,锐意进取促转型,稳步推进园区开发建设。一是扎实开展“招商引资、项目建设突进年”活动。组建 4 个招商小分队专业招商,制定激励政策促进招商,全年新签约项目 20 个,总投资 24.50 亿元。二是多途径推进政企良性互动,促进项目集中开工。全年新开工工业项目 7 个,其中超 5000 万元项目 5 个,超亿元项目 3 个,总投资 5 亿元。博强机械、天昌祥玻璃制品、贝思特石墨、时代科技等项目成功落户,江华纺织二期、新兴机械、山剑防腐科技、中群机械、立广食品等项目加快推进,准信自动化、鸿盛装饰、江南汇、百盛精密机械、汉迪自动化、喜沁家纺、源佑纺织、斐乐机械等项目全面投产,进一步优化产业结构,增强工业经济发展后劲。年末,已有入园企业 28 家,投资总额 26 亿元。三是全力推进渔湾水道基础设施建设,完成景区周边环境整治,精心打造“农家乐”、烧烤等服务,开通散客接待服务。7 月,渔湾景区恢复运营,接待游客 1.60 万余人次。打造集石港小学文正书院、

富港路建成通车

文博苑、石港老街等具有古镇文化特色的旅游线路,延伸旅游产业链。在"畅游江苏,美丽乡村"首届网络乡村旅游评选中,渔湾水道入选江苏最具特色乡村生态园。

【富港路通车】 2015年末,石港科技产业园东西向主干道——富港路石江路至通富北路路段通车。该路总长7.9公里,宽34米。由南通交通设计院设计,南通江海公司施工。

【标准厂房开工建设】 2015年,石港科技产业园标准厂房项目完成规划设计,开工兴建。该项目由江苏海阔置业有限公司投资,投资总额2亿元,占地面积3.33公顷,计划建设高标准工业厂房6万平方米,并同时完成绿化、道路、消防、给排水、供电等基础配套设施建设。建成后,主要为食品、轻工、高档纺织服装、电子类企业提供生产用房。 (杨　磊)

标准厂房

通州名人选介之十二

陈　照

陈照(1884－1987)原名有余。南通县兴仁侯家桥人。家境贫寒,靠种田、织布勉强维持生活。光绪三十一年在风雪严寒中护理病危的游医焦月波,被收为徒。焦传给他治疗瘰疬等疾病的技术和秘方,嘱咐治病救人须恤贫念苦。翌年秋开始行医。他治瘰疬、梅毒、痞病和被疯狗咬伤等疗效显著,声名远扬,上门求医者络绎不绝。他对清寒病人不收分文,有时还供饭、留宿。1950年初参加兴仁区医学联合会。1956年4月受聘为南通市中医院瘰疬科医生,并任市政协第一届委员。他治瘰疬的配方花钱少,方法简单易行,疗效高达98%以上。1958年,他出于对社会主义祖国的热爱,向国家献出治疗瘰疬的秘方和拔核疗法。同年秋出席全国群英会,受到毛泽东主席、周恩来总理接见。会议期间,由中华医学会吸收为会员,并被中国医学科学院聘为特约研究员,荣获中华人民共和国卫生部颁发的医药卫生技术革命先锋证书和金质奖章。1959年获南通市劳动模范奖章。1960年5月,出席江苏省文教卫生群英大会,获省"先进工作者"称号和荣誉纪念证。1979年在党和政府关怀下回家安度晚年,继续为全国各地瘰疬患者来信询医求药热情服务,被誉为"药到病除,妙手回春""寄来的不只是药,而且是共产主义精神,是'五讲四美'的结晶"。1983年南通市政府和市政协为他举行百岁生日祝寿会。1987年12月逝世。

(引自《南通县志》人物传第1193页)

金　融

Banking

编辑　马　钰

中国人民银行通州支行

【概　况】 2015年年末，辖区完成本外币各项存款余额1251.55亿元，比年初(下同)增长13.0%；本外币各项贷款余额678.04亿元，增长11.7%；不良贷款9.21亿元，增加2.35亿元，不良率为1.4%。是年，支行被中国人民银行评为2012—2014年度文明单位，通过江苏省档案局AAA级数字档案室测评，被江苏省统计局评为第三批“江苏省部门统计示范点”，通州区被江苏省金融稳定工作协调小组复评认定为省金融生态优秀县，金融生态环境综合评估全省第8名；被南通市放心消费创建活动办公室评为南通市放心消费创建示范行业，连续20次被人民银行南通市中心支行评为先进集体；党支部被中共中国人民银行南通市中心支行党委评为先进基层党组织。

【落实货币政策】 2015年，中国人民银行通州支行加强货币政策宣传，做好宏观调控政策解读，引导各方正确理解稳健货币政策的实质和内涵，把握好政策调控预期，适应宏观调控要求，为稳健货币政策贯彻执行营造良好的外部环境。积极引导辖区金融机构稳妥有序开展“两权”抵押贷款，农村宅基地抵押贷款实现零突破，发放贷款7笔共97万元；农村集体土地经营权抵押贷款发放贷款12笔共4155万元。先后为张家港农商行通州支行办理再贴现3000万元，为南通农村商业银行办理再贴现3亿元，为通州华商村镇银行发放支农再贷款2000万元。

【维护金融稳定】 2015年，中国人民银行通州支行密切关注辖区金融机构与企业运行状况，加大对地方法人金融机构、非银行金融机构、重点行业和领域的风险监管，先后参与企业融资协商会百余次，切实解决部分企业存量贷款有效周转问题，防止出现区域性、行业性信贷风险；开展“金融司法护航”专项行动，搭建法院与金融机构点对点联动机制，充分发挥司法规范金融行为、化解金融风险、维护金融稳定的职能作用。联合区金融办、市场监管局、公安局等相关部门，对辖区从事投资咨询、第三方理财公司进行拉网式排查，向经营者多层次、全方位宣传国家法律和政策，帮助群众提高辨别力和防范能力。加强社会信用体系建设，开展“征信宣讲一对一走进工商企业主”“百姓征信知识问答”有奖知识竞赛等；加强农村金融综合服务站点征信宣传，营造农村诚信氛围。是年，发放机构信用代码证2544户，个人信用报告查询4578笔，企业查询1042笔，司法查询个人类23笔，企业15笔，外资企业名录登记173家，建立中小(法人)企业数据库档案1064家。

【金融生态创建】 2015年，中国人民银行通州支行深入推进“金融放心消费一条街”创建活动，组织问卷调查，开展金融消费权益保护环境评估。6月，被南通市评为“2014年度南通市放心消费创建活动示范行业”。顺利通过“金融生态优秀县”复评，金融生态环境综合评估位列全省第八位。

【金融服务】 2015年，中国人民银行通州支行优化农村支付环境，加强“农村金融综合服务站”建设，加大设施投入，统一建站标准，定期开展业务培训和检查走访。是年，210个站点累计受理取款业务4.37万笔共371万元，转账汇款3.45万笔共1047万元。做好国库内部事后监督工作，办理地方预算收入180.95亿元，增长1.5%；办理预算支出192.91亿元，增长27.5%；办理预算收入退库29.91亿元，增长15.2%。成立通州区首家特殊残损币兑换服务中心。实施人民币流通满意工程，强化反假货币宣传与培训，开展反假宣传进交通领域以及“社区行、学校行”系列主题活动。协助通州警方侦查破获江苏省首例“百万”级特大制贩假币案。是年，收缴假人民币8726张41.19万元，其中金融机构收缴3358张共27.39万元，公安部门没收8.41

万张共 117.44 万元。兑换特殊残损币 25 次共 482 张，金额 3.92 万元。

【外汇管理】 2015 年，中国人民银行通州支行不断创新外汇管理服务。跨国公司外汇资金集中运营企业新增 1 家、总数达 2 家；顺利开展南通家纺城市场采购贸易方式试点。做好外汇存量权益登记工作，组织开展外汇现场检查、国际收支现场核查。是年，辖区对外贸易进出口总额 38.33 亿美元，增长 5.8%。外商直接投资登记 25 家，流入 1.84 亿美元；境外直接投资登记 18 家，流出 5.17 亿美元。国际收支统计申报核查 3.26 万笔共 24.89 亿美元，核查率 100%。（徐新华）

中国工商银行股份有限公司南通通州支行

【概　况】 2015 年年末，中国工商银行股份有限公司南通通州支行完成各项存款余额 125 亿元，比年初（下同）增加 6.56 亿元，增长 5.5%。完成各项贷款余额 89.13 亿元，增加 8.40 亿元，增长 10.4%。实现中间业务收入 6847 万元。实现账面利润 2.6 亿元。（费松石）

中国农业银行股份有限公司南通通州支行

【概　况】 2015 年年末，中国农业银行股份有限公司南通通州支行完成各项存款余额 164.38 亿元，比年初（下同）增长 7.4%。完成各项贷款余额 58.85 亿元，增长 5%，其中农户贷款余额 4700 万元。累计发放 IC 借记卡 9 万张，新增电子银行客户 8.80 万户，在行式、离行式自助服务区达 34 个，有 ATM、CRS 等各类设备 231 台。实现中间业务收入 8520 万元，增长 8.8%。完成拨备后利润 1.33 亿元。全年未发生重大责任事故和案件。是年，支行党委被推荐为农总行“服务三农”好班子，支行被评为南通市平安金融单位、南通市文明单位。1 名员工被评为全国妇联巾帼建功标兵，1 名员工被评为南通市工会先进工作者，2 名员工被评为江苏省分行好人，6 名员工被评为南通市分行先进个人。（潘小红）

中国农业发展银行南通市通州支行

【概　况】 2015 年年末，中国农业发展银行南通市通州支行认真履行农业政策性金融职能，紧紧围绕保障国家粮食安全和服务国家稳增长决策以及“三农”发展，依法从严治行，进一步加大信贷投放力度，优化服务质量。全年累计发放各项贷款 13.81 亿元，比年初（下同）增长 95.6%；年末贷款余额 18.34 亿元，增长 96.8%；存款余额 7.56 亿元，增长 26.6%；到期贷款收回率 100%；贷款利息收回率 100%。全年无不良贷款、无违规违纪和案件事故发生。是年，支行被省分行评为“精品行”。（徐振华）

中国银行股份有限公司南通通州支行

【概　况】 2015 年年末，中国银行股份有限公司南通通州支行以构建和谐企业、争创通州地区“客户首选综合金融服务供应商”为目标，抓为民服务实现服务领先，抓规范经营提升发展业绩，各项业务持续健康发展，绩效考核在南通中行辖内名列前茅。年末，支行本外币各项存款余额 97.37 亿元，比年初（下同）增长 8.9%；本外币各项贷款余额 58.59 亿元；实现中间业务净收入 9188 万元；完成拨备前利润 2.41 亿元。是年，支行被南通市委、市政府授予“2013—2014 年度南通市文明单位”称号。（俞冬梅）

中国建设银行股份有限公司南通通州支行

【概　况】 2015 年年末，中国建设银行股份有限公司南通通州支行实现拨备前利润 3.04 亿元，比年初（下同）增加 839 万元；实现中间业务收入 1.19 亿元，增加 3562 万元。储蓄存款日均余额 92.07 亿元，增加 11.46 亿元；对公存款日均余额 46.59 亿元，增加 4.35 亿元；对公贷款日均余额 52.33 亿元，增加 8100 万元；个人贷款时点余额 12.29 亿元，增加 1840 万元。是年，支行被通州区委、区政府评为 2015 年度区级机关目标管理绩效考核先进集体；被南通市公安局评为 2015 年度安全保卫工作先进集体。

【省建行系统先进典型】 2015 年，中国建设银行股份有限公司南通通州支行探索“更加注重效率、更加注重质量、更加注重效益”发展模式，在传统存贷业务方面努力提升低成本资金吸存能力和高收益资产的风险管理能力；在服务范围上向大资产、大负债业务转变；在业务结构上提升中间业务发展水平，积极寻求资本市场、债券市场、资金市场业务拓展机会；在内控管理上，狠抓全员教育学习，严格规章制度落实。各项工作齐头并进，成为江苏省建行系统内“大个金业务”先进典型。（蒋开革）

交通银行股份有限公司南通通州支行

【概　况】 2015年年末,交通银行股份有限公司南通通州支行在应收账款质押融资、科技贷款、惠普金融等产品和服务领域不断探索创新,是年,完成各项存款余额10.57亿元,比年初(下同)增长21.6%,其中对公存款余额7.13亿元,储蓄存款余额3.44亿元。完成各项贷款余额10.50亿元。　(郁园园)

江苏银行股份有限公司南通通州支行

【概　况】 2015年年末,江苏银行股份有限公司南通通州支行围绕"扩规模、上台阶、控风险、带队伍"目标和"市场导向、标杆引领、效益为先、周期考量、团队为本"理念,打造行业性、特色性、专业性的五星服务,稳步推进资产、负债、投行、小企业业务全面发展,实现客户满意与经营创利并重。全年完成各项存款余额75亿元,比年初(下同)增加12亿元,增长19%。完成各项贷款余额42亿元,增加3.34亿元,增长8.6%。　(邵　军)

中国邮政储蓄银行股份有限公司南通市通州区支行

【概　况】 2015年年末,中国邮政储蓄银行股份有限公司南通市通州区支行实现个人存款余额119.85亿元,比年初(下同)增加9.72亿元,增长8.8%;公司业务存款余额10.48亿元,增加6.30亿元,增长150.7%。完成贷款业务余额7.34亿元,增加1.64亿元,增长28.8%;新增新农保、医保、社保等人员工资代发69万余户。新增四安镇、平潮镇、建设路和营业部四个信贷服务站。　(包甜甜)

礼仪大赛展现邮储风貌

中信银行股份有限公司南通通州支行

【概　况】 2015年年末,中信银行股份有限公司南通通州支行完成一般性存款余额33.57亿元,比年初(下同)增加5.27亿元,增长18.6%,其中对公存款30.63亿元,增加5.71亿元,增长22.9%。完成一般性贷款余额22.59亿元,增加4.51亿元,增长24.9%。是年,支行被中国银行业协会评为"中国银行业文明规范服务四星级营业网点"。　(符　旭)

招商银行股份有限公司南通通州支行

【概　况】 2015年年末,招商银行股份有限公司南通通州支行完成自营存款27.76亿元,比年初(下同)增加2.36亿元。其中对公存款余额22.78亿元,增加2.26亿元;储蓄存款余额4.98亿元,增加1018万元。完成各项贷款24.16亿,增加9.20亿元。是年,支行被评为江苏省"青年文明号",被推选为"国家级青年文明号"参创单位。

【服务客户】 2015年,招商银行股份有限公司南通通州支行为8家建筑企业商票见证业务授信4.70亿元,已办理商票贴现业务8000万元,有力支持建筑企业发展。成功办理与南通农村商业银行代开银票业务。黄金租赁业务深入推进,为企业成功融资5000万元。零售管户资产突破26亿元,增加3亿元。　(陆　滢)

兴业银行股份有限公司南通通州支行

【概　况】 2015年年末,兴业银行股份有限公司南通通州支行实现本外币各项贷款余额23.43亿元。完成本外币各项存款余额25.44亿元。实现账面利润9014.03万元。

【金和社区支行成立】 1月,兴业银行股份有限公司南通通州支行成立金和社区支行,让服务走进小区,让群众不用出门就能享受离行式自助服务,满足客户随时存取款和购买理财产品的需求。　(邱晓蓉)

上海浦东发展银行股份有限公司南通通州支行

【概　况】 2015年年末，上海浦东发展银行股份有限公司通州支行完成各项人民币存款21.30亿元，比年初(下同)增加7.60亿元。完成各项贷款余额12.50亿元，增加3.50亿元，不良贷款为零。6月，成功办理区内首笔国内贸易信用险项下保理业务。8月，与南通分行离岸创新中心密切合作，办理区内首笔保证金收益前置项下开证业务，信用证金额2493.93万美元。10月，办理互联网金融贷款业务，有效利用创新金融工具支持地方企业的发展。　(邵唯力)

中国民生银行股份有限公司南通家纺支行

【概　况】 2015年年末，中国民生银行股份有限公司南通家纺支行完成各项存款余额33亿元，比年初(下同)增加6亿元，其中储蓄存款7亿元，增加1亿元。表内外总贷款规模突破45亿元，增加约5亿元。是年，支行在南通分行“赢在服务”PK赛中荣获三等奖；在通州区“征信知识暨点钞识假技能大赛”活动中荣获团体三等奖、个人点钞一等奖；获南通分行“2015年度特殊贡献团队奖”；蝉联南京分行“五星级网点”称号；成功入选银协四星网点后选名单。

(张俭华)

江苏南通农村商业银行股份有限公司

【概　况】 2015年年末，江苏南通农村商业银行股份有限公司完成各项存款余额421.54亿元，比年初(下同)增加56.60亿元，增长15.5%。其中：储蓄存款余额358.69亿元，增加41.87亿元，增长13.2%；对公存款余额62.85亿元，增加14.73亿元，增长30.6%。完成各项贷款余额291.30亿元，增加24.89亿元，增长9.3%。其中：贷款余额244.81亿元，增加17.95亿元，增长7.9%；贴现46.49亿元，增加6.94亿元，增长17.5%，单笔500万元(含)以下直贴交易规模19.42亿元。实现营业收入31.77亿元，增加6.84亿元，增长27.4%。实现账面利润总额3.81亿元，增加0.68亿元，增长21.7%。实现净利润2.81亿元，增加0.79亿元，增长39.1%。9月11日，协助南通市政府做好市民卡推进工作，成功中标A标段50万张，获南通市民卡首发资格。

【金融服务】 一是营销实体贷款。全年增加公司类贷款79.43亿元，其中新增企业203户、发放贷款65.7亿元，给予65户存量客户增加贷款13.73亿元。二是做好项目贷款。全年投放通州区、港闸区、如皋经济技术开发区等基础设施建设项目贷款总额38.8亿元。三是创新产品。推出和谐家庭幸福贷、下岗失业人员小额贷款、家庭农场贷款和农村宅基地住宅抵押贷款、土地承包经营权抵押贷款、专利权、商标权质押贷款、应收账款质押贷款等金融产品，支持新型农业经营主体发展。四是支持养老机构发展。推出“颐福乐”贷款产品，实行“五优先”(优先满足养老业需求、优先受理、优先调查、优先授信、优先放贷)政策，全年共向6家社会养老服务机构提供信贷支持近2000万元。

【业务转型】 一是出台独立审批人制度。通过董事会聘任分别设立专职从事信贷业务授信审批的独立审批人，下发《南通农商银行公司业务授信独立审批人管理办法(试行)》，根据岗位级次分别规定岗位职责和后评价机制，共完成授信业务196笔计76.71亿元。二是加强国际同业合作。6月，江苏南通农村商业银行股份有限公司与德国储蓄银行国际合作基金会签署《小微贷款技术引进项目合作协议》，引进微贷理念和技术，新设小微业务部和微贷专营中心，实行准事业部编制，搭建专业化小微业务平台，对招聘的首批36名新客户经理开展集中培训，组建一支综合素质过硬的团队。三是加强客户经理队伍建设。对新入职客户经理进行职业道德教育。多场次分期召开座谈会、讲座、集中封闭式培训、外拓培训，讨论管理办法，加强客户经理营销，逐步实现从“赢在厅堂”到“赢在大街”的转型，实现客户经理由“坐”到“行”的转变。

【金融布局】 一是分期开展各类培训，提升业务人员验票水平和客户经理票据直贴营销能力，积极拓展转贴现业务，发挥票据调节功能。二是参与银行间债券市场，增加债券持仓，做活买卖交易，拓宽交易渠道。2015年，债券日均逆回购达30亿元。三是票据业务由单一买卖断交易逐步发展为以买卖断为主、回购为辅的交易模式，贴现付息实现买方付息模式，票据形式由单一纸票交易拓展为纸票加电票的混合交易模式；票据托管实现线上交易、线下划转、入账及时、防范风险的创新突破；信用债投资实现零的突破。5月19日，顺利完成1000万元隔夜资金借入，成为南通地区第一家成功与人行开展常备借贷便利的农商行。9月，获理财登记系统报备资格，成功发行理财产品3期共计2295万元。四是发展贴现业务，全年直贴企业由原来的48家增至347家，规模由7.08亿元增加至38.08亿元。

【优化组织结构】 2015年，江苏南通农村商业银行股份有限公司对全行组织架构进行调整，新设小微业务部、零售业务部、授信审批部；在计划财务部下成立财务会计部、资产负债管理部、数据中心；在金融市场部下成立固定收益部、同业金融部、票据金融部、风险管控部，筹建上海研发中心。对全行33家信贷业务支行实施信贷客户分类管理，依据功能重新定位，设立重点支行3家、中心支行7家、小微信贷支行23家。优化绩效考核系统、数据仓库系统、客户风险预警系统、电子验印系统、新版反洗钱系统、电子登记簿系统、合规管理系统、不良资产台账管理系统等。全年共新增制度管理办法75个、修订10个、废止2个。（严　兵）

江苏张家港农村商业银行股份有限公司通州支行

【概　况】 2015年年末，江苏张家港农村商业银行通州支行完成各项存款余额16亿元；完成各项贷款余额12.72亿元；实现账面利润4246.37万元。（王炎冰）

江苏通州华商村镇银行股份有限公司

【概　况】 2015年年末，江苏通州华商村镇银行股份有限公司完成各项存款4.62亿元，比年初（下同）下降1.33亿元。完成各项贷款余额5.03亿元，下降0.66亿元。其中涉农贷款2.11亿元，农户和小微企业贷款4.90亿元。2月，成立平潮新坝分理处。（王旭东）

中国人民财产保险股份有限公司通州支公司

【概　况】 2015年，中国人民财产保险股份有限公司通州支公司实现保费收入1.90亿元，比上年（下同）增加2213万元，增长12.9%。其中，非车险保费3051万元，减少49万元，下降1.6%；车险保费1.3亿元，增加2254万元，增长20.4%；政策性农业保险2823万元，增加8万元，增长0.3%。累计实现承保利润1318万元，增加654万元，增长98.5%。其中，非车险利润负91万元，减少356万元，下降79.6%；车险利润729万元；政策性农业保险利润679万元，增加383万元，增加129.4%。保险市场份额（不含农险）39.9%，下降0.8个百分点。赔款支出1.02亿元，增加1218万元，增长13.6%；综合赔付率66.1%。

【高效设施农业新险种】 2015年，中国人民财产保险股份有限公司通州支公司先后试办高效农业保险新险种3个，分别是肉用鸽保险、南美白对虾保险和仔猪保险。肉用鸽保险每只保险金额10元，保险费率6%；南美白对虾保险每亩保险金额3000元，保险费率8%；仔猪保险每只保险金额200元，保险费率8%。农户自缴保费40%，省、县（区）两级财政各补贴30%。高效农业保险占政策性农业保险57%。累计开办政策性农业保险（含高效设施农业）险种25个。

【高效设施农业保险理赔】 2015年，中国人民财产保险股份有限公司通州支公司农险各类险种份额内赔款1627万元，高效农业保险赔款978万元。其中，大棚保险承保面广，涉及保户多。6月起，通州地区受自然灾害8次，共计赔款405.10万元。（吴雨馨）

中国人寿保险股份有限公司通州支公司

【概　况】 2015年，中国人寿保险股份有限公司通州支公司实现保费收入4.01亿元，其中首年保费收入1.71亿元，比上年（下同）增加884.29万元，增长5.5%，首年期交保费收入5650.16万元，增加1850.20万元，增长48.7%。赔（给）付1.12亿元。新农合大病保险补偿1.32万人次，增长2.3%；补偿金额2900万元，增长16.9%。新农合补充保险赔付1.03万人次，赔付773.90万元。是年，公司团支部荣获“全国金融五四红旗团支部”称号，公司获评南通市文明单位。（徐雪梅）

中国太平洋财产保险股份有限公司通州支公司

【概　况】 2015年，中国太平洋财产保险股份有限公司通州支公司实现保费收入2852.04万元，比上年（下同）减少611.66万元，下降17.7%。其中机动车保费收入2429.88万元，各类财产险、人身意外伤害保险、责任险、货运险等保费收入422.16万元。

【车险E理赔】 2015年，中国太平洋财产保险股份有限公司通州支公司依托互联网技术推出车险E理赔APP，指导客户下载使用，这是车险领域又一次变革，完成车险理赔从线下到线上、传统到互联网的转变，帮助客户节省时间，实现足不出户、简易理赔。（黄圆圆）

中国平安财产保险股份有限公司通州支公司

【概　况】 2015年，中国平安财产保险股份有限公司通州支公司实现保费收入8076万元，比上年（下同）增加1704万元,增长26.7%。其中车险保费收入7456万元,增加1635万元,增长28.1%;财产险保费272万元,增加45万元,增长19.8%;意健险保费348万元,增加24万元,增长7.4%。

【"新高铁"理赔】 2015年,中国平安财产保险股份有限公司通州支公司顺应移动互联网发展趋势,开发"新高铁"理赔系统。该系统首创线上直赔模式,对于简单的案件无需等待现场查勘定损,可通过电话、微信、好车主APP、网络等多渠道报案,客户自主上传损失照片,电话直赔中心在线完成定损结案支付,实现线下到线上作业模式转变。同时,建立人伤LCC电话中心,简易人伤案件在线结案处理并提供7×24小时医疗调解、诉讼等专业知识咨询。第一笔赔款客户报案到赔款到账仅需14分钟,电话直赔案均理赔时长0.25天,大幅度缩短理赔时效。　（沈天罡）

申银万国证券南通建设路营业部

【概　况】 2015年,申银万国证券南通建设路营业部代理沪深A股交易总量约1200亿元。公司经营范围包括证券经纪、证券投资咨询、融资融券、代销金融产品、证券投资基金代销、为期货公司提供中间介绍业务,证券资产管理,证券承销与保荐(限国债、非金融企业债务融资工具、政策性银行金融债、企业债承销)。营业部拥有稳定、安全、齐备的通信和交易系统,为客户提供免费短信提醒和电子邮件咨询等特色增值服务。　（万　鹏）

华泰证券南通通州人民路营业部

【概　况】 2015年,华泰证券南通通州人民路营业部秉承"高效、诚信、稳健、创新"理念,坚持"以客户服务为中心、以客户需求为导向、以客户满意为目的",致力打造通州地区的理财专业机构。营业部拥有稳定安全的交易系统,包括网上交易、电话理财、手机理财等多种理财平台,并建立具有咨询执业资格的理财师团队和针对客户不同理财需求提供的专业化投资理财解决方案。营业部经营范围包括证券经纪、证券投资咨询、证券承销与保荐、证券投资基金代销、证券资产管理、为期货公司提供中间介绍业务和一系列与证券交易、证券投资活动有关的理财顾问业务,为客户提供各项优质服务。是年,营业部代理沪深A股交易总量约2000亿元。　（纪　熙）

通州名人选介之十三

孙　儆

孙儆(1867－1952)字谨臣,又字井澄,南通县金沙镇人。曾就读于江阴南菁书院;学成归里,设馆授童。后出任江苏宝山县县学训导。清光绪二十九年(1903年),赴省参加经济特科考试、中举。光绪三十三年任四川省教育公所学政。宣统元年(1909年)任四川青神县知事;翌年辞职归里。民国建立后为江苏省议会议员、副议长。热心地方教育事业,资助创办金沙第一初等小学,并以私资创建孙氏高等小学,又倡建金沙职业学校(后扩充为南通县立初级中学)等。民国3年(1914年)以江苏省副议长身份东渡日本考察。归来后,办游民工厂、育婴堂,辟公园,筑剧场,建"沧园",自号"沧叟"。民国16年退出政界,专治学术,于书法颇有造诣。中年专治小篆、石鼓文,50岁起研究贞卜文字,晚年专治殷墟文。民国27年12月日军侵占金沙后,旅居沪上,以卖字为生。1952年病故。编著有《白门正续集》《补正凌次中〈礼经释例〉》《甲骨文集联》《续五山志稿》《金沙志稿》等。

（引自《南通县志》人物传第1191页）

经济综合管理

Economic Comprehensive Administration

编　辑　张晓芹

计划与投资

【2015年国民经济和社会发展计划执行情况】 2015年，通州区积极应对复杂多变的宏观环境，围绕建设“强富美高”新通州，坚定不移强基础、谋长远、求突破，扎实开展“三个年”活动，加快推动项目集聚、转型升级、城乡统筹、民生改善和生态文明建设，较好地完成年初确定的目标任务。

地区生产总值940.16亿元，比上年（下同）增长9.9%。一般公共预算收入80.65亿元，增长14.5%。固定资产投资597.74亿元，增长14.9%。社会消费品零售总额307.73亿元，增长10.0%。外贸进出口总额35.83亿美元，增长7.8%。城镇居民人均可支配收入37646元，增长8.9%。农村居民人均可支配收入18361元，增长9.1%。城镇登记失业率2.51%。全社会研发投入占地区生产总值比重2.5%。

结构调整加快推进，转型升级取得新成效。制造业争先发展。制定出台中国制造2025通州行动纲要、“互联网+”行动计划实施意见等一系列政策文件。规模工业总产值在全市率先突破2000亿元，达2025亿元。其中，完成新兴产业产值706亿元，增长15%，占规模工业产值比重34.9%。工业用电量37亿千瓦时，4家企业列入省直购电试点。新增省市级两化融合试点企业6家，南通高新区获批省两化融合示范区。家纺产业被国家列入产业集群区域品牌建设试点，为全国家纺行业首家。江海电容器生产线项目成功入选2015年工业转型升级强基工程。新增6个省市首台套重大装备及关键部件。服务业提速发展。组建区服务业发展局，项目化推进科技服务、电子商务、现代物流等现代服务业，服务业增加值达406.5亿元，占比提高1.5个百分点。南通高新区科技服务业集聚区、中国家纺城电子商务产业园、通州进鲜港乡村旅游集聚区跻身市首批10家示范服务业集聚区，甲骨文、广和云计算等20个新兴服务业项目签约入驻智慧软件园。71家电商企业入驻家纺电子商务产业园，实现电商交易额120亿元。南通微纺、达海智能成功列入省服务业“十百千”重点培育工程，金太阳纺织成为省创新发展示范企业，7家企业获评市服务业创新示范企业和平台经济示范企业。南通高新区成功申报省物流基地，江苏景瑞农业科技公司成功创建中国物流示范基地，新增AAAA级物流企业2家。推出“通州二日游”线路，成功举办南通乡村旅游节。建筑业跨越发展。施工产值突破1500亿元，在建施工面积12000万平方米。其中，新开工面积2800万平方米。新获鲁班奖3项，荣获“国优奖”3项、詹天佑奖1项。南通四建等9家企业获省“百强企业”称号，南通四建、通州建总、南通新华3家建筑集团入围“中国民企500强”，通州建总入围“中国承包商80强”。农业提质发展。粮食生产再创佳绩，粮食面积8.01万公顷，总产达54.4万吨。以省“菜篮子”工程蔬菜生产基地建设为重点，蔬菜播种面积2.87万公顷，蔬菜总产量115万吨。国家现代农业示范区通州核心区加快建设，新建扩建规模以上农业项目125个，新增市级以上农业龙头企业6家，新增土地流转2133.33公顷、设施农业1466.67公顷。现代农业产业体系不断完善，农业物质装备和技术水平持续提升，培育新型农业经营主体303个，新增家庭农场80个、全托管服务组织97个。新申报认证“三品”110个，申报产地24个。

载体功能优势凸显，项目建设迈上新台阶。有效投资持续攀升。固定资产投资总量继续领跑全市。工业投资338.86亿元，增长8.9%；服务业投资253.81亿元，增长23.2%。投资质态不断提升。实施规模以上项目735个。其中，亿元以上项目158个，完成投资298.2亿元。亿元以上项目中，工业项目83个，完成投资161.7亿元；服务业项目75个，完成投资136.5亿元。完成技改投资232亿元，总量全市第一。四方冷链等40个项目列入省重点技术改造项目导向性计划。重大项目质效提优。全力推进精准招商、产业招商、以商引商,签约项目135个。其中,亿元以上项目76个,深南电路、沃德能源材料、丽智电子、艾伯勒斜拉索等重大项目成功落户。组织项目建设“季季看、家家到”和联合开工活动,华电热电主体工程、好得家商贸城等开工建设,新江海薄膜电容器一期、五洲国际汽车博览城等竣工投产。华电热电联产、展华高密度印刷电路板等3个省级重大项目加紧推进。列入市级重大项目计划17个,总投资20亿元以上项目7个,10亿元—20亿元项目10个,平均单体投资规模达28.8亿元,17个市级重大项目完成投资160亿元,超过年度计划85个百分点。区级重大项目35个,单体投资规模达14.57亿元。紧扣签约、开工、竣工、投产等关键节点,推动项目建设快出形象、快出效益。载体建设特色凸显。高新区完成南区和西区控制性详规、绿地系统等规划;创新资源加快集聚,55万平方米科技新城创新载体建设有序推进,与高校科研院所、创投机构、科技园区等对接项目27个。其中,国家千人计划项目3个;一批来自欧美、日韩和中国台湾的优质中小项目成功落户,新能源汽车、汽车零部件等特色产业板块集聚效应逐步释放。锡通科技产业园推动区镇融合,启动张江路、槐杨路等路网建设,商业及公共服务配套项目加速推进。滨江新区全力推进横港沙二期圈围、液体化工码头、2万伏专供线路等工程建设,连接开沙岛和横港沙的“三路两桥”全线贯通;加快开发开沙岛旅游度假区,确定“一环三带八片区”发展格局,加大对国乒基地、典园、秀岛等现有景点的改造提升。南通空港产业园机场大道拆迁和规划调整加紧推进,尊翔公务机项目获经营许可证,顺丰全自动分拣中心项目增资到位。南通家纺城跻身市场采购贸易方式试点,国际贸易服务大厅建成;招引入驻合丰跨境电商、环球掌柜、创客邦等重点电商项目,并与敦煌网达成初步合作协议;成功举办第八届画稿交易会,展出画稿近1.8万幅,成交作品2790幅;川姜镇获批江苏省创新型试点乡镇。石港科技产业园富港路等加快建设,园区12公里污水管网、土地平整、部分电力设施改造等工程加快实施;石港镇列入国家新型城镇化综合试点镇。

改革开放不断深化,体制创新增添新动力。综合改革纵深推进。稳步推进政府机构改革,政府部门调整为27个。全面推进行政区划调整,将原19个镇(区、园)调整为12个镇(区、园)和4个街道。积极开展相对集中行政许可权改革试点,设立行政审批局,再次下放行政权力事项156项。推行“先照后证”和“三证合一”改革,创业创新门槛进一步降低,区级涉企行政性收费下降36.6%,新登记个体工商户和注册企业分别增长15.8%和24.5%。稳步实施机关事业单位养老保险制度和公务卡结算管理改革。启动基本农田优化布局和同一乡镇范围内村庄建设用地布局调整,获批实施第二批“双百整治”高标准基本农田建设工程5个,建设规模2893.33公顷,基本农田整治面积2506.67公顷。全面开展农村土地承包经营权确权登记颁证试点,农村产权交易平台建设进一步向镇级延伸。改革财政资金扶持方式,设立产业发展母基金,推进政府投融资机制改革,推广政府与社会资本合作(PPP)模式。科技创新成效明显。出台《大众创业万众创新通州行动计划》《关于主动融入苏南国家自主创新示范区加快南通高新区转型发展的实施意见》等一系列政策文件。完成高新技术产业产值924亿元,增长14%,占规模工业产值比重45.6%。申报市级以上科技计划项目193个。其中,国家创新人才推进计划项目已入选科技部名单,省国际合作等10个项目被省立项。申报高新技术企业55家,获得认定49家,高新技术企业数累计达143家。新增62只省高新技术产品。“江海圆梦谷”“中国创纺e站”等一批众创空间相继建立。新增省级企业技术中心和工程中心10家。加快创新载体建设,科创大厦投入使用,科技之窗配套工程有序推进,成功举办首届创新创业大赛,新世纪大道众创集聚区获得省级试点。省产业技术研究院苏大纺织丝绸研究所、中铝中试研究院等项目成功落户。集聚创新人才,新引进高层次双创人才53名。其中,“千人计划”等顶尖人才12名;新增创新创业项目31个,7个项目列入省“双创”计划。实施知识产权强区工程,新增中国驰名商标4个;南通高新区获批国家知识产权试点园区。金融服务量质并举。广发银行开业运行,恒丰、光大银行获省筹备批文。存款余额949亿元,新增存款127亿元;贷款余额526亿元,新增贷款85亿元。筹建盛鑫农贷,小贷公司达到11家,实收资本13.2亿元,贷款余额17.5亿元,当年累放贷款29亿元。新增创业投资管理公司13家,各类基金完成投资3.94亿元,“苏科贷”总额全省县(市、区)第一。3家企业新三板挂牌,上市过会企业1家,上市辅导企业1家,上市新入轨1家,12家企业新三板挂牌实质运作,另有新三板重点后备企业56家。对外开放深化拓展。兴东机场获批国家航空一类开放口岸、开通国际航班,海关特殊监管平台创建加快推进,跨境贸易电子商务试点获批,与外高桥保税物流中心签订长江经济带项目联动战略合作框架协议。完成外资实际到账2.81亿美元。实现出口总额31.57亿美元。完成服务外包合同额2.5亿元,增长33%,完成执行额2.2亿元,增长30%。企业“走出去”步伐不断加快,境外投资额3.2亿美元,为年度预期目标的2.28倍。海兰信海外并购基金成功收购德国罗克森公司。

城乡建设同步发展,生态环境呈现新面貌。城区面貌彰显新特色。完成城区地下空间利用、慢行系统、地下管线等6项专项规划。“一河两岸”示范段等工程有序推进,建成运盐河公园示范段,投放600辆公共自行车方便市民出行。加快金沙街道和金新街道老小区改造,完成北山花苑、城市花园、金桥南苑、金桥花苑等18个老小区改造。实施城区水环境“三年综合整治行动”,整治城区内河,打造“水韵·金沙”品牌。加强城市综合整治,拆除违章建筑32880平方米。交通设施取得新进展。路网框架日趋完善,G345南通东绕城中段、南通世纪大道东延、人民路东延二期、龙盛大道等重点工程建成通车。城区畅通工程加快实施,新世纪大道、银河路、经一路、十五总港西侧支路与翠园北路支路改造及经三路新建工程竣工通车。150公里农村公路建设完成，乡镇危桥改造达4000平方米，实现公交村村通。生态环境实现新变化。全力实施五大类16项生态建设重点工程，大力开展农村河道整治，疏浚河道377条，清淤土方460万立方米，整修河坡1439公里，拆除坝头坝埂1226条，整体面貌有明显改善。积极推进覆盖拉网式农村环境综合整治，完成村庄污水处理项目21个。深化农村“四位一体”和集镇长效管理，拆除违章建筑3.5万平方米，5个村获评省三星级康居乡村，2个村获省级生态村，十总社区荣获“江苏最美乡村”。深入推进节约集约用地，实现节地水平和产出效益“双提升”。秸秆禁烧和综合利用成效显著，PM2.5平均浓度较同期下降40%。突出结构、工程、管理“三减排”，淘汰印染落后产能3000万米；完成淘汰燃煤锅炉119台，共计245蒸吨；31家钢丝绳企业整改提升；欣源污水处理厂完成提标改造，益民污水处理厂迁扩建工程和溯天污水处理厂投入试运行，污泥集中处置中心土建开工；新建城镇污水收集管网44公里。严格执行新《环保法》，共查处环境违法案件157起。

民生保障持续改善，社会发展开创新局面。保障体系不断完善。城镇新增就业人数9316人，城镇失业人员再就业人数3425人，新增转移农村劳动力5086人，新增创业人数1600人，扶持农村劳动力自主创业600人，创业培训559人，城乡劳动者就业技能培训4266人；企业职工养老、城镇医疗、失业、工伤和生育保险参保人数分别达到17.96万人、21.50万人、9.35万人、13.6万人、12.10万人；城乡居民养老保险参保人数达到27.44万人，新型农村合作医疗参保人数82.7万人，各项社会保险参保率达98%以上。建成保障房3200套，安置房89万平方米。全面完成人均年收入低于5000元低收入人口脱贫任务。城乡低保、重残人员救助等标准继续提高。南山颐养中心落成，养老服务体系进一步完善。社会事业协调发展。认真落实“七个更”要求，扎实推进10件24项民生实事项目，社会发展水平评价指数连续全市第一。加快新一轮教育现代化建设，新增公办幼儿园10所，新增省优质幼儿园2所；53所义务教育学校通过教育现代化学校验收；中小学布局调整有序进行，5所普通高中完成初高中分离，通州高中迁入新校区；通州中专成功创建江苏联合职业技术学院通州分院。深化医疗卫生体制改革，稳步推进医疗机构创等升级、镇卫生院提标改造和村卫生室标准化建设，三级医疗卫生体系加快完善；二甲镇国家卫生镇接受国家级复审，十总镇创建国家级卫生镇通过省级考评，40个村建成省级卫生村。城乡公共文化服务体系不断完善，文化惠民“十百千万”工程深入实施，“童声里的中国”品牌影响力持续放大，央视“大手牵小手”栏目走进通州；广电网络整合完成，2个市级文化产业园、15个市级文化产业项目加快推进。顺利通过全国文明城市复查。促进体育事业发展，群众健身运动蓬勃开展，成功举办2015—2016中国羽超联赛江苏（通州）赛区首场比赛，创成省首批公共体育服务体系示范区。综合治理继续加强。全面落实“六五”普法工作责任，大力夯实普法工作基础，强势推进法治文化阵地建设，法治建设群众满意度全省领先，创成省级现代社区治理创新实验区。加强社会治理，严格落实信访维稳和安全生产食品药品安全责任制，推进公共法律服务体系建设，被评为省平安县（市、区）。

【固定资产投资】 2015年，通州区深入开展项目建设突破年主题活动，紧紧围绕年度确定的目标任务，项目建设继续呈现平稳发展的良好态势。完成固定资产投资597.74亿元，比上年（下同）增幅14.9%，总量居全市第一，增幅居全市第二，增幅高于全市平均增幅2.6个百分点。其中，完成工业投资338.86亿元，增长8.9%，总量居全市第二，增幅高出全市平均增幅0.3个百分点；完成服务业投资253.81亿元，增长23.2%，总量位居全市第三，增幅位居全市第二，服务业投资中完成房地产投资64.52亿元。通州区列入省、市级重大项目投资计划分别为3个、17个，位居南通市前列。华电燃机热电联产一期工程主体进入施工阶段；新江海薄膜电容器一期工程竣工投产，二期镀膜生产车间主体封顶；通州科技研发孵化基地和供销国际棉花交易中心主体建成；甬金不锈钢新材料三期主体厂房建成；奥邦国际数码城26层的主体封顶；华诺物流一期和好得家商贸城一期主体建成，南山湖一号总部基地主体加快推进。

（成燕华）

财　政

【概　况】 2015年，财政部门主动适应经济发展新常态，积极应对各种风险挑战，凝心聚力，攻坚克难，不断在“稳增长、促改革、调结构、惠民生、防风险”等方面取得新突破，各项工作稳中有进、稳中向好，确保财政“十二五”规划圆满收官，为“十三五”时期财政改革发展顺利开局奠定坚实基础。

【财政收入】 努力克服实体经济下行、结构性减税、新增税源匮乏等叠加因素影响，创新举措，科学征管，促进财政收入再上新台阶。2015年，区级完成一般公共预算收入80.65亿元，增长14.5%，完成人代会预算和南通市下达的工作目标。其中，税收收入完成64.58亿元，增长13.5%，税收占比达82.6%。全面推进综合治税。扩大综合治税覆盖面，提高综合治税效果，综合治税的关注重点由个体工商户拓展到占用资源与纳税贡献不匹配的企业。通过企业用电量的比对、占地面积的核实、非标工程的调查以及综合税负率异常企业的分析，梳理排查潜在税源。兴仁、二甲两个镇先行先试，其他镇全面推进。第一阶段共采集企业土地信息1204家，补征入库土地使用税557万元。完善收入考核办法。科学测算分解各征管部门、镇区园收入目标，按照“民生支出足额保障、运转经费适度挂钩、坚持公平兼顾效率”原则，制定镇级往来资金与收入完成进度挂钩办法，充分调动各镇组织收入、加强征管的积极性和主动性。加强税源分析研究。加强与国地税部门的沟通协调,加强税源经常性分析,认真剖析税收征管方面存在的问题,协调解决镇区园组织收入过程中的困难和矛盾,确保全年收入目标任务圆满完成。

【政策扶持】 全面深化涉企扶持政策改革,创新资金管理模式,建立产业发展基金评估、进退机制,加速基金良性循环,推进产业结构创新转型。通州区成立产业发展、风险补偿、担保、投资收益四大类十三项基金,基金总规模99410万元,其中:财政性资金46250万元、撬动社会资本53160万元,累计扶持区内中小企业113户(次),扶持金额64635万元。创设各类产业基金。成立产业发展母基金,政府出资3亿元,首期注资5000万元,发起南通经信众创产业投资基金中心和南通高投股权投资基金中心两个子基金;成立南通凯丰农创投资基金,采取股权、债权、投贷联动等投资模式,吸引社会资本投资区内有利于经济发展的农业产业上下游项目。完善风险补偿及担保机制。成立"苏科贷""通科贷"等专项基金,加大对科技型中小企业支持力度。全年35家企业获得"苏科贷"贷款2.2亿元;设立科技创新担保基金,为10家企业提供1330万元的融资担保;投资2亿元,参股南通众和担保有限公司,为区域内中小企业、重点项目融资平台提供优质融资担保服务。实施技改贴息政策。安排资金1000万元,对全区中小型企业予以技改贴息补助,推动产业技术升级。积极争取政策扶持。以优势产业、重大项目为依托,组织418家企业向上申报项目30大类460项,争取各类政策扶持资金1.40亿元。

【改善保障】 坚持以构建公共财政体系、完善公共财政制度为着力点,不断优化财政支出结构,努力做到新增财力向民生保障倾斜,切实提升全区百姓的获得感。完善社会保障体系。安排资金3.60亿元,支持实施机关事业单位养老保险制度改革,推动全区企业职工、城乡居民养老保险、城镇职工、城镇居民基本医疗保险及新农合医疗保险不断提标扩面。安排资金1.40亿元,加快被征地农民养老保险新老政策衔接,提高被征地农民生活保障标准。安排资金1.70亿元,实施"尊老关爱工程",做好尊老金发放工作,支持社会福利中心、居家养老服务中心(站)和关爱之家等工程建设。加大济困救助力度。安排资金1.55亿元,发放城乡低保人员、无固定收入重残人员生活救助金及农村"五保"和城镇"三无"人员供养金;安排资金3444万元,落实困难群众物价补贴、医疗补助、春节慰问、农村危房改造等救助政策。安排资金2.50亿元,支持实施城镇廉租房、公租房建设及棚户区改造等保障性安居工程建设。推进公共惠民服务。安排资金4亿元,继续实施校安工程,建立中小学校安工程长效管理机制,支持幼儿园新建、中小学布局优化和教师队伍建设;安排资金2.80亿元,提升农村公共卫生服务能力,提高基本公共卫生服务资金人均标准,支持医疗卫生信息化建设、医疗设备更新、医院(卫生院)异地新建。加大专项资金投入力度,实施"十百千万"文化惠民工程,支持法治通州、平安通州建设。

【城乡发展】 围绕新型城镇化和城乡发展一体化,加大资金筹措力度,合理配置财政资源,推动城乡建设迈上新台阶。支持城市品质提升。安排资金20亿元,支持G345南通东绕城中段等大交通工程建设,推进"一河两岸"示范段、运盐河公园示范段等工程建设,改造提升新世纪大道、银河路,加快经一路、横河路东延、盐河北路等道路建设,支持实施18个老小区环境整治,城市功能品质得到不断提升。不断加大涉农投入。按照"增加总量、优化结构、完善机制"的要求,区本级安排财政支农、水利专项资金5.2亿元,聚焦项目建设,做强现代农业;支持实施农村河道整治三年行动计划,启动"水美乡村"、生态河道创建;采取专项补助、以奖代补等形式,扶持新型经营主体,提升农业综合能力,加快农村综合改革,推进市级中心镇建设,进一步激发农村发展活力。强化"一折通"动态管理,全年累计发放粮食直补、农资综合补贴、良种补贴、低保、重残、五保等各项涉农补贴3.23亿元。持续推进生态建设。安排资金6.5亿元,实施景观绿化、内河整治、污水处理等生态优化工程;安排6350万元,落实老旧机动车报废、黄标车淘汰、燃煤锅炉改造、成品油价格改革、公交营运等资金补贴政策;安排8600万元,推进覆盖拉网式环境整治,加强生态红线保护;安排1.6亿元,加强农村环境"五位一体"长效管理;整合涉农项目资源,开展省区"美丽乡村"建设,进一步做优做美城乡环境。

【财政改革】 坚持把改革创新摆在财政工作核心位置,不断突破瓶颈、健全机制、创新模式、激发活力,以财政改革新动力驱动科学理财绩效再提升。加快构建"阳光透明预算"。推进部门预决算公开,2015年62家区级一级预算单位及15个镇区园实现政府预算、部门预算及"三公"经费预算信息全面公开。制定会议费、差旅费、培训费管理办法,对区直245家单位的部门预算进一步细化审核过程,分类完善有关费用计提工资基数口径,主动做好工改、车改政策衔接工作,引导单位全面排查资本性项目,切实提高财政支出可预见性。国库集中支付改革纵深推进。全面实施国库集中支付改革,在南通原六县(市)中率先构建适应预决算公开、绩效管理新要求的规范高效的国库集中支付体系。调整资金支付方式,规范资金支付流程,推行分级分类会计核算模式,全区186家单位235个账套纳入国库单一账户体系管理。扩大国库集中支付范围,实现社保基金财政直接支付全覆盖。全面实施公务卡结算制度改革,全年共为204家区直预算单位办理公务卡2539张,累计刷卡消费847.5万元。财政绩效管理稳步实施。在探索中创新开展绩效管理工作,实现绩效目标与部门预算、政府专项资金预算同步编制、同步审核、同步批复。组织指导有关部门对农村绿化、科技创新等22个民生项目进行绩效自评价;尝试对42个部门和17个政府专项资金绩效目标完成情况开展中期跟踪检查。引入社会中介机构,组建绩效再评价组,完成10个重点项目财政绩效再评价工作,涉及资金3.8亿元,发现管理问题43条,提出合理化、建设性建议68条。政府投融资机制不断创新。惠通公司实体化改革取得明显成效。确定主营业务,明晰投资方向,扎实推进股权投资业务有序开展,积极开展与上海中汇金公司的合作,投资9000万元,参股上海中汇金公司,并获得一名董事席位。先后成立金玖惠通一期、二期股权投资基金,投资具有高成长潜质的拟上市公司和成长型企业。不断推进政府融资机制创新。大力推进直接融资,力促惠通公司二期债和鼎通公司集合债的发行工作,积极与国开行、农发行对接,不断优化债务结构,积极向上争取债券置换和转贷资金43.8亿元,年节约利息支出2亿元,有效减低融资成本,缓解财政资金压力。积极推进政府与社会资本合作(PPP),建立区PPP联席会议制度,成立PPP管理中心,建立通州PPP项目库。财政监督大格局雏形已现。积极实施学校部门预算执行情况和拆迁安置、国家燃油费补贴等专项资金检查,组织开展全区涉农资金规范性检查和镇级财政财务收支情况联合检查,强化对各镇区园财政所岗位设置、内部稽核、重大项目监管、专项资金管理等方面的内部监督检查。贯穿于财政中心工作大局、财政管理体制机制建设始终、财政管理工作运行全过程的财政监督大格局框架基本搭建。

【管理监督】 以提升财政监督管理综合能力为目标,突出重点、打造亮点,全面推进、整体提升,确保各项工作举措行之有效、落地有声。国库资金管理水平不断提升。主动策应国家利率调整变化,在国家存贷款基准利率三次调整之前,办理社保基金适量中长期定期存款,增加年利息收入2500万元。督促落实金融机构定期存款按基准利率浮动上限执行,全年实现利息总收入近2亿元。规范财政对外借款管理,全年清理回收往年度财政对外借款2950万元。政府性债务风险防控不断强化。加强对政府性债务的举借、使用、偿还和担保的全程监管。建立政府融资审批制度,努力降低融资成本;根据市场资金利率变化及时发布融资成本控制线。建立政府性债务规模管理和风险预警机制,跟踪分析政府性债务情况,有效防范和化解政府性债务风险。国有资产监管机制不断完善。研究制定区属国有企业分类管理办法、区属国有企业"三重一大"事项备案制度、区属国有企业"三重一大"决策机制等文件,切实加大对区属国有企业运营监管。出台《南通市通州区行政事业单位国有资产管理办法》,完善风险防控机制,进一步加强和规范行政事业单位国有资产管理。会计服务管理不断加强。积极做好会计人员教育培训考试、会计事务动态管理、代理记账机构管理等日常会计服务管理工作,依法推进会计人员"持证上岗"工作取得新进展;巩固"三星级"创建成果,加快建立基层财政档案长效化管理机制。财政资金控管力度不断加大。加强政府采购管理,完成政府采购34.50亿元,资金节约率达12%。规范政府投资项目评审,评审工程概算项目380个,送审金额51.90亿元,核减金额5.70亿元。开展涉农补贴、涉农资金专项整治,查纠违规发放资金103.39万元。财政信息化建设不断推进。配合财政体制改革,启动新一轮财政信息化建设。新信息系统开发工作有序推进,完成核心业务流程详细设计,部门预算编制系统成功开发并应用,预计2016年7月新信息系统将全面投入运行。基层财政管理不断提档。开展专项调研、业务培训,提升基层财政干部综合素质;完善内控机制,强化预算管理,实施就地就近监管,加强镇级政府性债务源头管理,推进基层国库集中支付制度改革,促进基层财政科学化、精细化理财水平再提升。以规范化建设为契机,完善星级财政所精细化考评机制,巩固规范化财政所建设成果,努力开创新常态下基层财政管理工作新局面。 （姜　忠）

国家税收

【概　况】 2015年,南通市通州区国税局坚持稳中求进总基调,突出纳税服务工作规范和税收征管工作规范两个抓手,通过机关实体化、依托信息化、管理人本化三点着力,推动风险管理、流程管理、内控管理、绩效管理四轮齐转,税收职能作用充分发挥,各项工作任务圆满完成。强化岗位技能培训,分序列组织全员参加专项培训39批次,选拔骨干参加扬州税院高层次培训10人次,组织中层以上干部、年度考核优秀人员分赴高校参训77人次。强化兼职师资培养,选拔聘任区局内部师资15人,3篇教学案例获评市局优秀教案。全区国税系统首次实现"南通市文明单位"创建满堂红,一分局综合业务二股被评为"江苏省巾帼文明岗"。区国税局被表彰为全省国税系统信息工作先进单位。

【组织收入】 落实"任务分解、责任传递、协作配合、过程管控、考核促进"组织收入工作新机制,通过"网络调查摸情况、团队分析明趋势、完善机制提效能、找准重点挖潜力、强化征管防欠税"多措并举,实现组织收入扩总量、提增量、保质量目标。全年组织税收收入35.65亿元,比上年(下同)增长2.1%。其中中央级收入占比71.4%,实现地方公共财政预算收入10.20亿元,增长1.6%,"两税"收入、地方公共财政预算收入总量分列六县(市、区)第一、第二。上报的《企业视眼看税收经济形势》《关于协同做好取得财政性资金企业涉税风险防范工作的相关建议》等5篇调研报告和建议被区政府领导肯定性批示。

【服务发展】 深入落实各项普惠性税收政策,确保纳税人"应享尽享",不断放大政策激励效应,推动大众创业、万众创新,全年兑现各项税收优惠24.35亿元,相当于同期税收总量的68.3%,其中:办理出口退税19.87亿元,增长23.1%,退税规模、速度全市领先;小微纳税人减免

5270 万元，政策受益面达 100%；“营改增”试点行业减税 2029 万元，1068 户试点纳税人总体减税面达 96.4%。加强特殊区域政策研究，提交的《将“市场采购贸易方式”扩至通州川姜家纺城建议》获评区政协优秀提案，促进市场贸易采购方式在南通家纺城的顺利试点。认真开展国务院政策措施落实自查整改和回头看工作，采取积极措施分类分批清理多缴税金 2713 笔 2926 万元，保障纳税人的合法权益。

【风险管理】 以创建省局风险应对示范单位为目标，积极推广应用风险应对工作模板和法律指引，全力应对税收管理改革。在团队化建设上，统一调配业务科室和基层单位骨干 42 人组建分析团队，先后分 4 批对 103 户风险企业进行集中深度分析，为后续应对检查和处理打下坚实基础，区局深度分析确认问题率、风险应对有成效企业率等四项关键指标均名列全市前茅。在竞标化管理上，先后召开预案竞标评审会 3 场次，涉及任务 46 户，中标分局和各应对分局通力合作，应对分局的竞争意识和预案制作能力明显提升。在实体化运作上，各应对分局负责人直接担任应对团队负责人，完成新流程风险应对任务占比达 21%。在集体化审议上，运用自创模板开展应对预案集体审议 78 户、完成报告集体审议 37 户，集体审议面、集体审议资料录入均达 100%。全年完成应对任务 475 户次，实现应对成效 6663.21 万元，典型应对案例获全省国税系统风险应对培训班优秀实战演练案例评比一等奖。

【纳税服务】 以创建省局纳税服务示范点为目标，认真落实总局纳税服务规范 2.0 版及省局税收职责清单（2015 版），全面推进纳税服务一体化建设，深入开展便民办税春风行动，纳税人满意度持续提升。规范运行纳税服务流程，将宣传培训任务 27 批次、其他任务 76 批次全部纳入平台流转；通过多流程并发启动下户调查工作流 350 户次；接受纳税人依申请工作流 14241 户次，全部按要求办结。提升纳税服务质效，升级增值税发票系统 8366 户；落实出口退税规范，1182 户企业全面推行无纸化办税；加强国地税合作，全区 674 户纳税人全面实施“三证合一、一照一码”改革。优化服务策略，推广非接触式服务，纳税人网上申报率达 98% 以上，远程抄报税率达 95% 以上，发票代开网上申请率达 90% 以上；全省率先开展特服号接入“12366”系统试点，实现“新旧系统顺畅交接、新系统平稳运行”目标，人工接通率由期初的 70% 提升至目前的 93%；完善涉税文书邮寄送达的内部流转机制，全年邮递送达各类文书 6171 户次，送达成功率从 40% 上升至 76%；加强信用服务，借力“税 e 融”平台，帮助 38 户小微企业获得信用贷款 2320 万元。

【依法治税】 以争创“法治税务示范基地”为目标，引导干部用法治思维和法治方式履行税收职能、规范税收秩序、化解税收矛盾。加强组织架构。区局成立依法行政工作领导小组，制定全面推进依法治税工作方案；优化重大案件审理委员会成员结构，明确审委会议事规则，制作大要案初审模板，大要案审理工作进一步规范。强化教育引导。以法制讲堂为载体，与法院通力协作，在全市率先开展模拟庭审实战演练，“以案代训”提升岗位人员执法水平和应诉能力。全年发生两起税务行政诉讼案件，均以一审胜诉且原告未上诉终结。创新欠税追征制度。针对新常态下破产企业多发、频发现状，借助外聘税务法律顾问指导，建立破产企业欠税追征管理“一企一案”制度，对依法实施破产纳税人税收管理、依法在破产程序启动后争取税收权益做有益有效的探索。明德重工、中瑾集团的欠税债权依法进行申报，明德公司 593 万元欠税被确定为共益性债权，依法享有优先追征权；沃德富公司在破产程序启动后履行合同产生的 167 万元增值税、新三维公司破产期间转让资产形成的 516 万元增值税依法全额追征入库。

【廉政建设】 以推行责任清单抓好“履责”，根据遵从风险、执法风险、行政事项“三个监管清单”，对 91 项监控指标、29 个监管事项按照条线业务开展日常监管，全年上报监管事项 197 项次，发现并整改问题 26 项次。以执法廉政督察抓好“问责”，针对 2014 年度执法监察中发现的 20 条问题，发布专题通报，提出 5 条处理意见和 4 条整改意见，并及时督促落实到位；开展税务人员下户行为专项检查，实地走访 122 户，占比 22.8%，未发现“吃拿卡要报”等违纪违法行为；开展办公用房专项清理工作，坚持应清则清、应退则退，清理腾空办公用房 878.91 平方米；开展“八项规定”执行情况财务凭证合规性审查，“三公”经费支出下降 18.26%、会议费下降 67.2%；开展明查暗访，下发两期实名制通报，发现和查处问题 7 个，对涉及的 30 人次相关人员按考核办法作出严肃处理。 （成　云）

地方税收

【概　况】 2015 年，通州区地税局围绕“完善征管改革，推进依法行政”工作主题，紧扣“规范行政执法、深化征管改革、提升党建水平”三条主线，扎实推进各项重点工作，圆满完成各项目标任务。

【组织收入】 2015 年，全系统组织各项收入 93.33 亿元，比上年（下同）增长 12.8%，其中：地方税收 68.9 亿元，增长 12.6%；非税收入 24.43 亿元，增长 13.3%；地方公共财政预算收入 56.79 亿元，增长 16.35%。地方公共财政预算收入通州区和滨海园区分别完成 54.63 亿元、2.16 亿元，占区政府年初下达计划的 103.7%、102.9%。认真落实税收优惠政策，共计减免税收 1.49 亿元，其中为高新技术企业减免税收 4212.99 万元，为 399 户小微纳税人减免税收 262.18 万元，六大行业新增固定资产优惠面 100%。同时，创新社保费征缴机制，积极推进双方联动，探索强制征缴新途径，对系统内欠费单位按户发放催缴文书，对30家欠费单位进行银行存款划拨入库30余万元，保障职工的合法权益。全区社保征缴率98.9%。继续发挥“政策研究写作团队”作用，认真开展税源分析，《促进通州区三大传统产业转型升级的财税政策研究》《通州家纺产业做大做强的制约因素与对策建议》被区委研究室《调查与研究》采用，得到区委区政府主要领导关注。七分局积极放大合作效应和激励效应，在全区6个镇（园区）23个行政村试点运行“以地控税智能监控系统”，排查摸清土地“存量税源”，排查企业2200户次，筛选出土地使用税疑义单位1530户次，发现差异面积426.55万平方米，补征入库土地使用税1200万元；同时，关联性应对入库房产税103.21万元、建筑业税收274.30万元。八分局按季编印《示范区税源信息简报》，利用微信快车传递税收资讯，构造涉税服务多维体系，推动滨海园区经济税源建设。

【征管改革】 按照进一步深化和完善征管改革要求，进一步优化人力资源配置，做到合理定岗、量才使用；制订完善中等风险应对、退税管理、欠税管理、非正常户管理等相关制度，进一步理顺“征收、基础、应对、稽查、监控及机关科室”的职能边界和业务衔接。加强征管指标监控，将监控指标和业务流程纳入工作绩效评价，及时落实整改措施，提升征管质量，二分局构建一体化指标监控体系，各项征管指标列南通地税系统前茅；“三证合一”工作推进顺利，全年联合办证745户，清理漏征漏管户241户，税务登记信息完整率、准确率达100%；清欠力度持续加强，全年共清理欠税3184户12590万元。依法行政，规范风险应对措施，稳步提升贡献率，全年实现中等风险应对税款2.32亿元，税收贡献率3.48%。四分局试行“无风险认定模式”，增加约谈和核查的广度及深度，有效降低执法风险；五分局加强涉税数据情报反馈力度，采集重大税源项目投资建设信息和新增土地、拆迁补偿等各类信息，累计入库税款2400万元；六分局试行风险应对“分类执行模板”，案头分析准确率98%，执法准确率及案卷规范性大幅提升。搭建“风险即时控”平台，有效监控“房地产、大企业、新办户、建筑业、欠税户”五类涉税风险；坚持数据质量还责理念，全年审计错误数据1928条，整改率100%，上报审计规则11条；制定《通州地税涉税信息采集管理办法》，全年通过数据保障平台采集推送核实涉税信息445条，产生税款3.43亿元；组织开展“案头分析”竞赛，49人分析出税款1200万元。

【依法行政】 启动“税收执法规范年”活动，将税收执法规范涵盖征收、管理、服务等方面。在全市地税系统率先推出《中等风险应对作业指导书》，统一中等风险应对案卷要求，提升税务行政处罚水平；为市局制定《江苏省南通地方税务局中等风险应对证据采集指引》，规范处罚实施阶段证据采集行为；在《通州日报》开辟“以案说法”专栏，其中一篇案例被《南通地税典型案例手册》收录。三分局积极探索依法行政“三部曲”长效机制，被推荐为南通市依法行政示范单位。将中等风险应对纳入重大案件审理范围，完善审理标准，推行重大税务案件报告制、重大案件和重大行政处罚集体审理制度，全年完成中等风险应对重大涉税案件审理26户，审结税款、滞纳金、罚款合计764.90万元；高等风险应对重大涉税案件审理15户，审结税款、滞纳金、罚款合计375.89万元。核查省局税收执法疑点13条督察指标、29个疑点事项，发现8个问题事项并进行整改；选取30家风险应对户进行复审，补缴税款、滞纳金17.35万元；对税收优惠政策落实、税收执法的严格执行等方面开展税收执法重点督察和专项督察工作，共对6个基层分局实施重点督察，对5名税务干部进行执法责任追究。搭建业务链式应对平台，通过关联企业、借力第三方外围调查，攻关大案要案；开展发票专项整治工作，加强发票真伪验证，全年发票扫描和上传份数均居六县（市、区）第一，共查处发票违法案件19户，发票涉及金额173万元，查补税费53.50万元。发起高风险自查预警165户，查结案件63户，其中20万元以上案件7件，70万元以上案件2件，累计查补入库税费金5430余万元。

【纳税服务】 全面贯彻执行《全国县级税务机关纳税服务规范》，进一步规范办税服务操作流程；继续拓展“ES应急机制”，有效化解办税高峰压力；加强办税服务厅公共管理系统的使用，提升预警处置效率，对等候超时、办理超时及纳税人评价不满意等情况的预警处置率达100%；主大厅连续12个月被政务中心评为“红旗窗口”。在《通州日报》开辟“瞿税官信箱”，及时回应解答社会广泛关注的涉税焦点、热点、难点问题；举办全省统一的“地税开放日”活动，广邀特邀监察员、纳税人代表，宣传纳税服务规范、“三证合一”登记制度改革等内容；以“规范服务、税悦通州”为主题，与社会各界通过“在线访谈”进行互动；邀请省、市、区多家媒体记者走进地税，集中宣传报道通州地税新人新风、服务举措。借助“纳税人学堂”，稳步实施“万人税收培训计划”，先后开展与国税合作的新办企业培训4期、房地产企业契税知识专题培训3期、小微企业税收优惠专题辅导4期；尝试咨询辅导新模式，接受订单式培训需求，开展需求型订单式专项培训3期；为确保汇缴的顺利开展，分四个专题，举办企业所得税汇算清缴培训12期，培训面达100%。全年累计培训5000余人次。受理、转办各类政府热线、举报投诉事项及时，处理率、回访满意率均达100%；妥善处理原通丝联社保费欠缴问题，维护参保职工合法权益；主动干预兴东“华昌电子”拖欠社保费事件，安抚参保职工，避免群访事件发生；落实“马上就办”，及时实施“小微企业减免、楼市新规、简化契税办理”等税收新政。

【队伍管理】 根据省局、市局考评指标研究制定的单位绩效考核办法和全员绩效考核办法，落实市局《分局长履职评价办法》,注重工作业绩,量化指标更精细。推进"三分能量值"绩效考核办法。制定新一轮领导班子、基层分局及各科室任期目标责任制。进一步明确《税务干部请销假规定》,规范《劳务用工管理办法》,完善"老干部活动"和"五必访"等工作制度。打造"四个轮训基地",从"服务、应对、检查、政工"方面开展分类培训模式;举办周末税校7期、干部更新知识培训2期、户外拓展训练2期;开展新一轮能级管理首评,调整104人的能级;全年干部交流轮岗54人次,轮岗面达27%;持续实施"青蓝对接"工程,加大年轻干部培训力度。积极组织参与市局"地税文化月"系列活动,参加"纪念抗战胜利"主题军品模型展、"讲述税收好故事,践行核心价值观"先进事迹宣讲会、"江海情,爱国心"庆国庆主题合唱比赛等活动。

【特色工作】 法规科牵头制作的《中等风险应对作业指导书》被评为南通地税系统优秀创新项目;办公室《"三联合、三促进",全力提升政务工作产出》和征科科《"三规范、三提高",促进中等风险应对质效提升》在全市地税系统年中工作会议上做经验介绍;一分局"容缺受理"、二分局"提升基础管理工作质效"、六分局"风险应对执行模板"被市局《专题简报》推介。政务信息、税收宣传科调研工作全市地税系统领先,全年有168篇反映通州地税工作的宣传稿件被《中国税务报》《新华日报》《江苏经济报》和江苏电视台等省级以上媒体采用;14条政务信息被中办、国办采用,其中6条被国务院领导批示。全年获县(区)级以上荣誉120余个,其中:区局通过"全国文明单位"验收、成功创建"江苏省职工书屋",三分局获"全国巾帼文明岗"、计财科获"江苏省巾帼文明岗"称号,累计5人次获省级以上荣誉称号。

(王铁华)

国土资源管理

【概　况】 2015年,南通市国土资源局通州分局主动适应经济发展新常态,践行"保护资源,节约集约、维护权益,改革创新"工作总要求,全面履职、攻坚克难、狠抓队伍,较好完成各项重点工作目标,国土资源管理整体工作迈上新台阶。

【土地督察整改】 3月,启动土地例行督察迎查整改。加大与南京督察局的沟通联系,通过核减指标、补充耕地、恢复耕种、撤销批文、陆海统筹、农转用及土地征收、未转建审批、资金保障、拆除复耕、建立长效机制、责任追究等途径,消除各种违法用地行为,顺利将督察组反馈问题整改到位。共处置闲置土地117.58公顷,批而未供土地供地585.59公顷,还款解押33000万元,拆除违法占用土地上新建的建、构筑物40.7万平方米(其中最大单体建筑面积1.8万平方米),复耕土地60.45公顷。加大执纪问责力度,警示约谈科级干部20多人次,集体约谈村(居)党总支书记41人次,党、政纪处分44人,其中科级干部16人。

【空间规划】 2015年,在计划缺指标、空间缺规模的形势下,围绕经济社会发展大局,科学统筹,创新思路,保障全区重大项目用地。争取到省未利用地计划指标66.67公顷、重大产业项目用地指标12.67公顷、省独立选址计划指标3.2公顷,有效拓展土地利用年度计划总量。积极与省国土厅沟通,顺利完成规划一般性修改和原则性修改,涉及微调规划面积133.33公顷,分解落实规划流量指标866.67公顷,完成6个批次挂钩实施规划的编制,新增建设用地206.87公顷。全区获批用地866公顷,在南通各县(市)排名第一,保障宁启铁路海安至南通段复线电气化工程、通州区X305(川姜段)改线工程、345国道南通东绕城段改扩建工程用地等重大民生工程。供应成交各类建设用地255宗,面积590.13公顷,成交价约58.91亿元。

【土地整治】 2015年,南通市国土资源管理局通州分局紧紧围绕"打造精品样板工程",推进土地整治实现"耕地优、效益好、收入高"。年初下发《2015年度耕地占补平衡补充耕地项目实施办法》,将全年200公顷新增耕地指标任务分解下达至各镇区园,细化补偿标准和奖惩措施,力促区政府将占补平衡项目列入对各镇区园街道的区级年度考核,充分调动各镇区园积极性。全年入库耕地占补平衡项目188个,项目建设规模251.74公顷,新增耕地面积248.68公顷,新增耕地面积连续三年位列南通市各县(市、区)第一。高效保质推进省投土地整理项目。十总镇省以上投资土地整理项目经省专家组验收合格。该项目多次接受省国土厅领导视察,被誉为"有示范引领的精品工程"。东社镇省以上投资土地整理项目全面完成待决算审计,进行大范围土地流转,为项目区各村带来良好的经济社会效益。四安镇省以上投资土地开发整理项目农田水利和田间道路工程基本完成。西亭镇和十总镇东场等村省以上投资土地整理项目总规模18533.33公顷、总投资5425万元全面启动。申请的石港镇睹史院村土地整理项目通过南通市级评审。申报并批准实施第二批"双百整治"高标准基本农田建设工程5个,建设规模2893.33公顷,基本农田整治面积2506.67公顷。

【节约集约用地】 全面推进节地水平和产出效益"双提升",6月,被省国土资源局评为"全省高标准厂房建设与使用先进一类地区"。通过从严审查项目用地、实行差别化供地政策等措施,有保有压地调整供地结构,从源头倒逼推进节约集约用地。新上工业项目的平均投资强度,从原来的250万元/亩提高到270万元—350万元/亩;亩均税收提高到6万元—12万元/亩;工业用地出让最低价标准,全区分四个类别提高到280元—310元/平方米。通过收回、转让、重新开发建设等方式,实现闲置空闲土地处置常态化、制度化。全年共完成批而未供整改土地426公顷,处置完成督查整改的闲置土地42宗167.93公顷。12月,代表南通市接受省政府闲置土地专项督查处置工作组现场核查。按照"先易后难、分步推进"的原则组织推进城镇低效用地再开发,挂牌出让作为商住的40公顷低效用地。强化建设用地审批后监管。充分利用国土部土地市场动态监测监管系统、省国土厅建设用地全程跟踪管理系统和区建设用地批后监管系统,实行"三网联动",对审批后项目通过容积率、开竣工时间、用地范围、建筑密度等多项指标审查,实现"一宗一档"网上全程监管。全年共验收经营性用地和工业用地56宗,对4宗地征收土地出让金滞纳违约金96万元。土地估价报告网上备案790宗,备案通过率82%。

【基本农田整合】 2015年,积极开展零散基本农田归并整合试点工作。对全区零散基本农田后备资源进行调查摸底,初步摸清后备资源潜力状况,将符合条件的优质耕地补划为基本农田,以高新区约666.67公顷的基本农田为试点进行布局调整,促进耕地集中连片、项目用地集约集聚。科学编制优化基本农田布局方案,全面完成永久基本农田划定任务。争取到省国土厅将平潮镇作为南通市开展同一乡镇范围内村庄建设用地布局调整试点的3个乡镇之一。编制完成《平潮镇村庄建设用地布局调整试点方案》,确定拆旧农用地规模33.53公顷,建新占用农用地规模30.2公顷,试点方案通过专家评审并报省国土厅备案通过,分两年实施完成。

【基础业务】 土地登记发证快捷高效。年初在高新区、金沙所开展商品房登记发证审核权限试点,将审批关口前移至所(办事处),缩短办理距离,提高工作时效。全年共发放国有土地使用权证书9259本,办理土地抵押登记1054宗,累计抵押金额182.32亿元。全面完成第一次地理国情普查工作。完成普查成果汇总、审核和数据库建设。加快推进不动产统一登记工作。市、区两级分别行文,批准南通市国土资源局通州分局增挂南通市不动产登记局通州分局牌子。加强农用地审批和涉农用地管理。规范建房行为和报批手续,严格执行涉农用地审批管理流程会商制度,全年审批各类农民建房用地119.71公顷,其中审批公寓楼117.71公顷。办理设施农业项目用地18宗3.65公顷,办理临时用地2宗2.18公顷。努力解决土地登记难题。出台《关于工业用地分割转让土地登记有关问题的处理意见》,对符合条件的工业用地部分转让时采取共用宗登记,保障权利人的合法权益。 (范　萍)

物价管理

【概　况】 2015年,区物价局整体并入发改委,进一步深化价格改革,按照"稳中求进、开拓创新、扎实开局"的要求,落实各项价格调控稳价措施,着力服务民生改善,积极应对价格举报新模式,创新价格管理新方式,开拓价格认证新领域,基本完成各项价格工作任务。

【机构改革】 根据国家、省、市机构改革实施意见的要求,2014年12月29日,通州区下发《中共南通市通州区委 南通市通州区人民政府关于区人民政府机构改革的实施意见》(通发〔2014〕32号),明确区物价局的职责整合划入区发展和改革委员会,区发展和改革委员会增挂区物价局牌子,不再保留区物价局。区政府办《关于印发南通市通州区发展和改革委员会主要职责内设机构和人员编制规定的通知》(通政办发〔2015〕23号),涉及价格管理的科室和单位分别是:内设机构——价费科(政策法制科),直属行政机构:成本监审分局,人员编制2名;物价检查分局(区价格举报中心),人员编制15名。直属事业单位:区价格认定中心,人员编制6名。

【价格监测】 2015年,定时监测城区第一集贸市场和石港农贸市场共计13大类110余规格(品种)主副食品价格,实行每5日一报,为上级部门和政府领导决策提供信息支撑。适当调整价格监测点和农本调查点布局,提高数据的区位代表性、可比性和准确性。设立市场主副食品价格监测调查点25个,生猪、蔬菜种植调查点25个,农产品成本调查户20户。持续开展生猪、蔬菜种植成本收益的持续跟踪调查,加强对采集数据的分析,全年共采集数据2.45万余条,上报监测分析材料43篇。

【收费监管】 根据国家深化价格改革要求,自2015年4月1日起,取消收费许可证及年度审验制度。及时转变收费监管方式,原事前监管转变为事中事后监管为主,原证书管理向网络管理转变,原集中审验转向常态化审核、督查。建立健全收费情况报告、收费单位目录清单、收费公示制度。全区收费涉及19个收费部门、107家收费单位、77项收费项目。

【清费放权】 为进一步打造通州最低商务的价费环境,按照"减少项目、降低标准、优化环境"的要求,做好国家、省、市取消、降低的行政事业性收费项目和标准的落实衔接工作,要求各收费单位严格按照规定的项目和标准实施收费,切实降低服务对象的办事成本。认真梳理涉房收费项目和经营服务性收费项目,公布《通州区涉及房地产项目收费目录》《政府制定价格的经营服务性收费目录》。为充分发挥市场在资源配置中的决定作用,放开部分交通运输服务价格、邮政延伸服务收费及非民办幼儿园等35项收费定价权,由经营者根据用户需求以及生产经营成本、市场供求和社会承受能力等情况自主确定具体收费项目和标准。

【气价改革】 2015年,通州区推进西气东输管道天然气价格改革进程,召开气价改革价格听证会,广泛征求社会各界代表意见，出台管道天然气价格改革政策。从2015年9月1日起执行居民生活用气阶梯式价格制度。居民气价分为三档，分别为2.50元/立方米、3元/立方米、3.75元/立方米，年用气量分别为0—260立方米、260—480立方米、480立方米以上部分。同时，建立居民管道天然气销售价格与天然气综合门站价格涨跌同向联动调整机制，当国家调整天然气门站价格时，通州区居民管道用天然气到户销售价格与天然气综合门站价格作同步、同向联动调整。

【价格检查】 2015年，区发改委物价检查分局扎实开展专项检查，查处违法案件4起，没收违法所得1255.3万元，罚款210.61万元，有效打击价格违法行为，维护广大群众的利益。针对价格举报出现的职业举报新特点，区发改委检查分局认真研究，积极应对，全年共处理各类电商举报13件，由于处置得当，职业举报人未能从中获利，维护企业的正常运行。加强价格诚信建设力度，按照公开、公平、透明的原则，评选出2014—2015年度区级价格诚信单位16家，其中10家被评为市级价格诚信单位。加强节假日市场价格检查，提醒经营者守法经营，诚信经营，对哄抬价格、变相提价等不正当价格行为，予以坚决打击，维护广大消费者利益，保持社会和谐稳定。

【平价商店】 2015年，区发改委加强平价商店日常运行管理和考核，建立平价商店监测日报、月报及季度通报制度，每月组织不少于2次的现场督查，每季度与财政局联合检查考核。通过考核、复验结果与退出机制紧密结合，促进平价商店硬件标准不降低，管理工作不放松，保持规范运行，新建平价商店1家。各平价商店每天推出15个以上平价蔬菜，销售金额2107.60万元，销售价格平均低于市场价25.34%，为消费者节省开支530余万元。区财政对平价商店发放价格调节基金16.75万元，有力促进平价商店正常运行管理。

【价格认定】 2015年，区价格认证中心认真学习贯彻《省政府关于进一步深化价格改革切实加强价格监管的意见》和省、市价格认定工作会议精神，坚持依法认定，规范行为，全年共开展各类价格认定485件标的金额9.01亿元。其中刑事、治安、民事及行政案件价格鉴证304件，鉴证金额587.37万元，个案认定涉税厂房、商业用房等115件，认定金额5.68亿元。立足机构转型新目标，在规范巩固创新中提档升级。涉案财产价格鉴证、涉纪财物价格认定、涉税财物价格认定被区政府、编办列入《通州区区级行政权力事项目录清单》。进一步加强队伍建设，经区编办同意，认证中心事业编制增加3名，编制总数达到6名，为中心更好地服务政府、服务社会发展提供良好的人力保障。是年，获省物价局"江苏省价格认定机构规范化示范单位"命名表彰，3次获区行政审批局（政务中心）"红旗窗口"及"服务之星"通报表扬。

（李振宇）

工商行政管理

【概　况】 2015年，区市场监督管理局以深化改革、融合发展为主线，以践行"三个服务"、争创"三个一流"为目标，对接项目建设，推行"准入快车""放权便民""电商成长"等优质服务，助推"质量强区"建设，全面落实"三证合一""一照一码"等商事制度改革事项，推出"百员联百企"服务机制，建立政企联合维权两级网络，开展"民生护卫在行动"系列执法活动。是年，被评为"2013—2014年度南通市文明单位"；参评案卷被评为"2015年度江苏省质监执法打假典型优秀案件"；区药品质量管理协会被南通市委办、南通市政府办评为南通市优秀科技社团；通海分局团支部被共青团南通市委评为"2014年度南通市五四红旗团支部（总支）"。先后涌现出"南通市法制建设先进个人"姜丽均、入围"中国好人榜"基层监管员徐长军等模范典型。

【设立市场监督管理局】 2015年3月，根据通政办发〔2015〕19号《区政府办公室关于印发南通市通州区市场监督管理局主要职责内设机构和人员编制规定的通知》精神，设立南通市通州区市场监督管理局，挂区食品药品监督管理局、区工商行政管理局、区质量技术监督局牌子，为区政府工作部门。取消已由区政府公布取消的行政审批事项，承接原区工商行政管理局、区质量技术监督局、区食品药品监督管理局的职责。根据区域划分和工作需要，设南通高新区分局、金沙、二甲、十总、石港、刘桥、平潮、兴仁、通海、南通家纺分局等10个市场监督管理分局，其中高新区分局为正科级建制，其余为副科级建制。行政编制234名，其中机关行政编制56名，派出机构行政编制178名。领导职数：局长1名，副局长5名，食安办专职副主任1名；正副科长（主任）37名，其中正科长（主任）15名（含监察室主任1名），副科长（副主任）22名。各市场监督管理分局设局长1名、副局长3名；分局内设机构各股均设股长1名。

【基层建设】 全面实施基层标准化、执法规范化和监管信息化建设。一是对分局进行全面升级改造，及时补充、改善基层办公基础设施，配足配强执法设备装备，研究制定统一的业务工作标准，通过软硬件的改造、提升和完善，进一步夯实监管工作基础，全面提升基层监管整体水平。二是编撰市场监督管理法律法规和常用执法依据工具书，统一市场监管执法文书，制定出台行政处罚案件集中审理暂行规定等系列法制制度，实现执法办案"七统一"，即：统一节点防控、统一办案程序、统一自由裁量、统一案件审理、统一行刑衔接、统一抽检规范、统一文书规范。三是利用信息化手段提高监管效能，探索建立智能监管体系，以食品、药品安全监管为试点，探索建立信息化监管体系，初步构想依托区综合检验检测中心建立智能化监管指挥中心，实现安全信息发布、事故应急处理、日常监管数据处理的实时化、便捷化。信息化监管框架已完成搭建。

【商事制度改革】 2015年，区市场监督管理局积极贯彻落实商事制度改革，推出“电商成长”“融资助企”“微信在线”等10项服务措施，最大限度降低创业成本，激发大众创业的市场活力，注册资本认缴制、企业年报、“先照后证”“三证合一”“一照一码”等改革事项全部落实到位，为加快推进通州区众创发展、激活市场主体活力创造良好市场准入环境。积极探索行政审批制度改革，主动配合区委、区政府开展相对集中行政审批权改革试点工作，努力打造“环节最少、路径最短、审批最快、服务最好”的投资服务环境。率先在南通将“三证合一”延伸至乡镇，在家纺城等镇区园设立“三证合一”基层服务窗口，下放有限公司设立登记权限和餐饮服务许可审批权到基层分局，方便群众就近办理。是年，全区新增私营企业3928户，注册资本869.61亿元；新注册个体工商户8987户，注册资金8.24亿元。

【创新服务】 积极开展“市场卫士、服务先锋”服务品牌创建活动，围绕区委区政府招商引资项目建设、大众创业万众创新、家纺城市场采购贸易方式改革试点等重点工作，制定出台《关于服务全区招商引资项目建设的意见》《关于实施服务发展提质工程，加快推进项目集聚转型发展的工作措施》《服务“大众创业、万众创新”十条措施》等多项服务举措，不断提升市场监管部门服务中心大局的能力。大力开展“十百千”大走访活动，局领导带队深入企业摸情况、问需求、解难题、送服务、送指导、送宣传。创新推出“百员联百企”服务机制，为企业提供一对一个性化服务。开通微信公众号，定期推送质量管理、名牌培育、特种设备监管等信息，为企业创业创新提供更加优质、高效、便捷的服务。

【“创卫”迎查】 为全面完成国家卫生城市复审迎查各项工作任务，区市场监督管理局制定《国家卫生城市复审迎查攻坚月工作方案》，9月，先后召开国家卫生城市复审迎查攻坚阶段部门推进会、农贸市场和六小行业成员单位会、农贸市场负责人座谈会，市场主办单位、辖区分局、农贸市场（行业推进组）严格对照标准进行自我排查。7—14日，对各市场主体督查8次，共检查市场主体2878户，交办问题126条，开出“创卫”整改通知单192份，整改率100%。全面提高农贸市场管理水平，完善食品等六小行业监管长效机制。力求证照齐全，督促个体户申领、变更营业执照50份，新办、更换餐饮许可证47份，督促领取健康证55份。确保设施到位，督促硬件建设符合行业规范，功能区设置合理，防鼠网、毒饵站灭蝇灯、垃圾桶等设施齐全完好，软件上，演示指导做好索证索票及进货台账登记工作；保持环境整洁，无店外店、摊外摊经营现象，无占道经营、乱搭建、乱堆放，无堆积垃圾。经过整治，城区内餐饮食品店和主要农贸市场面貌焕然一新，店面光鲜、窗明几净，店内卫生干净、货物堆放整齐，商品划行规市、摆放规范有序。10月，接受并通过国家暗访。（陈李华）

统　计

【概　况】 2015年，区统计局围绕区委、区政府中心工作，坚持“法治立统、改革兴统、科技强统、服务塑统”，加强统计监测预警，推进统计改革创新，探索分析经济发展新常态下统计工作的新形势、新任务、新要求，在新常态下完善新的方法制度、预测新的增长潜力、拓展新的服务领域，推进全区统计调查事业改革发展，为通州“十二五”圆满收官提供更加优质的统计服务。

【统计调查】 常规统计调查质效提升。完成规模以上工业企业财务状况、工业企业成本费用、信息化和电子商务、主要产品生产能力、能源购进销售与库存、企业科技活动、全国企业创新调查等统计年报工作，有序推进定报工作。组织开展规模以上服务业、限额以上贸易业、劳动工资等专业联网直报的催报、审核、指导、验收工作。及时更新维护基本单位名录库，2015年，全区新增法人单位1672家、信息变更1957家、剔除381家，新增产业活动单位363家、信息变更493家、剔除87家；“四上”单位及时申报入库，申报新增“四上”单位120家。文化产业统计合力共管。与部门、镇区共同关注文化产业重点行业、重点单位的最新进展，同时对照筛选、拾遗补缺，做到应统尽统。建筑业、房地产“一套表”统计数据真实可靠。严格坚守国家统计局对“一套表”工作提出的“四条红线”，所有数据由建筑企业、房地产企业实行自主联网直报，上报率、直报率、验收率、直验率保持100%。完成农业领域年定报工作。完成农村组织和从业人员情况、农作物生产、农业用地、农业化学化、农田水利化、设施农业生产、畜牧业生产及农业总产值、增加值核算等年报上报工作；完成季度畜牧业抽样调查、季度蔬菜、瓜果生产情况及农林牧渔业总产值、增加值季度核算上报工作。专项统计调查有条不紊。完成全国1%人口抽样调查。召开区域划分工作会议，组织“两员”培训、试点、摸底调查、正式登记等序时工作，并对行业职业代码、出生率、死亡率、自然增长率、城镇化率、外出人口等重要调查信息和关键指标进行审核并录入系统。完成企业创新调查。先后开展非金融企业法人单位行政许可事项改革意向调查问卷、工业企业产业转移情况调查、营业收入百强企业主要指标调查、投资项目核对、企业创新调查并形成专题（调研）报告。同时，完成重点工业企业生产经营状况跟踪调查月（旬）报、统计服务需求调查、景气调查、投入产出调查、工业企业用地调查、新兴产业等多项调查工作。统计调查能力不断提升。开展多层次、多类别、多形式的统计调查培训工作，不断提高统计调查人员的综合素质和业务能力。全区共有252人报名参加统计新证培训考试，1135人参加统计继续教育考试。组织镇、区、园、街道的统计人员开展统计在线学习和统计岗位知识培训考试。

【统计规范】 2015年，区统计局进一步强化精细化管理，明确分工，落实责任，坚持“五化”标准，严格绩效考评，推进统计调查工作创先争优。进一步加强对镇（区、园、街道）、企业统计调查规范管理和指导，完善内部管理精细化要求，对照省“四有三化”和“二有三化”标准，提高创建质量，建立长效机制，巩固提升创建成果。全区镇（区、园、街道）统计办公室全部获得省级规范化创建合格单位，其中8家获得省级示范单位；95%以上的联网直报企业通过省级规范化达标验收；积极开展部门统计规范化创建工作，全区有6个部门被认定为省级部门统计规范化示范点。是年，区统计局被表彰为全省“县级统计局规范化建设示范单位”，成为全市唯一连续4年获此殊荣的单位。通过规范化创建，进一步加强基层统计机构和统计人员队伍建设，提高统计能力。统计法治建设及早布局，坚持“三个早”有效推进全区统计法治工作。制定《2015年通州区统计法制工作要点》《2015年通州区统计监督检查工作计划》《2015年通州区统计法制宣传教育工作计划》等，明确统计法制建设工作重点和具体工作实施步骤及各项工作的职责。利用各种统计年定报会议、统计从业资格考试培训和“9·20”统计开放日等活动，组织与会、参训人员和社会公众学习《统计法》《统计违法违纪处分规定》《统计从业资格认定办法》及《江苏省统计条例》，并对乡镇统计人员进行考试。7月起对全区列为统计监督检查（涉及农业、工业、投资、贸易服务、劳动工资等专业）的58家单位进行统计执法检查，10月底完成统计监审任务，查处统计违法案件4件。

【统计服务】 统计服务内涵不断丰富。2015年，区统计局加强统计数据资源整合，不断强化统计服务载体功能，在保质保量提供常规统计服务的同时，大力拓展其他各类统计服务，促进统计服务能力水平的全面提升。统计服务产品不断优化，在统计服务产品上突出“快、优、新”。为适应新常态、新情况、新需求，及时对《月度主要经济指标快报》《统计月报》《两会统计宣传手册》《统计手册》《统计年鉴》等年度统计资料进行重编、调整、优化。印制《统计月报》12期，《两会统计宣传手册》《统计手册》各1期，《统计年鉴》1册。为更好地普及统计知识，宣传统计工作，推出新的统计产品——《通州统计宣传手册》，首次开通“通州统计微讯”服务平台，增强统计部门使用新媒体开展统计宣传的能力。全面加强对党政领导的服务能力。2015年，区统计局向区党政领导及有关部门核对或提供分析、讲话、会议材料40余次，提供各类统计数据6000余笔，为区委区政府领导及相关部门及时更新提供省、市、区主要经济指标及各镇区主要经济指标完成情况等统计数据，并及时对相关疑问做好解答或解释工作。同时，为“两会”提供相关文字及数据材料，编印“数说‘十二五’发展”画册，增强数据的可读性，以图解的形式增强内容的可视化，进一步提高服务“两会”的水平。做好社会公众服务。区统计局严格按照政府信息公开要求及《统计法》《保密法》有关规定，认真负责地给予答复或做好解释工作，尽量满足社会公众合情、合理、合法的统计诉求，得到社会各界好评。全年共为社会各界提供各类咨询服务600余次，出具统计数据证明30余次。完成经普资料开发。2015年，经普办加强对三经普资料的分析研究，发布经济普查主要数据公报，编辑出版经济普查资料汇编，认真完成经济普查研究课题，开发一批有价值、有特色的经普成果，完成全部课题及专题分析19篇。统计监测领域全面拓展。紧盯全区经济社会发展的重点、难点问题，进一步强化新常态下统计监测预警。共发布统计信息571篇，统计分析65篇，统计专报14篇。其中，省市以上录用389篇，区委、区政府《要情快递》录用22篇，1篇调研报告和2篇统计专报获区委主要领导批示。加强监测工作的组织领导，进一步加强与部门的紧密协作，不断加强统计数据资源整合，每月及时向区财政、税务、商务、经信委等相关部门收集整理当月主要经济指标数据，以《月度主要经济指标快报》形式，高频率即时报送区委、区政府相关领导。强化全面有效监测。准确把握行业、产业发展变革的新趋势和经济发展中出现的新业态、新情况，根据全区经济运行和产业结构特点，进一步完善重点企业调查研究，完成“通州区承接产业转移情况”“通州区高新技术产业竞争力分析”等重点研究课题和专题调查等多项工作；强化固定资产投资运行情况预警预测，重点对项目投入方向、建设情况及存在问题进行跟踪，以专报的形式向区领导汇报，获区委主要领导批示；强化GDP支撑指标完成情况监测，及时向相关部门通报GDP核算新方案及指标完成情况；强化全面小康监测，加强对指标未达标原因及预期发展的分析；加强对市政府考核体系和指标研究，强化指标完成情况的预警预测；充分发挥统计“晴雨表”功能，积极开展企业景气、能源消耗、科技创新、新兴产业、服务业、文化产业、人口及劳动力、农业生产、房地产市场等领域的运行监测分析，并依托《统计分析专辑》《统计信息专报》等平台，及时向区委、区政府领导和有关部门提供决策参考。

【统计改革】 2015年，区统计局按照国家和全省统一部署，积极实施统计调查制度改革，促进统计工作不断适应经济社会发展需求，组织推进全区统计系统四大改革。固定资产投资统计改革。针对统计对象、核算方法、上报方式、报送频率等方面的重大改革，对全区1680家四上单位及有亿元以上项目的法人单位进行多轮次培训，确保新老两套制度“双轨”运行平稳，新老制度固定资产投资数据比重合理。能源统计改革。根据能源核算任务和能耗调查范围的改革要求，加强乡镇和重点能耗企业统计人员培训指导，开展重点能耗企业调研，确保能源统计改革顺利开展，为地区能耗总量和单位GDP能耗降低率提供有效支撑。服务业统计改革。改革服务业重点企业定期调查制度，对全区249家规模以上服务业企业开展培训调研指导，对涉及九大类262个行业特别是新兴服务业企业的经济规模、发展态势进行跟踪调查。贸易统计改革。加强传统贸易企业线上销售统计，对274家限额以上贸易企业电子商务购进额、成交额等指标进行跟踪调查。探索网络销售企业及第三方电子交易平台统计调查,加强大市场、综合体等新型消费业态统计研究。（黄　凯）

审　计

【概　况】 2015 年,区审计局按照“强化精品意识,争创优质审计项目”“强化责任意识,全面提升审计工作组织程度”的要求,突出重点,创新举措,全年共完成审计项目 1083 个,查处不规范资金 3.16 亿元,收缴入库金额 201.1 万元。其中:完成财政财务收支和专项资金审计项目 15 个,完成经济责任审计项目 39 个;完成政府工程投资审计项目 1029 个,送审金额 97.05 亿元,决算审计核减 1.85 亿元,标的审计核减 4.61 亿元。撰写各类信息、研讨文章 258 篇次,其中被国家级刊物、网络录用 45 篇次,被省市级刊物、网站录用 156 篇次。向区委、区政府主要领导报送《审计专报》3 份,另有 2 篇专项资金审计情况在《要情快递》转发。1 人被南通市审计局评为领军人才,《江苏审计》第 8 期报道通州审计局“双先风采”。向区纪委、区检察院移送案件线索 11 起,被立案查处 5 起,其中 2 人被判刑,6 人受到党内处分。

【经济责任审计】 2015 年,区审计局全力推进经济责任审计“四张清单”制度:推行“任职告知清单”制度,做到预警提醒到位;推行“责任界定清单”制度,做到问题定责到位;推行“问题整改清单”制度,做到督查督办到位。3 月,结合领导干部经济责任审计,积极参与资产清查,为区行政区划调整乡镇合并提供第一手资料。围绕规范审计和质量提升,在领导干部经济责任审计告知、推行 ID 卡网上审计问卷调查、发现问题责任界定、问题整改督查、审计结果充分运用等 10 个方面创新举措,深化审计内容,统一审计评价要求,强化整改督办和问责力度。5 月起,先后向新任职主要领导发送告知书 9 份,对 10 位领导干部经济责任进行审前公示,围绕“德能勤绩廉总体评价、工作评价、廉洁自律评价、对审计工作的意见和建议”等四大类 32 个问题展开问卷调查,收到反馈信息 197 条,其中有价值信息 60 条。工程审计网上问卷调查设计 18 个判断题、3 个问答题。

【工程审计】 2015 年,区政府制定《关于加强政府投资工程建设项目标后监管实施办法》,区审计局加强工程审计监管力度。一是实行抽签制,严把工程项目分配关。利用自行开发的软件,由局领导、纪检监察直接参与并采取工程项目网上摇号抽签分配。二是借力提质制,严把工程审计过程关。购买广联达工程软件,添置 GPS 测量、红外线测距、钢筋探测仪、钻孔机等设备,利用图形算量软件,对安置房、教学楼等常用民用建筑进行工程测量和钢筋计算。三是考评审核制,严把工程质量审核关。继续聘请高级技术人员复核工程审计质量,对于核减率过高或过低的项目要求重新审计,对外聘工程审计人员采取廉政保证金与绩效考核相结合的办法。

【专项资金审计】 2015 年,区审计局开展引江调水绩效审计、都市生态农业基础设施建设工程专项资金绩效审计和城镇职工、居民、农民医疗保险基金等 10 个专项资金审计调查任务,查出管理不规范资金 10029 万元,向区政府递交 6 份专项审计报告,整改 23 个共性问题。《当前我区城镇基本医疗保险总体现状、存在问题及几点建议》在《要情快递》上刊发,得到区领导高度重视。在医疗保险基金审计调查中,通过对公安部门交通事故信息与同期职工医保待遇给付信息比对及核对交警部门的事故处理档案发现多起交通事故受害人重复报支医药费的情况。

【财政审计】 2015 年,区审计局加大财政审计力度。在同级审计中,除对 180 多个部门单位预算执行情况进行综合审计分析外,着重关注两个方面:一是把专项资金审计作为重点,提升同级审计分量。二是开展基金资金征收标准统一性审计,促进征管公平。7 月,同级审计报告在区人大常委会第 25 次会议全票通过。

【内部审计】 2015 年,区审计局统一组织实施重点村居财务收支情况专项审计调查。以“五统一”模式组成 8 个审计组,区镇联动,对全区 16 个重点村居 2013—2014 年财务收支和管理情况进行审计。对审计中发现的突出问题,向区委、区政府报送《审计专报》,涉嫌违纪问题向区纪委移送案件线索 5 件,并向村居所在镇发出《审计整改通知书》,督促相关村限时整改到位。指导镇内审机构对镇街及所辖的 58 个行政村(居)2014 年农村环境“四位一体”长效管理资金使用和管理情况进行专项审计调查,并跟踪检查以前年度发现问题的整改情况。

【专业化水平提升】 以提升审计专业化水平为抓手,开展“我与审计同行”系列活动。开展“今天我主讲”系列审计业务和管理工作的专题讲座活动。组织全体人员围绕经济责任审计、内部审计创新、新预算法、工程审计、专项资金审计等 8 个方面的内容,开展每半个月一次的学习、交流活动。开展“青蓝工程”系列活动。根据青年审计人员较多的特点,9 月制定“青蓝工程实施”方案,确定由 8 名审计业务骨干对青年审计人员实行一对一指导。10 月开展“我与审计同行”青年讲坛活动。35 周岁以下青年干部进行 5 至 8 分钟的脱稿演讲,青年审计干部演讲和表达能力得到锻炼。为提高审计人员的摄影取证水平,6 月,邀请摄影专家开展摄影知识专题讲座,全体审计人员初步掌握拍摄选景、角度选取和图片效果等方法技巧。（杨启斌）

质量技术监督

【概　况】 2015年，区市场监督管理局以“民生护卫在行动”为契机，全力抓好质量技术监督工作。通过整合12315、12365、12331投诉热线平台、实施消费维权“五进”工程（进商场、进超市、进市场、进企业、进景区）等途径，大力推进消费维权渠道便捷化，方便消费者就近维权。进一步加大电梯安全监管力度。开展气瓶安全专项整治行动，与25家液化石油气气瓶充装检验单位负责人签订《气瓶充装安全承诺书》《气瓶检验安全承诺书》，进一步明确气瓶充装检验单位的责任。为全区42家集贸市场2977台电子秤和48家乡镇卫生院、260家村级（社区）卫生室、3家计划生育指导站、2家福利院的1672台血压计进行免费检定。

【三大战略】 大力推进名标名牌战略，启动实施商标培育“1410”工程，2015年成功培育“蓝丝羽”“乔德”“菲菘”和“御丰”4件中国驰名商标，占全市新增总数的2/7，取得通州区商标工作历史性突破，名标名牌工作在南通继续领跑。大力推进“质量强区”战略，获2014年度全市质量工作绩效考核先进单位，南通家纺城和刘桥镇分获“南通市质量先导区”和“南通市质量强镇先进镇”称号。全年组织申报22个江苏名牌产品、48个南通名牌产品（含复评），申报数均超历史水平。大力推进技术标准战略，“建立家纺产业电商联盟标准”由部门特色重点工作升级为南通市重点工程，主持制定南通家纺产品电子商务企业标准联盟核心标准《交易型家纺电子商务企业管理与服务规范》。2家通州企业参与制定的两项国家标准正式发布实施，2项国家标准进入待批阶段。多个省级标准化试点项目建设进展顺利，构建“家纺产品知识产权管理服务标准化”标准体系。和盛农资连锁经营省级服务标准化试点项目、省级循环经济标准化试点项目“废弃电器电子产品综合处置利用系统”完成标准体系框架构建，完成90%的标准收集或制定。建成省级综合标准化永久性菜篮子蔬菜示范基地面积超过1440公顷。

【特种设备】 深入宣传贯彻《特种设备安全法》，落实特种设备使用单位安全责任主体，与特种设备使用单位签订“特种设备使用单位安全责任告知书”852份，与30家气瓶充装检验单位签订安全责任告知书和安全承诺书，与区内51家电梯维保单位签订“电梯维保质量责任书”“电梯安全质量承诺书”。对重点单位实行重点监管，先后开展各类特种设备安全检查92次，检查特种设备使用单位325家，发现整改隐患217条，责令停止使用或查封不安全特种设备966台，隐患整改率100%。组织对气瓶充装检验单位专项检查30次，立案查处违规充装气瓶案10件，打击气瓶充装违规行为。完成全区3773台电梯96333贴牌，贴牌覆盖率100%，共检查电梯804台，查封不符合安全要求电梯2台，查封和拆除土电梯（土制升降机）34台。联合区劳动竞赛委员会、区总工会举办场（厂）内专用机动车辆作业人员技能竞赛，全面提高特种设备作业人员岗位业务素质和操作综合技能。

【质量监管】 加大商品质量抽检力度，重点对电线电缆、钢材、电动自行车、黄金珠宝、木家具、家纺产品、皮革制品、木工板、成品油、液化气、烟花爆竹等170个批次的产品进行监督抽样检验。指导区服务业商会装饰装修分会开展经营者首问和赔偿先付制试点，完成10个南通市级放心消费示范企业、示范行业、示范区域的申报工作。组织通州建总、承悦装饰、创斯达等13家企业参加南通质监局举办的“南通制造质量2025”公益活动，推进先进质量管理技术和方法，提升制造质量竞争力；组织蓝丝羽、圣夫岛等6家企业申报南通市质量标兵企业，组织紫罗兰、创斯达等3家企业申报省质量信用AAA级、AA级质量信用企业，鼓励和引导企业推广应用先进质量管理方法，开展群众性质量课题攻关活动，提高产品质量总体水平。

【计量惠民惠企】 开展“520”世界计量日宣传活动，组织民生计量进社区、光明计量进校园等活动，普及计量知识，提供计量咨询和服务。净化计量环境，与41个农贸市场签订“诚信计量承诺书”，对集贸市场进行多次专项执法检查，没收作弊秤76台件。完成集贸市场免费检定42家，检定计量器具2977台件；完成全区镇医院、村卫生室、计划生育指导站和福利院等313家机构免费检定在用血压计（表）等在用计量器具1672台件。加强对企业能源计量工作的行政指导，对2014年度5000吨以上的重点用能单位进行能源计量专项检查，督促和帮助企业建立能源计量档案，提高能源计量器具配备率和能源计量管理水平。上门指导中联科技有限公司和南通新建特阔漂整（南通）有限公司能源计量工作，帮助企业建立能源计量管理体系并通过能源计量审查。　（陈李华）

食品药品监督管理

【概　况】 2015年，区市场监督管理局加大日常监管力度，深入开展各种专项整治活动，年度任务按时序进度如期完成。加大《食品安全法》宣传培训力度，开展食品药品安全打假专项行动，保障百姓“舌尖上”的安全。对生产经营企业、个体工商户、集贸市场以及城乡结合部的食品、药品、保健食品、化妆品加大监督检查力度，出动检查人员1544人次，检查各类药品零售店、医疗机构、化妆品零售店、食品生产企业、食品销售店、保健食品销售店、食品加工小作坊共721家次，查处案件66起，罚没款107.7万元。提升群众对食品药品安全诉求服务、诉求结果的满意度，共接受各类咨询、申投诉、举报信息计1505件。其中，涉及食品、药品、医疗器械等方面的投诉120件、举报37件，投诉举报案源转案件数为35件。与药房开展过期药品回收活动6次,回收过期药品品种375批次、共890盒,约3万元。顺利完成药品经营企业新版GSP认证工作。全年GSP认证共受理83家,认证90家次,整改7家。

【食品安全】 组织开展食品经营主体情况调查摸底,完善全区食品监管数据。严格规范食品生产许可实施工作,积极开展流通领域食品信用分级分类试点、餐饮服务量化分级管理,制定实施《通州区食品经营单位试行食品质量安全信用分类分级管理的实施方案》,完善食品经营者《食品安全信用档案》,引导食品生产经营者落实食品安全主体责任。推进食品安全电子追溯系统建设,2家食品添加剂生产企业建立内部追溯系统,积极推进豆制品综合治理试点,督促全区豆制品生产企业及取得临时登记证的小作坊全部加入"南通豆制品质量安全追溯平台",实现豆制品生产销售的全程监管。加大食品安全隐患排查力度,制定出台《2015年通州区食品安全风险隐患排查工作方案》,强化对各类饭店宴席、学校食堂、工地食堂、养老机构食堂、庙会、游园会、农村集体聚餐等食品安全的监督检查,积极开展风险食品质量管控,加大对热点重点食品的抽检力度,先后检查各类餐饮服务单位1214户次,完成流通环节食品抽检369批次,总合格率97.5%。食品快检1200批次,总合格率98.3%。规范各类重大活动卫生监督保障工作,先后完成中高考、全国青少年毽球赛、麦迪篮球明星赛等13项重大活动食品安全监督保障工作。

【药械安全】 2015年,区食品药品监督管理局规范化开展药械日常监管和市场巡查,强化涉药械企业信用等级分类管理,与辖区800多家涉药械单位签订"药械质量安全承诺书",全面实行重点生产经营企业驻厂监督员制度、重点管理相对人约谈制度,对违法违规企业派出工作组上门普法,排除监管隐患,查处药械案件57件。严格按照上级要求做好药品、医疗器械经营许可现场审核,组织推进零售药店GSP认证工作,严把药械市场准入关,共受理组织零售药店GSP认证46家。大力推行药品零售企业电子监管入网,全区357家企业全部入网确认,收到数字证书354把,实现药品电子监管全制剂品种全链条覆盖目标。

【安全用药月】 9月1日—10月31日,区食品药品监督管理局开展"全国安全用药月"系列宣传活动,效果显著。成立活动领导小组,由分管局长亲自负责,药械科牵头,基层分局、涉药单位互动,形成上下一心,协调配合的工作机制。制订宣传方案,保证活动有序展开。开展以"安全用药你我同行"为主题的宣传启动仪式,向公众提供真假药品鉴别、合理用药咨询、家庭过期药品回收和现场接受投诉举报等活动。各药品经营使用单位利用电子显示屏广泛进行公益广告和合理用药知识宣传。与区教育局联合开展"药品安全知识进校园"宣传活动,让青少年了解合理用药知识;在辖区敬老院开展以"关注老年,安全用药"为主题的宣讲活动。组织人大代表到涉药企业现场视察,让他们零距离了解药品生产过程和产品质量控制。活动期间,开展广场咨询活动3次,咨询3000人次;开展业务培训2次约50余人,印发《合理用药》手册3000册,制作展板8块,发放宣传资料万余份,宣传画200余份,各涉药单位利用电子显示屏播放滚动宣传标语300余条,回收过期药品100多批次。

【化妆品专项整治】 为进一步规范化妆品市场秩序,打击化妆品非法添加行为,9—11月,通州区食品药品监督管理局出动执法人员327人次,对全区化妆品美容美发批发经营及使用场所、化妆品批发市场、化妆品网络销售平台(淘宝、微信等)开展为期三个月的专项整治行动,取得阶段性成效。对祛斑类、宣传美白产品、宣传祛痘/抗粉刺产品、宣称去皱、抗衰老功能护肤类产品进行重点检查和抽检,对涂改化妆品包装标志、经营过期化妆品、标识虚假、无进口手续和假冒品牌等违法行为进行严厉查处。检查单位220家,其中化妆品专卖店86家、美容美发场所36家、药店64家、大型商场超市26家、大型宾馆旅店8家,立案12起,抽样核查1起,有力地净化全区化妆品经营市场秩序。

(陈李华)

安全生产监督管理

【概　况】 2015年,区安监局认真开展安全生产大宣讲、常态化大检查、"三防"专项整治、"三项行动"等活动,重典治安,铁腕打击各类安全生产非法违法行为,全区安全生产形势总体平稳。全年共发生各类生产安全事故1073起,死亡215人,与上年同期(下同)相比,事故起数和死亡人数分别上升3%、10.3%。其中工商贸及建筑施工事故15起,死亡15人,事故起数和死亡人数均上升7.1%。全区没有发生较大以上事故或有影响的生产安全事故。

【安全生产大宣讲】 2015年,75名一二级宣讲员深入企业生产一线开展"关爱生命、关注安全"安全生产大宣讲,累计开展巡回宣讲956场,覆盖全区600多家规模企业和2000多家小微企业,直接听众达10.5万人。

【安全生产培训教育】 2015年,先后开展"安全生产月""安康杯"竞赛、专题文艺晚会等活动,普及安全生产常识。通过"999民生热线"、公众监督平台等途径积极宣传安全生产的法律法规,切实解决人民群众关心关注的热点问题,在政府信息公开平台及时发布安全生产相关信息,认真维护人民群众对安全生产的知情权、参与权和监督权。开展企业三类人员培训,26期4078名企业负责人和安管人员参加培训,为企业输送9378多名特种作业人员。

【安全生产专项整治】 对道路交通、消防、旅游、建筑施工、特种设备、职业危害、危险化学品等7个行业、领域开展安全生产专项整治。道路交通方面:6次召开区级交通安全联席会议,解决整改道路安全隐患;联合开展黑校车专项整治5次,查扣黑校车21辆;完善道路交通静态设施,设置机非隔离护栏3.8万米,平均每镇安装球机监控15个,农村道路与国省道、县乡道的150个交叉路口全部设立提示标牌和减速垄;全年组织18次区域联勤整治行动,共查处酒驾1475起,涉牌涉证300余起,“三超一疲”8000余起,重型车辆违法行为3000余起,移诉危险驾驶罪案155起。消防安全方面:连续开展劳动密集型企业消防安全专项治理、公共娱乐场所安全检查、夏季消防检查等活动,累计监督检查3200家次,发现火灾隐患2949处,督促整改2797处,临时查封79家,责令三停31家,罚款219万元。旅游方面:相关职能部门加强联合执法力度,对全区5家旅游星级宾馆、4个旅游A级景区、6家旅行社开展4轮安全生产检查,对检查中发现的问题,一律严肃整改。建筑施工方面:着重职工安全素质,提升企业安全管理水平,全年累计培训“三类人员”4463人,建筑特种作业人员7378人;对全区79家建筑企业开展安全生产条件核查,开具27份整改通知书。特种设备方面:累计检查电梯453台,检查电梯维保单位15家,立案查处违规维保电梯案1件;检查153家特种设备使用单位,下发安全监察指令书32份,查封特种设备161台,立案查处违规使用特种设备68件;组织气瓶专项检查34次,累计检查气瓶充装、检验单位86家次。全年累计查处特种设备违法案件105件,罚款331万元。危险化学品方面:突出化工企业本质安全行动、二道门建设,全年累计检查化工生产企业和经营单位301家次,排查各类隐患778条,下发限期整改指令书56份,复查意见书50份,现场处理措施决定书6份。责令停产整顿化工企业3家,关闭化工生产企业1家,取缔非法储存、经营点9处,事前处罚7家,处罚人民币10.70万元。职业危害方面:对辖区内船舶修造、冶金、制鞋、木质家俱及化工生产企业职业卫生方面的工作进行检查,累计检查企业520家,查出隐患886条,责令限期整改企业220家,行政处罚5家企业罚金15万元。

【企业安全生产标准化创建】 开展安全生产标准化创建,2家企业通过二级标准化验收,所有规模以上企业全部完成三级标准化申报验收工作,3343家小微企业完成三级标准化网上申报工作。开展标准化建设“回头看”活动,督促企业对达标时存在的问题进行整改,组织专家对企业“回头看”和隐患整改情况进行检查督查。

【安全生产执法】 开展常态化安全生产大检查、“三防”整治、“三项行动”等专项行动。“三项行动”期间,累计开展企业自查4636次,自查隐患8801条,各镇区园街道完成督查复核4636次,部门完成复核1077次。全区共派出执法人员6003人次,检查单位6797家次,发现事故隐患10574个,现场整改8885个,下达执法指定书801份,警告235次,责令改正、限期整改、停止违法行为1093起,责令停产、停业、停止建设26家,处罚罚款166万元。全年累计关闭、停产停业整顿56家,实施停止供电强制措施5次,根据烟花爆竹零售点实行“两关闭”“三严禁”的要求,吊销烟花爆竹经营许可证278份。

【基层机构建设】 基层安监机构、人员建设基本达标,全区15个镇区园街道共计配备安监执法人员96人,硬件建设不断改善,8个镇区园街道配备执法车辆。4个镇通过省级安监机构能力建设验收,基层监管人员业务技能有所提高。安全生产委托式执法全面铺开。

【应急救援】 加强各行业(领域)应急预案的修订,不断完善应急资源数据库,多途径普及应急常识,创新演练活动模式,在全区危险化学品生产企业开展即兴命题演练。7月9日,在金飞达服装有限公司开展人员密集场所火灾事故应急疏散演练,8月31日,在通州宏仁气体有限公司开展石油化工企业应急救援演练。

【社会化管理】 全区烟花爆竹批发企业、危化品生产企业、建筑施工企业投保安全生产责任险或缴纳安全生产风险抵压金。累计实施安全生产责任险200万元,风险抵押金129万元。累计投入102万元开展安全生产服务外包,有效弥补基层安监力量和技术的不足。 (王小龙)

教　育

Education

编辑　马　钰

综　述

【概　况】 2015年，通州教育以办人民满意的教育为宗旨，围绕全区教育工作重点，深化教育综合改革，教育质量稳步提升。

办学条件显著改善。12所中小学校实施校安工程20个，其中加固17个、重建3个。新建和改扩建幼儿园13所、回购2所，新增市优质园、省优质园各2所。学前教育被列入全省综合改革实验区。特殊教育学校迁建工程全面启动。53所学校通过义务教育学校现代化市级评审。全面完成高中布局调整和初高中分离，通州中专成功创建江苏联合职业技术学院通州分院。改造30所学校运动场地，建成硅PU篮、排球场54片；新建校园网33个、新增电脑1300台，60%的学校建成数字化校园；通过省级教育基本均衡复核督查，教育现代化省级测评82.27分，高于全市平均水平。全区53所学校通过义务教育现代化学校市级验收。6月，通州区成为“省级学前教育体制改革试点区”。

教育内涵不断提升。在全区中小学生中继续开展“中国梦”系列主题教育活动，全面实施《南通市中小学德育三年行动计划》，开展社会主义核心价值观歌曲传唱和“我与美德有约”系列活动；姜灶小学特色文明礼仪教育从省少工委授予的“特色项目”升格为“品牌项目”；韬奋小学获评全国“首届中华优秀传统文化教育项目学校”；通州小学“新三好”创新工作经验在全国德育年会上作经验交流。以普通高中布局整合为契机优化教师结构，全区900多名教职员工分流有序，550多名教师实现异校交流。坚持“区管校用”教师管理制度，修订《通州区中小学教师和校长交流工作意见》，全年区级教师交流占比17.2%，调整校级领导岗位53名。累计招录教师150名，其中定向、免费师范生29名，区级统招66，公办幼师55名。评出区级学科带头人98人、骨干教师173人、教坛新秀61人、区教学能手243人。在全区中小学实施“体育艺术2+1项目”，共有校级艺术社团450多个，实现“校校有社团、班班有兴趣小组、人人有活动项目”。成功举办通州区第六届校园艺术节，获8个市一等奖，3个省一等奖，央视少儿频道分3次播出通州专场节目。艺术教育电视片《馨艺南通州》获全国中小学校园影视“最佳电视片银犊奖”。11月，在第四届江苏省青少年音乐“小茉莉花奖”声乐大赛颁奖会上，“金沙风”教师合唱团携手学生登台亮相。体育特色项目“一校一品”工作扎实推进，十总中学等11所学校被教育部列为2015年全国青少年校园足球特色学校，川港小学徐思浩获2015南通市少儿击剑比赛男子佩剑冠军、张奕甜获2015南通市少儿击剑比赛女子花剑冠军，实验小学入选2015年第一批全国学校体育工作示范学校。

教学模式日臻成熟。出台《加强教学巡视工作意见》，组织教学巡视5次。对教学“六认真”进行全面检查和考核，建立教师退出课堂机制。认真落实“推门听课”制度，引导教师认真对待每一堂课。举办通州区小学“学的课堂”建设现场展示活动，确定金沙小学、东社学校等5所学校为南通市课改实验学校。调整、充实中小学教学协作区，建立学前教育教学协作区。积极开展教科研活动，通州高中与南京大学牵手，建立“创新型人才培养战略合作伙伴”关系；刘桥中学发挥优秀学生带头作用，建立互助互学“合作共生组”；育才中学将教师“悟教”和学生“悟学”相结合，促进提升课堂教学质效；金乐小学启动名优教师培养工程。教学成果再创新高，高考本科上线率57%，比去年（下同）增长4.1个百分点（市均2.8），中考生均总分升至全市第四名，2所初中跻身全市前20名；通州中专学生技能大赛，获国家级银牌1枚、省级1金8银17铜，实现全区职业教育新突破；对口高考本科率近40%。全区教师参加省以上竞赛获奖31项，其中获省二等奖以上15项；全区学生参加各类竞赛，获省二等奖以上392项；平潮中学李正辉获全国数奥竞赛银牌；姜灶小学朱天玺被评为“全国优秀少先队员”“江苏省十佳科学小院士”。平潮高级中学“生涯发展辅导课程基地”通过省级评审。通州高级中学被评为江苏省首批中小学心理健康教育特色学校、教育部首批中小学心理健康教育特色学校。

教育形象逐步优化。全面启动“通州好老师”评选等系列师德师风建设活动,1 人被评为全国优秀教师,1 人被评为省优秀党务工作者,1 人被评为感动南通教育人物,2 人获园丁奖,12 人被评为市师德标兵,67 人被评为市优秀教育工作者,101 人获“通州好老师”称号,通州中专德育组和实验小学艺术教育教师团队被评为南通市优秀教师群体。平潮实验初中独臂女教师陈小平的先进事迹被省内外多家媒体所关注。修订完善《通州区学校突发公共事件应急预案》,切实开展安全生产“三项行动”,认真组织学校排查整治安全隐患,对部分学校整治工作进行督查。严格做好校车审批工作,会同公安、交通部门研究推进校车标准化建设,基本实现校车 100% 专用。组织学校集中开展非法接送学生社会车辆排查,共排查非法营运车辆 33 辆。创建南通市依法治校示范校 15 所、先进学校 16 所。围绕教师是否认真上课、是否从事有偿家教等 12 个方面,向城区 6 所学校学生和家长征求意见,发放问卷 4695 份、回收 3978 份,回收率 85%,满意率 98.8%。

依法治教顺应新常态。全年共立案 11 件,调查处理学校领导和教职工 11 名。其中,开除党籍 1 人、党内警告 1 人、降低岗位等级 1 人、行政记过 3 人、行政警告 5 人。认真办理重要纪检监察信访件,对近 20 名校长、单位负责人和教师进行诫勉或提醒谈话。完成审计项目 25 个,总额达 6.89 亿元,查出有问题资金总额 127.12 万元,提出审计建议 72 条、被采纳 49 条。区教育局推荐的审计项目被江苏省教育厅评为“江苏省教育系统内部审计优秀审计项目”。制定《暑期整治违规家教工作方案》,签订远离违规家教承诺书,公布举报电话,设立举报箱,形成治理违规家教高压态势。成立明查暗访小组,对城区各居民小区、校外培训机构开展明查暗访活动,严肃处理 3 名在校外培训机构从事有偿补课的教师,并在教育系统进行通报。

【李正辉获第 31 届中国数学奥林匹克竞赛银牌】 2015 年,在第 31 届中国数学奥林匹克竞赛中,平潮中学高三(2)班李正辉获银牌。中国数学奥林匹克(CMO)暨全国中学生数学冬令营由中国数学学会主办,是全国中学生级别最高、规模最大、最具影响力的数学竞赛。来自中国 31 个省、市、自治区和香港、澳门特别行政区,以及俄罗斯、新加坡的 35 个代表队共 369 名中学生参赛。

【校少儿珠心算比赛】 12 月 26 日,通州区 5 所珠心算试点学校 100 多名教练员和选手齐聚实验小学,参加 2015 年秋季学期试点学校少儿珠心算比赛。通州区珠心算教学活动起步较早,在省内也较有影响,每年参加省、市比赛均取得较好成绩。2015 年,区教育局、财政局在原先每年一次比赛基础上增加秋季学期比赛,意在及时检验、改进、提高。经过激烈角逐,实验小学获一年级组、三年级组团体一等奖,石港小学获二年级组团体一等奖,张亚珍、时美丽、葛苏芹等 13 名教练员获优秀教练奖,顾可欣、邢于飞、严邢初等 22 名选手分获全能及单项奖。

【校园足球微课评比活动】 12 月下旬,南通市教育局、体育局举办全市中小学校园足球微课评比活动,47 节微课参评,经过专家严格、细致的评审,6 节优秀微课被报送参评江苏省教育厅、体育局举办的校园足球微课评比活动。其中,通州区占 3 节,分别是:通海中学刘瑾执教的初二年级“脚内侧变向运球”课、金沙小学朱建国执教的“五年级守门员单脚跪式接滚球”课、通州高级中学王伟执教的高一年级“‘贴墙式’二过一”课。

【《馨艺南通州》获第十二届中国中小学校园影视奖一等奖】 12 月 5—6 日,由中国教育电视协会、中央电化教育馆主办的“全国校园影视教育培训研讨会暨第十二届中国中小学优秀校园影视奖颁奖活动”在深圳举行。由通州高级中学老师张伟执导拍摄的专题片《馨艺南通州》获一等奖和最佳电视片银犊奖。该片通过讲述一位师范学院艺术系的学生在教育实习时为了完成全国农村学校艺术教育实验县工作调查报告,走访了通州区“全国农村学校艺术教育实验县”实验工作办公室、艺术教研员、“金沙风”教师艺术团、名师工作室、少年宫协会和亭西小学民间艺人的故事,真实反映自 2013 年被教育部确定为“全国农村学校艺术教育实验县”以来,通州区面向全体学生大力开展艺术活动、传承传统艺术、普及艺术教育的成果。中国中小学校园影视奖评选活动原名“中国校园电视节”,被誉为中国校园电视“奥斯卡”。此次活动竞争非常激烈,全国 2200 余件作品参赛。

【通州区代表队获江苏省“金钥匙”科技竞赛团体赛特等奖】 11 月 28 日,第 27 届“国际科学与和平周”全国中小学生(江苏地区)金钥匙科技竞赛团体赛在南京举行。省“金钥匙”科技竞赛团体赛,以团队(小学、初中、高中各一名学生组成)为单位计算成绩,分初赛和复赛两个阶段进行。初赛每队分两组,高中学生须独立完成笔试和操作,小学和初中学生在各自笔试完成后,合作完成一道操作题。最后取总分前 8 名进入复赛。复赛以团队形式展开,分必答题、抢答题、综合题、操作题四轮,赛程完全公开,网络同步直播。由通州小学吴乐涵、育才中学张宸浩、省通州高级中学张畅煊组成的通州区代表队,凭借雄厚的知识功底、熟练的操作技能和灵活的应变能力,以初赛第四名成绩从 38 支队伍中脱颖而出闯入复赛,获第二名和团体特等奖,吴乐涵获评最佳选手。

【省政府教育督导组回访通州区教育工作】 11 月 25—26 日,江苏省政府教育督导组一行对通州区教育工作进行为期一天半的回访督导。督导组通过认真查阅有关台账资料、实地察看部分学校等形式对区教育工作进行深入、细致、全面了解，26 日下午召开反馈会，对通州区近年来的教育工作给予肯定，认为通州区坚持教育优先，经费投入持续给力；坚持内涵发展，素质教育成效显著；坚持均衡发展，师资队伍建设有成效；坚持统筹兼顾，职成教育发展迅速。

【实小代表队获机器人华东赛创新奖】 10 月 23—25 日，第九届华东地区青少年机器人联赛暨 2016VEX 机器人世界锦标赛选拔赛在常州举行。通州区实验小学蕊春机器人俱乐部 22 位小选手勇夺机器人投篮项目冠军，并获华东赛创新奖和优秀组织奖。徐裕程以总分 231 分高列榜首。在 VEX IQ 项目比赛中，王奕涵凭借机器人精巧的设计，获“创新奖”，陈亮宇和袁宇鹏获一等奖。实验小学在华东赛场上第一次捧回“优秀组织奖”。

【丁卫军获评第二届“全国文学教育名师”】 10 月 15—17 日，第二届全国语文教师“文学课堂”展评活动在山东举行，通州区育才中学特级教师丁卫军以《皇帝的新装》一课荣获特别奖，被授予第二届“全国文学教育名师”称号。此次活动吸引来自全国各地 600 多人与会，观摩了初高中各 10 位老师展示的文学课堂。初高中评委会由全国中语会副理事长、吉林教育学院教授王鹏伟和全国中语会学术委员会主任、天津市特级教师尹道恩担任组长，各省市教研室、中语会专家担任评委。整堂课以独到的文本解读、机智幽默的语言、娴熟的课堂驾驭技艺，赢得评委会肯定。

【王永芹获第六届“感动南通教育人物”称号】 2015 年，南通市委宣传部、市文明办和市教育局联合举办第六届“感动南通·教育人物（群体）”评选活动，通州区二甲中学王永芹荣获“感动南通教育人物”称号。六年前，王永芹确诊患有癌症，历经两年半医治，病情稍有控制，她就主动回到课堂。她一边服药调理身体，一边从事毕业班历史教学工作，她的无私奉献得到学校同事、学生以及周边群众一致赞誉。

【季仲平、朱国忠获十二届南通市园丁奖】 9 月，南通市教育局对外公布“南通市第十二届园丁奖”10 人名单，通州区实验小学朱国忠、通州高级中学季仲平成功入选。据悉，“园丁奖”为南通市基础教育工作年度最高奖，评奖对象为全市基础教育系统从事教育、教学、管理、服务工作 5 年以上的在职教育工作者，每年评选一次，由市政府在教师节予以嘉奖。

【“四有好老师”事迹展示活动】 9 月 8 日，区教育局在实验小学举行“责任在肩——通州区庆祝第 31 个教师节暨‘四有好老师’事迹展示”活动，将“通州好老师”代表事迹与艺术节目表演融合一体。在每人 8 分钟的视频展播中，“烈火浴真情，真情满乡村”的“中国好人”姜灶中学周福如、“情洒高中讲台，35 年如一日”的通州中学任晖、“扎根乡村 20 载，身患顽疾却追梦杏坛”的新联小学徐春燕、“醉心于书法教学，不懈耕耘 37 年”的石港小学顾跃进、“用关爱与责任让一群身有残缺的孩子不再有心灵残缺”的特殊教育学校吴爱琴朴实而感人的事迹让观众在感动中体会到“通州好老师”的无私奉献精神。2014 年 12 月开始，通州区全面启动“做党和人民满意的好老师”主题教育活动，“我的教育故事”“我心中的好老师”“通州好老师”演讲、征文、人物评选等主题活动在全区各学校同时开展。“通州好老师”评选活动一经推出，便得到广大师生员工以及社会各界的高度关注，争当“有理想信念、有道德情操、有扎实学识、有仁爱之心”的“四有好老师”，成为全区教师共同的职业信念和追求。经过民主推荐、集体讨论，百名老师脱颖而出。此次活动，让教学一线的优秀老师真正从幕后走到台前，向全社会传递教育系统师德正能量。

【王笑梅被评为江苏省“优秀党务工作者”】 2015 年，在庆祝中国共产党成立 94 周年之际，江苏省委决定表彰 20 名“优秀共产党员”和 20 名“优秀党务工作者”。通州区实验小学党总支书记、校长王笑梅被评为江苏省“优秀党务工作者”，南通市仅 1 人获此殊荣。

【朱天玺获江苏省少年科学院“十佳小院士”称号】 7 月 26 日，第三届江苏省少年科学院“小院士”终评活动在南京结束，姜灶小学朱天玺获江苏省少年科学院“十佳小院士”称号。活动由团省委、省科协、省少工委共同主办，经学校推荐、辅导老师精心辅导，朱天玺《关于城市屋顶绿化——种菜种花的建议》获省一等奖，取得去南京参加现场比赛资格。通过动手布置展板、现场答辩、互动交流、技能测试等环节，朱天玺脱颖而出，被评为江苏省少年科学院“十佳小院士”，同时，他的研究项目被评为“十佳优秀科学建议奖”。

【省检查组督导通州区义务教育基本均衡发展工作】 5 月 26 日，省财政厅副厅长徐宁率省检查组对通州区县域义务教育基本均衡发展情况进行督导检查，实地察看通州育才中学、实验小学金桥校区、川港小学等，详细了解学校基础设施、师资、管理工作等情况，对通州区工作予以充分肯定。

【张芝山小学获首届“全国跳绳示范学校”殊荣】 5 月 15 日，“培林杯”2014—2015 年全国跳绳联赛总决赛在大连市体育中心体育馆开幕。来自全国各地的 80 余支参赛队近 1000 名运动员，通过 6 个分赛区比赛获得大连总决赛名额。张芝山小学派出由七名运动员，三名教练员组成的代表队，在双人同步跳、车轮跳、和谐跳、一带一、30 秒和谐、30 秒一带一、30 秒单摇、30 秒双摇等 13 个项目中展开角逐，最终 4 个项目进入全国前八名，其中双人同步跳获银牌，30 秒一带一跳获铜牌，刘亦文、刘亦武、岳明勤、施盛怡取得参加 2015 年亚洲跳绳锦标赛达标资格。此赛事是首届全国跳绳联赛，比赛期间，组委会组织“第一届全国跳绳校长论坛”，并观摩大连市学校跳绳大课间活动。闭幕式上，全国 30 所中小学及学院获颁发首届“全国跳绳示范学校”铜牌，张芝山小学获此殊荣，江苏省仅此一家。

【王笑梅出席全国座谈会】 4月14日，通州区实验小学校长、特级教师王笑梅应邀参加国务院副总理刘延东主持的“学习贯彻习总书记文艺工作座谈会重要讲话精神”座谈会，作为全国中小学教育工作者唯一代表，她和教育部部长袁贵仁、北京师范大学党委书记刘川生等代表做主题发言，她的发言从环境营造、师资培养、课程建设、学生艺术素养等方面介绍学校开展美育教学改革和艺术教育情况，得到国务院副总理刘延东充分肯定和教育部及全国各省（区、市）同行关注。

【南通市中小学艺术教育现场会在通州召开】 3月25日，南通市中小学艺术教育现场会在通州区召开。来自南通各市（县、区）教育局局长、中小学校长、艺术教育负责人汇聚通州，共商农村学校艺术教育发展大计。与会人员先后前往石港小学、石港中学和实验小学，现场观摩艺术教育开展情况。交流会上，区教育局局长张进荣作题为《潮启风韵江海　花开艺馨通州》的通州区学校艺术教育工作总结。海安县立发中学、海门市东洲小学、如皋市实验初中等学校代表作交流发言。

【“童声里的中国·通州专场”登陆央视少儿频道】 3月，通州区第六届校园艺术节拉开帷幕，历时5个月。艺术节期间，共参演节目158个，演出18场，参与学生3000多名。从中选调30多个节目进行集中展演，中央电视台少儿频道分三次播出“童声里的中国”通州专场节目，对通州区艺术教育工作进行综合报道。在南通市校园艺术节组台展演中，通州区选送的《功夫熊猫》等8个节目均获一等奖，其中3个作品参加苏中片节目展演，获省一等奖。

【4学校成功创建“省级特色项目建设学校”】 2015年，通州区平潮中学“生涯发展辅导课程基地”、袁灶初中“初中语文自主学习支持系统建设”、理治小学“红色德育文化建设”、特教学校“数字化校园建设”、金乐小学“资源教室建设”项目成功被教育厅立项。

【教育部职教司刘建同到通州调研】 3月11日，教育部职业教育与成人教育司副司长刘建同到通州中专调研职业教育发展情况，实地察看学校数控与模具实训基地，仔细询问校企合作、专业建设、学生就业等情况，对通州中专办学成绩和发展势头给予肯定。

学前教育

【概　况】 2015年，全区有成型幼儿园56所，比上年（下同）增加3所；设教学班626个，增加27个；在园幼儿2.51万人，增加2318人，幼儿园入园率97.5%，上升0.3个百分点。

【全省学前教育体制改革试点地区工作现场推进会】 12月21—22日，全省学前教育体制改革试点地区工作现场推进会在通州区召开，来自省教育厅和相关县市（区）领导齐聚通州，交流分享各地改革发展经验，研讨主要问题及对策。镇江市、南京市建邺区在会上作交流发言。与会人员参观了通州幼儿园、城东幼儿园、金泰幼儿园、实验幼儿园金桥分园。

【学前教育名师研修团队展示活动】 11月19日，通州区教育局以“区学前特级教师名师研修团队展示”为载体，分别在区实验幼儿园、通州幼儿园开展特级教师团队展示活动。活动分为晨间活动观摩、公开课展示、专题讲座、游戏活动现场观摩四个环节。与会人员观摩了实验幼儿园幼儿户外游戏活动、大型户外建构游戏活动及通州幼儿园幼儿室内自主角色游戏、户外玩沙玩泥涂鸦游戏、混龄组自主角色游戏等。

【通州区幼儿园课程游戏化项目接受南通市专项督查】 6月16日，通州区家纺城幼儿园、东社幼儿园、先锋幼儿园、实验幼儿园、通州幼儿园接受南通市级课程游戏化项目建设的专项督查和指导。2015年，通州区进一步扩大学前教育资源、改善办园条件，以幼儿园课程游戏化建设为突破口，努力实现“以游戏为基本活动、保教结合、寓教于乐”，有效遏制“小学化”倾向，促进幼儿健康快乐成长。专家们考察了幼儿园游戏环境，观摩幼儿游戏情况，对各幼儿园立足园本，拓展课程资源，开展课程游戏化的探索和实践给予充分肯定，并从如何以正确的儿童观指导教育实践、如何将游戏精神融入一日活动、如何在《指南》引领下观察儿童等方面进行全面指导。

初等教育

【概　况】 2015年，全区有全日制小学42所，减少1所；设教学班1065个，减少8个；在校学生4.82万人，增加1510人。有特殊教育学校1所，设教学班13个，在校学生123人。小学适龄儿童入学率100%，年巩固率为103%，学生毕业率为100%，小学毕业生升学率99%。

中等教育

【概　况】 2015年，全区有普通高中4所，减少4所；教学班246个，减少26个；在校生1.19万人，减少1838人。初级中学26所，增加4所；教学班515个，减少3个；在校生2.19万人，减少574人。初中教育年巩固率101%，毕业率100%；初中毕业生升学率99.7%。全区参加全国普通高校招生统一考试报名5034人，经省市招办组织，被高一级学校录取4841人，录取率96.2%。

【普通高中布局调整】 2015年暑期，根据《通州区普通高中布局调整工作方案》，金沙中学、二甲中学、姜灶中学、石港中学高中部进行整合，整合后的学校搬入通州高级中学老校区；刘桥中学高中部整体并入平潮高级中学；通州高级中学整体南迁至新校区。此次高中布局调整是通州区历年学校布局调整中学校数最多、教师数最多、学生数最多、范围最广、情况最复杂的一次，涉及学生近5000人、老师近900人。

【南通市高中历史学科基地授牌仪式暨教研活动】 5月15—16日，南通市高中历史学科基地授牌仪式暨教研活动在西亭中学举行。活动中，西亭高中徐育与白蒲中学丁惠军围绕《罗斯福新政》、西亭中学范卫东与小海中学金春红围绕《英国君主立宪制确立》分别进行同题异构。2015年，西亭中学历史学科组以课程开发为平台，以教学展示活动为突破口，以“让学生每一堂课笑一笑、动一动（主动、互动、促动）”为宗旨，通过课题研究、课堂展示、磨课赛课、专家讲座、学术交流等途径，着力打造历史生活化教学课堂模式，被南通市教育局确认为新一轮“南通市高中历史学科基地学校”。

职业技术教育

【概　况】 2015年，全区有教育系统办的职业学校2所，其中省四星级中等职业学校1所，省三星级中等职业学校1所；行业办的职业学校2所，其他职业培训机构3所。全区职业学校在职教师602人，专任教师学历达标率98%。

【通州中专成功创建“省联合职业技术学院通州分院”】 5月7日，通州中专接受并通过江苏联合职业技术学院通州分院申办工作现场评估，新学期已顺利招收五年制高职学生400人。评估过程中，专家们对通州中专创建工作给予高度评价和肯定。通州中专成功创建省联合职业技术学院通州分院，标志着该校成为通州区唯一高职院校。

【“魅之蓝”创业计划书省赛获奖】 11月6—9日，首届“凤凰职教杯”江苏省职业学校创业能力大赛在常州举行。大赛设置创业计划竞赛、创业实践挑战赛、毕业生优秀创业成果评选和教师创业教育教学能力竞赛4个项目，采取校级初赛、市级复赛、省级决赛形式进行选拔，13个大市、72所职业学校、160个参赛作品、283名学生和教师参加省级决赛。通州中专“魅之蓝”蓝印花布布艺成品专营店创业计划书进入决赛，参赛作品获创业计划竞赛（高职组）三等奖。

【通州中专获市职校技能大赛团体优胜奖】 7月13日，南通市教育局召开2014年度职业学校技能大赛总结暨2015年度职业学校技能大赛动员大会，通州中专获团体优胜奖。2014年度，通州中专在南通市技能大赛19个项目中，获14块金牌，31块银牌和24块铜牌。在江苏省技能大赛中，通州中专在机电、经贸、艺术三大类8个参赛项目中夺得1金8银17铜。在全国职业院校技能大赛（中职组）“美机·富怡杯”服装设计与工艺项目比赛中，12大专服装设计班孔令楠荣获工艺组银牌。

【通州中专工艺美术品牌专业建设接受省专家组验收】 5月20日，江苏省教育厅职业教育品牌专业检查验收专家组一行4人到通州中专，对工艺美术品牌专业建设情况进行现场检查验收，实地考察工艺美术实训基地，开展随堂听课活动，查阅品牌专业建设材料，并就专业建设思路和经验等问题与专业负责人进行访谈。验收反馈会上，专家组对通州中专工艺美术品牌专业建设取得的成绩给予充分肯定，并在明确专业定位，明晰专业方向，深化课程改革、优化课程结构、发挥专业服务地方经济发展、优化师资队伍、优化招生策略适度扩大办学规模等方面提出建议。

【姜汉荣工作室获评“首批省职教名师工作室”】 5月18日，江苏省教育厅办公室发布《关于公布2015年重点建设的50个江苏省职业教育名师工作室名单的通知》，通州中专姜汉荣工作室榜上有名，成为首批50个重点建设的江苏省职业教育名师工作室之一。

高等教育

【概　况】 2015年，全区成人高校招生报名671人，减少205人，其中报考高中升专科482人，占报名总数71.8%；报考专科升本科189人，占报名总数28.2%。633人录取各类成人高校，录取率94.3%，其中高中升专科457人，专科起点升本科176人。

社区教育

【概　况】 2015年，根据省政府《关于加快完善终身教育体系的实施意见》、省教育厅《关于加强社区教育机构建设的意见》和区编委《关于调整各镇（街道）成人校机构设置的通知》等文件精神，通州区将全区成人教育学校统一更名为社区教育中心，并对各镇（街道）成人教育中心机构设置进行调整，全区社区教育中心共有 14 个。4 月，在东社镇组织召开 2015 年全区社区教育工作会议，就进一步规范和加强社区教育管理进行强调并采取措施。年末，组织社区教育中心人员到海门进行参观学习并听取专题讲座。通州开放大学已挂牌，十总镇、刘桥镇被评为全国社区教育示范镇；1 人被评为“全国百姓学习之星”；金沙、西亭创建成省级示范社区教育中心，先锋街道创建成市级示范社区教育中心，金沙街道育才社区居民学校等 9 个居民学校创建成省标准化居民学校。全区终身学习网络覆盖率为 100%，从业人员继续教育年参与率 56.9%，城市居民社区教育活动年参与率 62.7%，农村居民社区教育活动年参与率 42.2%，老年人年参与率 32.4%。

【全国“百姓学习之星”】 10 月 8 日，中国全民终身学习活动周工作小组及中国成人教育协会印发《关于确定 2015 年“百姓学习之星”的通知》（中成协〔2015〕045 号），在 108 位全国“百姓学习之星”名单中，通州区刘桥中学退休教师、南通市诗词协会副秘书长沈洪海榜上有名。10 月 15 日，在刘桥镇全民终身学习活动周启动仪式上，沈洪海获颁牌匾和证书。

教师队伍

【概　况】 2015 年，全区中小学有在职教职工 1 万人，其中小学 3044 人，初中 2894 人，高中 1356 人，职业中学 602 人，特殊教育学校 49 人，幼儿园 2060 人。全年中小学共聘用新教师 99 名，其中高中师资 16 名，初中师资 6 名，职业中学师资 4 名，小学师资 62 名，幼儿园师资 11 名。

【“力聚‘学的课堂’”初中教学副校长课堂教学竞赛】 11 月 30 日，通州区“力聚‘学的课堂’”初中教学副校长课堂教学竞赛暨观摩活动在金郊初中举行，全区初中 27 位教学副校长分成四个组，按照抽签顺序借班赛课。选手们围绕“限时讲授”“合作学习”“踊跃展示”进行富有创意的教学设计，教学过程立足教法和学法创新，发挥各自教学特长与教学优势。细致严谨的组织、灵动智慧的引导、全面有效的互动令课堂精彩纷呈，展现参赛校长们过硬的教学基本功、扎实的教育素养和机智的临场应变能力。活动旨在加强初中校长队伍建设，提升校长队伍专业化水平，促进校长进一步关注课堂、聚焦课堂、研究课堂。

【钱晓慧获第七届中小学音乐教师基本功展示两个一等奖】 11 月 15—21 日，“长江钢琴”第七届中小学音乐教师基本功展示活动在湖北宜昌举行，全国 30 余省、自治区、直辖市的 128 名选手参赛。经过 6 天角逐，最终角逐出小学组和中学组全能一、二、三等奖、声乐单项奖、钢琴单项奖、音乐欣赏笔试单项奖、合唱指挥单项奖、自弹自唱单项奖、舞蹈单项奖、器乐单项奖等。平潮高中钱晓慧获中学组全能一等奖和器乐单项一等奖。

【陆王华获省高中数学青年教师基本功大赛一等奖】 10 月 14—16 日，江苏省第二届高中数学青年教师基本功大赛在江苏省邗江举行，来自十三个大市共 39 名选手同台竞技、以赛会友。经过粉笔字、理论考试、解题测试、即兴演讲、教学设计、课件制作、模拟教学七个环节的考查、评比，共评出 12 个一等奖，12 个二等奖，15 个三等奖。代表南通参赛的陆王华获一等奖。

【颜小琴获省小学体育与健康优秀课评选一等奖】 5 月 20—22 日，2015 年江苏省小学体育与健康优秀课评在南京市举行，通州区实验小学教师颜小琴代表南通参加比赛并获一等奖。3 月，颜小琴代表通州区参加省比赛选拔赛，获南通市优课评比一等奖第一名，之后报送录像课送省初评，最终获得现场比赛资格。

教育研究

【概　况】 2015 年，通州区举办“教育名家讲坛”“特级教师论坛”、名校长讲坛等活动，邀请专家为教师阐述教育基本意蕴和本真理念，在 22 所中小学校安排 89 节研讨课、开展 56 场专项研讨，先后在西亭小学、石港小学和通州高中开展学校管理现场诊断活动。全年共有 15 人次参加 5 项出国培训，17 人次参加 9 项国家级培训，374 人次参加 52 项省级培训，7387 人次参加 20 项市级培训，2 万人次参加 94 项区级培训。

【区“青春杯”初中英语青年教师信息化课堂教学大赛】 5 月 21 日，通州区“青春杯”初中英语青年教师信息化课堂教学大赛于在金郊初中举行。参加本次大赛的七名选手是各片经过层层评比、选拔后产生的，比赛指定课题是牛津译林版八年级英语教材《Unit 7 International Charities Reading（I）》。选手们的公开课同题异构、精彩纷呈、特色彰显，都从教学设计、内容呈现、技术应用等方面作了精心设计。最终金郊初中高卫荣、育才中学周蓉蓉、平潮实验中学钱颖荣获一等奖。

【省“杏坛杯”课堂教学展评活动】 4 月 28 日，主题为“发现学科价值　发展学生学力”的第十届“杏坛杯”苏派青年教师（通州赛区）课堂教学展评活动在通州区实验小学落下帷幕。活动由江苏教育报刊总社和省中小学教研室共同举办，旨在通过专题研讨、课堂展示、专家评点等形式开展教学研究，推动学校课程改革、提升课堂教学质量、促进学校交流和引领青年教师成长。20 多名参赛选手分别执教语文、数学、英语、品德、科学以及综合实践等课，以精致细腻的教学设计、巧妙合理的媒体使用、精彩纷呈的师生互动，体现执教者对学科本质的意蕴追求。最终，通州实验小学蒋晓飞等5名选手获一等奖。

依法治教

【概　况】 2015年，全区75所中小学聘任兼职法制副校长，分别来自于检察院、公安、司法等部门，配备率达100%。各校法制副校长能坚持每学期到学校上法制课，宣传法制、法规，并结合社会上的违法犯罪案例，以案释法，以生动形象的案例对青少年学生进行教育，对出现不良行为的学生及时进行个别辅导和帮助，在强化学校法制教育、增强师生法制观念和法律意识、加强和改进青少年思想道德建设、预防未成年人违法犯罪、促进依法治校、维护校园和谐等方面发挥了重要作用。金沙中学结合学校法律书籍阅览室，把学生“读法律书、做文明人”作为学生自觉行动；石港中学专门开辟法治书画墙，利用爱国主义教育基地营造浓烈的法制宣传氛围；实验小学生命化校园构建项目已形成比较完整的理论体系。姜灶中学普法教育校本化在南通市作经验介绍，被评为2011年度“江苏省法制教育先进学校”。全区31所学校创建成省、市级依法治校示范学校。全区中小学共配备驻校专职保安300名，70所中小学、14所幼儿园安装视频监控系统，监控点达795个。各学校在教师办公区、师生住宿生活区及电脑房、实验室等重要场所，安装防盗门窗、报警设施，重点区域消防设施落实率达100%。

【教育内审项目获奖】 11月26日，通州区教育审计办公室开展的《通州区二甲中学2010年至2013年财政财务收支审计》审计项目荣获“江苏省教育系统2015年度内部审计优秀项目”称号。

教育督导

【概　况】 2015年，通州区教育督导室开展镇（区、园、街道）政府（管委会、办事处）教育责任督导评估工作。先后对实验小学、刘桥小学、五窑小学、赵甸小学、新生小学、庆丰小学、正场小学、英雄小学、忠义小学、二甲小学、家纺城小学、金乐小学、兴仁小学、张芝山小学等14所中小学校素质教育开展督导考核。对全区政府督学、责任督学、中小学校校长开展5场督导专题培训。继续实施责任督学挂牌督导工作。8月，《构建挂牌督导长效机制　助推学校内涵发展》在第七届省督学及专家组成员培训班上作经验交流。全年刊发《通州教育督导》两期。（王亚飞）

通州区2015年各级各类教育事业概况

表6　　　　单位：人

项目		编号	学校数	班数	毕业生数	招生数	在校学生数	毕业班学生数	教职工数	
									计	其中：专任教师
基础教育学校	合计	1	129	2465	28543	29124	107266	29622	9403	7453
	高中	2	4	246	5177	3354	11931	4629	1356	1141
	初中	3	26	515	7822	7187	21854	7500	2894	2229
	小学	4	42	1065	7289	8698	48244	8219	3044	2810
	特殊教育学校	5	1	13	12	7	123	13	49	38
	幼儿园	6	56	626	8243	9878	25114	9261	2060	1235
中等职业学校	合计	7	4	140	1506	1501	5056	1704	602	460
	教育部门办职业学校	8	2	115	1076	1186	3784	1231	504	402
	成人中等专业学校（建校、卫校）	9	2	25	430	315	1272	473	98	58
成人技术培训学校		10	327	1141	455685		117688		966	796

注：初中学校数中含九年一贯制学校2所；小学另有教学点2个；职业学校另有办学点1个。

通州区2015年各幼儿园基本情况一览

表7

单位	编号	学校数（所）	班级（个）合计	托班	小班	中班	大班	在校学生数（人）合计	其中：女	托班	小班	中班	大班	招生数（人）	离园数（人）	教职工合计（人）	其中 园长（人）	专任教师（人）	保育员（人）	校舍面积（平方米）	占地面积（平方米）	绿化面积（平方米）	运动场地（平方米）	图书（册）
全区总计	1	56	626	0	216	197	213	25114	12393	0	7757	8096	9261	9878	8243	2060	74	1235	427	191288	346311	77181	117610	261887
局直学校合计	2	2	49	0	15	16	18	1806	874	0	572	609	625	593	521	119	2	98	5	20901	39996	10758	9218	27986
南通市通州区实验幼儿园	3	1	34	0	10	11	13	1150	555	0	375	385	390	375	299	69	1	60	2	13183	19534	5678	5018	18400
南通市通州区通州幼儿园	4	1	15	0	5	5	5	656	319	0	197	224	235	218	222	50	1	38	3	7718	20462	5080	4200	9586
各镇学校合计	5	54	577	0	201	181	195	23308	11519	0	7185	7487	8636	9285	7722	1941	72	1137	422	170387	306315	66423	108392	233901
一、通中片	6	24	224	0	80	67	77	8808	4354	0	2774	2717	3317	3542	2800	812	37	443	187	77148	131793	30007	43212	96401
1. 金沙街道	7	8	64	0	24	20	20	2811	1404	0	927	893	991	1225	919	243	12	128	56	18871	28898	4422	8820	25666
南通市通州区城区幼儿园	8	1	17	0	6	6	5	818	406	0	252	276	290	358	220	68	1	37	18	3620	5860	980	1700	6000
南通市通州区城北幼儿园	9	1	6	0	2	2	2	283	146	0	76	78	129	76	79	26	1	12	6	2325	3553	400	1200	3160
南通市通州区城东幼儿园	10	1	6	0	3	2	1	215	122	0	118	67	30	215	10	28	2	12	6	5661	9019	1472	3029	2046
南通市通州区金沙小学附属幼儿园	11	1	8	0	3	2	3	313	159	0	110	98	105	124	105	18	1	12	5	698	600	60	100	500
南通市通州区蓓蕾幼儿园	12	1	9	0	3	3	3	456	214	0	140	144	172	186	157	35	1	18	9	1850	3000	600	500	4500
南通市通州区金西幼儿园	13	1	11	0	4	3	4	465	224	0	145	140	180	180	150	34	2	19	7	1947	1998	294	791	5000
南通市通州区金余幼儿园	14	1	6	0	2	2	2	244	126	0	69	90	85	69	92	26	2	15	3	2158	2726	250	1000	4300
南通市通州区担鲜路幼儿园	15	1	1	0	1	0	0	17	7	0	17	0	0	17	106	8	2	3	2	612	2142	366	500	160
2. 金新街道	16	7	68	0	26	18	24	2425	1177	0	821	709	895	980	613	253	11	140	62	25928	47326	13180	15076	25885
南通高新区幼儿园	17	1	17	0	4	6	7	726	353	0	152	303	271	195	208	64	1	37	17	4860	9518	2400	3520	7800
南通市通州区育才幼儿园	18	1	14	0	5	4	5	478	236	0	152	144	182	152	157	53	1	30	14	6030	8900	1270	1600	6000
南通市通州区金泰幼儿园	19	1	6	0	6	0	0	175	81	0	175	0	0	175	0	24	1	12	6	6467	10340	4695	2948	2000
南通市通州区皇都宝贝幼儿园	20	1	12	0	4	4	4	388	183	0	123	117	148	145	68	42	3	23	9	2725	5200	800	1800	3500
南通市通州区阳光幼儿园	21	1	9	0	4	2	3	406	199	0	150	96	160	150	102	31	2	18	9	2400	5328	850	2000	3000

续表7

单位	编号	学校数(所)	班级(个)					在校学生数(人)						招生数(人)	离园数(人)	教职工合计(人)	其中			校舍面积(平方米)	占地面积(平方米)	绿化面积(平方米)	运动场地(平方米)	图书(册)
			合计	托班	小班	中班	大班	合计	其中:女	托班	小班	中班	大班				园长(人)	专任教师(人)	保育员(人)					
南通市通州区正场幼儿园	22	1	3	0	1	1	1	65	38	0	15	20	30	30	24	9	1	6	0	820	2500	350	1330	100
南通市通州区艺术幼儿园	23	1	7	0	2	1	4	187	87	0	54	29	104	133	54	30	2	14	7	2626	5540	2815	1878	3485
3. 西亭镇	24	2	15	0	5	5	5	531	261	0	154	179	198	154	211	52	4	30	12	7241	10620	2333	3460	7600
南通市通州区西亭幼儿园	25	1	12	0	4	4	4	456	226	0	132	156	168	132	160	43	3	22	12	5902	6000	1913	2260	4750
南通市通州区西亭镇童乐幼儿园	26	1	3	0	1	1	1	75	35	0	22	23	30	22	51	9	1	8	0	1339	4620	420	1200	2850
4. 二甲镇	27	3	33	0	10	10	13	1369	694	0	364	402	603	615	514	121	4	62	33	12818	26028	5922	9446	19000
南通市通州区亚东幼儿园	28	1	11	0	3	3	5	494	253	0	130	131	233	204	202	38	1	23	11	5850	16702	4160	5060	7800
南通市通州区余北幼儿园	29	1	12	0	4	4	4	420	218	0	102	128	190	177	150	49	2	24	12	3796	4526	862	2292	5000
南通市通州区袁灶幼儿园	30	1	10	0	3	3	4	455	223	0	132	143	180	234	162	34	1	15	10	3172	4800	900	2094	6200
5. 东社镇	31	4	44	0	15	14	15	1672	818	0	508	534	630	568	543	143	6	83	24	12290	18921	4150	6410	18250
南通市通州区东社幼儿园	32	1	9	0	3	3	3	369	182	0	103	116	150	126	111	29	2	19	3	2790	2900	1220	700	3800
南通市通州区唐洪幼儿园	33	1	15	0	5	5	5	625	293	0	194	208	223	194	194	65	2	30	15	4040	6603	1200	2000	7000
南通市通州区忠义幼儿园	34	1	9	0	3	3	3	336	169	0	98	105	133	135	135	27	1	18	4	2300	4058	1000	1500	3600
南通市通州区五甲幼儿园	35	1	11	0	4	3	4	342	174	0	113	105	124	113	103	22	1	16	2	3160	5360	730	2210	3850
二、通北片	36	11	97	0	35	31	31	4096	2078	0	1382	1295	1419	1640	1346	311	10	195	50	33967	77908	18795	31526	46460
6. 石港镇	37	3	22	0	8	7	7	944	510	0	311	317	316	412	331	72	2	44	12	9342	22183	4951	8378	13000
南通市通州区石港幼儿园	38	1	16	0	6	5	5	680	366	0	236	223	221	236	244	51	1	32	11	6255	13300	3150	5383	8000
南通市通州区五窑幼儿园	39	1	3	0	1	1	1	125	72	0	37	46	42	37	40	9	0	6	1	1887	3883	1201	1995	3500
南通市通州区石港镇石南幼儿园	40	1	3	0	1	1	1	139	72	0	38	48	53	139	47	12	1	6	0	1200	5000	600	1000	1500
7. 十总镇	41	4	29	0	10	10	9	1230	612	0	438	380	412	497	360	111	4	59	23	12182	25398	4225	13365	16900
南通市通州区十总幼儿园	42	1	8	0	3	3	2	313	152	0	111	103	99	123	90	28	1	16	7	2902	4500	890	2000	5600
南通市通州区二窎幼儿园	43	1	6	0	2	2	2	281	133	0	99	94	88	99	93	23	1	11	2	2197	4646	1000	1500	3000

续表 7

单位	编号	学校数(所)	班级(个)					在校学生数(人)						招生数(人)	离园数(人)	教职工合计(人)	其中			校舍面积(平方米)	占地面积(平方米)	绿化面积(平方米)	运动场地(平方米)	图书(册)
			合计	托班	小班	中班	大班	合计	其中:女	托班	小班	中班	大班				园长(人)	专任教师(人)	保育员(人)					
南通市通州区骑岸幼儿园	44	1	9	0	3	3	3	387	186	0	134	112	141	170	97	34	1	20	8	4943	12207	1860	8435	5100
南通市通州区五总幼儿园	45	1	6	0	2	2	2	249	141	0	94	71	84	105	80	26	1	12	6	2140	4044	474	1430	3200
8. 兴仁镇	46	3	35	0	13	11	11	1477	739	0	494	473	510	552	497	102	3	71	15	9937	23356	7300	5783	11590
南通市通州区兴仁镇中心幼儿园	47	1	16	0	6	5	5	728	354	0	239	234	255	297	245	50	1	32	8	5200	9900	1700	2960	6960
南通市通州区兴仁镇小花蕾幼儿园	48	1	6	0	2	2	2	290	153	0	98	90	102	98	98	14	1	11	2	2270	9400	5000	1200	3000
南通市通州区四安幼儿园	49	1	13	0	5	4	4	459	232	0	157	149	153	157	154	38	1	28	5	2467	4056	600	1623	1630
9. 兴东街道	50	1	11	0	4	3	4	445	217	0	139	125	181	179	158	26	1	21	0	2506	6972	2320	4000	4970
南通市通州区兴东幼儿园	51	1	11	0	4	3	4	445	217	0	139	125	181	179	158	26	1	21	0	2506	6972	2320	4000	4970
三、通西片	52	9	106	0	36	34	36	4352	2138	0	1332	1460	1560	1564	1518	290	11	196	49	20451	42787	7306	15127	31870
10. 平潮镇	53	4	58	0	20	19	19	2381	1187	0	741	792	848	865	797	157	5	110	22	9613	19865	1381	6241	9054
南通市通州区平潮幼儿园	54	1	31	0	11	10	10	1265	630	0	409	419	437	496	415	75	1	53	9	3638	6699	202	1855	2585
南通市通州区新坝幼儿园	55	1	9	0	3	3	3	398	204	0	121	131	146	121	144	23	1	21	1	2300	2811	190	821	1686
南通市通州区平东幼儿园	56	1	9	0	3	3	3	428	213	0	120	147	161	137	141	27	1	18	3	1700	2280	389	1165	2600
南通市通州区赵甸幼儿园	57	1	9	0	3	3	3	290	140	0	91	95	104	111	97	32	2	18	9	1975	8075	600	2400	2183
11. 五接镇	58	2	22	0	7	7	8	918	435	0	280	305	333	357	297	56	3	34	10	4617	8516	1220	3504	11000
南通市通州区五接幼儿园	59	1	13	0	4	4	5	513	244	0	155	165	193	190	206	33	2	21	4	1473	3500	570	1700	6500
南通市通州区五接镇李港幼儿园	60	1	9	0	3	3	3	405	191	0	125	140	140	167	91	23	1	13	6	3144	5016	650	1804	4500
12. 刘桥镇	61	3	26	0	9	8	9	1053	516	0	311	363	379	342	424	77	3	52	17	6221	14406	4705	5382	11816
南通市通州区刘桥幼儿园	62	1	12	0	4	4	4	496	246	0	151	171	174	182	191	32	1	23	7	2531	4619	1030	2000	5000
南通市通州区新联幼儿园	63	1	9	0	3	3	3	401	191	0	117	146	138	117	140	29	1	21	5	2402	5168	1670	1768	5000
南通市通州区英雄幼儿园	64	1	5	0	2	1	2	156	79	0	43	46	67	43	93	16	1	8	5	1288	4619	2005	1614	1816
四、通南片	65	10	150	0	50	49	51	6052	2949	0	1697	2015	2340	2539	2058	528	14	303	136	38820	53826	10315	18527	59170

续表7

单位	编号	学校数(所)	班级(个)					在校学生数(人)						招生数(人)	离园数(人)	教职工合计(人)	其中			校舍面积(平方米)	占地面积(平方米)	绿化面积(平方米)	运动场地(平方米)	图书(册)
			合计	托班	小班	中班	大班	合计	其中:女	托班	小班	中班	大班				园长(人)	专任教师(人)	保育员(人)					
13. 张芝山镇	66	5	53	0	18	18	17	2060	1033	0	557	725	778	807	677	181	7	104	47	14018	21410	3246	7796	19140
南通市通州区张芝山幼儿园	67	1	15	0	5	5	5	656	352	0	159	235	262	225	258	54	2	30	15	3253	5423	880	2174	4480
南通市通州区红星幼儿园	68	1	16	0	4	6	6	620	303	0	128	215	277	178	192	46	1	30	14	3300	5956	1123	1533	6300
南通市通州区张芝山镇星河幼儿园	69	1	6	0	3	2	1	200	96	0	93	80	27	147	10	26	1	12	6	3780	3700	460	1610	2360
南通市通州区南兴幼儿园	70	1	6	0	2	2	2	215	100	0	52	75	88	87	75	22	1	12	4	1805	2801	403	1209	2500
南通市通州区高桥幼儿园	71	1	10	0	4	3	3	369	182	0	125	120	124	170	142	33	2	20	8	1880	3530	380	1270	3500
14. 川姜镇	72	3	76	0	25	24	27	3037	1467	0	854	975	1208	1371	1090	265	5	155	68	18756	21916	3800	7020	30500
南通市通州区川港幼儿园	73	1	39	0	13	12	14	1375	652	0	390	420	565	621	580	136	1	79	39	7040	6320	1000	2820	13300
南通市通州区家纺城幼儿园	74	1	10	0	3	3	4	360	175	0	90	105	165	166	118	33	1	22	2	3240	3600	800	1600	5200
南通市通州区姜灶幼儿园	75	1	27	0	9	9	9	1302	640	0	374	450	478	584	392	96	3	54	27	8476	11996	2000	2600	12000
15. 先锋街道	76	2	21	0	7	7	7	955	449	0	286	315	354	361	291	82	2	44	21	6046	10500	3269	3711	9530
南通市通州区先锋幼儿园	77	1	12	0	4	4	4	547	269	0	164	182	201	172	166	49	1	26	12	4546	7000	2669	2611	5330
南通市通州区志新幼儿园	78	1	9	0	3	3	3	408	180	0	122	133	153	189	125	33	1	18	9	1500	3500	600	1100	4200

通州区2015年各小学基本情况一览表

表8

单位	编号	学校数(所)	班数(个)							在校学生数(人)								毕业生数(人)	招生数(人)	教职工合计(人)	专任教师(人)		学校占地面积(平方米)	校舍建筑总面积(平方米)	图书(册)	教学用计算机(台)	固定资产(万元)	教学仪器值(万元)
			合计	一年级	二年级	三年级	四年级	五年级	六年级	合计	其中:女	一年级	二年级	三年级	四年级	五年级	六年级				小计	其中:女						
全区总计	1	42	1065	187	165	177	172	178	186	48244	23166	8698	7206	8198	7775	8148	8219	7289	8698	3044	2810	2077	1224245	458054	1402042	6764	38132	4194
局直学校合计	2	2	170	32	26	27	27	29	29	8750	4207	1571	1204	1459	1467	1510	1539	1229	1571	495	470	368	139904	84935	199998	1301	4443	902
南通市通州区实验小学	3	1	103	22	18	18	15	15	15	5358	2582	1081	841	971	849	803	813	642	1081	306	290	221	85667	51642	99999	744	3270	584

续表 8

单位	编号	学校数(所)	班数(个)							在校学生数(人)								毕业生数(人)	招生数(人)	教职工合计(人)	专任教师(人)		学校占地面积(平方米)	校舍建筑总面积(平方米)	图书(册)	教学用计算机(台)	固定资产(万元)	教学仪器值(万元)
			合计	一年级	二年级	三年级	四年级	五年级	六年级	合计	其中:女	一年级	二年级	三年级	四年级	五年级	六年级				小计	其中:女						
南通市通州区通州小学	4	1	67	10	8	9	12	14	14	3392	1625	490	363	488	618	707	726	587	490	189	180	147	54237	33293	99999	557	1173	318
各镇学校合计	5	40	895	155	139	150	145	149	157	39494	18959	7127	6002	6739	6308	6638	6680	6060	7127	2549	2340	1709	1084341	373119	1202044	5463	33689	3292
一、通中片	6	14	278	48	40	47	47	45	51	11797	5859	2138	1609	2043	1956	1930	2121	1912	2138	842	793	587	324408	120352	337743	1885	11500	1027
1. 金沙街道	7	3	78	14	10	13	13	13	15	3446	1648	631	427	587	556	610	635	594	631	244	240	185	68213	34576	90858	565	2411	253
南通市通州区金沙小学	8	1	46	8	6	7	8	8	9	2326	1118	426	276	395	396	404	429	402	426	162	147	115	43440	25042	69900	446	1682	189
南通市通州区金余小学	9	1	11	2	1	2	2	2	2	314	170	50	31	49	50	67	67	67	50	39	34	26	9455	5289	13458	79	545	39
南通市通州区金北学校(小学部)	10	0	12	2	2	2	2	2	2	564	267	114	88	92	76	101	93	85	114		36	25	0	0	0	0	0	0
南通市通州区英才小学(民办)	11	1	9	2	1	2	1	1	2	242	93	41	32	51	34	38	46	40	41	43	23	19	15318	4245	7500	40	184	25
2. 金新街道	12	3	52	11	9	9	8	6	9	2254	1138	529	385	375	341	284	340	287	529	160	141	109	83126	32733	69529	320	4616	180
南通市通州区金乐小学	13	1	27	7	5	4	4	3	4	1294	663	324	254	217	165	161	173	129	324	75	73	56	52732	22337	39579	132	3017	87
南通市通州区张謇学校	14	1	14	2	2	3	2	2	3	579	276	104	75	98	91	95	116	106	104	50	40	31	20749	7027	17950	123	982	71
南通市通州区正场小学	15	1	11	2	2	2	2	1	2	381	199	101	56	60	85	28	51	52	101	35	28	22	9645	3369	12000	65	617	22
3. 西亭镇	16	1	28	4	3	5	5	6	5	1003	510	167	115	188	163	184	186	192	167	93	73	48	40828	12413	36512	233	951	125
南通市通州区西亭小学	17	1	20	4	3	3	3	4	3	844	420	167	115	146	118	153	145	137	167	55	47	33	23858	6803	25900	146	642	90
南通市通州区纱场小学	18	0	4	0	0	1	1	1	1	72	38	0	0	18	22	12	20	23	0	22	14	8	10666	4250	4052	60	188	18
南通市通州区亭西小学	19	0	4	0	0	1	1	1	1	87	52	0	0	24	23	19	21	32	0	16	12	7	6304	1360	6560	27	122	17
4. 二甲镇	20	3	55	9	9	9	9	9	10	2664	1342	423	360	473	463	450	495	463	423	186	165	128	67205	18395	83503	400	1760	281
南通市理治小学	21	1	24	4	4	4	4	4	4	1243	621	202	178	225	212	214	212	232	202	86	78	63	30015	8202	38480	179	722	145
南通市通州区余北小学	22	1	13	2	2	2	2	2	3	501	253	93	61	79	85	78	105	89	93	41	31	24	15800	4087	15575	70	383	51
南通市通州区袁灶小学	23	1	18	3	3	3	3	3	3	920	468	128	121	169	166	158	178	142	128	59	56	41	21390	6106	29448	151	654	84
5. 东社镇	24	4	65	10	9	11	12	11	12	2430	1221	388	322	420	433	402	465	376	388	159	174	117	65036	22235	57341	367	1762	189
南通市通州区东社学校(小学部)	25	0	17	3	2	3	3	3	3	654	316	125	80	121	106	110	112	96	125		36	23	0	0	0	0	0	0

续表 8

单位	编号	学校数(所)	班数(个) 合计	一年级	二年级	三年级	四年级	五年级	六年级	在校学生数(人) 合计	其中:女	一年级	二年级	三年级	四年级	五年级	六年级	毕业生数(人)	招生数(人)	教职工合计(人)	专任教师(人) 小计	其中:女	学校占地面积(平方米)	校舍建筑总面积(平方米)	图书(册)	教学用计算机(台)	固定资产(万元)	教学仪器值(万元)
南通市通州区唐洪小学	26	1	12	2	2	2	2	2	2	433	235	74	59	80	79	67	74	70	74	41	36	28	12683	4868	13140	75	300	47
南通市通州区忠义小学	27	1	14	2	2	2	3	2	3	565	286	71	82	88	114	94	116	116	71	45	37	22	25346	7028	20086	109	635	40
南通市通州区五甲小学	28	1	12	2	2	2	2	2	2	502	242	80	79	87	78	76	102	48	80	39	34	21	11811	6017	15369	97	543	52
南通市通州区庆丰小学	29	1	10	1	1	2	2	2	2	276	142	38	22	44	56	55	61	46	38	34	31	23	15196	4322	8746	86	284	49
二、通北片	30	11	198	34	28	32	34	34	36	7640	3712	1365	1049	1295	1267	1336	1328	1282	1365	645	557	371	253312	86525	249213	1173	7740	784
6. 石港镇	31	3	50	8	7	8	9	9	9	1637	822	274	216	262	291	300	294	268	274	156	133	84	57994	21656	57922	303	1780	291
南通市通州区石港小学	32	1	35	6	5	6	6	6	6	1248	626	219	166	194	215	222	232	186	219	95	87	60	35087	14232	43933	197	1009	237
南通市通州区五窑小学	33	1	6	1	1	1	1	1	1	202	104	32	27	40	35	40	28	46	32	30	23	13	12340	4438	7789	50	440	32
南通市通州区石南小学	34	1	9	1	1	1	2	2	2	187	92	23	23	28	41	38	34	36	23	31	23	11	10567	2986	6200	56	331	23
7. 十总镇	35	4	53	9	7	8	9	10	10	1793	897	302	227	304	325	335	300	322	302	166	140	96	62428	22116	56621	278	2047	139
南通市通州区十总小学	36	1	19	3	3	3	3	4	3	731	363	103	101	134	128	153	112	125	103	53	47	33	20493	9362	23060	92	682	38
南通市通州区二窎小学	37	1	11	2	1	2	2	2	2	356	170	74	40	62	68	60	52	57	74	27	23	15	8864	3346	10680	48	334	30
南通市通州区骑岸小学	38	1	16	3	2	2	3	3	3	477	243	82	50	73	90	89	93	91	82	54	42	33	20646	5708	15365	92	821	45
南通市通州区五总小学	39	1	7	1	1	1	1	1	2	229	121	43	36	35	39	33	43	49	43	32	28	15	12425	3700	7516	46	211	26
8. 兴仁镇	40	3	71	13	11	12	12	11	12	3303	1551	633	488	586	504	541	551	509	633	253	221	148	107588	33599	104490	424	2785	267
南通市通州区兴仁小学	41	1	30	6	5	5	5	4	5	1546	710	308	252	265	240	233	248	235	308	111	105	77	37301	13149	46600	190	1216	108
南通市通州区横港学校	42	1	12	2	2	2	2	2	2	468	213	80	69	81	78	87	73	75	80	56	36	23	41296	11110	18940	68	516	64
南通市韬奋小学	43	1	29	5	4	5	5	5	5	1289	628	245	167	240	186	221	230	199	245	86	80	48	28991	9340	38950	166	1053	96
9. 兴东街道	44	1	24	4	3	4	4	4	5	907	442	156	118	143	147	160	183	183	156	70	63	43	25302	9154	30180	168	1127	85
南通市通州区兴东小学	45	1	24	4	3	4	4	4	5	907	442	156	118	143	147	160	183	183	156	70	63	43	25302	9154	30180	168	1127	85
三、通西片	46	9	210	37	33	35	34	35	36	9248	4513	1637	1380	1536	1518	1625	1552	1417	1637	564	527	395	249608	76853	288044	1222	7198	780
10. 平潮镇	47	4	112	20	17	19	18	19	19	5243	2610	915	767	901	854	904	902	821	915	301	281	219	143149	42613	159688	630	4284	438

续表 8

单位	编号	学校数(所)	班数(个) 合计	一年级	二年级	三年级	四年级	五年级	六年级	在校学生数(人) 合计	其中:女	一年级	二年级	三年级	四年级	五年级	六年级	毕业生数(人)	招生数(人)	教职工合计(人)	专任教师(人) 小计	其中:女	学校占地面积(平方米)	校舍建筑总面积(平方米)	图书(册)	教学用计算机(台)	固定资产(万元)	教学仪器值(万元)
南通市通州区平潮小学	48	1	57	10	8	10	9	10	10	2875	1403	468	417	524	456	514	496	436	468	151	146	115	66875	15235	86315	300	2386	224
南通市通州区新坝小学	49	1	24	4	4	4	4	4	4	1120	566	208	173	176	182	186	195	169	208	57	54	47	43418	14857	34155	138	591	89
南通市通州区平东小学	50	1	19	4	3	3	3	3	3	790	411	158	115	123	127	133	134	134	158	55	48	37	19463	6565	24568	112	546	81
南通市通州区赵甸小学	51	1	12	2	2	2	2	2	2	458	230	81	62	78	89	71	77	82	81	38	33	20	13393	5956	14650	80	762	43
11. 五接镇	52	2	42	7	7	7	7	7	7	1714	792	287	275	284	302	328	238	258	287	91	85	62	40747	13224	51492	237	879	149
南通市通州区五接小学	53	1	24	4	4	4	4	4	4	921	455	167	152	148	154	169	131	152	167	50	47	34	22360	6877	27680	124	432	84
南通市通州区李港小学	54	1	18	3	3	3	3	3	3	793	337	120	123	136	148	159	107	106	120	41	38	28	18387	6347	23812	113	447	65
12. 刘桥镇	55	3	56	10	9	9	9	9	10	2291	1111	435	338	351	362	393	412	338	435	172	161	114	65712	21016	76864	355	2035	193
南通市通州区刘桥小学	56	1	24	4	4	4	4	4	4	1073	534	212	160	172	170	172	187	156	212	76	73	56	25533	8662	37722	137	683	62
南通市通州区英雄小学	57	1	14	3	2	2	2	2	3	454	212	103	58	62	66	64	101	63	103	43	37	26	23631	6146	13650	89	618	49
南通市通州区新联小学	58	1	18	3	3	3	3	3	3	764	365	120	120	117	126	157	124	119	120	53	51	32	16548	6208	25492	129	734	82
四、通南片	59	6	209	36	38	36	30	35	34	10809	4875	1987	1964	1865	1567	1747	1679	1449	1987	498	463	356	257013	89389	327044	1183	7252	701
13. 张芝山镇	60	2	65	10	12	12	9	11	11	2776	1296	453	505	492	389	469	468	425	453	147	130	107	97026	34252	84922	315	1680	182
南通市通州区张芝山小学	61	1	53	8	10	10	7	9	9	2214	1019	349	407	411	293	374	380	330	349	105	95	82	76578	27251	67232	244	1106	128
南通市通州区南兴小学	62	1	12	2	2	2	2	2	2	562	277	104	98	81	96	95	88	95	104	42	35	25	20448	7001	17690	71	574	54
14. 川姜镇	63	3	109	20	20	18	16	18	17	6410	2880	1226	1164	1097	952	1017	954	784	1226	256	245	183	120286	31223	193250	703	4473	404
南通市通州区川港小学	64	1	35	7	7	6	5	5	5	2269	1054	453	454	383	317	332	330	280	453	86	83	62	29591	13088	68760	249	1430	191
南通市通州区姜灶小学	65	1	38	6	6	6	6	7	7	2203	1055	397	357	379	343	364	363	299	397	97	92	70	52000	9853	66090	274	1368	128
南通市通州区家纺城小学	66	1	36	7	7	6	5	6	5	1938	771	376	353	335	292	321	261	205	376	73	70	51	38695	8282	58400	180	1675	85
15. 先锋街道	67	1	35	6	6	6	5	6	6	1623	699	308	295	276	226	261	257	240	308	95	88	66	39701	23914	48872	165	1098	114
南通市通州区先锋小学	68	1	35	6	6	6	5	6	6	1623	699	308	295	276	226	261	257	240	308	95	88	66	39701	23914	48872	165	1098	114

注：凡学校数中为“0”的是教学点。

通州区 2015 年各初中基本情况一览

表 9

单位	编号	学校数(所)	班数(个)				在校学生数(人)					毕业生数(人)	招生数(人)	教职工合计(人)	专任教师(人)		学校占地面积(平方米)	校舍建筑总面积(平方米)	图书(册)	教学用计算机(台)	固定资产总额(万元)	教学仪器值(万元)
			合计	一年级	二年级	三年级	合计	其中:女	一年级	二年级	三年级				小计	其中:女						
全区总计	1	26	515	173	170	172	21854	10637	7187	7167	7500	7822	7187	2894	2229	1245	1129757	471070	1082422	5616	62207	5811
局直学校合计	2	10	288	96	98	94	12721	6115	4168	4183	4370	4348	4168	1630	1326	733	676876	268335	627224	3147	37297	3723
南通市通州区育才中学	3	1	47	17	17	13	2425	1206	850	771	804	767	850	203	186	118	57482	38169	98790	350	3461	212
南通市通州区实验中学	4	1	57	16	20	21	2497	1211	693	875	929	783	693	265	241	141	91599	35947	99999	504	2645	809
南通市通州区二甲中学	5	1	18	6	6	6	714	324	257	235	222	282	257	123	95	46	66793	33322	57912	269	3137	245
南通市通州区二窎中学	6	1	13	4	4	5	497	250	153	143	201	257	153	97	64	29	55990	14549	24682	122	1924	115
南通市通州区石港中学	7	1	16	6	5	5	614	284	202	185	227	225	202	140	91	34	82465	29733	48818	327	3224	299
南通市通州区刘桥中学	8	1	16	6	5	5	629	319	193	224	212	227	193	125	80	42	55621	27065	59999	447	3518	202
南通市通州区平潮实验初中	9	1	52	16	17	19	2513	1224	792	805	916	950	792	241	220	119	77036	24957	99999	404	12615	1001
南通市通州区兴仁中学	10	1	24	8	8	8	917	426	315	287	315	315	315	162	130	81	65700	20662	44390	250	2066	236
南通市通州区姜灶中学	11	1	23	9	8	6	924	423	346	329	249	264	346	136	111	64	66800	24048	52390	312	2899	298
南通市通州区通海中学	12	1	22	8	8	6	991	448	367	329	295	278	367	138	108	59	57390	19883	40245	162	1809	306
各镇学校合计	13	16	227	77	72	78	9133	4522	3019	2984	3130	3474	3019	1264	903	512	452881	202735	455198	2469	24910	2088
一、通中片	14	8	129	43	41	45	5366	2726	1729	1779	1858	2070	1729	710	539	301	239367	122436	271130	1451	17786	1521
1. 金沙街道	15	2	69	22	22	25	3263	1670	1016	1095	1152	1269	1016	363	288	173	115911	66500	142401	866	13457	967
南通市通州区金郊初级中学	16	1	56	18	18	20	2736	1432	882	912	942	996	882	237	216	132	75000	43828	99999	680	12500	760
南通市通州区金北学校(中学部)	17	1	13	4	4	5	527	238	134	183	210	273	134	126	72	41	40911	22672	42402	186	957	207
2. 金新街道	18	1	14	6	4	4	584	306	252	170	162	196	252	63	51	30	18409	7690	27989	83	418	150
南通市通州区文山初级中学	19	1	14	6	4	4	584	306	252	170	162	196	252	63	51	30	18409	7690	27989	83	418	150
3. 西亭镇	20	1	14	4	5	5	519	245	157	166	196	189	157	81	69	29	30580	20340	26485	109	1277	95
南通市通州区西亭初级中学	21	1	14	4	5	5	519	245	157	166	196	189	157	81	69	29	30580	20340	26485	109	1277	95
4. 二甲镇	22	1	14	5	4	5	418	218	128	132	158	157	128	61	53	32	27028	7015	19489	95	788	84

续表 9

单　位	编号	学校数（所）	班数（个）				在校学生数（人）					毕业生数（人）	招生数（人）	教职工合计（人）	专任教师（人）		学校占地面积（平方米）	校舍建筑总面积（平方米）	图书（册）	教学用计算机（台）	固定资产总额（万元）	教学仪器值（万元）
			合计	一年级	二年级	三年级	合计	其中：女	一年级	二年级	三年级				小计	其中：女						
南通市通州区袁灶初级中学	23	1	14	5	4	5	418	218	128	132	158	157	128	61	53	32	27028	7015	19489	95	788	84
5. 东社镇	24	3	18	6	6	6	582	287	176	216	190	259	176	142	78	37	47439	20891	54766	298	1845	225
南通市通州区东社学校（中学部）	25	1	5	2	2	1	164	82	65	72	27	48	65	67	23	10	21726	10135	30838	147	1154	115
南通市通州区杨港初级中学	26	1	7	2	2	3	251	119	63	90	98	117	63	42	33	18	13075	6131	12400	94	357	62
南通市通州区忠义初中	27	1	6	2	2	2	167	86	48	54	65	94	48	33	22	9	12638	4625	11528	57	335	48
二、通北片	28	3	41	14	12	15	1566	785	515	477	574	739	515	214	144	80	69586	31116	87583	452	2327	187
7. 十总镇	29	2	14	5	4	5	427	209	152	129	146	195	152	96	46	25	38256	15214	34010	188	1043	59
南通市通州区十总中学	30	1	10	3	3	4	313	146	105	94	114	165	105	56	29	18	25672	10541	26110	149	665	31
南通市通州区骑岸初级中学	31	1	4	2	1	1	114	63	47	35	32	30	47	40	17	7	12584	4673	7900	39	378	28
8. 兴仁镇	32	1	27	9	8	10	1139	576	363	348	428	544	363	118	98	55	31330	15902	53573	264	1284	128
南通市通州区四安中学	33	1	27	9	8	10	1139	576	363	348	428	544	363	118	98	55	31330	15902	53573	264	1284	128
三、通西片	34	3	31	10	11	10	1161	559	368	408	385	308	368	172	111	63	84288	32495	52185	236	2516	162
10. 平潮镇	35	2	22	7	8	7	849	413	286	291	272	197	286	126	76	42	58876	23637	34227	158	1989	106
南通市通州区平潮初级中学	36	1	13	4	5	4	495	233	163	170	162	111	163	81	40	27	41493	11277	19842	73	1014	57
南通市通州区新坝初级中学	37	1	9	3	3	3	354	180	123	121	110	86	123	45	36	15	17383	12360	14385	85	975	49
12. 刘桥镇	38	1	9	3	3	3	312	146	82	117	113	111	82	46	35	21	25412	8858	17958	78	528	56
南通市通州区新联中学	39	1	9	3	3	3	312	146	82	117	113	111	82	46	35	21	25412	8858	17958	78	528	56
四、通南片	40	2	26	10	8	8	1040	452	407	320	313	357	407	168	109	68	59640	16688	44300	330	2281	218
14. 川姜镇	41	1	17	6	5	6	722	318	243	229	250	251	243	92	75	46	24012	11905	31500	220	1057	149
南通市通州区川港中学	42	1	17	6	5	6	722	318	243	229	250	251	243	92	75	46	24012	11905	31500	220	1057	149
15. 先锋街道	43	1	9	4	3	2	318	134	164	91	63	106	164	76	34	22	35628	4783	12800	110	1224	69
南通市通州区先锋初级中学	44	1	9	4	3	2	318	134	164	91	63	106	164	76	34	22	35628	4783	12800	110	1224	69

通州区 2015 年各高中基本情况一览

表 10

单位	编号	学校数（所）	班数（个）				在校学生数（人）					毕业生数（人）	招生数（人）	教职工合计（人）	专任教师（人）		学校占地面积（平方米）	校舍建筑总面积（平方米）	图书（册）	教学用计算机（台）	固定资产总额（万元）	教学仪器值（万元）
			合计	一年级	二年级	三年级	合计	其中：女	一年级	二年级	三年级				小计	其中：女						
全区总计	1	4	246	77	79	90	11931	6529	3354	3948	4629	5177	3354	1356	1141	608	510150	331085	399996	3338	51673	6974
江苏省通州高级中学	2	1	60	20	20	20	3042	1738	911	1028	1103	1181	911	339	294	163	129334	95193	99999	518	22850	3250
江苏省西亭高级中学	3	1	58	20	20	18	2869	1527	896	997	976	967	896	326	266	125	122384	83738	99999	661	9954	1066
江苏省平潮高级中学	4	1	72	21	23	28	3300	1829	900	1114	1286	1447	900	350	306	162	127032	96361	99999	1349	12615	1258
南通市通州区金沙中学	5	1	56	16	16	24	2720	1435	647	809	1264	1582	647	341	275	158	131400	55793	99999	810	6254	1400

通州区 2015 年中等职业学校基本情况一览

表 11

单位	编号	学校数（所）	班级（个）					在校学生数（人）					全校女学生数（人）	上年毕业生数（人）	招生数（人）	教职工人数（人）			学校占地面积（平方米）	备注
			合计	一年级	二年级	三年级	四年级	合计	一年级	二年级	三年级	四年级				合计	专任教师	其中：女		
全区总计	1	4	140	40	48	50	2	5056	1501	1764	1698	93	2259	1506	1501	602	460	236	329157	
江苏省通州中等专业学校（电大通州学院）	2	1	95	28	33	34	0	3354	1113	1168	1073	0	1545	951	1113	408	312	165	199340	职业中学
南通市通州区农业综合技术学校	3	1	14	4	4	6	0	330	43	158	129	0	128	80	43	74	69	31	92830	职业中学
南通市通州区二甲职业中学	4	0	6	2	2	2	0	100	30	41	29	0	38	45	30	22	21	7	3960	办学点
南通市通州区建筑职工中等专业学校	5	1	13	2	5	6	0	723	103	240	380	0	49	336	103	75	42	25	27000	成人中等专业学校
南通市通州区卫生职工中等专业学校	6	1	12	4	4	2	2	549	212	157	87	93	499	94	212	23	16	8	6027	成人中等专业学校

科学技术

Science and Technology

编辑 马 钰

综 述

【概 况】 2015年,通州区科技局深入实施创新驱动战略,强化科技与经济对接,狠抓重点,培育特色,为全区经济平稳较快发展提供强有力的科技支撑。加强科技项目组织实施力度,引导企业加大研发投入。新增市级以上工程技术研究中心14家。实施创新型企业培育行动计划,深入推进“小升高”,进一步壮大以高新技术企业为骨干的创新型企业集群,全年新认定高新技术企业49家,累计143家,新认定数和累计数均列全市第一;新认定省级民营科技企业67家,省高新技术产品108个。完成高新产值927.96亿元,比上年同期(下同)增长16.1%,占全区规模工业比重45.6%,名列全市第二。重点推进以南通高新区为主阵地、科技新城为核心引领区、南通家纺城为示范集聚区的特色众创空间建设。科技大厦投入使用,江海圆梦谷正式开园,成功举办首届创业大赛,高新区世纪大道众创集聚区获评省级试点,“江海圆梦谷”“中国创纺e站”被认定为首批省级新型科技企业孵化器。通过举办农业科技合作对接洽谈会、组织企业赴欧洲参加“中欧专利技术对接交流会”、参加“南通新型动力电池技术论坛”等活动,为企业与相关高校院所架设合作桥梁,收集科技成果500多项,共同实施产学研合作项目62项。海兰信海外并购基金成功收购德国罗克森公司,8个项目在高层次人才智力与项目合作洽谈会现场签约。苏州大学纺织丝绸技术研究所落户高新区,通州区成为苏中苏北唯一承载省级产业研究院专业研究所的区域;赴东北举办专题科技招商活动,东源电器与沈阳工业大学合作共建企业研究院等4个项目现场签约。全年报送工作动态14项,举办专题招商活动2次,完成签约项目15个,其中7个项目领证。修改完善《加快科技创新促进转型发展若干政策意见》,制定出台《大众创业万众创新通州行动计划(2015—2020年)》,设立“科技型中小企业贷款担保”和“创新创业种子”基金,大力推进“苏科贷”工作,全年22家企业获专项贷款1.53亿元,在全省县(区)级排名第一。结合家纺产业销售模式转变,整合线上线下资源,推进电商维权平台建设。协调召开全国快维中心年度业务交流会,在全省试点开展专利、版权和商标“三合一”工作。健全知识产权保护组织,向省知识产权局积极争取,以家纺知识产权快速维权中心为平台,建立全省首家境外电商家纺知识产权保护组织。鼓励企业通过法律途径处理境外知识产权纠纷,对在境外纠纷中取得胜诉与和解的企业进行经费补助。开展专利行政执法检查,调处各类知识产权纠纷,查处假冒专利案件50件,侵权纠纷案件30件。全年万人发明专利拥有量达17.84件。

科技活动

【概 况】 2015年,区科技局探索产学研协同创新机制,推进“一区一战略”和应用型产学研合作实效,进一步深化校企合作,为企业人才培养与科技创新搭建良好合作平台,提升企业技术创新能力,增强企业核心竞争力。

【科技创新转型升级暨加快南通高新区发展大会】 5月30日,通州举行科技创新转型升级暨加快南通高新区发展大会。会议旨在把创新驱动作为根本动力、把转型升级作为关键之策,奋力推动经济发展迈上新台阶,增创新一轮发展新优势。江苏省科技厅厅长王秦对通州科技创新转型升级工作予以高度评价,认为通州科技创新与产业发展紧密结合,转型升级与引领发展统筹推进,为全省科技创新和转型升级工作提供了宝贵经验。会上,南通市委副书记、市长张国华,省科技厅党组书记、厅长王秦共同为众创空间“江海圆梦谷”“中国创纺e站”揭牌。

【农业科技合作洽谈会】 5月17日上午,通州2015年农业科技合作洽谈会在区行政中心举行，近60家企业及10多家高校院所代表参加会议。会上，南通双和食品有限公司、江苏嘉安食品有限公司等8家企业分别与南京农业大学、中科院上海辰山植物科学研究中心等8家高校院所进行农业科技合作项目签约。

【通州-东北科技招商暨南通高新区“一区一战略”科技项目洽谈会】 7月4日下午，2015通州-东北科技招商暨南通高新区“一区一战略”科技项目洽谈会在沈阳迎宾馆举行，通州环球光学、宏德机电、南通海狮船舶等14家企业负责人及东北地区中科院沈阳自动化所、中科院长春光机所、哈尔滨工业大学等9所高校院所代表参加会议。会上，南通国家高新区与中科院长春应化所签订合作共建技术转移中心协议，江苏东源电器集团与沈阳工业大学订共建企业研究院协议、南通韩通重工与哈尔滨工程大学共同开展海上风电平台基础应用与研究、吉林化工与雄邦压铸校企战略合作框架协议。南通国家高新区科技局负责人对高新区进行专题推介。中科院长春应化所、中科院长春光机所、中科院沈阳自动化所、沈阳工业大学和哈尔滨工程大学进行现场科技成果发布。活动期间，与会企业还参观了中科院沈阳自动化所成果展和沈阳工业大学有关重点实验室等。

科技计划实施

【概　况】 2015年，全年列入省级以上科技计划项目12项。其中，省重点研发计划项目1项、省科技型企业技术创新资金项目3项、省成果转化专项资金计划5项、省国际科技合作项目1项、省创新能力建设计划项目1项等。争取市级以上扶持资金8127万元。

【5项目列入省成果转化专项资金计划】 2015年，雄邦压铸（南通）有限公司承担的“新能源汽车铝合金结构件材料及真空压铸关键技术研发及产业化”项目、江苏韩通船舶重工有限公司承担的“CNG运输船的关键技术研发及产业化”项目、江苏甬金金属科技有限公司承担的“车用特宽超薄不锈钢板带及制造装备关键技术研发与产业化”项目、江苏力普电子科技有限公司承担的“高压动力智能变频装置关键技术研发及产业化”项目、南通综艺新材料有限公司承担的“大单晶比例定向凝铸类单晶硅锭研发及产业化”项目获省成果转化专项资金立项，获专项补助3300万元。

【1项目列入市级科技创新载体建设专项】 2015年，南通纺织丝绸产业技术研究院承担的“2015年南通纺织丝绸产业技术研究院设备投入和运行经费”项目被列入市级科技创新载体建设专项，获事业发展和项目专项补助1000万元。

【新增高新技术企业49家】 2015年，全区新增高新技术企业49家，现累计拥有高新技术企业143家，在全市（县、区）中总量和增量均位居第一。新增高新技术产品108个。

2015年通州区新认定高新企业名单

表12

序号	企业名称	所属镇区
1	南通宝田包装科技有限公司	金沙街道
2	南通均元化工科技有限公司	西亭镇
3	南通中奥车用新材料有限公司	
4	南通神龙化纤绳业有限公司	二甲镇
5	南通华新环保设备工程有限公司	东社镇
6	南通泰富电器制造有限公司	十总镇
7	南通市红星空压机配件制造有限公司	刘桥镇
8	南通世发船舶机械有限公司	
9	南通海狮船舶机械有限公司	
10	江苏虹宇太阳能工业有限公司	张芝山
11	江苏金太阳纺织科技有限公司	川姜镇
12	南通华耐特石墨设备有限公司	五接镇
13	南通迅翔自动化设备有限公司	
14	南通百盛精密机械有限责任公司	石港镇
15	南通全通建筑机械有限公司	兴东镇
16	南通骐骏机械有限公司	
17	南通山口精工机电有限公司	平潮镇
18	南通辰丰自动化设备制造有限公司	
19	江苏太平洋液压机械制造有限公司	
20	江苏久泰电缆有限公司	
21	江苏谷熠农业科技有限公司	
22	南通德众科技发展有限公司	
23	南通冠通机械制造有限公司	
24	南通创佳机电有限公司	
25	江苏通达动力科技股份有限公司	兴仁镇
26	南通市通州瑞鑫机械有限公司	
27	南通宏德机电有限公司	
28	南通亚振东方家具有限公司	
29	思维福特南通精密机械有限公司	
30	南通楷博电子科技发展有限公司	先锋街道
31	南通苏禾车灯配件有限公司	
32	南通御丰塑钢包装有限公司	

续表 12

序号	企 业 名 称	所属镇区
33	德尔福连接器系统(南通)有限公司	高新区
34	南通诚信氨基酸有限公司	
35	南通福伦利新材料有限公司	
36	沃太能源南通有限公司	
37	新江海动力电子有限公司	
38	茵卡动力新能源江苏有限公司	
39	南通荣泰生物科技有限公司	
40	富加宜电子(南通)有限公司	
41	南通新华幕墙门窗有限公司	
42	江苏德明新材料有限公司	
43	南通百博丝纳米科技有限公司	
44	南通棉花机械有限公司	

续表 12

序号	企 业 名 称	所属镇区
45	江苏踏业新材料科技有限公司	高新区
46	南通市通州区三槐机械制造有限公司	
47	江苏濠汉信息技术有限公司	
48	江苏公爵新能源汽车有限公司	
49	江苏罗化新材料有限公司	

科技成果

【概　况】 2015 年,全区获南通市科技进步奖 21 项,其中:二等奖 8 项,三等奖 13 项。通州区科技进步奖 35 项,其中:一等奖 5 项,二等奖 12 项,三等奖 18 项。

2015 年通州区部分科学技术进步获奖项目

表 13

获奖项目	完成单位	主要完成人	奖励等级
超大型 SWAP 罐式集装箱	南通四方罐式储运设备制造有限公司 南京理工大学	楼晓华　杨燕超　武　凯 顾洪飞　吴　刚　钟建胜 周元网	南通市二等奖
新型闭口槽型铸铝转子超高效节能关键技术的研究	江苏通达动力科技股份有限公司 东南大学	王　岳　尤　鋆　王晓峰 金　龙　叶　华　王建华 宋智锋	南通市二等奖
风电和光伏智能变电站	江苏东源电器集团股份有限公司	孙益源　邱卫东　孙志忠	南通市二等奖
高强韧厚断面铁素体球墨铸铁的制备技术与应用	南通宏德机电有限公司 东南大学	杨金德　潘　冶　许玉松 周张松　陈立新　曹培新 廖恒成	南通市二等奖
气泡静电纺丝设备开发与应用	南通百博丝纳米科技有限公司 苏州大学	何吉欢　王　萍　何春辉 张　岩　李学伟　司　娜 蔡娟娟	南通市二等奖
外科手术动力系统关键技术研发与产业化	诺鑫(南通)医疗技术有限公司 南方医科大学生物技术学院	季　均　陈　森　顾　劲 杨玉志　陈海斌　顾　哲 黄志新	南通市二等奖
节能快干强力型常温沥青冷拌冷铺新材料的研发与运用	南通福伦利新材料有限公司	蔡海军　周启兆　刘志良 毛开明　翁晓娜	南通市二等奖
智能化高速软管生产线关键技术与产业化	南通市通州区三槐机械制造有限公司 南通职业大学 上海三槐科技有限公司	徐惠朝　肖红升　吴丽琴 张艳娟　丽萍邢　旭　峰	南通市二等奖
CD135 型超大容量长寿命铝电解电容器	南通海立电子有限公司	朱　军　张　楠　蒋志兵 陈金建　毛　建	南通市三等奖
节能型空气冷凝器焊片的研发及其产业化	南通华特铝热传输材料有限公司 南通职业大学	刘成荣　陈广健　王　磊 唐雪华　方　瑜	南通市三等奖

续表 13

获奖项目	完成单位	主要完成人	奖励等级
新能源汽车 SGE 发动机缸盖罩总成技术开发及应用	广东鸿图南通压铸有限公司	周海军 王培建 童日光 梁毅烽 张 森	南通市三等奖
车用特宽超薄不锈钢板带及制造装备	江苏甬金金属科技有限公司 南京理工大学	董赵勇 毕祥胜 王国军 贲海峰 徐晓栋	南通市三等奖
新型加装高效节能导流管海洋平台360 度全回转推进装置	南通虹波机械有限公司	沙明军 毛学伦 王述国 马 建	南通市三等奖
A60 超高亮度 LED 节能灯	南通南洋照明科技有限公司	王凤来 王振林 张永峰 朱春风 丁 燕	南通市三等奖
家纺面料的抗菌消臭功能整理技术与装备	紫罗兰家纺科技股份有限公司 南通大学	张瑞萍 刘金抗 汪明星 陈永兵 陈 凤	南通市三等奖
低能耗高光效荧光粉的制备及产业化	江苏罗化新材料有限公司	罗雪方 龙 敏 罗子杰 陈文娟 张 亮	南通市三等奖
高性能汽车发动机皮带涨紧轮产品	雄邦压铸(南通)有限公司	高军民 李史华 斯有才 王俊有 蔡定平	南通市三等奖
越野型汽车动力转向系统用高效节能强抗震油冷却器	南通江华热动力机械有限公司	曹 进 吴海燕 李 建 朱振华 卞 红	南通市三等奖
新型环保螺杆压缩机进气控制阀	南通市红星空压机配件制造有限公司	张春荣 郭子云 顾春澍 孙 锋 朱晓春	南通市三等奖
YF－M19 棉花 PET 打包带快速行进穿带机组的关键技术与应用	南通御丰塑钢包装有限公司	蔡光泉 葛乐通 王抚政 陈 勇 张 石	南通市三等奖
家用光伏储能系统	沃太能源南通有限公司	袁宏亮 印志江 金墩龙 刘 杰 顾亮亮	南通市三等奖

（高海娟）

防震减灾

【概　况】 2015 年通州区地震局围绕地震监测预报、震害预防、地震应急与救援三大防震减灾工作体系，积极开展防震减灾工作。积极贯彻实施防震减灾法律法规，推进防震减灾法制建设。对地震监测台网管理坚持“三个落实，两个做到和一个联系”，建立短、临震情跟踪、会商制度。抓好地震宏观监测队伍建设，切实做好各类地震前兆异常的发现、收集、核实和分析工作，通州测震台获得省优秀奖两项。对全区 19 个宏观测报点人员进行培训。全年校安工程加固、重建、迁建校舍总面积 7.2 万平方米，投入资金8000 余万元。将建设工程抗震设防纳入基本建设管理程序，推进镇村住宅抗震示范小区试点工作。完成全区地震应急预案修订工作。刘桥中学、金沙中学、金沙小学、兴东小学、刘桥小学等学校结合自身特点进行地震应急演练，制订公共突发事件应急预案，努力提高学生防震避震、紧急疏散能力。加强群测群防网络建设，开展定期培训活动，全区已经形成横向到边、纵向到底的群测群防网络体系。全区建立防震减灾知识科普宣传点 36 个，建立地震宏观监测点19 个。全年共拉横幅 180 余条，举办大型宣传展览 2 次，制作小型展板 60 块，发放防震减灾科普材料 2 万余份，直接受众人数达 4 万多人。

（张　俊）

气象事业

【概　况】 2015 年，通州区气象局继续围绕气象灾害防御体系建设、气象为农服务体系建设和气象特色重点工作，认真组织实施，圆满完成年度目标。

【公共气象服务】 2015 年，通州区气象局认真落实气象防灾减灾工作职责，做好暴雪、暴雨、强对流、台风和雾霾等重大灾害性预报预警服务工作。全年向各级领导机关发送重要天气报告等专题服务材料 51 期，利用通州区党政信息网、微博、电视、电台、报纸媒体，手机短信和乡镇电子屏等各类气象信息发送平台，向各乡镇气象协理员和信息员及社会公众发布预警信息 21 次。围绕“重大节日、重要活动、重点工程”开展专题服务工作。认真开展“元旦”“春节”“清明”“五一”和“十一”等重大节日气象服务工作；圆满完成春运期间、中高考和元宵节文艺汇演等重要社会活动的气象服务。全年共制作发布各类专题专项气象服务材料近300期。

【气象灾害防御体系建设】 2015年，通州区气象局认真落实农村气象灾害防御体系建设工作，与区文广新局继续深化合作，完成全区16个乡镇（街道）村间音柱喇叭调试工作，并投入正常业务运行。该项工作在江苏省气象局组织的中央“三农”服务专项阶段验收中获专家好评，区气象局被江苏省气象局评为“三农”服务专项实施县特别优秀单位。年末，全区建成以乡镇气象协理员、村（社区）气象信息员和镇村气象信息工作站为主的气象预警网络体系，共有气象协理员19名、气象信息员350名，覆盖全区所有镇村；与各镇（街道）共建镇级气象信息工作站16个、村级气象信息工作站170个。5月，召开通州区气象协理员培训会议，针对汛期气象防灾减灾工作要求，对全区19名气象协理员进行气象知识培训。在台风、暴雨等重大灾害性天气服务过程中，第一时间向气象协理员和信息员发送气象预警短信，确保气象预警信息及时传播到农村。

【气象为农服务体系建设】 2015年，通州区气象局完成全区16个区域自动气象站和4个小气候自动站的巡检维护任务，继续做好针对种养殖大户、农村合作社和规模性农业企业的“直通式”气象服务（每天向137家种养殖大户和25家农业合作社及现代农业企业免费发送气象服务短信，重大天气过程前不定时发送气象服务短信，气象信息直接送到农户和农业企业主手中），为农业种养殖生产提供第一手的气象服务。对景瑞和裕隆等省、市级现代农业产业园提供蔬菜大棚小气候实况等针对性特色气象服务。通过“通州区为农服务‘两个体系’管理平台”向各镇（区园）提供重要农时农事和特色农业气象服务，全年共制作发布各类服务材料102期。与区农委开展深度合作，充分发挥气象为农服务专家联盟技术优势，不定期制作重要天气的气象为农服务信息，利用“12316”惠农短信平台，向全区4000多农户开展“直通式”气象服务，全年共发送服务短信6万多人次。

【防雷减灾社会管理工作】 2015年，区气象局认真履行防雷减灾安全社会管理职责，重点加强对危化、烟花爆竹等企业行业安全生产的日常监督；组织开展有关防雷安全宣传教育和安全检查；督促重点单位、重要场所以及其他需要防御雷电灾害的单位落实防雷装置的设计审核、竣工验收规定和定期检测制度。全年完成新建项目防雷装置设计审核94项，项目竣工验收101次；对148个企事业单位进行防雷装置检测，完成报告400余份。

【气象科普宣传工作】 2015年，通州区气象局充分利用“3·23”世界气象日、“5·12”防灾减灾日以及通州区科普宣传周活动积极开展气象科普知识宣传活动，通过网站、专题材料和现场咨询方式宣传气象科普知识。组织中小学生参观气象科普基地，为全区79所中小学免费订阅全年《气象知识》科普期刊；开展气象科普进社区活动，讲解防灾减灾基础知识、防御措施等，并发放气象灾害防御明白卡、《气象知识》和《气象预警信号指南》等防灾减灾科普宣传材料共计900多份。

（徐振亚）

通州名人选介之十四

施宗淑

施宗淑（1881－1941）女，南通县金余镇人。少时得父亲指点，粗通文墨；后与二姐宗洁学刺绣，因心灵手巧，大有长进，所绣《狮子滚绣球》于金沙工艺美术展览会上展出，深得地方名流赞赏。宣统元年（1909年），经张謇推荐，她姐妹俩至北京颐和园皇家刺绣科深造，绣艺日臻精良。辛亥革命后回到南通，受张謇聘为女红传习所教师，得经常与刺绣名家沈寿切磋技艺。她与宗洁合绣的《牧马图》，针法高超，于巴拿马万国博览会展出时荣获银质奖章；中国政府也为她俩颁发银质奖章1枚。她于女红传习所任教20多年，桃李满天下。民国30年因病逝世。其精致绣品《三猫图》现存金余镇施家。所绣的3只猫依偎在一只扁形竹篮里，栩栩如生，呼之欲出。一位慕名从苏州而来的鉴赏家出重金求购，未获应允。

（引自《南通县志》人物传第1193页）

文化·体育

Culture · Sports

编 辑 陈 菊

文化艺术

【概 况】 2015 年,通州区文广新局实施“特色文化、精品文化”战略,着力推进公共文化服务建设和文化产业发展。

艺术生产。戏剧、曲艺类作品获国家级奖项 2 个,省级奖项 14 个,南通市级奖项 20 个;音乐舞蹈类作品获省级奖项 1 个,南通市级奖项 6 个;美术类作品获国家级奖项 2 个,7 个作品入选省级以上展览。小品《二嫂争媳》获中国曲协 2015 全国曲艺新作大赛优秀作品奖、江苏省“中国梦·我心中的梦”曲艺作品征集二等奖;小品《救》获中华颂第六届全国小戏小品曲艺大展优秀作品奖;相声《今天你微了吗》获江苏曲艺芦花奖创作奖;小品《租房风波》《公园一角》获江苏曲艺芦花奖表演奖;在“第八届江苏戏剧奖·红梅奖”角逐中,通州区共有 10 名选手、8 个节目入围复赛,5 名选手、5 个剧目入围决赛,荣获 1 金、2 铜、2 个优秀表演奖、5 个表演奖;通剧《行路》获全国稀有剧种展演优秀表演奖;首部原创大型通剧《范老爷判婚》获南通市首届文华奖舞台艺术展演优秀剧目奖、优秀编剧奖、优秀作曲奖,3 人获优秀表演奖,2 人获表演奖,区文广新局获活动优秀组织奖;儿童剧《回来吧,宝贝》获南通市首届文华奖舞台艺术展演剧目奖、优秀编剧奖、优秀导演奖、2 人获优秀表演奖;主题晚会《盛世江海景》获南通市首届文华奖舞台艺术展演剧目奖,1 人获优秀表演奖,5 人获表演奖;国画《眯细眼“红导哥”》获第三届全国少数民族美术作品展优秀作品奖;国画《圣地豪气》在国家级美术作品展——“铁的新四军”红色记忆经典美术作品展中荣获优秀作品奖;版画《挡不住的喜悦》、油画《践行·筑梦》入选第二届江苏艺术展演月、第二届文华奖优秀美术作品展。《寒冬素装图》入选中国美协举办的“悲鸿精神”全国中国画作品展览;《高唱八路军歌》入选民革中央、中国美协等组办的“民族魂——纪念中国人民抗日战争暨世界反法西斯战争胜利 70 周年美术作品展览”;《巢之恋》入选中国美协第二十一届全国版画作品展并被收藏;《晨曦》入选中国书画报、美术报组办的当代百名中国工笔画提名展并被收藏;油画《遥望港的响午》入选“时代足迹——2015 中国百家金陵画展”。舞蹈《花叶》参加第二届江苏艺术展演月、第二届文华奖舞蹈专场决赛;舞蹈《荷花盘子舞》获全国稀有剧种展演优秀表演奖。情景歌舞《廉字歌》参加全省廉政优秀文艺节目调演。黎化长篇纪实文学《闯荡南非洲》正式出版并引起广泛关注。论文《浅谈曲艺传承在公共文化服务中的作用》入选“第四届中国曲艺高峰(柯桥)论坛”曲艺理论(评论)文章(江苏省仅有 2 篇入选)。

群众文化。组织举办新春文化大舞台系列活动、文化下乡大巡游活动、正月正迎春歌会、第七届民俗文化节暨古沙灯谜节大型主题晚会“春风送暖达江海”等,顺利完成 2015 年百场艺术精品惠民工程。举办第七届“江苏戏剧奖·红梅奖”复、决赛。圆满完成与中国曲协全国小剧场艺术指导委员会、江苏曲协签约项目——2015 年首届全国曲艺小剧场新作研讨会;完成 2015 年南通市“濠滨夏夜”群众文艺调演通州专场演出。

公共图书馆。区图书馆购新书 10 万余册,图书外借流通 40 万册次,接待读者 30 万余人次。新办理借书证 1.20 万余份,读者持证 4 万多份。

文化遗产保护与管理。着手编辑出版《通州记忆》丛书系列《通州民舞》专辑,在通州各镇区进行普查调研,进行成品舞蹈的抢救性恢复。举办第十个“文化遗产日”暨第五个非遗文化周系列活动。公布第四批通州区级非遗保护项目与第二批通州区级传承人。推进非遗进校园活动力度,扩大“通州民歌”“通州民舞”的影响力,选拔全区优秀民歌手和优秀民舞队伍在实验小学大礼堂进行通州民歌民舞展演,同时举行省级非遗保护项目“通州民歌”“荷花盘子舞”非遗传承基地标牌颁发仪式。进行非遗保护成果展与非遗进校园活动成果展示,发放宣传资料册进行非遗保护与传承知识宣传。精选国家级非遗项目“童子戏”专场演出,深入做好非遗的保护与传承。

文化产业。4月9—12日,联合区招商局举办招商引资及文化产业实物培训班。5月13—16日,组织有关企业参加第十一届中国(深圳)国际文化产业博览交易会,并参加南通市文化产业招商推介活动。9月22日,在北京召开通州文化产业推介会,现场签约项目8个。10月30日,参加在厦门举办的"海峡两岸文化产品博览会"。全区列入南通市文化产业重点推进发展项目15个,重点园区建设2个。

新闻出版。农家书屋建设取得成效。东社镇成功创建南通市农家书屋先进乡镇;金新街道界北村、川姜镇志浩村农家书屋被评为四星级农家书屋;金沙街道育才社区等15个村(居)农家书屋被评为三星级农家书屋;一名农家书屋管理员被评为省级优秀农家书屋管理员,五名农家书屋管理员被评为市级优秀农家书屋管理员。

【两新馆顺利开馆】 7月、12月,区文化馆新馆、区图书馆新馆相继开馆。区文化馆新馆充分利用新馆回廊、大厅等公共空间,交流文化、展示风采;借助底楼门厅LED大屏,做到文化活动月月公示;开设钢琴、民舞、拉丁舞、古筝、书画创作等课程,满足不同人群的文化需求。区图书馆新馆占地面积约1公顷,建筑面积8812平方米,总投资6000余万,新增视障阅览室、3D影厅、参考咨询室、多媒体视听欣赏室等专题阅览部。

【孔子石雕像在通州忠孝园落成】 4月2日,全国最高的孔子石雕像在忠孝文化园落成。该雕像高27米,加上基座共32米,主体部分由480多块石质部件拼接而成,重1000多吨。孔子雕像由福建省华峰盛石业雕刻有限公司捐赠。福建省军区原政委、南通中华文化促进会主席陆凤彬主持落成典礼。中华文化促进会常务副主席王石说:"孔子雕像的落成是社会行为,表达了社会心愿,通州为文化发展做了一件了不起的事情。"

【《范老爷判婚》首演】 5月6日,由通州区本土编剧、导演、演员等精心打造的通剧首部大舞台戏《范老爷判婚》在区文博中心首演。《范老爷判婚》分为闹街、巡乡、堂审、攻官、智判共5场,讲述县令范老爷判案,不畏权、不贪财,为民做主,成全一对青梅竹马良缘的故事。该部戏时长两小时,情节丰富,戏剧张力强,圆润的唱腔和精彩的表演,赢得观众的阵阵掌声。

【"江苏戏剧奖·红梅奖"大赛】 9月17—24日,第七届"江苏戏剧奖·红梅奖"大赛在通州区举办。全省各地基层剧团的200多名专业演员及戏剧爱好者参赛。通州区共有8名选手、7个节目参赛。"江苏戏剧奖·红梅奖"是全省戏剧界最高奖项,囊括京剧、昆剧、话剧、歌剧等江苏现有剧种。由于比赛对象为15－40周岁的专业及业余戏剧演员,该赛事被办界看作是推动、促进中青年演员成才的一项重要赛事。通州举办"江苏戏剧奖·红梅奖"大赛,热情周到,程序井然,得到省戏剧家协会和参赛者好评。

【南通通州(北京)文化产业推介会】 9月22日,通州区假座北京新疆大厦举办2015南通通州(北京)文化产业推介会,借力北京文化大平台,推介和开掘通州区文化产业项目,推动文化与产业、科技、资本等各方面的深度融合。活动现场签约"南通一号"、北大创业训练营、大明艺术文化产业园等8个项目,涉及影视和新闻出版、工艺美术、创业培训、家纺电商等领域。

【全省首家"知识银行"】 12月28日,区图书馆作为执行单位,受区纪委、区委宣传部、区文明办、区文广新局等18家理事单位委托发起成立全省首家"知识银行"。"知识银行"以区图书馆为总行,各图书馆分馆为分行,农家书屋为支行,具体承办"知识银行"各项业务。

文化市场管理

【概　况】 2015年,区文广新局有序开展省新闻出版局依法行政示范点创建工作,制定创建目标和任务,确定完成时间。积极开展"扫黄打非"专项治理。春节、五一节、国庆节前后,在音像制品、图书销售、印刷企业等市场开展5次专项治理行动,共检查音像经营场所、书报刊市场、印刷复制场所600家次,收缴盗版音像制品1.2万余张、非法出版物2000多册。先后举办歌舞娱乐场所、音像制品经营单位、书报刊发行单位及印刷企业经营业主法律法规培训6期,培训人员600多人次。加强娱乐场所安全生产检查,发现安全隐患20多处,执法人员当场予以整改。

版权管理

【概　况】 2015年,南通家纺城版权作品登记数量增多,并实现免费登记。全年登记作品5414件,比上年增长95.6%。南通家纺城版权事务服务有限公司被南通市评为"一般作品免费登记"工作先进集体。4月26日,区文广新局组织举办世界知识产权保护日活动,发放宣传材料1000份,公开销毁非法音像制品2万张,并参加南通市组织的统一行动。

文物保护

【概　况】 2015年,区文广新局有序开展文物保护工作,召开全区文管员会议,现场检查文物保护单位巡查日志,评定文管员工作实绩，发放工作津贴，同时通过《通州区业余文物保护员管理办法》，使文管员工作落到实处。年中，文物稽查大队对全区文保单位进行安全大检查，排查安全隐患并提出整改意见，初步确定对张謇祖居、陆家老宅、南山五帝观进行抢救性修缮。（刘伯毅）

广播电视

【概　况】 2015 年，区广播电视台着力推进体制机制创新，广播、电视和报纸三个媒体融合发展。新闻宣传按照“对内鼓干劲、对外扬通州”的总要求，围绕中心、服务大局。突出报道引领新常态，以“创客”“互联网 +”为重点，大力宣传通州区对接“一带一路”，创新开发开放体制机制；精心策划社会主义核心价值观、项目建设、生态创建、文明城市、依法治国、民生实事宣传等，做到阶段性战役主题突出；着力打造电视《张聪跑腿》、广播《阳光早班车》等广大听众认可的品牌节目；跨部门跨区域合作，组织开展家装博览会、车博会等活动，放大品牌效应，进一步提升舆论引导力、竞争力和影响力。适时转变传播理念，积极推进传统媒体与新媒体的融合，先后开通“通视传媒”“FM999”“南通州”公众微信号。

【节目改版】 8 月，通州电台对 MF99.9 频率节目进行全新改版，增加直播节目时长，重新布局节目内容、形式。电台全天播出时间 16 个半小时，其中直播时长 4 个半小时，包括资讯类、音乐类、生活类节目，满足各层次听众不同的收听需求。

【对外宣传】 2015 年，区广播电视台在南通电台用稿继续位居各县（市、区）台第一；在南通电视台用稿 165 条，在省电视台报片 81 条；在《新华日报》刊发稿件 4 篇，其中头版稿件两篇；在《南通日报》见报 306 篇，头版稿件 58 篇，其中头版头条 10 篇，头版、头条用稿数在南通县（市、区）中遥遥领先。

【节目创优】 在 2015 年度各级新闻奖评比中，广播电台获国家级一等奖 1 个、二等奖三个，省级三等奖 1 个，市级一等奖 4 个、二等奖 7 个。其中，《“义举妈妈”实现爱子遗愿　120 万抚恤金慈善助困》获 2013—2014 年度中国广播影视大奖广播消息类提名奖；广播新闻专题《践行社会主义核心价值观从娃娃抓起》获中国广播电视协会一等奖；广播社教专题《轮椅上的冠军梦》、播音作品《凤凰宝地》《梦圆西藏》获中国广播电视协会二等奖；《徐世杰：“南果北种”千里情》获江苏对外广播节目专题三等奖。电视节目获国家级二等奖 1 个、优秀奖三个，省级二等奖 1 个，市级一等奖 1 个、二等奖 8 个。《童声里的中国——全国首届儿童音乐优秀创作奖获奖作品展演》荣获江苏电视文艺奖歌舞节目二等奖。《通州日报》在江苏省县市区新闻中心好新闻评选中，获一等奖 3 个、二等奖 4 个、三等奖 4 个、好标题奖 2 个、好版面奖 1 个，获奖总量和一等奖篇目均在全省 50 多家同类媒体中名列前茅。

【台网分离】 经评估，通州广电网络确认资产值为 2.15 亿元，其中 1.95 亿元作为股本金入股江苏有线网络发展有限公司，2043 万元由省网络公司出资收购。4 月 21 日，江苏有线通州分公司挂牌成立。广播电视台原从事广电网络工作人员（含各镇广电站）、部分公共服务部门涉及广电网络工作人员共 294 人划转到江苏有线通州分公司。

（张雪松）

记者站

【概　况】 2015 年，《南通日报》驻通州区记者站在《南通日报》用稿 460 多篇（幅）。全年头版及头版头条用稿全市第一。

【经济稳增长宣传】 在宏观经济紧环境下，通州在经济转型调结构稳增长方面有很多可取之处，记者站采写《通州优质大项目支撑稳增长，一季度规模工业产值逾 502 亿，同比增 10.1%》《通州经济运行质态持续提升，高新技术产业产值占比 4 年提升 15.2 个百分点》等，在《南通日报》重要位置给予报道。

【互联网 + 宣传】 通州区各个领域实践互联网 +，让传统的产业升级，改进工作方法。记者站采写《南通家纺城挺进跨境电商蓝海》《通州家纺电商生态产业链越做越粗》等进行报道。

【宋英事迹系列报道率先发布】 11 月 20 日，中国好人、曾捐资百万元的慈善老人宋英因病去世。记者站获悉后，迅速通过《南通日报》官方微信、微博进行报道，并开展前期素材搜集和现场采访。11 月 21 日，在《南通日报》一版发布宋英去世消息，并连续三天推出《本色宋英》《难忘宋英》《送别宋英》三篇长篇系列报道。（赵勇进）

体育

【概　况】 2015 年，区体育局以强化公共体育服务体系建设为目标，深入贯彻《全民健身条例》和《全民健身计划（2011—2015）》，全面完成体育工作的各项任务目标，有力推进全区体育事业全面、协调、可持续发展，成功创建成江苏省第一批公共体育服务体系示范区。先后举办“麦迪明星篮球赛”,2015—2016 中国羽毛球俱乐部超级联赛、全国青少年毽球锦标赛、华东羽毛球邀请赛、江苏省少儿乒乓球赛等 11 项次大型赛事。全年组织开展各类群体活动 160 余项次,参与人数 155 万人次。大力推进城乡体育健身工程建设,新建 4 个农村体育公园,在农民集中居住区铺设 40 套健身路径及其他器材。体育彩票销售 1.5 亿元。

江苏省第十届“泛沿江体育带”全民健身大联动南通分会场暨首届环南山湖欢乐跑活动

【群众体育】 全年共组织开展各类群体活动 160 余项次(161 项次)。正月初一至十五,举办 2015 年春节全民健身系列活动,先后开展贺岁杯足球赛、健身走、掼蛋比赛、羽毛球公益培训、网球公益培训、三人制篮球赛、自行车拉力赛、乒乓球团体赛、全区健身操舞比赛等 10 余项活动。4 月 12—13 日,举办南通市二级社会体育指导员毽球项目培训班,南通各县市区的 120 余人参加。5 月 9 日,举办区太极拳公益培训班,近百名太极拳爱好者参加。5 月 23—24 日,举办 2015 年江苏省少年儿童乒乓球冠军赛(第二分站赛),南京市、常州市、苏州市等 13 个省辖市的 168 名乒乓球运动员参赛。5 月 31 日,由区人民政府、南通市体育局主办,区体育局协办的江苏省第十届“泛沿江体育带”全民健身大联动南通分会场暨首届环南山湖欢乐跑活动在通州区南山湖公园内举行,南通各县市区的 600 余名长跑爱好者参加环绕南山湖健身步道主道 2 圈,全程 4.4 公里的比赛。6 月 19—21 日,举办华东五省市羽毛球邀请赛,江苏一队、二队,浙江队,上海队,湖南队,八一队的 76 名运动员参加比赛。7 月 13 日,举办第三届通州区小学生围棋锦标赛,全区 28 所学校的 84 名小学生参加比赛。7 月 21—24 日,举办江苏省一线社会体育指导员毽球项目培训班,全省各地 50 余人参加。10 月 9—12 日,举办江苏省乒乓球、羽毛球项目一线社会体育指导员技能再培训,全省 13 个市 100 余人参加。10 月 24—25 日,举办 2015 年南通市健身气功交流比赛,南通市各县(市)区的 12 支代表队近百人参加。

【学校体育】 全年组织区中小学阳光体育系列竞赛 7 项次,共有 330 支队伍、1900 多名学生参加比赛。3 月 20—22 日,举办区星级学校男子篮球比赛,10 支星级学校代表队近 100 人参赛。4 月 26 日,举办区小学生田径运动会,全区 44 所小学 352 名运动员参赛。5 月 31 日,举办区中小学女子毽球比赛,全区各中小学、各星级学校的 77 支代表队 385 名运动员参赛。10 月 17—19 日,举办区中小学生阳光体育运动会(中学生田径运动会),32 所中学计 256 名学生参赛。11 月 20—22 日,举办区中小学男子三人制篮球赛,小学组 44 支代表队 132 名队员参加,中学组 31 支代表队 93 名队员参加,星级学校共有 6 所学校参赛。12 月 25—27 日,举办区中小学男子毽球比赛,全区各中小学、各星级学校的 77 支代表队 385 名运动员参赛。12 月下旬,举办区中小学乒乓球比赛,部分中小学校共 200 人参赛。

【羽毛球俱乐部超级联赛承办】 12 月 3 日,2015—2016 中国羽超联赛江苏(通州)赛区首场比赛在区体育馆举行。此次比赛由中央电视台体育中心与中国羽毛球协会主办,通州区人民政府承办。羽超联赛(江苏通州赛区)共有 7 场比赛,8 支职业俱乐部近百名运动员参赛,其中包括林丹、谌龙、李雪芮、王适娴等知名球星。

2015—2016 中国羽毛球俱乐部超级联赛(江苏通州赛区)

【全国青少年毽球锦标赛承办】 7 月 24—28 日,全国青少年毽球夏令营暨全国青少年(中学生)毽球锦标赛在区体育中心举行。此次比赛由中国毽球协会、中国中学生体育协会、江苏省社会体育管理中心联合主办,江

2015 年全国青少年毽球锦标赛在区体育中心举行

苏省毽球协会、南通市体育局、通州区人民政府共同承办。比赛共有全国各地的 25 支代表队近 300 名运动员参加。区新坝中学代表南通参加比赛，并获得混合团体接力计数赛第一名。

【“百场科学健身进社区”活动】 1 月 31 日，举行“百场科学健身进社区”活动启动仪式，首场活动参与人数近千人。此次活动公开向社会购买社会组织服务项目，至年底，组织足协、篮协、老年体协、钓鱼协会、太极拳协会、棋类协会、门球协会等十余家体育社团和平潮、石港等全民健身志愿者“送体育健身指导、送体育科技知识、送小型体育器材”进社区活动 131 场次。

2015 年通州籍运动员参加省级以上比赛部分成绩统计

表 14

比赛名称	姓　名	组　别	项　目	名次
江苏省青少年举重锦标赛	季　辉	15－16 岁男	94 公斤级	1
江苏省青少年田径锦标赛	严　季	15－16 岁男	铅　球	1
	陈玉倩	15－16 岁女	链　球	1
	姜双庆	17－18 岁女	链　球	2
	潘鑫巍	17－18 岁男	链　球	3
	丁　杨	17－18 岁男	铁　饼	3
江苏省青少年击剑锦标赛	张奕甜	12－13 岁女	花剑团体	1
	樊施丽	12－13 岁女	花剑团体	1
	葛春显	12－13 岁男	花剑团体	2
	龚琪琪	14－15 岁女	花剑团体	2
	龚琪琪	14－15 岁女	花剑个人	2
	叶　楠	12－13 岁女	佩剑团体	3
江苏省青少年柔道锦标赛	曹季华	13－14 岁男	80 公斤级	1
	施玲鑫	13－14 岁男	66 公斤级	2

（周玉梅）

卫　生

Health

编辑 张晓芹

综　述

【概　况】 2015 年,区卫计委围绕“建设现代医疗卫生体系”这条主线,紧扣“深化医药卫生体制改革和促进人口长期均衡发展”两个主题,做优“基本医疗、公共卫生、计划生育”三项服务,推动卫生计生事业快速健康发展。

医药卫生体制改革推进。2015 年,在平潮地区试点建立区域医疗联合体管理模式,实行“统一发展规划、统一人事管理、统一财务管理、统一资源调配、统一绩效考核”的一体化管理。按照《通州区公立医院改革实施方案》要求,督促各级医疗机构按规定配备使用基本药物,不断提高基本药物在临床的使用比例,完全实行药品零差价,切实减轻群众用药负担。创新改革卫生人才招聘方式,将招聘主体由区人社局调整为区卫计委,区医疗单位公开招聘工作人员 56 名,赴重庆 2 所医药高等专科学校公开招聘镇卫生院(社区卫生服务中心)工作人员 28 名,继续委托南通卫生高等职业技术学校培养农村医学中职学生 60 名。

医疗卫生服务体系完善。区人民医院、中医院主动接轨上海、南京等国内大型医院,对照三级乙等医院创建标准积极开展创建活动,省卫计委于 12 月 25 日组织专家对区人民医院转设三级医院进行现场验收并给予肯定。平潮镇平潮卫生院、兴仁镇四安卫生院通过省级示范乡镇卫生院评估验收。积极推进医疗机构提标改造,五甲镇、五接镇卫生院异地新建工程年底交付使用,区二院扩建工程竣工,川姜镇卫生院迁建工程主体封顶,区六院、先锋镇卫生院迁建工程按时序进行主体施工,区七院、兴仁、十总镇卫生院迁建工程进入施工阶段。推进镇村卫生一体化管理,全面完成村卫生室标准化建设规划任务数 199 家,向社会公开招聘村卫生室卫生技术人员 48 名。全区 6 家村卫生室达到南通市示范村卫生室要求,其中 4 家通过省级示范村卫生室验收。

公共卫生服务管理优化。为 65 岁以上老年人、高血压、糖尿病和重性精神病等重点人群免费健康体检 25.1 万人,全面完成 2.5 万农村妇女宫颈癌、乳腺癌筛查目标任务。传染病疫情继续保持平稳,妥善处置一起霍乱疫情。全区 5 个镇的 25 个村开展春季血防监测查螺,未发现活钉螺。加强疟疾镜检站的规范化建设,顺利通过省消除疟疾达标考核验收。刘桥和石港两镇先行开展南通市卫生应急规范化镇建设并通过考核评估。全力推进妇女保健与妇产科规范化建设达标验收工作,扎实开展重大妇幼卫生服务项目,及时做好孕妇住院分娩补助工作,规范加强叶酸增补项目管理,7 月 1 日起,正式实施全区新生儿疾病免费筛查工作,全年新生儿苯丙酮尿症筛查及新生儿听力筛查率均达 98.56%,婚前医学检查率为 96.23%,超额完成免费孕前优生健康检查任务。组织开展国家卫生城市复审迎查工作,二甲镇通过国家卫生镇复审,十总镇通过国家卫生镇专项评估,40 个村创成“江苏省卫生村”。

医疗卫生服务能力增强。采取平时抽查和定期检查相结合的方式,对基层医疗机构服务质量及医疗核心制度执行情况进行监测和监管,每季开展门诊处方质量抽查点评,规范开展全科医师规范化转岗培训,注重传统医学持续发展,接待新疆伊宁县部分乡镇卫生院院长、书记到通州区跟班学习乡镇卫生院标准化建设工作。加快卫生信息平台建设,完成全区卫生计生系统 IP 地址规划、区域卫生信息化及基于平台的业务应用系统采购、数据中心机房硬件系统集成及卫生专网建设招标采购工作,硬件设备全部安装到位,网络部署完毕,新农合接口调试基本完成。

计划生育服务水平提高。稳妥实施单独二孩政策,通过电台、报纸、网络广泛宣传“单独两孩”政策及办理程序,有序落实奖扶特扶政策,完成“十二五”人口和计划生育目标管理责任制终期评估及人口协调发展先进县创建工作。加强平台数据基础管理,完成五甲、骑岸等合并镇(街道)、村的个案及奖特扶数据的迁移工作。切实加强流动人口管理,全区流动人口动态监测金沙、川姜、先锋、五接 4 个镇的

8 个样本点,先后开展抽样、制作花名册、调查员培训、问卷调查等工作,所有村居点的调查问卷接受全省互查。

(仇星煜)

卫生改革

【概　况】 2015 年,进一步深化医药卫生体制改革工作,区委、区政府出台《关于深化医药卫生体制改革建设现代医疗卫生服务体系的实施意见》。为构建规范合理的诊疗秩序,优化医疗资源配置,促进优质医疗资源向农村基层延伸,提高基层医疗机构服务能力,在平潮镇实施区域医疗联合体试点,区域内医疗机构探索实施转型发展。区卫生和计划生育委员会"三定"方案确定。区卫生和计划生育委员会 8 个行政审批事项划转给区行政审批局。推动卫生人才招聘机制改革,加大卫生人才招聘力度。

【平潮区域医疗联合体试点工作启动】 11 月 30 日下午,区政府在区第八人民医院召开平潮区域医疗联合体(平潮区域医联体以区第八人民医院为龙头,下辖第八人民医院、平潮镇平潮卫生院及其分支机构,原平潮镇辖区内的村卫生室实行镇村一体化管理。)启动工作动员会。12 月 1 日,区政府办公室转发区卫计委、区编办、区人社局、区财政局四部门联合制订的《平潮区域医疗联合体试点工作方案》。会后,区卫计委会同区有关部门及平潮镇制订《平潮区域医疗联合体章程》和相关管理制度。12 月 30 日,平潮区域医疗联合体第一届理事会成立暨第一届理事会第一次会议顺利召开,医联体试点工作正式启动。平潮区域医疗联合体成立理事会和监事会,运行管理实行统一人事管理、统一财务管理、统一资源管理、统一绩效考核、规范就医秩序。

【医疗机构转型发展】 区第二人民医院、区城西社区卫生服务中心、刘桥镇卫生院(新联分院)三家医疗机构,探索实施转型发展,开展为全区精神残疾、智力残疾、肢体残疾、失能和半失能老人搭建专业康复训练平台和提供养老护理服务。6 月 5 日,区编委《关于同意部分卫生医疗机构增挂牌子的批复》,同意分别增挂"南通市通州区博爱残疾人康复托养中心""南通市通州区城西康复托养中心""南通市通州区刘桥镇新联护理院"牌子。

【区卫生和计划生育委员会"三定"方案确定】 3 月 16 日,区政府办公室印发《南通市通州区卫生和计划生育委员会主要职责内设机构和人员编制规定》,其中明确区卫生和计划生育委员会设 10 个内设机构,另按有关规定设置监察室,机关行政编制为 34 名。领导职数为:主任 1 名,副主任 5 名;正副科长(主任)20 名,其中正科长(主任)11 名(含监察室主任 1 名),副科长(副主任)9 名。

【相对集中行政许可权改革】 根据区委、区政府《关于南通市通州区相对集中行政许可权改革试点实施意见》,区卫生和计划生育委员会有 8 个行政审批事项划转给区行政审批局,分别为医疗机构设置许可,医疗机构执业登记许可,医疗机构变更登记许可,医疗机构校验许可,医师执业(变更)注册许可,放射诊疗许可,公共场所卫生许可,供水单位卫生许可。及公共场所、供水单位、放射诊疗单位新建、扩建、改建建设项目和技术改造、技术引进项目涉及的卫生审查。

【卫生人才招聘机制改革】 2015 年起,区医疗卫生机构卫生专业技术人员招聘由区人社局为主转为以区卫计委为主。经笔试、面试、体检、考察(政审)、公示等程序,区人社局批准聘用区医疗单位春季公开招聘的 56 名工作人员。下半年,赴重庆校园实施镇卫生院(社区卫生服务中心)公开招聘卫技人员活动,28 名 2016 届临床医学大专生通过笔试、面试进入体检程序。

【基层医疗卫生机构更名】 4 月 9 日,区编委《关于区划调整后有关基层医疗卫生机构更名的通知》,对部分基层医疗卫生机构作如下更名:兴东镇卫生院更名为兴东街道社区卫生服务中心;先锋镇卫生院更名为先锋街道社区卫生服务中心;东社镇卫生院更名为东社镇东社卫生院;五甲镇卫生院更名为东社镇五甲卫生院;十总镇卫生院更名为十总镇十总卫生院;骑岸镇卫生院更名为十总镇骑岸卫生院;四安镇卫生院更名为兴仁镇四安卫生院;兴仁镇卫生院更名为兴仁镇兴仁卫生院;平潮镇卫生院更名为平潮镇平潮卫生院;平东镇卫生院更名为平潮镇平东卫生院。

(冯　霞)

农村卫生

【概　况】 2015 年,全区以筑牢农村医疗卫生服务网底为目标,不断强化村级医疗卫生机构运行管理和乡村医生队伍建设,建成省示范村卫生室 4 家;全面完成省卫生计生委下达的 2013—2015 年乡村医生合理用药培训任务;稳步推进乡村医生聘用管理,启动第三方社会稳定风险评估工作;政府投入 94 余万元为乡村医生统一办理工伤保险和从业伤害保险;新录取 60 名通州籍农村医学中职学生。

【4 家单位再获江苏省示范村卫生室称号】 12 月,省卫生计生委印发《关于确认江苏省示范村卫生室名单的通知》,确认平潮镇国道村卫生室、刘桥镇英雄村卫生室、兴仁镇阚家庵村卫生室、东社镇兴隆灶村卫生室为"江苏省示范村卫生室"。全区累计建成"江苏省示范村卫生室"11 家。

【乡村医生合理用药培训】 6 月,通州区组织 276 名乡村医生参加村卫生室人员合理用药集中培训，培训内容主要围绕抗菌药物临床应用管理办法等法律法规、抗菌药物的合理使用以及内、外、妇、儿常见病、多发病的合理用药。通州区全面完成省卫计委下达的2013—2015年乡村医生合理用药培训任务，756名参训乡村医生均通过省统考并获得合格证书。

【乡村医生统一办理工伤保险】 12月，为提高乡村医生保障水平，有效防范化解执业风险，通州区为所有乡村医生统一办理工伤保险和从业伤害保险。其中，为未达到法定退休年龄的375名乡村医生按每人每年480元标准办理工伤保险；为超过退休年龄的478名乡村医生按每人每年1600元标准办理从业伤害保险。

【乡村医生人才培养】 3月，通州区对2014年年底向社会公开招聘录取的48名乡村医生进行为期两天的岗前培训后，新聘人员在乡村医生岗位上为农村居民提供健康服务。继续委托南通卫生高等职业技术学校培养农村医学专业中职学生，录取60名通州籍中职学生并签订农村医学专业学生定向就业协议书。全区累计录取通州籍农村医学生111名。

【乡村医生杨曙东受媒体关注】 十总镇二爻居卫生室负责人、社区全科副主任医师杨曙东，坚守乡村医生岗位24年，呵护农民群众健康。《南通日报》《江海晚报》、通州电视台《时代先锋》等主流媒体分别以《守护村民健康，小村医大仁心》《小村医大仁心》《村民健康的守护神》为题进行报道。

（吴益祥）

预防保健

【概　况】 切实做好以霍乱、肝炎、手足口病、艾滋病、结核病和血吸虫病为重点的传染病防控工作。全年共报告甲乙丙类法定传染病19种3039例，甲乙类传染病发病率125.60/10万。2015年常住儿童基础免疫接种率卡介苗99.91%，乙肝首针及时率96.62%。累计建立健康档案941591份，建档率90.90%。开展重点人群健康体检25.1万人，发现疑似肿瘤476例，确诊75例。累计管理高血压患者164336人，规范管理率91.03%；累计管理糖尿病患者44261人，规范管理率90.22%。新登记结核病人543例，其中传染性肺结核病人129例。新增严重精神疾病患者150例，累计检出5704例，在册管理5239例。

【消除疟疾达标考核】 10月，通州区高分通过江苏省消除疟疾现场考评验收。自1999年通过江苏省基本消灭疟疾达标考核验收后，通州区继续贯彻落实疟疾防治工作要求，做好灭疟后期监测，认真开展发热病人血检工作，搜索残存传染源和输入传染源，净化疫情，巩固防治成果。疟疾防控工作组织保障得力，措施落实到位，2011年起连续4年无本地感染病例发生，达到国家消除疟疾标准。

【传染病防治技能竞赛获奖】 12月8—10日，通州区选派的4名参赛选手在南通市卫计委、市总工会、市人社局联合举办的全市疾控系统传染病防治技能竞赛中全部获奖。9月下旬，通过筛选，通州区组建的参赛集训队经过2个多月的高强度集训，经过理论考试、案例分析、技能考核、盲样检测及现场决赛，在全市8个代表队中脱颖而出，荣获团体第一名，并获优秀组织奖。其中，区疾控中心黄永清获个人第一名，顾婷获个人第二名。

【市级卫生应急工作规范化镇建设】 12月13日，刘桥、石港两镇通过南通市市级卫生应急工作规范镇检查组的现场考评。2015年，刘桥、石港两镇作为试点镇先行开展市级卫生应急工作规范化镇建设。区镇先后召开创建会议，围绕组织指挥、预案方案、应急准备、监测排查、应急处置、社会动员六个方面的工作内容，细化分解落实责任，加强检查指导督促，有序推进创建工作。

（王国清）

妇幼卫生

【概　况】 2015年，以全力推进妇幼健康民生实事项目为重点，以规范行业监管为抓手，创新举措，扎实工作，全区妇幼卫生工作取得新进展。全力推进妇女保健与妇产科规范化建设，13家医疗机构10月通过南通市级验收。以促进母乳喂养、严格控制剖宫产率、保障母婴安康为重点，加大爱婴医院管理力度，组织考核评估，爱婴医院管理水平明显提高。全区孕产妇死亡率11.41/10万，5岁以下儿童死亡率4.45‰，婴儿死亡率3.54‰，新生儿死亡率2.51‰，新生儿出生缺陷发生率3.09‰，7岁以下儿童保健管理率98.48%，孕产妇系统管理率98.98%，住院分娩率100%，孕产妇艾滋病筛查率99.99%，幼儿园卫生保健合格率100%，免费婚检率96.23%。

【农村妇女两癌检查项目】 2015年，全区共完成宫颈癌检查25045人，检出宫颈癌及癌前病变阳性病例97例，检出率为387/10万；确诊宫颈癌24例，确诊率为95.83/10万。完成乳腺疾病检查25042人，检出乳腺癌B超可疑阳性150例，检出率为598/10万；确诊乳腺癌16例，确诊率为63.89/10万，所有检出“两癌”阳性病例均得到及时随访与治疗，广大农村妇女的健康水平得到提高。

【免费婚前医学检查】 2015年，区妇幼保健所积极落实婚前保健服务规范，不断完善免费婚前医学检查的各项制度，切实加强执业人员培训，注重抓好质量管理，完善工作细节,优化服务模式,注重后续服务,受到新婚对象的一致好评。全区婚前医学检查率为96.23%。

【新生儿疾病免费筛查】 2015年,区委、区政府将新生儿疾病免费筛查工作列为为民办实事项目,财政补助150万元作为检查项目经费。7月,正式启动新生儿疾病免费筛查,新生儿苯丙酮尿症筛查率、新生儿听力筛查率和甲低症筛查率均达98.56%。

【优生惠民工程】 2015年,区委、区政府再次将计划生育免费孕前优生健康检查工作列为民生实事工程之一,并作为区级机关部门特色重点工作加以推进,区"两办"和区"效能办"每月跟踪督查项目进展情况。全年共检查3203对夫妇,完成年度任务数的106.77%。对筛查出的817个高风险对象实行一对一咨询指导和后续跟踪服务,受到服务对象的广泛好评。区计划生育指导站严格遵守质控制度,规范质控程序,每天做好室内质控,定期参加省、市组织的室间质控。分别于6月、12月接受省临床检验室间质量评价,各项结果均为优秀。 (郭宝军)

卫生执法

【概　况】 2015年,将餐饮卫生监管职能划转到市场监督部门,工作重心进一步调整。高标准、高质量开展文明和卫生城市迎复查与长效管理,扎实开展美容美发业、住宿业、沐浴业及游泳场所等公共场所的卫生专项整治,组织学校综合卫生监督、生活饮用水、消毒产品、放射防护规范、传染病监督等专项检查,不断规范医疗执业行为,加强涉医违法监测监控体系建设,严厉打击滥用抗生素和非法行医等违法行为,有效保证人民群众的健康权益。全年共完成日常监督7560户次,行政处罚33起,罚款金额25.5万元,没收1.12万元,到账9.07万元,受理投诉举报21起。对公共场所单位公共卫生用品抽检310件,合格率94.6%;生活饮用水抽检18份,合格率100%;游泳场所抽检样品59份,项次合格率96%。

【受检者放射诊疗防护】 2015年初,专门制定下发通州区受检者放射防护规范化管理实施方案,要求所有放射诊疗单位受检者防护用品必须按统一标准配备,每位受检者在接受放射诊疗过程中必须配合医生规范使用防护用品,放射诊疗单位必须制定受检者防护用品的使用制度、考核制度等。

区卫生监督所共出动卫生监督员120余人次,在全区范围内开展两轮受检者放射防护规范化管理专项检查工作,对52家医疗单位按照标准认真组织检查。下发监督意见书52份,对2家医疗机构进行行政处罚,罚金4000余元,其中1家医疗机构未取得放射诊疗许可开展放射诊疗工作、1家医疗机构未使用放射防护设施对患者进行有效屏蔽。

【医疗保健广告信息专项整治】 2015年,组织卫生监督员对城区内所有平面媒体以及电视、广播、互联网上的医疗广告进行全面监测,坚持定期监测与日常监测相结合,全面掌握媒体发布医疗广告动态。对5家可能存在发布医疗保健广告信息的单位进行全面检查。同时召集全区新闻媒体、城区广告经营单位及相关医疗机构负责人召开专题会议,对5家医疗机构发出卫生监督意见书,要求相关医疗机构对照医疗广告法律法规进行自查自纠,及时整改,自行去除违规发布的医疗广告,有效打击违法医疗保健广告信息发布行为,净化医疗服务市场。

【食品安全标准管理】 2015年,在全区启动食品安全标准管理工作,组建专业人员队伍,开展食品安全标准管理和食品安全标准跟踪评价工作,跟踪核查备案的食品安全企业标准执行情况,覆盖率达100%。与相关单位联合开展食品安全标准宣传进社区、进乡村、进学校、进企业、进机关活动。参与食品安全地方标准制定修订、企业标准备案管理工作。并对全区16家食品生产企业20个企标有序开展食品安全企业标准跟踪核查工作。 (王国清)

医院管理

【概　况】 2015年,紧紧围绕全区卫生工作总体部署,以为人民群众提供满意的医疗服务为目标,以深化公立医院改革、省示范乡镇卫生院创建为抓手,以落实核心制度、基本规范、"三基"训练为重点,督促基层医疗单位加强基础管理,强化医护人员培训,严抓医疗质量和医院感染管理,确保医疗安全,不断提升医疗服务能力。

【示范卫生院创建】 12月9日,省卫计委发文,确认平潮镇平潮卫生院、兴仁镇四安卫生院为"江苏省示范乡镇卫生院"。2015年年初,市卫计委将通州区平潮镇平潮卫生院、兴仁镇四安卫生院列入省示范卫生院创建单位。区卫计委分管领导率职能科室工作人员多次到现场开展督导,两家建设单位全面动员,强化业务、基础、经济、人事等4个方面的管理措施,加大资金投入,完善基础设施建设,改善服务环境,卫生院功能进一步完善,管理水平、服务能力、医疗质量、服务数量均有明显提升,群众对医院的满意度明显提高。

【三级医院创建】 12月25日,省卫计委医政医管处组织专家对区人民医院转设三级医院进行现场验收,标志着区人民医院创建三级医院取得关键性进展。2015年,区政府将推进区人民医院、区中医院创建三级医院列入百项攻坚克难任务。区人民医院、中医院进一步提升科学化、规范化、精细化管理水平，建立健全医疗质量管理体系，着重抓好岗位职责、核心制度、操作规程和医疗护理基础质量等管理工作。

【医疗卫生领域接轨上海】 完成《通州区医疗卫生领域深度接轨上海的实施意见》送审稿。9月，区卫计委领导率领区人民医院、中医院主要领导到第二军医大学请求帮扶事宜。区人民医院继续利用上海市第一人民医院集团分院平台，采取"请进来""送出去"相结合方式，积极开展学术交流、科学研究、人才培养和技术提升。同时，根据学科发展需要，安排6人带项目、带任务到上海市三级甲等医院专业进修。

【伊宁县乡镇卫生院标准化建设培训】 10月13—19日，新疆伊宁县15名乡镇卫生院院长、书记到通州区进行乡镇卫生院标准化建设的跟班学习。区第六人民医院（石港镇卫生院）、东社卫生院、城南社区卫生服务中心作为接待培训单位，围绕基层医疗机构标准化建设、特色科室建设及行政管理、公共卫生管理等内容进行重点介绍，充分展示通州基层医疗卫生体系建设工作成效、亮点特色。 （顾东烨）

医教科研

【概　况】 2015年，通州区扎实推进"科教兴卫"工程，努力增强科教管理能力，不断提高科教工作对提升医疗卫生技术水平和服务能力建设的贡献度，促进卫生计生事业可持续发展。

【重点专科建设】 2015年，区人民医院、中医院、三院共有16个专科建成南通市重点专科，3个专科被确定为市级特色专科；6个专科为市级重点建设专科。

【医学教育培训】 2015年，246人参加学历提高教育，其中：研究生（脱产）2人、研究生课程进修班83人、本科132人、大专29人；63人到上一级医院进修学习；完成省定培训项目，其中11人参加城乡基层卫生机构管理人员培训、15人参加全科医生转岗培训、5人参加全科医师培训基地的师资培训；全区320名乡村医生参加省组织的合理用药知识培训考核；二级医疗单位新招录符合条件的30人进入通大附院和区人民医院接受住院医师规范化和全科医师规范化培养，参培率100%；20人参加南通市专科护士培训；组织各类培训班25期，参训2998人次。

【卫生科技创新】 申报市科技计划项目5项、区科技计划项目3项并立项；申报南通市青年医学人才科研基金6项并立项；申报江苏省城乡基层适宜卫生计生技术库项目5项；申报市卫计委新技术引进项目7项，获三等奖3项，市卫计委优秀中医药项目2项，获三等奖1项；在正式刊物上发表论文210篇，其中国外学术刊物1篇、全国性学术刊物51篇、地方性学术刊物158篇；参加市级以上学术会议交流论文6篇；选送43篇优秀论文参加区2013—2014年度自然科学优秀论文评选，获区政府表彰一等奖1篇、二等奖2篇、三等奖5篇，获区科协表彰优秀论文16篇。

（卜晓燕）

爱国卫生

【概　况】 2015年，通州区紧紧围绕爱国卫生年度工作目标，以国家卫生城市复审和卫生镇村创建为抓手，不断提高健康教育与健康促进、病媒生物防制和烟草烟雾危害控制水平。通州区作为南通城区的重要组成部分，为南通市顺利通过国家卫生城市复审做出贡献。二甲镇顺利通过国家卫生镇复审，创成"国家卫生镇"1个、"江苏省卫生村"40个。

【国家卫生城市复审迎查】 制定迎查工作方案，成立领导小组、综合督查组和4个工作推进组。建立健全区、街道、社区（单位）三级工作网络，先后组织集贸市场、建筑工地、机关企事业单位、学校、社区等重点部门和单位进行业务培训6轮次，受训人数达800余人次。联合区疾控中心、区教育局、区市场监管局、区建管局安监站和街道办事处对城区卫生计生机构、学校、农贸市场、餐饮、超市、建筑工地、机关企事业单位和养老机构进行多轮现场督导。复审迎查工作成效显著，6月10日，健康教育和病媒生物防制多个点位代表南通市接受并顺利通过省级明查；10月14日，接受并通过国家暗访。

健康知识宣传氛围浓郁。城区274个宣传栏每月更新宣传内容，居民小区张贴2364块知识展板和健康贴士，建设大型健康知识长廊4处，城区科普宣传栏、建筑工地围挡、主干道公交站台和公共自行车站点增加健康元素，起到良好的宣传效果。

病媒生物密度有效控制。城区重点场所外环境新建和维修毒饵站1.38万余座，发放陶瓷毒饵站400余座，餐饮单位（食堂）、农贸市场等重点单位增设风幕机、胶帘、灭蝇灯、防鼠网、挡鼠板等四害防制设施。组织实施城区外环境灭鼠3轮、灭蚊蚴2轮、灭蚊蝇5轮，灭蟑1轮，并免费发放除四害药物至各单位和居民家庭，有效控制四害密度。

公共场所控烟意识提高。城区各类公共场所规范张贴新版禁烟标志1.2万余张。各主管部门加大对所辖公共场所的控烟监督管理力度，9月1—15日，组织区卫计委、区市场监管局、区公安局、区文广新局、区商务局、区教育局、区体育局、区交运局、区服务业发展局及区级机关事务局等

10个部门开展专项整治活动，经营户和公民的公共场所控烟意识逐步形成。

【国家卫生镇复审】 2015年，十总镇国家卫生镇创建工作通过省级评估，二甲镇顺利通过国家卫生镇复审。年初，在对全区各乡镇调查摸底的基础上，确定十总镇创建国家卫生镇。区爱卫办多次对十总和二甲镇的农贸市场、镇区道路、居民小区、后街后巷、公共厕所等重点场所及医院、学校、餐饮等重点行业的基础设施和环境卫生情况进行现场查看，并组织环保、住建、农委、城市管理局等部门专家进行现场指导，提出基础设施提标改造和软件资料收集整理意见。5月和8月，十总、二甲镇顺利通过南通市组织的明查和暗访，8月底通过省级暗访，10月，十总镇顺利通过国家暗访，11月11日，十总镇接受并通过省爱卫办组织的国家卫生镇创建工作专项评估。

【江苏省卫生村创建】 2015年，通州区全面完成省级卫生村创建任务。8月，区爱卫办组织召开全区省级卫生村创建动员暨培训会，明确创建要求，9月7—9日，区爱卫办对照《江苏省卫生村标准》，对创建村进行现场指导，及时解决存在问题，10月20—22日组织区级考评。10月底，12个镇（街道）的40个创建村（居）全部通过考核验收。

（黄毓毓　张雪梅）

行风建设

【概　况】 区卫计委领导班子成员到挂钩联系单位召开职工动员大会，对照医疗卫生行风建设“九不准”规定，敦促各单位开展自查自纠，深入排查重点领域、重点岗位、重点环节、重点人群廉政风险点。进一步完善药品用量动态监测、超常预警、处方点评等制度，加强医疗质量控制评审，全面开展财务审计，加大控费力度，共计检查处方10152份、病历790份，以书面交办、月度院长例会通报等形式要求被查单位限期整改，持续保持纠正行业不正之风的高压态势。广泛深入开展警示教育，营造浓厚的廉洁文化环境，先后邀请南通市检察院职务预防处处长、南通市纪委法规室主任、区委党校老师给干部职工上课，组织参观通州监狱、观看警示教育片、每月编印下发《廉文荐读》，强化读廉、知廉、行廉的自觉意识。持续抓好“无红包医院”创建和长效管理，加大医德医风考评力度，继续开展满意度第三方调查，组织对出院病人回访、函询，计1100人次，对查实有红包“阳性”反应的6人予以通报批评和经济处罚。加强医务人员执业行为监管，根据投诉举报线索，举一反三，全面排查薄弱环节，从源头规范诊疗服务行为。

（王玉琴）

通州名人选介之十五

施述之

施述之（1877－1958）名承谟。南通县二甲镇人。22岁中秀才，于家设馆教学。目击清廷腐败、地主豪绅横行乡里，逐渐加深反封建思想。光绪三十一年（1905年），参加孙中山先生组织的同盟会。宣统三年，任余西市自治议事会副议长。辛亥革命后，为江苏省议会议员。民国元年夏，为反对南通地方势力浮收“布厘”（布捐），被诬为“乱党”而亡命上海。后于国民党上海执行部担任通讯联络工作，常与邹鲁、叶楚伧、季方等来往，并时至章太炎处求教，甚得器重。民国14年，经章太炎推荐，任河南尉氏县知事。民国16年冬，改任海门县长。民国17年调任南通县长。民国18年，为维护商民利益，主持公道，被国民党县党部控为“支持商民滋事”，因此去官，旅居上海。翌年前往北京，参加冯玉祥组织的倒蒋活动，未获结果。民国29年脱离政界，寓居沪上。1949年上海解放后，为上海市政协委员，并参加中国国民党革命委员会上海市委员会的活动。1958年病故。

（引自《南通县志》人物传第1192页）

2015 年主要医疗卫生单位基本情况

表 15

单 位	职工数（人）	卫技人数（人）	占地面积（平方米）	建筑面积（平方米）	固定资产（万元）	床位数（张）	年门诊数（人次）	年出院数（人）	特 色 医 疗
南通市通州区人民医院	811	708	28024	108364	57427	1246	534477	51718	支气管镜技术、血液透析、心脏介入、起搏器安装、腹腔镜技术、鼻窦内镜技术、肿瘤介入治疗
南通市通州区中医院	493	389	34413	37796	15735	650	442161	21903	骨伤科、肛肠科、针灸科、推拿、肿瘤
南通市通州区第二人民医院	120	91	9854	11859	3099	250	64411	1396	心理咨询、头痛失眠
南通市通州区第三人民医院	265	239	16383	19324	5592	200	212840	8636	心血管内科、神经内科、普外科、骨科、眼科
南通市通州区二甲人民医院	121	105	23001	15605	4247	110	54930	3261	
南通市通州区第六人民医院	131	120	22438	11667	2108	152	80738	3560	
南通市通州区第七人民医院	98	88	8075	8924	1280	100	71089	2038	肝病专科
南通市通州区第八人民医院	208	194	13986	22340	6928	200	157720	7214	康复治疗、腹腔镜胆囊摘除术、无痛人流、无痛分娩、血磁疗法、白内障超声乳化术
南通市通州区疾病预防控制中心	59	52	7858	6415	1217				皮肤病门诊、犬咬伤门诊
南通市中心血站通州分站	30	22	2589	1639	746				血细胞单采及血浆置换术
南通市通州区妇幼保健所	34	33	4802	2130	656		17308		乳腺专科、早教门诊
南通市通州区卫生监督所	29	26			183				

社会生活

Social Life

编 辑 陈 菊

人 口

【户籍人口】 2015年年末，全区户籍人口126.59万人，比上年年末减少713人，人口自然增长率为-1.61‰，连续18年负增长。主要特点：一是女性人口多于男性。总人口中，男性61.85万人，减少1015人，女性64.74万人，增加302人，女性比男性多2.89万人，男女性别比为95.55（女=100），比上年（下同）下降0.20。二是死亡人口多于出生人口。全年出生10164人，出生率8.03‰；全年死亡12201人，死亡率9.64‰，死亡比出生人口多2037人。

【常住人口】 2015年年末，全区常住人口114.19万人，与上年年末比持平略降。其中，城镇人口65.72万人，增加2.09万人，农村人口48.47万人，减少2.10万人。城镇人口占全区常住人口的比重为57.55%，提高1.8个百分点。

（黄 凯）

人民生活

【城乡居民收入】 2015年居民人均可支配收入27064元，比上年（下同）增长9.0%。其中，城镇居民人均可支配收入37646元，增长8.9%；农村居民人均可支配收入18361元，增长9.1%；城乡收入比为2.05:1（以农村为1）。从收入的四项构成看，工资性收入仍是城乡居民增收的主要来源。（1）由于全区工资标准提高，养老金继续增长，工资性收入是居民增收的主要动力。居民人均工资性收入16085元，增加1285元，增长8.7%，对人均可支配收入的贡献率为57.7%，拉动人均可支配收入增长5.2个百分点。其中，城镇居民人均工资性收入22658元，增长8.9%，拉动城镇居民人均可支配收入增长5.3个百分点；农村居民人均工资性收入10680元，增长8.3%，拉动农村居民人均可支配收入增长4.9个百分点。（2）经营净收入增速放缓。在经济增长放缓的大环境下，居民人均经营净收入5367元，增加398元，增加额减少54元；增长8.0%，增速回落2个百分点；拉动人均可支配收入增长1.6个百分点，回落0.4个百分点。其中，城镇居民人均经营净收入5566元，增长6.3%，拉动城镇居民人均可支配收入增长0.9个百分点；农村居民人均经营净收入5203元，增长9.6%，拉动农村居民人均可支配收入增长2.7个百分点。（3）财产净收入快速增长。居民人均财产净收入1448元，增加182元，增加额提高80元；增长14.4%，增速提高5.6个百分点；拉动人均可支配收入增长0.7个百分点，提高0.2个百分点。其中，城镇居民人均财产净收入2540元，增长14.5%，拉动城镇居民人均可支配收入增长0.9个百分点；农村居民人均经营净收入549元，增长13.9%，拉动农村居民人均可支配收入增长0.4个百分点。（4）转移净收入稳步增长。随着居民社会化保障体系的不断完善，居民人均转移净收入稳步增长。居民人均转移净收入4164元，增加363元，增长9.6%，拉动人均可支配收入增长1.5个百分点。其中，城镇居民人均转移净收入6882元，增长9.2%，拉动城镇居民人均可支配收入增长1.7个百分点；农村居民人均转移净收入1929元，增长10.6%，拉动农村居民人均可支配收入增长1.1个百分点。转移净收入增长原因：一是提高了城乡居民低保标准；二是提高了农村"五保"对象和城市"三无"老人供养标准；三是提高了孤儿基本生活保障标准；四是提高了在乡老复员和老残疾军人无固定收入遗孀生活补助标准。

【城乡居民消费】 2015年，城乡居民人均生活消费支出17221元，比上年（下同）增长8.3%。其中，城镇居民人均生活消费支出22051元，增长7.6%；农村居民人均生活消费支出13248元，增长9.3%，增速高于城镇居民1.7个百分点。城乡居民人均消费支出比为1.66:1，城乡差距不断缩小。(1)八大类消费支出全面增长。人均食品烟酒消费支出5363元,增长8.7%;人均衣着消费支出1173元,增长6.9%;人均居住消费支出2872元,增长8.3%;人均生活用品及服务消费支出924元,增长9.5%;人均交通通信消费支出2278元,增长10.2%;人均教育文化娱乐消费支出3083元,增长8.0%;人均医疗保健支出1009元,增长2.7%;人均其他用品和服务消费支出519元,增长9.6%。(2)居民生活消费支出特征。①食品烟酒类支出总量最大,恩格尔系数小幅上升。城乡居民人均食品烟酒类支出占居民生活消费支出的比重(恩格尔系数)为31.1%,提高0.1个百分点。②交通通信支出增速最快,城乡差距最小。城乡居民人均交通通信类支出增长10.2%,增速居八大类消费第一。其中,城镇居民人均支出2569元,增长9.8%;农村居民人均支出2039元,增长10.6%。城镇人均交通通信支出为农村的1.26倍,差距为八大类消费中最小。③医疗保健消费增速最慢,城乡增速差距最大。城乡居民医疗保健支出增长2.7%,增幅居八大类消费末位。其中,城镇居民人均医疗保健支出1496元,增长1.4%;农村居民人均医疗保健支出608元,增长5.6%,农村增速快于城镇4.2个百分点。 (黄 凯)

计划生育

【概 况】 2015年,通州区全面稳妥推进单独二孩政策,计划生育服务水平显著提高。严格执行法律规定,确保政策实施的严肃性、稳定性、连续性。扎实开展民生工程,不断深化利益导向机制,加大对计生特殊困难家庭在经济、养老、医疗等方面的扶持力度。流动人口工作以均等化服务为目标,服务管理水平得到进一步提升。全年新增城市单独261对,占再生育受理总数的10%,领证对象中已生育者94人。规范计生系列保险,将30种疾病纳入理赔范围,提高理赔额度。做好生育关怀特殊家庭服务信息系统的管理及维护,新增个人信息151条,更新各类信息100多条,确保信息准确率。

【流动人口计生服务】 开展全员跨省流动人口个案信息核查工作,涉及人口39521人。实施流动人口动态监测工作,动态监测样本点共计8个,涉及金沙、川姜、先锋、五接四个镇。加强各镇流动人口专职人员业务培训,及时启动新的信息系统。开展流动人口卫生计生服务流出地监测调查,金沙街道、金新街道、兴东街道、川姜镇、石港镇、平潮镇被抽为国家样本点。 (周元菊)

【计划生育奖励扶助】 区级财政安排解困资金30万元,分拨给各镇(区)用于慰问计生贫困家庭。为15户失独家庭赠送32英寸液晶彩电各1台。实施扶助计生困难家庭养羊项目,邀请东社镇东平村波尔杂交山羊养殖基地负责人对养羊户进行技术培训,向9户养羊户赠送30只山羊、饲料和草籽。全年符合奖励扶助条件人数69391人,按每人每月80元的奖励扶助金标准,共发放奖励扶助金6364.41万元。符合特别扶助条件人数2422人,按独生子女死亡家庭每人每月500元,独生子女伤残家庭每人每月400元扶助标准,共发放特别扶助金1271.58万元。符合条件领取一次性奖励金的对象总计为13696人(其中退休职工12895人、城镇老年居民801人),发放一次性奖励金1105.04万元。 (姜燕如 曹 周)

人 事

【概 况】 2015年,通州区大力实施人才强区战略和"510英才计划",加大人才引进和开发激励力度,建立健全人才工作考核体系,充分发挥各类优秀人才在促进经济社会发展中的引领支撑和示范带头作用。成功举办2015春季人力资源交流暨高校毕业生双选大型招聘会,共引进各类人才5592人,其中硕士及以上高层次人才477人(博士56人,硕士421人),本科2477人,专科及以下2638人。引进高层次人才项目人选省双创计划7个、省双创博士9个,入选市江海英才4个、区510英才计划24个。新增外国专家15名、国家级博士后科研地区总站1家(分站五家)、博士后研究人员2人。引智项目获国家级立项4个、省级立项3个、市级立项15个,立项总数和层次全市领先。南通锐发打印科技有限公司谢永林的"喷墨3D打印技术和设备的产业化"和沃太能源南通有限公司袁宏亮的"新能源户用储能系统"获国家级留学回国人员创业启动支持计划优秀类项目。

【人才载体建设】 积极参与江海英才创业周,邀请海外高层次留学人才参加"南通江海英才创业周"活动,广泛宣传通州,60多名海内外高层次创新创业人才应邀到通州考察,10多个项目达成合作意向或签订合作协议。精心组织近百家有招聘需求的企业分期分批赴省内外高校和大型人才市场,开展政策推介、校园招聘等系列活动。进一步加强留学生创业园建设,加大培育扶持力度,完善优惠政策和服务措施,发挥高新技术项目"孵化器"的作用;新增1个国家级博士后科研地区总站和5个分站,并引进博士后人才,不断优化引进环境,提高博士后培养质量,为科技企业的创新发展和人才队伍建设提供强大的保障和推动作用。

【人才技能培养】 全区新增高技能人才5983人。开展技能人才培训班73次,培训23811人。举办继续教育培训班175次,参加继续教育35031人。举办高层次研修班7次。9月19日,在第五届中国长三角十佳HR(人力资源)经理人评选中,通州建总集团有限公司李灵锋、雄邦压铸(南通)有限公司王俊有荣获"第五届中国长三角优秀HR经理人"称号。

【高校毕业生就业创业】 积极搭建毕业生就业、创业服务平台，促进全区毕业生充分就业。2015 年高校毕业生总体就业率达 93.8%。省未就业高校毕业生实名制管理系统录入维护完成率 100%。开发高校毕业生就业见习岗位 272 个，确保困难家庭大学生就业率 100%。发放 2014 年度区级高校毕业生就业见（实）习基地生活补贴、技术指导补贴 22.04 万元。对有创业意愿或具备创业条件的高校毕业生提供政策咨询、项目开发、创业培训、资金扶持、跟踪服务等“一条龙”创业服务。全年完成两批 11 个大学生创业项目评审，发放创业基金 96 万元。深入推动“创业园区”人才建设，积极与高校进行沟通、对接，通过“校园推介行”“创业园路演”“园区招聘会”等方式，与多所高校建立“政府、园区、高校”三方合作机制。2015 年，创业园已与南通大学、南通商贸学院、通州中专等多所院校建立合作关系，先后建立“南通大学电子商务研究院通州工作站”“南通大学大学生就创实训基地”。在通州区选报的 6 个大学生优秀创业项目中，4 个获得省优秀创业项目。

2015 年被评为高级专业技术职称人员名录

正高（29 人）：

研究员级高级工程师：

南通四建集团有限公司：于　建　姚富新

研究员级高级政工师：

通州建总集团有限公司：赵勇前

研究馆员：

区文化馆：姜冬云

正高级经济师：

南通四建集团有限公司：沈笑非

正高级讲师：

通州中等专业学校：姜汉荣

主任医师：

区第八人民医院：金　峰

区第五人民医院：李　辉　陆　成

区第二人民医院：葛明星

区人民医院：邱艳萍　张启红　杜柏华　朱立新　徐　洪　张慎忠　朱兰平　宋张平　王亦军　蒋美英　王雪美　郁　玉　成德生

区中医院：顾素芳

主任中医师：

区中医院：杨海霞　季锡林

区人民医院：陈　勇　任志凡

主任技师：

区中医院：曹亦军

副高（369 人）：

高级政工师：

区老干部活动中心：洪　军

区人民医院：瞿小燕

高级工程师：

区政府投资项目工程建设中心：沈　燕

区环境监测站：姜晓波

区广播电视台：顾立兵

区人民医院：刘　芳

南通四建集团有限公司：张宏钧　瞿卫国　李恒君　邱　帅　张　昕　邵志华　瞿冬华　林　俊　单晓健　陈　燕　金永祥　费抗震　丁晓星　孙国平　秦　霞

通州建总集团有限公司：张开翔　魏通达　褚　珏　马如慕　张晓冬　易杰伟　张百胜　任宏鹏　易杰慧

南通承悦装饰集团有限公司：陈晓将　马国华

南通明德重工有限公司：刘　军

桑夏太阳能股份有限公司：季　斌

南通紫鑫实业有限公司：沈铁清

南通耀华建设工程质量检测有限公司：顾晓春

区农业机械技术学校：徐松泉

通州百盛市政工程有限公司：邱　震

高级经济师：

区机关事业单位职工社会保险基金管理中心：王宇慧

南通四建集团有限公司：张　昕

通州建总集团有限公司：魏　进

南通江华机械有限公司：张九新

江苏恒科新材料有限公司：柳敦雷

高级会计师：

区财政局：赵　军

区教育局：刘　新

区政府投资项目工程建设中心：马　艳

兴仁镇企业服务中心：李水芹

十总镇财政所：殷海云　吴金锋

南通高新技术产业开发区人才服务中心：易　华

南通四建集团有限公司：姜光源　季　健　顾晓霞　姜　铭

通州建总集团有限公司：张敏敏

江苏东源电器集团股份有限公司：徐晓萍

通州四建集团有限公司：张志龙

南通承悦装饰集团有限公司：杨丽君

南通金飞祥服装有限公司：张　驰

南通中天会计师事务所有限公司：王　燕

南通华盛新材料股份有限公司：金　箭

高级农艺师：

区作物栽培技术指导站：马小莉

区植物保护指导站：杨凌峰　羌　烨

区农村能源技术指导站：于正茂

高级讲师：

区二甲职业中学：丁浩亮

通州中等专业学校：王海燕　王小清

王志钢　陆海峰

高级教师资格：

川港小学：张华梅

忠义初级中学：季　忠

石港中学：葛　翔　朱春锋　杨世太　丁华娟　任国峰　赵永兴　韩培芳　陈　浩　汤丽华　周桂华

姜灶中学：徐志光　曹卫红　季建芳　严照芳　李　贞　陈　彬　钱中宝　朱爱锋

二甲中学：陆忠华　季　勇　代宗山　杨建锋　李玉娟　顾颖娟　徐　健

金沙中学：张建梅　张晓宇　支建平　徐卫东　吴　侠　朱利君　李　健　葛季飞　钱益锋　喻国勇　葛淑芬　吴洁华　晨　光

忠义小学：曹玉华

东社学校：曹晓丽

余北小学：唐卫萍

刘桥中学：张艳梅　保小峰　卢　俊　顾宏云　丁淑娟　季少亮

西亭小学：李　丹

西亭高级中学：孙丽美　曹建兵　孙　鹏　张建萍　顾　星　张达义　叶　敏　郭玲云　曹　娟　季　莹　孙　兵　葛　琳　顾　丽　王德林　陆王华　张俊杰　江国云　徐冬梅　蔡小冲

横港学校：钱永飞　任　燕

平东小学：孙　云

二窎小学：褚冬梅

通州高级中学：陈勇军　张　建　赵　军　昝曙花

袁灶初级中学：顾贤俊　徐卫红

杨港初级中学：邢　春　丁晓勇

南兴小学：单志斌

平潮高级中学：陶建忠　盛永杰　蔡　玲　刘　燕　吴　杰　陈正燕　周　萍　陈鸿飞　钱　怡　成永建　张晓花　金志军　景小建　保正玉

家纺城小学：徐施凤　高　俐　刘品品

海晏中学：沈春飞

三余中学：张孝伟　吴振华

北兴桥小学：郁　伟

副研究员：

区卫生监督所：蔡金桃　严召彬

金沙镇卫生所：王　烨

骑岸镇卫生所：葛　芳

五甲镇卫生所：张洁琴

区初级卫生保健委员会办公室：钱浩霞

副主任医师：

区人民医院：王建锋　蔡晓燕　张慎峰　张鹏鹏　瞿启飞　张光远　陶冶飞　杨庆荣　喻叶红　顾玮玲　张小兵　喻　洪　丁　聪　曹　飞　郁　洪　徐　昱　吴建忠　张　宏　曹新宇　张　莉

区中医院：刘青江　宋淑华　季艳梅　王　健　庄朝华

区第八人民医院：张志斌　王益武　陈雪峰　秦美云　卫震林　朱燕华　陈晓霞

区第七人民医院：顾栋华　周汉西　袁淑琴

区第六人民医院：温新国　金卫琴　胡建萍　任建锋　蔡大强　邵卫兵　王静娟　单晓玲

区第五人民医院：曾玉娟　孙　甦　冯春辉

区第三人民医院：朱　进　熊　烈　瞿红霞　周燕玉　陈　健　施　勇　朱卫丰　戴向华　黄海英

区第二人民医院：杨美红　蔡　峰　顾玉芳　施　炜　季淑娟

区二甲人民医院：钱淑琴　陈晓燕　曹　其　瞿　菊　吴亚萍

区妇幼保健所：曹晓慧

华山妇科医院：高　璇

平潮镇新坝卫生院：李继东

刘桥镇卫生所：司　娴

川姜镇川港卫生院：王小飞

川姜镇卫生院：陈培贤

姜灶中学：季雪群

城区社区卫生服务中心：单正兰

副主任中医师：

区人民医院：张　健

区中医院：印新民　张严锋

区第八人民医院：徐强华

二甲人民医院：曹淑云

副主任药师：

区中医院：徐永美

副主任中药师：

区中医院：顾永江　周均桃

区人民医院：瞿建刚

副主任护师：

区人民医院：黄爱华　吴丽丽　郭　娟　许玉荣　蒋裕娟　赵美琴　张季云　张锦言　王建明　仇效云

区中医院：曹春霞　凌　星　徐薇薇　季晓玉　葛晓莉

南通市中心血站通州分站：吴爱霞

区第八人民医院：顾淑美　葛素娟　黄晓燕　韩　燕　单桂仙　李东红　王敬贫　徐　群　殷继舜　武爱君

区第七人民医院：吉　晴

区第六人民医院：顾艳霞　刘爱平　朱剑平

区第三人民医院:陶凤英　范玉娟
区第二人民医院:王金平
平潮镇新坝卫生院:陈　燕

副主任技师:
区人民医院:张洪波　张　峰　周卫平　司秉华　刘小朵　张建军　蒋春峰
区中医院:虞艳梅
南通市中心血站通州分站:朱晓莹
区第八人民医院:吴广忠　张　斌　尹　娟
区第二人民医院:丁顺娥　金建东

社区副主任医师:
城区社区卫生服务中心:杨丁霞　纪红梅　高建忠
城南社区卫生服务中心:朱小仙
城北社区卫生服务中心:许　志
兴东街道社区卫生服务中心:秦风雷　王学锋
兴仁镇兴仁卫生院:王松民　严江铮　李卫华　陆志霞
兴仁镇四安卫生院:郭海军
平潮镇平潮卫生院:金　枫　姚建琴
平潮镇平东卫生院:陈苏玲
十总镇十总卫生院:郁春燕　郭红英
十总镇骑岸卫生院:杨晓卫　刘捷飞　葛卫兵
东社镇五甲卫生院:曾　琴
石港镇卫生院:陆建新　陈国华　魏　娟　季卫国　崔　洁
西亭镇卫生院:俞卫娟
张芝山镇卫生院:王建军　吴　蓉
川姜镇卫生院:杨　杰
兴仁镇卫生院:龚海燕
平潮镇平西卫生院:吴红娟
平潮镇平南卫生院:季莲英
四安镇卫生院:卫晓霞
平东镇卫生院:杨美娟
骑岸镇骑岸卫生院:王玉芬　潘金凤
二甲镇余西卫生院:王　飞
城区社区卫生服务中心:黄　玉　冯效燕　张　荣

社区副主任中医师:
刘桥镇卫生院:王晓斌
平潮镇平潮卫生院:任　伟
石港镇卫生院:严　仲

社区副主任药师:
五接镇卫生院:朱　峰
十总镇十总卫生院:周小菊

社区副主任护师:
城区社区卫生服务中心:张　英　张玉娟
城南社区卫生服务中心:姜春花　任金梅
城西社区卫生服务中心:王晓霞
平潮镇平潮卫生院:钱雷云
五接镇五接卫生院:杨美娟
兴仁镇卫生院:葛明芬
兴仁镇兴仁卫生院:于海燕
兴仁镇四安卫生院:郭季芹
骑岸镇骑岸卫生院:凌丽丽
十总镇十总卫生院:张晓军
十总镇骑岸卫生院:朱丽华　白爱芳

（黄秋杰）

劳动就业

【概　况】 2015年,全区城镇新增就业9316人,失业人员再就业3479人,就业困难人员再就业997人,转移农村劳动力5347人,新增发放小额贷款1536万元,新增创业1812人,城镇登记失业率2.52%。全年组织各类就业培训、技能提升培训2.77万人次,完成职业技能鉴定1.27万人。

【劳动力转移】 大力推进“区镇村三级联动体系”建设,稳步开展“省充分转移就业乡镇”和“省充分就业示范社区”等创建活动。全区有省级充分转移就业镇15个和充分就业示范社区5个,97.36%的村建成南通市充分就业村。开展“送政策、送岗位、送培训”活动,加强人力资源供需对接。先后举办“新春人力资源交流暨高校毕业生双选大型招聘会”“明星企业招聘周”“高新区科技新城企业招聘会”等招聘活动,提供就业岗位6000多个,有3400多人与招聘企业达成就业意向。

【基层平台建设】 以推进服务载体网络化、服务功能标准化、服务手段信息化、工作队伍专业化、管理服务规范化、保障机制长效化为重点,依托区、镇、村(社区)三级平台,主动承担政策咨询、职业介绍、创业服务、培训推荐、失业保险待遇审核等“一条龙”就业服务。省就管中心和区政协负责人在镇级平台建设调研中,对基层平台建设给予充分肯定。严格对照上级要求,投入专项资金,为全区所有镇(社区)统一制作安装基层平台标识标牌,全区人社系统基层平台标准化建设全部到位。扎实开展基层平台协理员岗前培训,基层公共服务平台协理员持证上岗率达100%。多次组织基层劳保协理员报名参加全国职业资格统一鉴定考试,并做好考前培训工作,全区各镇(区)、村(社区)基层平台协理员中97%以上已取得劳动保障协理员国家职业资格三级、四级证书。

【纠纷化解】 全年共受理劳动争议案件553起,涉及劳动者659人。所有结案案件中调解结案308起,案件调解率55.7%。主动巡查用人单位650家,涉及劳动者7.3万人,纠处劳动保障违法行为116起。受理举报投诉案件1150件,其中立案处理300件,调解处理850件,为职工追讨工资1200万元,补缴社会保险费1000万元,接待法律法规咨询3200人次。

（黄秋杰）

社 会 保 障

【概　况】 2015年,通州区企业职工养老、城镇医疗、失业、工伤和生育保险参保人数分别达到15万人、21.5万人、9.45万人、13.6万人、12.1万人。大幅提高城乡居保参保补贴,城乡居民养老保险参保人数22.68万人,各类险种参保率均达到98%以上。机关事业单位养老保险参保职工8733人,征缴率100%,离退休人员3993人,社会化发放率100%。城镇居民医保与新农合制度并轨稳步推进。企业退休人员基本养老金实现"十一连跳",人均月养老金达到2071.9元;城乡居保基础养老金最低标准上调至每人每月105元,惠及全区28.15万名领取养老金人员。切实做好退休人员健康体检、走访慰问、文体娱乐等退管服务工作。

【被征地农民社会保障】 出台《通州区征地补偿和被征地农民社会保障办法》(通政发〔2015〕1号),做到"即征即保、应保尽保、分类施保、逐步提高",切实做好被征地人员基本生活保障金的核发工作。全区被征地农民纳入基本生活保障人数达60334人,累计发放基本生活保障金6.86亿元。

【社会保障卡发放应用】 全年共完成33万人城乡居民参保人员的数据整理和采集工作,并通过省卡管系统完成制卡,基本完成"五大保险"和城乡居民参保人员数据的采集与卡的制作。为保障社会保障卡发放工作平稳进行,区人力资源和社会保障局联合建设银行各营业网点采取分步发卡的方式,首先发放机关、事业单位的参保人员,然后扩大到企业职工养老保险和医疗保险的参保人员,发卡同时,银行做好社会保障卡金融功能的激活。灵活就业人员通过电信的"企信通"平台群发短信通知参保人员前来领取,对于退休人员和城乡居保参保人员由镇下发到各行政村(居)进行发放。　(黄秋杰)

民　　政

【概　况】 2015年,区民政局以创建"现代民政示范县(市、区)"为抓手,推进城乡统筹,完善救助机制,深化社区治理,强化队伍建设,较好地完成了各项目标任务。完成新一轮区划调整,将原来19个镇调整为12个镇和4个街道办事处。

【社会救助】 7月1日起,通州区提高社会救助对象月度保障标准。城乡低保分别由每人每月570元和400元,提高至610元和460元;"五保"集中和分散供养标准分别由每人每月640元和550元,提高至700元和595元。落实困难群众基本生活保障标准自然增长机制,为16134名城乡低保、3245名农村"五保"等对象发放救助金8286.42万元,发放物价补贴415.18万元,发放临时救助金108万元。强化救助对象动态管理,核增低保、"五保"1464人,核减1742人。

【医疗救助】 研究出台《关于调整城乡医疗救助比例和限额的通知》(通民发〔2015〕59号),调整医疗救助政策,最高限额由3.5万元提高至4万元,政策范围内住院自付费用救助比例由65%提高至70%,为6388名困难群众和389名精神病患者支付医疗救助金1545.55万元。

【慈善事业】 实施慈善助孤,为102名孤儿购置10.8万元的学习、生活用品。开展慈善助医,为636名困难群众发放慈善医疗救助款151.38万元。开展慈善助学,为1234名困难家庭的学生发放助学款165.45万元。开展慈善敬老,重阳节、春节慰问困难老人和敬老院集中五保户52.56万元。开展慈善助困,通过发放爱心卡、春节慰问、关爱单亲母亲等方式,为1280名困难家庭人员发放65.3万元救助金。开展部分慈善救灾和慈善扶贫活动,发放26.5万元救灾扶持金。累计发放慈善救助金472.05万元。

【养老机构建设】 全力推进区社会福利中心建设,并确定运营方案。按照"三有三能六达标"要求,为平东、五甲等7个镇敬老院购置价值200多万元的空调、电视、护理床等设备设施,为部分敬老院、失能老人发放300多张护理床。积极推动西亭、川姜和十总敬老院进行高标准建设,出台《通州区民办养老机构扶持政策考核评价暂行办法》,完善社会力量参与养老事业政策。鸿祥托老院、颐美老年公寓建成并获得许可,新增民办养老床位360张。

【居家养老服务】 28家居家养老服务中心(站)达到老年人日间照料中心(站)标准。为933名高龄失能、空巢等老人购买养老服务,发放服务补贴80万元。组织68人次参加护理培训。

【拥军优属】 支持部队建设,赠送慰问金(品)100多万元。慰问1.3万余名优抚对象、生活困难下岗志愿兵等对象,发放慰问金530多万元。组织开展抗日战争胜利70周年系列纪念活动,发放纪念章98枚、慰问金73.5万元。提高在乡老复员军人、老残疾军人等对象抚恤补助标准,增发抚恤补助金近2000万元。医疗巡诊、短期疗养、假肢巡修等关爱举措获得广泛好评。按照上年度城镇居民可支配收入的50%,提高义务兵家庭优待金标准。

【退役安置】 拟定《2014年冬季退役士兵安置实施方案》,根据区委、区政府2013年、2014年征兵工作文件,及时提高义务兵家庭优待金的标准,并增发一次性奖励金。对2015年9月接收的冬季退役士兵352人,进行分类登记,并对档案逐一进行审查。组织78名退役士兵复学、29名退役士兵进行学历教育网上报名。先后为270余人次查档、转档，为345人出具军龄证明。

【社区建设】 做优平台，改扩建兴东街道土山村等3家公共服务中心。扎实推进省现代社区治理创新实验区工作。制定并实施"政社互动"双向评估细则，基层政府与社区自治组织、社会组织的权责进一步明晰。以徐庄村为试点，试行村民小组"微自治"，积极探索社区协商民主。强势推进社区减负增效，压缩台账目录9项，明确印章使用范围19项，挂牌清理全覆盖。川姜镇、兴东街道土山村、金新街道碧堂庙社区等8家单位和谐社区创建工作成绩显著，全区城市、农村省级和谐社区达标率分别达90%和85%。

【社会组织】 规范社会组织发展和管理，全年新增社会团体4家、民办非企业12家。通州区金属制品商会等4家社会组织实现直接登记。推进相关行业协会商会跟行政机关脱钩。

【社会事务】 全年福利彩票销售超过1.18亿元。办理婚姻登记12843对(含结婚、离婚、补办)，并按规定取消出具婚姻登记记录证明职能。办理收养登记77例，办理孤儿证8件，核实超龄孤儿学籍15人次。福利企业审查率100%。惠民殡葬补贴标准再度提高60元/具，火化尸体9626具。完成129条道路、130座桥梁、28个小区的命名工作。第二次全国地名普查工作有序进行。 (张 杨)

老龄工作

【概 况】 2015年，通州区共有60周岁以上老年人31.99万人，约占全区户籍总人数的28.1%，其中80周岁及以上的老年人44656人，90周岁及以上老年人7532人，100周岁及以上老年人148人(其中男性26人，女性122人)。全年免费办理"江苏省老年优待证"2000余张，发放80周岁及以上老年人尊老金4115.89万元。全区有居家养老服务中心15家，社区(村、居)居家养老服务站238家。出台《通州区社会养老体系建设专项资金管理制度》，为省补专项涉老资金以及地方套配资金运行提供依据。

【居家养老服务】 结合部分镇级区划调整，居家养老服务中心由原来19个整合成15个，并逐个提档升级为标准化居家养老服务中心。利用上级专项补助资金，改扩建创省AAA级标准化居家养老服务中心2家，完成省级下达的利用中央福彩公益金支持"农村幸福院"建设项目17个，扶持农村农民集中区"托老所"1个。至年底，全区共有城乡标准化居家养老服务中心(站)47家，城镇社区日托助餐点28家，社会力量承接城镇社区居家养老服务14家。

【政府居家养老服务】 主城区有993名城镇分散供养的"三无"、农村"五保"老年人、低保和低收入家庭中的中失能老年人，70周岁以上独居和80周岁以上空巢老人纳入政府购买服务范围，发放服务人员服务补贴80.4万元。充分发挥镇(街道)老年协会在居家养老服务中的引领作用，有1500名志愿者服务人员参与涉老服务。

【居家呼叫服务】 推进"互联网+居家养老服务"，充分利用现代信息手段和互联网技术，完善全区老年人数据信息系统。主城区及金沙街道、金新街道有985名特殊困难老年人享受"一键通"居家服务，全年支付服务及通信费31.72万元。

【敬老活动】 积极组织开展省第二届"百佳孝星"推选活动。刘桥镇刘吉林几十年如一日、精心照料双百岁养父母的事迹被江苏卫视频道报道。开展全国第六个"敬老月"和南通市第29个"敬老日"活动。四套领导班子专访慰问百岁老人和困难老人，老龄委各成员单位开展各类尊老、爱老和助老活动，各镇(街道)组织老同志观看通州城区新面貌。区文广新局、文化馆送戏下乡，推动"银铃风采大舞台"进社区、进工厂演出，丰富老年人的精神文化生活。 (马桂林)

关心下一代工作

【概 况】 2015年，全区关心下一代工作进一步深化青少年社会主义核心价值观教育，不断推进校外教育辅导站建设、关工委组织队伍建设、教育活动载体建设、工作运行长

中国关工委常务副主任闵振环(右二)到通州调研

效机制建设。中国关工委常务副主任闵振环，省关工委常务副主任李明潮、副主任薛和，市关工委主任曹能新等领导先后多次到通州区考察调研关心下一代工作，并予以充分肯定。区关工委常务副主任张宏杰被评为“全国关心下一代工作先进工作者”，区实验中学马季城获全省“十大美德少年标兵”称号。

【主题教育】 区关工委联合区文明办、教育局、团委、妇联、新四军研究会召开“学法崇德、争当三好”教育实践活动推进会，表彰2014年度区十佳三好标兵10名、区三好标兵104名、三好标兵竞赛评选活动常态化建设先进单位14个，推广金沙小学坚持52年“传承雷锋精神、培育崇德新人”、金沙中学“坚持四个注重”深化三好标兵竞赛评选活动的经验。组织区青少年思想道德教育指导员到镇、村(社区)机关部门和学校作专题辅导讲座。联合区妇联在平潮镇举办暑期社区学生“讲身边最美家庭故事、展最美家风”演讲比赛。联合区教育局举办中小学生主题演讲比赛，近1000名中小学生参加。区教育局关工委组织开展中小学生“学法守法、崇德立德”“法在我身边”和“缅怀英烈、自强不息”主题征文活动，7万多名中小学生参加，一等奖30人，二等奖78人，三等奖112人，局关工委再获全省主题教育活动优秀组织奖。全区各关工委共有409名“五老”宣讲员，编写宣讲材料443篇，近20万人次的青少年听取宣讲。

“做个守法小公民”主题演讲比赛

【纪念抗日战争胜利70周年】 区关工委会同区委党史办、老干部局、区教育局、文广新局、新四军研究分会、档案局、文联等部门，组织开展纪念抗日战争胜利70周年系列教育活动。活动期间，举办纪念抗日战争胜利70周年百场宣讲会，培训40名宣讲员宣讲358场次，听讲青少年19.6万多人次；走访抗战老英雄65人，参加走访的青少年1458人；组织纪念抗日战争胜利70周年图片展览92场次，参观的青少年达11万多人次；举行纪念抗日战争胜利70周年座谈会；启动抗战专题资料收集整理工作，编辑出版《悲壮的历程，永恒的丰碑》纪念特刊和《新四军战斗在大江南北》，共计30多万字；8月5日，联合区委宣传部、区文广新局、新四军研究会举行纪念抗日战争胜利70周年专题文艺演出“光辉照我永向前”。

【校外教育辅导站】 区关工委联合区教育局召开全区加强校外教育辅导站建设推进会，促进校外教育辅导站创新发展。全区建有镇街道总站、村居中心站158个，辅导分站、点481个；建办电子阅览室258个，电脑1570台，实现镇总站、村社区中心站电子阅览室全覆盖；到电子阅览室活动的学生6.5万人次，登录阳光少年网的学生超过2.1万人；全区2670名“五老”校外教育辅导员、690名在校教师担任兼职校外辅导员、476名大学生村官、一大批社会能人和志愿者共4000余人参加校外教育辅导活动，辅导学生7万多人次。在全区总结推广兴仁镇兴仁社区、刘桥镇新联社区“站校企”三结合共建校外教育辅导站新模式；各镇关工委组织中小学生参加《关心下一代周报》、省中华成语研究会开展的全省中小学生“成语新说”创作大赛，83名中小学生获奖。

【参与社会治理】 全区各关工委充分发挥“五老”的优势作用，多形式、多途径参与社会治理创新工作。组建法制教育报告团队42个，法制报告员339人，作法制报告315场次，受教育青少年12万多人次。选配“五老”法制副校长79人，利用各中小学的法制学校，为中小学生作法制教育讲座、报告，10多万中小学生受教育。组织“五老”组成帮教小组，采取几帮一的形式，共帮教失足青少年170名，转化率达97%。全区参与扶贫助学的“五老”4700多名，帮助孤残弃青少年1983人，筹集助学助困资金240多万元。全区有177名“五老”义务网吧监督员，积极做好网吧义务监督工作。全区238个社区村中实现未成年人零犯罪的有215个，占比90.3%。

【基层组织建设】 区委调整充实区关工委领导班子和成员，区卫计委、市场监督管理局等部门针对机构合并的新情况，及时调整充实关工委领导班子。区关工委举办两期关工委常务副主任培训班。组织开展“五好”“五好示范”关工委创建活动，石港镇广济桥社区、平潮镇新坝村、先锋镇双盟村被南通市关工委评为五好示范村。全区共评有“五好”和“五好示范”关工委85个。区教育局关工委对全区所有中小学关工委工作常态化建设合格学校进行验收。区关工委重点围绕镇村和区级机关关工委组织队伍建设、活动开展、辅导站规范化建设、电子阅览室使用和管理、关工委自身建设等课题开展调研。 (曹 建 赵美玉)

残疾人工作

【概　况】 2015年，通州区残疾人联合会（简称残联）以改善残疾人生活为出发点，以深化和拓展残疾人社会保障体系和服务体系建设为主线，以规范化建设为抓手，全力推动通州残疾人事业的发展，残疾人保障、康复、就业、托养、文体、维权等工作取得良好的成效，被省人民政府残工委评为“残疾人之家”。扩大区残疾人评定委员会专家库，在全省率先出台《残疾人证发放管理细则》（试行）和《残疾人残疾类别等级评定工作实施细则》（试行），进一步规范评残程序。

【第二十五次全国助残日活动】 5月17日是第二十五次法定“全国助残日”。助残日期间，举办大型残疾人就业公益专场招聘会，为用人单位和有就业需求的残疾人提供平台；举办残疾人书画摄影展，展出残疾人作品以及反映残疾人自立自强精神的作品55件；走访慰问特殊困难残疾人家庭，帮助残疾人解决实际问题；市、区盲协联合举办盲人按摩技术讲座，组织疾残人观看无障碍电影等。

【残疾儿童康复】 规范管理儿童定点康复机构——区残疾人综合服务中心，161名14岁以下脑瘫、智障、听障、孤独症残疾儿童免费接受康复训练，家长满意度高。区残疾人综合服务中心通过省定点儿童康复机构认定。区低视力儿童矫正中心成立。儿童康复工作成为市残疾人工作品牌。

【重点康复项目】 围绕“残疾人人人享有康复服务”的目标，全面落实各项康复服务。1294名贫困精神残疾人免费服药，313名贫困患者得到免费住院。211名贫困白内障患者免费手术，120名非贫困白内障患者获得手术补助。适配辅具2330件，免费安装假肢28具。开发启用“残疾人康复服务信息管理系统”，属南通首创。

【残疾人托养】 进一步规范管理全区残疾人托养机构，丰富托养服务内容，提升托养服务水平，打造通州托养工作品牌。全区有11家残疾人托养机构，3个“苏馨家园”劳动项目，入托16周岁至60周岁精神、智力、肢体类残疾人233名。新建博爱和城西两家康复托养中心。残疾人托养工作跻身南通前列。

【残疾人文体】 大力推动残疾人文体事业，年发稿量481篇，开通“残疾人之声”网站专栏和“南通通州残联”微信公众号，创建区残疾人文化活动中心，举办残疾人书画摄影展。顾小飞、蒋兵兵、戴金萍在国际、国内赛场上争金夺银，共获得比赛奖牌15枚，其中国际比赛金、银牌各一枚，国内比赛金牌6枚、银牌6枚、铜牌1枚。

【残疾人就业】 完成实名制就业229人次，区残联被省残联表彰为“江苏省就业年龄段持证残疾人就失业情况调查工作先进单位”。举办各类职业技能培训班9期，培训259人次。举办残疾人公益招聘会和专场招聘会，245名残疾人前来参加，66名残疾人与企业达成意向，17名残疾人被现场录用。按比例安置残疾人1333人，征收残疾人就业保障金1875万元，超额完成任务指标，总量和增幅位居南通市首位，区残联被评为南通市“2015年度按比例安排残疾人就业先进集体”。

【残疾人权益维护】 全面落实惠残政策，全区城乡重残人员生活救助保障支出7126.13万元，高居南通各县（市、区）首位，区残联被评为区“民生及社会建设工作先进集体”。开通一站式法律援助服务，全年办理残疾人法律援助案件63件，挽回经济损失306万元。

【残疾人专项调查】 登记调查全区3万多名调查对象在生活救助、社会保障、康复服务、辅具服务等方面的状况及需求，至3月底，全面完成残疾人专项调查工作，专项调查入户率、准确率、信息录入准确率均达到98%以上。调查期间，分别接受省和国家专调办的督查，并作为唯一县级单位受邀参加国家专调办江苏座谈会。兴仁调查队被评为南通市先进调查队，21名调查员获省、市级表彰。

（季　洁）

环境保护

Environment Protection

编辑 陈菊

环境管理

【概况】 2015年,通州区环境保护工作以生态文明建设为统揽,立足"服务科学发展、提升环境质量、确保环境安全"任务,围绕"天蓝、气爽、水清"目标,各项工作在新常态下争先晋位。历时四年半之久的南部污水处理厂回购谈判落幕,并实现平稳交接。全年环保执法立案157件。全区空气质量明显好转,PM2.5平均浓度比2013年同期下降24.2%。重点经济指标和生态文明建设考核位列南通市"双第一"。省级以上环境越级信访和信访立案数均比上年双下降,保持全市环境信访结案工作的领先地位。

(曹增玉)

【环境质量】 2015年,通州城区空气质量优良天数比例(AQI)为73.1%,其中,二氧化硫年均值0.022毫克/立方米,二氧化氮年均值0.020毫克/立方米,可吸入颗粒物(PM10)年均值0.087毫克/立方米,一氧化碳和臭氧按年评价规定计算,浓度分别为2.1毫克/立方米和0.151毫克/立方米,细颗粒物(PM2.5)年均值0.050毫克/立方米,酸雨出现频率50.0%。小康水域功能区(9项指标)水质达标率为83.3%。城区交通干道噪声等效声级昼间为67.4分贝。

(曹炜)

【法制宣教】 年初,评定全区271家企业环境信息行为,其中绿色10家,蓝色148家,黄色80家,红色24家,黑色9家,并于"6·5"环境日之前在环保局网站上公布。严格把关行政处罚案卷,通过年末的法制、综治等考核。行政处罚157家违法企业,罚款额度700余万元。联合教育部门,组织江苏省绿色学校以及南通市绿色学校、绿色园丁、绿色小卫士申报工作,对创建学校进行实地考察和指导。东社学校、姜灶小学等2所学校被授予"南通市绿色学校"称号,实验幼儿园被授予"江苏省绿色学校(幼儿园)"称号。开展绿色社区创建工作,金沙街道新市社区成为"江苏省绿色社区",金新街道碧华社区、金沙街道新村社区被命名为"南通市绿色社区"。扎实开展环保科普宣传创建工作,12月22日,南通市环保科普教育基地命名揭牌仪式在南通桑德森蓝环保科技有限公司举行,现场为桑德森蓝循环经济科普馆和景瑞生态农业展示馆授牌。将新的大气污染防治法列入干部菜单式学习,组织各镇(区、园、街道)环保助理业务培训;对全区印染企业负责人进行环保法律法规集中授课,进一步提高企业环保法律法规意识和守法自觉性。在"6·5"环境日之际,组织大润发超市环境宣传、育才中学环保进校园活动;围绕"践行绿色生活"主题,配合区科技局、科协等部门,参加各种科普宣传活动,精心制作宣传板面16块,印发宣传材料5000余份,发放环保宣传袋1000余份。

(崔祝进)

【污染防治】 2015年,深入开展主要污染物减排,南通恒发印花有限责任公司、南通盛达印染有限公司等2家印染企业实施中水回用工程;南通欣源水处理有限公司完成提标改造工程,7000吨/日的中水回用工程试运行;11月,通州益民水处理有限公司迁扩建工程建成投运。开展大气污染防治工作,实施挥发性有机污染物治理项目4个、港口岸电系统改造1个,淘汰燃煤小锅炉119台,淘汰黄标车2270辆。开展电镀行业专项整治工作,9家电镀生产企业(车间)关停。发放排污许可证24家,完成建设项目竣工环境保护验收30个。全区COD、氨氮、SO_2、氮氧化物排放量分别为12228吨、2162吨、4779吨、1717吨。

(朱晓玲)

【环境监察】 全年环保立案157件,位居苏中地区县(市、区)第一,处罚金额700余万元。对18起案件实施限产、停产整治,2起案件实施查封扣押,1起实行按日计罚,3家企业负责人被依法行政拘留或刑事拘留,新《中华

环保执法

人民共和国环境保护法》四项配套制度均得以实施。组织开展为期8个月的环保大检查工作，全区近3000家企业接受环保“体检”。组建高新区和锡通园区环保分局，环境监察大队实现升格、扩编和“参公”。在南通地区率先成立水上环境监察所，购置2条执法监察艇，形成水陆两栖执法能力。建立案件后督查制度，后督查135厂次，申请法院强制执行20起，有效遏制环境违法行为。形成全新的秸秆禁烧工作联合巡查机制，成效显著，夏收期间PM2.5平均浓度比上年同期下降40%。深入开展环保专项行动，扎实推进重点行业专项整治。按照整改提升、关闭转产、搬迁入园等分类整治目标，对整治范围内31家钢丝绳企业逐个明确整治措施，已有25家钢丝绳企业整改提升，对6家审批手续不全、擅自生产的钢丝绳企业立案查处。持续开展印染行业专项整治，以废水、废气处理设施升级改造为重点，全面提升47家印染企业的污染防治水平，对不能稳定达标排放的企业严格实施限产停产、查封扣押，严厉打击超标排放、偷排偷放等环境违法行为，立案处罚17家企业，停产整治2家，关停小染色企业31家。重点实施小天生港河专项整治，根据“规范一批，提升一批，关闭一批”原则，梳理排查小天生港河沿线6家企业，督促企业提升污染防治水平，做到规范排污。

【环境信访】 全年共接受各类环境投诉案件662起，调处率达100%。省级以上环境越级信访和信访立案数均比上年下降，在全市环境信访工作排名靠前，再次被市环保局推荐为省环境信访工作先进单位。有效整合环保信访渠道，新开发的环保“阳光信访”软件系统交付使用。推进镇级政府落实环保主体责任，将环境信访纳入到镇(区、园、街道)目标考核中，实现重点环境信访调处情况每月一通报，对各环境信访件量、同比增减情况每月一排名，较好的促进环境信访的调处。对重大、复杂、疑难环境信访事项由局领导亲自带案下访，现场协调解决。下大气力解决市民关心的区域性环境污染问题，仅反帝桥周边和老丝绸厂地块就关停废油加工企业3家和印染企业1家，对其余5家印染企业全部实施行政处罚。反帝桥周边、老丝绸厂地块废气扰民等一批重点信访得到化解。

(胡蒙蒙)

环 境 监 测

【概　况】 全年共出具监测数据11.19万个，质量控制数据1.64万个、“三同时”验收项目51个、发放监测报告545份。按照《江苏省农村地表水环境质量监测实施方案》要求，开展农村地表水功能区、乡镇以上河流、重点水域功能区河流、245个行政村(社区)水环境监测。区环境监测站通过国家实验室认可、实验室资质认定复评审。

(曹　炜)

通甲河整治

生 态 文 明

Ecological Civilization

编 辑 陈 菊

自 然 生 态

【生态红线管控】 严格执行生态红线区域保护规划，牢固树立红线意识，切实把保护责任落到实处。对全区生态红线区域按照一、二级管控区要求实行严格管控，不同类型级别的红线区域制定有针对性的保护与管控措施。加大对红线区域的环境监察和执法力度，依法坚决查处逾越生态红线和破坏生态环境的违法行为。生态红线保护工作和资金使用管理顺利通过省级核查。

【生态细胞工程】 坚持"质量为先、创建为民"导向，继续在全区范围内开展生态村、生态工业园区等生态示范创建活动。结合农村环境综合整治试点、三星级康居村创建工作，不断巩固创建成果，培育、打造开沙村、徐庄村、孙李桥村、十总社区等亮点村庄，着重抓好长效管理，努力提升区域环境质量。2015 年，二甲镇余西居、刘桥镇长岸村成功创建省级生态村。 （任其建）

骑岸镇望江河道整治

辖镇概况

The Survey of Towns

编辑 马钰 杨王军

金沙街道

2015 年金沙街道主要经济社会指标

表 16

项目	单位	数量
总面积	平方公里	66.17
行政村	个	9
社区居委会	个	14
年末人口	人	121396
地区生产总值	万元	975700
第一产业	万元	30027
第二产业	万元	386801
第三产业	万元	558872
一般公共预算收入	万元	61733
农业总产值	万元	28676
粮食总产量	吨	25929
棉花总产量	吨	—
油料总产量	吨	8093
农机总动力	千瓦	26233
规模工业企业	家	14
规模工业总产值	万元	226664
主营业务收入	万元	226138
利税总额	万元	25615
固定资产投资	万元	267934

续表 16

项目	单位	数量
工商注册外资	万美元	1000
注册外资到账	万美元	600

【行政区划调整】 3 月,通州区实行行政区划调整。金沙镇撤镇设街道,改名金沙街道。调整后,金沙街道总面积 66.17 平方公里,总人口 12.14 万人。街道下辖 9 个行政村,14 个社区居委会,其中 4 个为新型社区。

【项目建设】 2015 年,金沙街道完成注册外资实际到账 600 万美元;18 个规模以上项目竣工,其中亿元以上项目 4 个;新开工 13 个规模以上项目,投资 3.07 亿元的金东新城天香苑西区正加快建设;兴(扩)建农业项目 16 个,完成项目农业投入量 1.1 亿元。完成招商引资项目 12 个,其中进鲜港乡村旅游集聚区建设步伐不断加快,百草园项目已启动建设;与金土地农业生态有限公司签约的花卉产业园项目,投资 5 亿元,占地 253.33 公顷;投资 1.4 亿元的汽车配件生产项目已签约,占地 2.67 公顷;中国画报协会、北京民进画院分别投资 2000 万元开办画报培训、画院创作基地;注册 500 万元的南通加速环保科技有限公司已完成工商注册。

【城市建设】 2015 年,金沙街道重点组织推进老城区和城东新区、银河新区两大片区建设,建成运盐河公园示范段和金沙横河东段河道景观段。积极开展征迁扫尾"百日攻坚"活动,坚持人员不减、精力不松,确保各重点项目用地需求和工程进度,啤酒厂宿舍楼地块已签约 17 户。拖拉机站周边地块 125 户公有住房全部清理结束;交通新村签约两户,最后一户正在全力推进;A-307 出让地块中石化加油站、环球物流、磷肥厂和金属回收公司都已签约。启动通州政协技校、银河小学周边地块、双皮桥公园新建工程和通州中专二期等四个新地块拆迁,面积约9万平方米,做到拆一块、清一块、交一块。

【镇村环境】 2015年,金沙街道实行网格化管理与集中整治相结合,提高城乡精细化管理水平,推进集镇长效管理。不断改善第二集贸市场、城郊结合部等区域环境,有利保障全国卫生城市复审通过。深入实施河道整治三年行动计划,疏浚整治河道14条(段)、拆除坝头坝埂34处、打捞沉船16条、拆除“三网”1378口;填埋废沟呆塘40.4公顷,完成河道整坡19.1千米;生态护岸6.8千米,河岸绿化10.07千米。开展违建寺观专项整治,强势推进土地卫片执法,共拆除整改违法图斑18个,整改面积达4.3公顷。依法拆除违法建筑54起,拆除存量违章9400平方米。深化再生资源集散中心常态化管理,规范废品收购站点秩序,严防死守“两区四路”。扎实做好夏秋两季秸秆禁烧工作,秸秆综合利用率不断提高。

【社会事业】 2015年,金沙街道新建农路6.58千米,维修农路6000多平方米。投资1.2亿元的金东新城邻里中心开工建设,张謇玉兰园建成开放,商业街项目方案设计完成,安息堂项目施工图设计完毕,16个(条)老小区及背街后巷改造全部竣工。“滨河人家”安置房交付工作圆满完成,1220户拆迁群众喜迁新居。街道164个小区进入物业长效管理阶段,覆盖率达100%,实现全覆盖到优覆盖转变。城东幼儿园正式投入使用,金沙成教中心建成省示范性社区教育中心。城乡居民养老保险续缴率达99%,新农合参合率达100%。

【社会治理】 2015年,金沙街道全年排查矛盾纠纷284起,成功调处282起,调处成功率达99%。深入开展食品药品、安全生产“三防”专项整治和安全生产“三项行动”,共检查生产经营单位563家,查出隐患794条,列入区挂牌督办的铜锣湾歌厅重大消防事故隐患成功摘牌。街道安监所顺利通过省基层安监机构能力建设验收。“六五”普法终期考核,金沙街道作为南通市唯一乡镇(街道)代表接受省考核组验收获好评。

2015年金沙街道行政村(社区)基本情况

表17

村(社区)名称	人口(人)	从业人员(人)	党组织书记	村(社区)委会主任
东市社区	4452	2671	周　纯	周　纯
南山社区	5082	3049	姜抒峰	姜抒峰
新村社区	3877	2326	王　芳	王　芳
虹西社区	4655	2793	陈　霞	陈　霞
北山社区	7325	4395	李光华	李光华

续表17

村(社区)名称	人口(人)	从业人员(人)	党组织书记	村(社区)委会主任
朝阳社区	4943	2966	陈晓霞	陈晓霞
新市社区	3857	2314	李云英	李云英
安康社区	3548	2129	吴静静	吴静静
育才社区	5383	3230	王冬梅	王冬梅
虹南社区	6175	3705	张国君	张国君
天霞社区			郁伯珍	
天熹社区			刘　峰	
天晖社区			沈汉国	
天虹社区			单正国	
进鲜港村	7180	4600	曹元元	何鑫鑫
虹西村	8481	2280	马水涛	张乃均
城东村	6239	1298	瞿前进	单正国
新三园村	8867	4750	张　云	张　云
金北村	12536	6987	张慎建	张　军
太山村	4799	2124	单进飞	吴振达
平桥镇村	7037	3107	邱卫国	张圣凤
港北村	8573	1545	望　悦	刘　峰
金余村	8387	4465	朱建军	王　斌

(季　鹏)

金新街道

2015年金新街道主要经济社会指标

表18

项　目	单　位	数　量
总面积	平方公里	102.41
行政村	个	21
社区居委会	个	10
年末人口	人	151568
地区生产总值	万元	1343100
第一产业	万元	24905
第二产业	万元	643218
第三产业	万元	674977
一般公共预算收入	万元	153033
农业总产值	万元	22956

续表 18

项　　目	单　位	数　量
粮食总产量	吨	14206
棉花总产量	吨	1
油料总产量	吨	10154
农机总动力	千瓦	21921
规模工业企业	家	120
规模工业总产值	万元	4894038
主营业务收入	万元	4819115
利税总额	万元	47445
固定资产投资	万元	1905922
工商注册外资	万美元	24001
注册外资到账	万美元	7081

【金新街道建立】 2015 年 3 月 24 日,金新街道建立。为区委、区政府派出机构,由南通高新区代管,与南通高新区政法和社会建设局合署办公。办公地点位于金乐街 8 号。设综合性办公室 5 个,为街道党工委、办事处内部职能机构,即:党政办公室、政法综治办公室(挂“政法委员会”“社会矛盾纠纷调处中心”“司法所”牌子)、社会事务办公室(挂“民政办公室”牌子)、社区(村居)管理办公室、财经办公室。设立人民武装部和 1 个事业单位(综合服务中心)。5 月 4 日,金新街道正式揭牌对外办公。

【金泰幼儿园建成】 2015 年 1 月,金泰幼儿园开工建设,于 8 月完工,9 月投入使用。幼儿园占地总面积 10340 平方米,建筑面积 6467 平方米,按 5 轨办学设计,总投入 2000 余万元。由南通市阳光幼教集团统一管理,是一所公办集体性质幼儿园。

【文山初中新建】 文山初中始建于 1960 年,以革命先烈陆文山名字命名,原位于油榨村。于 2012 年在张门村异地新建。2015 年 9 月,二期工程全面峻工,并投入使用。新校区占地 68256 平方米,按 12 轨 36 班设置,新建校舍 11 幢,建筑面积 34211 平方米。

【金乐小学新建】 金乐小学始建于 1906 年,于 2012 年异地新建,2015 年 9 月,投入使用,并通过教育现代化验收。新校区位于张门村,占地 6.53 公顷,建筑面积 24000 多平方米,设计规模每个年级 8 轨,共 48 个班级。现有班级 27 个,学生 1350 名,教职工 89 名。是年,获评南通市教育系统先进集体。

2015 年金新街道行政村(社区)基本情况

表 19

村(社区)名称	人口(人)	从业人员人	党组织书记	村委会主任
金南社区	8691	5215	汤清华	汤清华
镇南社区	9459	5675	耿晓燕	耿晓燕
八角亭社区	6832	4099	徐　冬	徐　冬
碧堂庙社区	3461	995	翁晓卫	许　燕
金乐社区	138	83		
金桥社区	6336	990	顾　伟	顾　伟
果园社区	5037	1606	胡发清	姜　新
华山社区	3792	1591	张学华	白丽娟
金霞社区	2687	1114	瞿邵华	姜　锐
碧华社区	3477	2086	陈　洁	陈　洁
界北村	4035	1573	黄国培	葛　新
文山村	4214	2007	陈建国	顾鑫磊
油榨村	5181	2393	李　华	汤日斌
张门村	3181	1553	张　清	张新鑫
邢园村	3355	1582	陈永华	唐卫国
元帅庙村	3814	2066	张　建	黄建平
通灵桥村	5017	3050	邢光荣	瞿建国
双池头村	3905	2049	单志洪	单小辉
复兴村	4543	2616	姜　忠	朱华平
花家渡村	8645	3674	杨国华	季佩华
三姓街村	7915	2841	张建彬	曹铮珍
狮子桥村	4606	1468	陈竹兰	王春峰
朝东圩村	4449	2329	马永涛	马新平
夏四店村	3151	1491	郑　美	吴益锋
大石桥村	2733	1221	李　忠	赵金贵
金普村	2627	1396	俞成明	张汉涛
民平村	6047	2346	袁新涛	季顺高
利民村	6678	2622	王建林	盛金峰
正场村	5489	1722	王建林	陆志军
进东村	6859	2679	张建荣	徐卫星
麒麟桥村	5214	2783	俞洪和	董林冲

(钱亚琴)

兴东街道

2015 年兴东街道主要经济社会指标

表 20

项　　目	单　位	数　量
总面积	平方公里	30.46
行政村	个	9
社区居委会	个	1
年末人口	人	32780
地区生产总值	万元	372900
第一产业	万元	11291
第二产业	万元	233260
第三产业	万元	128349
一般公共预算收入	万元	17613
农业总产值	万元	9288
粮食总产量	吨	13323
棉花总产量	吨	—
油料总产量	吨	1073
农机总动力	千瓦	12813
规模工业企业	家	33
规模工业总产值	万元	1015105
主营业务收入	万元	1012686
利税总额	万元	124725
固定资产投资	万元	151238
工商注册外资	万美元	1200
注册外资到账	万美元	800

【行政区划调整】 2015 年，通州区实行行政区划调整。兴东镇撤镇设街道，改名兴东街道。调整后，兴东街道总面积 30.46 平方公里，总人口 3.27 万人，下辖 9 个行政村、1 个社区居委会。

【项目建设】 2015 年，兴东街道在谈项目 50 个，签约项目 10 个，其中亿元以上项目 9 个，千万美元以上项目 1 个；已领证项目 8 个，其中亿元以上项目 5 个，千万美元以上项目 2 个。完成注册外资 1020 万美元，实际到账外资 684 万美元，实现外贸进出口 8624.4 万美元。全年工业投入 6.5 亿元，在库项目 27 个、技改项目 18 个，其中 5000 万元以上工业项目 3 个、亿元项目 1 个，服务业项目 9 个，其中总投资超 5000 万元以上的服务业项目 7 个。

【民生建设】 2015 年，兴东街道投资 190 万元，新建 2 公里镇区污水管网；投资 80 万元，实施机场新村污水工程；投资近 30 万元，新建镇区西片雨水管网，彻底解决困扰居民 2 年多的内涝难题。计划投资 300 万元建设集休闲、健身等功能于一体的兴飞花苑绿色长廊工程（向阳河景观工程）。全年新建农路 4 公里，新增路灯 1 公里，改造危桥 2 座，疏浚整治农村河道 16 条（段）共计 12 公里，建设防渗渠道 41 公里。

2015 年兴东街道行政村（社区）基本情况

表 21

村（社区）名称	人口（人）	从业人员（人）	党组织书记	村（社区）委会主任
陆扶桥村	3350	1558	陈季卫	顾桂萍
永庆村	3509	1737	李进新	
土山村	3649	1978	徐　华	葛跃进
孙李桥村	3047	1470		张彩平
杨世桥村	4495	1112	刘建国	卞红卫
黄金村	1790	1023	葛　军	
双楼村	4305	1604	顾红玉	黄　耀
紫星村	4476	1567	保让剑	羌　卓
永护村	2997	1201	吴建光	
机场社区	1162	697	葛　军	

（宋燕婷）

先锋街道

2015 年先锋街道主要经济社会指标

表 22

项　　目	单　位	数　量
总面积	平方公里	26.54
行政村	个	8
社区居委会	个	—
年末人口	人	37033
地区生产总值	万元	355200
第一产业	万元	9468
第二产业	万元	237598
第三产业	万元	108134
一般公共预算收入	万元	28693
农业总产值	万元	9401

续表 22

项　目	单　位	数　量
粮食总产量	吨	3285
棉花总产量	吨	—
油料总产量	吨	1498
农机总动力	千瓦	4000
规模工业企业	家	50
规模工业总产值	万元	716396
主营业务收入	万元	715671
利税总额	万元	79392
固定资产投资	万元	170909
工商注册外资	万美元	1264
注册外资到账	万美元	484

【行政区划调整】 3 月,通州区实行行政区划调整。撤销先锋镇,以原先锋镇三圩头、苏家埭、永安、周圩、花园、十六里墩、秦家埭、双盟 8 个村委会区域设立先锋街道办事处。

【先锋幼儿园投入使用】 2015 年,投资 2100 万元的先锋幼儿园投入使用,占地面积 0.53 公顷,建筑面积 6700 平方米。该园是先锋街道唯一一家街道公办幼儿园,拥有教职工 48 名,设计 7 轨 21 班,现 12 个班级,幼儿 540 名。

【先锋卫生院开工建设】 9 月,先锋卫生院开工建设。新卫生院位于正锋路北侧,项目总投资 1 亿元,占地面积 1.97 公顷,建筑面积 2.3 万平方米。按照二级乙等医院标准设计建设,拥有床位 250 张、百级洁净层流手术室 4 间、产房 3 间及医用气体、综合楼净化等智能化系统。

2015 年先锋街道行政村(社区)基本情况

表 23

村(社区)名称	人口(人)	从业人员(人)	党组织书记	村(社区)委会主任
三圩头村	3121	722	钱建生	钱建生
苏家埭村	2294	1291	王　娟	李　瑛
永安村	6012	2686	吴亚菊	杨士兵
周圩村	6277	3049	陈　兵	金　冲
花园村	2879	1837	周继忠	葛卫东
十六里墩村	4045	2075	葛光华	盛　东
秦家埭村	6207	2580	施德平	张红兵
双盟村	6198	3496	陆新忠	赵　彤

(葛建林)

西　亭　镇

2015 年西亭镇主要经济社会指标

表 24

项　目	单　位	数　量
总面积	平方公里	69.21
行政村	个	9
社区居委会	个	2
年末人口	人	51932
地区生产总值	万元	281800
第一产业	万元	28122
第二产业	万元	147536
第三产业	万元	106142
一般公共预算收入	万元	4862
农业总产值	万元	24935
粮食总产量	吨	38813
棉花总产量	吨	6
油料总产量	吨	4916
农机总动力	千瓦	26866
规模工业企业	家	21
规模工业总产值	万元	228586
主营业务收入	万元	228619
利税总额	万元	16747
固定资产投资	万元	106823
工商注册外资	万美元	800
注册外资到账	万美元	480

【行政区划调整】 3 月,通州区实行行政区划调整。将原四安镇龙坝村、九总渡村划归西亭镇管辖。调整后,西亭镇下辖 11 个行政村(社区),总面积 69.8 平方公里,人口 5.56 万人。

【环境整治】 2015 年,西亭镇新建道路 42.03 公里、防渗渠道 34.8 公里,新(改)建农桥小型灌溉泵站 11 座、农桥 35 座。实施三年河道整治计划,全年打捞沉船 73 条,拆除"三网"1234 口,拆除坝头坝埂 252 处,完成箱涵 23 座,疏浚河道土方约 101.33 万立方米,整坡 55.25 公里。草庙村开展水美乡村建设,全面落实河道长效管护机制,形成"河畅、水清、岸绿、景美"的河网体系。是年,新建烈士陵园通过省民政厅验收。

【"知心姐姐"获全国青年志愿服务项目大赛金奖】 12月,西亭镇"知心姐姐"青年志愿者服务队在第二届中国青年志愿服务项目大赛中荣获金奖。该服务队成立于2013年1月,旨在关爱农村留守儿童,帮助他们树立信心、勤奋学习、快乐生活、健康成长。服务队从阳光信箱出发,两年内与留守儿童通信超过1500多封。每月安排实地走访,为200多名留守儿童制作成长档案;开展"七彩青春心愿"活动,编写报纸《我的青春我的团》;建立"知心姐姐工作室",加入阳光热线,添置书籍和活动器材;设立义卖捐助点,不定期对志愿者进行儿童心理培训。编写教材开设专属"知心姐姐课堂",围绕红色体验、橙心果意、黄色多瑙、绿意盎然、青春期前、蓝天逐梦、紫色太空7个系列开展活动,让孩子们看到更为广阔的世界。发起"以爱传爱"爱心义卖活动。至2015年年末,服务队开展公益活动时间超过1800个小时。是年,"知心姐姐的阳光梦想"项目获南通市"关爱农民工子女"成长计划公益创投大赛一等奖。

【张洪程教授当选中国工程院院士】 12月,张洪程教授当选为中国工程院农业学部院士。张洪程,1951年2月生,西亭镇人,曾任扬州大学农学院院长、党委书记,现为教授、博士生导师,扬州大学作物栽培学与耕作学国家重点学科带头人,中国作物学会栽培专业委员会主任。他40年来潜心作物栽培学研究,在水稻轻简化、精确化、机械化栽培理论与技术等方面取得重大成果,为中国粮食持续增产增效做出突出贡献。主要成果:一是以少免深轮耕与防早衰栽培技术突破,创建南方稻区少免耕与抛秧为主体的轻简化耕作栽培技术体系,替代传统精耕细作,改变千百年来亿万农民弯腰屈背的繁重劳作历史,实现轻简化栽培与稳产增产统一;二是以群体生育诊断与节肥节水等关键技术精确定量的创新,构建水稻丰产定量化栽培技术,推动中国水稻栽培由定性为主向定量化跨越;三是研究提出超级稻增产瓶颈的破解理论,创建以标准化育秧、精确化机插、模式化调控为新内涵的机械化高产栽培技术,促进江苏水稻单产冠居全国主产区。这些成果相继被国家农业部列为全国水稻主推技术,并分别获国家科技进步二等奖。

2015年西亭镇行政村(社区)基本情况

表25

村(社区)名称	人口(人)	从业人员(人)	党组织书记	村(社区)委会主任
西亭社区	6305	2215	陈作明	朱鑫涛
纱场社区	3442	1753	王瑞军	徐祥生
草庙村	6177	3073	顾先念	曹建林
西禅寺村	5757	3757	姜建均	马建忠
亭东村	6013	3112	王　建	孙　东
李庄村	2918	1759	何建林	邵锦明
八总桥村	4249	2390	卞新华	张仁明
同乐村	4864	2780	张　凤	周　新
华芦村	4617	2391	朱　进	朱　进
龙坝村	3788	2298	朱勇均	陈　吕
九总渡村	3802	1733	张曹娟	曹华均

(洪晓书)

二　甲　镇

2015年二甲镇主要经济社会指标

表26

项　目	单　位	数　量
总面积	平方公里	66.02
行政村	个	8
社区居委会	个	4
年末人口	人	71734
地区生产总值	万元	349800
第一产业	万元	33938
第二产业	万元	177433
第三产业	万元	138429
一般公共预算收入	万元	13965
农业总产值	万元	30924
粮食总产量	吨	11042
棉花总产量	吨	40
油料总产量	吨	11401
农机总动力	千瓦	25093
规模工业企业	家	35
规模工业总产值	万元	651601
主营业务收入	万元	649495
利税总额	万元	74968
固定资产投资	万元	110050
工商注册外资	万美元	1475
注册外资到账	万美元	494

【项目建设】 2015年,二甲镇围绕发展先进制造业、突破现代服务业、提升现代农业,在香港、北京、上海、重庆、苏州

等重点地区开展针对性招商，签约项目11个；新引进千万元以上项目8个，其中亿元以上项目4个；新增个体工商户420个。新批注册外资1000万美元，完成外资实际到账493万美元。盘活低效用地5.2公顷、闲置厂房1.5万平方米；成功引进丰威机械、萨帛纺织等优势企业入驻；引进注册公司2家。优化项目推进机制，实行挂图作战，实施亿元项目6个、5000万元项目2个、1000万元技改项目18个。沙隆金属、通联农资、绿萌食品等亿元项目开工建设。银河面粉、神韵绳缆、永沙建材等重大项目竣工投产。

【创优农业】 2015年，二甲镇完成规模农业投入3.4亿元，新增土地流转面积466.67公顷、设施农业面积349.33公顷。新建"全托管"经营主体5家、家庭农场7家。建成省级家庭农场1家，区级家庭农场1家，新增无公害基地2家，无公害产品26个。金土地生态园被评为"全国五星级农业休闲与乡村旅游点"，承办南通市首届乡村旅游节开幕式，接待游客突破35万人次。哈谷农业顺利开园，顺天禽业二期、大农农产品物流项目主体封顶。

【基础设施】 2015年，二甲镇完成北海线大修、5.5公里农路改造、9.4公里道路硬质化和11公里一事一议奖补道路建设。实施余北农贸市场改造、镇污水处理厂维修、余西中心路路桥衔接提升工程。实施镇区光明路局部、通海街、青年北路路面维修，同步改造污水管网、下水道。试行镇区绿化管养和路灯维护服务外包，全镇129条农村公路实现常态化管护。余西古镇新建龙游桥、敬亭桥，安装生态竹篱笆800米，历史文化名村保护规划通过南通市评审，历史文化传统村落保护规划初稿形成。启动大明艺术文化产业园建设和朱晋元故居综合改造工程。

【生态治理】 2015年，二甲镇完成余西社区、余北社区、路中村、坨墩村四个村（社区）农村河道整治整村推进工作，疏浚土方53.7万方，拆坝86条，新建桥梁9座、涵洞15座，打捞沉船25条，拆除网簖830口。完成运盐河公园新建工程、三甲河景观绿化提升工程，新增村（社区）小游园3个。推进余西竖河生态景观提升工程和国家小农水重点县工程建设，整治河道7条共12公里，新建护岸7.6公里、景观绿化24公里。完成绿化造林面积100公顷，全镇绿化覆盖率达26.6%。清理垃圾400余吨，清除小广告3000余处，拆除破损广告牌90余处，治理占道经营900余起，改造升级垃圾池22座。是年，二甲镇被评为南通市"绿化工作先进集体""水利工作先进乡镇""农村环境长效管理示范镇"，定兴桥村被评为"省三星级康居乡村"。

【社会事业】 2015年，二甲镇平稳实施二甲中学初高中分离工作，4所义务教育学校通过市级现代化建设验收。民生领域支出2124.9万元，发放各类民政经费和救济救助款物1624万元，发放各项涉农补贴569.8万元，改造农村危房163户，新农合参合率96.2%，城居保续保率92.4%。在全市率先启动综治信息系统建设，建成镇社会管理服务中心和12个村（社区）"一站式"服务大厅，完成5个村社区）技防设施改造。建成镇"平安法治"公园和村（社区）法治文化阵地。

2015年二甲镇行政村（社区）基本情况

表27

村（社区）名称	人口（人）	从业人员（人）	党组织书记	村（社区）委会主任
定兴桥村	5124	2007	倪正华	袁丹钰
六甲镇村	5415	1873	汪小荣	汪小荣
通运桥村	9586	3248	殷锦忠	卫苏宁
路中村	5223	1871	王桂英	曹国新
宝云山村	5224	2459	朱长英	曹桂东
坨墩村	6152	2572	戴松华	曹应恺
北潭村	5424	1471	陈汉忠	陆锦英
三甲社区	6045	2093	曹海荣	曹国庆
袁南社区	7764	3563	孙　祥	陆志平
余西社区	4689	1380	季汉荣	曹晓军
余北社区	4055	1132	周学进	崔祝彬
新市社区	7033	1250	季　强	陈慰然

（蒋　波）

东　社　镇

2015年东社镇主要经济社会指标

表28

项　目	单　位	数　量
总面积	平方公里	115.08
行政村	个	16
社区居委会	个	5
年末人口	人	93342
地区生产总值	万元	355000
第一产业	万元	74619
第二产业	万元	131713
第三产业	万元	148668
一般公共预算收入	万元	5208
农业总产值	万元	59662
粮食总产量	吨	40587

续表 28

项　目	单　位	数　量
棉花总产量	吨	459
油料总产量	吨	13224
农机总动力	千瓦	52981
规模工业企业	家	26
规模工业总产值	万元	480068
主营业务收入	万元	473075
利税总额	万元	57078
固定资产投资	万元	109508
工商注册外资	万美元	1202
注册外资到账	万美元	721

【行政区划调整】 3月，通州区实行行政区划调整，原东社镇、五甲镇合并而成新东社镇。调整后，东社镇总面积115.08平方公里，总人口9.32万人，辖16个行政村、5个社区居委会。

【项目农业】 2015年，东社镇以"一二三融合创特色，互联网+农业树品牌"为目标，突出抓好项目农业发展。全年总投入2.5亿元，新增规模以上项目22个，新增高效设施农业291.33公顷，新增有机农产品52个、无公害农产品25个。景瑞农业被认定为中国物流示范基地。爱久、宝优、禾朗等多个农业企业加入电商行列，全年销售超千万元。

【特色旅游服务业】 2015年，东社镇以南通旅游网、濠滨论坛、微信订阅号为宣传平台，大力推介旅游及特色产品，致力打造特色旅游乡镇。忠孝园四期工程顺利推进，全国最高孔子像落成。开心农场、绿洲生态园等传统单一的农家乐项目，发展为集深度观光旅游、体验式农家乐、农产品配送于一体的综合性服务业态。全年接待旅行团104批次，游客超过4万人次。是年，东社镇获"2015年江苏最佳生态旅游目的地"称号。

2015年东社镇行政村(社区)基本情况

表 29

村(社区)名称	人口(人)	从业人员(人)	党组织书记	村(社区)委会主任
东社社区	4406	1894	陈　俊	
杨港社区	6579	3377	单镏均	邱新军
五甲苴社区	5446	2603	曹海云	李汝江
庆丰社区	3925	1306	张宏均	陈　云
白龙庙社区	4971	2110	张　聪	包晓红

续表 29

村(社区)名称	人口(人)	从业人员(人)	党组织书记	村(社区)委会主任
新街村	4218	2206	顾　永	
五马路村	4431	2939	孙　玉	曹锡英
唐洪村	4476	2720	邱　建	邱瑞美
严北村	7686	3815	瞿丽华	
横马村	5432	2901	张菊红	
香台村	3205	1775	陈美芳	曹永芳
河东村	3352	1648	潘跃进	
苴西村	3181	2196	季　生	吴　泉
新桥村	2948	1170	张　好	季淑娟
东平村	5441	2786	曹　仪	曹国玉
福利村	2939	1380	曹海江	张文飞
平和村	4595	2370	成锡锋	张学荣
中和村	5308	2783	张蔡华	李　健
陈墩村	3081	1529	张　华	曹建军
兴隆灶村	4708	2052	顾　平	顾国芳
滥港桥	3014	1540	瞿　华	赵　明

(王丽华)

十　总　镇

2015年十总镇主要经济社会指标

表 30

项　目	单　位	数　量
总面积	平方公里	133.17
行政村	个	15
社区居委会	个	5
年末人口	人	83776
地区生产总值	万元	429700
第一产业	万元	77559
第二产业	万元	196970
第三产业	万元	155171
一般公共预算收入	万元	7431
农业总产值	万元	49046
粮食总产量	吨	73029
棉花总产量	吨	85

续表30

项　　目	单　位	数　量
油料总产量	吨	6170
农机总动力	千瓦	77926
规模工业企业	家	20
规模工业总产值	万元	853419
主营业务收入	万元	844174
利税总额	万元	116392
固定资产投资	万元	145405
工商注册外资	万美元	1201
注册外资到账	万美元	792

【行政区划调整】 3月25日，通州区实行行政区划调整。撤销原十总镇、骑岸镇，原两镇行政区划合并，设立新的十总镇。调整后，十总镇总面积133.17平方公里，总人口8.38万人。下辖15个行政村、5个社区居委会。

【项目建设】 2015年，十总镇在建项目46个，其中新建项目25个，工业技改项目21个，5000万元以上重点项目6个。吉合包装制品、红金顶宾馆布草一期、好多衣“智造链”一期等项目竣工投产。东源电器、宇神钢缆、信一服饰、明艺玻璃、威宝玩具等重点骨干企业在扩大产能和开拓市场等方面加大投入，持续扩张，完成高新技术产值62.67亿元，增长13.9%。12家企业实现新的技改投入，盘活闲置土地5.33公顷。实现服务业应税销售5.1亿元，规模以上社会消费品零售总额6900万元。南通尚唯世佳置业有限公司投资的嘉上苑项目加快推进，南通白鹭湖庄园获评省四星级乡村旅游景点。

【现代农业】 2015年，十总镇新增设施农业300公顷，新(扩)建农业项目22个，总投资2.5亿元。新增市级家庭农场2家、区级家庭农场19家、全托管服务组织11家。完成无公害农产品认证16个，有机农产品认证11个。推广各类农机具375台，新建48吨级以上烘干中心2座、300平方米以上农机库2座。投入2000余万元，实施于家坝村、上雁村农业综合开发项目和柏树墩村高标准基本农田项目。

【镇村建设】 2015年，十总镇北一环北延工程竣工通车，骑十路改造提升工程建成通车。骑四线实现全线亮化，4公里迎阳中心路建成首条村(社区)亮化农路。十总至南通首条公交线路628路开通。利用1000千伏特高压线路搬迁安置契机，十总社区、二爻社区集居点进一步扩容，骑岸农民联建楼开工建设。新增镇区绿化8公顷，新建农路92公里、农桥89座、涵洞66座、泵站12座、渠道32公里。国家卫生镇创建通过省级验收，全镇20个村(社区)均创成省卫生村。十总社区获评第三届“江苏最美乡村”。整治河道110条，疏浚河道45公里，清障整坡218公里，拆除坝头坝梗418处，河坡绿化330公里，拆除“三网”583张。骑爻河南岸石驳护岸工程全线贯通，骑十河生态河道整治一期工程竣工，以二爻、迎阳为核心区域的“一横四纵三十排”连片整治效果初显。

【社会事业】 2015年，十总镇实施骑岸初中和骑岸小学置换，盘活教育资源。投资1300万元的十总卫生院改扩建工程开工建设，投资1600万元的骑岸卫生院异地迁建工程完成前期工作。投入近50万元建成生命健康主题科普馆，成功举办全区第二十七届科普宣传周暨第31届科技先锋超市主场活动，是年，十总镇被评为江苏省科普示范镇。二爻、五总等4个村(社区)建成示范文化广场。完成十总敬老院扩建工程，新增床位40张。完成253户危房改造任务。实现全镇20个村(社区)技防村全覆盖，在重要交通路口、人流集聚区新增106个监控高清摄像头。

2015年十总镇行政村(社区)基本情况

表31

村(社区)名称	人口(人)	从业人员(人)	党组织书记	村(社区)委会主任
十总社区	4329	2330	易杰兵	李葛平
二窎社区	5192	2644	蒋　兵	朱建聪
骑岸社区	4591	1682	倪志云	杨婵婵
沧南社区	3783	2129	陈晓建	王云霞
五总社区	5305	2604	丁　建	张红霞
双墩村	3383	1733	张　明	王　嵩
新雁村	4148	1998	王苏军	许　菊
于家坝村	4750	2363	吴建新	姜吉庆
柏树墩村	4520	2220	季文华	陶瑞国
迎阳村	4625	2332	纪育和	曹　均
志新村	5140	2626	陈　岗	曹桂芬
渡海亭村	4771	2252	吴坤兵	王　杰
上雁村	4947	2535	刁进国	丁志祥
爱民村	2841	1851	丁时兵	徐美芳
骑北村	3007	1738	冯冬华	姚士霞
张沙村	4845	3007	汤亿有	张宏霞
岸西村	3184	1308	华雪峰	王　磊
季家庄村	2936	1255	葛建华	蒋建华
育民村	3736	2111	丁祝良	陈汉忠
东场村	3743	2130	季晓燕	许汉成

(刘吉德)

石 港 镇

2015 年石港镇主要经济社会指标

表 32

项　　目	单　位	数　量
总面积	平方公里	110. 1
行政村	个	10
社区居委会	个	5
年末人口	人	67542
地区生产总值	万元	448700
第一产业	万元	58482
第二产业	万元	212326
第三产业	万元	177892
一般公共预算收入	万元	22870
农业总产值	万元	36547
粮食总产量	吨	70194
棉花总产量	吨	1
油料总产量	吨	2572
农机总动力	千瓦	81450
规模工业企业	家	52
规模工业总产值	万元	846130
主营业务收入	万元	846149
利税总额	万元	97451
固定资产投资	万元	71212
工商注册外资	万美元	1348
注册外资到账	万美元	812

【镇区规划建设】 2015 年，石港镇坚持规划引领，统筹推进城乡基础设施建设和环境品质提升。完成镇区护城河两侧景观绿化及绿地公园规划，统筹推进村镇布局“四规合一”、广济桥居中国传统村落保护、渔湾景区等重点片区发展规划编制。完成平五路大修、公交客运站、消防站、石东居民宴席服务中心等工程，实施米市桥南路、渔湾路改造提标工程。组织开展九圩港“一河两岸”整治。实施镇区物业管理全覆盖，持续巩固集镇环境整治成果。加大污水管网建设力度，米市桥南路污水管接入主管，老镇区居民小区污水纳管处理。新增城镇公共绿地 10. 3 公顷，人居环境持续改善。

【渔湾水道生态园】 2015 年，石港镇全力推进渔湾水道基础设施建设，完成景区周边环境整治，精心打造“农家乐”、烧烤等服务，开通散客接待服务。7 月，渔湾景区恢复运营以来，共接待游客 1. 6 万余人次。突出渔湾水道生态游主题，打造集石港小学文正书院、文博苑、石港老街等具有古镇文化特色旅游线路，延伸旅游产业链。承办“万人看通州”、南通市机关幼儿园亲子自驾游等系列活动。加强与通旅联盟、上海锦友等旅行社对接，上海、苏州等客源市场开发取得新突破。石港特色旅游被纳入通州“两日游”线路。在“畅游江苏，美丽乡村”首届网络乡村旅游评选中，渔湾水道入选江苏最具特色乡村生态园。

2015 年石港镇行政村（社区）基本情况

表 33

村（社区）名称	人口（人）	从业人员（人）	党组织书记	村委会主任
草市桥社区	3829	2297	费光耀	彭雪梅
广济桥社区	4091	2455	费光耀	
金庄社区	4573	1712	姜维圣	金玉梅
渔湾社区	2729	1352	时甫怀	顾朱剑
石西社区	2983	1487	孙志娟	胡金林
四港村	5715	3105	郭建东	陈　建
江海村	5488	2957	丁善明	顾金海
志田村	6217	3396	方志清	李海亮
睹史院村	4243	2217	蒋汉荣	邵锦华
北渡村	4011	2173	田美荣	杨建新
石东村	3764	1995	吴坤山	顾铁军
马道村	5212	2802	王　兵	张建华
新貌村	5418	2900	张金涛	蔡　萍
乐观村	4518	2396	吴建华	吴建刚
花市街村	4751	2470	蒋洪华	郑怀新

（杨　磊）

刘 桥 镇

2015 年刘桥镇主要经济社会指标

表 34

项　　目	单　位	数　量
总面积	平方公里	107. 28
行政村	个	10
社区居委会	个	2
年末人口	人	76227

续表34

项　　目	单　位	数　量
地区生产总值	万元	391500
第一产业	万元	58804
第二产业	万元	185421
第三产业	万元	147275
一般公共预算收入	万元	8887
农业总产值	万元	43571
粮食总产量	吨	67593
棉花总产量	吨	58
油料总产量	吨	2211
农机总动力	千瓦	65307
规模工业企业	家	44
规模工业总产值	万元	848317
主营业务收入	万元	828482
利税总额	万元	109772
固定资产投资	万元	186103
工商注册外资	万美元	807
注册外资到账	万美元	481

【经济建设稳步增长】 2015年,刘桥镇完成规模工业产值84.5亿元、增长15%。工业应税销售23亿元、增长2%,3家企业纳税超千万元(大达麻纺、红星空压、英雄建设),新增规模企业2家。高新技术产业产值38.4亿元、增长19.8%,外贸进出口总额4480万美元、增长10.5%,合同利用外资1000万美元、实际到账外资480.6万美元,服务业应税销售8.3亿元,与上年基本持平。完成红星空压、大达麻纺、金彩印刷等技术改造项目共38个。新增世发船舶、红星空压、久盛新材料、东方科技等区级企业工程技术中心4家。新增专利授权50件、有效发明专利7件、PCT专利6件、南通市知名商标2个。世发船舶成功申报高企,红星空压、海狮船舶通过高企复审,全镇高新技术企业达8家。创成平安诚信守法企业2家,九环实业晋升为国家AAAA级物流企业,沪望科技引进人才列入区“510英才”培养计划。

【生态环境改善】 继续实施三年河道整治计划,全年疏浚河道25条25公里,整治河坡221公里,清理“三网”2135口,打捞处置沉船231条。推进刘桥社区水美乡村创建活动,对4条村主干河道及沿线河塘进行全面整治、绿化。实施生态河道工程,刘新河、刘西中心河、幸福竖河两侧3公里杉木桩护岸完工,配套建设河坡、亲水平台和绿化。农村“五位一体”长效机制进一步健全,创成南通市农村环境长效管理示范镇。开展植树造林,新增绿化77.4公顷。米三桥100万伏拆迁安置区建设结束。苏池村、长岸村覆盖拉网式农村环境整治试点项目完工,米三桥村、英雄村完成设计并进入招投标程序。

2015年刘桥镇行政村(社区)基本情况

表35

村(社区)名称	人口(人)	从业人员(人)	党组织书记	村委会主任
刘桥社区	12871	3930	徐建华	羌峰鑫
新联社区	6945	2651	郭振军	丁汉林
慎修村	5828	3443	钱春付	孙晓燕
徐园村	9005	3546	黄进南	高　丽
英雄村	5482	1974	刘锦标	王建中
蒋一村	5453	1621	帅　斌	卢　扬
苏池村	5379	2475	宋金才	宋卫民
新中村	5203	1693	袁高鑫	孙丽娟
长岸村	5724	1663	夏　校	
尹家园村	5521	2163	夏荣华	丁海峰
米三桥村	3369	1075	朱建国	于广炎
极孝村	5447	2472	司明东	丁春霞

(陈飞飏)

平　潮　镇

2015年平潮镇主要经济社会指标

表36

项　　目	单　位	数　量
总面积	平方公里	109.6
行政村	个	20
社区居委会	个	6
年末人口	人	123199
地区生产总值	万元	1342500
第一产业	万元	41975
第二产业	万元	770807
第三产业	万元	529718
一般公共预算收入	万元	53384
农业总产值	万元	36581
粮食总产量	吨	53950
棉花总产量	吨	25

续表 36

项　目	单　位	数　量
油料总产量	吨	3486
农机总动力	千瓦	53648
规模工业企业	家	89
规模工业总产值	万元	3850233
主营业务收入	万元	3807120
利税总额	万元	491650
固定资产投资	万元	492572
工商注册外资	万美元	8231
注册外资到账	万美元	1638

【镇行政区划调整】 2015 年 3 月 25 日，根据省、市人民政府对通州区部分行政区划调整的批复精神，撤销原平潮镇、平东镇，原两镇行政区域合并，设立新平潮镇。全镇上下密切配合、通力协作、整体联动，迅速圆满完成区划调整工作。此次区划调整，平潮镇进一步优化资源配置、统筹城乡建设、拓宽发展空间、加快新型城镇化进程。行政区域面积达到 109.6 平方公里，人口 12.2 万人，辖 20 个村委会、6 个居委会。

【平潮新幼儿园主体竣工】 8 月，平潮新幼儿园主体工程竣工。该幼儿园位于文峰路南侧，总投资超过 2 千万元，占地面积约 16.7 公顷，总建筑面积近 1 万平方米。按照省优质园标准设计建设，最多可满足 30 个班级的幼儿入园接受学前教育。

【平五二大道建设】 平五二大道是区政府重点建设项目之一，其中平潮段为从平潮镇区通过通扬运河至马躺路，位于平潮大桥南侧。工程总投资 1.3 亿元，于 2015 年年初开工建设。至年底，跨通扬运河大桥开始桩基施工。大道建成后，有效缓解平潮老镇区东西方向交通压力。

2015 年平潮镇行政村（社区）基本情况

表 37

村（社区）名称	人口（人）	从业人员（人）	党组织书记	村委会主任
团结社区	3489	2093	魏竹芳	高　波
民主社区	3098	1859	邵建均	邵建均
栖凤社区	4437	2662	沈燕霞	沈燕霞
桃邨社区	3211	580	朱　俊	邵红宇
新三十里社区	5831	2894	周国新	金淑平
赵甸社区	6524	2772	吴志明	钱德智

续表 37

村（社区）名称	人口（人）	从业人员（人）	党组织书记	村委会主任
九圩港村	4526	2369	严　晟	王建英
云台山村	5385	2216	王尹哲	朱红霞
老墩村	3124	1532		丁加芳
赵坊村	4235	2007	陈燕翔	徐德生
平西村	6733	2604	王美云	方永华
三官殿村	3476	1231	吴绪华	陈　霞
团圆村	2672	985	葛鉴洲	王美清
花坝村	3026	1340	陆丰云	葛建飞
湾子头村	4811	2334	王益明	马跃云
四十里村	4138	1853	司　泽	马艳芬
吉坝村	5455	2972	李　太	
颜港村	5087	2888	刘　宁	戴姝云
新坝村	4500	2602	孙造明	王锦秀
三港村	4022	1680	高建华	孙　玉
任口村	3322	1818	陈　建	陆洪兵
平东村	7198	2794	陈亚明	蒋忠明
国道村	6355	2344	张　云	张　云
新生村	5563	2545	杨　勇	王国恒
金桥村	6407	3171	王志义	杨　恪
甸北村	6574	2401	康汉进	程剑锋

（魏佳喜）

五　接　镇

2015 年五接镇主要经济社会指标

表 38

项　目	单　位	数　量
总面积	平方公里	80.65
行政村	个	8
社区居委会	个	2
年末人口	人	38813
地区生产总值	万元	433600
第一产业	万元	14356
第二产业	万元	316546
第三产业	万元	102698

续表38

项　　目	单　位	数　量
一般公共预算收入	万元	37166
农业总产值	万元	8259
粮食总产量	吨	21811
棉花总产量	吨	—
油料总产量	吨	1359
农机总动力	千瓦	31119
规模工业企业	家	20
规模工业总产值	万元	1368101
主营业务收入	万元	1214732
利税总额	万元	133650
固定资产投资	万元	800667
工商注册外资	万美元	6092
注册外资到账	万美元	4016

【恒科生产车间获评江苏省首批示范智能车间】 8月8日，江苏恒科新材料有限公司聚酯、长丝产品生产车间被评为江苏省首批示范智能车间，是全省化纤制造板块唯一一家获此殊荣的公司。2015年，江苏恒科新材料有限公司全面提升生产车间智能化水平，推动信息网络技术与工业生产深度融合。围绕设计、生产、管理、服务等环节，深化信息技术集成应用，提高生产设备、生产过程、制造工艺智能化水平，推进化纤制造从低端向中高端迈步，在化纤成套生产线实现数字化自动化基础上，促进各生产工序的自动链接与智能物流系统的融合，迈出从制造向“智”造的关键一步。

【江苏恒科新材料有限公司获全国民企科技发展贡献奖】 4月15日，江苏恒科新材料有限公司荣获国家科技部、国家科技奖励办公室批准颁发的“全国优秀民营科技企业民营科技发展贡献奖”。公司申报获得实用新型专利10项，实审发明5项，所研发10D系列超细旦涤纶长丝项目被列为2014年度市级重大科技创新专业项目，填补国内空白。

【开沙村入选全国特色景观旅游名村】 9月22日，五接镇开沙村入选第三批全国特色景观旅游名村，江苏省共4个村入选，南通独此一家。全国特色旅游名镇名村是由国家住建部、旅游局根据特色景观、旅游经济、规划建设、基础设施、人居环境、综合管理、旅游服务等7个方面评选产生，目的旨在保护村镇自然环境、田园景观、传统文化、民族特色、特色产业资源，促进城乡统筹协调发展。2015年，五接镇开沙村遵循“保护与开发并重”原则，坚持“在保护中开发，在开发中保护”，充分挖掘乡土、历史、人文等资源，着力打造以生态旅游、体育旅游、休闲旅游开发为主轴，运动健身、休闲娱乐、水上游乐、商务会议和农家体验等并驾齐驱的旅游格局，开发江心寺、秀岛山庄、华能度假村等18处旅游景点，每年接待游客超20万人次。

【南通图海机械有限公司开工】 8月13日，南通图海机械有限公司开工建设。该公司是一家主要从事石油机械制造、加工、销售于一体的现代化制造企业，拥有研发、生产各种机械设备的专业队伍和覆盖全国的销售网络，总投资2.18亿元，位于五接镇沿江公路工业区，用地面积约4公顷。项目建成后将具备年产150台/套石油机械装备的生产能力。

2015年五接镇行政村（社区）基本情况

表39

村（居）名称	人口（人）	从业人员（人）	党组织书记	村（社区）委会主任
李港村	5123	2544	陆志森	徐李想
老木厂村	3101	1351	余建军	朱　俊
天后宫村	6315	3011	李　钢	
袁三圩村	4064	1858	仇　华	陈建华
张大圩村	4095	1943	许玉芳	陈　美
开沙村	1563	614	刘红云	
桃园村	5912	2704	刘永新	
复成村	7767	3303	康　军	朱　远
五接社区	498	299	余华丽	
李港社区	375	225	白亚伟	

（赵　楠）

兴　仁　镇

2015年兴仁镇主要经济社会指标

表40

项　　目	单　位	数　量
总面积	平方公里	77.56
行政村	个	16
社区居委会	个	3
年末人口	人	76542
地区生产总值	万元	707700
第一产业	万元	36552

续表 40

项　　目	单　位	数　量
第二产业	万元	458228
第三产业	万元	212920
一般公共预算收入	万元	18454
农业总产值	万元	27352
粮食总产量	吨	39865
棉花总产量	吨	3
油料总产量	吨	4239
农机总动力	千瓦	41902
规模工业企业	家	79
规模工业总产值	万元	1418230
主营业务收入	万元	1387461
利税总额	万元	172336
固定资产投资	万元	349853
工商注册外资	万美元	2600
注册外资到账	万美元	1384

【行政区划调整】 3 月，通州区实行行政区划调整。将原兴仁镇与原四安镇徐家桥、戚家桥、阚庵东、温桥、韩家坝、阚家庵 6 个村委会和酒店社区居委会合并，设立新的兴仁镇。调整后，兴仁镇总面积 77.54 公顷，总人口 7.65 万人。下辖 16 个行政村、3 个社区居委会。

【项目建设】 2015 年，兴仁镇规模以上企业 80 家。南通亚振东方家具有限公司通过高新技术企业认定，思维福特南通精密机械有限公司"新三板"上市筹备工作取得了实质性进展。12 月 9 日，南通四方冷链装备股份有限公司首发上市申请顺利过会。全年新建项目 69 个，其中亿元以上项目 1 个，5000 万以上项目 8 个，技改投入超千万的项目 4 个，完成竣工项目 47 个。待开工亿元以上项目 3 个，分别是投资超 10 亿元的南通四方冷链装备股份有限公司，投资 2 亿元的南通通球机电科技有限公司和投资 1.2 亿元的南通莱鑫运动用品有限公司。完成工业投入 25.9 亿元，增长 7.2%，其中技改投入 21.76 亿元，增长 9.6%。

【河西新区建设】 2015 年，兴仁镇河西新区呈现新面貌。6 月，通富农贸市场和兴仁邻里服务中心工程竣工并投入使用。工程占地面积 3 公顷，投资总额约 2500 万元，主体建筑两层 1.1 万平方米，楼下一层设立店面房 30 间，摊位 144 个；楼上开设便民大型购物超市和便民餐厅；另建自产自销区钢屋架 600 平方米；商铺入驻率达到 100%，摊位入驻率近 70%。安置小区通富佳苑一期、二期顺利交房。

【社会事业】 2015 年，兴仁小学新建工程占地 4.47 公顷，总投资约 6800 万元。四安幼儿园投入 20 多万元进行修缮，韬奋幼儿园完成招投标即将开工建设。总投资 3000 万元的兴仁卫生院新建工程已经开工，四安卫生院完成改造并成功创建省示范卫生院。各村（社区）卫生室为全镇 1.8 万 65 岁以上老年人实施免费健康体检。2 月，徐庄村获"全国卫生村镇"称号。组织企业安全标准化申报 280 家，职业危害申报 60 家，通达动力被评为通州区唯一二级安全生产标准化达标企业。开展"打非治违""三项行动"等专项整改活动 8 场次，排查企业 1500 家次、安全事故隐患 5000 余条。

2015 年兴仁镇各行政村（社区）基本情况

表 41

村（社区）名称	人口（人）	从业人员（人）	党组织书记	村（社区）委会主任
兴仁社区	6099	1070	冯　杰	魏建光
横港社区	4035	2047	祁　建	陈云清
兴仁村	2272	1120	吴龙坤	吴龙坤
芦花港村	2933	1294	李　峰	姚建军
葛长路村	2710	1292	王　剑	包兴涛
三庙村	4031	1905	朱高乐	胡加明
孙家桥村	4636	2115	郭志林	冯忠明
徐庄村	3468	1777	徐志盘	吴春华
李家楼村	2311	1192	王汉明	秦建新
太阳殿村	4010	2219	吴祖均	施美娟
长林桥村	3633	1932	曹媛媛	姚　波
丁涧店村	4166	2154	吴　平	申均章
酒店社区	5134	1782	朱　卫	纪　燕
徐家桥村	3392	1709	范　云	杨　彬
戚家桥村	3622	1970	王肖飞	徐宏雪
阚庵东村	4901	2272	陆树彬	陈　祥
阚家庵村	5806	2775	陈　忠	李建中
温桥村	4469	2168	陈　华	孙　玉
韩家坝村	4914	2359	王克果	高步华

（何云芳）

张芝山镇

2015 年张芝山镇主要经济社会指标

表 42

项　　目	单　位	数　量
总面积	平方公里	49.82
行政村	个	9
社区居委会	个	1
年末人口	人	55080
地区生产总值	万元	410300
第一产业	万元	18033
第二产业	万元	266739
第三产业	万元	125528
一般公共预算收入	万元	24776
农业总产值	万元	17308
粮食总产量	吨	10415
棉花总产量	吨	—
油料总产量	吨	5366
农机总动力	千瓦	7656
规模工业企业	家	40
规模工业总产值	万元	317089
主营业务收入	万元	287626
利税总额	万元	13883
固定资产投资	万元	539246
工商注册外资	万美元	4410
注册外资到账	万美元	2006

【园区管理机构获批】 3 月，锡通科技产业园和张芝山镇实行“园镇合一”工作体制。园镇合一后，职能机构由 6 个增加到 11 个，其中便民服务中心等窗口机构沿用镇政府原址，避免机构整合后镇区群众办事“两头跑”。工作安排上，让双方人员互相参与原先对方的业务性工作，实现机构编制资源共享、人员统筹使用，打破园、镇工作步调不一致的固有模式。8 月中旬，实行政企分开，锡通公司、水务公司、市政公司等平台公司实行实体化运作。2014 年年末，经省发改委、商务厅批准，锡通科技产业园被列为全省首家苏南苏中合作共建园区。

【环境建设】 2015 年，张芝山镇（锡通园区）面积扩大至 50 平方公里，确定“东进、南拓、西优、北融”的空间布局定位，推进老镇区和园区协同发展。完善老镇区功能，实施张江路和西一、二环及南一环等道路建设。在园区“五纵五横”主干道基础上，深入推进“五纵六横”次干道路网建设。建成高标准路网近 30 公里、生态水系 6 公里、绿化景观超百万立方米。完成 47 宗违法用地拆除工作，拆除面积约 11 万平方米。

【招商引资】 2015 年，张芝山镇（锡通园区）引进超 1 亿美元项目 2 个、上市公司 1 家、超 10 亿元内资重大项目 1 个。成功签约内外资项目 7 个，新增协议注册资本 10 亿元。6 月 10 日，江苏儒耀道具（集团）有限公司落户锡通园。该项目注册资金 1 亿元，达产销售 2 亿元，税收超千万元。7 月 2 日，江苏帅龙集团有限公司举行投资合作签约仪式。该项目总投资约 20 亿元，注册资金 6 亿元。8 月上旬，园区成功与深圳赤湾石油基地股份有限公司正式签约。该项目总投资 1.15 亿美元，注册资金 3800 万美元。10 月 23 日，与上海金桥经济技术开发区签订合作框架协议。

2015 年张芝山镇行政村（社区）基本情况

表 43

村（社区）名称	人口（人）	从业人员（人）	党组织书记	村（社区）委会主任
张芝山社区	7188	2464	蔡东岭	顾　杰
塘坊村	5656	2906	陆　健	沈　标
决心村	3926	2153	陶胜昔	李永亮
天星村	7217	3867	黄卫标	黄建华
银洋河村	5826	2730	徐新华	张　冲
通启桥村	5425	2496	姚　平	马　伟
通海村	4571	2307	周海兵	徐　超
八字桥村	5261	2320	施　健	樊海健
南兴村	5316	2326	徐笑地	徐　明
培德村	4694	2458	张　荣	俞　伟

（龚云珠）

川姜镇

2015 年川姜镇主要经济社会指标

表 44

项　　目	单　位	数　量
总面积	平方公里	49.86
行政村	个	14
社区居委会	个	2

续表 44

项　　目	单　位	数　量
年末人口	人	58603
地区生产总值	万元	959800
第一产业	万元	16238
第二产业	万元	438717
第三产业	万元	504845
一般公共预算收入	万元	58674
农业总产值	万元	17052
粮食总产量	吨	8180
棉花总产量	吨	—
油料总产量	吨	4442
农机总动力	千瓦	12373
规模工业企业	家	99
规模工业总产值	万元	1832617
主营业务收入	万元	1829970
利税总额	万元	217011
固定资产投资	万元	516964
工商注册外资	万美元	1300
注册外资到账	万美元	1446

【省电子商务特色镇】 2015 年,电子商务产业园签约 76 家电商、服务商企业,被评为南通市现代服务业发展示范集聚区;微供市场聚集微供商户 140 多家;“中国质造 - 南通好家纺”成功举办 5 期,成交额 5000 多万元;跨境电商项目顺利入驻,合丰供应链、四海商舟等一批外贸综合服务商和南通帛缨网络科技公司、南通兔子网络科技公司等第三方软件开发公司入驻电商园。全镇全年电子商务交易额达 120 亿元,跨境业务成交额达 2 亿元。是年,川姜镇被评为江苏省电子商务特色镇,三合口村被评为江苏省农村电子商务特色村。

【市场采购贸易方式试点】 南通家纺城被纳入市场采购贸易方式试点范围,11 月 26 日,实现首单出口。2015 年,川姜镇共有 160 家商户、12 家外贸公司、5 家货代公司、1 家报关报检公司备案在册,成功完成 65 单采购,总金额达 839 万美元。

2015 年川姜镇行政村(社区)基本情况

表 45

村(社区)名称	人口(人)	从业人员(人)	党组织书记	村(社区)委会主任
川港社区	6427	2984		徐　东
姜灶社区	6614	4280	曾晓焱	仇陆叶
志浩村	2261	1311	沙　杰	沙　杰
志南村	3780	2425	刘中兵	顾洪美
川北村	2859	1702	施　政	翁　瑾
川南村	4963	2463	范存涛	黄　玲
保障村	1927	955	倪惠民	倪惠民
斜桥村	3029	2350	陈　辏	徐建弟
启江村	3901	2270	杨　斌	陆　健
双桥村	2408	1196	戴末新	陈善健
三合口村	2935	1742	周　超	祁耀伟
磨框镇村	4159	2247	李小辉	陆伯荣
义成村	2860	1569	马云平	马云平
姜川村	4341	2450	张武新	陆水香
望海台村	3050	1374	黄建林	蔡水湘
三圩埭村	3089	1653	顾建兵	顾　鑫

(顾莹琰)

人 物

Figures

编 辑 陈 菊

领导人物

朱卫民

2015年1月，在通州区第十五届人民代表大会第四次会议上当选为通州区人大常委会副主任。

朱卫民，江苏通州人，1964年9月出生，1984年8月加入中国共产党，研究生文化程度。1981年5月起，历任忠义乡多种经营公司渔政员、会计、副经理。1984年5月起，历任忠义乡统计助理、党委秘书、宣传委员、统战委员、副乡长。1993年9月先后担任五甲乡党委副书记、乡长、党委书记兼人大主席（1994年9月至1997年12月在南京大学高等教育自学考试社会管理专业大专班学习）。1998年2月任骑岸镇党委书记，1998年12月兼任骑岸镇人大主席。2000年3月任通州市计划生育委员会主任、党组书记（2000年8月至2002年12月在中央党校法律专业大学学习）。2005年7月任通州市人口和计划生育委员会主任、党组书记（2004年9月至2007年7月在中央党校经济管理专业研究生班学习）。2007年12月任通州市外经贸局局长、党委书记，2008年6月兼任苏通大桥工业区管委会副主任。2009年6月任通州区发展和改革委员会主任、党委书记，2010年5月兼任通州区经济和信息化委员会主任，2010年8月兼任通州区人民政府金融工作办公室主任。2011年9月任锡通科技产业园管委会副主任、通州区发展和改革委员会主任、党委书记、通州区人民政府金融工作办公室主任、通州区港口管理局局长、通州区统计局党组书记。2015年1月任通州区人大常委会副主任、党组成员。

顾建军

2015年1月，在政协通州区第十二届委员会第四次会议上当选为中国人民政治协商会议通州区委员会副主席。

顾建军，江苏通州人，1963年10月出生，1985年1月加入中国共产党，研究生文化程度。1985年7月任江都县第一中学教师。1986年10月任江都县宜陵区工委宣传干事。1987年11月任南通县机关工委团委书记。1990年11月任南通团县委副书记（1989年7月至1992年7月在中央党校经济管理专业大学学习）。1992年7月任通州团市委书记。1994年12月任唐洪乡党委书记、通州团市委书记，1995年12月不再担任通州团市委书记。1997年4月任金沙镇党委副书记、镇长。2003年9月任通州市人事局党组副书记、局长兼通州市机构编制办公室主任、通州市事业单位登记管理局局长。2007年9月任通州市委组织部副部长、通州市人事局党组副书记、局长兼通州市机构编制办公室主任、通州市事业单位登记管理局局长。2007年11月任通州市委组织部常务副部长，通州市级机关党工委书记。2011年11月任通州区委组织部常务副部长、通州区机构编制委员会主任、通州区事业单位登记管理局局长。2013年2月任通州区委组织部常务副部长、通州区机构编制委员会主任、通州区人才工作办公室主任（2013年12月明确为副处级）。2015年1月任通州区政协副主席、党组成员，通州区委组织部常务副部长、通州区机构编制委员会主任、通州区人才工作办公室主任。2015年2月任通州区政协副主席、党组成员，通州区委统战部部长。

达哇旦周

中共通州区委常委(挂职)。

达哇旦周,青海玉树人,1973年1月出生,2000年8月加入中国共产党,大学文化程度。1994年7月任青海省共和县中学教师。2000年10月先后担任青海省共和县委办公室科员、副主任。2006年8月先后担任青海省共和县政府办公室副主任、主任(2005年8月至2007年12月在中央党校函授学院法律专业大学班学习)。2011年8月任青海省共和县委办公室主任。2014年7月任中共青海省兴海县委常委、政法委书记。2015年4月挂职中共通州区委常委(挂职时间10个月)。(严　彬)

先进人物

曹灿华

通州区公安局刑警九中队四级警长。2015年2月被中共江苏省委员会、江苏省人民政府授予“人民满意的政法干警”称号,并记个人一等功。

曹灿华,1960年11月生,中共党员。从事刑侦工作10年间,他日夜战斗在刑侦一线,平均每天睡觉不到5小时。他先后奔赴18个省63个市县区,行程100多万公里,办理近500起刑事案件,工作绩效在南通刑侦系统名列前茅。个人每年办理案件的质量和数量始终保持全市公安刑侦系统前三名,连续8年被评为优秀。2014年他被评为“江苏好人”“最美南通人”称号,荣获第二届“江苏最美警察”提名奖,并记个人二等功。(王　婧)

逝世人物

曹学成

曹学成(1938.11—2015.8),通州区刘桥镇人。1950年2月至1960年8月,先后在如东县顾家桥小学、如皋县白蒲中学、南通市第二中学求学。1960年9月至1964年7月,在江苏师范学院(现苏州大学)化学系学习。1964年8月至1966年12月,在江苏省委组织部大学生队担任副大队长、社教队员。1967年1月至1968年2月,到沭阳县委组织部工作。1968年3月至1968年12月,在南通县革委会材料组、政工组工作。1969年1月至1983年6月,到南通化肥厂工作,先后担任车间指导员、党支部书记,副厂长、党委副书记。1983年7月至1990年2月,任南通县委组织部副部长,其中从1987年3月起担任常务副部长,主持日常工作。1990年3月至1994年1月,任南通县(通州市)政协副主席,兼任统战部部长。1994年2月至1998年12月,任通州市政协副主席。其中,1993年3月至1995年3月两年时间,挂职于陕西省安康市旬阳县,担任副县长。

徐　岗

徐岗(1921.2—2015.9),通州区十总镇人。1943年3月加入中国共产党,同年4月参加工作。1943年4月至1945年7月,在南通县中雁乡任乡队副、民兵联防中队长。1945年8月至1949年4月,在南通县骑石区、十总区、南通警卫团、十总区育圣乡先后任区队排长、区队副、连长、代理乡长、区委委员、公安股长、副书记、区长。1949年4月至1951年6月,在南通县委组织部任组织科长、干部科长。1951年6月至1953年3月,在南通县纪委任纪委委员兼秘书。1953年3月至1959年6月,在南通县委宣传部任副部长。1959年6月至1960年4月,在南通县委统战部任副部长。1960年4月至1961年3月,在南通县委监察委员会任书记。1961年3月至1966年11月,任南通县政协副主席、人委委员、统战部副部长。1966年11月至1970年10月,在“文化大革命”中受到迫害。1970年11月至1978年3月,在南通县信访组任副组长。1978年4月至1981年5月,任南通县政协副主席、统战组组长、统战部副部长。1981年6月至1983年3月,任南通县政协副主席兼秘书长、统战部部长。1983年3月,从南通县政协离休,享受副厅级待遇,荣获中共中央、国务院、中央军委授予的抗战60周年和70周年纪念奖章。(孙崇兰)

荣 誉 栏

Honor Roll

编 辑 陈 菊

通州区受南通市以上党政军群机关表彰的先进集体一览

表 46 （2015 年 4 月至 2016 年 3 月）

单 位	荣 誉	表 彰 机 关	表彰时间
南通四建集团有限公司	全国“安康杯”竞赛先进集体	全国安康杯竞赛组委会	2015 年 4 月
区公安局交通警察大队兴仁中队	全国青年文明号	公安部	2015 年 6 月
区天泰粮食专业技术协会	“基层科普行动计划”先进单位	中国科学技术协会、财政部	2015 年 6 月
南通四建集团有限公司	全国工程建设质量管理小组活动优秀企业	国家工程建设质量奖审定委员会	2015 年 6 月
区科学技术协会	全国科普日优秀组织单位	中国科学技术协会办公厅	2015 年 12 月
南通四建集团有限公司 南通新华建筑集团有限公司 通州建总集团有限公司	中国建筑业竞争力百强企业	中国建筑业协会	2015 年 12 月
通州四建集团有限公司	中国建筑业成长性百强企业	中国建筑业协会	2015 年 12 月
南通四建集团有限公司 通州四建集团有限公司 南通新华建筑集团有限公司 通州二建建设工程有限公司	全国优秀施工企业	中国施工企业管理协会	2016 年 3 月
南通四建集团有限公司第 23 建筑分公司	省工人先锋号	江苏省总工会	2015 年 4 月
区拘留所	集体二等功	江苏省公安厅	2015 年 5 月
通州四建集团有限公司 南通新华建筑集团有限公司 通州二建建设工程有限公司 南通英雄建设集团有限公司	2014 年度省建筑业竞争力百强企业	江苏省建筑行业协会	2015 年 5 月
南通市江海公路工程有限公司	省建筑业最具成长性百强企业	江苏省建筑行业协会	2015 年 5 月
通州四建集团有限公司 南通新华建筑集团有限公司 通州二建建设工程有限公司 南通英雄建设集团有限公司	省建筑业百强企业	江苏省住房和城乡建设厅、省统计局、省商务厅	2015 年 6 月
南通市国土资源局通州分局	全省高标准厂房建设与使用先进地区	江苏省国土资源厅、省经济和信息化委员会	2015 年 6 月

续表46

单　位	荣　誉	表彰机关	表彰时间
通州四建集团有限公司 南通新华建筑集团有限公司	省知名建设承包商	江苏省建设工程承包商协会	2015年7月
区公安局	全省县级公安机关执法质量考评优秀单位	江苏省公安厅	2015年8月
区档案局(馆)	全省档案宣传工作先进集体	江苏省档案局、省档案学会	2015年9月
南通市局通州分局指挥中心	全省公安机关抗战胜利70周年纪念活动安保工作成绩突出集体	江苏省公安厅	2015年11月
南通市公安局通州分局石港派出所	全省优秀公安派出所	江苏省公安厅	2015年12月
区档案局	全省档案文化精品奖	江苏省档案局	2015年12月
区科学技术协会	省科协海智计划工作先进单位	江苏省科学技术协会	2015年12月
十总镇	省科普示范乡镇	江苏省科学技术协会	2015年12月
十总镇渡海亭村 金沙街道新三园村	省科普示范村	江苏省科学技术协会	2015年12月
金沙街道安康社区	省科普示范社区	江苏省科学技术协会	2015年12月
十总镇张沙村科普惠农服务站 金沙镇明均家庭农场科普惠农服务站 金沙街道御润家庭农场科普惠农服务站 西亭镇科普惠农服务站	省科普惠农服务站	江苏省科学技术协会	2015年12月
南通新华建筑集团有限公司	省建筑业企业安全生产先进单位	江苏省建筑安全与设备管理协会	2015年12月
区航道管理站	全省航道系统创先争优活动先进基层单位	江苏省交通运输厅航道局	2016年1月
区科学技术协会	实施“县级科协创新发展能力提升计划”优秀单位	江苏省科学技术协会	2016年1月
南通四建集团有限公司	省安装行业“最佳企业”	江苏省安装行业协会	2016年1月
南通新华建筑集团有限公司 南通英雄建设集团有限公司	2015年度省建筑业竞争力百强企业	江苏省建筑行业协会	2016年3月
通州地方税务局 区人民检察院 区国家税务局 通州高级中学 区公安局 南通四建集团有限公司 区烟草专卖局 中国银行股份有限公司南通通州支行 通州建总集团有限公司 南通综艺投资有限公司 通州新华书店有限责任公司 区人民医院 实验小学 中国工商银行股份有限公司南通通州支行	南通市文明单位	中共南通市委员会、南通市人民政府	2015年12月
江苏东源电器集团有限公司 中国移动通信集团江苏有限公司通州分公司 中国人寿保险股份有限公司通州支公司 中国电信股份有限公司通州分公司 区运输管理处 区邮政局	南通市文明单位	中共南通市委员会、南通市人民政府	2015年12月

续表 46

单　位	荣　誉	表 彰 机 关	表彰时间
西亭高级中学 南通市国土资源局通州分局 区气象局 通州地方税务局第二税务分局 江苏通达动力科技股份有限公司 区航道管理站 区国家税务局第五税务分局 区委办公室 区委宣传部 区委组织部 区纪律检查委员会 中国农业银行股份有限公司南通通州支行 区人力资源和社会保障局 中国人民银行通州支行 区财政局 中国建设银行股份有限公司南通通州支行 通州小学 区发展和改革委员会 区疾病预防控制中心 通州地方税务局第一税务分局 区交通运输局 区委农村工作办公室 区国家税务局第一税务分局 通州地方税务局稽查局 区统计局 区广播电视台 区委党校 区国家税务局第七税务分局 通州地方税务局第五税务分局 南通市住房公积金管理中心通州管理部 南通新华建筑集团有限公司 区人民医院 区科学技术协会 南通一品机械电子有限公司 区市场监督管理局金沙分局 区卫生监督所 通州地方税务局第三税务分局 南通市公安消防支队通州区大队 区商务局 石港小学 区第六人民医院 江苏省蛟龙重工集团有限公司 南通汽运实业集团有限公司通州分公司	南通市文明单位	中共南通市委员会、南通市人民政府	2015 年 12 月
区文化馆 区公安局交通警察大队兴仁中队 区市场监督管理局通海分局 通州四建集团有限公司 区审计局 育才中学 区国家税务局第二税务分局 区国家税务局稽查局 通州地方税务局第六税务分局 区国家税务局第三税务分局 区公安局开发区派出所 区国家税务局第六税务分局 区市场监督管理局平潮分局	南通市文明单位	中共南通市委员会、南通市人民政府	2015 年 12 月

续表 46

单　　位	荣　　誉	表 彰 机 关	表彰时间
中国农业银行股份有限公司南通通州经济开发区支行 区市场监督管理局 中国供销集团南通供销产业发展有限公司 南通市海鸥救生防护用品有限公司 南通高新技术产业开发区管委会 金沙街道办事处 先锋街道办事处 中国联合网络通信有限公司南通市通州区分公司 江苏银行股份有限公司南通通州支行 区教育局 区经济和信息化委员会 区安全生产监督管理局 通州地方税务局第七税务分局 区国家税务局第八税务分局 通州地方税务局第四税务分局 区国家税务局第四税务分局 刘桥小学 先锋小学	南通市文明单位	中共南通市委员会、南通市人民政府	2015 年 12 月
区农业委员会 十总镇 二甲镇	南通市推进高效设施农(渔)业规模化先进单位	中共南通市委员会、南通市人民政府	2016 年 2 月
区委农村工作办公室 区油脂化工厂有限公司	南通市农业龙头企业“五个一”创建先进单位	中共南通市委员会、南通市人民政府	2016 年 2 月
区委农村工作办公室 兴仁镇徐庄村集体资产股份合作社 区国信孔雀养殖专业合作社 骑岸镇(十总镇)渡海亭桑园鸡专业合作社	南通市新型农民合作组织建设先进单位	中共南通市委员会、南通市人民政府	2016 年 2 月
十总镇 二甲镇	南通市农村水利建设“十佳”单位	中共南通市委员会、南通市人民政府	2016 年 2 月
五接镇 金沙街道	南通市农机化工作先进单位	中共南通市委员会、南通市人民政府	2016 年 2 月
东社镇	南通市耕地保护“十佳”乡镇	中共南通市委员会、南通市人民政府	2016 年 2 月
东社镇	南通市绿化造林先进单位	中共南通市委员会、南通市人民政府	2016 年 2 月
东社镇	南通市现代渔业建设和安全监管先进单位	中共南通市委员会、南通市人民政府	2016 年 2 月
刘桥镇	南通市农业综合开发工作先进单位	中共南通市委员会、南通市人民政府	2016 年 2 月
区供销合作总社	南通市为农服务社建设先进单位	中共南通市委员会、南通市人民政府	2016 年 2 月
骑岸粮食储备库	南通市粮食收购工作先进单位	中共南通市委员会、南通市人民政府	2016 年 2 月

表47

通州区受南通市以上党政军群机关表彰的先进人物一览

（2015年4月至2016年3月）

单　　位	姓　名	荣　誉	表 彰 机 关	表彰时间
南通四建集团有限公司 南通四建集团有限公司 南通四建集团有限公司 南通四建集团有限公司 南通四建集团有限公司 南通四建集团有限公司 南通四建集团有限公司 南通四建集团有限公司 南通四建集团有限公司 南通四建集团有限公司	张赤宇 邢卫东 姜成杰 任德华 林　俊 李志显 孙国平 何　建 张　昕 王兴忠	全国工程建设质量管理小组活动卓越领导者	国家工程建设质量奖审定委员会	2015年6月
南通四建集团有限公司 通州四建集团有限公司 南通四建集团有限公司 南通四建集团有限公司	瞿　江 江海燕 朱毅华 潘继锋	全国工程建设质量管理小组活动优秀推进者	国家工程建设质量奖审定委员会	2015年6月
通州建总集团有限公司 通州建总集团有限公司 南通新华建筑集团有限公司	赵飞越 陈秋嫣 周卫红	全国建筑行业信息宣传优秀工作者	中国建筑业协会	2015年6月
南通四建集团有限公司 南通新华建筑集团有限公司 南通新华建筑集团有限公司	俞国兵 易杰祥 周卫红	中国建筑业优秀高级职业经理人	中国建筑业协会建筑企业经营和劳务管理分会	2015年10月
南通新华建筑集团有限公司	王铁之	国家优质工程奖突出贡献者	中国施工企业管理协会	2015年11月
通州四建集团有限公司	邵亚新	中国工程建设优秀(高级)职业经理人	中国施工企业管理协会	2016年3月
南通新华建筑集团有限公司 通州建总集团有限公司 南通四建集团有限公司 通州四建集团有限公司	许　强 瞿启忠 张赤宇 江海燕	省建筑业优秀总工程师	江苏省建筑行业协会工程建设质量管理分会	2015年4月
南通新华建筑集团有限公司 通州建总集团有限公司 南通英雄建设集团有限公司	易杰祥 张晓华 沈　锋	省建筑业“优秀企业家”	江苏省建筑行业协会	2015年5月
通州建总集团有限公司	魏　进	省建筑业“优秀企业经理”	江苏省建筑行业协会	2015年5月
南通市公安局通州分局	徐　锋	全省公安机关开展考核竞赛推进“四项建设”活动业务标兵	江苏省公安厅	2015年5月
区科学技术协会	张丽敏	全省科协工作先进个人	江苏省科学技术协会	2015年6月
通州四建集团有限公司	姚自炎	省境外建设工程优秀项目经理	江苏省建设工程承包商协会	2015年7月
南通市局通州分局治安大队	曹　忠	全省公安机关抗战胜利70周年纪念活动安保工作成绩突出个人	江苏省公安厅	2015年11月
通州建总集团有限公司 通州建总集团有限公司 南通新华建筑集团有限公司 南通新华建筑集团有限公司 南通新华建筑集团有限公司 南通新华建筑集团有限公司 南通新华建筑集团有限公司 南通四建集团有限公司	翁祖平 刘金龙 邢　曙 张维国 刘建耘 陈建华 徐新荣 季　豪	省建筑业企业安全生产先进工作者	江苏省建筑安全与设备管理协会	2015年12月
南通英雄建设集团有限公司	沈　锋	省建筑业优秀企业经理	江苏省建筑行业协会	2016年3月

续表 47

单　位	姓　名	荣　誉	表 彰 机 关	表彰时间
南通四建集团有限公司	俞国兵	省建筑业优秀企业家	江苏省建筑行业协会	2016 年 3 月
区公安局	赵忠祥	南通市"最美警察"	南通市人民政府	2015 年 4 月

《通州年鉴(2015)》补遗

通州区受南通市以上党政军群机关表彰的先进集体一览

单　位	荣　誉	表 彰 机 关	表彰时间
区公安局 110 报警服务台	巾帼文明岗	中华全国妇女联合会	2015 年 3 月
通州建总集团有限公司	全国优秀施工企业	中国施工企业管理协会	2015 年 3 月
南通四建集团有限公司	全国建筑施工安全质量标准化管理先进单位	中国工程建设标准化协会工程管理专业委员会	2015 年 3 月
南通市国土资源局通州分局	县级国土资源优秀网站	江苏省国土资源厅	2015 年 3 月
区公安局刑警大队十中队	全省公安系统省级青年文明号	江苏省公安厅、共青团江苏省委	2015 年 3 月

通州区受南通市以上党政军群机关表彰的先进人物一览

单　位	姓　名	荣　誉	表 彰 机 关	表彰时间
通州建总集团有限公司	张晓华	中国工程建设优秀高级职业经理人	中国施工企业管理协会	2015 年 3 月
区公安局	曹灿华	人民满意的政法干警	中共江苏省委员会、江苏省人民政府	2015 年 2 月

通州名人选介之十六

朱　姚

朱姚(1880－1974)女,原籍安徽桐城。出身贫寒,年轻时并未取名。60 多岁在淮阴工作时才用婆家和娘家的姓合在一起称"朱姚"。为家计所迫,她年轻时辗转庐江、南京等地,为富家当过帮工,也入厂做过工人。民国 10 年移家南通城内寺街。民国 16 年秋,在女儿朱文英影响下参加革命,以家作为中共南通县委的秘密机关。民国 20 年调至上海,为中华赤色革命济难会全国总会机关做掩护工作。翌年加入中国共产党,曾出色地掩护反帝大同盟的活动,负责照料刘少奇的孩子毛毛。民国 24 年 7 月回到南通。民国 31 年底,由中共苏中四地委安排,至二甲镇建立秘密机关,在镇东三里左右的丕南村安家,努力和当地群众搞好关系,曾以"母亲"的身份掩护进行秘密工作的谢克东、林超,并多次安全护送人员转往交通站。其后一度为环境所迫,迁"家"于海门茅镇。民国 32 年 10 月仍迁回二甲镇,根据党组织指示,购置 4 亩地种庄稼。抗战胜利后担任淮阴苏皖边区政府保育院辅导员,解放战争中带领孩子们安全北撤。全国解放后,在上海积极为办好里弄托儿所操心。1974 年 2 月病逝。

(引自《南通县志》人物传第 1193 页)

附　录

Appendix

编　辑　陈　菊

文件选编

关于贯彻落实党的十八届四中全会精神和省委市委意见全面推进依法治区的实施意见

（2015 年 1 月 17 日）

根据党的十八大和十八届四中全会精神，为深入学习和贯彻落实《中共中央关于全面推进依法治国若干重大问题的决定》（以下简称《决定》）和中共江苏省委、南通市委分别出台的贯彻落实意见（以下统一简称《意见》），中共南通市通州区委十一届九次全会结合通州实际，研究提出如下实施意见。

一、深入学习贯彻党的十八届四中全会精神和省委、市委《意见》，进一步明确全面推进依法治区目标要求

1. 党的十八届四中全会是在我国全面建成小康社会进入决定性阶段、全面深化改革进入攻坚期和深水区重要关头召开的一次重要会议。全会通过的《决定》，着眼于完善和发展中国特色社会主义制度、推进国家治理体系和治理能力现代化，系统总结了法治建设实践经验，明确提出了全面推进依法治国的指导思想、总目标、基本原则和重大任务，是指导建设社会主义法治国家的纲领性文献。省委、市委出台的《意见》，对坚持走中国特色社会主义法治道路、建设中国特色社会主义法治体系建设和法治国家建设在江苏、在南通的实践，分别进行了深入的阐释和部署。全区各级党组织和广大党员干部要认真学习、深刻领会、准确把握党的十八届四中全会精神，切实抓好中央《决定》和省委、市委《意见》的贯彻落实，全面深入推进依法治区，不断开创法治通州建设的新局面。

2. 近年来，我区认真贯彻中央和省委、市委的决策部署，突出依法执政、依法行政、公正司法、法治惠民、法治文化建设五大重点，以法治通州创建活动为载体，扎实推进依法治区，依法执政能力不断提升，法治政府建设持续推进，公正司法水平稳步提高，法治宣传教育扎实有效，法治保障体系基本构建，初步形成了一批具有通州特色的法治品牌，人民群众对法治建设的满意度全省领先。但同党的十八届四中全会新要求、省委市委新部署、经济社会新发展、人民群众新期盼相比还有一定的差距。全面深化改革，谱写好中国梦通州篇章，我们面对的改革发展稳定任务之重和遇到的矛盾风险挑战之多前所未有。要不断提高党的执政能力和执政水平，我们必须厉行法治，充分发挥法治的引领、导向和规范作用，更好地统筹社会力量、平衡社会利益、调节社会关系、规范社会行为，使全区经济社会发展既生机勃勃又井然有序。

3. 全面推进依法治区的指导思想是：认真贯彻落实党的十八大和十八届三中、四中全会精神，高举中国特色社会主义伟大旗帜，以马克思列宁主义、毛泽东思想、邓小平理论、“三个代表”重要思想、科学发展观为指导，深入贯彻落实习近平总书记系列重要讲话精神，按照总书记对江苏工作的最新要求，坚持党的领导、人民当家作主、依法治国有机统一，坚定不移走中国特色社会主义法治道路，坚决维护宪法法律权威，依法维护人民权益、维护社会公平正义、维护国家安全稳定，在新的起点上加快推进全区经济、政治、文化、社会和生态文明建设的法治化，为奋力走在苏中新一轮发展前列提供有力法治保障。

4. 全面推进依法治区的目标是：按照中央提出的"建设中国特色社会主义法治体系，建设社会主义法治国家"总目标，坚持依法治国、依法执政、依法行政共同推进，法治国家、法治政府、法治社会一体建设，实现遵守宪法、严格执法、公正司法、全民守法，积极推进中国特色社会主义法治体系建设和社会主义法治国家建设在通州的实践和探索，全面推进法治通州建设，努力实现宪法法律实施、法治政府建设、公正廉洁司法、法治宣传教育、社会依法治理、法治队伍建设水平位居全省前列，力争到2018年法治通州建设达到省级示范标准，人民群众对法治建设的满意度和公众安全感持续保持在90%以上。

5. 全面贯彻落实党的十八届四中全会精神和省委、市委《意见》，实现依法治区目标，必须坚持以下原则：必须坚持党的领导，坚持中国特色社会主义制度，贯彻中国特色社会主义法治理论，确保全面推进依法治区始终沿着正确方向前进；必须坚持人民主体地位，坚持法治建设为了人民、依靠人民、造福人民、保护人民，保证人民在党的领导下，依照宪法法律规定享有广泛的权利和自由、承担应尽的义务，维护社会公平正义，促进共同富裕；必须坚持法律面前人人平等，任何组织和个人都必须依照宪法法律行使权力或权利、履行职责或义务，都不得有超越宪法法律的特权；必须坚持依法治国与以德治国相结合，既重视发挥法律的规范作用，又重视发挥道德的教化作用，实现法律和道德相辅相成、法治和德治相得益彰；必须坚持从实际出发，把全面推进依法治国总体部署与地方法治建设实践紧密结合起来，求真务实，开拓创新，一步一个脚印向着建设法治通州目标不断前进。

二、加强宪法法律实施，努力提升立法建议水平

6. 认真贯彻实施宪法。全区各级党政机关、社会团体、企业事业组织和个人都必须以宪法为根本的活动准则，维护宪法尊严，保证宪法实施。一切违反宪法的行为都必须予以追究和纠正。人大及其常委会要加强对法律实施的监督，强化备案审查制度和能力建设，把所有规范性文件纳入备案审查范围，依法撤销和纠正违宪违法的规范性文件。抓住每年十二月四日国家宪法日等重要节点，在全社会深入开展宪法教育。认真贯彻落实宪法宣誓制度，人大及其常委会选举或者决定任命的国家工作人员正式就职时公开向宪法宣誓。

7. 为重点领域立法提供优质建议。要根据上级立法机关重点领域立法目的和要求，结合通州改革发展的实际需求以及法律法规实施的具体情况，组织人大代表、政协委员深入开展视察调研活动，有计划、有重点的加强人大执法检查活动。要注重发挥专业人才库的作用，挑选专业人员组成立法建议小组，收集一手资料，掌握翔实情况。要充分发挥社会各界和法治专业人员在立法协商中的作用，广泛听取意见、建议。要着眼于深化改革、服务发展，加强热点问题法律研究，为立法机关提供契合法治精神、服务改革发展的优质建议。

8. 进一步提升立法建议者的法治素养。人大、政协要增加有法治素养、法治经验的专职常委比例，注重推荐法律素质较高、参政议政能力较强的人士担任人大代表、政协委员，加强对人大代表、政协委员的法律法规业务培训。

三、全面推进依法行政，加快建设法治政府

9. 依法全面履行政府职能。各级政府必须坚持在党的领导下、在法治轨道上开展工作，建立权责统一、权威高效的依法行政体制，研究制定法治政府建设实施规划，加快建设职能科学、权责法定、执法严明、公开公正、廉洁高效、守法诚信的法治政府。

依法规范行政组织机构，科学界定职能、权限、程序、责任。加快实施政府权力清单制度，坚持法定职责必须为、法无授权不可为。没有法律法规依据不得作出减损公民、法人和其他组织合法权益或者增加其义务的决定；坚决防范制度建设中的趋利、诿责等现象，坚决纠正不作为、乱作为，坚决克服懒政、怠政，坚决惩处失职、渎职。依照法定职能，完善公开透明、便利高效、程序严密、权责一致的行政审批制度，加强行政审批事项目录清单管理，规范行政审批行为，对于不符合法律法规设定的管理、收费、罚款项目，一律予以取消。加强和改进政府规范性文件管理制度建设，完善规范性文件制定程序。推进各级政府事权规范化、法律化。

加强政府法制机构规范化建设，充分发挥政府法制机构在推进依法行政、建设法治政府方面的参谋助手和法律顾问作用，重点行政执法机关和各镇（区、园）要设立法制机构，配备专职法制干部，法制机构的规格、编制与其承担的职责和任务要相适应。

10. 健全依法决策机制。完善行政决策程序规定，明确重大行政决策范围，认真落实公众参与、专家论证、风险评估、合法性审查和集体讨论决定重大决策程序规定，确保决策制度科学、程序正当、过程公开、责任明确。

完善重大决策听证制度，凡涉及公共利益和人民群众切身利益的重大决策事项都应进行听证。强化重大行政决策稳定风险评估，以稳评工作实体化运作、强化稳评信息化工程，实现"源头维稳、预警维稳、主动维稳"为工作目标，提升稳评工作质效。建立健全专家论证、公众参与、第三方专业机构参与等相结合的稳评机制，重大决策、重大事项、重大项目的风险评估率达100%，并正确运用评估结果。凡应评未评或者弄虚作假造成严重后果的，依法依纪追究有关领导和直接责任人的相关责任。

强化重大决策合法性审查，建立行政机关内部重大决策合法性审查制度，未经合法性审查或经审查不合法的，不得提交讨论。积极推行政府法律顾问制度，成立法制专家咨询委员会，建立政府法制机构人员为主体、吸收专家和律师参加的法律顾问队伍，完善制度和机制，保证法律顾问在制定重大行政决策、推进依法行政中发挥积极作用。

完善重大决策落实情况报告、执行情况监督检查与决策效果评估制度，建立重大决策终身责任追究及责任倒查机制，明确追责处理程序，对违法决策、决策严重失误或者依法应及时作出决策但久拖不决造成重大损失、恶劣影响的，严格追究行政首长、负有责任的其他领导人员和相关责任人员的法律责任。

11. 深化行政执法体制改革。深入推进综合执法，进一步整合、减少执法队伍种类，相对集中执法权，着力解决权责交叉、多头执法和执法越位、缺位等问题，实现执法机构的精简统一。稳步推进食品药品安全、工商质检、公共卫生、安全生产、文化旅游、资源环境、网络空间、农林水利、交通运输、城乡建设等重点领域综合执法，积极创造条件推行跨部门综合执法。推进镇级综合执法改革，在市级中心镇和重点园区先行先试。进一步理顺城管执法体制，加强城市管理综合执法，全面推进城管相对集中行政处罚权工作向建制镇延伸。

严格实行行政执法人员持证上岗、资格管理和教育培训制度，未经执法资格考试合格，不得授予执法资格，不得从事执法活动。严格执行罚缴分离和收支两条线管理制度，罚没收入必须全额上缴国库，纳入预算管理。严禁下达或者变相下达罚没指标，严禁将罚没收入与行政执法机关业务经费、福利待遇等挂钩。加强行政执法经费财政保障，从源头上解决执法逐利的问题。

健全行政执法和刑事司法衔接机制，完善案件移送标准和程序，建立行政执法机关、公安机关、检察机关、审判机关信息共享、案情通报、案件移送制度，推进网上移送、受理、立案、监督，坚决克服有案不移、有案难移、以罚代刑现象，实现行政处罚和刑事处罚无缝对接。

12. 坚持严格规范公正文明执法。依法惩处各类违法行为，加大关系群众切身利益的重点领域的行政执法力度，做到执法必严、违法必究。完善行政执法程序和具体操作流程，建立执法全过程记录制度，重点规范行政许可、行政处罚、行政强制、行政征收、行政收费、行政检查等执法行为。严格执行重大执法决定法制审核制度，将法制审核作为作出重大执法决定的必经程序，未经法制审核或者审核不合法的，不得作出执法决定。健全行政裁量权基准制度，加强行政执法信息化建设和信息共享，探索实行行政执法案例指导制度和柔性执法方式，实现法律效果与社会效果的统一。

全面落实行政执法责任制，建立行政执法责任追究制度。依法查处有令不行、有禁不止、失职渎职、违法行政等问题。深入推进行政执法“三联三防”工程，进一步健全机制、完善内涵，突出执法风险防控，并将执法风险与失渎职风险、廉政风险的防控制度化。要坚决排除对执法活动的干预，防止和克服地方和部门保护主义，惩治执法领域的腐败现象。

13. 强化对行政权力的制约和监督。加强党内监督、人大监督、民主监督、行政监督、司法监督、审计监督、社会监督、舆论监督制度建设，努力形成科学有效的权力运行制约和监督体系，增强监督合力和实效。

加强对政府内部权力的制约。对财政资金分配使用、国有资产监管、政府投资、政府采购、税收征管、公共资源转让、公共工程建设等权力集中的部门和岗位实行分事行权、分岗设权、分级授权，制定流程控制和定期轮岗制度，防止权力滥用。强化“三重一大”事项监督。

强化对行政权力专门监督。完善审计制度，推进审计职业化建设，保障依法独立行使审计监督权，对公共资金、国有资产、国有资源和领导干部履行经济责任情况实行审计全覆盖。加强行政监察，加大行政问责力度，促进行政机关勤政廉政建设。加强财政监督，强化对政府各部门预算编制、执行情况的监督，严肃财经纪律。

积极接受司法监督。做实做优行政机关负责人出庭应诉工作，严格执行新修改的《行政诉讼法》，认真履行法定职责，进一步落实南通市关于行政机关负责人出庭应诉的制度规定，促进依法行政的深入推进。健全支持法院受理行政案件、尊重并执行法院生效裁判的制度。

加强和改进依法行政考核工作。健全行政复议案件审理机制，推进行政复议委员会试点。完善纠错问责机制，健全责令公开道歉、停职检查、引咎辞职、责令辞职、罢免等问责方式和程序，做到有错必纠、有责必问。探索建立公众参与执法监督的机制，推行行政执法特邀监督员制度。

14. 深入推进政务公开。坚持以公开为常态、不公开为例外原则，推进决策公开、执行公开、管理公开、服务公开、结果公开。加大政府信息主动公开力度，依据权力清单向社会全面公开政府职能、法律依据、实施主体、职责权限、管理流程、监督方式等事项。深入推进行政权力网上公开透明运行。重点推进财政预算、公共资源配置、重大建设项目批准和实施、社会公益事业建设等领域的政府信息公开。完善例行发布、应急发布、政策解读等机制，改进政府信息依申请公开工作，规范受理、交办、承办和答复等环节，提高答复质量。

涉及公民、法人或其他组织权利和义务的规范性文件，按照政府信息公开要求和程序予以公布。推行行政执法公示制度，重点推进事关人民群众切身利益、社会普遍关注领域的重大执法公示。进一步加大投入、完善网络，加强互联网政务信息数据服务平台和便民服务平台建设，加强区镇村政务(便民)服务平台建设，推进政务公开信息化。

四、推进公正司法，全面提升司法公信力

15. 确保审判权、检察权依法独立公正行使。建立领导干部干预司法活动、插手具体案件处理的记录、通报和责任追究制度。任何党政机关和领导干部都不得让司法机关做违反法定职责、有碍司法公正的事情，任何司法机关都不得执行党政机关和领导干部违法干预司法活动的要求。对干预司法机关办案的，给予党纪政纪处分；造成冤假错案或者其他严重后果的，依法追究刑事责任。依法严格惩戒妨碍司法机关依法行使职权、拒不执行生效裁判和决定、藐视法庭权威等违法犯罪行为。建立健全司法人员履行法定职责保护机制，非因法定事由，非经法定程序，不得将法官、检察官调离、辞退或者作出免职、降级等处分。

16. 优化司法职权配置。完善司法人员分类管理制度，积极配合推进地方法院、检察院人财物统一管理，审判权和执行权相分离，法院、检察院司法行政事务管理权和审判权、检察权相分离，司法管辖与行政区划适当分离等司法体制改革的配套措施。积极配合做好行政案件相对集中管辖试点和资源环境案件审判"三合一"工作。

变立案审查制为立案登记制，做到有案必立、有诉必理。在保障当事人诉权的同时，加大对虚假诉讼、恶意诉讼、无理缠讼行为的惩治力度。推进落实轻微刑事案件快速办理机制，及时有效打击轻微刑事犯罪。加强对涉及公民人身、财产权益的行政强制措施的司法监督。检察机关在履行职责中发现行政机关违法行使或不行使职权，应该督促其纠正。探索建立检察机关提起公益诉讼制度。

明确司法机关内部各层级权限，健全内部监督制约机制。司法机关内部人员不得违反规定干预其他人员办案，建立司法机关内部人员过问案件的记录制度和责任追究制度。完善主审法官、合议庭、主任检察官、主办侦查员办案责任制，做到谁办案谁负责。明确主审法官、合议庭与审判委员会各自对案件的决定权限，规范审判委员会讨论案件的范围、程序和议事规则，强化审判委员会宏观指导职能。完善审判委员会委员参与审理或旁听疑难复杂案件制度。

积极构建预防职务犯罪体系，加强职务犯罪线索管理，健全受理、分流、查办、信息反馈制度，完善保护、奖励职务犯罪举报人制度，完善职务犯罪案件初查机制，依法严格查办职务犯罪案件。完善行政机关和相关部门协查职务犯罪工作机制。建立健全工程建设等领域腐败预防和监督工作机制。

17. 推进严格司法。坚持以事实为根据、以法律为准绳，做到事实认定符合客观真相、办案结果符合实体公正、办案过程符合程序公正，努力让人民群众在每一个司法案件中都感受到公平正义。

推进以审判为中心的诉讼制度改革，确保侦查、审查起诉的案件事实证据经得起法律的检验。全面贯彻证据裁判规则，完善证人、鉴定人出庭制度及证人保护、证人出庭补助制度，保证庭审在查明事实、认定证据、保护诉权、公正裁判中发挥决定性作用。规范自由裁量权行使，统一法律适用标准。规范对缓刑、假释、保外就医、监外执行罪犯的管理，提高社区矫正执法保障能力，加强和落实管理责任。

加大司法案件质量评查力度。政法委员会、人大法工委要强化重点司法案件备案审查工作，司法机关要进一步完善和落实案件内部评查机制，对案件质量进行严格监督把关。实行办案质量终身负责制和错案责任倒查问责制，确保案件处理经得起法律和历史检验。

18. 保障人民群众参与司法。探索创新人民群众参与、监督、评判司法的途径和方式，在司法调解、司法听证等司法活动和涉诉信访工作中保障群众参与。完善人民陪审员制度，规范人民陪审员选任条件，改进选任方式，扩大参审范围，完善随机抽选方式，建立人民陪审员参审案件管理系统，保障实施人民陪审员制度经费，提高人民陪审制度公信度。探索建立专家型陪审员参与专业化案件审理、独立主持调解、参与执行等工作机制。扩大公众有序参与旁听评议庭审。

构建开放、动态、透明、便民的阳光司法机制。除法律规定的特殊情形外，人民法院审理案件一律公开进行。全面推进审判流程公开、裁判文书公开、执行信息公开三大平台建设，实现人民法院依法应当公开的生效裁判文书全部统一上网公开。推行检察机关终结性法律文书公开制度。深化公安机关网上执法告知服务，建立常态化执法回访评价机制。

19. 强化人权司法保障。依法保障诉讼过程中当事人和其他诉讼参与人的知情权、陈述权、辩护辩论权、申请权、申诉权。严格执行罪刑法定、疑罪从无、非法证据排除等法律原则。健全预防刑讯逼供、体罚虐待工作机制，建立完善对所有讯问活动、重要取证活动全程录音录像制度。加强错案信息发现、预警共享机制和平台建设。定期清理超期审理和超期羁押案件。

加大依法强制执行力度，探索建立公安、工商、税务、银行等部门的信息共享、协调联动机制。深入推进网络司法拍卖工作，规范查封、扣押、冻结、处理涉案财物的司法程序，落实失信被执行人信用监督、威慑和惩戒制度。加强执行活动法律监督，切实解决执行难问题，依法保障胜诉当事人及时实现权益。

落实终审和诉讼终结制度，实行诉访分离，保障当事人依法行使申诉权利。完善诉访分离相关导入衔接工作制度，建立健全涉法涉诉信访事项政法部门依法处理和协调配合机制，解决"入口不顺、程序空转、出口不畅"的问题。逐步建立以律师为第三方参与涉法涉诉信访化解工作新机制。

加强司法救助工作，加大对司法办案过程中发现的弱势群体的经济救助力度，进一步规范司法救助资金管理，提高救助对象覆盖面，切实彰显司法的人文关怀。对聘不起律师的申诉人，纳入法律援助范围。

20. 加强对司法活动的监督。认真落实检察机关行使监督权的法律制度，加强法律监督，探索建立重大、疑难案件侦查机关听取检察机关意见和建议的制度。健全完善人民监督员制度和选任管理办法，拓展监督范围，规范监督程序，重点监督检察机关查办职务犯罪的立案、羁押、扣押冻结财物、公诉等环节的执法活动。司法机关要自觉接受社会监督，及时回应社会关切。规范媒体对案件的报道，防止舆论影响司法公正。

加强司法人员职业道德建设，依法规范司法人员与当事人、律师、特殊关系人、中介组织的接触、交往行为，破除各种潜规则，坚决惩治司法掮客行为，防止利益输送；坚决反对和克服特权思想、衙门作风、霸道作风，坚决反对和惩治粗暴执法、野蛮执法行为；绝不允许办关系案、人情案、金钱案,对司法领域的腐败零容忍,坚决清除害群之马。对因违法违纪被开除公职的司法人员、吊销执业证书的律师和公证员,终身禁止从事法律职业,构成犯罪的要依法追究刑事责任。

五、弘扬法治文化,推动全民守法

21. 提升法治宣传教育质效,增强全民法治意识。坚持把全民普法和守法作为依法治区的长期基础性工作,大力弘扬社会主义法治理念和精神,建设社会主义法治文化,在全社会形成守法光荣、违法可耻的社会浓厚氛围,提高全社会尊法学法守法用法的自觉性。

健全法治宣传教育机制。要加强组织领导和法治宣传教育经费保障,进一步发挥宣传、组织、文化、教育等部门和人民团体在法治宣传教育中的职能作用。严格落实国家机关"谁执法谁普法"责任制,建立法官、检察官、行政执法人员、律师等以案释法制度。领导干部要带头学法、模范守法,积极实施领导干部法治讲座及集中学法制度,把宪法法律作为党委(党组)理论学习中心组重点学习内容,列为党校必修课程,纳入干部教育培训规划。把法律知识作为公务员初任培训、任职培训、业务培训的重要内容,落实公务员学法用法考试通报制度。把法治教育纳入国民教育体系,在中小学设立法治知识课程,确保"计划、课时、教材、师资"四落实,并大力开展青少年法治实践活动。建立健全企事业单位经营管理人员及职工法治教育培训制度。完善以"区统筹、镇主导、村(社区)负首责"的农村普法工作机制,重点加强农村两委干部等法律明白人培训。把法治教育纳入职业技能培训课程,建立劳动保障部门、用工企业、社区等多位一体的农民工、流动人口宣传教育机制。加强普法讲师团、普法志愿者队伍建设,推动法治宣传市场化运作,建立健全媒体公益普法制度,提高新媒体新技术运用水平。

22. 推动法治文化繁荣和发展。充分发挥法治文化的教育、熏陶、示范、引导作用,把法治教育纳入精神文明创建内容,深入开展贴近生活、形式新颖、内容丰富的群众性法治文化活动。充分利用通州小戏小品的特色和优势,推动法治文化产品创作,着力打造一批思想性、艺术性和观赏性有机结合、深受群众喜爱的法治文化精品。

深入推进法治文化阵地建设。在加快新城镇建设的同时,将法治文化元素统筹融入城乡基础设施规划和建设之中,着力建设与全面推进依法治区进程相适应的法治文化主题景观。按照"一镇一品、一村一特色"思路,推进镇村法治文化阵地建设,在有条件的机关、学校、企业开辟法治文化站点。组织开展好法治文化示范点创建和法治人物、法治事件评选等活动。

加强法学研究。充分发挥区法学会的研究职能,组织各专业研究会积极开展法学研讨活动,紧紧围绕全区深化改革进程中的重要领域、难点环节、重大利益调整等方面的法律问题,开展应用法学研究,为党委、政府的重大决策提供智力支持和法律支撑,促进法学研究成果应用到实践中去。

23. 推动法治与德治相得益彰。要以法治体现道德理念,强化法律对道德建设的促进作用;以道德滋养法治精神,强化道德对法治文化的支撑作用。加强公民道德建设,积极弘扬中华优秀传统文化,培育和践行社会主义核心价值观,形成社会公德、职业道德、家庭美德、个人品德的公民意识。加强诚信社会建设,加快构建社会诚信体系和信用信息系统,健全公民、组织守法信用记录,完善守法诚信和违法失信的奖惩机制,有效推动政务诚信、司法公信、商务诚信、社会诚信。充分发挥法治在解决道德领域突出问题中的作用,强化规则意识,倡导契约精神,弘扬公序良俗,使守法诚信成为广大公民的道德意识和行为自觉。

六、推进社会治理法治化,加快法治社会建设

24. 大力推进依法治理。坚持系统治理、依法治理、综合治理、源头治理,善于运用法治思维、法治精神、法治方式推进社会治理实践,形成党政善治、社会共治、基层自治的良好局面。深化基层群众自治。全面推行城乡社区社会治理网格化,加强网格管理员队伍建设,规范工作职责、工作程序,逐步实现社区网格化服务管理全覆盖。积极探索创新社区管理体制,支持和发展志愿服务组织,推广"政社互动"等基层社会治理新模式,合理有效组织群众,引导社会力量和群众自治组织参与社会治理和平安建设,推动基层工作由传统社会管理向现代社会治理转型。深化基层组织和部门、行业依法治理,支持各类社会主体自我约束、自我管理。发挥市民公约、乡规民约、行业规章、团体章程等社会规范在社会治理中的积极作用。

充分发挥人民团体和社会组织作用,建立健全社会组织参与社会事务、维护公共利益、救助困难群众、帮教特殊人群、预防违法犯罪的机制和制度化渠道,承接基本公共服务。推动社会组织建立和完善内部治理机制,发挥行业自律和专业服务功能。依法完善职工代表大会、民主恳谈会、劳资协商会、职工议事会等形式的民主管理制度,组织职工参与管理,保障职工行使民主权利。依法管理宗教事务,妥善处置涉及民族、宗教等因素的社会问题,促进民族关系、宗教关系和谐。

25. 健全依法维权和矛盾纠纷化解机制。强化法律在维护群众权益、化解社会矛盾中的权威地位,建立健全社会矛盾预警机制、利益表达机制、协商沟通机制、救济救助机制,畅通群众利益协调、权益保障法律渠道,引导和支持人民理性表达诉求、依法维护权益。

健全社会矛盾纠纷预防化解机制。加强区、镇、村调解组织建设,以提升矛盾纠纷预防化解工作实效为目标,以职业化、法治化、信息化、专业化为方向,深化发展"一综多专"大调解工作格局,强化人民调解、行政调解、司法调解联动工作体系建设,加强医患、劳资、征地拆迁、环境保护、土地承包经营、物业管理、交通事故、婚姻家庭以及知识产权、电子商务、现代物流等行业性、专业性调解组织建设,完善调解、仲裁、行政裁决、行政复议、诉讼等有机衔接、相互协调的多元化矛盾纠纷解决机制,构筑全方位、动态化社会矛盾纠纷预防排查化解机制。

积极推动信访纳入法治化轨道。加快实施阳光信访,实现信访业务网上流转,方便群众反映诉求,提升信访工作公信力。依法规范信访秩序和处置非正常上访,引导信访群众依法逐级上访,保障合理合法的诉求依照法律规定和程序就能得到合理合法的结果。以化解信访积案为工作突破口,做到诉求合理的问题解决到位、诉求无理的教育解释到位、行为违法的依法打击到位、生活困难的帮扶救助到位"四个到位"。

26. 建立完备的法律服务体系。将公共法律服务纳入经济社会发展规划和政府公共服务范围,按照政府主导、社会协同、专业发展、项目合作的原则,大力推进区、镇(区、园)公共法律服务中心和村(社区)司法行政服务站建设,将基层特别是农村作为重点,推进覆盖城乡居民的公共法律服务体系建设。完善党政机关、企事业单位、村(社区)法律顾问制度,加强"12348"司法行政公共服务平台建设,开展村(社区)法律志愿者活动。加强民生领域法律服务,完善法律援助制度,落实法律援助政府责任,健全基层法律援助工作站点,扩大法律援助范围,推动法律援助对象从低保人群向低收入人群延伸,更好的满足人民群众的基本法律服务需求。积极发展律师、公证、基层法律服务等法律服务业,统筹城乡、区域法律服务资源,发展涉外法律服务业。鼓励引导社会力量参与公共法律服务,建立健全公共法律服务标准和质量评价机制、监督机制、失信惩戒机制、购买机制、补偿机制,实现公共法律服务提供主体和提供方式多元化、规范化。

27. 深入推进社会治安综合治理。运用法治思维和法治方式深化新一轮平安通州建设,认真落实综治领导责任制,推进综治网格化信息系统建设。进一步完善立体化、现代化社会治安防控体系,大力实施城乡科技防控网一体化工程。依法严厉打击暴力恐怖、涉黑犯罪、邪教和黄赌毒等违法犯罪活动,加强治安重点地区排查整治,有效维护公共安全。健全社会治安形势分析研判机制、实战指挥机制、部门联动机制,完善流动人口信息社会化采集机制。进一步健全社区矫正制度,完善对社区服刑人员、戒毒人员、刑满释放人员的救助管理制度,有效预防和减少重新违法犯罪。制定和完善特殊人群管理服务政策,建立健全对特殊人群的社会关怀帮扶体系。深入开展重点青少年群体"成长护航工程",减少在校生违法犯罪比例。依法强化危害食品药品安全、影响安全生产、损害生态环境、破坏网络安全等重点问题治理,依法落实社会风险和突发事件隐患排查监控责任。健全突发事件应急管理体系,对学校、医院、公共交通等重点部位落实反恐防爆预案,加强演练,提高应急处置能力。建立平安志愿者队伍,强化群防群治,教育群众增强防范意识,落实自防措施。

七、加强法治工作队伍建设,为全面推进依法治区提供人才保障

28. 提高法治专门队伍素质。把思想政治建设放在首位,加强理想信念教育,深入开展社会主义核心价值观和社会主义法治理念教育,坚持党的事业、人民利益、宪法法律至上,扎实开展岗位练兵、技能比武、业务考核、执法评查、队伍督察活动,着力建设一支忠于党、忠于国家、忠于人民、忠于法律的执法、司法专门队伍。把执法、司法机关领导班子建设作为关键,突出政治标准,把善于运用法治思维和法治方式推动工作的人选拔到领导岗位上来。严格执行领导干部考核、轮岗、交流制度,畅通法治干部和人才交流渠道。

推进法治专门队伍正规化、专业化、职业化,提高职业素养和专业水平。严格法律职业准入制度,落实国家统一法律职业资格考试制度,抓好法律职业人员统一职前培训工作。从符合条件的律师、法学专家中招录法官、检察官,畅通具备条件的军队转业干部进入法治专门队伍的通道,健全从政法专业毕业生中招录人才的规范便捷机制。认真贯彻实施法官、检察官逐级遴选及统一招录等制度。根据中央及省统一部署,建立法官、检察官、人民警察专业职务序列及工资制度,健全职业保障体系,完善符合法治工作职业特点的人员管理制度。

29. 加强法律服务队伍建设。强化律师队伍思想政治建设和道德诚信建设,把拥护党的领导、拥护社会主义法治作为律师从业基本要求。构建社会律师、公职律师、公司律师等优势互补、结构合理的律师队伍。提高律师队伍业务素质,完善执业保障机制。加强律师事务所管理,严格执行律师违法违纪执业惩戒制度,规范律师执业行为。加强律师行业党的建设,切实发挥律师行业党组织的政治核心作用。推进各级党政机关、人民团体普遍设立公职律师,引导规模以上企业设立法务部、配备律师。发展公证员、基层法律服务工作者、人民调解员队伍,加强法律服务志愿者队伍建设。建立健全调解员管理和工作机制,大力推进调解员队伍职业化、专业化建设。

30. 创新法治人才培养机制。把法治人才队伍建设纳入全区人才发展总体规划,建立健全法治队伍教育培训体系,加强法治专业人才储备,打造德才兼备、业务精湛的法治人才队伍。加强法治基础理论研究,推动社会主义法治理论进教材进课堂进头脑,培养造就熟悉和坚持中国特色社会主义法治体系的法治人才及后备力量。加强政法部门和法学院校、法学研究机构人员双向交流,推行法治工作部门和高校人员互聘计划,培育高素质的法治骨干教师、专兼职教师队伍以及善于处理涉外法律事务的涉外法治人才队伍。

八、加强和改进党的领导,开创依法治区新局面

31. 不断提高依法执政水平。各级党委按照"三统一""四善于"的要求,既要充分发挥党总揽全局、协调各方的领导核心作用,确保党的主张贯彻到全面推进依法治区的实践之中;又要改进党的领导,自觉在宪法法律范围内活动,以法治的理念、法治的体制、法治的程序开展工作。在法治的框架下,完善党委科学、民主、依法决策机制,发挥政策和法律的各自优势,促进政策和法律互联互动,凡涉及民生的重大事项、重大项目以及重大改革在实施之前,进行社会稳定风险评估。党员干部特别是领导干部要带头学法用法、带头遵守法律、带头依法办事,牢记法律红线不可逾越、法律底线不可触碰，不得违法行使权力，更不能以言代法、以权压法、徇私枉法。各级人大、政府、政协、审判机关、检察机关的党组织和党员干部要坚决贯彻党的理论和路线方针政策，贯彻党委决策部署，党组织要领导和监督本单位模范遵守宪法法律，坚决查处执法犯法、违法用权等行为。

加强政法委员会对政法工作的组织领导，把工作着力点放到把握政治方向、协调各方职能、统筹政法工作、建设政法队伍、督促依法履职、创造公正司法环境上，带头依法办事，保障宪法法律正确统一实施。完善政法机关党组织重大事项向党委报告制度，加强政法机关党的建设，在法治建设中充分发挥党组织政治保障作用和党员先锋模范作用。

32. 健全党委领导依法治区的制度和工作机制。坚持党委统一领导、各方分工协作、社会广泛参与，依法治区领导小组及其办公室要加强对全面推进依法治区工作的组织领导和统筹协调。坚持把法治建设摆在全局工作重要位置，纳入经济社会发展规划，纳入目标管理绩效考核体系，党政主要负责人切实履行法治建设第一责任人职责。制定法治建设目标管理责任制，明确各地各部门职责和分工，确保形成齐抓共管合力。宣传部门和主流媒体要加大法治建设宣传力度，形成浓厚的社会舆论氛围。法治建设各协调指导组、法治系列创建各牵头单位要根据自身职责和工作计划，及时抓好任务落实。机关各部门要充分发挥示范作用，切实抓好本部门、本系统的法治建设。各级工会、共青团、妇联、法学会等人民团体和群众组织要充分发挥自身优势，积极参与和推动法治建设工作。

33. 强化党内法规制度建设和执行。广大党员必须强化“党纪严于国法”意识，以更高标准要求自己。要完善惩治和预防腐败、防控廉政风险、防止利益冲突等制度规定。建立作风建设长效机制，依纪依法反对和克服形式主义、官僚主义、享乐主义和奢靡之风。严格落实党风廉政建设党委主体责任和纪委监督责任，对任何腐败行为和腐败分子，必须依纪依法予以坚决惩处，决不手软。提高党内法规制度的执行力，运用党内法规把党要管党、从严治党落到实处。严肃处理违反党规党纪的行为，对苗头性倾向性问题必须抓早抓小，防止小错酿成大错、违纪走向违法。

34. 提高党员干部法治思维和依法办事能力。党员干部要自觉提高运用法治思维和法治方式深化改革、推动发展、化解矛盾、维护稳定的能力，领导干部尤其要以身作则、以上率下。把法治建设绩效作为衡量各级领导班子和领导干部工作实绩的重要内容，完善和落实领导干部尤其是党政主要领导的述法考评机制和任前法律知识考试制度，把遵纪守法、依法办事作为考察干部的重要内容，在同等条件下优先提拔使用法治素养好、依法办事能力强的干部。

35. 健全基层法治组织机构。充分发挥基层党组织在全面推进依法治区中的战斗堡垒作用，增强基层干部法治观念、法治为民意识，提高依法办事能力。强化基层法治队伍力量，充实依法治理工作机构人员，镇（区、园）全部建立依治办，落实专职人员，村（社区）建立法治工作室，配备由大学生村官、政法干警、律师、法律服务工作者或志愿者等组成的法治工作力量，建立健全覆盖基层的法治工作组织网络。各级财政加大对基层法治建设的经费保障力度。

36. 完善平安法治创建和考核评价。推动平安和法治融合发展，以平安通州、法治通州创建为载体，引领和推进区域平安法治建设。在机关、镇村、学校、医院、企业中深入开展多层次多形式的平安法治创建活动，不断培育先进典型，定期进行表彰奖励，进一步激发广大干部群众参与平安法治建设的热情。秉持“关注民生、服务民生、保障民生”理念，深入实施法治实事惠民工程，不断提高法治建设群众满意度。加强检查考核，制定完善法治建设绩效评估指标体系，充分发挥指标考核的引导、激励和规范作用，推动依法治区不断发展。

全区各级党委和部门党组要全面准确贯彻中央《决定》和省委、市委、区委《意见》精神，根据本地区本部门实际，扎扎实实开展工作，确保各项部署落到实处。

全区各级党组织和广大党员干部群众要更加紧密团结在以习近平同志为总书记的党中央周围，高举中国特色社会主义伟大旗帜，积极投身全面推进依法治区的实践，求真务实，开拓进取，为建设法治通州、谱写好中国梦通州篇章而努力奋斗。

（通发〔2015〕4号）

关于做好行政区划调整工作的实施意见

（2015年3月24日）

为深入贯彻落实党的十八大和十八届三中、四中全会以及区委十一届九次全会精神，科学调整行政区划，优化城镇布局，促进经济发展，提升行政效能，提高人民群众生产生活水平，根据《省政府关于调整南通市通州区部分行政区划的批复》（苏政复〔2015〕22号）和《南通市人民政府关于调整通州区部分行政区划的通知》（通政发〔2015〕23号）文件精神，现就我区行政区划调整工作提出如下实施意见：

一、行政区划调整的重要意义

（一）行政区划调整是经济社会发展的必然趋势。实施行政区划调整是一个地方发展到一定阶段的必然选择。上世纪90年代以来，我区先后进行了3次乡（镇）级行政区划调整，共撤并乡镇30个，划出3个镇。实践证明，前几次区划调整，对优化资源配置、提高行政效能、推动经济社会发展起到了积极作用。党的十八大提出要促进工业化、信息化、城镇化、农业现代化同步发展，省政府下发的《关于扎实推进城镇化促进城乡发展一体化的意见》要求区政府驻地镇设立街道办事处，实现区政府—街道—社区的直接管理模式，这些都为推进城镇化指明了方向、注入了动力、提出了要求。今后一段时期，我区仍处于工业化、城镇化加速发展期，要达到在苏中率先全面建成小康社会、向基本实现现代化迈进的目标，亟需通过行政区划调整，来进一步优化镇（区、街道）布局，扩大中心城区和城镇规模，加快工业化、城镇化进程，为全区经济社会平稳健康发展奠定坚实的基础。

（二）行政区划调整是优化生产力布局的重要举措。近年来，我区积极鼓励乡镇充分放大自身优势，全力加速发展。但由于客观条件的制约，乡镇仍然存在同质化竞争现象，有限的要素资源未能发挥最大效益；部分镇经济发展较慢，综合实力较弱，集镇建设水平较低，影响了集聚、辐射、综合服务作用的发挥。合理调整行政区划，促进乡镇布局由“量多面散”向“优化集中”转变，有利于合理配置资金、技术、土地、劳动力等要素资源，统筹推进基础设施建设和教育、卫生、文化等社会事业发展，推动公共资源均等化，改善城乡群众生产生活条件。通过对区域相邻、产业相近的镇进行撤并，加快理念上的渗透、经济上的平衡、资源上的整合，进一步推动产业集聚发展，整合各类要素资源，更好地发挥强镇辐射带动作用，推动镇域经济规模化、集约化发展。

（三）行政区划调整是推进新型城镇化与城乡发展一体化的迫切要求。根据省确定的我区城镇体系规划，至2030年规划建成一个现代化中等城市，若干个重点镇和特色镇，形成布局合理、功能完善的城镇体系。通过此次区划调整，形成更加合理的城镇布局，有利于构建规模适度、梯次鲜明的城镇体系，全面加快城镇化建设进程。尤其是中心城区由金沙、金新、先锋和兴东等4个街道构成，将从根本上解决城市发展空间问题，形成与城市相匹配的城镇体系、管理体制，进一步增强中心城区的集聚功能，加快推动城区西拓南进，实现与南通主城区无缝对接、融合发展。

（四）行政区划调整是全面提升行政效能的重要途径。随着经济社会的发展，农村领域各项改革深入推进，镇一级政府需要更多地承担社会管理和提供公共服务产品。但由于行政区划调整相对滞后，我区部分镇规模普遍偏小，乡镇工作机构和事业单位都不少，在一定程度上影响了行政管理效能，增加了行政管理成本。这次行政区划调整为12个镇4个街道，可以精简行政机构和人员，减少管理层次，有利于建立起结构合理、管理科学、廉洁高效、运转协调、行为规范、与社会主义市场经济相适应的行政管理体制；有利于降低运行和发展成本，把有限的财力用在刀刃上，把更多的财力用在民生改善和促进发展上；有利于促进政府按照“小政府、大服务”的理念，更好地提高为民服务水平和办事效率，让人民群众享受更多的改革发展成果。

二、行政区划调整的指导思想和基本原则

（一）指导思想

深入贯彻党的十八大和党的十八届三中、四中全会以及区委十一届九次全会精神，围绕建设南通东部新城和打造宜居宜业现代中等城市的目标定位，根据我区城镇体系规划和实际情况，按照产业集聚、布局合理、促进发展、沿革历史和便于管理的原则，通过行政区划调整，进一步优化生产力布局，加快城市化进程，推动城乡统筹，整合发展资源，理顺管理体制，促进经济发展，提高服务效能，为通州奋力走在苏中新一轮发展前列夯实基础。

（二）基本原则

1. 产业集聚。立足区域发展特色，充分考虑产业相似性和关联度，依托现有行政区域的产业优势、产业特色进行整合，全力推进产业的集聚化、规模化、链式化发展，努力形成区域产业特色。

2. 布局合理。坚持行政区划与城乡建设规划相衔接，在空间布局上科学均衡，预留重点区域的发展空间，尽可能充分利用现有条件，保持基础设施完好和重点基本建设的连续性。

3. 促进发展。按照“小政府大服务”和“责权利相统一”的要求，整合优化资源配置，构建隶属关系清晰的行政管理体制，提升中心城市能级，加快推动镇域经济做大做强、协调发展，进一步加快新型城镇化与城乡发展一体化进程。

4. 沿革历史。在充分尊重历史沿革、自然地理、风俗习惯、行政管理等客观因素的基础上进行区划整合，使历史文化有效沿革，社会矛盾最大减少，人民群众容易接受。

5. 便于管理。立足现有社会公共服务资源的分布，从有利于加强社会管理、有利于方便群众办事、有利于社会和谐稳定出发，统筹考虑区划调整的各种因素，扎实、有序、积极、稳妥的做好各项便民工作。

三、行政区划调整的主要内容

此次行政区划调整的主要内容是：将19个镇调整为12个镇、4个街道。具体调整如下：

1. 撤销金沙镇。以原金沙镇东市、南山、新村、虹南、虹西、北山、朝阳、新市、安康、育才10个居委会和进鲜港、虹西、城东、新三园、金北、太山、平桥镇、港北、金余9个村委会区域设立金沙街道办事处。街道办事处驻南山居委会大庆路10号。

2. 撤销先锋镇。以原先锋镇三圩头、苏家埭、花园、十六里墩、永安、秦家埭、周圩、双盟8个村委会区域设立先锋街道办事处。街道办事处驻秦家埭村委会。

3. 将原金沙镇金南、八角亭、镇南、金乐、碧堂庙、金桥、果园、华山8个居委会和三姓街、狮子桥、花家渡、界北、文山、油榨、张门、邢园、元帅庙、通灵桥10个村委会区域与原先锋镇利民、正场、民平3个村委会，以及二甲镇进东、麒麟桥2个村委会，川姜镇双池头、复兴、朝东圩、夏四店、大石桥、金普6个村委会区域合并，设立金新街道办事处。街道办事处驻油榨村原金乐街8号。

4. 撤销兴东镇。以原兴东镇行政区域设立兴东街道办事处，街道办事处驻机场新村居委会解放路88号。

5. 撤销平潮镇、平东镇。将原平潮镇行政区域与原平东镇行政区域合并，设立新的平潮镇。镇人民政府驻栖凤居委会建设路38号。

6. 撤销十总镇、骑岸镇。将原骑岸镇行政区域与原十总镇行政区域合并，设立新的十总镇。镇人民政府驻十总居委会春桃街158号。

7. 撤销东社镇、五甲镇。将原五甲镇行政区域与原东社镇行政区域合并，设立新的东社镇。镇人民政府驻东社居委会。

8. 撤销兴仁镇、四安镇。将原兴仁镇行政区域与原四安镇徐家桥、戚家桥、阚庵东、温桥、韩家坝、阚家庵6个村委会和酒店居委会区域合并，设立新的兴仁镇，镇人民政府驻兴仁居委会金通公路3168号。将原四安镇九总渡、龙坝2个村委会划归西亭镇管辖。

四、行政区划调整的时间步骤

本次行政区划调整从2015年3月25日开始实施，到2015年4月15日结束。具体分为四个阶段组织推进：

（一）工作准备阶段。组织进行调查研究、制定方案、审核报批，建立行政区划调整工作领导小组及其工作组和指导组，统筹负责镇（街道）行政区划调整工作；制定镇（街道）行政区划调整工作意见、日程安排等；做好相关会议准备工作；区各工作组制定各项工作方案。

（二）宣传发动阶段（3月25日—3月27日）。召开全区行政区划调整工作动员大会和指导组工作会议；区各指导组深入联系镇（街道）参与召开动员会议；各镇（街道）深入各村（社区）、企事业单位、基层、群众进行宣传，统一思想、增进共识。新建镇（街道）领导班子明确分工，搞好新的行政机构和事业单位设置工作，明确临时负责人。

（三）组织实施阶段（3月26日—3月31日）。区各指导组赴各联系镇（街道）开展工作。区各工作组及各有关部门对各镇（街道）资产管理、账户合并、档案移交、印信使用等工作开展具体业务指导。相关维稳工作部门部署安排行政区划调整期间的维稳工作。3月31日前，各镇（街道）做好资产登记、建设项目登记、文书档案的归并等工作，并完成整体移交工作。

（四）总结深化阶段（4月1日—4月15日）。4月15日前，各新建镇（街道）向区委、区政府总结报告行政区划调整完成情况。做好资产清查，理清账目和债权债务关系，进行财务审计；相关部门着手开展涉及调整镇主要负责人用人责任、经济责任、编制责任“三联审”；各新建镇（街道）完成“三定”工作，人员调整到位，正常开展各项工作。

五、行政区划调整的重点问题

行政区划调整工作涉及面广、政策性强，在具体操作中务必妥善处理好以下几个问题。

（一）机构编制问题。区划调整后，建立新建镇（街道）各类党政组织，所属基层单位党政组织由新建镇（街道）党政组织接收和管理，撤并镇各类党政组织自然消失。撤并镇党政职能机构、事业单位实行对口合并。各村委会、居委会建制不变，其名称按新建镇（街道）名称作相应变更。撤并镇的企业和社会团体名称中涉及镇名的，按有关规定作变更登记，其法律责任不变。撤镇设街道的各类组织机构先运行操作，再按有关规定逐步规范到位。区编办根据新建镇（街道）规模核定机关事业编制数，并确定相应机关事业单位领导职数。各新建镇（街道）按照要求制定“三定”规定草案并上报区机构编制工作组。

（二）组织人事问题。

1. 区管领导干部：采取“以人为本、适度调整、合理分流、平稳过渡、逐步消化”的办法安排。新建镇领导班子成员职务按干部管理权限重新明确，撤镇设街道的领导班子成员职务也按规定重新予以明确。撤并镇的领导班子成员原职务自然消失，不再办理免职手续。行政区划调整中低于原职务安排在镇、街道的干部，均保留原职级待遇至退二线职务时；新建镇人大、政府相关负责人先到岗工作，后按法定程序选举。新建镇（街道）领导班子明确后，要迅速履行职责，确保社会稳定和工作的连续性。

2. 科级以下公务员：整建制撤并的镇，科级以下公务员整建制对口合并。各办公室主任由新建镇（街道）明确临时负责人或由分管领导兼任；其他公务员由新建镇（街道）根据有关规定，做好人员调配及安置工作。

3. 事业单位人员：安排办法参照科级以下公务员到新建镇（街道）对应的服务中心，由新建镇（街道）明确各服务中心临时召集人（也可由分管领导临时负责统筹），待运行一段时间后通过适当方式正式任用。事业人员以条线管理为主的，由区各主管部门在征求各镇（街道）党（工）委意见的基础上，组织实施；以镇（街道）管理为主的，由各新建镇（街道）党（工）委在征求区级机关主管部门意见基础上，组织实施。区级机关部门包括公安、市场监管、国税、地税、邮政、电信、供电、广电、交运、卫生、粮食、供销社、保险、各金融系统等驻原有关镇的下属机构或企事业单位，暂维持原状，待行政区划调整到位并运行一个阶段后，在不削弱原有关镇所在地相关业务工作和不影响群众生产生活的前提下，由区主管部门根据工作需要适时做好调整。原有关镇所在地的市政、环卫管理等队伍不撤销、工作不削弱，纳入新建镇（街道）统一管理。

4. 自聘人员：撤并镇自聘人员的清理分流工作，按照先并后理的原则，由新建镇（街道）适时组织实施，区人社部门予以指导和督查。

5. 离退休人员：机关事业单位离退休人员原则上整体划转到新建镇（街道）。各镇（街道）必须做好离退休人员服务工作，确保和谐稳定。

6. 村党组织、村委会班子和区域内企业党组织原则上实行整体划转，由相关镇做好对接工作。

7. 其他：新建镇党代会以驻地所在镇党代会届次为准，具体由区党代表联络办公室根据有关规定予以明确。新建镇人代会届次、代表资格等事项，由区人大常委会根据有关规定予以明确。

（三）资产管理问题。整建制撤并的镇，资产及债权债务等整体合并至新建镇。涉及部分村调整的，村级核算单位不变,村级资产所有权(包括债权债务)不变,随村(居)带入新建镇(街道);镇级资产及债权债务等原则上跟原镇母体走。资产管理工作在区行政区划调整工作领导小组指导下,由资产审计工作组有计划、有步骤地组织实施。根据区确定的资产管理要求,对撤并镇所有的资产及债权债务进行全面清理,严格做好冻结、界定、登记、审计和移交等各项工作。按照"先并后清、平稳过渡、从紧从快"的要求,及时搞好资产、账务等的对口合并、交接与清理,确保资产不流失。办理交接后,新建镇(街道)将资产、账务的清理交接情况形成书面材料报区委区政府。资产账务合并交接后,新建镇(街道)要及时研究制定相应的管理措施和办法,尽快建立管理制度,对于撤并镇政府原债权债务,新建镇(街道)应作出承诺或办理相关手续,予以妥善处理。区划调整工作中,涉及到的资产及债权债务不明晰或存在异议的,由相关镇(区、街道)会同区资产审计组予以明确。

(四)合并办公问题。为不影响群众办事,由新建镇在非政府驻地的原镇区设立便民服务机构,确保各项工作有序对接;除根据工作安排留在原镇区办事机构的人员外,其余人员原则上要在动员大会后到新建镇驻地集中办公。各新建镇要周密制定合并办公方案,统筹考虑、妥善安排,做好办公用房、办公设施等方面的准备。

(五)档案、印章和证照等管理问题。

1. 档案。各镇要在区档案部门的组织指导下,提前将机关文书档案、声像档案、实物档案、领导或著名人士题词、有关资料等进行统一收集和整理,并在动员大会后一周内,以未调整前的镇为主体,统一向区档案馆移交,具体事宜由区档案局安排。整建制撤并镇各有关条线部门的档案全部由新建镇相关条线部门接收保管,非整建制撤并镇有关条线部门的档案原则上跟随母体走,同时将涉及被拆分区域的档案资料复印件移交给相应镇。原有档案人员必须在完成档案的收集、整理、移交工作后才能调离或改做其他工作,确保档案材料的齐全完整和管理的连续性。

2. 印章。各镇(街道)及下辖相关村(居)党支部、村(居)委会、事业单位印章,由新建镇(街道)负责统一收回后再换发,旧印章由新建镇(街道)收齐后按规定移交区档案局。企业、社团等需更换印章的按有关规定进行换发。

3. 证照。所有单位和个人的各类证件、执照均继续使用,对因行政区划调整所带来的各种证照、地址、门牌号等的变更,在尊重群众意愿的基础上,结合年检或其他一定时段内做好证件更换工作,一律不收取换证费用。原有关镇领导机关的牌子由新建镇(街道)党(工)委统一安排收取和管理,新建镇(街道)领导机关及下辖村(居)、事业单位等牌子需新制作的,由各自负责制作。其他各类指示牌、广告牌、标识牌需要更换的,由各相关主体按有关规定进行制作和更换。

(六)建设项目管理问题。由撤并镇政府或集体投资,尚未立项或已立项未开工的行政事业单位和社会事业建设项目,近期由新建镇(街道)党(工)委重新组织研究同意后予以组织实施。因行政区划调整暂停施工或调整施工方案的在建工程,应切实做好工作,防止产生法律纠纷和其他矛盾。

(七)财政体制问题。

1. 整建制合并的镇,所有财政体制基数合并至新建镇(街道)。

2. 非整建制合并的镇,财政体制基数按照被拆分区域的相关财政保障数据、土地面积、企业纳税情况等综合因素分解合并到新建镇。

(八)统计口径问题。坚持属地统计的原则,由统计部门根据区划调整情况,相应的调整各类统计指标和统计基数。

(九)规划调整问题。各新建镇(街道)要根据经济社会发展的需要,按照法定程序,科学修订镇经济社会发展、土地利用和城镇建设等各类规划,确保有序衔接。

(十)政策对接问题。区划调整后,各新建镇(街道)社会保障水平等按就高不就低原则执行,对原撤并镇基础设施、社会管理等投入力度不减。

(十一)施教区问题。涉及区划调整的镇(街道)施教区目前保持不变,今后根据生源情况,按照方便群众的总体原则进行适当调整。

(十二)目标管理考核问题。2015 年度各镇区园、街道目标责任制考核及其他涉及镇区园、街道的考核工作,按新建镇(街道)下达指标、进行考核(金新街道除外)。

六、行政区划调整的工作要求

(一)加强组织领导。为加强对行政区划调整工作的领导,区委、区政府成立行政区划调整工作领导小组,下设机构编制组、综合改革组、风险评估及稳定保障组、组织人事组、纪检监察组、资产审计组、档案交接督导组、宣传教育组等八个工作组,具体抓好行政区划调整各个环节工作的落实。同时由区领导挂帅,抽调有关部门同志组成九个行政区划调整工作指导组及其办公室,分别到各联系镇(街道)指导帮助做好行政区划调整工作。区各有关部门及各镇(街道)要服从大局,各司其职,主动协调配合,并根据行政区划调整的具体情况,合理制定本系统本单位相关的机构、人事等调整方案,尽快上报区委、区政府批准后实施。各新建镇(街道)在区行政区划调整工作指导组的领导和指导下,分解好各项工作任务,以高度的责任感组织好各阶段的实施工作。各镇(街道)党(工)委主要领导要对行政区划调整实施工作负总责,原有关镇与新建镇(街道)之间各项交接工作等都要明确专人负责。要注意工作方法,增强工作预见性、超前性,对组织实施中的每个步骤,要制定严密细致的工作预案,确保不出现工作紊乱,不产生不稳定因素,并努力创造积极的社会效应。

(二)广泛深入宣传。新建镇(街道)要按照行政区划调整的工作要求,分层次召开领导班子会议、机关干部会议、行政村(居委会)和企事业单位负责人会议,以及党代表、人大代表、政协委员、老党员、老干部、离任村干部、村民代表通报会等,传达上级精神,宣传行政区划调整的重要意义,做好正面教育和思想疏导工作。要坚持把思想政治工作贯穿于行政区划调整的全过程，运用多种形式和渠道，引导党员干部和广大群众识大体、顾大局、想长远，自觉服从和积极参与调整工作。要重点做好原撤并镇老干部、机关干部、村（居）干部、企业领导和集镇个体工商户等方面的思想工作，使新建镇（街道）尽快形成凝聚力和向心力。宣传部门要认真研究制定宣传方案，集中精力和时间，多渠道、多角度的进行广泛深入、科学有效地宣传，形成正确舆论导向，努力营造良好的舆论氛围。

（三）严明各项纪律。严格按照《关于行政区划调整中严肃有关纪律的通知》的要求，严肃政治纪律，讲政治、顾大局，坚决服从组织，坚决听从指挥，坚决维护稳定；严肃组织人事纪律，严禁违反规定擅自提干、提职、发展党员、调整安排人员、调整工资等；严肃财经纪律，认真做好资产清查登记和移交等工作，严禁违规处理国有、集体资产和各类债权债务等；严肃工作纪律，严格遵守工作制度，坚守岗位，恪尽职守，主动做好工作交接和衔接，严禁擅离职守、消极怠工，严禁擅自决定、轻易表态、自行其是；严肃党风党纪，严禁违反规定发放奖金、补贴、福利、纪念品等，严禁借机收送礼金、有价证券、支付凭证和商业预付卡等，严禁借各种名义相互宴请、大吃大喝。纪检监察部门要加强对各项政策和纪律执行情况的监督检查，坚决杜绝有令不行、有禁不止的行为，对顶风违纪行为，一经发现，对当事人和直接责任人一律先免职再严肃处理；对情节严重、造成恶劣影响的，追究有关领导责任，确保行政区划调整工作圆满完成。

（四）切实维护稳定。行政区划调整工作领导小组的各工作组、指导组和区各有关部门要保持高度的敏锐性，主动与各新建镇（街道）多交流、多沟通、多商量，集思广益，因事施策，超前做好工作衔接，争取工作主动权，保持工作连续性。规划、国土、城管等部门和属地镇要加强巡查，严格防止各类违法占地、违法建设等借机滋生蔓延。教育、卫生、供电、邮政、电信、公安等与群众生产生活联系密切的部门，要主动关心群众所需，解决群众所困。区政法、信访等职能部门要加强政策宣传和思想疏导，加强重点部位控制，加强网络舆情管控，加强信息的收集、研判，要制定工作预案，妥善处置可能发生的突发事件，确保社会和谐稳定。各镇（街道）领导班子要按照新形势和新要求，加强学习，搞好团结，创造性开展工作，形成强大合力。撤并镇原党委、人大、政府领导班子成员要积极支持、密切配合新建镇领导班子做好各项工作，特别是对原区域出现的矛盾和问题，要主动出面协调处理，不得以任何理由推诿扯皮。

行政区划调整事关大局，事关长远，事关广大干部群众根本利益，各镇区园、街道、各部门要讲党性，顾大局，树正气，积极贯彻落实区委、区政府的决策部署，精心组织，周密安排，认真实施，严肃纪律，确保行政区划调整工作顺利实施、经济社会持续平稳健康发展。

（通发〔2015〕11号）

关于深化医药卫生体制改革建设现代医疗卫生体系的实施意见

（2015年4月3日）

医疗卫生事业关系人民群众幸福安康，医药卫生体制改革是全面深化改革的重要内容。近年来，我区认真贯彻党中央、国务院决策部署，坚持保基本、强基层、建机制，采取一系列改革措施，全区医疗卫生事业呈现良好的发展态势。但医疗卫生领域的深层次矛盾尚未从根本上解决，群众反映强烈的看病就医问题仍比较突出。为加快卫生事业发展，建设现代医疗卫生体系，必须把深化医药卫生体制改革摆上更加重要的位置，进一步加大工作力度，努力取得新突破。根据省市《关于深化医药卫生体制改革建设现代医疗卫生体系的意见》，结合通州实际，制定本意见。

一、总体要求

（一）指导思想。坚持以邓小平理论、“三个代表”重要思想、科学发展观为指导，深入贯彻党的十八大和十八届三中、四中全会精神，以促进社会公平正义、增进人民健康福祉为出发点和落脚点，围绕“医疗卫生资源配置进一步优化，全民医疗保障制度运行效率进一步提升，药品供应保障机制进一步完善，公共卫生和基本医疗服务的公平性与可及性进一步增强，医务人员积极性与创造力进一步激发，人民群众对医疗卫生服务的满意度进一步提高”，突出公益公平，强化制度创新，加强能力建设，统筹推进医疗服务、公共卫生、医疗保障、药品供应、运行管理综合改革，构建与人民群众健康需求相适应的现代医疗卫生体系，不断提高城乡居民健康水平，努力打造“健康通州”。

（二）基本原则

1. 坚持以人为本、创新发展。以保障人民健康为中心，强化医疗卫生事业公益性和健康公平，大力推进医疗卫生改革创新、率先发展，让人民群众更多更公平地分享改革发展成果。

2. 坚持政府主导、社会参与。强化政府保基本职责，同时发挥市场机制作用，鼓励和引导社会力量办医，提高医疗卫生运行效率和服务水平，满足群众多样化的健康服务需求。

3. 坚持“三医”联动、协同推进。加强整体设计，创新医疗、规范医药、健全医保，医疗、医药、医保联动，增强改革的系统性、整体性和协同性，使各项改革措施相互衔接、相互促进。

4. 坚持统筹兼顾、突出重点。既着眼长远，统筹谋划，先行先试，完善制度体系；又立足当前，坚持问题导向，着力解决看病就医热点难点问题，不断提高人民群众满意度。

（三）主要目标。到2017年，完成《中共中央国务院关于深化医药卫生体制改革的意见》（中发〔2009〕6号）、《中共中央关于全面深化改革若干重大问题的决定》和省委、省政府《关于深化医药卫生体制改革建设现代医疗卫生体系的意见》明确的医改任务。三级医疗服务体系全面健全，区人民医院、中医院巩固二级甲等医院成果，积极推进三级医院建设，区第二、第三、二甲、第六、第七、第八人民医院全面建成二级医院，镇卫生院（社区卫生服务中心）基础设施、医疗设备和人员配备达省示范化标准，村卫生室（社区卫生服务站）标准化全覆盖，示范化不少于30%。基本医疗卫生服务能力和技术水平明显提升，分级诊疗的就医秩序基本建立，全民医保制度有效运行，社会办医规模不断壮大。通过不断深化医改，到2020年，实现人人享有更高水平基本医疗卫生服务，医疗卫生体制机制活力显著增强，基本建成以现代医疗服务、公共卫生服务、药品供应保障、医疗保障、医疗卫生监管为重点的现代医疗卫生体系框架。

二、重点任务

（一）科学配置医疗卫生资源，构建现代医疗服务体系

坚持公立医疗机构为主导、公立与非公立医疗机构共同发展，优化结构布局，提升服务能力，强化分工协作，建立健全“维护公益性、调动积极性、保障可持续”的运行新机制，提升医疗服务水平和便利性，有效缓解看病就医矛盾。

1. 完善城乡医疗服务网络。盘活存量，提高服务能级，促进全区医疗机构均衡发展，健全覆盖城乡的15分钟健康服务圈，构建分级诊疗就医秩序。

加强区级医院建设。加快推进区人民医院、中医院三级乙等医院创建；全面落实《关于进一步规范区人民医院中医院管理的意见》精神，有效控制医疗费用不合理增长，建立健全科学合理的医疗费用管控体系，加强监督检查。区人民医院在现有基础上，以完善服务功能为重点，加强专科建设，提升急、危、重病人的救治能力，为群众就近就医创造条件，力争大病不出区。区中医院提升服务能力，为群众提供中医特色健康医疗服务，按新修订的章程，实行退休退股，逐步实现政府完全举办，适时启动改扩建工程。区第二人民医院加强人才队伍建设，扩大综合医疗服务，提升综合服务能力；加强精神专科建设，2015年建成二级乙等专科医院。

加强中心卫生院建设。到2017年，5家中心卫生院全面建成二级医院。实施区第六、第七人民医院异地新建，区第三、第八人民医院优化布局、完善功能，添置更新设施设备，提升区域医疗服务水平。以中心卫生院为龙头，探索建立区域医疗联合体，通过医联体成员之间的信息互通、资源共享、以大带小，实现共赢。

加强镇卫生院建设。对照省乡镇（中心）卫生院建设和设备配置标准，利用3年时间，对镇卫生院分期分批实施异地新建或改扩建，按填平补齐原则，配全必备的医疗设施设备。根据规划定位，对分支机构医疗用房进行改造、维修，设备更新。到2017年，所有镇卫生院全部达省示范卫生院标准，分支机构达相应建设标准，并选择2－3家分支机构向医养结合转型。

加强社区卫生建设。实施社区卫生服务中心提档升级工程，提高社区卫生服务机构规范化建设水平。对城区社区卫生服务中心及其分支机构进行有效整合，实施城南社区卫生服务中心异地新建，完善城北及城西社区卫生服务中心六位一体功能。加强人才培养，提升服务能力，方便群众就医。根据现有医疗机构布局和社区人口情况，2015年育才、虹南、南山和镇南4个社区卫生服务站实现集体举办。

加强村卫生室建设。落实区委办公室、区政府办公室《关于进一步加强村级医疗卫生机构建设的意见》及三个配套文件精神，到2015年底，村卫生室全部实现集体举办，标准化建设达到100%，省级示范村卫生室不少于30%，规范实施镇村卫生机构一体化管理，村级医疗卫生服务能力进一步提升。

加强民营医疗机构建设。按上级政策要求，支持各类社会资本在医疗资源相对薄弱的地区，投资举办康复、医养结合、老年护理、妇女儿童、中医等特色医疗机构。推进医师多点执业，对符合多点执业规定的医师，在完成单位核定工作任务、合理分配劳动时间等情况下申请多点执业，单位应予支持。

加强中医药建设。坚持中西医并重，巩固全国农村中医药先进单位成果，进一步提高中医药服务能力，使中医药在防治疾病、保障健康中发挥更大作用。设立名老中医药专家学术研究室，研究和传承其学术思想、临床经验和技术专长。深化中医药继续教育，鼓励西学中，推进中医师承。大力推进综合医院、卫生院和社区卫生服务中心的中医综合服务区建设，积极发展村卫生室、社区卫生服务站的中医药服务。

2. 切实加强人员队伍建设。人才队伍建设是推进卫生事业发展的重要保证，改革卫生人员招聘办法，加强卫技人员培养，不断创新工作机制，加快卫生人才队伍建设步伐。

完善招聘办法。进一步加大卫生专业技术人员招引力度，科学制定人员引进计划，合理有序地补充工作人员。根据省人社厅、卫生厅《关于规范我省卫生事业单位公开招聘工作人员的实施意见》（苏卫人〔2014〕10号）精神，改革招聘方法，医疗卫生单位专业技术岗位人员招聘由卫生计生部门会同人社部门组织实施。卫生专业技术岗位，根据上级规定，按相关程序，可赴高校直接招聘。非卫生专业技术岗位参加区人社部门组织的统一招聘。对硕士研究生及以上学历卫生专业技术人才，可采取直接面试的方式招聘。按上级要求落实好委托培养相关政策。

加大引才力度。引进区外事业编制具有中级及以上专

业技术职称的人员，由区卫计委考察，经区政府同意后，区人社局按规定程序办理人员流动手续。其中引进的副高职称以上的卫技人员，在不突破总编制的前提下，可不受单位人员编制和岗位空缺限制，报批后调入。加大"柔性引才"力度，主动对接上海、省内名医名院，可采用临时聘请、业余兼职、讲课讲学、技术合作或课题攻关等方式柔性引进卫技人才。出台高层次卫生人才引进优惠政策，具体实施办法另行制定。

加强干部队伍建设。推行院长(主任)负责制和任期制度，每届任期一般为三年。加大考核奖惩力度。院长(主任)年度考核结果与绩效工资分配挂钩，并作为岗位聘任、培养培训、表彰奖励等的重要依据。院长(主任)不履行或不正确履行职责、发生违规违纪问题，分别给予责令检查、诫勉谈话、通报批评、解聘职务等责任追究。稳步推行轮岗交流制度，对医疗单位同一职位连续任职满6年或者同一单位正、副职连续满9年的，有序推进轮岗交流。加快后备干部选拔任用，按现有领导职数1∶1.5的比例建立后备干部人才库，入选人员实行一年一考察、两年一推荐，滚动调整。注重管理和业务能力培养。

加强在职培养。实施基层卫生人才"强基工程"，建立以全科医生为重点的住院医师规范化培训制度，到2017年，基层医疗机构常见病处置能力明显提升，做到常见病不出镇。制定基层医务人员培训规划。开展务实进修、骨干医师培训等医改重大专项卫生人员培训项目；组织2010年以后入职到基层医疗单位的本专科生进行全科医师规范化培训；鼓励在职学历教育，提高基层人员整体素质和能力；每年组织12期以上的专科知识培训；探索建立卫技人员上挂下派机制，区级医院医生晋升中级及以上职称前到基层服务不少于1年，镇(中心)卫生院临床医生晋升中级、副高职称前在上级医院接受培训、进修不少于1年。基层人才队伍培训经费纳入卫生事业经费预算。已入编在岗的基层受训学员培训期间享受国家规定的工资待遇。

3. 探索建立符合行业特点的人事薪酬制度。深化人事分配制度改革，激发医务人员爱岗敬业、提高业务技能和服务水平的积极性。创新编制和人事管理，实行"标准核定、备案管理、岗位设置、分类聘用"。

完善编制管理。科学制订基层医疗单位人员配备标准，合理核定人员编制总量，建立动态调整机制。依据基层医疗单位功能定位和实际工作需要，区卫计委会同区编办对基层医疗单位人员编制适时进行调整，原则上两年调整一次。经区组织人社部门批准，医疗单位正式聘用的人员，纳入单位事业编制管理。按标准核增的人员总量由机构编制部门实行备案管理，每两年动态调整一次。

创新岗位管理。建立岗位设置宏观调控和动态管理机制，将单位人变成系统人。建立按事设岗、竞聘上岗、以岗定薪、合同管理的用人机制，逐步实现固定用人向合同用人、身份管理向岗位管理转变。根据单位类型，分类进行岗位设置。结合单位发展实际，可适时进行调整。加大系统内人才流动力度，发挥存量人才最大效用。对优秀的专业技术人才到基层卫生单位工作，如无相应的空缺岗位，可按有关规定申请设置特设岗位。

推进分配制度改革。区卫生计生部门会同区人社、财政部门，完善基层医疗卫生事业单位奖励性绩效工资分配办法，对公益目标任务完成好、考核优秀的基层医疗卫生单位绩效工资总量可控制在我区事业单位绩效工资水平基准线的2倍以内，充分发挥绩效工资的激励导向作用。完善院长激励机制，依据单位和个人考核结果，适当提高院长奖励性绩效工资。试行公立医院院长年薪制，采取定性与定量相结合、年度与日常考核相结合的方式对院长进行全面考核，考核结果与院长年薪挂钩。

(二)注重公平可及，构建现代公共卫生服务体系

随着工业化、信息化、城市化、人口老龄化进程加速，由生态环境和生产生活方式变化导致的饮水安全、职业安全和环境问题日益凸显，艾滋病、结核病等重点传染病持续增多，埃博拉、禽流感等新发传染病不断出现，心脑血管疾病、恶性肿瘤以及高血压、糖尿病等慢性疾病对健康的危害日益加剧，重性精神疾病困扰社会家庭和谐稳定。为减少主要健康危险因素，保障城乡居民获得最基本、最有效的公共卫生服务，需逐步实现公共卫生服务均等化。

1. 加强公共卫生机构建设。按照统筹规划、增加投入、整合资源、健全体系的要求，加强疾病预防控制、卫生监督、妇幼健康、精神卫生、采供血和院前急救等专业公共卫生机构建设，配齐配强人员，优化基础设施设备配置，提高公共卫生服务能力，促进城乡居民均等享有公共卫生服务。规划建设集卫生应急指挥、疾病预防控制、卫生监督监测和妇幼卫生保健为一体的区公共卫生中心。加强区疾病预防控制中心的设施装备、交通通讯、监测检验建设，提升应急预警、疫情处置、健康促进等综合能力。加大卫生监督设备投入力度，改善卫生监督执法条件。完善120急救体系，提升医学救援与卫生应急能力。

2. 完善公共卫生管理体制。随着医疗卫生资源整合工作的不断深入，完善管理体制和运行机制，探索适合区情的服务模式，将镇卫生所公共卫生管理职能调整到镇卫生院，实行镇村一体化管理。建立职责明确、层次清晰、绩效优先的服务体系，逐步实现服务优质、群众方便、社会满意的公共卫生服务。

3. 深化公共卫生项目内涵。到2017年，基本公共卫生服务经费人均标准提高到100元，项目内容由10类41项拓展为11类43项。调整完善资金补偿政策，强化服务数量与工作质量双重考核，加大平时考核频度与力度，促进服务更加细化。适当提高村卫生室承担项目任务比重，并给予相应比例补助。

4. 突出健康促进工作重点。强化流动人口、农民工、留守儿童和孤寡老人等特殊群体的主动健康干预。每年为老年人及高血压、糖尿病、重精神疾病等重点人群开展免费健康检查，为农村妇女开展乳腺癌、宫颈癌筛查。努力创建国家慢性病综合防控和卫生应急示范区，倡导健康生活方式，提升全民健康指数。

（三）强化制度和管理，构建现代医疗保障体系

按照“增强公平性、适应流动性、保证可持续性”的要求，加快建立和完善以基本医疗保障为主体，其他多种形式医疗保险和商业健康保险为补充，覆盖城乡居民的多层次医疗保障体系，不断提升医保制度运行质量和效率。

1. 健全基本医疗保障制度。建立全民参保登记制度，大力推进非公经济组织从业人员、农民工等特殊群体参保，稳定城乡基本医保参保率。全面落实城乡居民基本医保筹资稳定增长机制，稳步提高医保筹资和保障水平。巩固完善大病保险制度，提高重特大疾病患者保障水平。完善城乡居民医疗救助制度，进一步提高救助标准，加大救助力度，并加强与基本医保、大病保险制度等的衔接。建立健全疾病应急救助制度。整合城镇居民基本医疗保险和新型农村合作医疗制度，实现基本制度、管理体制、政策标准、支付结算、信息系统、经办服务的有机统一，逐步建立全区统一、城乡一体的居民基本医疗保险制度。

2. 深化医保支付方式改革。发挥医保基金资源优势，强化对医疗服务供需双方的引导和医疗费用的制约作用。完善医保支付方式，建立医保经办机构与医疗机构的谈判机制。完善总额控制下的按病种付费、按服务单元付费等相结合的混合付费方式综合改革，推行按病种付费、按人头付费等办法，规范医疗服务行为，有效控制医疗费用不合理增长。

3. 提高基本医保管理水平。加快推进基本医保统筹管理，提高统筹运行质量。全面建立风险调剂金制度，防范基金风险。以信息化为支撑，进一步提高重特大疾病的医保统筹管理水平，完善基本医保关系转移接续办法，规范建立转诊管理制度，按照全省统一部署，做好省内异地就医联网即时结算，积极推进跨省联网即时结算。构建医保诚信服务体系，建立医保基金使用绩效评估机制，加强对参保人员、定点医疗机构、定点零售药店的医保诚信管理，防范医保欺诈行为，提高医保基金使用效益。

4. 积极发展商业健康保险。丰富商业健康保险产品，加快发展医疗责任保险、医疗意外保险。鼓励医疗机构成为商业保险定点医疗机构，降低不合理医疗费用支出。鼓励个人对自付医疗费用部分投保商业健康保险，进一步减轻个人负担。加强监管，规范商业健康保险市场秩序，查处违法违规行为，确保有序竞争。

（四）深化体制改革，着力构建现代运行监管新机制

按照“总量控制、结构调整、有升有降、逐步到位”的原则，实施区级医院价格综合改革；巩固完善基本药物制度，建立规范高效的药品流通采购机制，完善基药集中采购制度，保障药品质量可靠、价格合理、供应及时；加强基层医疗机构监督管理，规范诊疗行为，提高“三合理”执行率，有效控制医药费用增长。

1. 深化公立医院综合改革。以破除“以药补医”机制为突破口，取消药品加成政策，将医院补偿由服务收费、药品加成收入和政府补助三个渠道改为服务收费和政府补助两个渠道。公立医院综合改革实施单位为区人民医院、中医院和第三、二甲、第六、第七和第八人民医院，从2014年12月1日起除中药饮片和医院制剂外，所有药品实行零差率销售。对取消药品加成减少的收入，区财政给予合理补助，保证医院正常运行，对基础设施建设和大型设备投入应重点予以保障。探索建立以理事会等为核心的医疗机构法人治理结构，完善院长负责制，强化医院科学化、精细化管理。建立以公益性质和运行效率为核心的区级医院绩效考核体系。

2. 完善基本药物制度。适应基层医疗卫生机构技术发展和临床用药需要，调整完善基本药物配备使用政策，允许基层医疗机构（村卫生室除外）按规定比例配备使用国家基本药物目录和省增补目录外、医保目录和新农合目录内的药品，并实行零差率销售。中心卫生院基本药物配备使用比例达上级规定，区人民医院、中医院配备和优先使用基本药物。

3. 大力推进信息化建设。利用3年左右时间，通过实施三大基础设施、四大平台、五大动态数据库、六大类业务应用工程，初步实现涵盖社区和家庭、各级医疗卫生机构和相关部门等全部领域，贯穿临床医疗、公共卫生服务、居民健康、卫生管理决策等各个环节的卫生信息共享与卫生业务协同，促进业务流程再造和体制机制变革。

4. 创新卫生监管体制。坚持政府监管、行业自律和社会监督相结合，健全医疗卫生准入制度和质量评价体系，完善监管体制，创新监管方式，提高人民群众对医疗卫生服务的满意度。建立协调统一的医疗卫生管理体制，调整卫生所职能，建立规范统一、运转高效、执法有力的工作机制，完善卫生监督体制。强化卫生行政执法责任制，进一步加大卫生监督执法力度。强化医疗服务监管，研究建立科学合理的医疗费用管控体系，加强监督检查。探索建立第三方评价机制，提高群众对医疗卫生服务的满意度。

5. 构建和谐医患关系。进一步健全医疗责任保险制度，充分发挥以医疗责任保险为主要形式的医疗风险分担机制在医疗纠纷化解、医疗风险管理等方面的重要作用，提高医疗责任保险参保率和服务水平。完善以人民调解为主体，院内调解、人民调解、司法调解、医疗风险分担机制有机结合的“三调解一保险”制度体系，制定预防和处置医疗事故办法，有效处置医疗事故，依法维护医患双方的权益。严厉打击涉医违法行为，优化医务人员执业环境，维护正常医疗秩序。搭建医患沟通桥梁，畅通投诉渠道，普及健康知识，倡导“尊医重卫”和理性就医观念，增进医患之间相互理解。

6. 加强卫生行风建设。将职业道德和政纪法纪教育经常化、制度化，树立广大从业人员依法执业、廉洁从业的理念。弘扬“崇德敬业、守信笃行”的行业信条，大力培植无私奉献、德艺双馨的先进典型，在系统内营造学先进、赶先进、做先进的良好氛围。进一步完善卫生领域政府采购行为，按照“规范、有序、公正、廉洁”要求，加强对工程建设、仪器设备、药品耗材招投标的管理和监督，有效预防职务犯罪。坚决查处收受红包回扣、开单提成等各类违纪违

规行为,充分发挥查办案件的震慑作用。

三、保障措施

(一)加强组织领导。建立区、镇两级医疗卫生服务体系建设工作联席会议制度,形成政府主导、部门配合、各方参与的工作机制,合力推进医疗卫生服务体系建设。

(二)建立保障机制。区财政要根据卫生事业发展规划,合理安排资金,逐步提高卫生支出占财政经常性支出的比例,重点支持公共卫生、农村卫生和社区卫生的发展,同时,积极争取国家、省级财政扶持,确保卫生项目计划如期实施。镇级医疗机构建设主体为各镇区园人民政府(管委会),区财政分类按比例给予补助。

(三)注重整体联动。卫生计生部门要根据加快医疗卫生事业改革发展总体要求科学编制卫生发展建设规划,以科学规划促进卫生资源配置的科学水平。区规划、国土、住建、编制、人社、财政等职能部门要根据职责,合力推进医疗卫生服务体系建设。各镇区园要做好基层医疗卫生单位在管理和发展过程中的群众工作、环境秩序、社会稳定及当地群众的社会满意度调查、政风行风评议等相关工作,并协同区卫计委做好基层医疗卫生单位院长聘用、日常监管、综合考核等工作。

(四)强化督导考核。区政府与相关部门、镇区签订医疗卫生服务体系建设目标责任书,明确目标要求,加强督查考核。完善社会监督机制,建立人大、政协及政府相关部门参与督查检查制度,加强对项目建设及资金使用情况的有效监督,确保医疗卫生服务体系建设顺利推进。

(通发〔2015〕16 号)

关于制定通州区国民经济和社会发展第十三个五年规划的建议

(2015 年 12 月 29 日)

“十三五”时期,是我区全面贯彻党的十八大和十八届二中、三中、四中、五中全会精神,深入贯彻落实习近平总书记系列重要讲话特别是视察江苏重要讲话精神、推动“迈上新台阶、建设新通州”取得重大进展的关键时期,是率先全面建成小康社会决胜阶段和积极探索开启基本实现现代化建设新征程的重要阶段,“十三五”规划必须紧紧围绕这一奋斗目标来制定。

中国共产党南通市通州区第十一届委员会第十一次全体会议,认真学习贯彻党的十八届五中全会、省委十二届十一次全会和市委十一届十次全会精神,分析了发展环境新变化和面临的新形势,研究了“十三五”时期我区发展的一系列重大问题,就制定“十三五”规划提出如下建议。

一、以习近平总书记系列重要讲话特别是视察江苏重要讲话精神引领发展,率先全面建成小康社会,积极探索开启基本实现现代化建设新征程

(一)“十二五”时期通州发展取得重大成就。“十二五”以来,我们主动适应经济发展新常态,积极应对各种风险挑战,团结带领全区人民统筹推进经济建设、政治建设、文化建设、社会建设、生态文明建设和党的建设,胜利完成了“十二五”规划确定的主要目标,全面小康社会建设取得新的重大成果,创造了通州发展又一个黄金期。

综合经济实力显著增强。经济总量持续攀升,地区生产总值突破 940 亿元,一般公共预算收入突破 80 亿元,分别是“十一五”期末的 1.9 倍和 2.38 倍。项目建设强势推进,固定资产投资年均增长 18.4%,累计落户 10 亿元以上制造业项目 21 个、5 亿元以上服务业项目 24 个,新引进世界 500 强和“中字头”“国字号”企业 12 家。我区跃居全国科学发展百强区(市辖区)第 30 位。

创新驱动取得突破性进展。南通高新区晋升国家级,科技新城建设加快推进,新建创新载体超百万平方米,组建家纺、船舶海工、现代建筑三大产业研究院,建成全国第二家知识产权快速维权中心,中国创纺 e 站、江海圆梦谷列入首批省级众创空间,新世纪大道众创集聚区被列为省级试点。高新技术企业达 143 家,引进高层次人才 318 人,全社会研发投入占比达 2.5%,荣获全省人才工作先进区称号,被列为省创新型试点区、国家知识产权强县工程试点区,连续七届蝉联全国科技进步先进县(市、区)。

转型升级实现重大跨越。三次产业结构演进为 6.1:51:42.9。国家现代农业示范区通州核心区和国家农业科技园区通州示范园加快建设,农业现代化水平苏中第一。工业技改投入占比达 70% 以上,电子商务、现代物流等新业态迅猛发展,新增省级旅游度假区 1 家,新兴产业和服务业增加值占比较“十一五”期末分别提高 17 个和 9.1 个百分点。新增挂牌上市企业 7 家、累计 12 家,总数全市第一。建筑业总产值突破 1500 亿元,获得鲁班奖 11 项、累计 52 项,市民中心工程荣获首个本土鲁班奖。我区被列为国家新型工业化示范基地、全国产业集群区域品牌建设试点地区。

改革开放增添新活力。全面深化改革有力有序推进,开展相对集中行政许可权改革试点,行政审批局正式挂牌;成立全市首家创投中心,完成土地利用规划中期修编,农业农村、医疗卫生、教育等领域改革取得重要阶段性成果。开放空间进一步拓展,锡通科技产业园跻身苏南苏中合作共建园区和省科技产业园行列,跨境贸易电子商务试点获批,市场采购贸易方式试点、海关特殊监管平台创建加快推进。

综合交通体系呈现格局性变化。公铁水空等贯通内外的交通设施建设快速推进，骨干道路成环成网、互联互通。集干线铁路、城际铁路、高速公路等功能于一体的沪通长江大桥开工建设，兴东机场获批一类开放口岸、开通国际航线。先锋互通、通洋高速一期、通州湾快速通道投入使用。G345 南通东绕城中段、南通人民路东延、龙盛大道等建成通车，形成了对接主城的“十二横十纵”道路框架。

城乡品质不断提升。实施新一轮行政区划调整，城镇规模和布局更加科学合理。拉开 120 平方公里城市发展框架，建成区面积拓展到“十一五”期末的 1.6 倍。城东新区、银河新区开发有序推进，“一馆两中心”投入使用，南山湖公园成为百姓休闲好去处，文明城市常态化管理水平不断提高，城市宜居创业功能持续增强。新型城镇化和城乡发展一体化进程加快，常住人口城镇化率五年提高 7.2 个百分点。生态文明建设规划、制度、责任体系逐步完善，通过国家生态区创建考核，被评为全省国土资源节约集约模范区。城乡环境综合整治成效显著，农村河道整治扎实推进，打造了一批生态河道和水美乡村，人民群众幸福感归宿感日益增强。

社会事业全面进步。启动新一轮教育现代化建设，新建中小学校 13 所，基本普及十五年教育，成为全国首批义务教育发展基本均衡区。新（扩）建医院 12 所，全面完成 204 个村卫生室标准化建设，三级医疗卫生体系加快完善。高标准建成南山颐养中心，五大社会保险覆盖率稳定在 98%以上，初步形成覆盖城乡的全民社保、社会养老、基本医疗服务体系。深入实施文化惠民“十百千万”工程，建成省级公共文化服务体系示范区。

人民生活水平持续提高。重点办成群众急需的民生实事 100 项，涉及就业创业、教育卫生、社会保障等十大类。预计今年城乡居民收入达 3.76 万元和 1.85 万元，五年分别增长 63%和 76%。居民储蓄存款余额全市第一。农村人均年纯收入 5000 元以下低收入人口全部脱贫。引江区域供水实现全覆盖，全区人民普遍喝上优质安全的长江水。住房保障体系不断完善。社会发展水平评价指数连年全市第一。

民主法治和精神文明建设切实加强。人大依法行使职权、政府依法行政、政协推进协商民主建设的能力水平进一步提升，党的统一战线、群团等工作扎实推进。全面依法治区作出新部署，法治、平安建设全省领先。注重运用法治思维和多种方式，积极稳妥化解经济、社会等领域的矛盾和风险，社会大局保持和谐稳定，被评为省平安区。社会主义核心价值观广为弘扬，群众性精神文明创建富有成效，“童声里的中国”唱响全国，涌现出宋英、周福如等一批“中国好人”。

管党治党更加严格。党的群众路线教育实践活动和“三严三实”专题教育成果丰硕，党风廉政建设和反腐败斗争深入开展，党风政风明显好转，党群干群关系持续改善。

在“十二五”发展中，我们认真落实中央精神和省市委要求，紧密结合通州实际创造性地开展工作。党的十八大之后，坚决贯彻十八大和习近平总书记系列重要讲话特别是视察江苏重要讲话精神，对照“两个一百年”奋斗目标，全面审视梳理发展思路，及时调整完善工作部署，逐项落实“五个迈上新台阶”重点任务，凝心聚力、接续奋斗，把各项事业不断推向前进。

（二）“十二五”时期通州发展积累了宝贵经验。一是始终坚持抓创新快转型。组织实施创新驱动战略，大力发展创新型经济，积极推进各领域全面创新；强化产业发展前瞻性研究，出台《中国制造 2025 通州行动纲要》等系列文件，使创新转型成为通州发展的鲜明特征。二是始终坚持抓平台强支撑。规划布局六大园区，突出产城融合优功能，强化要素保障破瓶颈，深化“区镇合一”激活力，主力平台对全区经济贡献率超 60%。三是始终坚持抓融入重协调。坚定不移推进中心城区西拓南进，加快融入主城步伐，加大统筹城乡发展、区域发展、经济建设与生态文明建设力度，有针对性地扬长补短，着力提升整体发展水平。四是始终坚持抓民生促共享。认真落实“七个更”要求，扎实推进民生幸福工程，持续加大保障和改善民生投入，认真办好各项民生实事，让改革发展成果更多更公平更实在地惠及全区人民。这些经验弥足珍贵，必须在“十三五”发展中予以坚持和发扬。

（三）“十三五”时期通州所处的发展阶段和环境。“十三五”时期，通州将进入率先全面建成小康社会决胜阶段和积极探索开启基本实现现代化建设新征程的重要阶段。要对照全面小康新国标和“两个率先”新省标，更有针对性地抓重点、攻难点、补短板，推动覆盖领域的全面、覆盖人口的全面、覆盖区域的全面，不以平均数掩盖大多数，不以数字达标代替群众感受，继续扎扎实实提高小康建设的质量和水平。在率先全面建成小康社会的基础上，积极开展迈向基本实现现代化的实践探索，奋力走在苏中新一轮发展前列。

“十三五”时期，通州仍处在大有作为的战略机遇期。从宏观形势看，世界多极化、经济全球化、文化多样化、社会信息化深入发展和变化，世界经济在深度调整中曲折复苏，新一轮科技革命和产业变革蓄势待发；我国经济长期向好基本面没有改变，特别是经济发展进入新常态，正向形态更高级、分工更复杂、结构更合理的阶段演化，党的十八届五中全会提出，形成沿海沿江沿线经济带为主的纵向横向经济轴带，培育壮大若干重点经济区；省委围绕“两个率先”光荣使命，对“迈上新台阶、建设新江苏”作出全面部署，并提出加快建设沿江、沿海等经济带，推动沪苏通融合发展。这为通州转型升级、提质增效指明了方向。从区域环境看，多重国家战略叠加效应集中释放，陆海统筹、江海联动活力迸发，交通枢纽功能日益凸显，南通长三角北翼中心城市地位不断提高。这为通州放大优势、提升能级带来了机遇。从发展基础看，通过坚持不懈抓项目、强载体、优布局，我区主要指标全市领先，站在了更高的起点。这为通州乘势而上、加快发展夯实了根基。同时必须清醒看到，我区发展不平衡、不协调、不可持续的问题在一些领域和方面仍然存在，主要是：经济下行压力加大，创新能力还不够强，新旧增长动力转换尚未完成；经济结构调整任重道远，企业发展面临不少困难；城乡、区域发展不够均衡，基本公共服务还不能充分满足群众需求；资源约束趋紧，生态环境需要进一步改善；制约发展的体制机制障碍仍然存在，社会建设和治理面临新情况新问题；干部作风、能力建设和党员先锋模范作用有待进一步加强。

我们必须明大势、看大局，准确把握战略机遇期内涵的深刻变化，准确把握国内外发展大势，准确把握通州发展阶段性特征和新的任务要求，抢抓机遇，锐意进取，奋发作为，在新起点上不断开创发展新局面。

（四）“十三五”时期通州发展的指导思想。高举中国特色社会主义伟大旗帜，全面贯彻党的十八大和十八届三中、四中、五中全会精神，以马克思列宁主义、毛泽东思想、邓小平理论、“三个代表”重要思想、科学发展观为指导，深入贯彻习近平总书记系列重要讲话特别是视察江苏重要讲话精神，坚持全面建成小康社会、全面深化改革、全面依法治国、全面从严治党的战略布局，坚持发展是第一要务，保持战略定力，深入落实“五个迈上新台阶”重点任务和省委“八项工程”，突出陆海统筹、江海联动，全力以赴稳增长、抓创新、调结构，毫不动摇促改革、重法治、惠民生，坚定不移强基础、谋长远、求突破，加快形成引领经济发展新常态的体制机制和发展方式，统筹推进经济建设、政治建设、文化建设、社会建设、生态文明建设和党的建设，着力建设经济强、百姓富、环境美、社会文明程度高的新通州，率先全面建成小康社会，积极探索开启基本实现现代化建设新征程，谱写好中华民族伟大复兴中国梦的通州篇章。

（五）“十三五”时期经济社会发展目标要求。今后五年，我们要在率先全面建成小康社会、积极探索开启基本实现现代化建设新征程的实践中，推动新通州建设迈出更加坚实的步伐。

——经济保持中高速增长、产业迈向中高端水平。地区生产总值增速高于全市平均水平，提前实现地区生产总值和城乡居民人均收入比2010年翻一番；建设全省转型升级的综合实验区，主要创新指标超过全省水平，形成以高新技术产业为主导、服务经济为主体、先进制造业为支撑、现代农业为基础的现代产业体系；城乡、区域发展更加协调，户籍人口城镇化率加快提高；全方位开放新格局加快形成，经济总量、质量、均量同步提升。

——百姓富裕程度、人民生活水平和质量普遍提高。居民收入结构不断优化，收入差距缩小，完成新一轮脱贫任务，中等收入人口比重上升；社会就业更加充分，劳动关系更加和谐，创业致富蔚为风气；形成更加公平更可持续的社会保障制度，实现区域教育总体现代化，现代医疗卫生体系建设取得重大进展，努力建设比较完善的养老服务体系，人民群众幸福感持续增强。

——城乡生态环境和人居环境质量明显改善。持续优化城乡空间布局，加快形成功能互补、特色鲜明的城乡发展体系；生产方式和生活方式绿色、低碳水平上升，能源资源使用效率大幅提高，污染排放总量持续下降，建设用地逐步实现减量化；主体功能区和生态安全屏障基本形成，绿色通州建设深入推进，生态文明制度体系更加健全，全社会环境意识显著增强。

——公民文明素质、社会文明程度全面提高。中国梦和社会主义核心价值观更加深入人心，人民群众思想道德素质、科学文化素质、健康素质明显提高，向上向善、诚信互助的社会风尚更加浓厚；文化事业文化产业繁荣发展，公共文化服务体系更加完善，加快建成文化强区，着力构筑思想文化建设高地、道德风尚建设高地。

——各方面体制机制更加完善。治理体系和治理能力现代化取得重大进展，重要领域和关键环节改革取得决定性成果，形成系统完备、科学规范、运行有效的体制机制。人民民主更加健全，法治政府基本建成，司法公信力明显提高，法治通州、平安通州建设持续走在全省前列，成为江苏社会安全感最高的地区之一。党的建设制度化水平显著提高。

（六）“十三五”时期发展的基本理念和路径。实现“十三五”发展目标，要深入领会中央提出的五大发展理念的丰富内涵，牢牢把握创新是引领发展的第一动力，协调是持续健康发展的内在要求，绿色是永续发展的必要条件和人民对美好生活追求的重要体现，开放是繁荣发展的必由之路，共享是中国特色社会主义的本质要求，把它们作为引领“十三五”发展的灵魂，贯穿于经济社会各方面，贯穿于建设“强富美高”新通州全过程，并结合落实省市新战略新思路，开辟发展新路径。

——打造创新转型示范区。把创新驱动作为通州发展的主引擎，以南通高新区为主阵地，主动融入苏南国家自主创新示范区建设，在苏中率先形成以创新为主要引领和支撑的经济体系、发展方式；做强先进制造业和现代服务业，加快建设制造强区，努力把通州建成长三角北翼最具发展动力之地。

——打造陆海统筹江海联动交汇区。充分发挥“一带一路”和长江经济带、沿江和沿海经济轴带双重交汇优势，深入实施陆海统筹战略，重点在资源要素配置、生态环境保护、产业协调发展等方面实现突破；主动策应通州湾江海联动开发示范区建设，打造产业支撑地、资源共享地和融合发展地；高品质建设通州新城、高铁新城，加快融入南通主城，扎实推进新型城镇化和城乡发展一体化，努力把通州建成长三角北翼最具发展潜力之地。

——打造沪苏通协同发展前沿区。紧抓沪苏通融合发展的重大机遇，推动规划对接、产业对接、功能对接，构建更加快捷便利的交通体系，更多分享上海、苏南城市功能优化带来的溢出效应，主动承接产业、资源等辐射转移，深入推进园区合作共建，积极打造接轨上海融入苏南的前沿阵地，努力把通州建成长三角北翼最具发展活力之地。

——打造生态和谐宜居区。以生态创建、平安创建、文明创建为抓手，着力塑造兼具现代气息和江海风韵的城市风格,让人民拥有更加美好的家园;以创业富民、就业惠民、社保安民为载体,促进公共服务均等化,让人民过上更加富足的生活,努力把通州建成长三角北翼最具发展魅力之地。

二、突出创新转型,以"经济强"构筑发展新优势

坚持以提高经济发展质量和效益为中心,以创新驱动为主引擎,厚植实体经济发展优势,推动经济发展迈上新台阶。

(一)深入推进创新驱动发展。把发展基点放在创新上,发挥科技创新在全面创新中的引领作用,加快发展动力转换。

提升南通高新区创新能级。主动对接苏南国家自主创新示范区、省产业科技创新中心和上海科技创新中心建设,深入实施创新驱动和产城融合两大战略,努力打造全国一流的创新型科技园区。更高水平、更宽视野推进科技新城建设,提升科技之窗、科创大厦等载体的运作水平,增强创新资源的整合集聚能力。深化与中科院等大院大所合作,加快建设一批高质量的创新平台,引进一批标志性、高端化的创新项目。大力培育航空配套装备、生物材料与组织工程、新能源汽车等新兴产业,加快形成特色品牌,引领好区域产业转型升级。

强化企业创新主体地位。实施创新型企业培育行动计划,推动各类创新资源向企业集聚,进一步壮大以高新技术企业为骨干的创新型企业集群。促进"政产学研用金介"高度集成融合,加强产业技术创新战略联盟建设,推动跨领域跨行业协同创新。深化国际科技合作,鼓励优势企业并购、合资、参股国际研发企业或设立海外研发中心和产业化基地。

加快集聚创新人才。坚持党管人才原则,完善人才优先发展、优先投入的工作格局,深入实施"510 英才计划"引进工程、名优人才培养工程和创业"新四军"培育工程,统筹推进六支人才队伍建设,着力培育集聚高层次产业领军人才、高技能人才、创新型人才和企业家团队。充分发挥重点平台骨干作用,健全人才流动、培养、使用、激励机制,鼓励在外人才回乡创业,建设人才驱动发展的示范高地。

推动政府服务创新。深化科技管理体制改革,强化创新政策与相关政策的统筹协调。面向基础性、战略性、前沿性科技,集中支持事关产业发展的共性关键技术、核心关键技术和重大装备质量攻关。进一步优化创业创新环境,加强科技基础设施和科技服务平台建设,完善普惠性创新支持政策体系。

构建促进创新发展的体制机制。健全技术创新市场导向机制,围绕产业链部署创新链、围绕创新链完善资金链,强化科技同经济、创新成果同产业、创新项目同现实生产力、研发人员创新劳动同利益收入"四个对接"。建立覆盖创新全过程的科技创新融资模式,完善科技金融体系,促进科技成果资本化、产业化。更大力度推进三大产业研究院建设,更好发挥科技体制改革"试验田"作用。实施知识产权战略,健全知识产权运用和保护机制,加快建设国家知识产权示范区。

(二)更大力度推进转型升级。坚定不移转方式调结构,做到调速不减势、量增质更优,促进经济平稳健康发展。

培育发展新动能。深入实施大众创业、万众创新通州行动计划,加快众创集聚区建设,优化劳动力、资本、技术、管理等要素资源配置,充分释放全社会创业创新活力。强攻有效投入,持续抓好招商选资和项目建设,优化投资结构和推进机制,不断增强发展后劲。挖掘内需潜力,积极培育新的消费热点,引导消费向智能、绿色、健康、安全方向转变。保持进出口稳定增长,增强对外投资和扩大出口的结合度,提高传统优势出口产品科技含量和附加值,构筑以技术、服务等为核心的对外经济新优势。大力培育行业龙头和单打冠军,不断壮大特色产业板块和骨干企业集群。更加重视供给侧调整,深入推进质量和品牌提升行动,运用市场机制、经济手段、法治办法化解产能过剩,完善企业退出机制。

拓展发展新空间。统筹有形空间和无形空间,用发展新空间培育发展新动力,用发展新动力开拓发展新空间。

拓展产业发展空间。大力发展前景好、容量大、效益高的新产业、新技术、新业态、新模式,支持传统产业优化升级。发展创客经济,推广众创、众包、众扶、众筹等新模式,积极引进天使、创业、产业投资,支持优质企业上市和新三板挂牌。

拓展现代交通体系建设空间。积极策应南通建设重要区域性综合交通枢纽(节点城市),以沪通长江大桥建成、建设上海多机场体系重要成员机场等为重点,大力推进铁路网、高速路网、快速路网、航道网、航空网等交通设施建设。以火车站、汽车站、机场、港池等为重要节点,加强交通运输方式的集成衔接,加快构建江海河联运、公铁水空协调发展的现代综合交通体系。

拓展网络经济空间。深入实施"互联网 + "通州行动计划,发展分享经济,促进互联网和经济社会融合发展。加快移动互联网、云计算、大数据、物联网等信息技术发展,大力培育网络服务平台,支持基于互联网的各类创新。实施企业互联网化提升计划,深入推进"两化融合",全面提高企业信息化水平。加快智慧城市建设,加大互联网基础设施投入力度,完善智慧应用体系,促使新一代信息技术在政府事务、公共服务、百姓生活等领域广泛应用,基本建成以人为本、智慧感知、融合创新的智慧通州。

构建产业新体系。坚持调高调轻调优调强调绿的导向,深入落实《中国制造 2025 通州行动纲要》,做强先进制造业和现代服务业两大主干,加快迈向中高端水平。

优化提升主导产业。实施工业强基工程,做优做强高端纺织、船舶海工及配套装备等特色支柱产业,加快壮大高端装备制造、新一代信息技术、新材料、新能源及新能源汽车、汽车配件等优势产业。实施企业制造装备升级计划,支持企业开展技术改造,加快向数字化、智能化提升,建设一批智能车间、智能工厂。以发展绿色、智能建筑为方向,推进建筑标准化设计、工厂化生产、装配式施工、成品化装修、信息化管理,在全省形成示范带动效应。支持建筑业龙头企业高端化多元化发展，进一步巩固扩大国内外市场份额。

集聚发展新兴产业。深入落实省战略性新兴产业培育发展规划，进一步细分行业和领域，做精做特做优做实航空配套装备、生物材料与组织工程等一批新兴产业。推动新兴产业在空间、资源、人才等方面有效集聚，着力引进一批新兴产业重大项目，形成较强竞争力的现代产业集群。

加快发展现代服务业。以服务业集聚区建设为抓手，着力拓展新领域、发展新业态、培育新热点，促进服务业优质高效发展。突出生产性服务业，加快建设科技服务、电子商务、现代物流、金融服务四大产业集聚区和服务外包、商务服务、信息服务三大产业集群。以拓展产品功能、提升交易效率、增强集成能力、满足深层需求为重点，推动制造业由生产型向生产服务型转变。加快培育商贸流通、健康养老、家政服务、旅游休闲等生活性服务业，促进服务产品多元化、个性化、精细化发展。

加快农业现代化步伐。以都市生态型现代农业为引领，以国家现代农业示范区建设为核心，加快转变农业发展方式，推动现代农业建设迈上新台阶。培育新型农业经营主体，规范引导农村土地流转，发展多种形式适度规模经营；积极培育家庭农场和新型职业农民，规范发展农民合作社，扶持农业龙头企业做大做强，提高产业化水平。构建现代农业产业体系，实施藏粮于地、藏粮于技战略，保障口粮自给、供需平衡；坚持市场导向，加快农业结构调整，推进标准化生产和集约化、品牌化经营；促进农业园区提档升级，实施农村"互联网+"，推动一二三产融合发展，培育一批特色示范。提高农业物质装备和技术水平，加强农田水利等基础设施建设，深入实施新一轮高标准农田建设工程；加快农业产业科技创新，推进农机农艺配套，逐步实现主要农作物全程机械化生产。不断完善现代农业支持保护体系，建立财政投入稳定增长机制，引导更多资源投向农业农村领域；深化土地确权登记、农村产权交易等重点改革，完善农业保险制度。

（三）全面提升开发开放水平。深入推进经济国际化，丰富开放内涵，提高开发能级，发展更高层次和水平的开放型经济。

融入国家总布局。主动融入"一带一路"和长江经济带等国家战略，充分用好各级促进国际产能和装备制造合作的政策，鼓励和引导企业"抱团出海"，推动船舶海工、建筑、纺织服装等优势产业到境外发展，支持企业积极承接"一带一路"沿线国家和地区重大基础设施建设工程，加快培育跨国企业集团。加强资金、技术、人才等方面的国际合作，努力培育国际合作示范园区。坚持更大力度"走出去"与更高水平引进来相结合，把利用外资和转方式调结构结合起来，更加注重引进高端项目、先进技术、管理经验和高素质人才，提高引资引智引技的质量。与长江沿线城市积极开展多节点多层次合作，促进要素合理流动、产业分工协作，实现共赢发展。

构筑发展主平台。打造区域核心极。以南通高新区为主体，推动南通家纺城、空港产业园与之相向融合发展，形成"一体两翼"发展格局。南通高新区要努力成为区域创新驱动的主引擎、承接苏南国家自主创新示范区溢出效应的首选地、新一批国家高新区的标杆和样板。南通家纺城要围绕产业转型升级，推动大众创业创新，重塑家纺产业生态圈，积极打造世界家纺名城。空港产业园要发挥口岸开放优势，推进海关特殊监管平台创建，加快建设特色鲜明的航空产业集聚区。打造跨江双前沿。依托苏通大桥、沪通大桥两大过江通道，全面拉开锡通科技产业园和滨江新区开发框架，使之成为接轨上海、融入苏南的两大前沿门户。锡通科技产业园要以先进制造业为主导，加快产城融合步伐，成为苏南苏中合作共建园区的典范。滨江新区要抢抓沪通大桥、南通西站等建设机遇，进一步提高长江岸线、码头等资源使用效益，加快发展枢纽经济。打造北部强引擎。石港科技产业园要完善园区基础设施，推进"四区"联动，大力引进高质量中小企业，加快形成产业特色和集聚效应，成为带动北部发展的强引擎。

探索开放新路径。完善国际化、法治化、便利化营商环境，健全有利于合作共赢并同国际贸易投资规则相适应的体制机制。复制用好上海自贸区建设经验，实行准入前国民待遇加负面清单管理制度，实施单一窗口和通关一体化，积极推进跨境贸易电子商务试点。深化市场采购贸易方式试点，引导支持贸易与制造互动，促进产业链发展和贸易方式创新，推动内外贸融合、线上线下融合、大电商与大物流融合，打造面向世界的区域性外贸基地。

（四）扎实推动区域协调发展。围绕建设靓丽宜居的通州新城，加快优化空间布局，统筹推进城乡发展一体化。

繁荣发展中心城区。做大做强城市经济，因地制宜实施"优二进三"，引进和发展楼宇经济、总部经济，促进先进制造业与现代服务业良性互动、产业与城市深度融合，加快提高中心城区经济贡献度。注重内涵发展，加大硬件和软件设施投入，积极推动通吕运河"一河两岸"工程建设，加快科技新城、城东新区及银河新区综合开发，改造提升老城区，完善各类公共服务设施布局，不断增强辐射带动力。大力推进快速路网建设，强化公交配套，构建畅通便捷高效的城市交通体系。主动对接南通城市轨道交通建设，超前谋划配套设施。统筹规划地上地下空间开发，稳步推进城市地下管网改造和综合管廊建设，加快建设雨水蓄排顺畅、合理利用的"海绵城市"。通过提升产业层次、完善城市功能等途径，吸引人口加速集聚和合理流动。创新城市管理长效机制，提高数字化、网格化、精细化水平。

全力打造高铁新城。将高铁新城作为"十三五"期间大交通大建设大投入的主战场，坚持以"铁"造势，以"铁"带产，以"铁"兴城，科学布局商务区、生活配套区和公共服务区，加快南通西站核心区、平东物流园和"三横三纵"快速路网体系建设，推动产业集群化发展，努力打造城市副中心和区域交通枢纽。

着力培育特色城镇。充分发挥城镇在城乡一体化中的节点和纽带作用，努力推动城镇化与新型工业化、信息化、农业现代化互动发展。深化市级中心镇建设，鼓励在产城融合、体制机制创新等方面积极探索，促进产业集聚，完善配套服务，增强综合承载力和竞争力。推动特色镇因地制宜，提高规划、建设和管理水平，打造美丽城镇。盘活用好老镇区存量资源，积极推动环主城区周边镇(街道)加快接轨融合，不断激发城镇发展活力。

加快建设新型社区。按照有“形”(布局合理)、有“貌”(环境优美)、有“质”(配套完善)、有“魂”(民风和谐)的“四有”标准，积极推进农村新型社区建设，引导农村住宅有序集聚。深化镇村规划布局优化调整，在充分尊重群众意愿的基础上，科学确定农村新型社区的数量、定位和规模，更加注重传统自然村落的保护，强化乡土风貌特色塑造，彰显历史文化底蕴。

深入推进城乡发展一体化。坚持工业反哺农业、城市支持农村，开展“强富美高”新农村创建活动。加强城乡规划管理，积极推动“多规合一”，进一步优化城乡布局和形态。深化户籍制度改革，有序推进农业转移人口市民化，引导有能力在城镇稳定就业和生活的农业转移人口举家进城落户，并与城镇居民享有同等权利和义务。全面实施居住证制度，努力实现基本公共服务常住人口全覆盖。建立财政用于民生支出同农业转移人口市民化、城镇建设用地增加规模同吸纳农业转移人口落户数量挂钩机制。维护进城落户农民土地承包权、宅基地使用权、集体利益分配权，支持引导其依法自愿有偿转让上述权益。加快富民强村步伐，加强农村集体资金资产管理，大力发展乡村旅游等新业态，增强村级经济的造血功能和发展活力。实施新一轮农村实事工程，推动基础设施、公共服务资源等向农村延伸覆盖，促进城乡基本公共服务均等化。

三、突出共建共享，以“百姓富”体现发展新成效

按照人人参与、人人尽力、人人享有的要求，坚守底线、突出重点、完善制度、引导预期，围绕“七个更”的目标，深入实施民生幸福工程，注重机会公平，扎实办好各项民生实事，推动民生建设迈上新台阶。

(一)*促进居民持续增收*。坚持居民收入增长和经济增长同步、劳动报酬提高和劳动生产率提高同步，深入推进居民收入倍增计划，持续增加城乡居民收入。深化收入分配制度改革，推行企业工资集体协商制度，完善最低工资增长机制。多渠道增加居民经营性、财产性收入，稳步提高转移性收入。实施有利于缩小收入差距的政策，明显增加低收入劳动者收入，扩大中等收入者比重。

(二)*推动就业创业*。坚持就业优先战略，落实更加积极的就业政策，完善覆盖城乡的人力资源市场和公共就业服务体系，努力实现更高水平的充分就业。关注困难群众、农民工、退役军人等特殊群体就业援助，发展吸纳就业能力强的产业，解决结构性就业矛盾。深入实施全民创业工程，加大创业基地建设力度，健全“四位一体”创业帮扶机制，进一步放大创业带动就业的倍增效应。构建新型和谐劳动关系，依法保障职工合法权利，维护劳动者平等就业权利。

(三)*推进脱贫帮扶工作*。以“减少相对贫困、缩小收入差距、促进共同富裕”为总定位，以“标准再提高、重点再聚焦、内涵再丰富、底线再织牢”为总思路，实施低收入农户和经济薄弱村脱贫致富奔小康工程，确保全区人民共同迈入全面小康社会。强化精准扶贫，合理确定相对贫困人口规模和脱贫标准，聚焦低收入农户、经济薄弱村，分类扶持贫困家庭，推进低保政策和扶贫政策有机衔接，对相对贫困人口应保尽保；加强村级新“八有”建设，增强经济薄弱村内生发展动力。支持慈善事业发展，动员社会力量开展社会救济和社会互助、志愿服务活动。建立健全农村留守儿童、妇女和老人关爱服务体系。进一步加大各级财政投入力度，整合各类扶贫资源，完善脱贫帮扶工作机制。

(四)*提升社会保障水平*。围绕稳步提高待遇水平、强化制度衔接，积极构建更加公平、可持续的社会保障体系。建立健全社会保险待遇确定和正常调整机制，缩小城乡、地区、不同群体之间待遇水平差距。完善企业职工基本养老保险、医疗保险以及失业、工伤和生育保险制度，实施机关事业单位养老保险制度改革，做好被征地农民就业和社保工作。落实国家关于实行渐进式延迟退休年龄的政策。完善覆盖城乡的救助体系，统筹推进救孤、济困、优抚等福利事业发展。健全住房保障体系，提高住房公积金覆盖率，提高动迁安置房建设质量、品位和效率，有序推进多元安置，统筹规划保障性住房建设和供应，加快实施危旧住房、老旧住宅小区和城中村改造。

(五)*完善现代教育体系*。落实立德树人根本任务，以教育现代化为统领，以内涵建设为重点，深化教育领域综合改革，完善教育体系，推进教育创新，提高教育质量，打造教育现代化示范区。加大普惠性幼儿园建设力度，完善学前教育公共服务体系，推进义务教育学校标准化建设和普通高中特色化发展。保障残疾儿童少年、进城务工人员随迁子女等群体平等接受教育的权利，对普通高中家庭经济困难学生免除学杂费。创新发展职业教育，加快构建现代职业教育体系，推进产教融合、校企合作。鼓励对外交流，加快发展高等教育。发展社会教育，畅通全民学习、终身学习通道。加强师资队伍特别是乡村教师队伍建设，健全教师管理和激励机制。加快教育信息化建设，推进优质资源共享。

(六)*努力打造健康通州*。深化医药卫生体制改革，建成更高水平覆盖城乡居民的公共卫生服务体系、医疗服务体系、医疗保障体系和药品供应保障体系。加大医疗卫生投入，推动建立分级诊疗制度，推进医疗机构区域集团化管理改革，优化医疗资源配置。深化公立医院改革，坚持公益属性，建立现代医院管理制度，推进政府完全举办的区级综合性医院建设。鼓励社会力量办医，满足群众多元化就医需求。推进医疗机构创等升级，强化镇村卫生机构标准化建设、一体化管理，加强乡村医生队伍建设。巩固完善基本药物制度，保障药品质量和安全。积极发展体育事业产业，深入开展全民健身运动，加快发展青少年体育，完善公共体育服务体系。落实人口发展战略，坚持计划生育基本国策，实施一对夫妇可生育两个孩子政策，不断优化人口结构。提高生殖健康、妇幼保健、托幼等公共服务水平，开展困难计生家庭帮扶工作。积极应对人口老龄化趋势，建设以居家为基础、社区为依托、机构为补充的多层次养老服务体系。大力培育健康和养老服务产业，推进医疗卫生与养老服务融合发展，探索虚拟养老等多种服务模式，推动各类市场主体增加养老服务和产品供给。

四、突出生态优先，以“环境美”提升发展新内涵

坚持绿色发展，深入实施生态文明建设工程，促进经济与生态建设良性互动，展现宜居宜业的通州印象。

（一）加快主体功能区建设。落实主体功能区规划，建立全区重要生态功能区，突出抓好生态空间管控与保护，严守开发边界、耕地保护、生态保护三条红线，优化布局生产、生活、生态三类空间，推动产业从限制、禁止开发区域有序转移。加强生态保护与修复，持续开展植树造林，提高林木覆盖率，建设绿色通州。

（二）推动形成绿色生产生活方式。突出生产方式绿色化，实施更严格的环境准入标准、污染物排放标准和产品能耗限额标准，落实能源和水资源消耗、建设用地等总量和强度双控行动，实施全民节能行动计划。按照产业发展生态化、生态经济产业化的要求，改造提升传统产业，控制重点行业碳排放，加快淘汰落后产能。优先发展绿色能源等节能环保产业，推行企业循环式生产、产业循环式组合、园区循环式改造，促进产业废弃物综合利用和再制造产业化，推动绿色经济加快发展。突出生活方式绿色化，加强资源环境国情区情和生态价值观教育，培养公民环境意识，推动大众养成绿色出行、绿色消费、厉行节约、低碳生活的习惯。

（三）加大环境治理力度。全面推进大气、水、土壤污染防治三大攻坚战，持续提升环境质量，切实保障环境安全。深入开展工业废气等综合治理，控制扬尘污染，加强秸秆综合利用与禁烧工作，推广使用清洁能源、新能源汽车，加快汽车充电基础设施规划建设。保护和利用好饮用水源、地表水、长江水资源，完善“双水源”体系建设，提高水功能区达标率。加大区域性污染整治力度，统筹实施污水管网建设，提高镇级污水和村居生活污水处置能力，积极探索达标尾水排放新途径。强化危险化学品、危险废物管理，加快建成废酸、污泥资源化利用项目。实施村庄环境改善提升行动，持续推进农村河道整治，加强农业面源污染防治，逐步实现种养业废弃物减量化、资源化、无害化，完善农村环境长效管理机制，建设美丽乡村。

（四）健全生态文明制度体系。深化生态环境管理制度改革，建立完善自然资源资产产权制度和用途管制、生态环境监管、资源环境生态红线、生态保护补偿、政绩考核、责任追究等制度，基本建立产权清晰、多元参与、激励约束并重、系统完整的生态文明制度体系。完善环境信息发布和重大项目公示、听证制度，严格执行环评、稳评、安评等项目实施规范程序。实行环境网格化管理，建立覆盖所有固定污染源的企业排放许可制。加强环境综合执法监管，加大区域联合执法力度，强化环保执法司法联动机制，依法惩治环境违法犯罪行为。

五、突出文化引领，以“社会文明程度高”彰显发展新境界

顺应社会发展进步、人民群众日益增长的精神文化需求，推动文化繁荣发展和社会治理创新，提升公民文明素质和社会文明程度，为“十三五”发展提供思想保证、精神动力和文化支持。

（一）加快文化强区建设。强化思想引领、全民参与、融合发展，着力建设文化凝聚力和引领力强、文化事业和产业强、文化人才队伍强的文化强区，推动文化建设迈上新台阶。

培育践行社会主义核心价值观。深化中国特色社会主义和中国梦宣传教育，坚定道路自信、理论自信、制度自信。注重把握社会主义核心价值观的科学化大众化地域化规律，从传统文化中汲取丰厚营养，用接地气的方式讲好“通州故事”，推动核心价值观入脑入心。加强和改进宣传思想文化工作，落实意识形态工作责任制，健全社会舆情引导机制，弘扬主旋律，传播正能量。推动传统媒体与新兴媒体融合发展，加强网上思想文化阵地建设，发展积极向上的网络文化。

深化群众性精神文明创建。放大先进典型示范效应，加强思想道德建设，推动形成良好的政风、行风、社风、家风。重视加强农村精神文明建设，狠刹封建迷信、大操大办、赌博等风气。依法开展违建寺观整治，深化殡葬改革。深入开展精神文明系列创建活动，推进“扫黄打非”，推动社会志愿服务制度化，以长效机制引领文明城市常态化建设。

繁荣发展文化事业。巩固省级公共文化服务体系示范区创建成果，促进公共文化服务标准化、均等化和城乡文化一体化。增加公共文化投入，深入实施文化惠民工程，打造城市“15分钟文化圈”、农村“十里文化圈”。广泛开展全民阅读活动，加快推进公共文化资源数字化，着力打造“书香通州”。加大文化、科普等设施建设力度，提高全民科学文化素质。做深做透“童声里的中国”，打造更多有影响力的文化品牌，推出一批思想性、艺术性、观赏性俱佳的精品力作。繁荣发展哲学社会科学、新闻出版、广播影视、文学艺术事业。

培育壮大文化产业。加强重点项目和园区建设，推动文化产业集约化、规模化、品牌化发展。鼓励扶持文化创客，打造新兴文化产业发展平台。积极推进对外文化交流，深化文化产业结构调整，大力实施“文化＋”战略，加快文化与科技、金融、信息、旅游、制造等深度融合。探索符合区情的文化体制改革路径，完善文化管理体制和生产经营机制，健全现代公共文化服务、产业、市场体系。

加强特色文化保护利用。大力实施文化传承工程，推进江海文化、红色文化、建筑文化等特色文化的研究、挖掘。加强对物质文化遗产的科学开发利用，深入推进历史文化名镇（村）的开发和利用工作，加强古树、古刹、历史街区等保护。建立健全非物质文化遗产保护机制，重点加大蓝印花布、仿真绣、裱画、红木雕刻、板鹞风筝、僮子戏等保护力度，不断提升江海文化影响力、凝聚力。

（二）提升社会治理水平。坚持系统治理、依法治理、综合治理、源头治理,完善党委领导、政府主导、社会协同、公众参与、法治保障的社会治理体制,推进社会治理精细化。提升"政社互动"工作水平,培育和规范发展社会组织,加强村级综合性公共服务中心建设。深化社会矛盾纠纷化解机制,畅通和规范群众诉求表达、利益协调、权益保障机制和渠道。依法规范信访秩序,实行诉访分离。牢固树立安全发展观念,坚持人民利益至上,完善和落实安全生产责任制,扎实推进食品药品安全、道路交通安全、社会治安防控等公共安全体系建设,提升突发公共事件应急处置能力,切实维护人民生命财产安全。

(三)完善社会信用体系。加快形成政府诚信为表率、企业信用和个人信用建设为重点、信用服务为支撑的诚信通州社会信用体系。深化政务诚信建设,完善政府服务承诺制和行政问责制,提高政府公信力。深化商务诚信建设,强化企业社会责任,促进企业自觉履行诚信义务,营造诚信市场环境。深化社会诚信建设,建立完善自然人在经济社会活动中的信用记录,引导职业道德建设与行为规范。深化司法公信建设,构建开放、动态、透明、便民的司法机制。加快建立覆盖全社会的信用信息系统,推进信用信息互联互通和交换共享。普及诚信教育,弘扬诚信文化,健全守信激励和失信惩戒机制。

(四)维护社会公平正义。建立以权利公平、机会公平、规则公平为主要内容的社会公平保障体系,逐步实现全体公民在社会发展各方面享有平等的生存和发展权利。完善民主权利保障制度,从各层次各领域扩大公民有序政治参与,保证人民当家作主。保障未成年人、老年人、妇女合法权益,支持残疾人事业发展。

六、推进全面深化改革和全面依法治区,为建设新通州提供有力支撑

坚持全面深化改革和全面依法治区"双轮驱动",进一步激发全社会发展活力,提高运用法治思维、法治方式和法治手段推动经济社会发展的水平。

(一)打好全面深化改革组合拳。以南通深化陆海统筹发展综合改革为契机,协调推进经济、政治、文化、社会、生态文明体制改革和党的建设制度改革,确保到2020年完成全面深化改革各项任务。

深入推进简政放权。坚持放管结合、优化服务,进一步转变政府职能,深化行政审批制度改革,巩固扩大相对集中行政许可权改革试点,加快以事前审批为主向以事中事后监管和服务为主转变。开展降低实体经济企业成本行动,减少行政审批事项,清理和规范涉企行政事业性收费。深化综合行政执法体制改革试点,构建清晰的执法职责体系,推动执法力量整合和重心下移,提高执法效率和监管水平。深化财政管理体制改革,提高资金使用管理绩效。整合建立统一规范的公共资源交易平台。以便利化、均等化、社会化为方向,加大政府向社会组织转移职能力度,健全政府向社会力量购买服务机制。

扎实抓好重点领域改革。积极推进既定的各项改革举措,争取更多改革列为国家和省市级试点。大力发展混合所有制经济。鼓励民营企业依法进入更多领域,支持民资、国资、外资融合发展。依法保护各种所有制经济利益,依法保护企业家财产权和创新收益。着力打造金融高地。加快"一街一港一中心"金融集聚区建设,大力引进各类金融机构,规范发展互联网金融,推动投贷担联动运作,构筑全市金融发展新高地。加强对中小微企业的金融支持,提高金融服务实体经济效率。深化节约集约用地。运用国家逐年减少长三角地区建设用地增量倒逼机制,坚持锁定总量、控制增量、优化存量、提高质量,推动重点开发区域产业和人口集聚度提升。结合新一轮土地利用总体规划修编,加快优化基本农田布局,认真做好同一乡镇范围内村庄建设用地布局调整试点,促进土地资源统筹利用和产业、城镇等布局结构优化。

完善改革决策和工作机制。做实做细调查研究、征求意见、评估把关等关键环节,健全和完善改革方案审议程序,切实提高改革方案质量。探索建立社会各界参与改革的开放性信息平台,形成全社会参与改革、支持改革的舆论环境。健全改革督察机制,开展对重大改革方案落实情况的督察。

(二)全面推进依法治区。坚定不移走中国特色社会主义法治道路,丰富拓展法治通州建设内涵,实现严格执法、公正司法、全民守法。

强化法治政府建设。深入推进依法行政,建立权责统一、运行高效的依法行政体制。健全"三重一大"制度,完善重大决策公众参与、听证论证、风险评估、合法性审查和集体研究机制,建立重大决策终身责任追究制度及责任倒查机制。严格规范公正文明执法,建立执法全过程记录制度和行政执法责任追究制度,健全行政执法与刑事司法衔接机制,积极推行政府法律顾问制度。全面推进政务公开,保障公众政府信息知情权,加强对行政权力的制约和监督。

提升公正司法水平。支持法院、检察院依法独立公正行使职权,维护司法权威。推进诉讼制度改革,规范自由裁量权行使,落实司法责任制。进一步拓展人民群众参与、监督、评判司法的途径和方式,完善人民陪审员、监督员制度。深化审务、检务、警务公开,健全阳光司法机制。强化人权司法保障,依法保障诉讼过程中当事人和其他诉讼参与人的权利。加强对司法活动的监督,规范司法行为。

推进法治社会建设。加强法治文化建设,扎实开展"七五"普法工作,将法治教育纳入国民教育体系和精神文明创建内容,完善"谁执法谁普法"工作机制,增强全社会特别是公职人员尊法学法守法用法观念。深入开展法治城市和各行各业、基层法治示范点等创建活动,健全法治惠民网络,完善覆盖城乡的公共法律服务体系。

七、加强和改善党的领导,为"十三五"发展提供坚强保证

顺利实现"十三五"发展目标,党的领导是根本政治保证。各级党组织要落实全面从严治党迈上新台阶的任务要求,深入实施党建工作创新工程,一心一意谋发展,聚精会神抓党建,推动思想建党和制度建党紧密结合,充分发挥各级党委(党组)的领导核心作用、基层党组织的战斗堡垒作用和共产党员的先锋模范作用。

切实加强党委领导经济社会发展工作制度化建设,完善研究发展战略、经济形势、重大政策等工作机制,提高谋全局、抓大事和科学民主依法决策水平。充分发挥各类思想理论教育载体的功能作用,推动各级干部掌握和善于运用马克思主义的立场观点方法,掌握和善于运用党的创新理论、新科技、新知识,加强对改革发展稳定重大问题的谋划和推进,增强把握和运用市场经济规律、社会发展规律、自然规律的能力,提高领导科学发展、做好群众工作、驾驭复杂局面的能力。

切实强化干部队伍建设,注重培养选拔政治强、懂专业、善治理、敢担当、作风正的干部,深化干部人事制度改革,健全有利于科学发展的考核评价机制,推动干部能上能下,着力解决好少数干部不作为、乱作为等问题。重视加强各级党组织建设和党员队伍建设,深化拓展"五位一体"党建惠民联动工作体系,强化基层党组织的政治功能,努力在服务群众中教育、引导和团结群众。

切实深化作风建设,坚持把纪律和规矩挺在前面,建立健全并严格执行管党治党各项制度,认真履行党风廉政建设主体责任和监督责任,贯彻落实《中国共产党廉洁自律准则》《中国共产党纪律处分条例》,持续创建"三清"示范区,教育各级干部自觉践行"三严三实",持之以恒执行中央八项规定和省市区委十项规定,在干事创业中彰显能力、在攻坚克难中展示魄力、在党性锤炼中增强定力,争当忠诚干净担当的表率。

切实调动各方面的积极性和创造性,凝聚"十三五"发展整体合力。推动社会主义民主政治制度化、规范化、程序化,健全民主制度,丰富民主形式,加强对经济社会发展重大问题和涉及群众利益问题的协商与监督。尊重基层和群众首创精神,鼓励探索、善待挫折,激励成功、宽容失误。注重发挥工会、共青团、妇联等群团组织的作用。巩固和发展最广泛的爱国统一战线,充分发挥民主党派、工商联、无党派人士作用。做好民族、宗教、侨务和对台等工作。深入开展双拥活动,加强全民国防教育和后备力量建设,促进军民融合深度发展。

编制"十三五"规划纲要和专项规划要坚决贯彻中央和省市区委决策部署,落实本建议确定的主要目标、重点任务、重大举措。各地各部门要从实际出发,科学确定"十三五"时期本地区本领域发展的目标思路和举措。各级各类规划要有明确反映创新、协调、绿色、开放、共享发展理念的指标,增加政府履行职责的约束性指标。要突出解难题、增动力、上台阶,建立完善抓推进促落实的责任机制、会办机制、督察机制、奖惩机制,把"十三五"规划建议落到实处。

全区上下要更加紧密地团结在以习近平同志为总书记的党中央周围,在省委、市委的坚强领导下,解放思想,同心同德,奋发有为,真抓实干,为率先全面建成小康社会、积极探索开启基本实现现代化建设新征程,努力建设经济强、百姓富、环境美、社会文明程度高的新通州而不懈奋斗!

(通发〔2015〕30 号)

通州区征地补偿和被征地农民社会保障办法

(2015 年 3 月 17 日)

第一章 总 则

第一条 为了维护被征地农民和农村集体经济组织的合法权益,保障被征地农民的生活和长远生计,规范征地补偿安置工作,根据《中华人民共和国物权法》《中华人民共和国土地管理法》《中华人民共和国社会保险法》《江苏省征地补偿和被征地农民社会保障办法》等规定,结合本区实际,制定本办法。

第二条 本办法所称征地补偿和被征地农民社会保障,是指国家将农民集体所有的土地征收后,依法给予被征地农民和农村集体经济组织补偿,安排被征地农民的社会保障费用,将被征地农民纳入城乡社会保障体系的行为。

第三条 本区行政区域内的征地补偿和被征地农民社会保障适用本办法。

第四条 被征地农民社会保障应当遵循即征即保、应保尽保、分类施保、逐步提高的原则,与促进就业相结合,注重新老政策衔接,将被征地农民纳入城乡社会保障体系,确保被征地农民原有生活水平不降低,长远生计有保障。

第五条 被征地农民应当从征地前在拥有该土地的农村集体经济组织内享有土地承包经营权、承担农业义务的成员中产生,原土地承包经营权人享有优先权。农村集体经济组织成员产生办法按《通州区农村集体经济组织成员界定指导意见(试行)》执行。

被征地农民的名单由被征地的农村集体经济组织商定后提出,经镇区园人民政府(管委会)审核,并在被征地农村集体经济组织所在地公示后,报区政府确定。

各镇区园人民政府(管委会)应会同公安等部门及时更新农村集体经济组织成员、被征地农民数据库。

第六条 区人民政府统一负责本行政区域内的征地补偿和被征地农民社会保障工作。国土分局具体负责征地补偿和征地补偿安置费用的收取和解缴;区人力资源和社会保障局具体负责被征地农民社会保障相关业务指导工作;区财政局具体负责被征地农民社会保障资金的落实和管理;区农村工作办公室具体负责安置评定业务指导工作;区公安局具体负责农村集体经济组织成员数据库的管理；区审计局依法加强对征地补偿资金和被征地农民社会保障资金的审计监督；区民政、监察等部门按照各自职责，共同做好相关工作；镇区园人民政府（管委会）负责相关工作的具体实施。

第七条　征地补偿标准应当根据经济社会发展水平和物价变动、被征地农民社会保障标准等情况确定，并适时调整。

第二章　征地补偿

第八条　征收农民集体所有的土地，应当依法足额支付征地补偿费用，安排被征地农民的社会保障费用。征地补偿费用包括土地补偿费、安置补助费、地上附着物和青苗补偿费。

第九条　农民集体所有的土地按照用途分为农用地、建设用地和未利用地。

征收农用地和建设用地的土地补偿费标准，为每亩19000元；征收未利用地的土地补偿费标准，为每亩10000元。

第十条　征收农用地安置补助费，按照需要安置的被征地农民人数计算。需要安置的被征地农民人数，按照被征收的农用地面积除以被征地农村集体经济组织征地前人均农用地面积计算，安置补助费标准为每人19000元。征收建设用地的安置补助费，参照征收农用地的标准执行，专款用于原土地相关权利人的安置。征收未利用土地的，不支付安置补助费。

第十一条　征收土地涉及地上附着物和青苗的应当依法给予补偿，具体由各镇区园人民政府（管委会）按照区政府征迁政策负责落实。

第十二条　大中型水利、水电工程建设的征地补偿，原则上参照我区征地补偿标准执行，如上级单位部门规定标准高于我区的，执行上级单位部门规定标准。

第十三条　土地补偿费归被征地的农村集体经济组织所有，征收土地涉及具体被征地农民的，应当将70%的土地补偿费支付给16周岁以上被征地农民。

安置补助费用于16周岁以下被征地农民的生活补助和16周岁以上被征地农民的社会保障。

地上附着物和青苗补偿费归其所有者所有。

第十四条　征地补偿费用没有足额到位的，被征地农村集体经济组织及其成员有权拒绝交地；征地补偿费用足额到位的，被征地农村集体经济组织及其成员应当按期交地。

第十五条　被征地农村集体经济组织和被征地农民对征地补偿安置方案有争议的，由区人民政府协调；协调不成的，由批准征收土地的人民政府裁决。协调、裁决争议的具体程序，按照上级有关规定执行。

第三章　被征地农民社会保障

第十六条　以征地补偿安置方案批准之日为界限，将被征地农民划分为下列三个年龄段：

（一）16周岁以下（未成年年龄段）；

（二）16周岁以上至60周岁（劳动年龄段）；

（三）60周岁以上（养老年龄段）。

各镇区园人民政府（管委会）确定的被征地农民每个年龄段人员比例，应当与被征地前被征地单位各该年龄段人员比例基本相同。

第十七条　未成年年龄段的被征地农民按照本区安置补助费标准一次性领取生活补助费，不再作为被征地农民参加城乡社会养老保险。

第十八条　劳动年龄段的被征地农民在企业就业且符合企业职工基本养老保险参保条件的，应当参加企业职工基本养老保险；从事非全日制工作或者自由择业（灵活就业）的，可以按照灵活就业人员的规定参加企业职工基本养老保险。劳动年龄段的被征地农民未参加企业职工基本养老保险的，必须参加城乡居民社会养老保险。

第十九条　养老年龄段的被征地农民从征地补偿安置方案批准次月起，按照我区农村最低生活保障标准的1.1倍按月领取养老补助金。养老补助金的标准原则上随本区农村居民最低生活保障标准的调整相应调整。

被征地前已经参加城乡居民社会养老保险的人员，同时享受省人民政府规定的最低标准基础养老金。

第二十条　被征地农民社会保障资金列入土地成本，被征地农民社会保障资金不足的，由区政府负责解决。被征地农民社会保障资金标准，按照本区农村最低生活保障标准的1.1倍乘以139计算。

区政府按照以支定收、收支平衡、不留缺口的原则筹集被征地农民社会保障资金，从土地有偿使用收益中优先安排被征地农民社会保障费用。

第二十一条　区财政局应当设立被征地农民社会保障资金财政专户（以下简称保障资金专户），管理、核算16周岁以上被征地农民社会保障资金。

16周岁以上被征地农民的社会保障资金一次性划入保障资金专户，并建立个人分账户。

第二十二条　劳动年龄段的被征地农民达到领取养老金年龄的，其在保障资金专户个人分账户中的资金本息余额一次性退还本人。被征地农民死亡的，其在保障资金专户个人分账户中的资金本息余额可以依法继承。

第二十三条　被征地农民家庭人均收入低于当地最低生活保障标准的，可以按照规定申请最低生活保障。

第二十四条　被征地农民按照医疗、工伤、生育保险规定缴纳保险费用后，享受相关待遇。

第二十五条　区政府及其有关部门应当将劳动年龄段内的被征地农民纳入城镇就业体系，加强就业培训和指导，创造就业条件，促进被征地农民就业。

第四章　资金管理

第二十六条　实行征地补偿资金预存制度。征地报批前，区政府将征地补偿费用和社会保障费用存入区财政局指定的账户（以下简称预存款账户）。征地报批时，区财政局应当出具征地补偿费用和被征地农民社会保障费用落实的相关凭证。

征地补偿安置方案在批准之前，区人力资源和社会保障局应当对被征地农民社会保障费用落实情况提出审核意见。经国务院批准征地的，区人力资源和社会保障局应当将被征地农民社会保障费用落实情况报省人力资源和社会保障部门审核。

第二十七条　国土分局应当在征地补偿安置方案批准之日起15个工作日内，从预存款账户中将土地补偿费、青苗补偿费足额支付到农村集体经济组织；地上附着物征收补偿安置按照区征迁补偿安置政策由各镇区园人民政府（管委会）执行。

农村集体经济组织应当在青苗补偿费到账起10个工作日内，将青苗补偿费支付给青苗所有权人。

农村集体经济组织应当在被征地农民的名单经区人民政府确定之日起10个工作日内，将70%的土地补偿费支付给16周岁以上的被征地农民。

第二十八条　国土分局应当在征地安置方案批准之日起10个工作日内将16周岁以下被征地农民生活补助费和16周岁以上被征地农民社会保障资金一次性划入保障资金专户。区人民政府及其职能部门应当在确定被征地农民名单后10个工作日内按照以下方式处理：

（一）将养老年龄段被征地农民的社会保障资金记入其在保障资金专户中的个人分账户，用于逐月发放养老补助金。

（二）将劳动年龄段被征地农民的社会保障资金记入其在保障资金专户中的个人分账户，用于逐期代缴其参加社会养老保险的个人缴费部分，不足部分，由个人承担。

（三）将16周岁以下被征地农民生活补助费支付给本人。

第二十九条　被征地农民社会保障资金参照社会保障基金有关规定管理，单独记账、核算，实现保值增值。

第三十条　依法属于农村集体经济组织的部分土地补偿费，纳入农村集体资产管理，用于农村集体经济组织发展生产和公益性事业，不得挪作他用。

第五章　法律责任

第三十一条　在征地补偿和被征地农民社会保障工作中，有关人民政府（管委会）、主管部门及其工作人员有下列行为之一的，由上级人民政府、有关主管部门或者监察机关责令改正，对直接负责的主管人员和其他直接责任人员依法给予行政处分；构成犯罪的，依法追究刑事责任：

（一）不依法履行职责，造成征地补偿费用和被征地农民社会保障费用未能及时足额到位的；

（二）出具征地补偿费用和被征地农民社会保障费用落实虚假凭证的；

（三）对被征地农民社会保障费用落实情况提供虚假审核意见的；

（四）侵占、截留、挪用征地补偿费用和被征地农民社会保障费用的。

第三十二条　被征地农村集体经济组织弄虚作假，冒领、截留、挪用征地补偿费用的，由有关机关责令改正，对直接负责的主管人员和其他直接责任人员依法给予行政处分；构成犯罪的，依法追究刑事责任。

第六章　附　则

第三十三条　本办法所称“以上”均包含本数。

第三十四条　2013年11月30日前征收土地的，仍按原《通州市征地补偿和被征地农民基本生活保障试行办法》（通政发〔2006〕16号）执行。本办法自2013年12月1日起施行。

（通政发〔2015〕1号）

通州区突发公共事件总体应急预案

（2014年1月7日）

（节　选）

1　总则

1.1 编制目的和依据

为科学应对各类突发公共事件，建立统一、高效、科学、规范的突发公共事件应急、指挥、保障和防控体系，提高区政府保障公共安全和处置突发公共事件的能力，根据省、市突发公共事件总体应急预案及省、市、区突发公共事件应对办法等有关法律、法规，结合本区实际，制定本预案。

1.2 突发公共事件的概念和分类

本预案所称突发公共事件是指突然发生，造成或者可能造成重大人员伤亡、财产损失、生态环境破坏和严重社会危害，危及公共安全的紧急事件。分为自然灾害、事故灾难、公共卫生、社会安全等四类。

1.3 突发公共事件的分级

依据突发公共事件的危害程度、影响范围和可控性，由高到低划分为四个级别：特别重大（Ⅰ级）、重大（Ⅱ级）、较大（Ⅲ级）、一般（Ⅳ级）。

1.4 工作原则

坚持以人为本、预防为主、属地为主、依法管理、依靠科技、社会参与的原则。

1.5 应急预案体系

包括总体应急预案、专项应急预案、部门应急预案、地方应急预案、企事业单位应急预案、重大活动安全单项应急预案。

1.6 适用范围

本预案主要适用于本区行政区域范围内可能发生的或者已经发生的,需要由区政府负责处置的各类突发公共事件的应对工作。

2　**组织体系**

2.1 应急处置组织指挥体系

2.1.1 领导机构

区政府成立区突发公共事件应急指挥中心(以下简称区应急指挥中心),作为本区突发公共事件应急处置工作的领导指挥机构,在区委、区政府的统一领导下,负责全区突发公共事件应急处置工作。

特别重大(Ⅰ级)、重大(Ⅱ级)和较大(Ⅲ级)突发公共事件发生后,区应急指挥中心总指挥一般由区长担任,分管副区长担任副总指挥。一般(Ⅳ级)突发公共事件发生后,区应急指挥中心总指挥一般由分管副区长担任。区政府办公室主任、副主任协助区政府领导处理有关工作。区应急指挥中心成员由区有关部门和单位的负责同志组成。

本区已有的专项应急指挥机构,作为区应急指挥体系的组成部分,机构名称、职能、办公地点不变,组成人员相应调整充实,继续承担相关专项突发公共事件的应急处置工作。今后根据需要,逐步建立其他突发公共事件专项应急指挥机构。

2.1.2 办事机构

区应急管理办公室是区应急指挥中心的日常办事机构,办公地点设在区政府办公室,主任由政府办公室主任兼任,负责日常工作,并配备专职工作人员从事日常工作。区应急管理办公室主要职责:执行区应急指挥中心的决定和指示;负责全区突发公共事件应急处置工作的综合协调及相关组织管理工作;建立全区突发公共事件应急信息综合管理系统,接受、汇总、分析有关突发公共事件的各种重要信息,向区应急指挥中心提出处理建议;联系区应急指挥中心各成员单位,对其履行应急预案中的职责情况进行指导、督促和检查;承担组织编制、评估、修订区政府突发公共事件总体应急预案的具体工作;指导各镇区园政府(管委会)应急预案和区政府各有关部门应急预案的编制工作;加强与毗邻地区的联系,建立健全应急工作协作机制。

2.1.3 专家组

区应急指挥中心聘请有关专家,组成区突发公共事件应急处置专家组,其成员主要是宏观管理、综合减灾以及各种灾种管理的专家。

2.1.4 专项应急指挥机构组成及预案制定

见附件9.1。

2.1.5 地方机构

各镇区园政府(管委会)建立突发公共事件应急处置指挥体系,成立相应的突发公共事件应急指挥机构,制定和完善本行政区域内突发公共事件应急预案,负责本行政区域内突发公共事件的处置工作。

2.2 应急队伍编制

见附件9.2。

2.3 应急联动体系

2.3.1 建立区应急处置固定指挥系统

固定指挥系统设在区应急指挥中心,主要通过区电子政务信息网,与各专项应急指挥系统并和上级应急指挥中心、各灾害事故管理职能部门和应急救援等相关单位实现互联互通,实施远程指挥调度和协助现场应急处置。

2.3.2 建立区应急处置机动指挥系统

机动指挥系统设在公安移动指挥车上,主要是与应急处置固定指挥系统、现场指挥系统实现互联互通。

2.3.3 建立区应急处置现场指挥系统

现场指挥系统设在事发地,公安移动指挥车未到达前,由事发地政府(管委会)和相关单位提供现场指挥系统,与区应急处置固定指挥系统和区应急处置机动指挥系统互联互通,并将上级指示及时、准确地传达到应急处置的执行主体。应急预案处于启动状态时,以上区应急处置固定、机动、现场指挥系统确保区应急指挥中心实施及时、可靠、多手段、不间断的应急处置指挥。

3　**预测、预警**

3.1 信息监测与报告

各镇区园政府(管委会)、区级有关部门、各级各类监测机构应综合分析可能引发各类突发公共事件的预测预警信息并及时上报。属于一般(Ⅳ级)及以上的预警信息的,由区应急指挥中心启动地方应急预案,同时报告市应急指挥中心。属于特别重大(Ⅰ级)、重大(Ⅱ级)突发公共事件的,报区应急指挥中心(区政府值守室)最迟不得超过30分钟,区应急指挥中心(区政府值守室)在1小时内上报市政府。属于较大(Ⅲ级)突发公共事件的,上报区应急指挥中心(区政府值守室)最迟不超过1个半小时,区应急指挥中心(区政府值守室)在2小时内上报市政府。特殊情况下,事发地政府(管委会)及有关部门值守人员应立即向区应急指挥中心(区政府值守室)报告并同时向上一级政府报告。区政府值守人员应根据区领导、区政府办公室领导的指示,应立即向市政府值守室(应急办)报告。报告内容主要包括时间、地点、信息来源、事件性质、影响范围、事件发展趋势和已经采取的措施等。应急处置过程中,要及时续报有关情况。

3.2 预警和报警

区应急管理办公室接到有关突发公共事件预警信息后,应当立即进行分析、判断或组织有关部门和专家进行分析、评估和预测,根据突发公共事件的不同等级,立即将预警信息报告给区有关领导及时传递给相关镇区园、区级有关部门。

3.3 预警级别及发布

特别重大(Ⅰ级,红色)、重大(Ⅱ级,橙色)和较大(Ⅲ

级,黄色)预警,按《南通市突发公共事件总体应急预案》的规定发布。预警信息发布、调整和解除可通过广播、电视、报纸、通信、信息网络、警报器、宣传车或组织人员逐户通知等方式进行。

4　应急响应和处置

4.1 分级分类响应

对本辖区内发生的突发公共事件,尚未达到一般(Ⅳ级)的,由事发地政府负责及时、果断处置,区应急指挥中心给予指导。属于一般(Ⅳ级)的,由区应急指挥中心决定启动响应应急预案,统一指挥处置工作,并按规定向市政府报告。发生较大(Ⅲ级)及以上突发公共事件,由区应急指挥中心立即启动相应应急预案,开展紧急处置工作,并按规定在第一时间内向上级政府报告,服从上级政府统一指挥。发生涉外或跨区特别重大、重大或较大突发公共事件,区应急指挥中心按照规定报上级政府,由上级政府负责处置。发生涉外或跨区的一般突发公共事件,由区政府办公室或区应急指挥中心负责协调处置,同时必须及时报告省、市政府。

4.2 先期处置

对本辖区内发生的突发公共事件,无论级别高低、规模大小、损伤轻重,事发地政府(管委会)迅速调度力量,尽快判明事件性质和危害程度,及时采取相应的处置措施,全力控制事态发展,并及时向区政府报告。

4.3 基本应急和扩大应急

一旦发生特别重大(Ⅰ级)、重大(Ⅱ级)、较大(Ⅲ级)突发公共事件,区应急指挥中心立即启动总体应急预案和相应的专项应急预案,在上级应急指挥中心的指导下,进行基本应急工作。应急、恢复与减灾行动需要同时进行的,必须协调行动。

一般(Ⅳ级)突发公共事件发生后,基本应急程序难以有效控制事态,或发生特殊灾害事故,尤其是出现跨区域、大面积和可能发展为严重灾害的态势时,立即转入扩大应急状态。在上级应急指挥中心统一领导下,扩大抢险救灾资源使用、征用、调用的范围和数量。必要时,依法动用一切可以动用的资源。

当突发公共事件造成的危害程度十分严重,超出区自身控制能力,需要上级政府或者其他县(市、区)提供援助和支持时,应将情况立即上报上级政府,由上级政府直接指挥或授权本区指挥。

4.4 指挥与协调

特别重大(Ⅰ级)、重大(Ⅱ级)、较大(Ⅲ级)突发公共事件发生后,立即成立应急处置现场指挥部,并在上级应急指挥中心统一协调下进行应急处置,各部门及单位要服从上级应急指挥中心的调度。一般(Ⅳ级)突发公共事件发生后,立即成立应急处置现场指挥部,区应急指挥中心相关领导、事发地应急指挥机构负责同志及相关人员和专家,迅速赶往事发现场,负责或参与指挥决策、参谋作业和信息保障等工作。

4.5 信息发布和舆情引导

发生突发公共事件时,区委宣传部分管新闻机构的负责同志,应当在区应急指挥中心或现场指挥部待命,负责对新闻媒体报道实施管理、协调和指导。同时要充分运用广播、电视、报刊、政府网站等形式,向社会公开或通报突发公共事件信息。一般情况下,由现场指挥部在第一时间发布权威信息。必要时,由区长或分管副区长召开新闻发布会或发表电视讲话,通报有关情况。

4.6 应急结束

突发公共事件应急处置工作结束后,依据法定程序,经相应级别的应急指挥中心批准,宣布解除灾情,终止应急状态,转入正常工作。

5　保障措施

5.1 应急队伍保障

发生突发公共事件,根据需要和上级命令,公安、消防、医疗卫生等应急队伍迅速赶赴现场,进行抢险救援处置。各镇区园政府(管委会)、相关部门积极组织和借助社会资源,建立各类社会化、群众性救援队伍,形成以专业队伍为主体、群众性队伍为辅助的应急抢险救援队伍网络。请求解放军和武警部队执行抢险救灾等任务时,按有关规定执行。

5.2 财力保障

区财政局牵头负责,会同事发地政府(管委会)财政部门、企事业单位及社会团体、个人搞好应急财政保障。

5.3 基本生活和物资保障

区发改、民政、市场监督管理、商务等部门及单位,会同事发地政府(管委会)做好受灾群众的基本生活保障和物资保障。平时发展改革委要搞物资储备数据信息的采集,并建立数据库,数据库每年按上级规定至少要更新一次。

5.4 医疗卫生保障

区卫生计生委负责调度卫生资源,搞好医疗卫生应急保障。

5.5 交通运输保障

区公安、交通、住建、海事等部门及单位负责应急处置交通保障的组织、实施,加强交通管制,开通应急"绿色通道",交通运输局负责交通工具的保障。

5.6 治安保障

区公安局迅速组织事发现场的治安警戒和治安管理,在事发现场设立警戒区和警戒哨,维护秩序,严惩趁机打劫和制造事端的犯罪行为,加强对重点地区、重点场所、重点人群、重要物资设备的防护,必要时及时疏散受灾群众。社区保障队伍协助专业队伍维护社会治安。

5.7 紧急避难场所保障

由住房城乡建设局牵头负责,区政府办(人防办)、规划等部门配合建立紧急避难场所信息库,掌握其地点、功能、可容纳人数、目前使用状况等,区政府办(人防办)等有关部门要完善紧急疏散管理办法和程序,明确各级负责人,确保在紧急情况下群众安全、有序地转移或疏散,并安排部分紧急避难场所兼具指挥场所功能。

5.8 通信与信息保障

区电子政务中心在整合各职能部门专业通信网的基础

上，建立跨部门、多手段、多路由，有线和无线相结合的反应快速、灵活机动、稳定可靠的应急通信系统，并做好应急通信物资储备和应急通信设备的保管与维护，确保应急通信畅通。

5.9 公共设施

区级有关部门要按照职责分工，分别负责煤、电、油、气、水的供给，以及废水、废气、固体废弃物等有害物质的监测和处理。交通、通信、水利、人防、电力、管道等基础设施建设应当充分考虑各类突发公共事件应急的需要并与之相适应。

5.10 现场救援和工程抢险装备保障

发生突发公共事件后，区应急指挥中心在最短时间内，把各类现场救援和工程抢险装备组织到最有效部位，迅速开展应急处置工作。

5.11 社会动员保障

由各级共青团组织和民政部门牵头，组建突发公共事件应急处置志愿者队伍，开展自救互救。积极提倡和鼓励企事业单位、社会团体和个人捐助社会救济资金。红十字会、慈善基金会等公益性社会团体和组织广泛动员和开展互助互济和救灾捐赠活动，加强与国际红十字会等国际有关组织的交流与合作，吸纳国际捐赠救助款物。

5.12 技术储备与保障

建立应急处置工作科学决策咨询机制。对灾害事故应急处置实施重大决策和行动时，充分发挥专家库和各类专家的作用，建立事故（灾害）后果评价系统，及时进行科学论证和咨询。

6　后期处置

6.1 恢复与重建

灾害事故发生后，事发地政府（管委会）、区级有关部门及单位应当迅速采取措施，救济救助灾民，恢复正常的经济社会秩序。

6.2 社会救助

根据救灾工作需要，在一定范围内组织动员社会各界开展救灾捐赠活动，民政部门、红十字会和慈善机构发动社会、个人或境外机构展开救援，并按有关规定负责管理捐赠款物的接受、分配、运输、发放工作。司法部门负责对需要法律援助的机构和人员提供司法救助。监察部门负责对社会捐赠资金和物资实行全过程管理和监督，确保救助资金和物资用于受灾地区和灾民。

6.3 保险

保险机构要在第一时间对突发公共事件造成的损失进行评估、审核和确认，抓紧进行理赔。

6.4 调查总结和评估

区级有关部门要会同事发地政府（管委会）及时按照法定程序组织事件调查，提出调查报告，报区应急指挥中心。在本区发生的特别重大、重大或较大突发公共事件，区政府应当配合上级政府做好总结调查工作。

7　教育、演习和监督管理

7.1 演习演练

区应急管理办公室、区级相关部门及单位结合自身职能，定期组织突发公共事件应急处置综合和专项演练。各镇区园政府（管委会）也应积极组织本辖区应急演练。演练结束后应当对演练进行全面总结和评价。

7.2 宣传教育和培训

各镇区园政府（管委会）和宣传、文广等部门，要通过各种媒体，采取多种形式，广泛宣传教育。

7.3 责任

突发公共事件应急处置工作实行行政领导负责制和党政领导责任追究制。

8　附则

8.1 制定与解释

本预案由区政府制定并根据实际情况变化及时修订。

8.2 实施时间

本预案自发布之日起施行。

（通政发〔2015〕2 号）

通州区城镇职工基本医疗自费补充保险暂行办法

（2015 年 1 月 14 日）

第一条　为进一步完善我区社会医疗保障体系，提高医疗保障水平，减轻参保人员住院医疗自费负担，根据国家及南通市有关规定，结合本区实际，制定本办法。

第二条　城镇职工基本医疗自费补充保险是城镇职工基本医疗保险的一种补充保险，参保人员在住院期间发生的符合自费补充保险报支范围的医疗费用，按本办法的规定由自费补充保险资金予以支付。自费补充保险的报支范围参照南通市标准执行。

第三条　本区所有参加城镇职工基本医疗保险的人员，均按本办法参加自费补充保险。

第四条　自费补充保险资金实行个人缴费与医疗保险统筹基金补助相结合的办法筹集。筹资标准为每人每年 120 元，其中，参保人员个人缴费 60 元，从城镇职工基本医疗保险统筹基金历年结余中补助 60 元。

第五条　参保人员缴纳的自费补充保险费用，按如下办法缴纳：

参加统账结合医疗保险人员，由区医疗保险经办机构于每年年初从参保人员医疗保险个人医疗账户中一次性全额扣缴。

参加住院医疗保险的退休人员，于每年年初由养老金

(生活费)发放单位一次性代扣代缴。

第六条 参保人员在定点医疗机构住院期间使用基本医疗保险范围之外的药品、诊疗项目和医疗服务设施,并经社会保障卡(医保卡)划卡结算的住院医疗费用,由自费补充保险资金支付50%。一个医保结算年度内,支付给参保人员的医疗费用最高限额为10万元。

第七条 白内障超声乳化门诊治疗发生的自费医疗费用,由自费补充保险资金按本办法规定支付。

第八条 下列情形之一的自费医疗费用,自费补充保险资金不予支付:

(一)门诊、急诊医疗费用(含门诊慢性病、门诊特殊病);

(二)零售药店购药药品费用;

(三)非定点医疗机构住院就医的医疗费用;

(四)《南通市政府关于印发〈南通市市区城镇职工基本医疗保险实施办法〉的通知》(通政发〔2009〕91号)第二十八条规定的医疗费用。

第九条 自费补充保险实行"即医即报",参保人员在住院期间发生的符合本办法规定的自费住院医疗费用,出院时直接由社会保障卡(医保卡)划卡结算。

第十条 新参加本区城镇职工基本医疗保险或续保的人员,自次年1月1日起参加自费补充保险并享受相应待遇。参保人员因停保、退保或其它原因停止医疗保险关系、停止享受城镇职工基本医疗保险统筹待遇的,自费补充保险待遇同步停止,年初缴纳的自费补充保险费不作调整。当年又续保的,自费补充保险待遇与基本医疗保险待遇同步恢复享受。

第十一条 本区城镇职工基本医疗自费补充保险资金的筹集、使用和管理等具体工作由区医疗保险经办机构负责。区医疗保险经办机构应进一步完善医疗费用监控机制,将定点医疗机构及医师使用自费药品、诊疗项目和医疗服务设施等医疗行为纳入医疗保险的管理范围。

第十二条 定点医疗机构应严格遵循因病施治的原则,做到合理检查、合理治疗、合理用药,控制参保人员自付率。超过自付率规定的,医疗保险经办机构应根据有关规定和医疗保险服务协议的约定进行处理。

第十三条 定点医疗机构应将所有基本医疗保险范围之外的医疗费用记入医疗保险信息系统并及时上传,确保参保人员及时享受自费补充保险待遇。因医保范围外的医疗费用未记入或未及时上传而造成参保人员不能享受自费补充保险待遇的,定点医疗机构应承担相应后果。

第十四条 城镇职工基本医疗自费补充保险资金纳入财政专户管理,实行单独核算、专款专用。区财政部门应加强对本区城镇职工基本医疗自费补充保险资金的监督管理。

第十五条 参加离休医疗统筹的离休干部在定点医疗机构住院期间使用基本医疗保险范围外的药品、诊疗项目和医疗服务设施,并经社会保障卡(医保卡)划卡结算的住院医疗费用,由离休医疗统筹资金报支50%。

第十六条 本办法自2015年1月1日起施行。

(通政发〔2015〕3号)

通州区住宅专项维修资金管理实施细则

(2015年9月21日)

第一章 总 则

第一条 为了加强商品住宅专项维修资金管理,保障住宅共用部位、共用设施设备的维修和正常使用,维护商品住宅专项维修资金所有者的合法权益,根据《物权法》《物业管理条例》《住宅专项维修资金管理办法》(建设部、财政部第165号令)、《江苏省物业管理条例》等相关法律法规,《江苏省住宅专项维修资金管理办法》(苏建房管〔2014〕208号)、《南通市市区住宅专项维修资金管理实施细则》(通房发〔2014〕234号)等文件要求,结合通州区实际,制定本细则。

第二条 通州区商品住宅专项维修资金(以下简称维修资金)的交存、使用、管理和监督适用本细则。

本细则所称维修资金,是指专项用于住宅共用部位、共用设施设备保修期满后的维修和更新、改造的资金。

本细则所称更新改造资金,是指专项用于电梯、消防等设施设备保修期满后的更新和改造资金,纳入维修资金管理。

第三条 本细则所称住宅共用部位,是指根据法律、法规规定和房屋买卖合同,由单幢住宅内业主或者单幢住宅内业主及与之结构相连的非住宅业主共有的部位,一般包括:住宅的基础、承重墙体、柱、梁、楼板、屋顶以及户外的墙面、门厅、楼梯间、走廊通道等。

本细则所称共用设施设备,是指根据法律、法规规定和房屋买卖合同,由住宅业主或者住宅业主及有关非住宅业主共有的附属设施设备,一般包括:电梯、天线、照明、消防设施、安保设施、绿地、道路、路灯、沟渠、池、井、落水管、非经营性车场车库、公益性文体设施和共用设施设备使用的房屋、物业用房等。

第四条 区住房和城乡建设局会同区财政局负责我区范围内维修资金的监督管理工作。

区财政局具体负责交存维修资金的专户管理、保值增值等管理工作;区物业管理中心受区住房和城乡建设局委托具体负责维修资金的代收、使用受理与审核及相关指导、协调、监督工作（以下区住房和城乡建设局、区财政局简称代管单位）。

第二章　交　存

第五条　下列物业的业主应当按照本细则交存维修资金：

（一）住宅，但一个业主所有且与其他物业不具有共用部位、共用设施设备的除外。

（二）住宅小区内的非住宅或者住宅小区外与单幢住宅结构相连的非住宅。

（三）非住宅项目需实施维修资金专项管理的商业项目、商办楼和具有国有土地性质的拆迁安置房。

第六条　交存标准

（一）首期维修资金：1. 多层住宅（含公寓、别墅）30元/平方米，高层住宅（含带电梯的多层）45元/平方米；2. 多层非住宅45元/平方米，高层非住宅（含带电梯的多层）60元/平方米。

（二）更新改造资金：多层住宅（配电梯）：10元/平方米；小高层住宅、高层住宅、与住宅有共用电梯的非住宅：18元/平方米。2013年5月1日以后受让土地所建住宅物业按以上标准交存更新改造资金。预销售许可证于2015年1月1日以后领取的按以上标准交存更新改造资金。

（三）维修资金和更新改造资金应按最终测绘报告建筑面积为基数交存。

代管单位根据情况适时调整维修资金、更新改造资金交存标准并及时公布。

第七条　交存方式

（一）新建商品住宅，在办理商品房产权初始登记前，由开发建设单位代业主交存首期维修资金，并提供设账分户等资料；业主在办理商品房入住、过户手续时与开发建设单位一次性结算。该资金由业主承担，归业主所有。

（二）住宅物业配置电梯的，在办理商品房产权初始登记前，由开发建设单位交存更新改造资金，并提供专项分账等资料。该资金由开发建设单位承担，归业主所有。

第八条　开发建设单位在申请商品房产权初始登记时应当根据房产登记机构的要求，出具维修资金和更新改造资金交存凭证，没有交足维修资金和更新改造资金的不得办理商品房初始产权登记。

第九条　代管单位应当开具省财政厅统一监制的专用票据。

开发建设单位应当凭省财政厅统一监制专用票据，向业主收回已代交的维修资金，不得凭专用票据以外的其他票据向业主收取。

第十条　业主分户账面维修资金余额不足首期交存额30%的，应当及时续交。

成立业主大会的，续交的具体方案由业主大会决定；未成立业主大会的，应当按同期同类商品住宅首期交存标准续交。

第十一条　除业主交存维修资金外，住宅小区业主大会可根据实际情况设立小区统筹维修资金。统筹维修资金主要用于住宅小区内房屋共用部位和共用设施设备无法正常使用以及受益人为全体业主的维修。统筹维修资金可由下列渠道筹集：

（一）利用业主共用部位、共用设施设备经营所得收益的70%，但业主大会另有约定的，从其约定；

（二）维修资金增值（孳息）部分支付业主房屋分户账滚存剩余的资金；

（三）共用设施设备报废回收的残值；

（四）人民防空工程平战结合提取的资金；

（五）其他应当计入小区统筹维修资金的资金。

第三章　管　理

第十二条　维修资金管理实行专户存储、专款专用、所有权人决策、政府监督的原则。

第十三条　业主大会成立前，维修资金由代管单位代管。

代管单位通过竞争的方式，择优选择政府认可的商业银行作为开立维修资金的专户管理银行。

第十四条　业主大会成立后，业主大会可以依法决定自行管理维修资金，也可以决定继续由代管单位代管。

业主大会依法决定自行管理的，由业主大会授权的业主委员会办理维修资金自管申请，并向代管单位提交以下资料：

（一）自管维修资金的申请；

（二）业主委员会成立的备案文件；

（三）维修资金自行管理的决议；

（四）业主分户表决情况，联系方式；

（五）维修资金管理制度；

（六）账目管理单位和维修资金账目责任人的决议；

（七）维修资金保值增值及续交方案；

（八）其它与维修资金有关的决议事项。

以上三、五、六、七、八事项应当经小区内专有部分占建筑物总面积2/3以上的业主且占总人数2/3以上的业主表决同意并签署书面意见。业主大会决议的事项及业主大会会议召开的情况在本物业管理区域内进行公示，公示期不得少于15天。

区物业管理行政主管部门、各镇（区、园、街道）人民政府（管委会、办事处）等应当对业主大会决议进行指导与监督。

第十五条　代管单位在收到维修资金自管申请材料后，符合要求的，应当在20个工作日内出具“维修资金自管证明”。

业主委员会持“维修资金自管证明”与专户管理银行签订委托管理合同，以业主大会实名开设银行账户，并书面通知代管单位。

代管单位应当在接到通知20个工作日内，将该物业管理区域内维修资金余额，划转至业主委员会开设的维修资金账户，同时将有关账目等移交业主委员会。

第十六条　代管单位应当加快信息化建设，建立健全涵盖交存、使用、查询等内容的维修资金监管系统，实现信息互通，公开透明，提高管理效率，接受监督。

维修资金划转业主大会管理后，应当同步纳入代管单位的维修资金管理系统，接受监管。

第十七条　代管单位应加快维修资金以物业管理区域为单位设账，按房屋户号（幢、单元、列）设立分户账；未划定物业管理区域的以公安门牌设账，按房屋户号（幢、单元、列）设立分户账。

更新改造资金，以物业管理区域为单位设账，核算到幢。

第十八条　业主委员会可以向代管单位提出申请，将物业管理区域内的维修资金按不低于业主交存维修资金80%的款项转存为超过一年以上的定期存款，代管单位应当自收到申请之日起5个工作日内予以办理，具体申请办法另行制定。

第十九条　在保证住宅专项维修资金正常使用的前提下，可以按照国家有关规定将住宅专项维修资金用于购买国债。投资收益归全体交存维修资金的业主所有，可优先划入本物业管理区域设立的维修资金统筹账户，用于本物业管理区域内房屋共用部位和共用设施设备的维修。业主大会另有约定的，从其约定。

维修资金购买国债，应当经业主大会同意；未成立业主大会的，应当经专有部分占建筑物总面积2/3以上的业主且占总人数2/3以上业主表决同意。维修资金购买国债报代管单位审核后，限购买一级市场国债，并持有到期。

禁止利用维修资金买卖股票、从事国债回购、委托理财、质押、抵押等担保行为。

第二十条　对于代管维修资金，代管单位定期进行增值分配。交存不满一年的按分配日活期利率及积数计算增值额；交存满一年的按不低于分配日一年期定期利率及积数计算增值额；增值额计入各分户滚存使用。

对于自管维修资金，增值方案和增值分配方案由业主大会决定，代管单位根据增值分配方案协助进行管理信息系统数据维护。

第二十一条　代管单位应当加快维修资金网上查询平台的建设，定期向业主公布维修资金管理情况；维修资金划转业主大会管理的，业主委员会应当每年至少一次向业主公布小区维修资金管理情况。

业主大会成立后，代管单位应当将物业管理区域内交存维修资金相关情况，书面告知业主委员会或物业管理委员会，并在物业管理区域内公开。

第二十二条　代管单位、业主委员会每年至少一次向业主公布下列情况：

（一）维修资金交存、使用、增值收益和结存的总额；

（二）发生列支的项目、费用和分摊情况；

（三）业主分户账中维修资金交存、使用、增值收益和结存的金额；

（四）其他有关维修资金使用和管理的情况。

业主对公布、查询的情况有异议的，可以要求复核。

第二十三条　维修资金划转业主大会管理后，账目管理应当符合《中华人民共和国会计法》规定。

维修资金的财务管理、票据管理和会计核算应当执行财政部门有关规定。

业主委员会换届或者业主委员会主任、副主任变更时，相关业主对业主委员会管理维修资金提出异议的，业主委员会应当委托具有相应资质的社会中介机构对维修资金收支和管理情况进行审计。审计报告应当公示不少于7天，并留存业主委员会，接受业主查询。

第四章　使　用

第二十四条　维修资金应当专项用于住宅共用部位、共用设施设备保修期满后的维修和更新、改造，不得挪作他用。

住宅小区内单一产权独立式房屋业主交存的维修资金，专项用于小区共用设施设备保修期满后的维修和更新、改造；

半地下室（车库）、地下室（车库）的维修资金，专项用于半地下室（车库）、地下室（车库）及其专用设施设备保修期满后的维修和更新、改造。

第二十五条　维修资金的使用，应当遵循方便快捷、公开透明、受益人和负担人相一致的原则。

第二十六条　维修资金使用，按照以下原则分摊：

（一）单幢房屋整体共用部位、共用设施设备的维修，由单幢房屋的全体业主按照各自拥有房屋建筑面积比例共同分摊。

（二）单幢房屋涉及一个单元的维修，由单元内的业主按照各自拥有房屋建筑面积的比例共同分摊；涉及两个或者两个以上单元的维修，由两个或者两个以上单元内的业主按照各自拥有房屋建筑面积的比例共同分摊。专属一个楼层业主的共用部位、共用设施设备的维修和更新、改造费用，由该楼层全体业主按照各自拥有房屋建筑面积的比例分摊。

（三）单幢房屋共用屋面（不含业主单独使用露台）的维修，由屋面庇护范围下地面以上各层的相关业主按照各自拥有房屋建筑面积的比例共同分摊。

（四）单幢房屋基础、外墙的维修，由单幢房屋全体业主按照各自拥有房屋建筑面积的比例共同分摊。

第二十七条　部分业主未交存维修资金或者续筹不足的，在发生应当分摊维修费用时，由维修涉及范围内相关业主按照各自拥有房屋建筑面积以自筹资金分摊承担。

第二十八条　业主大会决定或者维修涉及范围内相关业主另有约定的，从其约定。

第二十九条　代管单位应当建立应急维修施工预决算、房屋鉴定、设施设备检测评估、招标、监理、审计以及房屋修缮、建筑防水等专业队伍备选目录，并向社会公开联系方式，供维修选用。

第三十条　需要使用维修资金的，由物业服务企业、业主委员会（物业管理委员会）、社区居委会或者使用分摊范围内的相关业主作为申请人。业主作为申请人的，也应委托物业服务企业、业主委员会（物业管理委员会）或社区居委会办理相关手续。

第三十一条　申请维修资金一般按照下列程序办理：

(一)申请人依据查勘结果制定维修资金使用方案、费用分摊清册；

(二)维修资金使用方案经列支范围内专有部分占建筑物总面积2/3以上的业主且占总人数2/3以上业主讨论通过或根据业主大会讨论通过的年度维修资金使用计划，分次列支计划范围内的资金；

(三)已成立业主委员会(物业管理委员会)的，业主委员会(物业管理委员会)要对业主表决情况、维修资金使用方案、费用分摊方案与维修预算数额提出审核意见；未成立业主委员会(物业管理委员会)的以及业主委员会(物业管理委员会)自管的项目，须经社区居委会见证，并公示7天；

(四)申请人按《维修、更新改造方案》组织施工；

(五)维修完成后，申请人持相关材料向区物业管理行政主管部门提出维修资金使用申请。业主大会自行管理维修资金的，由业主委员会(物业管理委员会)受理、审核；

(六)代管单位、业主委员会(物业管理委员会)根据审核意见发出划转维修资金的通知，专户管理银行据此划转。

第三十二条　发生下列危及房屋安全情形之一，需要立即对住宅共用部位、共用设施设备进行应急维修、更新和改造，可以按照本细则第三十一条第一、四、五、六项的规定启用应急使用流程，申请使用维修资金：

(一)屋面防水损坏造成严重渗漏的；

(二)电梯故障危及人身安全的；

(三)公共护(围)栏破损严重，危及人身安全的；

(四)楼体单侧外立面有脱落危险的；

(五)专用排水设施因坍塌、堵塞、爆裂等造成功能障碍，危及人身、财产安全的；

(六)危及房屋安全的其他情形。

应急维修的项目，可以由专业机构出具鉴证文件进行认定，没有专业机构出具认定文件的，应当经区物业管理行政主管部门进行确认。

申请人应当在相关物业区域内公示维修资金应急使用情况，公示期不少于7天。

第三十三条　单项维修和更新、改造金额5000元(含)以上的项目，须经专业工程造价咨询机构对维修决算费用进行审计，审计费用在维修资金中列支。如经维修列支范围内专有部分占建筑物总面积2/3以上的业主且占总人数2/3以上业主决定不予审计的，可以不予审计。一个维修项目分次实施的合并计算。

第三十四条　单项维修和更新、改造金额50000元(含)以上的项目，申请人须向区物业管理行政主管部门办理维修资金使用事前备案管理，并通过竞争的形式选择维修队伍。

第三十五条　单项维修和更新、改造金额50000元(含)以上的项目，须经区物业管理行政主管部门组织会商决定。

第三十六条　按照本细则第三十一条提出维修资金使用申请的，申请人应当提交下列材料：

(一)维修资金使用申请表；

(二)通州区专项维修资金使用事前备案表；

(三)专项维修资金列支范围内专有部分占建筑物总面积2/3以上的业主且占总人数2/3以上业主讨论通过使用建议的证明材料；

(四)使用费用分摊方案；

(五)使用公示及证明(照片或影像资料)；

(六)维修合同书；

(七)维修决算书，审计报告；

(八)单项维修更新改造50000元(含)以上项目需提供事前备案管理的有关材料：备案申请表、中标通知书等；

(九)需要提供的其他材料：承诺书、验收证明、委托书、工程发票(超过1万元以上)等。

第三十七条　按照本细则第三十二条提出应急使用维修资金申请的，申请人须提交第三十六条所规定的第一、二、四、五、六、七、八、九项以及专业机构或区物业管理行政主管部门认定的证明材料。

第三十八条　下列费用不得从维修资金中列支：

(一)依法应当由建设单位或者施工单位承担的住宅共用部位、共用设施设备维修、更新和改造费用；

(二)依法应当由相关单位承担的供水、供电、供气、供热、通讯、有线电视等管线和设施设备的维修、养护费用；

(三)应当由责任人承担的因人为损坏住宅共用部位、共用设施设备所需的修复费用；

(四)经营性设施设备以及根据物业服务合同约定，应当由物业服务企业承担的住宅共用部位、共用设施设备的维修和养护费用；

(五)业主专有部位、专有设施设备的维修和更新、改造费用；

(六)其他不应当列支的情形。

第五章　附　则

第三十九条　维修资金的管理和使用，应当依法接受审计部门的审计监督。代管单位3年内接受政府专项审计不得少于一次，并公布审计报告，接受社会监督。对违反本细则相关规定的单位和个人，将按《财政违法行为处罚条例》等国家有关规定追究责任。

第四十条　代管单位应当加快建立维修资金年度报告、投诉登记及信息公开等制度，推进维修资金标准化、信息化、规范化管理。

第四十一条　非住宅物业实施维修资金专项管理的，参照本细则执行。

第四十二条　本细则由区住房和城乡建设局负责解释。

第四十三条　本细则自2015年10月1日起执行。

(通政办发〔2015〕91号)

通州区新型农村合作医疗实施意见

（2015 年 10 月 12 日）

为做好 2016 年新型农村合作医疗（以下简称新农合）工作，按照省、市有关要求，结合我区实际，制定本实施意见。

一、指导思想

以党的十八届四中全会精神为指导，贯彻落实省、市医药卫生体制改革的精神，完善新农合政策措施，最大程度地惠及参合人员，保障群众的利益，继续推进医保城乡统筹工作，建立与我区经济社会发展水平和群众医疗保健需求相适应的基本医疗保障制度。

二、目标任务

巩固制度覆盖面，参合率稳定在 99% 以上；提高财政补助和个人缴费标准，建立稳定可持续的筹资机制；区内政策范围内住院费用报销比例 75% 以上，逐步缩小与实际支付比例之间的差距；继续完善大病保险和补充保险，筑牢群众就医多层次医疗保障网。

三、参合对象

本区户籍农村居民（含农村中小学生）以户为单位参加新农合。居住在城区以外未参加城镇职工医保或城镇居民医保的城镇居民可以参加新农合。筹资工作结束后出生的婴儿、退役的士兵和停止参加其他基本医疗保险的农村居民（凭相应医保经办机构出具的证明），可以参加当年度的新农合。按照规定已经参加其他基本医疗保险的人员，不得参加新农合。

按照自愿参加原则，鼓励和引导参合人员以户为单位参加新农合补充保险。

四、筹资标准

按照积极稳妥、逐步到位的原则，在稳步提高筹资标准的同时，逐步提高个人缴费占整体筹资的比重。2016 年，新农合人均筹资标准 700 元（含大病保险 50 元），其中，个人缴费 160 元，各级财政补助 540 元。待省、市明确补助政策后，再按现行财政体制转移支付规定确定区、镇两级财政补助梯度分担比例。

农村最低生活保障对象、五保供养对象、重点优抚对象的个人缴费由政府全额补助。

五、基金管理与使用

（一）新农合基金实行收支两条线管理，专户存储，单独建账，专款专用，不得用于参合人员医药费用报销以外的任何支出。

（二）区人力资源社会保障、财政部门和经办机构要严格执行新农合基金财务制度和会计制度，规范基金的使用和管理，做好基金预决算、会计核算、财务分析和监督检查工作。

（三）新农合基金遵循以收定支、保障适度、略有结余的原则，用于参合病人的门诊和住院费用补偿，以及为参合人员缴纳新农合大病保险参保费用。基金年度结余控制在 10% 以内，累计结余控制在 20% 以内（含风险基金）。

（四）合理调整确定新农合补偿方案，确保政策有利于保障基本，引导合理就医，保障重大疾病救治（具体补偿方案由区合管委另行制定）。积极推动建立分级诊疗制度，发挥新农合的杠杆和利益导向作用，拉大不同级别医疗机构报销比例的差距，引导参合患者分级、有序就诊。

（五）加大支付方式改革力度，大力推进由后付制向预付制转变，实现按总额、按病种付费等混合支付方式对定点医疗机构和病人的全覆盖。加强对住院率、目录外检查用药、次均费用等核心指标的监控，增强新农合对医疗行为的激励约束作用。探索建立经办机构与医疗机构谈判机制和定点医疗机构黑名单制度。

（六）各级定点医疗机构要认真落实国家有关管理制度及医疗质量安全核心制度，依法开展诊疗活动，切实规范临床检查、诊断、治疗、护理和使用药物及医疗器械的行为。区有关部门要建立联动工作机制，加强对医疗服务和医疗费用的监督检查，加大对“小病大治”、挂床治疗、分解住院、过度检查、滥用药物、虚增医疗费等违规违约行为的查处力度。

六、实施步骤

（一）宣传发动阶段（2015 年 10 月 15 日—10 月 20 日）。区镇两级召开不同层次的会议，部署新农合筹资工作要求和步骤，组织新农合和基础信息业务培训，申请领取新农合专用收款票据，全面启动筹资工作。各镇、街道和区有关部门加大宣传引导力度，通过媒体宣传、印发宣传资料、张贴宣传标语等多种形式，宣传新农合政策和受益典型事例，营造良好的舆论氛围，引导群众积极主动参合。

（二）组织收缴阶段（10 月 21 日—10 月 31 日）。各镇、街道组织村（居）委会，采用定时间、定地点、定标准的筹资方式收缴个人缴费，认真登记核实参合信息，当场开具筹资专用票据，及时上缴结清个人缴费，保证责任清楚、手续健全、信息准确、资金安全。各地收缴的个人参合资金于 11 月 10 日前足额解缴至区新农合基金财政专户。新农合补充保险以家庭为单位缴纳保费，与新农合个人缴费同步实施。

（三）信息汇总阶段（11 月 1 日—11 月 20 日）。在收缴过程中认真登记核实人员信息的基础上，各镇、街道组织专门人员对村（居）委会上报的参合信息登记表、缴费票据、解缴资金进行复核，准确录入参合人员基础信息，做到缴费人数与参合人数一致，参合信息不出现重复、遗漏和错误的现象。11 月 20 日前将参合信息汇总资料报送区康惠居民服务有限公司。

七、工作要求

（一）提高认识，加强领导。新农合制度是一项惠及广大群众的民生工程，筹资工作是事关全局和农民群众切身利益的重要环节，政策性强、时间紧、任务重、要求高，各镇、街道要充分认识新农合筹资工作的重要性和复杂性，按照区政府的统一部署，切实加强领导，精心组织实施，进一步扩大新农合制度覆盖面，确保应保尽保。

（二）明确责任，密切配合。区各有关部门要密切配合、通力协作。区人力资源社会保障局主管新农合工作，负责加强对新农合业务工作的指导和监督；区财政局负责落实财政补助资金，加强对新农合基金的监管；区卫生计生委负责加强医疗质量管理，规范医疗服务行为，控制医疗费用不合理增长；区民政局负责核实和提供政府资助参合对象的人数和信息，做好医疗救助与基本医保制度的衔接；区宣传部门负责做好新农合政策的宣传工作；区审计局负责新农合基金管理和使用情况的审计监督；其他部门要根据各自工作职责，做好相关工作。

（三）强化督查，规范运行。新农合筹资工作实行目标管理责任制和责任追究制，对领导重视、操作规范、目标任务完成较好的单位予以通报表扬；对领导重视不够、工作措施不力、逾期不能完成任务的单位予以通报批评。区人力资源社会保障、财政等部门要加大新农合基金筹集和使用情况的专项督查力度，对截留、挪用、骗取、套取新农合基金的行为，将严肃追究相关责任人的责任，确保新农合基金安全。

（通政办发〔2015〕102 号）

重要文件目录索引

中共南通市通州区委员会

1 月 9 日　关于印发 2015 年十件民生实事项目任务分解表的通知

1 月 9 日　印发《关于加强和改进新形势下优秀年轻干部培养选拔工作的实施意见》的通知

1 月 17 日　关于贯彻落实党的十八届四中全会精神和省委市委意见全面推进依法治区的实施意见

1 月 30 日　关于调整区委党的建设工作领导小组成员的通知

2 月 9 日　关于表彰 2014 年度先进集体和先进个人的决定

2 月 15 日　关于进一步清理规范基层台账的实施意见

3 月 4 日　关于申请省科技镇长团成员来我区挂职的报告

3 月 18 日　关于印发《2015 年全区重点工作目标任务分解表》的通知

3 月 24 日　关于做好行政区划调整工作的实施意见

3 月 24 日　关于通州区行政区划调整后机构设置实施意见

3 月 24 日　关于行政区划调整中严肃有关纪律的通知

3 月 30 日　关于印发《2015 年度区级机关部门目标管理绩效考核实施意见》的通知

3 月 30 日　关于印发《2015 年度镇（区、园、街道）目标管理绩效考核实施意见》的通知

4 月 3 日　关于深化医药卫生体制改革建设现代医疗卫生体系的实施意见

4 月 14 日　关于申请创建 2016—2020 年江苏省和全国科普示范区的请示

5 月 11 日　关于加强新形势下党外代表人士队伍建设的实施意见

6 月 16 日　关于南通市通州区社会管理综合治理委员会更名为南通市通州区社会治安综合治理委员会及组成人员任职的通知

6 月 24 日　关于印发《中国制造 2025 通州行动纲要》的通知

6 月 24 日　印发《关于促进“互联网 +”行动计划的实施意见》的通知

6 月 24 日　关于印发《大众创业万众创新通州行动计划》的通知

6 月 24 日　印发《关于进一步加快生产性服务业发展的实施意见》的通知

7 月 6 日　关于表彰全区第二轮“五星级基层党建示范点”和“五位一体”党建惠民联动工作先进个人、优秀党小组长、优秀党员中心户（群众示范户）的决定

7 月 8 日　关于成立区“十三五”规划编制工作领导小组的通知

7 月 13 日　关于恳请明确锡通科技产业园管理机构的请示

7 月 21 日　关于表彰南通市通州区第二十一届“十佳青年”及提名奖的决定

8 月 5 日　关于申请将通州区人民医院通州区中医院列入三级医院管理的请示

8 月 7 日　关于成立国家现代农业示范区建设工作领导小组的通知

8月17日　关于推动全面从严治党迈上新台阶的意见

9月10日　关于调整区委人才工作领导小组成员的通知

9月15日　关于报批《南通市通州区相对集中行政许可权改革试点方案》的请示

10月15日　关于深入推进平安通州建设的意见

11月24日　关于表彰2014年度教育系统先进个人的决定

12月7日　关于表彰2013—2014年度通州区文明社区文明村镇文明单位的决定

12月26日　关于南通市通州区相对集中行政许可权改革试点实施意见

12月29日　关于制定通州区国民经济和社会发展第十三个五年规划的建议　（钱　湘）

南通市通州区人民政府

1月7日　关于印发南通市通州区突发公共事件总体应急预案的通知

1月13日　关于同意兴东镇东飞花园北侧地块规划总平面的批复

1月14日　关于印发南通市通州区城镇职工基本医疗自费补充保险暂行办法的通知

1月23日　关于赋予石港、川姜、五接等镇第二批区级经济社会管理权限的通知

2月10日　关于进一步深化农村改革加快都市生态型现代农业发展的实施意见的通知

3月3日　关于清理规范税收等优惠政策的通知

3月5日　关于同意张芝山镇六期农民集中居住区规划总平面的批复

3月17日　关于印发通州区征地补偿和被征地农民社会保障办法的通知

3月23日　关于同意兴东镇东飞花园南区安置房项目规划总平面的批复

4月2日　关于同意兴东街道兴飞花苑二期安置房项目规划总平面的批复

5月13日　关于同意南通市通州区农田水利规划的批复

5月25日　关于同意先锋街道十六里墩村集中区三期规划总平面的批复

6月23日　关于加强审计工作的意见

6月30日　关于推进困境未成年人社会保护试点工作的意见

6月30日　关于公布第四批区级非物质文化遗产名录及第二批区级非物质文化遗产项目代表性传承人的通知

7月3日　关于南通市空港产业园农民集居区兴飞花苑项目的批复

7月10日　关于发布南通市通州区政府核准的投资项目目录(2015年本)的通知

7月14日　关于授权区国有资本管理中心出资成立产业发展基金的批复

7月30日　关于同意平潮镇栖凤花苑三期安置房项目规划总平面的批复

7月30日　关于同意兴仁镇通富佳苑三期安置房规划总平面的批复

8月11日　关于同意十总镇骑岸居民联建楼规划总平面的批复

9月14日　关于加强行政审批中介服务机构监督管理工作的意见

9月17日　关于同意通州区2015年度土地储备计划的批复

9月23日　关于加快推进金融集聚区建设实施方案的通知

10月8日　关于南通市通州区“十三五”农村河道轮浚规划的批复

10月9日　关于深化行政审批制度改革加强事中事后监管的意见

10月12日　关于同意五接镇东沙大桥连接线、五接卫生院建设及其安置区一期安置房总平的批复

10月27日　关于撤销区政府驻南京办事处的通知

10月30日　关于设立南通市通州区行政审批局的通知

11月4日　关于撤消区政府驻上海办事处的通知

11月13日　关于明确公共资源交易过程中违法违规行为调查处理职责的通知

11月17日　关于成立南通凯丰农创投资基金中心的批复

12月4日　关于同意组建南通锡通科技产业集团有限公司的批复

12月30日　关于促进全区房地产市场消费的意见

（顾　鹏）

中共南通市通州区委办公室

1月4日　关于表彰2014年度全区优秀网站建设单位和区政府网站内容保障工作先进个人的决定

1月5日　关于转发区老区开发促进会区扶贫开发协会通州区2015年老区开发和扶贫工作要点的通知

1月8日　印发《关于深化“四风”整治、巩固和拓展党的群众路线教育实践活动成果的实施意见》的通知

1月8日　关于印发《通州区农村河道整治三年行动计划工作方案(2015—2017年)》的通知

1月9日　关于对有关重要紧急信息未及时报送的情

况通报

1月14日　印发《关于党员干部带头推动殡葬改革的实施意见》的通知

1月21日　关于印发《2014年度提请区委区政府表彰的各类先进评比项目》的通知

2月9日　关于进一步规范宗教活动场所建设与管理的紧急通知

2月17日　印发《关于推进农村社区股份合作制改革试点的实施方案》的通知

2月17日　关于转发区关心下一代工作委员会2015年全区关心下一代工作要点的通知

3月4日　关于印发通州区2015年度生态文明建设重点工程项目表的通知

3月5日　关于调整区城市建设指挥部机构设置和人员的通知

3月6日　关于印发《中共南通市通州区委统一战线工作部主要职责内设机构和人员编制规定》的通知

3月16日　关于印发《通州区广电网络整合资产移交人员划转等工作实施办法》的通知

3月16日　关于印发《通州区2015年重大项目投资计划任务分解表》的通知

3月17日　关于开展南通市通州区第二十一届“十佳青年”评选活动的通知

3月18日　关于印发《2015年项目建设突破年主题活动实施方案》的通知

3月23日　关于印发《2015年招商引资突破年主题活动实施方案》的通知

3月24日　关于成立南通市通州区行政区划调整工作领导小组的通知

3月24日　关于做好行政区划调整期间涉及岗位调整的领导干部重要事宜交接工作的通知

3月24日　关于启用相关镇、街道印章的通知

3月24日　关于行政区划调整后印章刻制和移交等问题的通知

3月24日　关于切实做好行政区划调整后档案移交管理工作的通知

4月1日　关于对全区部分镇(街道)行政区划调整工作进行验收的通知

4月2日　关于转发区委宣传部等部门2015年“博爱在通州、人道万人捐”活动方案的通知

4月5日　关于转发区普法办公室2015年法制宣传教育工作要点的通知

4月7日　关于对有关重要紧急信息报送情况的通报

4月10日　关于印发《2015年度全区深化改革重点任务分解表》的通知

4月13日　关于印发《2015年度镇(区、园、街道)党建、精神文明、民主法制及民生建设考核细则》的通知

4月13日　印发《关于开展创建“无访村(居)、无访镇(区、园、街道)”活动的实施方案》的通知

4月13日　印发《关于在全区继续开展信访积案化解项目化管理的实施意见》的通知

4月15日　关于印发《2015年度区级机关部门工作目标考核细则》的通知

4月23日　印发《关于2015年深化“百千万”工程、促进“三解三促”常态化的实施方案》的通知

4月30日　关于印发《集镇环境长效管理考评办法(2015年修订)》的通知

4月30日　关于印发《2015年度区级机关部门特色重点工作考核项目》的通知

5月6日　关于印发《贯彻落实区委十一届九次全会〈实施意见〉重要举措分工方案》的通知

5月7日　关于调整区防汛防旱指挥部成员的通知

5月11日　关于印发《2015年度全区作风效能建设考评实施办法》的通知

5月12日　关于成立全区效能建设工作推进领导小组的通知

5月25日　关于区处理信访突出问题及群体性事件联席会议更名为区信访工作联席会议的通知

5月25日　关于印发《贯彻落实区委十一届九次全会〈实施意见〉重要举措2015年工作要点》的通知

5月27日　关于贯彻执行《南通市通州区机关事业单位差旅费管理办法》的通知

5月29日　关于调整通州区高校招生委员会成员的通知

6月3日　关于印发《南通市通州区2015年“扫黄打非”行动方案》的通知

6月4日　关于印发《创建2016—2020年全国和江苏省科普示范区活动实施意见》的通知

6月5日　关于认真做好2015年高考组织工作的通知

6月5日　印发《关于在领导干部中开展“三严三实”专题教育的实施方案》的通知

6月5日　关于印发《通州区政协提案办理协商实施办法(试行)》的通知

6月5日　关于进一步规范公文报送有关事项的通知

6月5日　关于调整区精神文明建设指导委员会成员的通知

6月5日　印发《关于基层党组织做好在服务中教育引导群众工作的实施意见》的通知

6月16日　关于印发《锡通科技产业园(张芝山镇)主要职责内设机构和人员编制规定》的通知

6月16日　关于进一步强化群众走访接待工作的意见

6月30日　关于调整南通市通州区经济责任审计工作领导组成员的通知

6月30日　关于调整南通市通州区城市管理委员会组成人员的通知

7月2日　关于调整区全民科学素质工作领导小组的

通知

7月2日　关于印发《2015年通州区专项整治乱建寺观工作实施方案》的通知

7月6日　印发《关于推行基层党委(党工委、党组)书记抓党建工作"10+X"责任体系的实施意见(试行)》的通知

7月7日　关于印发《进一步加强区四套班子领导挂钩联系镇(区、园、街道)工作方案》的通知

7月20日　关于调整区依法治区领导小组成员的通知

7月21日　印发《关于贯彻落实〈2015—2019年全市党员教育培训工作规划〉的实施意见》的通知

8月11日　关于印发《通州区深化党的建设制度改革实施方案》的通知

8月13日　转发市委办公室《关于落实党风廉政建设党委主体责任监督问责暂行办法》的通知

8月13日　转发市委办公室市政府办公室《南通市领导班子和领导干部"为官不为"问责暂行办法》的通知

8月13日　关于印发《2015年度科技新城目标管理绩效考核办法》的通知

8月14日　关于印发《通州区党的纪律检查体制改革实施方案》的通知

8月25日　关于开展2015年慈善募捐工作的通知

9月10日　关于印发《全区党员教育联席会议制度》的通知

9月14日　关于成立南通市通州区相对集中行政许可权改革试点工作领导小组的通知

10月14日　关于印发《通州区贯彻落实"一带一路"战略三年重点任务分解表》的通知

10月14日　关于印发《通州区贯彻落实长江经济带发展战略三年重点任务分解表》的通知

11月4日　印发《关于加强全区法治文化阵地建设的意见》的通知

11月4日　关于印发《2014—2015年度江苏省法治县(市、区)考核验收责任分解》的通知

11月6日　关于成立南通家纺城市场采购贸易方式工作领导小组的通知

11月9日　关于成立通州区高铁新城建设指挥部的通知

11月9日　印发《关于深化"三严三实"专题教育着力解决基层干部不作为乱作为等损害群众利益问题的实施方案》的通知

11月17日　关于印发《南通市通州区村(居)主要负责人经济责任审计工作暂行办法》的通知

11月13日　关于做好全区2016年度重点党报党刊发行工作严格规范报刊发行秩序的通知

11月23日　关于印发《南通市通州区国有公司分类管理实施办法》的通知

11月25日　关于印发《通州区领导干部经济责任审计工作联席会议制度》的通知

11月26日　关于印发《中共南通市通州区委关于省委第四巡视组巡视反馈意见整改工作方案》的通知

12月2日　印发《关于开展2015年度基层党委(党工委、党组)书记抓基层党建工作述职评议考核的实施方案》的通知

12月10日　印发《关于进一步加强全区少先队工作的意见》的通知

12月23日　关于转发区委党史工作办公室区地方志编纂委员会办公室《通州年鉴(2016)》编纂实施方案的通知

12月30日　关于印发《2015年度提请区委、区政府表彰的各类先进评比项目》的通知　(钱　湘)

通州区人民政府办公室

1月22日　关于印发南通市通州区预防和处置群体性信访事件应急预案的通知

1月5日　关于成立南通明德重工有限公司清算工作组的通知

1月15日　关于做好优化镇村布局规划工作的通知

1月22日　关于印发南通市通州区预防和处置环境污染突发事件应急预案的通知

1月23日　关于印发南通市通州区安全生产突发事件应急预案的通知

2月3日　关于印发通州区村级技防监控中心二期工程建设实施方案的通知

2月9日　关于进一步做好政府信息公开有关工作的通知

2月10日　关于印发通州区2015年度耕地占补平衡补充耕地项目实施办法的通知

2月11日　关于印发南通市通州区创建江苏省公共体育服务体系示范区实施方案的通知

2月12日　关于成立2015年通州区春节运输工作领导小组的通知

2月12日　关于东沙大桥及接线工程公路用地红线及两侧建筑控制区范围的通知

2月13日　关于印发2015年通州区城镇园林绿化工作实施方案的通知

3月6日　关于印发进一步加强严格管控违法建设工作的若干规定的通知

3月6日　关于印发通州区2015年环境保护大检查实施方案的通知

3月10日　关于印发通州区安全生产行政执法委托实施办法的通知

3月11日　关于分解落实2015年度保障性安居工程建设目标任务的通知

3 月 19 日　关于印发 2015 年金融工作考核奖励办法的通知

3 月 23 日　关于成立通州区宁启铁路二期建设服务保障指挥部的通知

3 月 24 日　关于做好行政区划调整过程中资产处置工作的通知

3 月 25 日　关于印发 2015 年应急救护公益培训实施方案的通知

3 月 30 日　关于印发南通市通州区 2015 年大气污染防治工作方案的通知

4 月 2 日　关于印发通州区实行最严格水资源管理制度实施方案的通知

4 月 3 日　关于印发南通市通州区城市建设指挥部重点工程建设业主目标责任制考核办法(试行)的通知

4 月 3 日　关于印发南通市通州区城市建设指挥部城建交通重点工程施工保障督查考核办法(试行)的通知

4 月 9 日　关于印发加快科技创新促进转型发展若干政策意见的通知

4 月 9 日　关于切实做好全区土地例行督察工作的通知

4 月 11 日　关于 225 省道改线公路用地红线及两侧建筑控制区范围的通知

4 月 16 日　关于加强区直行政事业单位会计人员从业资格管理的通知

4 月 16 日　关于印发 2015 年度镇(区、园、街道)重点经济工作综合考核细则及季度奖励办法的通知

4 月 19 日　关于印发通州区 2015 年秸秆禁烧和综合利用工作意见的通知

4 月 27 日　关于建立南通市通州区政府和社会资本合作(PPP)试点工作联席会议制度的通知

4 月 28 日　关于印发通州区 2015 年秸秆禁烧和综合利用工作考核办法的通知

4 月 30 日　关于印发 2015 年度南通市通州区生物多样性保护实施方案的通知

4 月 30 日　关于做好国土专项审计发现涉及开发区问题整改相关工作的通知

5 月 13 日　关于印发加快推进“全托管”新型农业经营主体建设工作意见的通知

5 月 14 日　关于进一步规范公共资源交易有关事项的意见的通知

5 月 15 日　关于印发南通市通州区产业发展母基金管理办法(试行)的通知

5 月 15 日　关于成立南通市通州区政府产业发展母基金管理委员会的通知

5 月 15 日　关于印发推进新型工业化加快转型发展若干政策意见的通知

5 月 18 日　关于印发通州区区级以上征迁安置项目考核办法(试行)的通知

5 月 20 日　关于印发南通市通州区国有公司薪酬考核指导意见(试行)的通知

5 月 20 日　关于印发南通市通州区城区举办大型商业活动管理规定的通知

5 月 20 日　关于认真做好区级部门预算单位公务卡结算管理工作的通知

5 月 27 日　关于印发差旅费支出的若干规定的通知

5 月 27 日　关于印发南通市国家卫生城市通州区复审迎查工作方案的通知

5 月 28 日　关于印发全区文化事业发展资金竞争立项类项目实施办法的通知

6 月 5 日　关于通州区 2015 年价格调控目标责任制的实施意见

6 月 10 日　转发区农工办等部门关于认真做好农村土地承包经营权确权登记颁证工作实施方案的通知

6 月 11 日　关于下达 2015 年度实行最严格水资源管理制度目标任务的通知

6 月 23 日　关于印发南通市通州区覆盖拉网式农村环境综合整治专项资金管理暂行办法的通知

6 月 24 日　关于印发通州区 2015 年燃煤锅炉淘汰、改造及提标工作方案的通知

6 月 30 日　关于公布区级行政权力事项目录清单的通知

7 月 3 日　关于印发进一步深化全区综合治税工作方案的通知

7 月 6 日　关于印发南通市通州区区级行政权力事项目录清单管理办法的通知

7 月 7 日　关于下达 2015 年政府投资项目代建及征迁安置任务的通知

7 月 8 日　关于印发通州区 2015 年夏季环保专项行动实施方案的通知

7 月 17 日　关于成立通州区困境未成年人社会保护工作领导小组的通知

7 月 30 日　关于进一步做好建筑业工伤保险工作的通知

8 月 3 日　关于印发南通市通州区病死动物无害化收集处理工作方案的通知

8 月 10 日　关于建立完善中小学校舍安全保障长效机制的实施意见

9 月 2 日　关于成立区政府推进职能转变协调小组的通知

9 月 6 日　关于印发南通市通州区创建江苏省食品安全城市工作实施方案的通知

9 月 11 日　关于印发深化行政审批制度改革“五大整治行动”工作方案的通知

9 月 17 日　印发关于加强政府投资工程建设项目标后监管实施办法的通知

9 月 21 日　关于印发通州区住宅专项维修资金管理实施细则的通知

9 月 28 日　关于印发南通市通州区 2015 年农村危房

改造工作实施方案的通知

10月8日　关于成立南通市通州区打击处置非法集资工作领导小组的通知

10月8日　关于印发南通市通州区2015年财政收入征管部门考核办法的通知

10月8日　关于成立华融和生商业广场项目推进工作组的通知

10月8日　关于印发2015年度南通市通州区覆盖拉网式农村环境综合整治实施方案的通知

10月12日　印发关于规范区属国有企业出资人的意见的通知

10月12日　关于印发南通市通州区区属企业国有资本经营预算管理办法(试行)的通知

10月12日　印发南通市通州区2016年度新型农村合作医疗实施意见的通知

11月10日　关于印发南通市通州区地震应急预案的通知

11月13日　关于进一步加强镇级公共资源交易管理工作的意见

11月13日　关于推进电镀加工企业关闭的实施意见

11月21日　关于成立全民参保登记工作领导小组的通知

11月25日　关于建立通州区不动产统一登记工作联席会议制度的通知

12月1日　关于转发区卫生计生委等部门平潮区域医疗联合体试点工作方案的通知

12月1日　关于建立企业上市联席会议制度的通知

12月3日　关于印发通州区消防工作考核办法的通知

12月21日　关于印发南通市通州区创新创业种子基金管理办法的通知

12月21日　关于印发南通市通州区科技型中小企业贷款担保基金管理办法的通知

12月23日　关于调整全区执行省政府26号令的被征地农民基本生活保障标准的通知

12月31日　关于印发南通市通州区畜禽养殖区域规划(2015—2020年)的通知

(顾　鹏)

南通市通州区人大常委会

1月13日　关于印发《关于区十五届人大三次会议议案办理情况的报告》的审议意见的通知

3月31日　关于印发《南通市通州区人民代表大会常务委员会关于行政区划调整后新建镇人大选举问题的决定》的通知

4月9日　关于印发《南通市通州区人大常委会关于实施全口径预决算审查监督的暂行办法》的通知

5月28日　关于印发《南通市通州区人民代表大会常务委员会关于组织区人大代表评议区政府部门工作的方案》的通知

6月8日　关于印发《区人民政府全面推进依法行政工作情况报告的审议意见》的通知

6月30日　关于印发城市管理工作情况报告审议意见的通知

7月7日　关于印发《关于检查〈药品管理法〉贯彻实施情况的方案》的通知

7月29日　关于印发南通市通州区第十五届人大常委会第二十五次会议关于批准南通市通州区2014年财政决算的决议的通知

8月19日　关于印发南通市通州区人大常委会关于规范性文件备案审查实施办法的通知

10月12日　关于印发《关于学前教育改革发展情况的报告的审议意见》的通知

12月7日　关于印发《药品管理法》执法检查报告的通知

(曹奕伟)

政协南通市通州区委员会

1月4日　关于召开政协南通市通州区第十二届委员会第四次会议的通知

1月5日　关于聘请政协基层工委特邀成员的通知

1月17日　关于政协南通市通州区第十二届委员会第四次会议选举结果的报告

2月11日　关于印发南通市通州区政协机关联络组成员名单的通知

2月11日　关于印发南通市通州区政协各专门委员会组成人员名单的通知

2月11日　区政协专委会联系区直政协机关联络组制度

2月11日　政协南通市通州区委员会季度协商座谈会实施办法(试行)

2月11日　政协南通市通州区委员会特邀成员管理办法(试行)

7月3日　报送《关于"加快发展现代服务业,推动产业转型升级"的建议案》的函

10月8日　报送《政协通州区委员会关于对区城管局工作情况民主评议的意见》的函

11月24日　关于召开政协南通市通州区第十二届委员会第五次会议的请示

12月31日　关于表彰2015年度区政协工作先进集体和优秀个人的决定

(孙崇兰)

统 计 资 料

南通市通州区国民经济和社会发展基本情况

表 48

指　　标	计量单位	2015 年	2014 年	为上年%
一、行政区划与面积				
1、行政区划				
镇人民政府	个	12	19	63.2
街道	个	4		—
国家级高新技术产业开发区	个	1	1	100.0
村民委员会	个	208	208	100.0
社区居民委员会	个	68	68	100.0
2、辖区总面积	平方公里	1525.74	1525.74	100.0
#陆地面积	平方公里	1351.50	1351.50	100.0
江海水域	平方公里	174.24	174.24	100.0
长江水域	平方公里	49.72	49.72	100.0
黄海水域	平方公里	124.52	124.52	100.0
二、人口与就业				
1. 年末户籍总户数	户	500513	498371	100.4
2. 年末户籍总人口	人	1265871	1266584	99.9
#男性	人	618521	619536	99.8
女性	人	647350	647048	100.0
年平均户籍人口	人	1266228	1264627	100.1
出生人口	人	10164	10809	94.0
#男性	人	5226	5421	96.4
女性	人	4938	5388	91.6
人口出生率	‰	8.03	8.55	—
死亡人口	人	12201	11233	108.6
#男性	人	6528	6001	108.8
女性	人	5673	5232	108.4
人口死亡率	‰	9.64	8.88	—
人口自然增长率	‰	-1.61	-0.33	—
性别比(女=100)	%	95.55	95.75	—
3. 年末常住人口	万人	114.19	114.20	100.0
年平均常住人口	万人	114.20	114.21	100.0
4. 人口城镇化率	%	57.55	55.72	—

续表48

指　　标	计量单位	2015年	2014年	为上年%
三、地区生产总值				
地区生产总值	亿元	940.16	860.73	109.9
一、按行业分组				
1.第一产业	亿元	54.49	52.25	102.7
2.第二产业	亿元	476.75	446.99	110.2
其中:工业	亿元	395.89	367.49	110.5
3.第三产业	亿元	408.92	361.49	110.4
注:绝对值按当年价格计算,发展速度按可比价格计算。				
四、农业				
1.农业总产值	亿元	93.23	88.18	105.7
2.主要农副产品产量				
粮食	吨	538829	534737	100.8
棉花	吨	6457	7366	87.7
油料	吨	96574	98633	97.9
蚕茧	吨	312	437	71.4
淡水产品	吨	35360	35380	99.9
果品	吨	64749	69689	92.9
肉类	吨	66795	68728	97.2
生猪出栏数	万头	54.23	55.7	97.4
生猪年末存栏数	万头	28.03	27.99	100.1
五、工业				
1.规模工业主要经济指标				
工业总产值	万元	19617073	18554910	105.7
企业个数	个	758	764	99.2
#亏损企业个数	个	42	32	131.3
亏损企业亏损额	万元	23986	17289	138.7
主营业务收入	万元	19240890	18220242	105.6
成本费用总额	万元	17813107	16860492	105.6
流动资产合计	万元	4763210	4503966	105.8
年末资产总计	万元	9734886	9320630	104.4
所有者权益	万元	4873647	4220044	115.5
利息支出	万元	153463	166043	92.4
利税总额	万元	2210742	2135368	103.5
#利润	万元	1370722	1261020	108.7
应收帐款净额	万元	1114746	1044809	106.7
产成品存货	万元	285826	280920	101.7

续表 48

指　　标	计量单位	2015 年	2014 年	为上年%
工业产品销售率	%	99.4	99.3	—
工业成本费用利润率	%	7.7	7.5	—
全部流动资产周转次数	次	4.04	4.05	99.9
全部流动资产周转天数	天	90.0	90.0	100.0
资产负债率	%	49.9	54.7	—
2. 规模工业主要产品产量				
发电量	万千瓦时	11994	10663	112.5
小麦粉	万吨	53.93	47.20	114.3
精制食用植物油	吨	10720	1780	602.2
啤酒	千升	164546	255904	64.3
纱	吨	146492	145907	100.4
布	万米	66741	62585	106.6
印染布	万米	60252	67367	89.4
服装	万件	27804	28006	99.3
家具	件	1777369	71577	2483.2
纸制品	吨	69986	66042	106.0
塑料制品	吨	218203	204416.02	106.7
日用玻璃制品	吨	15694	5793	270.9
钢丝绳	吨	130305	118581	109.9
民用钢质船舶	载重吨	886239	1160961.59	76.3
高压开关板	面	5009	4725	106.0
低压开关板	面	8220	9110	90.2
电力电缆	千米	73598	69838	105.4
全社会用电总计	万千瓦时	500091	476119	105.0
总计中:生产用电	万千瓦时	425046	406798	104.5
第一产业	万千瓦时	6548	5153	127.1
第二产业	万千瓦时	380421	366422	103.8
第三产业	万千瓦时	38077	35223	108.1
总计中:城乡居民生活用电	万千瓦时	75045	69321	108.3
城镇居民	万千瓦时	16083	14140	113.7
农村居民	万千瓦时	58962	55181	106.9
六、建筑业				
1. 企业个数	个	156	159	98.1
#总承包和专业承包	个	133	135	98.5
2、建筑业总产值	万元	12926973	11888307	108.7
#建筑工程产值	万元	12067217	10952946	110.2

续表48

指　　标	计量单位	2015年	2014年	为上年%
安装工程产值	万元	820721	902218	91.0
3、竣工产值	万元	8428586	9160084	92.0
4、房屋建筑施工面积	万平方米	11989.01	11378.11	105.4
#本年新开工面积	万平方米	4331.62	4253.69	101.8
房屋竣工面积	万平方米	2958.39	3792.56	78.0
#住宅面积	万平方米	2038.88	2625.48	77.7
5、全年平均人数	人	321412	315396	101.9
6、全员劳动生产率	万元/人	40.22	37.69	106.7
7、固定资产原价	万元	447211	442459	101.1
8、工程结算收入	万元	8903044	8586494	103.7
9、利润总额	万元	493115	447917	110.1
七、固定资产投资				
一、固定资产投资项目个数	个	795	755	105.3
#工业	个	540	549	98.4
投资完成额	亿元	597.74	520.12	114.9
#工业	亿元	338.86	311.14	108.9
#设备	亿元	205.49	206.92	99.3
二、固定资产投资分组				
按产业分				
第一产业	亿元	5.06	2.89	175.1
第二产业	亿元	338.86	311.14	108.9
#工业	亿元	338.86	311.14	108.9
第三产业	亿元	253.81	206.09	123.2
八、交通、邮电				
(一)交通设施基本情况				
1、公路总里程	公里	3461	3432	100.8
按技术等级分				
高速	公里	88	66	133.3
一级	公里	121	114	106.1
二级	公里	350	348	100.6
三级	公里	222	216	102.8
四级	公里	2671	2679	99.7
等外	公里	10	10	100.0
按干线、县乡道分				
国道	公里	77	77	100.0
省道	公里	157	134	117.2

续表 48

指　标	计量单位	2015 年	2014 年	为上年%
县道	公里	376	370	101.6
乡道	公里	898	898	100.0
村道	公里	1954	1954	100.0
按路面标准分				
高级	公里	3451	3423	100.8
中低级	公里	10	10	100.0
2、公路桥梁	座	1404	1363	103.0
公路桥梁长度	米	54456	48688	111.8
3、内河航道总里程	公里	570	570	100.0
(二)运输设备及运量				
1、私人汽车拥有量	辆	165620	138135	119.9
2、营业性机动车年末实有数				
(1)载客汽车年末实有数	辆	324	311	104.2
客位	座	20278	18266	111.0
(2)载货汽车年末实有数	辆	4600	5062	90.9
吨位	吨	36714	37972	96.7
3、全社会公路旅客运输				
旅客运输量	万人	1254	1260	99.5
旅客周转量	万人公里	87986	88401	99.5
4、全社会货物运输				
货物运输量	万吨	1184	1151	102.9
水路	万吨	193	187	103.2
公路	万吨	991	964	102.8
货物周转量	万吨公里	189907	183085	103.7
水路	万吨公里	40278	39856	101.1
公路	万吨公里	149629	143229	104.5
(三)邮电业务收量	万元			
邮政业务收入	万元	106060	110783	95.7
固定电话用户	万户	29.83	31.70	94.1
#乡村电话用户	万户	17.58	18.54	94.8
移动电话年末用户	万户	139.30	113.34	122.9
固定宽带接入用户	万户	31.81	24.86	128.0
九、国内贸易				
1.社会消费品零售总额	万元	3077332	2798796	110.0
#个体户	万元	1815437	1836190	98.9
2.批发零售贸易业销售总额	万元	11157653	9362527	119.2

续表48

指　　标	计量单位	2015年	2014年	为上年%
十、对外经济				
1. 对外贸易				
自营进出口总额	万美元	358252	332330	107.8
自营出口总额	万美元	315703	294225	107.3
自营进口总额	万美元	42548	38105	111.7
2. 利用外资				
新办“三资”企业数	个	45	47	95.7
增资项目	个	19	19	100.0
注册外资实际到帐	万美元	28100	33104	84.9
3、外经合作				
对外承包劳务合同额	万美元	8224	11480	71.6
对外承包劳务营业额	万美元	13643	8774	155.5
当年新派劳务人数	人	1013	1495	67.8
年末累计在外人数	人	654	1644	39.8
十一、财政				
一般公共预算收入合计	万元	806462	704364	114.5
1. 增值税(25%)	万元	67978	64901	104.7
#免抵调增	万元	22875	19750	115.8
2. 营业税	万元	382375	268492	142.4
3. 企业所得税(40%)	万元	61405	47364	129.6
4. 个人所得税(40%)	万元	24964	45650	54.7
基金预算收入	万元	683579	776921	88.0
上划中央收入	万元	338062	338826	99.8
消费税	万元	4573	4600	99.4
增值税(75%)	万元	203936	194706	104.7
企业所得税(60%)	万元	92108	71046	129.6
个人所得税(60%)	万元	37445	68474	54.7
一般公共预算支出	万元	967442	873990	110.7
基金预算收入支出	万元	702823	694319	101.2
十二、金融				
金融机构存款余额(本外币)	亿元	1251.55	1107.66	113.0
#储蓄存款	亿元	803.35	716.45	112.1
金融机构贷款余额(本外币)	亿元	678.04	606.81	111.7
#短期贷款	亿元	373.35	344.46	108.4
中长期贷款	亿元	252.46	217.70	116.0
金融机构存款余额(人民币)	亿元	1241.73	1099.19	113.0

续表 48

指　标	计量单位	2015 年	2014 年	为上年%
#储蓄存款	亿元	801.30	715.02	112.1
金融机构贷款余额(人民币)	亿元	676.76	604.67	111.9
#短期贷款	亿元	372.06	342.47	108.6
中长期贷款	亿元	252.46	217.55	116.0
十三、人民生活				
1. 城镇非私营单位从业人员年平均工资	元	64799	60197	107.6
城镇住户				
1. 城镇居民人均住房建筑面积	平方米	49.50	45.90	107.8
一、人均全年总收入	元	41921	38414	109.1
#人均全年可支配收入	元	37646	34565	108.9
1、工资性收入	元	22658	20807	108.9
2、经营净收入	元	5566	5238	106.3
3、财产净收入	元	2540	2218	114.5
4、转移净收入	元	6882	6302	109.2
#养老金或离退休金	元	5910	5422	109.0
二、人均全年总支出	元	34695	34084	101.8
#生活消费支出	元	22051	20501	107.6
1、食品消费支出	元	6719	6217	108.1
#食品消费服务性支出	元	1241	1131	109.7
2、衣着消费支出	元	1622	1532	105.9
3、居住消费支出	元	3792	3513	107.9
4、生活用品及服务消费支出	元	1220	1116	109.3
5、交通通讯消费支出	元	2569	2339	109.8
#交通消费支出	元	1887	1727	109.3
#通信消费支出	元	682	612	111.4
6、文化教育、娱乐消费支出	元	3963	3697	107.2
#教育消费支出	元	2224	2043	108.9
#文化娱乐消费支出	元	1739	1654	105.1
7、医疗保健消费支出	元	1496	1476	101.4
8、其他商品和服务消费支出	元	670	611	109.7
2、恩格尔系数(%)	(%)	30.50	30.30	—
3. 百户城镇居民主要消费品拥有量				
摩托车	辆	35	39	89.7
助力车	辆	147	120	122.5
家用汽车	辆	46	41	112.2
洗衣机	台	96	98	98.0

续表 48

指　　标	计量单位	2015 年	2014 年	为上年%
电冰箱	台	106	99	107.1
彩色电视机	台	200	177	113.0
家用电脑	台	74	69	107.2
组合音响	套	5	6	83.3
摄像机	架	3	7	42.9
照相机	架	24	35	68.6
中高档乐器	架	5	4	125.0
微波炉	台	95	91	104.4
空调器	台	188	158	119.0
淋浴热水器	台	104	100	104.0
消毒碗柜	台	3	2	150.0
健身器材	套	3	4	75.0
固定电话	部	66	78	84.6
移动电话	部	236	225	104.9
农村住户				
1. 农村居民人均住房建筑面积	平方米	63.7	62.6	101.8
一、人均全年总收入	元	23421	21173	110.6
#人均全年可支配收入	元	18361	16835	109.1
1、工资性收入	元	10680	9861	108.3
2、经营净收入	元	5203	4748	109.6
3、财产净收入	元	549	482	113.9
4、转移净收入	元	1929	1744	110.6
#养老金或离退休金	元	1129	935	120.7
二、人均全年总支出	元	20136	17979	112.0
#生活消费支出	元	13248	12122	109.3
1、食品消费支出	元	4247	3877	109.5
#食品消费服务性支出	元	524	407	128.7
2、衣着消费支出	元	803	740	108.5
3、居住消费支出	元	2116	1945	108.8
4、生活用品及服务消费支出	元	680	619	109.9
5、交通通信消费支出	元	2039	1843	110.6
#交通消费支出	元	1637	1479	110.7
#通信消费支出	元	402	364	110.4
6、文化教育、娱乐消费支出	元	2360	2161	109.2
#教育消费支出	元	1669	1541	108.3
#文化娱乐消费支出	元	691	620	111.5

续表 48

指　标	计量单位	2015 年	2014 年	为上年%
7、医疗保健消费支出	元	608	576	105.6
8、其他商品和服务消费支出	元	395	361	109.4
2、恩格尔系数(%)	(%)	32.1	32.0	—
3. 百户农村居民主要消费品拥有量				
洗衣机	台	87	84	103.6
电冰箱	台	98	98	100.0
空调机	台	118	118	100.0
抽油烟机	台	57	62	91.9
微波炉	台	89	84	106.0
热水器	台	91	87	104.6
电动自行车	辆	178	144	123.6
摩托车	辆	48	50	96.0
家用汽车	部	32	27	118.5
固定电话	部	93	93	100.0
移动电话	台	211	208	101.4
彩色电视机	台	163	163	100.0
照相机	架	12	18	66.7
家用电脑	台	65	60	108.3
十四、社会治安				
1. 火灾事故				
火灾事故发生数	起	405	547	74.0
火灾事故死亡人数	人	2	3	66.7
火灾事故受伤人数	人	2	4	50.0
火灾事故受损失折金额	万元	705	586	120.3
2. 交通事故				
交通事故发生数	起	281	355	79.2
交通事故死亡人数	人	148	155	95.5
交通事故受伤人数	人	201	192	104.7
交通事故损失金额	万元	49.00	79.07	62.0
3. 立案的刑事案件数	起	4637	4802	96.6
#杀人	起	4	4	100.0
抢劫	起	14	12	116.7
强奸	起	13	17	76.5
盗窃	起	3403	3363	101.2
诈骗	起	941	823	114.3
4. 受理的治安案件数	起	5613	6379	88.0

续表48

指　　标	计量单位	2015年	2014年	为上年%
十五、科教文卫				
（一）科技事业				
专业技术人员	人	123773	113726	108.8
#高级	人	5962	5721	104.2
中级	人	25265	21778	116.0
初级	人	51951	46732	111.2
大中专毕业生	人	40595	39495	102.8
（二）科技成果				
1.获省、市科技进步奖	项	21	26	80.8
南通市科学技术进步奖	项	21	26	80.8
2.申请专利	件	4512	3596	125.5
#发明专利	件	641	1005	63.8
3.授权	件	4056	2141	189.4
（三）教育事业				
1.学校数	所	76	75	101.3
普通中学	所	30	30	100.0
高中	所	4	8	50.0
初中	所	26	22	118.2
小学	所	42	41	102.4
特殊教育学校	所	1	1	100.0
普通中等专业学校	所	2	2	100.0
技工学校	所	1	1	100.0
2.在校学生数	人	86194	86996	99.1
普通中学	人	33785	36224	93.3
高中	人	11931	13796	86.5
初中	人	21854	22428	97.4
小学	人	48244	46734	103.2
特殊教育学校	人	123	123	100.0
普通中等专业学校	人	3784	3915	96.7
技工学校	人	258	0	—
3.招生数	人	20690	19770	104.7
普通中学	人	10541	11033	95.5
高中	人	3354	3944	85.0
初中	人	7187	7089	101.4
小学	人	8698	7208	120.7
特殊教育学校	人	7	12	58.3

续表 48

指　标	计量单位	2015 年	2014 年	为上年%
普通中等专业学校	人	1186	1517	78.2
技工学校	人	258	0	—
4. 毕业生数	人	21376	22653	94.4
普通中学	人	12999	13891	93.6
高中	人	5177	5474	94.6
初中	人	7822	8417	92.9
小学	人	7289	7085	102.9
特殊教育学校	人	12	3	400.0
普通中等专业学校	人	1076	1674	64.3
技工学校	人	0	0	—
5. 教职工人数	人	7920	7920	100.0
普通中学	人	4250	4247	100.1
小学	人	3044	3044	100.0
特殊教育学校	人	49	48	102.1
普通中等专业学校	人	504	508	99.2
技工学校	人	73	73	100.0
6. 专任教师	人	6662	6705	99.4
普通中学	人	3370	3377	99.8
高中	人	1141	1349	84.6
初中	人	2229	2028	109.9
小学	人	2810	2849	98.6
特殊教育学校	人	38	35	108.6
普通中等专业学校	人	402	402	100.0
技工学校	人	42	42	—
7. 幼儿园数	所	56	53	105.7
在园幼儿数	人	25114	22796	110.2
教职工人数	人	2060	1969	104.6
#专任教师	人	1235	1180	104.7
幼儿园入园率	%	97.50	97.20	—
8. 小学适龄儿童入学率	%	100.0	100.0	—
小学毕业生升学率	%	99.0	100.0	—
初中毕业生升学率	%	99.7	99.6	—
小学、初中学生毕业率	%	100.0	100.0	—
九年义务教育普及率	%	100.0	100.0	—
(四)广播事业				
有线电视用户	万户	30.75	30.75	100.0

续表48

指　　标	计量单位	2015年	2014年	为上年%
有线电视入户率	%	98.20	98.20	—
数字电视用户	万户	27.60	27.57	100.1
数字电视转换率	%	90.60	90.60	—
(五)文化事业				
公共图书				
机构数	个	1	1	100.0
职工人数	人	11	11	100.0
图书总藏量	册	450769	407198	110.7
#古书	册	3656	3656	100.0
图书	册	388251	352042	110.3
报刊	册	53589	46472	115.3
发放借书证数	个	38453	36251	106.1
总流通人次	千人次	342	326	104.9
书刊外借册次	千册次	414	378	109.5
公用房屋建筑面积	平方米	12143	8812	137.8
#书库	平方米	851	832	102.3
阅览室	平方米	2995	2496	120.0
阅览室座席数	个	382	351	108.8
#少儿阅览室座席数	个	80	80	100.0
(六)卫生事业				
医疗卫生机构数	个	450	505	89.1
1.医院	个	31	33	93.9
区级医院	个	6	6	100.0
镇(中心)卫生院	个	25	27	92.6
2.社区卫生服务中心	个	6	4	150.0
3.村卫生室、社区卫生服务站	个	258	317	81.4
4.诊所、卫生所、医务室	个	147	142	103.5
诊所	个	93	88	105.7
卫生所	个	20	20	100.0
医务室	个	34	34	100.0
5.疾病预防控制中心	个	1	1	100.0
6.卫生监督所	个	1	1	100.0
7.妇幼保健站	个	1	1	100.0
8.血站	个	1	1	100.0
9.卫生学校	个	1	1	100.0
10.其他	个	3	4	75.0

续表 48

指　标	计量单位	2015 年	2014 年	为上年%
医疗床位数	张	5681	5671	100.2
区级医院	张	3364	3315	101.5
社区卫生服务中心	张	247	175	141.1
镇(中心)卫生院	张	2070	2181	94.9
卫生工作人员	人	7178	7041	101.9
1.卫生技术人员	人	5680	5480	103.6
(1)执业医师	人	2101	2079	101.1
(2)助理执业医师	人	346	327	105.8
(3)注册护士	人	2318	2128	108.9
(4)药剂师(士)	人	364	365	99.7
(5)技师(士)	人	245	243	100.8
(6)其他	人	306	338	90.5
2.其他技术人员	人	28	23	121.7
3.管理人员	人	335	348	96.3
4.工勤人员	人	324	352	92.0
5.乡村医生	人	811	838	96.8
十六、社会保障				
(一)失业保险				
1.参加失业保险人数	人	94503	91578	103.2
2.失业保险基金总收入	万元	10389	7245	143.4
#利息收入	万元	886	940	94.3
3.失业保险基金总支出	万元	7539	6492	116.1
4.失业保险参保率	%	98.6	98.6	—
5.年末城镇登记失业人员数	人	4303	4163	103.4
6.城镇登记失业率	%	25.20	2.53	—
(二)养老保险				
1.参加养老保险人数	人	377031	383743	98.3
国有	人	20126	19590	102.7
集体	人	60859	59175	102.8
其他	人	69204	67399	102.7
城乡	人	226842	237579	95.5
2.养老保险基金收入	万元	181145	163938	110.5
国有	万元	16788	15347	109.4
集体	万元	50296	45740	110.0
其他	万元	48075	44458	108.1
城乡	人	65986	58393	113.0
(三)社会福利院				

续表48

指　　标	计量单位	2015年	2014年	为上年%
1.社会福利院	个	1	1	100.0
年末职工人数	人	6	6	100.0
2.敬老院	个	16	17	94.1
年末职工人数	人	152	158	96.2
3.民政登记农村养老服务机构	个	12	12	100.0
年末职工人数	人	82	85	96.5
(四)军队离退休干部休养所	个	1	1	100.0
年末职工人数	人	4	5	80.0
年末休养(含分散休养)人数	人	35	36	97.2
(五)抚恤、补助优抚对象	人	14226	14563	97.7
1.定期抚恤人数	人	293	404	72.5
烈属	人	169	273	61.9
因公牺牲军人家属	人	31	43	72.1
病故军人家属	人	93	88	105.7
2.定期补助人数	人	13126	13256	99.0
在乡复员军人	人	936	1773	52.8
#抗日	人	58	133	43.6
参战退役人员	人	687	692	99.3
3.伤残人员	人	807	903	89.4
革命伤残军人	人	767	863	88.9
伤残国家机关人员	人	23	23	100.0
伤残人民警察	人	13	11	118.2
伤残民兵民工	人	4	6	66.7
(六)优待优抚对象户数	户	3600	4011	89.8
(七)城市居民最低生活保障人数	人	1109	1160	95.6
#女性	人	491	514	95.5
在职人员	人	6	6	100.0
失业人员	人	25	26	96.2
“三无”人员	人	5	42	11.9
(八)农村居民最低生活保障人数	人	17829	18155	98.2
#女性	人	6807	6937	98.1
老年人	人	9859	9815	100.4
未成年人	人	1007	1085	92.8
残疾人	人	2048	1921	106.6
(九)农村居民最低生活保障家庭数	户	11439	11517	99.3
(十)农村五保供养	人	3446	3413	101.0
#女性	人	493	505	97.6

续表 48

指　　标	计量单位	2015 年	2014 年	为上年%
老年人	人	3173	3113	101.9
未成年人	人	2	3	66.7
残疾人	人	530	515	102.9
十七、计划生育				
1. 育龄妇女人数	人	352392	323541	108.9
已婚育龄妇女人数	人	274724	260543	105.4
现家庭仅一孩数	人	197191	183947	107.2
2. 有效领证人数	人	81577	96300	84.7
有效领证率	%	29.69	36.96	—
3. 当年出生人数	人	8035	7477	107.5
#女性	人	3919	3664	107.0
计划内	人	7960	7414	107.4
计划外	人	75	63	119.0
计划生育率	%	99.07	99.16	—
#一孩人数	人	5633	5686	99.1
一孩率	%	70.11	76.05	—
4. 女性初婚人数	人	6937	7142	97.1
#19 周岁及以下	人	110	98	112.2
23 周岁以上	人	5000	5122	97.6
晚婚率	%	72.08	71.72	—
5. 应落实措施人数	人	251401	236464	106.3
采取各种节育措施的人数	人	250380	235886	106.1
节育率	%	91.14	90.54	—
落实率	%	99.59	99.76	—
十八、城建、环保				
城区建设用地面积				
1. 城区面积	平方公里	43.00	43.00	100.0
2. 建城区面积	平方公里	35.79	33.41	107.1
3. 城区建设用地	平方公里	30.04	18.48	162.6
#居住用地	平方公里	9.00	8.11	111.0
城区设施水平				
1. 城区人口密度	人/k ㎡	7070	7021	100.7
2. 人均日生活用水量	升	83.78	83.42	100.4
3. 城区人口用水普及率	%	100.0	100.0	—
4. 燃气普及率	%	100.0	100.0	—
5. 人均拥有道路面积	平方米	18.96	18.23	104.0
6. 排水管道密度	km/k ㎡	11.06	9.55	115.8

续表 48

指　标	计量单位	2015 年	2014 年	为上年%
城区市政工程				
1. 道路长度	公里	223.96	211.97	105.7
2. 道路面积	万平方米	576.47	550.22	104.8
3. 桥梁数	座	139	139	100.0
4. 路灯盏数	盏	82252	72519	113.4
5. 排水管道长度	公里	396.0	319.2	124.1
6. 污水处理厂	个	1	1	100.0
#污水日处理能力	万吨	4	4	100.0
污水年处理量	万吨	1283	1328	96.6
公共交通				
1. 公交运营车辆	辆	301	294	102.4
2. 运营线路条数	条	50	49	102.0
3. 运营线路网长度	公里	876	847	103.4
4. 运营线路总长度	公里	1046	1016	103.0
5. 客运总量	万人次	2662	2636	101.0
6. 出租汽车	辆	191	194	98.3
7. 客运总量	万人次	378	370	102.2
城区供水情况				
1. 年末自来水日生产能力	吨/日	7.5	7.5	100.0
2. 年末供水管道长度	公里	832	754	110.3
3. 全年供水总量	万吨	2594	2548	101.8
4. 售水量	万吨	1986	1958	101.4
#生产用水	万吨	564	567	99.5
公共服务用水	万吨	33	78	42.3
城区供气情况				
1. 储气能力				
#液化石油气	吨	1460	1460	100.0
天然气	万立方米	25	25	100.0
2. 供气管道长度	公里	455	385	118.2
3. 供气总量				
#液化石油气	吨	609	792	76.9
天然气	万立方米	4040	3380	119.5
城区环境卫生				
1. 实际清扫保洁面积	万平方米	849	1080	78.6
#机械清扫	万平方米	568	422	134.6
2. 生活垃圾处理量	万吨	18.0	14.7	122.4
3. 公共厕所	座	61	57	107.0

表 49

2015 年南通市通州区各镇(街道、区)主要经济指标

地区	辖区面积(平方公里)	社区居民委员会(个)	村民委员会(个)	村民小组(个)	年末户籍总人口(人)	一般公共预算收入(万元)	地区生产总值(万元)	工业总产值(万元)	主营业务收入(万元)	利税总额(万元)	固定资产投资完成额(万元)	注册外资实际到账(万美元)	农林牧渔业总产值(万元)	农作物产量(吨)		
														粮食	棉花	油料
金沙街道	66.17	14	9	597	121396	61733	975700	226664	226138	25615	267934	600	44805	25929		8093
兴东街镇	30.46	1	9	235	32780	17613	372900	1015105	1012686	124725	151238	800	18239	13323		1073
先锋街道	26.54		8	260	37033	28693	355200	716396	715671	79392	170909	484	13729	3285		1498
金新街道	102.41	10	21	926	151568	153033	1343100	4894038	4819115	474422	1905922	7081	37264	14206	1	10154
西亭镇	69.21	2	9	504	51932	4862	281800	228586	228619	16747	106823	480	48574	38813	6	4916
二甲镇	66.02	4	8	566	71734	13965	349800	651601	649495	74968	110050	494	53835	11042	40	11401
东社镇	115.08	5	16	633	93342	5208	355000	480068	473075	57078	109508	721	116399	40587	459	13224
十总镇	133.17	5	15	864	83776	7431	429700	853419	844174	116392	145405	792	122636	73029	85	6170
石港镇	110.15	5	10	613	67542	22870	448700	846130	846149	97451	71212	812	94269	70194	1	2572
刘桥镇	107.28	2	10	646	76227	8887	391500	848317	828482	109772	186103	481	92299	67593	58	2211
平潮镇	109.60	6	20	748	123199	53384	1342500	3850233	3807120	491650	492572	1638	65460	53950	25	3486
五接镇	80.65	2	8	266	38813	37166	433600	1368101	1214732	133650	800667	4016	21970	21811		1359
兴仁镇	77.56	3	16	517	76542	18454	707700	1418230	1387461	172336	349853	1384	52708	39865	3	4239
张芝山镇	49.82	1	9	455	55080	24776	410300	317089	287626	13883	539246	2006	27173	10415		5366
川姜镇	49.86	2	14	444	58603	58674	959800	1832617	1829970	217011	516964	1446	23752	8180		4442

服务指南

通州区便民电话

医疗信息电话

人民医院	86524103
中医院	86513381
结核病防治院	82568221
博爱医院	86552448－8803
第三人民医院	82521152
二甲人民医院	82541017
第五人民医院	82501077
第六人民医院	82591099－8803
第七人民医院	86581002
第八人民医院	86571294
金乐医院	82519120
城南医院	82921208
城北医院	86540158
金西医院	86532015
金余医院	82518034
西亭医院	86534319
纱场医院	86535062
余西医院	82544032
余北医院	82543011
袁灶医院	82545007
东社医院	82547044
唐洪医院	86536909
忠义医院	82506204
北兴桥医院	86944015
恒兴医院	82573180
海晏医院	86954380
东余医院	82577006
十总镇医院	82566009
骑岸医院	82567058－88
五总医院	82595048
五甲医院	82563031
庆丰医院	82560352
英雄医院	86585263
新联医院	86584306
石南医院	82596099
五窑医院	82594042
四安医院	86569016
平南医院	86571797
平西医院	86723120
新坝医院	86575097
平东医院	86796732
赵甸医院	86587661
五接医院	86574536
李港医院	86576436
兴仁医院	86562252
横港医院	86683321
兴东镇医院	86638120
南兴医院	82536382
川港医院	86341199
姜灶医院	82533150
先锋医院	86567012

紧急常用电话

公安	110
火警	119
急救中心	120
交通事故	122
水上交通事故	12395
供电	95598

抢修电话

管道煤气	86543595
自来水	86548052

服务热线电话

电信综合服务	10000
电话查询	114
电话报时	12117
法律服务	12348
天气预报	96121
邮政服务	11185
声讯信息服务	168

维权投诉电话

三农服务	12316
环境举报	12369
卫生监督	86512527
物价举报	12358
消费投诉	12315

质量监督	86100491、86102394
药品监督	86512660
渔政监督	86512851

交通咨询电话

航班问询	86560050
火车站问询	85572559
汽车站问询	86545888
华欣客运(出租)	86105449
环宇票务	86117776

新闻热线电话

电视台	86510999
“中国・通州”网	86028085

区级机关有关部门和单位便民服务电话

工商局	86548328
城管局	86547110
质监局	86512394
司法局	80161889
外经局	86115928
审批中心	86524083
环保局	12369
物价局	86515303
建设局	86519228
药监局	86512660
民政局	86512567
安监局	86540603
教育局	86515465
卫生局	86886008
广电局	86102195
供电公司	86544000
交通局	86023013
电信公司	86102300
劳保局	86514191
发改委	86524072
国土局	86513358
国税局	86514662
地税局	86115289(12366)
公安局	110 或 122
计生委	86106713

监督举报电话

作风办	86028236
纠风办	86513540

通州区公交线路

201　通州二院—国盛义乌城

起点首末班　5:40－18:20

终点首末班　6:10－19:00

间隔时间　20 分钟

通州二院、北二环新园路口、北二环通掘路口、党校、通州北站、人民医院、农工商、农业银行、中医院、通州小学、保险公司、通州邮政、通州行政中心、江海皇都小区、金色城品小区、义乌城北门、国盛义乌城

202　通州客运站—东社

起点首末班　5:40－18:00

终点首末班　6:00－19:00

间隔时间　15—30 分钟

通州客运站、虹南花苑、农工商、农业银行、中医院、通州小学、通州幼儿园、星源花苑、珠江路碧华路口、体育中心、南山寺、果园铭居、S335 珠江路口、S335 长江路口、外通掘路口、进鲜港、港东路口、农民街、金余、二甲交警中队、金余六甲路口、四同村、四同桥、糖坊校、王家桥、海欧路口、新街村、葡萄园、新街村七组、新圩路口、四甲路口、东社小公园、东社

203　通州客运站—丁涧店村

起点首末班　5:30－17:40

终点首末班　6:30－18:30

间隔时间　30—60 分钟

通州客运站、建设银行、金沙小学、佳乐花苑、龙昌大道滨河西路口、龙昌大道青岛路口、张灶港村、龙昌大道石江公路口、龙昌大道 345 国道口、黄金村、龙昌大道兴亭路口、紫竹林村、永护村、龙昌大道洋兴公路口、S225 双云路口、庵南、海平路西竖路口、海平路蒋桥路口、庵西十八队、海平路谢东路口、港南村、横港镇东、横港镇、丁涧店村

204　纱场—华山社区服务中心

起点首末班　6:10－18:00

终点首末班　6:00－17:45

间隔时间　30—60 分钟

纱场、纱场刑侦中队、林店、林店二组、纱场路口、十八总、金中、金沙汽修厂、党校、客运北站、人民医院、农工商、农业银行、中国电信、交通新村、金鑫公寓、通州邮政、通州行政中心、首府名邸、水榭花都、通州公路站、华山花苑、华山社区服务中心(部分班次延伸至圣果酒业)

205 **金霞北苑—英雄街**

起点首末班 6:30-18:00

终点首末班 6:30-17:50

间隔时间 60—70(中午180)分钟

金霞北苑、新通掘路银河路口(奥邦商业广场)、新通掘路新金路口(张家港农商银行)、金苑公寓、新金路朝阳路口、中国电信、建设银行、通州客运站、新金大桥西、新金路厦门路口、新金路青岛路口、季家港、石江路新金路口、双西路口、西亭驾校、长盛路口、亭李路口、老亭南村路口、西亭路口南、海平路石江路西、亭西村、西亭中学路口、蔡店村、何家桥路口、高家桥、阚庵东村服务中心、阚庵东村八组、S225海平路口、庵东路口、阚家庵村、宏安路口、戚家桥村、奋进路口、四安镇、四安车站、四安中学路口、七总路口、碾坊桥、史家庄、米厂路口、温桥村、静室路口、跃林桥、通富路口、玉德路口、东纵路口、严园中心路口、英雄街

206 **通州客运站—玄武湖路长江路口**

起点首末班 6:10-18:30

终点首末班 6:10-18:30

间隔时间 20—30分钟

通州客运站、通州客运站、虹南花苑、金沙小学、中国电信、中医院、通州小学、通州幼儿园、行政中心北门、通州行政中心、首府名邸小区、水榭花都小区、通州公路站、通掘路朝霞路口(上行无此站点)、通掘路杏园路口、通掘路金桥路口、万和华府小区、金色城品小区、金和家园小区、南山寺、南山湖公园南门、果园铭居、玄武湖路长江路口

207 **天霞花苑—华润燃气**

起点首末班 6:10-17:40

终点首末班 6:10-17:40

间隔时间 20—30分钟

天霞花苑、天虹苑、社会福利中心、金霞北苑、锦绣花苑、保险公司、金鑫公寓、交通新村、金沙小学、虹南花苑、通州客运站、新金大桥西、厦门路新金路口、金郊初中、银河家园、泰山小区、金西转盘、碧华路石江路口、车管所、华润燃气

213 **通州客运站—兴仁派出所**

起点首末班 5:30-18:00

终点首末班 6:30-19:00

间隔时间 30—60分钟

通州客运站、虹南花苑、农工商、农业银行、中医院、通州小学、保险公司、江海明珠、银河桥、银河桥西、银河路青岛路口、金西转盘、金西、张謇学校、高桥、三姓街中心路口、永庆村、永庆东环路口、场东路口、永庆西环路口、新陶金路口、兴亭路龙昌大道口、仙仔庙村、兴东卫生院、兴东镇、兴东镇政府、机场北大门、南通机场、机场路兴土路口、土山桥、天竺山禅寺、老杨家湾村、兴仁中学、民富路口、兴仁镇、仁和家园、兴仁派出所

221 **通州北站—二甲客运站**

起点首末班 5:50-19:30

终点首末班 5:40-19:20

间隔时间 12—20分钟

通州北站、人民医院、农工商、农业银行、中医院、通州小学、锦绣花苑、新通掘路银河路口(奥邦商业广场)、新通掘路碧华路口、新通掘路朝霞路口、新通掘路杏园路口、新通掘路金桥路口、通灵桥、通灵桥南、锦绣路口、鹏程路口、金乐路口、元帅庙村、预制场、麒麟村、袁灶西、袁灶、袁灶东、明辨西路口、同心桥、杨家桥、九甲桥、六甲居委会、六甲镇村四组、六甲路口、二甲窑厂、三甲村、二甲农村商业银行、二甲客运站

222 **通州北站—二甲客运站**

起点首末班 6:00-19:40

终点首末班 5:50-19:40

间隔时间 12—20分钟

通州北站、人民医院、农工商、农业银行、中医院、通州小学、保险公司、通州邮政、通州行政中心、江海皇都小区、金色城品小区、国盛义乌城、义乌城南门、通灵桥、珠江路口、长江路口、外通掘路口、进鲜港、港东路口、农民街、金余、二甲交警中队、金余六甲路口、四同村、油坊路口、头甲桥、余北大桥、余北大桥南、余西中心路口、余西、余西南路口、光明西路口、新玻园区路口、三甲居路口、光明花苑、二甲客运站

223 **胜利桥公交回车场—二甲客运站**

起点首末班 6:30-18:00

终点首末班 6:00-17:30

胜利桥公交回车场、胜利桥、银河桥、江海明珠、保险公司、锦绣花苑、新通掘路银河路口、新通掘路碧华路口、新通掘路朝霞路口、新通掘路杏园路口、新通掘路金桥路口、南山寺、金桥东路口、运盐河桥、港北村中心南路口、平桥镇村、港界路口、港南北路口、杨港、杨港东、西社庙、严灶中心路口、界牌、喻桥路口、五马路村、四甲校、东社、东社大会堂、忠孝园路口、军民路口、七甲路口、余北六大队、北潭村、余北、余北居委会、斜河桥、余北大桥、余北大桥南、余西中心路、余西、余西南路口、光明西路口、新玻园区路口、光明花苑、二甲客运站

226 **通州北站—二甲客运站**

起点首末班 6:00-18:00

终点首末班 6:00-18:00

间隔时间 20—40分钟

通州北站、老通掘路交通路口、通州客运站、胜利桥、银河桥、通掘路碧华路口、通掘路朝霞路口、通掘路杏园路口、通掘路金桥路口、书香华府小区、金西大桥(上行无此站点)、世纪大桥、世纪大桥南、东源科技园、张门村路口、通州高级中学、鹏程大道通金线路口、金泰小区、鹏程大道

S223 路口、进东村西路口、进东村东路口、鹏程大道洋海线路口、明辨西路口、明辨东路口、杨家路口、十甲西路口、八甲新路口、光明西路口、新玻园区路口、三甲居路口、光明花苑、二甲客运站

231　通州客运站—三余公交回车场

起点首末班　5:40 - 20:00

终点首末班　5:30 - 20:00

间隔时间　8—20 分钟

通州客运站、建设银行、金沙小学、佳乐花苑、瀚学苑、通州中学路口、党校、金沙汽修厂、金中、十八总、银河变电站、唐洪加油站、三总路口、二总路口、宏仁气体、杨港、杨港东、西社庙、严灶中心路口、界牌、喻桥路口、五马路村、四甲校、东社、东社大会堂、忠孝园路口、军民路口、七甲路口、光明路口、忠义新桥、忠义窑厂、忠义、忠义小学路口、苴北、苴北北路口、德兴校、德兴居、海门联宏村、新民中心路、七牌头、三余油厂、港务公司、三余车站、三余镇政府、三余公交回车场

232　通州客运站—三余公交回车场

起点首末班　6:00 - 19:40

终点首末班　5:35 - 19:40

间隔时间　15—20 分钟

通州客运站、建设银行、金沙小学、佳乐花苑、瀚学苑、通州中学路口、安康小区、北一环翠园路口、新通掘路北一环路口(下行,上行无此站点)、新通掘路北二环路口、光和村、光和村中心路、唐洪加油站、杨港居、唐洪路口、德贤公寓、唐洪农贸市场、十总路政中队、庆丰加油站、平海公路通掘路口、唐北桥、平和村十组、盘西桥、平和村二十九组、盘舍桥、窑潭桥、七甲桥、五甲人民路口、五甲路口、中和路口、三马中心路口、平海公路分叉口、合力路口、王家店路口、大兴中心路口、广运红西路口、广运村村部、镇西中心路口、三余外环路口、三余公交回车场

251　通州客运站—新华村

起点首末班　6:00 - 19:00

终点首末班　5:50 - 19:30

间隔时间　20—35 分钟

通州客运站、建设银行、中国电信、新金路朝阳路口、翠园路人民路口、翠园路北一环路口、北一环翠园路口、新通掘路北一环路口(下行,上行无此站点)、新通掘路北二环路口、光和村、光和村中心路、唐洪加油站、三总路口、二总路口、宏仁气体、杨港、杨港东、西社庙、严灶中心路口、界牌、喻桥路口、五马路村、四甲校、东社窑厂、五甲校、横马村服务中心、平和村、卫东校、五甲路口、五甲人民路口(上行,下行无此站点)、平海路口、白南路口、白龙禅寺、白龙居二组、协力村中心路口、三车口、陈墩路口、同灶河路口、陈中路口、同灶北路口、五北桥、北兴窑厂、北兴车站、北兴桥、新华村

252　通州客运站—新华村

起点首末班　5:45 - 20:00

终点首末班　5:40 - 19:40

间隔时间　10—20 分钟

通州客运站、建设银行、金沙小学、农工商、人民医院、通州北站、党校、金沙汽修厂、金中、十八总、银河变电站、唐洪加油站、杨港居、唐洪路口、德贤公寓、唐洪农贸市场、十总路政中队、庆丰加油站、庆丰路口、龙富桥、蛇场、施家店桥、十总派出所、十总、十总居、石东桥、双柏路口、爱儿桥、迎阳中心路、爱东桥、二爻居、二爻中学、二爻东、张家坝中心路、志新村、合兴中心路口、北兴窑厂、北兴车站、北兴桥、新华村

271　通州客运站—川港公交回车场

起点首末班　6:00 - 19:00

终点首末班　6:00 - 19:00

间隔时间　10—20 分钟

通州客运站、建设银行、交通新村、金鑫公寓、通州邮政、通州行政中心、江海皇都小区、金色城品小区、国盛义乌城、世纪大桥南、东源科技园、张门村路口、金乐路口、家宝集团、义成村十八组、义成新村、磨框村、磨框镇南、金浩路温州路口、家纺城北站、家纺城南站、志南工业区、家纺城小学、川北工业区、川叠路玄同路口、居委北路口、川港、川港公交回车场

272　瀚学苑—锡通园区公交回车场

起点首末班　6:00 - 19:00

终点首末班　6:00 - 19:00

间隔时间　15—30 分钟

瀚学苑、通掘路交通路口、通州客运站、胜利桥、银河桥、通掘路碧华路口、通掘路朝霞路口、通掘路杏园路口、通掘路金桥路口、书香华府小区、金西路口、圣果葡萄酒业、通州大桥南、五圣殿、五圣桥、复兴村、复兴村十八组、复兴桥、223 线吕通路口(S223)、姜灶路口、老粮站路口、姜灶中学、姜灶车站(X305)、新街南路口、二圩埭、三圩埭、四圩埭、五圩埭、六圩里、骆化南路口、庙桥、塘坊桥、宁启高架、通启桥北、张芝山街办、通海工商分局、张芝山客运站、通海中学、张芝山镇、张芝山．锡通园区、锡通园区公交回车场(X216)

273　胜利桥公交回车场—南兴客运站

起点首末班　5:30 - 17:30

终点首末班　6:40 - 18:40

间隔时间　60 分钟

胜利桥公交回车场、胜利桥、银河桥、政协学校、泰山公寓、金西转盘、石江路碧华西路口、石江路朝霞西路口、新窑桥、石江路金桥西路口、通州大桥北、通州大桥南、五圣殿、五圣桥、复兴村、复兴村十八组、复兴桥、223 线吕通路口、姜灶路口、姜叠路口、姜南桥、姜南村、223 线姜南南路路

口、223线温州路口、三合口桥、双桥村、宝缨家纺、双桥南路口、双启桥、宁启高架南、223线川港路口、斜桥北路口、斜桥中路口、斜桥南路口、保障村、保障南路口、223线336路口、培德桥北、周南北路口、223线南兴路口、南兴客运站

275 通州中学路口—周圩新村

起点首末班 6:20－18:20

终点首末班 6:00－18:00

间隔时间 40—50分钟

通州中学路口、瀚学苑、佳乐花苑、金沙小学、交通新村、金鑫公寓、通州邮政、通州行政中心、江海皇都小区、金色城品小区、国盛义乌城、世纪大桥、金西路口、圣果葡萄酒业、金通公路石江路口、通州大桥南、五圣殿、二大道石江路口、正通路东段路口、正场路口、正通路西路口、富民东路口、神州玻璃东路口、利民北二号路口、利民北一号路口、高架桥东、高架桥南、利民村36组、利民村32组、先锋人民路口、双盟村、双龙路口、先锋镇政府、先锋青年东路口、先锋幼儿园、周三北路口、周圩新村

276 胜利桥公交回车场—农场

起点首末班 6:00－18:00

终点首末班 5:50－17:40

间隔时间 30—60分钟

胜利桥公交回车场、胜利桥、银河桥、政协学校、泰山公寓、金西横河桥、青岛路碧华西路口、青岛路朝霞西路口、青岛路杏园西路口、青岛路金桥西路口、圣果葡萄酒业、通州大桥南、五圣殿、五圣桥、复兴村、复兴村十八组、复兴桥、223线吕通路口、姜灶路口、姜叠路口、姜南桥、姜南村、姜南南路口、223线温州路口、三合口桥、双桥村、宝缨家纺、双桥南路口、双启桥、宁启高架南、223线川港路口、斜桥北路口、斜桥中路口、斜桥南路口、保障村、保障南路口、336线223路口、振远船舶公司、工业园区路口、天星村、万安村、张江公路336路口、民安路口、薛家店、竹行中学、南兴路口北、南兴路口南、三孔桥北、制药厂路口、北匡河桥北、中心河桥北、莫愁新村、农场医院、农场

281 金霞北苑—石港公交回车场

起点首末班 6:00－19:00

终点首末班 5:40－19:00

间隔时间 12—20分钟

金霞北苑、锦绣花苑、保险公司、江海明珠、银河桥、胜利桥、通州客运站、新金大桥西、新金路青岛路口、季家港、石江路新金路口、双西路口、西亭驾校、长盛路口、亭李路口、老亭南村路口、西亭路口、环河西路口、跃进桥、跃进路口、周家桥、龙凤桥、龙坝路口、刘园桥、九总渡、三河南路口、骑石路口、思源北横路、石南路口、石南路口北、长港南横路、长港北横路、渔湾居、广慧寺、石港车站、石港镇十字路口、石港人民医院、石港派出所、石港公交回车场

282 通州客运站—石港客运站

起点首末班 5:40－19:40

终点首末班 5:30－19:40

间隔时间 12—20分钟

通州客运站、建设银行、中国电信、新金路朝阳路口、翠园路人民路口、翠园北路口、安康小区、通州中学路口、育才花苑、四总港桥、六总桥北、桂木桥中心路口、桂木桥、桂木桥北、同乐路口、八总桥村、八总洋桥、十四总路口、通沙路口、骑岸镇敬老院、花园路口、骑岸闸桥、兴业路口、南六总路口、八总铺子、十总路、通雁路口、北三总路口、五总十字街、五总供电所、五总西、渡船口、新港坝路口、东场村、东场北路口、石东南路口、石新路口、石港派出所、石港人民医院、石港镇十字路口、石港客运站

285 通州客运站—西亭中学

起点首末班 5:35－17:35

终点首末班 6:20－18:20

间隔时间 30—60分钟

通州客运站、通州客运站、通掘路交通路口、通州北站、通州中学路口、育才花苑、四总港桥、六总桥北、桂木桥中心路口、桂木桥、桂木桥北、九总北路口、同乐路口、八总桥村、八总洋桥、八总桥人行桥、团跃河路口、通缆桥、亭东大道路口、西亭民营经济区、西亭脆饼厂、西亭职教中心、西亭镇、西亭镇政府、海平路石江路西、亭西村、西亭中学路口、西亭中学

289 通州客运站—石港公交回车场

起点首末班 6:15－18:30

终点首末班 6:00－18:00

间隔时间 30—60分钟

通州客运站、建设银行、中国电信、新金路朝阳路口、金苑公寓、新通掘路人民路口、新通掘路北一环路口、新通掘路北二环路口、光和村、光和村中心路、唐洪加油站、杨港居、唐洪路口、德贤公寓、唐洪农贸市场、十总路政中队、庆丰加油站、庆丰路口、龙富桥、蛇场、施家店桥、十总派出所、十总、十总街、十总幼儿园、于家坝中心路、汤坝中心路、中心桥、雁港路、盛桥路口、骑北村、为民桥、骑岸闸桥、兴业路口、腾飞路口、岸西桥、昌东路口、季庄村委会、庄阳路口、马道中心路口、新农路东路口、骑石路口、思源北横路、石南路口、石南路口北、长港南横路、长港北横路、渔湾居、集贸市场、石港小学、石港派出所、石港人民医院

291 石港公交回车场—平潮客运站

起点首末班 5:25－19:30

终点首末班 5:40－19:30

间隔时间 15—20分钟

石港人民医院、石港镇十字路口、石港车站、五平路石江路口、阳光花园、石港工业园、石西、陆家桥东、陆家桥西、花市街东、花市街、花市街村中心路、陈龙港桥东、沈店路

口、江海河、蒋一村、向阳路口、段家桥、刘桥东、刘桥中学、刘桥车站、刘桥大桥北、刘桥国家粮库、朱季港、金桥南路口、赵甸路口、谢家桥、新生竖河桥东、新生竖河桥西、尧盛路口、钱家庄、平东转盘、平东镇政府、平东镇派出所、薛平路口、十字渠、凯迪大道、宜和花苑、通州八院、平潮剧场、中行路口、平潮客运站

311　兴东镇政府—场东南路口

起点首末班　7:00－17:00

终点首末班　7:30－17:30

间隔时间　90—240 分钟

兴东镇政府、兴东镇、兴东卫生院、仙仔庙村、兴亭路龙昌大道口、新陶金路口、永庆西环路口、场东路口、扶东路口、八一路口、场东路北支线路口、场东路南支线路口、跃进河北路口、新飞北路口、孙李桥中心路口、场东南路口

322　二甲客运站—坨墩村

起点首末班　6:20－17:10

终点首末班　7:10－18:00

二甲客运站发班时间:6:20、8:10、9:50、13:00、15:00、17:10

坨墩村发班时间:7:10、9:00、10:40、14:00、16:00、18:00

二甲客运站、创业路口、理治小学、幸福桥、余西中心路口、路中村三十组、宝云山村部、宝云山村三十九组、宝云山村三十三组、宝云山村二十七组、宝云山村二十五组、宝云山村五组、路中村二十六组、路中村四十二组、余西堆场、余北大桥南、余北大桥、斜河村、余北居委会、余北小学、花板桥路口、坨墩村村部

339　东社—忠义小学路口

起点首末班　6:40－17:20

终点首末班　7:20－18:00

东社发班时间:6:40、8:00、9:20、10:40、13:20、14:40、16:00、17:20

忠义小学路口发班时间:7:20、8:40、10:00、11:20、14:00、15:20、16:40、18:00

东社、东社大会堂、忠孝园路口、潘家桥、忠孝文化园、河东村 6 组、河东村 7 组、河东村中心路口、河东村 25 组、苴西村一组、苴西村七组、忠义大桥、忠义小学路口

351　东源科技园—五甲镇

起点首末班　6:40－17:00

终点首末班　7:30－17:45

东源科技园发班时间:6:40、8:20、10:00、13:30、15:20、17:00

五甲镇发班时间:7:30、9:10、10:50、14:30、16:10、17:45

通如桥、双墩村、东源科技园、十总路口、十总镇政府、十总幼儿园、于家坝中心路、于家坝六总路口、于家坝村、于家坝三十七组、施西路口、蛇场、龙富桥、庆丰路口、滥港桥村十一组、圩岸桥、港平桥、庆丰小学、庆丰敬老院、友谊桥、兴隆灶村五十九组、兴隆灶村、庆丰横河桥、兴隆灶村二十组、八甲路口、七甲桥、五甲镇

352　通如桥—渡海亭村

起点首末班　6:30－17:30

终点首末班　7:10－18:10

通如桥发车时间:6:30、7:30、8:00、9:00、9:40、11:00、13:00、14:20、15:00、16:00、16:30、17:30;

渡海亭村发车时间:7:10、8:10、8:40、9:40、10:20、11:40、13:40、15:00、15:40、16:40、17:10、18:10

通如桥、双墩村、东源科技园、十总路口、十总镇政府、十总幼儿园、于家坝中心路、汤坝中心路、中心桥、雁港路、盛桥路口、骑北村、为民桥、骑岸闸桥、兴业路口、南六总路口、八总铺子、爱民村、十总路、通雁路口、北三总路口、五总十字街、五总大桥、北六总路口、倒埠、季华厂北路口、塌河边村、渡五路口、渡海亭村

353　通如桥—骑岸粮库

起点首末班　7:00－17:00

终点首末班　7:40－17:40

通如桥发车时间:7:00、8:30、10:20、13:40、15:30、17:00

骑岸粮库发车时间:7:40、9:10、11:00、14:20、16:10、17:40

通如桥、双墩村、东源科技园、十总路口、十总镇政府、十总幼儿园、于家坝中心路、汤坝中心路、中心桥、雁港路、盛桥路口、骑北村、为民桥、骑岸闸桥、腾飞路口、新河西路口、岸西西路口、沧南居、骑岸粮库

363　通州客运站—海平路石江路西

起点首末班　6:00－17:20

终点首末班　6:40－18:00

通州客运站发班时间:6:20、7:50、9:35、14:35、15:50、17:20

海平路石江路西发班时间:7:10、8:40、10:20、15:20、16:40、18:10

通州客运站、通州客运站、通掘路交通路口、通州北站、通州中学路口、育才花苑、四总港桥、六总桥北、桂木桥中心路口、九总路口、李庄二总路口、李庄村、六总路口、通揽桥、亭东大道路口、西亭民营经济区、西亭脆饼厂、西亭职教中心、西亭镇、西亭镇政府、海平路石江路西

371　志浩客运站—南兴客运站

起点首末班　6:30－17:00

终点首末班　7:10－17:40

志浩客运站发班时间:6:50、8:30、10:00、14:00、

15:30、17:00

南兴客运站发班时间:7:30、9:10、10:40、14:40、16:10、17:40

志浩客运站、家纺城南站、志南工业园、家纺城小学、川北工业园、川叠路玄同路口、居委会北路口、川港、镇南路口、川南中路口、川南村九组、川南村委会、丰盛东路口、宝通北路口、苏通公路S336路口、培德路口、通海中路口、南兴轮窑桥北、南兴轮窑桥、三村北二路口、通海村、南兴医院、南兴客运站

382 石港公交回车场—新联客运站

起点首末班 5:50－17:50

终点首末班 6:30－18:25

石港公交回车场发班时间:5:50、6:40、7:20、8:00、9:00、10:00、11:00、12:30、14:00、14:50、15:45、16:25、17:15、17:50

新联客运站发班时间:6:30、7:20、8:00、8:40、9:40、10:40、11:40、13:10、14:40、15:30、16:25、17:10、17:55、18:25

石港人民医院、石港镇十字路口、石港车站、五平路石江路口、阳光花园、石港工业园、石西、陆家桥东、港北路口、志田村九组、致富路口、志田校北路口、志新西路口、洋港桥、金庄桥、金庄南路口、五窑十字路口、金庄育才路口、四港东路口、四港南路口、四港中路口、四港西路口、江海东路口、砖瓦厂路口、栾甸路口、转水墩、极孝路口、极米路口、新联农校、新联客运站

385 石港回车场—北渡村

起点首末班 6:00－17:30

终点首末班 6:30－18:00

石港公交回车场发班时间:6:00、7:00、9:00、10:30、13:00、15:00、16:30、17:30

北渡村发班时间:6:30、7:30、9:30、11:00、13:30、15:30、17:00、18:00

石港人民医院、石港镇十字路口、石港中学、集贸市场、渔湾居、广慧寺、石江公路海五路口、睹史院村、志石路口、石江公路北延桥、石江公路北、陈窑北路口、石新路口、戴湾中心路口、钻港西路口、钻港东路口、通如西路口、通如中路口、跃进河桥、北渡村

386 平东转盘—甸北村村部

起点首末班 7:00－17:00

终点首末班 7:40－17:40

平东转盘发车时间:7:00、8:30、10:00、14:00、15:30、17:00

甸北村村部发车时间:7:40、9:10、10:40、14:40、16:10、17:40

平东转盘、平东镇政府、平东镇派出所、龙门东苑、204国道薛平路口、平东大道204国道路口、张大圩路平东大道路口、徐田界河桥、周家坝南路口、周家坝横河桥、太平南路口、金平路薛平路口、铁路涵洞东、周金桥、镇北环路德才路口、金观堂、陆桥中心路口、赵甸居23组路口、赵甸、赵甸农贸市场北、沙行坝、三八路口、甸北村村部

387 万愿楼村村部—刘桥车站

起点首末班 7:00－17:00

终点首末班 7:40－17:40

万愿楼村村部发车时间:7:00、8:30、10:00、14:00、15:30、17:00

刘桥车站发车时间:7:40、9:10、10:40、14:40、16:10、17:40

万愿楼村村部、英雄北、英雄南、野家渡、西南横路玉龙路口、新中高架桥东、新中村村部、新中校桥、羌渡路西南横路口、羌渡桥、新中三十组路口、时三官殿、慎修中心路口、博士路口、闸桥村二组、王东桥南路口、王东桥、王东桥中心路口、刘桥派出所、刘桥车站

391 平潮客运站—华沙大桥北

起点首末班 6:00－18:10

终点首末班 6:30－18:40

平潮客运站至华沙大桥北发车时间:6:00、7:00、10:00、15:30、18:10

平潮客运站至恒力集团(不经过“鲁桥小区路口、华沙大桥北”站点)发车时间:8:00、13:50、16:30

华沙大桥北至平潮客运站发车时间:6:30、7:30、10:30、16:00、18:40

恒力集团至平潮客运站(不经过“鲁桥小区路口、华沙大桥北”站点)发车时间:9:00、14:40、17:20

平潮客运站、平潮地税分局、刘坝中心路、三闸、高架桥东、高架桥西、单八圩桥、五接大桥、五接镇、中心桥、光明路口、新村二河西路口、馨源路口、馨源路沿江路口、鲁桥小区路口、华沙大桥北

395 平潮客运站—弥勒禅寺

起点首末班 7:00－17:00

终点首末班 7:40－17:40

平潮客运站发车时间:7:00、8:30、10:00、14:00、15:30、17:00

弥勒禅寺发车时间:7:40、9:10、10:40、14:40、16:10、17:40

平潮客运站、通西路口、水岸花都小区、华源路口、李家桥、花坝中心路口、丝坝路口、新204国道路口、四十里村村部、移民东路口、牡丹南路口、牡丹北路口、三港南路口、三港中心路口、三港成山路口、任口汽车站、任口大桥、甸西桥、赵甸西、庙中心路口、方池庙路口、弥勒禅寺东、弥勒禅寺

396　**长岸村村部—米三桥村村部**

起点首末班　7:00－17:00

终点首末班　7:40－17:40

长岸村村部发车时间:7:00、8:30、10:00、14:00、15:30、17:00

米三桥村村部发车时间:7:40、9:10、10:40、14:40、16:10、17:40

长岸村村部、基地路口、文革桥西、韩东路口、高架辅道路口、新联镇区路口、新联十字街、新联客运站、沁园桥、尹家园中心桥、文渡中路西路口、文居路口、秦家路口、文渡中路东路口、文港北路口、米东路口、米三桥村村部

398　**团圆村村部—沿江路口**

起点首末班　7:00－17:00

终点首末班　7:40－17:40

团圆村村部发车时间:7:00、8:30、10:00、14:00、15:30、17:00

沿江路口发车时间:7:40、9:10、10:40、14:40、16:10、17:40

团圆村村部、团四路路口、平潮客运站、正新北路口、正新路育才路口、远邦农贸市场、平潮中学、电瓷厂、云台山、平南卫生院、赵坊东路口、赵坊村村部、新捕河东路口、油三圩路口、杨四圩路口、柴五圩路口、桃李路口、李港邮政、沿江路口

60　**通州中学路口—五一路公交停车场**

起点首末班　5:30－22:30

终点首末班　5:30－22:30

间隔时间　5:50—19:30 班次间隔 10 分钟

19:30—22:30 班次间隔 15—20 分钟

通州中学路口、翰学苑、通掘路交通路口、通州客运站、胜利桥、银河桥(银河路)、江海明珠、通州邮政、通州行政中心、江海皇都小区、金色城品小区、国盛义乌城、世纪大桥、金西路口、金通公路青岛路口、金通公路石江路口、鑫盛纺织、正场、江华机械、花家渡、花拖路口、圩亭河桥、孙李桥东村、综艺集团、兴东机场路口、兴仁高速路口、威明机械、兴仁路口、虹波机械、江海大道富兴路西、通富大桥南、通富路钟秀路口．项家桥、通富路新胜路口、通富路人民路口、人民东路世伦路东、东晖花园、麦德龙、校西公交停车场、东景国际西、五一路公交停车场

80　**胜利桥公交回车场—五一路公交停车场**

起点首末班　5:50－20:00

终点首末班　6:00－20:00

间隔时间　5—12 分钟

胜利桥公交回车场、胜利桥、银河桥(银河路)、江海明珠、通州邮政、通州行政中心、江海皇都小区、金色城品小区、国盛义乌城、世纪大桥南、锦绣路金山路口、锦绣路希望路口、新江海河桥西、二大道石江路口、正通路东段路口、正场路口、正通路西路口、富民东路口、神州玻璃东路口、利民北二号路口、利民北一号路口、高架桥东、高架桥西、铁路桥东、钟秀路东快速路口、钟秀路太平路口、钟秀路胜利路口、钟秀路通富路西、钟秀路世伦路口、钟秀路园林路口、南亚塑胶北、通京大道钟秀路南、通京大道人民路北、校西公交停车场、东景国际西、五一路公交停车场

100　**胜利桥公交回车场—客运东站**

起点首末班　6:00－20:00

终点首末班　6:00－20:00

间隔时间　20—30 分钟

胜利桥公交回车场、胜利桥、银河桥、通掘路碧华路口、通掘路朝霞路口、通掘路杏园路口、通掘路金桥路口、书香华府小区、金西大桥、圣果葡萄酒业、通州大桥南、五圣殿、五圣桥、复兴村、复兴村十八组、复兴桥、223 线吕通路口、姜灶路口、朝东圩村、兴旺桥、永安村、周圩新村、周三北路口、先锋幼儿园、先锋青年东路、城市名人府邸、英伦上院、品尚集团、财通科技园、十六里墩新村、金地国际、青年路太平路西、国际生活广场、车管所、客运东站、世伦路青年路北、客运东站

以上信息仅供参考,如有变化,以区交通运输局网站公告为准。

索　　引

说　　明

一、本索引采用主题分析法编制，按汉语拼音顺序排列，同音字按声调排列，音调相同按笔画排列，音调形相同则按下一字的音序排列。

二、大事记、附录未作索引。

三、本索引标引词一般采用中心词（关键词）或简称，区直机关、企事业单位和社会团体名称前一般不冠以“通州区”、“通州”、“区”字样。栏目（篇目）、分目标题用黑体字标示，表格均注明“（表）”。

四、索引词后的数字表示内容所在页码，数字后的字母 a、b 分别表示左栏、右栏。

五、本索引编有附见系统和参见系统，附见款目在主款目下行空 2 个字排列；标引词后除第一个页码外，其它均为参见页码，部分款目在索引中重复出现。

A

爱国卫生　231b
爱民固边　125b
安全生产　151b
安全生产大宣讲　198b　90b
安全生产督查大队　56b
安全生产监督管理　198b
　　基层机构建设　199b
　　社会化管理　199b
　　应急救援　199b
安全生产监督管理局　44a
安全生产培训教育　198b
安全生产执法　199b
安全生产专项整治　198b
安全用药月　198a
澳大利亚企业家考察　10b

B

B2B 网站打造　152a
白鹭湖庄园创建省四星级乡村旅游区　167b
“百场科学健身进社区”活动　226b
版权管理　223b
保密办公室　40b
保密工作　79a
保密工作检查　79b
保密管理　79b
保密宣传教育　79b
被征地农民社会保障　239a
标准厂房　177a
标准化规模养殖场建设　138b
部、省级万亩示范片创建　137a

C

财产保险公司　50a

财　政　186b　37a
　收入　186b　37a
　城乡发展　187b
　保障　187a
　管理监督　188a
　政策扶持　187a
财政改革　187b
财政局　42b
财政审计　196b
财政体制改革　35a
残疾儿童康复　242a
残疾人工作　242a
残疾人就业　242b
残疾人权益维护　242b
残疾人托养　242a
残疾人文体　242b
残疾人专项调查　242b
残　联　49b
蚕　桑　139a
曹灿华　263a
曹学成　263a
测土配方施肥技术推广　138a
查档服务大厅开放　96b
产权交易市场建设　71b
产业发展母基金成立　148a
常住人口　234a
厂会协作　113a
陈惠娟调研　7b
成长护航工程　110b
城管执法大队　56b
城管重点工程　157a
城区规划编制　154a
城区绿化　155a
城区水环境建设　155a
城区水环境建设管理处　45b
城市管理　156b
　队伍建设　157a
城市管理局　43a
城市建设　154b
城市亮化工程　155b
城市摄影擂台赛　115a
城市综合管理　157a
城乡发展　37b
城乡建设　154
城乡居民收入　234a
城乡居民消费　234b
城镇规划　154a
“吃在通州”美食文化节　108b
出国(境)管理　91b
出入境管理　130b
初等教育　203b
初中基本情况(表)　214
初中教学副校长课堂竞赛　205a
初中英语教师信息化教学大赛　205b
川姜镇　260b　55a
　经济社会指标　260b
　省电子商务特色镇　261a
　市场采购贸易方式试点　261b
　行政村(社区)情况(表)　261b
传染病防治技能竞赛　229b
“创纺E站”被认定为市级众创空间　148b
创业大赛　173a
垂直管理单位　49b
慈善事业　239b
村级集体经济发展　70b
村镇规划编制　154a
村镇建设　155b
村庄环境整治　71a

D

达海智能入选省重点企业研发机构　152b
达哇旦周　263a
大学生村官培养　66b
党建暨农村工作会议　58b
党史工作　76b
党史工作办公室　41a
党外人士培养工程　69b
党　校　40b
党校工作　77a
　决策咨询　77b
　科研成果(表)　77
　专题宣讲　77b
党员干部进社区服务活动　75a
党员干部现代化远程教育办公室　56b
档案工作　95a
档案馆　41a
档案接收进馆　96a
档案局　41a
　省先进　95a
档案文化主题展示厅开放　95b
档案夏令营　95b
地产发展中心　56b
地方海事处　56b
地方税收　189b
　队伍管理　190b
　纳税服务　190b
　特色工作　190a
　依法行政　190a
　征管改革　190a
　组织收入　189b
地方税务局　50b
地方志办公室　41a
地方志工作　94b
地理位置　32a
地震局　44b
电　力　36b
　增容下滑　149b
电力运行　149a
电商业务　161b
电网建设　162b
电　信　162a　36b
　品牌服务　162a
　网络建设　162a
电信公司　50b
电信局　50b
电子政务工作　94a
电子政务管理中心　45b
调查研究　65a
丁大卫调研　7b　8a
丁卫军,全国文学教育名师　202a
东沙大桥通车　161a
东社镇　252b　52b
　经济社会指标　252b
　特色旅游服务业　253a
　项目农业　253a
　行政区划调整　253a
　行政村(社区)情况(表)　253a
督查工作　78b
　督查方式创新　79a
　夯实督查基础　79a
　强化督查落实　79a
督查室　40a　41b
督导巡察　103b
对台(湾)工作　76a
对外交流　91b
对外交流服务中心　56b
对外经济　36b
对外经济贸易　169
对外贸易　169a

E

“2 · 3”君雅浴室被盗案 130b
2015 年高职名录 236a
2015 年主要指标 1a
二窎中学 55b
二甲镇 251b 52a
　经济社会指标 251b
　创优农业 252a
　基础设施 252a
　社会事业 252a
　生态治理 252a
　项目建设 251b
　行政村(社区)情况(表) 252b
二甲中学 55b

F

发投业务 161b
发展和改革委员会 41b
发展开放经济 35a
法官队伍建设 133b
法律服务 135a
法学会 49b
法制办公室 41b
法制宣教 243a
法 治 126
法治通州创建 127b 72a
法治宣传 134b 128a
《范老爷判婚》首演 223a
范小青专题讲座 115b
防雷减灾 221b
防汛防旱 144b
防疫监管 138b
防震减灾 220a
房地产交易会 158a
房地产开发 36b
房地产市场 158a
房地产行业管理 158a
房地产业 157b
房屋动迁管理办公室 45b
纺织丝绸产业技术研究院 173a
非公有制经济人士教育培训 107b
芬图贝节能换热器 172a
扶贫开发 71a
服务外包 170b
　合同额 170b
　载体建设 170b
　招商引资 170b
　执行额 170b
服务业发展局 44a
妇女联合会 111a 49a
　第十五次代表大会 111a
　十四届七次执委(扩大)会议 111b
妇幼卫生 229b
富港路通车 177a

G

干部教育培训 66a
干部人事档案审核 67a
干部信息中心 56b
港深企业家代表团考察 11a
高标准厂房建设 149a
高等教育 204b
高校毕业生就业创业 236a
高新技术企业 37a
　新增 49 家 218b
高中布局调整 90a
高中基本情况(表) 216
高中历史学科基地授牌 204a
割麦留高桩和油菜、蚕豆秆壳还田 138a
工程审计 196a
工程质量 151a
工商行政管理 193b
　“创卫”迎查 194a
　创新服务 194a
　基层建设 193b
工商业联合会 106b 105 49a
　参与招商引资 107b
　参政议政 107b
　宣传推介 108a
工商银行 49b 179a
　各项业务指标 179a
工 业 146 36a
　高新技术产业产值 36a
　工业增加值 36a
　规模工业产值 36a
　规模工业利税 36a
工业投入 147a
工业组织 147b
公 安 128b
　基层基础建设 129b
公安边防大队 125a
　社会管理创新 125a
　执法执勤 125a
公安局 42a
公共气象服务 220b
公共资源交易管理工作 97b
　管办分离 97b
　一网四库十系统 97b
　标后监管 98a
　社会监督员 97b
公共资源交易中心 46a
公路管理 159b
公民思想道德 38b
公卫服务管理优化 227b
公务用车制度改革 98b
公益品牌活动 110b
公益项目圆梦行动 112a
供 电 159 162b
　运行维护 162b
供 水 155b
供销合作贸易 166a
　项目建设 166a
供销合作总社 51a
共青团南通市通州区委员会 110a 49a
　思想引领工程 110b
古树名木普查 140b
固定资产投资 186b
顾建军 262b
关心下一代工作 240b
　基层组织建设 241b
　纪念抗日战争胜利 70 周年 241a
　社会治理参与 241b
　主题教育 241a
广播电视 224a
　对外宣传 224a
　节目创优 224a
　节目改版 224a
　台网分离 224b
广播电视大学通州学院 55a
广播电视台 44b
归侨侨眷联合会 119b 49a
　“喜迎中秋”活动 120a
规划管理局通州分局 50b
郭台铭考察通州 76b
国家安全办公室 40b
国家保密局 40b
国家产业化经营项目 143b

国家高标准农田建设项目　143a
国家税收　188b
风险管理　189a
服务发展　188b
廉政建设　189b
纳税服务　189a
税收法治　189a
组织收入　188b
国家税务局　50b
国家统计局通州调查队　56b
国家外汇管理局通州支局　49b
国家卫生城市复审迎查　231b
国家卫生镇复审　232a
国民经济和社会发展　35b
地区生产总值　35b
第二产业增加值　35b
第三产业增加值　35b
第一产业增加值　35b
高新技术产业产值及占比　35b
三次产业结构比例　35b
国民经济执行情况　184a
国内贸易　36b
国土资源管理　191a
基础业务　192a
国土资源局通州分局　50a
国有资产管理办公室　45b

H

海事管理　160b
海外统战工作　69b
海洋与渔业局　43b
海智人才通州行活动　112b
函件业务　161b
韩通重工签订德国油轮　148a
航道管理　159b
行风建设　232b
何建调研南通四建　150a
和谐劳动关系活动　110a
恒诚科技　176a
恒科生产车间，省首批示范智能车间　258a　148b
恒科新材料公司，全国民企科技发展贡献奖　174b　258a
红十字会　49b　120b
媒体宣传　122b
业务能力建设　120b
主题志愿服务　121b
总会知识竞赛参加　121b
组织建设　120b
互联网＋宣传　224b
互联网新闻中心　56b
户籍人口　234a
华商村镇银行　182a
各项业务指标　182a
华泰证券　183b
各项业务指标　183b
华新环保获高新技术企业认定　152b
《滑板少年》出版　114b
化妆品专项整治　198b
环境保护　243
环境保护局　42b
环境管理　243a
环境监测　244b
环境监察　243b
环境信访　244a
环境整治　156b
环境质量　243a
惠农补贴政策　137a
婚姻家庭纠纷调解员技能比武　112b

J

机构编制办公室　40b
机构编制保障服务　73a
机构编制工作　72b
机关党的建设　74a
机关工作委员会　40a
机关事务管理工作　98a
安全保障　98a
公共机构节能管理　98b
国有资产管理　98a
后勤服务　98b
机关财务服务　98b
机关事务管理局　41a
基本农田整合　192a
基层党建体系模式　67a
基层农机安全监管　142b
基层医疗卫生机构更名　228b
疾病预防控制中心　56a
集邮业务　161b
计划生育　235a
计划生育服务水平　227b
计划生育奖励扶助　235a
计划与投资　184a
计量惠民惠企　197b
记者站　224b
纪检队伍建设　104b
纪检监察　102
纪在法前　103a
“两个责任”落实　103a
正风肃纪　103a
主要工作　103a
纪律检查体制改革　104a
纪律审查　103b
纪律审查方法创新　103b
纪念建党94周年座谈会　62a
技术创新　147a
季仲平，南通市园丁奖　202a
价格改革　192b
价格监测　192b
价格检查　193a
价格认定　193a
监察局　42b
监督管理干部　66b
茧丝绸监管　164b
检　察　131a
队伍建设　132a
简政放权　35a
建设市场管理　156a
建设银行　50a　179b
省建行系统先进　179b
各项业务指标　179b
建筑工程管理局　45a
建筑企业完成指标情况（表）　152b
建筑施工　150b
建筑业　150　36a
产值　36a
增加值　36a
江海文化研讨活动　118b
江海圆梦谷　173a　217a
江苏全国人大代表调研　10b
江苏省卫生村创建　232a
“江苏戏剧奖·红梅奖”大赛承办　90b　223a
江苏银行　180a
各项业务指标　180a
姜汉荣工作室，省职教名师工作室　204b
姜灶中学　56a
交　通　159　159a　36b
安全管理　160b
工程建设管理　159a
基础设施建设　159a
交通惠民　160b

交通银行 180a
　　各项业务指标 180a
交通运输局 43a
交通执法 160b
教师队伍 205a
教师发展中心 46a
教　育 200 37a
　　事业概况 206
　　办学条件改善 200a
　　教学模式成熟 200b
　　内涵提升 200a
　　形象优化 201a
教育督导 206b
教育督导室 45a
教育局 42a
　　服务器被非法入侵案 131a
教育内审项目获奖 206b
教育研究 205b
接待办公室 41a
接待工作 93b
秸秆机械化还田 142a
节约集约用地 191b 35b
巾帼创业创新行动 111b
金飞达公司收购"奥特佳" 148a
金乐小学新建设 248a
金　融 178 37a
金融改革 35a
金融工作办公室 41b
金沙街道 246a 51b
　　经济社会指标 246a
　　行政区划调整 246b
　　城市建设 246b
　　社会事业 247a
　　社会治理 247a
　　项目建设 246b
　　镇村环境 247a
　　行政村(社区)情况(表) 247a
金沙中学 55b
金泰幼儿园建成 248a
金土地"火龙果"文化节 168a
金土地农业园入选首批省乡村旅游项目 167b
金新街道 247b 51b 248a
　　高新区代管 172a
　　经济社会指标 248a
　　行政村(社区)情况(表) 248b
进鲜港旅游集聚区启动 167a
经济和信息化委员会 42a
经济实体单位 51a
经济体制改革 35a
经济统战工作 69b
经济稳增长宣传 224b
经济责任审计 196a
经济综合管理 184
精神文明创建活动 38b
　　基础性创建 39a
精神文明建设指导委员会办公室 40a
景瑞农业创建物流示范基地 146a
警队政治建设 129a
敬老活动 240b
九三学社南通市通州区委员会 105a
　　参政成果 105a
　　服务社会 105b
　　课题调研 105a
　　信息工作 105b
　　组织成立二十周年 105a
酒类流通管理 164b
救护培训 121a
居家呼叫服务 240b
居家养老服务 239b
居民生活 37b

K

开评标分段管理 97b
开沙村,全国特色景观旅游名村 258a
开沙岛旅游度假区投资环境推介会 168b
抗战胜利 70 周年活动 76a 77a
科技成果 219b
科技创新转型升级会 217b
科技活动 217b
科技计划实施 223a
科技教育 151b
　　教育培训 152b
　　15 人获省级以上表彰 152b
科普惠农兴村计划 113a
科普示范体系完善 112b
科普宣传周活动 113b
科学技术 217 37a
科学技术进步奖项目(表) 219
科学技术局 42a
科学技术协会 112b 49a
　　信息化平台 113a
空港大酒店 176a
空间规划 191b
控编减编 73b
控告申诉检察 132a
会计核算中心 56b
困难职工帮扶工程 110a

L

劳动就业 238b
　　基层平台建设 238b
　　纠纷化解 238b
劳动力转移 238b
老干部工作 75b
老干部结对大学生村官 75b
老干部局 40b
老旧小区改造 155a
老龄工作 240a
李春生视察 8a
李书东考察 176a
李正辉获数学奥林匹克银牌 201a
丽智电子 172a
利用外资 170a
　　考核激励 170a
　　外资实际到账 170a
联　通 162b
　　网络通信 162b
廉政教育 103b
粮食产量 36a
粮食局 43b
粮油贸易 165a
　　基础设施 165b
粮源掌握 165b
两新馆顺利开馆 223a
两园获省工业旅游区获号 168a
林　业 139b
　　行政执法 140a
　　有害生物防治 140a
领导干部"三责联审" 73b
领导人物 262a
领导人员名录 39b
刘建同调研通州 203a
刘桥镇 255b 53b
　　经济建设稳步增长 256a
　　经济社会指标 255b
　　生态环境改善 256a
　　行政村(社区)情况(表) 256b
刘桥中学 55b
流动党校 77b
流动人口计生服务 235a
陆王华,获省高中数学一等奖 205b

旅　游　164　36b
旅游业　167a
绿色建筑示范区创建　156b

M

矛盾纠纷大调解机制建设　126b
贸促会　49b
媒体聚焦通州　2
美国密歇根大学考察　11a
“魅之蓝”创业计划书省赛获奖　204a
免费婚前医学检查　229b
灭火救援　125a
民商审判　132b
民生银行　181a
　各项业务指标　181a
民事行政检察　132a
民营经济　148b　35b
民　政　239a
民政局　42b
民主促进会南通市通州区支部　106a
　参政议政　106b
　服务社会活动　107a
　牵手组合行动　106b
民主党派　105
民主建国会南通市通区支部　107a
　参政议政　107a
　社会服务　107a
民族团结　92a
民族宗教　69b
民族宗教工作　92a
　对外交流　92b
民族宗教局　44b

N

内部审计　196b
南山颐养中心落成　90a
南通高新技术产业开发区　171b　46b
　经济指标　171b
　协作推进建设协议　171b
南通空港产业园　176a　48b
　项目签约　147a
　经济指标　176a
南通绿博园一期建成　167a
南通农村商业银行　50a　181a
　各项业务指标　181a
　金融布局　181b
　金融服务　181a
　业务转型　181b
　优化组织结构　181b
南通市供电公司通州营业部　50b
南通市农村妇女创业创新行动推进会　111b
南通市中小学艺术教育会召开　203a
南通四建1项工程获金石奖　151b
南通铁军产业基金成立　90b　150a
南通通州（北京）文化产业推介会　223b
南通图海机械有限公司开工　258b
“凝心促改革，聚力促率先”活动　69a
农产品质量安全检测体系　137b
农超对接　166a
农村妇女两癌检查项目　229b
农村工作　70a
农村工作办公室　40b
农村河道整治　144a
农村集体“三资”管理　70b
农村水环境改善　90a
农村土地承包管理　71a
农村卫生　228b
农副产品物流中心　173a
农工民主党南通市通州支部　106a
　社会服务活动　106a
农机安全生产　142b
农机购置补贴资金　142a
农机基础设施建设　142a
农技推广体系改革与建设补助　137a
农林牧渔业　36a
农民负担监督管理　70b
农民科技教育培训　137b
农民专业合作组织建设　70a
农田水利建设　144a
农　业　136
农业保险　71a
农业发展银行　50a　179a
　被省分行评为“精品行”　179b
　各项业务指标　179a
农业机械　36a
农业机械管理局　45b
农业机械化　142a
农业科技合作洽谈会　217b
农业科技项目　137b
农业科研　137b
农业农村改革　35b
农业委员会　43a
农业银行　50a　179a
　各项业务指标　179a
农业资源开发　142b
农业资源开发局　45b
农业综合技术学校　56a
农作物种子安全监管　138a
暖侨心活动　119b

P

派驻机构管理　104b
乒乓球运动学校　45a
平安财产保险股份有限公司　182b
　“新高铁”理赔　183a
　各项业务指标　182b
平安创建活动　127a
平安家庭创建活动　112a
平安通州建设　71b
平潮高级中学　55b
平潮区域医疗联合体改革试点启动　90b　228a
平潮新幼儿园主体竣工　257a
平潮镇　256b　54a
　经济社会指标　256b
　行政村（社区）情况（表）　257a
　行政区划调整　257a
平价商店　193a
平五二大道建设　257a
浦东发展银行　181a
　各项业务指标　181a
普通高中布局调整　204a

Q

7家企业入围建筑业“双百强”　151a
7家企业入围省建筑业百强　150b
企业安全生产标准化创建　199a
企业公有资产管理办公室　45b
气　候　33b
气候特点　33b
气价改革　192b
气象局　50b
气象事业　220b
　科普宣传　221b
气象为农服务　221a
气象要素（表）　34
气象灾害防御　221a

钱晓慧,音乐教师基本功一等奖 205a
侨界迎端午联谊活动 120a
侨务工作 91b
侨务引智 91b
侨益维护 92a
禽蛋产量 36a
青年创新创业工程 110b
青少年文化活动 111a
区长办公会议 87b
区级机关党员轮训 75a
区委办公室 40a
区委工作部门 40a
区委机要局 40b
区委十一届十一次会议讲话 12
区委直属机构 40a
区政府办公室 41b
全国跨省"碰瓷"案 130b
全国民企科技发展贡献奖 174b
全国青少年毽球锦标赛承办 225b
全国助残日活动 242a
全面深化改革 64b
全省党校考察团考察 11b
全省首家"知识银行" 223b
全省学前教育体制改革推进会 203b
群众体育 225a

R

燃 气 156a
人才服务中心 56b
人才工作 67a
人才工作办公室 40a
人才技能培养 235b
人才载体建设 235b
人大部门 41a
人道救助 121a
人 口 234a 37b
人口管理 130a
人口和计划生育委员会 43b
人力资源和社会保障局 42b
人民财产保险股份有限公司 182a
  高效农业保险理赔 182b
  高效农业新险种 182a
  各项业务指标 182a
人民调解 134b
人民法院 48b
人民防空 125b
人民防空办公室 41b
人民检察院 48b
人民生活 234a
人民团体 48b
人民武装 123
人民医院 56a
人 事 235b
人寿保险股份有限公司 182b 50a
  各项业务指标 182b
  团支部,全国金融五四红旗团支部 182b
人 物 262
荣誉栏 264
荣誉通州 2
  获"白玉兰"奖4项 151b
  获"国优奖"3项 151a
  获"鲁班奖"3项 151a
  获驰名商标4件 148a
  全国产业集群区域品牌试点区 90a
  省首批体育服务体系示范区 90a
  省学前教育体制改革试点区 90a
肉类产量 36a

S

"3·7"故意杀人案 130b
"三个年"活动 64b
三级医院创建 230b
3家企业入围民营企业500强 151a
"三品"认证 137b
"三严三实"专题党课 60b 65b
森林资源清查 140b
商 贸 164
商事制度改革 194a
商务局 43b
  服务企业 169a
  开拓市场 169b
  转型升级 169b
上级领导视察 7
社会保障 239a 37b
社会保障卡发放应用 239a
社会管理综合治理办公室 40b
社会救助 239a
社会矛盾纠纷调处中心 45a
社会生活 234
社会事务 240a
社会团体 109
社会信息管理办公室 40b
社会组织 240a
社科理论骨干培训 119b
社科普及示范基地提档升级 119b
社科普及宣传周 119a
社科知识宣传普及 119a
社区建设 240a
社区矫正 134b
社区教育 204b
社区侨务 92a
涉老团体联席会议制度建立 76a
涉外管理 91b
申银万国证券 183a
  各项业务指标 183a
深南电路 172b
沈洪海,百姓学习之星 205a
审 计 196a
  专业化水平提升 196b
审计局 43b
审 判 132b
  便民服务 133a
  服务发展 133b
生产力促进中心 56b
生态防护林工程 139b
生态红线管控 245a
生态环境 37b
生态廊道工程 139b
生态文明 245
生态细胞工程 245b
生猪屠宰监管移交 165a
省蚕桑科技入户工程 137a
省红十字示范学校争创 120b
省级科普示范区建成 112b
省级以上比赛成绩(表) 226
省级中小学档案教育基地创建 95b
省检查组督导通州义务教育 202b
省教育督导组回访教育工作 201b
省课堂教学展评活动 205b
省台办调研通州 76b
省委巡视通州区工作动员会 63a
省委巡视组反馈意见 64b
省重点水利工程 144b
诗歌朗诵音乐会 114a
"十三五"规划征求意见座谈会 63b
十总镇 253b 52b
  经济社会指标 253b
  社会事业 254a
  现代农业 254a
  项目建设 254a
  行政村(社区)情况(表) 254b

行政区划调整　254a
镇村建设　254a
石港科技产业园　176b　48a
项目建设　176b
石港镇　255a　53a
经济社会指标　255a
行政村（社区）情况（表）　255b
规划建设　255a
石港中学　55b
石油购销　166b
实小代表队获机器人创新奖　202a
食品安全　198a
食品安全标准管理　230b
食品药品监督管理　197b
“世界急救日”公益晚会　121b
市场采购贸易方式试点　175b
市场监督管理局　44a　193b
市场秩序整顿　164b
市级卫生应急规范化镇建设　229b
市级中心镇建设　71a
市政道路　154b
市政公用事业管理中心　45b
市政协第367号提案办理　120a
示范卫生院创建　230b
示范智能车间　174b
事业单位　55a
事业单位登记管理　73b
事业单位登记管理局　46a
事业单位法人治理　73b
逝世人物　263a
收费监管　192b
手机摄影大赛　115b
受检者话筒诊疗防护　230a
蔬菜病虫绿色防控　138a
数据传输快车道　94a
数字化城市管理监督指挥中心　45a
数字通州　1
双创讲座　113a
双重管理单位　49b
双重管理体制完善　104b
水产品产量　36a
水　利　144
水利建设　36a
水利局　43b
水资源管理　144b
司法队伍建设　135b
司法局　42b
司法行政　134a
“4·26”特大制贩假币案　130b
“四风”和腐败问题纠治　103b
4家单位获省示范村卫生室称号　228b
4学校创建“省级特色项目建设学校”　203a
“四有好老师”事迹展示　202a
宋乐伟会见张善明　10a
宋英事迹率先发布　224b

T

台湾参访团考察　11b
台湾工作办公室　40b
台湾事务办公室　40b
太平洋财产保险股份有限公司　182b
车险E理赔　182b
各项业务指标　182b
特　载　1
特种设备　197a
体　育　222　224b　37a
体育局　44a
天津大学考察　11a
《田梦儿》首演　114a
通富农贸市场开放　164a
通海中学　56a
通用航空发展论坛　176a
通州（北京）文化产业推介会　90b
通州滨江新区　174a　48a
经济指标　174b
通州的一天　1b
通州－东北科技招商会　218a
“通州二日游”发布　168a
通州概览　32
通州高级中学　55a
通州好人　38b
通州籍旅美侨领纪念抗战胜利70周年　120a
通州建总入围承包商80强　151a
《通州年鉴（2013）》获省一等奖　94b
通州区代表队获科技竞赛特等奖　201b
通州区人大常委会　80　39b
代表工作　84b
《药品管理法》执法检查　83b
镇人大先进单位评选　84a
镇人大先进个人评选　84a
政府部门活动评议　83b
重要工作　83b
重要会议　80b
第38次主任会议　82b
第39次主任会议　82b
第40次主任会议　82b
第41次主任会议　83a
第42次主任会议　83a
第43次主任会议　83a
第44次主任会议　83a
第45次主任会议　83a
第46次主任会议　83a
第47次主任会议　83a
第48次主任会议　83a
第49次主任会议　83a
第二十八次会议　82a
第二十二次会议　81a
第二十六次会议　82a
第二十七次会议　82a
第二十三次会议　81a
第二十四次会议　81b
第二十五次会议　82a
十五届人大四次会议　80b
通州区人民武装部　123a　48b
政治工作　123a
通州区人民政府　85　39b
常务会议　87a
全体（扩大）会议　86b
重大活动　89a
重要会议　86b
通州区政协　99　39b
促进团结民主　100b
关注改革发展　100a
聚焦民生热点　100b
强化自身建设　101a
十二届十六次常委会议　99b
十二届十七次常委会议　100a
十二届十三次常委会议　99b
十二届十四次常委会议　99b
十二届十五次常委会议　99b
十二届四次全体会议　99a
重要工作　100a
重要会议　99a
《通州市志》出版发行　94b
“通州艺苑”文学艺术展示周　115a
通州中等专业学校　55a
创建“省职业技术学院通州分院”　204a
工艺美术品牌接受省验收　204b
市技能大赛团体优胜奖　204b
“童声里的中国”少儿艺术活动　113a
“童声里的中国·通州专场”登陆央视

少儿频道 203a
“童声里的中国·成长的歌谣”创作大赛 115a
统　计 194b
统计调查 194b
统计服务 195a
统计改革 195b
统计规范 195a
统计局 44a
统一战线工作 69a
合作共事 69a
统战部 40a
统战信息宣传 70a
投入品监管 139a
投资增长 36a
图海机械 175a
土地储备中心 56b
土地督察整改 191a
土地托管 166a
土地整治 191b
推进科技创新转型升级会议 61a
退役安置 239b

W

外包企业新增 8 家 170b
外经合作 170a
境外投资 170a
外贸进出口总额 169a
外事服务 91b
外事工作 92a
外事侨务办公室 41b
“万人看通州”活动 168b
王笑梅,优秀党务工作者 202b
出席全国座谈会 203a
王燕文调研 8b
王永芹,感动南通教育人物 202a
为民办实事工程 89a
违建寺观治理 93a
卫　生 227 37a
服务体系完善 227a
卫生改革 228a
相对集中行政许可权改革 228b
卫生和计划生育委员会三定方案 228a
卫生监督所 56a
卫生局 43b
卫生科技创新 231a
卫生人才招聘机制改革 228b
卫生执法 230a
卫生职工中等专业学校 56a
未成年人教育 39a
文　化 222 37a
文化广电新闻出版局 43b
文化市场管理 223b
文化艺术 222a
文学艺术界联合会 113b 49a
会员作品(表) 116
文明表彰暨作风建设大会 59b
文明城市管理 38b
文山初中新建 248a
文物保护 223b
沃德储能科技 173a
污染防治 243b
污水处理 156a
吴云华调研 9b
“5·5”故意杀人案 131a
“五放心粮店”建设 165b
五接镇 257b 54a
经济社会指标 257b
行政村(社区)情况(表) 258b
5 项目列入省成果转化专项资金计划 218a
“五月风”文艺展示月 115a
武警中队 124a
处置突发事件 124a
军地共建 124b
军事训练 124a
执勤 124a
物价管理 192a
物价局 41b
物业管理 158b

X

西亭高级中学 55b
西亭镇 250b 52a
环境整治 250b
经济社会指标 250b
行政村(社区)情况(表) 251a
行政区划调整 250b
锡通科技产业园 173b 47a
园镇合一 173b
政企分开 173b
基础设施建设 173b
招商引资 174a
先锋街道 249b 51b
经济社会指标 249b
行政村(社区)情况(表) 250a
行政区划调整 250a
先锋卫生院开工建设 250a
先锋幼儿园投入使用 250a
先进集体一览(表) 264
先进人物 263a
先进人物一览(表) 268
鲜一汽配 172a
项目投运 147a
现代高效农业 136a
现代农业发展 70a 89b
现代农业园区 136b
现代物流 90b
现代物流业招商会 148a
现行区划 33b
乡村医生合理用药培训 228b
乡村医生人才培养 229a
乡村医生统一办理工伤保险 229a
相对集中行政许可权改革 73a
香港通州同乡会联谊 120a
项目农业 136a
消除疟疾达标考核 229a
消防大队 124b
监督与执法 124b
宣传教育 124b
执勤训练 125a
消费放权 192b
“小茉莉花奖”声乐大赛 114b
小学基本情况(表) 210
效能建设 104a
校少儿珠心算比赛 201a
校外教育辅导站 241b
校园足球微课评比 201b
协同创新 113a
新韩银行签约 173b
新华书店 51a
新江海动力电子项目 172a
新经济新社会组织工作委员会 40a
新能源汽车充电桩 172b
新认定高新企业名单(表) 218b
新生儿疾病免费筛查 230a
新闻信息传播中心 44b
新型农业经营主体建设 142a
《馨艺南通州》获校园影视奖一等奖 201b
信访工作 93a
信访局 44a

信访总量　93b
信息安全防火墙　94b
信息工作　78a
　　服务同级党委　78b
　　上报信息　78a
兴东街道　249a　51b
　　经济社会指标　249a
　　民生建设　249b
　　项目建设　249a
　　行政村(社区)情况(表)　249b
　　行政区划调整　249a
兴仁镇　258b　54b
　　河西新区建设　259a
　　经济社会指标　258b
　　社会事业　259b
　　项目建设　259a
　　行政村(社区)情况(表)　259b
　　行政区划调整　259a
兴仁中学　55b
兴业银行　180b
　　各项业务指标　180b
　　金和社区支行成立　180b
刑事检察　131a
刑事审判　132b
刑事诉讼监督　132a
刑事执行检察　132a
行政区划　32a
行政区划调整动员大会　60a
行政审批工作　96b
　　改革创新　97a
　　三证合一　97a
行政审批局　44b
行政审批局成立　97a
行政审批制度改革　72b
行政学校　40b
徐　岗　263b
旭东汽配　172b
畜禽品种改良　138b
畜禽屠宰管理　139a
宣传部　40a
宣传工作　67b
薛金楼调研　11a
学前教育　203a
学前教育名师研修团队展示　203b
学生成长档案大赛　95b
学校体育　225a

Y

烟草公司通州分公司　50b
烟草专卖　166a
　　精益管理　166b
烟草专卖管理　166a
烟草专卖局　50b
沿海(沿江)开发办公室　45a
研究室　40a
盐务管理局　51a
盐　业　166b
盐业案件查处　166b
盐业公司　51a
盐业宣传　167a
颜小琴,省小学体育与健康一等奖　205b
阳光信访　93b
杨曙东受媒体关注　229a
养老机构建设　239b
养殖业　138b
药械安全　198a
一般公共财政预算收入　37a
一区一战略　172b
1项目列入市级科技创新载体建设专项　218a
伊宁县乡镇卫生院标准化建设培训　231a
医教科研　231a
医疗保健广告信息整治　230b
医疗服务"三进"活动　121b
医疗机构转型发展　228a
医疗救助　239b
医疗卫生单位情况(表)　237
医疗卫生服务能力　227b
医疗卫生领域接轨上海　231a
医学教育培训　231a
医药卫生体制改革　227a
医院管理　230b
依法治教　206a
依法治理实践　127b
依法治区　127b
依法治区领导小组办公室　40b
移动通信　162a
　　网络建设　162a
应急救援　121a
应用课题研究　118b
拥军优属　239b
拥政爱民　123a
甬金金属获省专利优秀奖　148b
优生惠民工程　230a
优势特色产业　136b
邮　电　159
邮　政　161a　36b
　　金融服务　161a
邮政储蓄银行　180a
　　各项业务指标　180a
邮政局　50b
油菜籽补贴　165b
油料产量　36a
幼儿园基本情况(表)　207
幼儿园课程游戏化项目　203b
渔湾水道　176b
渔湾水道生态园　255a
渔业科技入户　139a
羽毛球俱乐部超级联赛承办　225b
预备役营建设　124b
预防保健　229a
园林绿化管理中心 45b
园区建设　149a
园区开发　171
圆梦助学活动　111a
圆通航空　176a
运　输　36b
运输管理　160a
运输管理处　56b

Z

灾　害　34a
战备训练　123a
张国华调研　7a　8b　9a　9b
张洪程当选中国工程院院士　251a
张家港农村商业银行　182a
　　各项业务指标　182a
张桃林调研　7a
张芝山小学,全国跳绳示范学校　202b
张芝山镇　260a　55a
　　环境建设　260a
　　经济社会指标　260a
　　行政村(社区)情况(表)　260b
　　园区管理机构获批　260a
　　招商引资　260b
招标投标管理中心　45a
招商局　45b
招商银行　180b

省“青年文明号” 180b
服务客户 180b
各项业务指标 180b
招商引资 147b
沼气工程 139a
哲学社会科学界联合会 118a 49a
第二次代表大会 118a
学习习总书记讲话理论研讨活动 118b
镇村信访基础夯实 93b
镇党委 51b
镇级总工会成立 110a
镇纪委 51b
镇人大 51b
镇政府 51b
征兵工作 123a
政法保障作用 71b
政法队伍建设 72b
政法工作 71b
政法委员会 40a
政府法制工作 91a
文件审查 91a
行政复议 91a
行政审批制度改革 91a
政府工作报告 19
政府工作部门 41b
政府居家养老服务 240b
政府投资项目工程建设中心 45a
政府直属机构 41b
政区沿革 32a
政务服务新平台 94a
政务服务中心 44b
政务审批中介服务 97a
政协工作部门 46a
知产审判 133a
知名人士考察通州 10
知识产权局 42a
“知心姐姐”获全国青年志愿服务项目金奖 251a
执法监察 104a
执行工作 133a
职工职业技能比武 109b
职务犯罪查办 131b
职务犯罪预防 131b
职业技术教育 204a
志愿服务 39a
志愿捐献工作 121b
制度建设 104a
治安防控体系建设 126b
质量技术监督 197a
三大战略 197a
质量监管 197b
中层干部选拔任用 66b
中等教育 203b
中等职业学校情况(表) 216
中共通州区纪律检查委员会 39b
十一届五次全体(扩大)会议 102a
中共通州区委员会 57 39b
十一届十次全会 62b
十一届十一次全会 63b
重大决策 64b
重要会议 58b
《中国共产党纪律处分条例》学习贯彻 104a
《中国共产党廉洁自律准则》学习贯彻 104a
中国南通家纺城 175a 48a
市场采购贸易方式试点 90b
经济指标 175b
市场建设 175b
中国人民银行 178a 49b
各项业务指标 178a
金融服务 178b
金融生态创建 178b
落实货币政策 178a
外汇管理 179a
维护金融稳定 178a
“中国通州网”改版 94a
中国银行 179b 50a
各项业务指标 179b
中国羽毛球俱乐部超级联赛 90a
中文域名注册及网站挂标达双百 73b
中小企业局 42a
中信银行 180b
文明服务四星级网点 180b
各项业务指标 180b
中医院 56a
忠孝文化园建成全国最高孔子石雕塑像 167b 223a
种植业 137a
众福金属 172b
重点地区治理 130a
重点康复项目 242a
重点镇(区)园行管体制改革 73a
重点专科建设 231a
重要会议文件 12
朱国忠,南通市园丁奖 202a
朱天玺,十佳小院士 202b
朱卫民 262a
猪、羊、禽产量 36a
住房保障 158b
通过国家专项审计 90b
住房公积金管理 158b
住房和城乡建设局 43a
驻滇政协委员考察 10a
驻外办事处 51a
专 利 37a
专项资金审计 196b
自然科学论文评选 113a
自然生态 245a
宗教场所安全管理 93a
宗教场所建设 92b
宗教文化 92b
综合治理 126a
基层工作基础夯实 127a
信息化系统建设 127a
综艺航空物流 176a
综治平安建设领导责任制 126a
总工会 48b 109a
总商会 49b
组织部 40a
组织工作 65a
组织机构名录 39b
“最美家庭”评选活动 111b

中国邮政
CHINA POST

南通市通州区邮政局

NAN TONG SHI TONG ZHOU QU YOU ZHENG JU

2015年，通州邮政紧紧围绕重点工作和转型发展战略定位，以“调结构、抓项目、细管理、惠员工、强党建”为着力点，扎实推进企业经营管理工作，较好完成全年各项目标任务。全年累计实现邮政业务总收入2.01亿元，完成目标计划的106.3%，比上年增长21.2%；实现收支差额6742万元，完成率107.8%。邮政总收入及代理金融规模实现5年翻番，企业两个文明建设取得新成效。分公司党委蝉联“五星级基层党建示范点”，获通州区五一劳动奖状，在全区邮政行业客户满意度测评中位列第一。

中国邮政通州区分公司总经理施卫、南山寺耀来大师为主题邮局揭幕

代理金融“百亿工程”表彰大会

放大“爱心邮路”效应，与通州民企创办的“英才小学”结成爱心帮扶对子

中共南通市通州区委台湾工作办公室

ZHONG GONG NAN TONG SHI TONG ZHOU QU WEI TAI WAN GONG ZUO BAN GONG SHI

区委副书记、区长陈永红接待台商

南通市台办主任蒋才茂(右四)到通州调研

2015年，区委台办认真贯彻中央对台工作大政方针，把推动两岸关系和平发展作为工作的主方向，把“大交流、大合作、大发展”作为对台经贸交流合作工作的主抓手，认真做好两岸交流交往，切实搞好入岛交流活动，打好“乡情牌”“友情牌”“亲情牌”，采取“请进来、走出去”方针，开展了系列特色工作。

台湾旺报副社长刁明芳到通

南通台协会会长刘璟芳到麻风村慰问麻风病人

省台办经济处处长杨剑到通州调研

副区长刘洪接待昆山高新区台商

台湾多璞顾问集团董事长曾垂纪先生（中）一行到通州考察

台湾富士康科技集团总裁郭台铭、副总裁徐牧基到西亭模具培训中心参加二十周年庆典

中国民主
ZHONG GUO MIN ZHU

7月3日，民进通州支部主委严少标在支部活动室接受《团结报》记者采访

1月17日，民进通州支部举行全体会员会议

5月8日，民进通州支部在沃太能源公司召开会员工作交流会

3月9日，民进南通市女会员在支部牵手学校亭西小学种植“共建林”

民进通州支部被评为民进全国社会服务先进基层组织

1月27日，民进通州支部在新瑞广场开展向市民“送健康”活动

4月17日，中央电视台少儿频道“大手牵小手”栏目组走进通州录制节目，鞠萍主持

进会南通市通州区支部
JIN HUI NAN TONG SHI TONG ZHOU QU ZHI BU

12 月 23 日，民进通州支部到亭西小学开展“牵手行动”，民进南通市委专职副主委刘志刚向学校授牌

1 月 18 日，民进通州支部携手民进南通中学支部、南通一中支部到二甲中学送教，参观会员曹晓峰蓝印花布工作室

9 月 3 日，民进通州支部组织会员集体观看“抗战胜利 70 周年阅兵式”

著名无臂书法家、民进会员王剑华接受通州电视台记者采访

1 月 27 日，民进通州支部在新瑞广场组织“春联万家”活动

6 月 1 日，亭西小学“乡下娃”与南通特教中心孩子牵手“相约中国梦”

电脑
100M
手机
20M
iPad
20M
4K电视
50M
手机
20M

2015 年，中国电信股份有限公司通州分公司围绕有效益规模发展为中心，贯穿“规模发展、转型升级、改革创新、提质增效”为主线，加快“全光网城市”建设，全面完成“十二五”各项目标任务。是年，公司先后荣获省放心消费“示范单位”、省消协“诚信单位”，南通市文明单位，通州区政府区级机关目标管理绩效考核“先进集体”，通州区消防安全管理“先进单位”，通州区总工会“工人先锋号”“模范职工小家”等荣誉。

中国移动通信集团江苏有限公司通州分公司

2016年，中国移动通信集团江苏有限公司通州分公司紧密围绕“聚焦 整合 提效 协同”四个发展关键词。坚持以提升综合市场地位为核心，以规模发展和提质提效为主线，只争朝夕狠抓4G发展提效、全业务升级换代、数字化服务布局三项重点工作，实现党风廉政建设与生产经营两手抓、两不误、两促进，全力推动运营管理互联网化，开创数字化转型发展新局面。

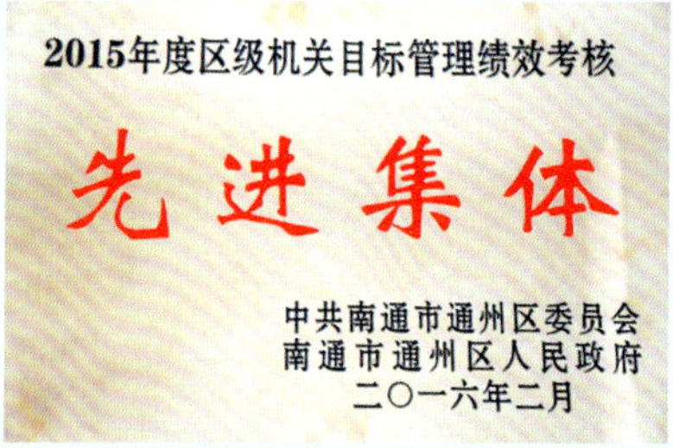

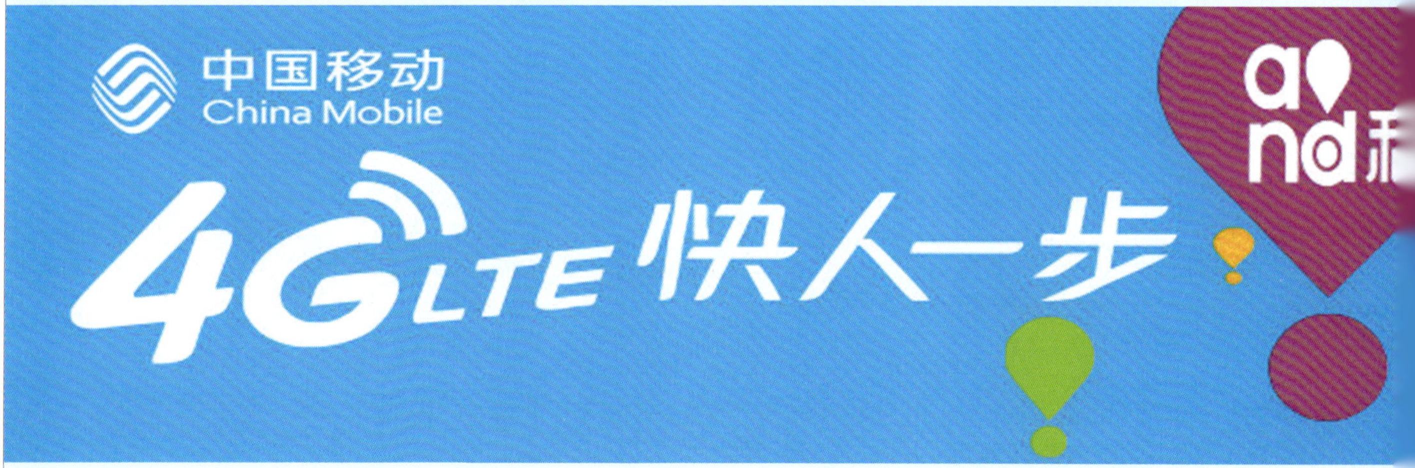

中国移动
China Mobile
and 和
中国移动光宽带
重磅升级
4K高清电视
+20M光纤宽带
每月仅需20元
价格更低
网速更快
内容更多
中国移动宽带保修专家热线
68010086
掌上办宽带更优惠
方式一：发短信"办宽带"至10086
方式二：扫描二维码参加活动
品质宽带
值得信赖
4G+
详询移动各营业厅
中国移动
China Mobile
www.10086.cn
热线 短信 10086

南通市通州区自来水有限公司

NAN TONG SHI TONG ZHOU QU ZI LAI SHUI YOU XIAN GONG SI

领导考察供水工作

南通市通州区自来水有限公司始建于1975年。40年来,公司从一个只有两口深水井、日供水能力3000吨的小厂发展成为占地面积6万平方米,日转供水能力45万吨的现代化供水企业。经营范围扩大到自来水生产、供应、销售服务及管道工程建设,供水范围覆盖通州区12个镇、4个街道办、南通高新区、滨海园区、锡通科技产业园,供水服务121万人。公司内设办公室、财务科、融资部、生技科、信息科、监察科、营业所、管线所、供水车间及给排水安装公司等10个职能部门,有职工149人,其中专业技术人员59人,技师及高级工11人。公司秉承40年发展深厚底蕴,以"抢抓机遇、强化管理、科学发展、促进和谐"为核心,以重点工程建设、安全供水、优质服务、党风廉政建设为重点,加强管理,细化举措,各项工作呈现健康推进、和谐发展新局面。近年来,公司先后被评为江苏省优质服务窗口、省城市供水工作先进集体、省建设系统和谐劳动关系"模范企业",被南通市建设局评为建设工作先进集体,连续多年被评为通州区文明单位。公司将一如既往地以"真情服务社会,安全优质供水"为宗旨,求真务实,开拓创新,为建设幸福美好新通州而不懈努力!

为了更好地服务于民,公司不断拓宽现金缴费渠道。公司在城区设有自来水公司供水服务中心、新金东路自来水燃气便民窗口、朝阳路华润燃气服务点、政务中心便民服务窗口(A69、A70、A71)。与移动公司签订协议,在城区、高新区开通22个移动公司营业网点办理水费现金交费业务。和邮政银行签订协议,利用苏邮惠民平台开通14个水费代收点。此外,还和通州电信公司签订协议,可通过翼支付缴费方式进行水费缴纳。用户也可到建设银行、邮政储蓄银行、南通农村商业银行(也可现金缴费)、招商银行、交通银行办理卡扣业务。公司还开通了水费预存业务,用户也可利用支付宝缴纳水费。

24小时供水服务热线:96889658

公司网址:www.tzzis.com

供水服务中心提供"一站式"服务

公司员工培训教育

应急供水设备维护保养

区域供水工程建设现场

关注供水压力

水质检测

南通市通州区实验幼儿园

NAN TONG SHI TONG ZHOU QU SHI YAN YOU ER YUAN

朱红霞园长与孩子一起读书

南通市通州区实验幼儿园始创于1979年，是通州区首家江苏省示范性实验幼儿园。近年来办园声誉逐年攀升，办园成果日渐丰硕，相继获得江苏省文明学校、江苏省和谐校园、江苏省平安学校、江苏省优秀家长学校、南通市文明单位等多项省市级集体荣誉。

该园“走内涵发展之路，构建书香校园”，努力彰显“园本阅读文化建设”的办园特色，是师幼释放生命潜能、享受生命快乐的幸福家园。

亲子操

演绎童话

童话节演出

社会实践——超市购物

每月一次
的图书交换站

听我讲故事

快乐玩沙

金波爷爷来到小朋友中间

鞠萍姐姐和小朋友同台

“幸福牵手”作家见面会

篮球宝贝

亲子共读

园景如画

南通市通州区金沙中学

区长陈永红到校调研

省四星级高中创建汇报会

金沙中学创办于1923年，由地方贤达孙儆先生投资。90多年来，她历尽风雨沧桑，却始终以教书育人和造福乡里为己任，秉承清末状元、实业家、教育家张謇先生亲笔题赠的“以学愈愚”校训精神，凝成“气有浩然，学无止境”校风，“明德正行，博学善导”教风和“思齐乐学，明辨躬行”学风，为社会和国家输送了一批又一批合格建设者和优秀人才。这里走出了中科院院士、著名核物理学家陈达，中央综治委主任陈冀平，财政部副部长张佑才，著名作家海笑，奥运冠军贾桂华、赵剑华，两任南通市委书记刘光、朱剑等。

学校1941年开办高中；1984年升格为市属完中；2009年，升格为省三星级普通高中。2015年暑期，通州区委区政府高点布局高中基业，以金沙中学为主体，整合石港、二甲、姜灶三所三星级学校高中教育资源，组建新的金沙中学，并整体搬迁至原江苏省通州高级中学校址，与江苏省通州高级中学组成教育集团，增挂“江苏省通州高级中学第一分校”校牌。2016年3月28日—30日，学校高标准通过江苏省四星级普通高中验收。

学校现有56个教学班，在校学生2720人；现有专任教师275人，均为本科及以上学历，其中硕士学位或研究生学历22人，在读研究生12人；特级教师2人，中学高级教师80人。

近年来，全体师生凝心聚力、锐意进取，办学条件全面改善，队伍建设成效显著，管理水平不断优化，教育质量稳步提高，办学特色日益显现，“公民素养教育课程基地”为江苏省级课程基地。学校获“全国读书育人特色学校”“全国示范校园文学社”“江苏省依法治校示范学校”“江苏省体育工作先进学校”“江苏省科技教育先进学校”“江苏省平安学校”“江苏省中小学党建工作先进集体”“南通市基础教育课程改革先进集体”“南通市教育系统先进集体”等50多项省市级荣誉。

校园一角

教育论坛

诵读经典

文娱汇演

升旗仪式

新西兰霍维克学院访问金沙中学

运动会

校训石

顾建新　学科带头人

南通市通州区

南通市通州区四安中学位于革命老区通州区兴仁镇老四安镇区北首，1949年由南通地区知名人士、社会贤达吴浦云先生创建。原名“新民学塾”，1950年改名为“新民初中补习班”，1953年改制为公立学校，改名“南通县西亭初级中学四安分校”，1956年独立建校，改校名为“南通县四安初级中学”，1968年增设高中部，改名为“南通县四安中学”，1998年高中部停办，现为完全初中。

60多年的风雨历程，四安中学从当初几幢低矮平房的补习班，发展成一个拥有22个班级，1200余名师生员工的学校。校园占地面积3.13万平方米，校舍建筑面积1.46万平方米。校内有师生食堂、宿舍，有标准化塑胶田径场；教学仪器设备齐全，达到省装备标准Ⅲ类；环境优美，管理规范，文化底蕴深厚。

60多年来，四安中学为社会培养了一批又一批杰出人才。

学校坚持“知行合一，求真至善”办学理念，秉承“协作、超越”的校风，“严谨、挚爱”的教风和“博学、感恩”的学风。学校认真践行陶行知教育思想，为创一流业绩、建特色名校而不懈努力。“知行合一　双主双面”教学模式不断推进。剪纸、科技等10多个社团，彰显办学特色。省“金钥匙”科技大赛、“纵横码输入比赛”等比赛成绩斐然。

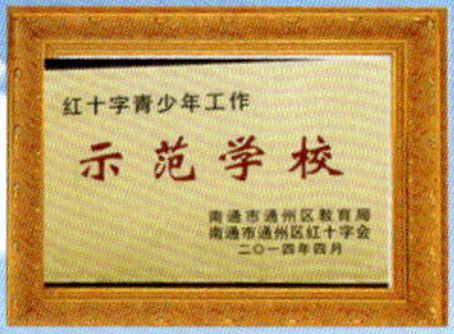

四安中学

经过全体四安中学人的共同奋斗，该校2003年就被评为江苏省示范初中。近十年来，先后被评为区第五届模范学校、区首批特色学校、区青少年行为规范示范学校、区书法教育教学及考试工作先进单位、区无烟学校、区科普宣传周先进集体、区青少年科学教育特色学校、区文明单位、区中小学阳光体育冬季长跑活动先进学校、区红十字青少年工作示范学校、区督导评估先进学校、区农村艺术教育实验学校、南通市第二批科技教育特色学校、市和谐校园创建先进学校、市语言文字规范化示范学校、市绿色学校、市教育系统先进集体、市暑期培训先进学校、江苏省科技教育先进学校、省绿色学校、省健康促进学校（银牌）、省教育系统先进集体、省和谐校园、省书法教育特色学校等。

校长：

南通市韬奋小学

南通市韬奋小学成立于1906年，1942年伟大的民主战士邹韬奋先生到校慷慨演讲，时任中共中央总书记江泽民同志两次亲笔题写校名；学校2005年晋升为“江苏省实验小学”， 2011年更名为“南通市韬奋小学”，现有30个教学班，学生1289人，教职工86人。

学校遵循“教会学生做人、教会学生学习、教会学生创新”的办学理念，确立“硬笔书法”教学特色，践行“大爱行知”教育思想，努力打造现代化实验小学。学校30多名教师受到区级以上表彰奖励，10多人次在全国、省、市教学比武中获一等奖，数百篇论文在报刊杂志发表，辅导学生参加阳光体育运动会、电脑纵横码输入、规范汉字书写、金钥匙科技竞赛等各项竞赛都获得过骄人的成绩。

先后获得“全国写字教学先进单位”、“全国语文教改示范校”、“全国百强特色学校”、“中国书法特色学校“、“中华优秀传统文化百佳实验学校”、“江苏省素质教育先进集体”、“江苏省科技教育先进学校”、“江苏省和谐校园”、“江苏省平安校园“、“江苏省健康促进学校（金奖）”等50多项荣誉称号。韬奋小学正以厚重的历史，奋发向上的英姿成为江海大地上一颗耀眼的教育之星。

上海韬奋纪念馆、上海新闻出版局、南通市等领导视察校园。

南通市书法教学现场会领导留影

张进荣局长来校参观韬奋之路纪念室

研究规划科研课题

弘扬勤奋精神 培育优秀新人

邹东华

参加通州区跑操比赛荣获一等奖

"七彩呼啦圈，美丽中国梦"荣获通州区校操比赛特等奖

鼓号比赛荣获通州区银号奖（TF方阵）

2016年获通州区小学乒乓球比赛团体一等奖

参加通州区阳光体育运动会荣获一等奖

全国信息技术大赛获奖

阳光体育运动会开幕式

韬奋小学荣获"中国书法特色学校"授牌仪式汇报演出

南通市第五届少儿才艺之书法比赛最高奖

南通市理治小学

南通市理治小学坐落于千年古镇余西。2010 年由余西小学和二甲小学两所百年名校合并而成，2012 年被全国红办授予“南通理治红军小学”称号。学校现有 24 个教学班，1242 名学生；学校占地 3.0 万平方米，建筑面积 8202 平方米，教职工 84 名，专任教师 79 名，高级职称 5 名，南通市骨干教师 1 名，通州区学科带头人 3 名、区级骨干教师 2 名、区教坛新秀 2 名、区教学能手 5 名。

理治小学的成立和成长得到上至中央领导下至学生及家长的关心和肯定。全国关工委主任、原全国人大常委会副委员长顾秀莲为学校题写校名。中国社会科学院副院长朱佳木亲自拟定校训，并题写楼名。全国人大常委教科文卫副主任，原国务院副秘书长李树文、全国红军小学建设工程理事会副理事长兼秘书长方强，江苏省政府参事室主任宋林飞，南通市委书记丁大卫、副市长杨展里、教育局长郭毅浩及通州区委书记宋乐伟、区长陈永红等多次到校视察。近年来，学校着力构建红色德育、绿色课堂、蓝色科技“三色”校园文化建设格局，实现跨越式发展。

参观陈云故居

该校系江苏省教育装备现代化实验学校、省健康促进学校银奖学校，南通市教育系统先进单位、绿色学校、青少年科学教育特色学校、未成年人思想道德先进集体、爱国主义教育基地、工人先锋号，通州区五星级党支部。中国青年网、中国青少年网络协会、红军网、南通日报、南通教育报、南通电视台、江苏电视台、中央电视台等主流媒体多次报道。

联系人：葛忠华

电话：13962743268

邮箱：2387888980@qq.com

参加南通市理治小学命名仪式的领导合影

寻访朱理治故居

舞蹈《军号声声》参加区第六届中小学生优秀节目展演获得一等奖

主题教育活动

百人腰鼓队

“梦想课程”教师培训

学校大门

南通市通州区英才小学

区领导和教育局领导到校调研

南通市通州区英才小学是江苏省优秀民办学校、江苏省教育现代化学校、南通市学校安全管理工作先进集体。学校是全日制寄宿小学，学生全部食宿在校；采用小班化教学，晚修由主科老师轮流辅导；对于学困生采取一对一辅导；服务上乘，生活指导老师负责照顾和指导学生的饮食起居；适合外来务工人员子女、留守儿童、工薪阶层子女就读。

学校教室、宿舍都有空调，教室配备电脑、投影，老师电子课件备课，多媒体网络教学。

学校建有200米环形塑胶跑道，人工草皮足球场，游泳池等，体育活动场地面积达4000平方米。

学校外景

“六一”儿童节文艺演出

学生公寓

恒丰银行 HENGFENG BANK ｜ 南通通州支行

恒丰银行于2003年经整体股份制改造，成为全国性股份制商业银行。2008年6月，恒丰银行成功引进新加坡大华银行为境外战略投资者。目前，恒丰银行设有青岛、济南、南京、杭州、成都、重庆、烟台、福州、昆明、西安、宁波、北京、上海等13家一级分行，在苏州、绍兴、东营、义乌、济宁、滨州、乐山、温州、无锡、达州、南充、聊城、南通、扬州等地设立19家二级分行，共200余家分支机构，另发起设立5家村镇银行，并申请设立香港、新加坡、首尔和悉尼等海外代表处。

员工晨会

近年来，为积极应对经济金融的复杂形势和转型升级的严峻要求，恒丰银行进行一系列创业式、创新性的实验改革，从治行理念、架构设计、体制机制、商业模式、人才配置等开展全方位的3.0版转型升级，全力打造“精品银行、全能银行、百年银行”。

恒丰银行南通分行作为恒丰银行南京分行在江苏省内设立的第3家二级分行，于2013年8月29日经江苏省银监局批准开业，是南京分行深化“立足南京、覆盖江苏”机构发展战略的具体实践。开业以来，恒丰银行南通分行始终秉承“恒必成、德致丰”的经营理念，立足南通，服务南通，积极支持地方经济发展，坚持依法合规经营，强化风险管控，不断优化资产质量，坚持产品创新、业务创新、服务创新，为全市百姓提供安全绿色金融服务，树立良好社会品牌形象，呈现稳健快速发展的良好态势。2015年8月31日，首家异地支行——南通通州支行获准筹建，2016年6月8日经中国银监会南通监管分局批复获准开业，6月12日领取金融业务许可证，7月7日领取营业热照，标志着恒丰银行南通分行的经营发展掀开了新的篇章。

开业后，南通通州支行将以入驻通州区为契机，充分发挥恒丰银行经营机制灵活的优势和金融生力军作用，不断优化金融产品和服务，有效搭建银政企互动合作平台，实现与地方经济的共同繁荣，全力履行好银行促进地方经济发展的社会责任。

地址：通州区世纪大道170号综艺金融港1-4层
服务热线：66007999

银行外景

营业网点

营业大厅

南通市通州建总集团有限公司

NAN TONG SHI TONG ZHOU JIAN ZONG JI TUAN YOU XIAN GONG SI

公司办公大厦

1949年，江苏省南通县成立了第一个建筑业组织——瓦木工会，标志着通州建总的诞生。六十年多来，在计划经济和改革开放的潮流中，企业规模由小到大，实力由弱变强。1998年1月，公司与通州区建筑工程管理局政企分开，步入规范的企业化运行轨道；2002年8月，公司实施股份制改造，国有资产一次性退出，企业性质由“国有”改造为“股份制”。

目前，集团公司系房屋建筑工程施工总承包特级资质企业，具有建筑装修装饰工程、钢结构工程、园林古建筑工程专业承包一级资质；市政公用工程施工总承包二级资质、机电设备安装工程、桥梁工程专业承包二级资质；铁路工程、公路工程、水利水电工程施工总承包三级资质。控股公司有起重设备、智能通信、房地产开发、港务、设计等一、二级专业承包资质。取得AAA资信，拥有对外签约权，通过质量、环境和职业健康安全管理体系认证。设有16个区域市场下辖42个注册分公司，拥有20个专业子公司、51个建制公司、10个专业建制公司。拥有一所省级建筑职工中等专业学校，建立了博士后科研工作站，并成为通州区首个清华大学研究生就业实践基地。公司现拥有一级建造师228人；高级职称153人，中级职称918人。施工队伍分布在北京、上海、天津、山东、山西、新疆、内蒙、黑龙江、吉林、辽宁、南京、苏州等省、市、自治区，并涉足美国、俄罗斯、斯里兰卡等国际市场。公司年承建施工总面积突破3196万平方米，年完成施工总产值突破200亿元，实现利税超9亿元，是南通建筑业的龙头骨干企业，是江苏“建筑铁军”的一支劲旅。

公司始终坚持“过程受控，保质量达标；持续改进，让顾客满意”的质量方针，近年来创出了一大批精品、名牌工程：荣获承（参）建鲁班奖12项、国优奖7项、“詹天佑”大奖7项、国家级用户满意工程1项、省级用户满意工程54项，创“白玉兰”“扬子杯”等省级优质工程291个。荣获国家级工法6个、省级工法70个、国家级科技示范工程3项、省级科技示范工程56项、省级科技进步奖8项、国家专利26项、24项成果获国家级成果奖，101项省级

成果奖；并主编了工程建设国家标准《智能建筑工程施工规范》、江苏省工程建设标准《钠基膨润土防水毯施工技术规程》。

公司曾参与南极中山站科考楼工程、联合国大楼工程、奥运工程、上海世博园工程、上海儿科医院、南京东渡广场、苏州纳米工程、南通火车站等具有重大影响项目的施工建设。公司承建的江阴大桥工程、上海小洋山深水港工程、上海浦东国际机场工程、江苏龙源如东风电场工程、大庆油田工程等五项工程获"建国六十年百项精品与经典工程"荣誉。通过这样一大批有影响的高大难工程的承建，更凸显出了"通州建总"的品牌效应，赢得了各级政府部门的充分肯定、社会各界的广泛关注和广大用户的普遍好评。公司先后被江苏省人民政府授予"建筑企业综合实力30强"称号，连续15年被评为江苏建筑业"最佳企业""特级信用企业"。先后获得"创鲁班奖工程特别荣誉企业""中国建筑业竞争力百强企业""全国工程建设质量管理优秀企业""全国质量效益型先进施工企业""全国用户满意施工企业""全国工程施工放心企业""全国优秀施工企业""国家级'守合同、重信用企业'""中国企业最佳形象AAA级""科学技术奖科技创新先进企业"、十一五江苏省建筑业施工技术工作先进单位、省建筑业百强企业（综合实力类）、省建筑业竞争力百强企业等荣誉，跻入中国500强民营企业第150位，跻身ENR《工程新闻记录》"中国承包商80强企业"第30位，荣列中国建筑业领先企业。

"人人创佳绩，处处争一流"是通州建总人永远不懈的精神追求。公司将在"构建大建总、创树大品牌、谋求大发展"的总体思路指引下，把"建筑精品，奉献社会"作为不变的经营宗旨，通过强化"一体两翼"的发展格局，全力创塑集团品牌，全程强化各项管理，全面提升工作质量，全员培育和谐企业，为打造建总航母、创造百年建总而不懈努力！

乌兰察布市公安局指挥中心大楼(获2014年度国优荣誉)

江苏省园博园工程(获2015年度国优奖)

通州区市民中心(获2015年度鲁班奖)

苏州教投大厦(获2014年度鲁班奖荣誉)

铁军征程千万里 凯歌高奏九重天
Building the army in the north south,victory echoed the sky

南通长城建设集团有限公司

NAN TONG CHANG CHENG JIAN SHE JI TUAN YOU XIAN GONG SI

海南海椰酒业有限公司厂房
（总建筑面积 58000 平方米，工程造价 1.50 亿元）

董事长　蒋根宝

南通长城建设集团有限公司创建于1993年，系房屋建筑工程施工总承包一级资质企业。公司现有3个控股子公司及12个驻外分公司，从业人员8000多人，具有职称的各类技经人员586名，二级以上项目经理192名，企业净资产5.20亿元。公司拥有各种大中型先进机械设备429台套，2015年施工产值80亿元。多次荣获"白玉兰"奖、"扬子杯"奖和市级优质工程奖，公司承建的上海卷烟厂"中华"牌卷烟专用生产线技术改造项目被中国建筑业协会评为国优鲁班奖。是年，公司被评为江苏省建筑业优秀企业，江苏省最具成长性百强企业，南通市民营优秀企业，连续5年被南通市通州区人民政府授予"建筑业发展突出贡献"奖。

NAN TONG SHI HUA DE FAN

姚富新（达海控股集团有限公司董事、副总经理、南通市华德房地产有限公司董事、总经理、南通市通州区房地产行业协会会长、通州区政协委员）

南通市华德房地产有限公司（简称"华德公司"）成立于1992年11月，位于南通市通州开发区世纪大道999号，公司经营范围为房地产开发、销售，具有房地产开发壹级资质，注册资本2.20亿元，拥有专业技术人员84人，是南通市产业规模较大的房地产开发企业。

华德公司始终秉承"厚德兴华，宁敬致远"的企业文化，规范公司经营行为和拓展经营范围，依托素有"鲁班奖专业户"之称的南通四建集团有限公司，为客户提供了一批又一批品质优良、价格合理、服务满意的放心房。公司一贯坚持以品质铸就品牌、以诚信经营作为对业主和

苏通园区－江湾国际综合体项目

南京碧霞山庄项目

兴仁

DI CHAN YOU XIAN GONG SI

南通市华德房地产有限公司

社会的承诺，积极投入社会公益事业和诚实建设，为政府排忧解难，为提高和改善人们的居住环境和生活水平做贡献。

公司立足通州的同时不断向外拓展，在南京、哈尔滨、常州、昆山开发多个楼盘，开发面积200余万平方米，连续4年被列入江苏省房地产综合实力50强。

住宅项目

南京华城名府项目

通州—书香华府住宅项目

南通国乐贸易有限公司

经理：张 勇

南通国乐贸易有限公司成立于2010年，是一家经营乐器的电子商务公司，主营CASIO（卡西欧）、ROLAND（罗兰）、KAWAI（卡瓦依）、珠江、敦煌、虎丘等国际知名品牌乐器。2010年销售额300万元，2013年销售额2300万元，2014年销售额3600万元，2015年销售额跃至5000万元。仅2015年“双十一”当天销售额就有500多万元。公司目前位居全国乐器行业电子商务排行榜第一。公司总经理张勇毕业于音乐专业，曾赴韩国参加世界青年笛子比赛获一等奖。现任江苏省竹笛协会理事、通州区青年电商协会副会长。

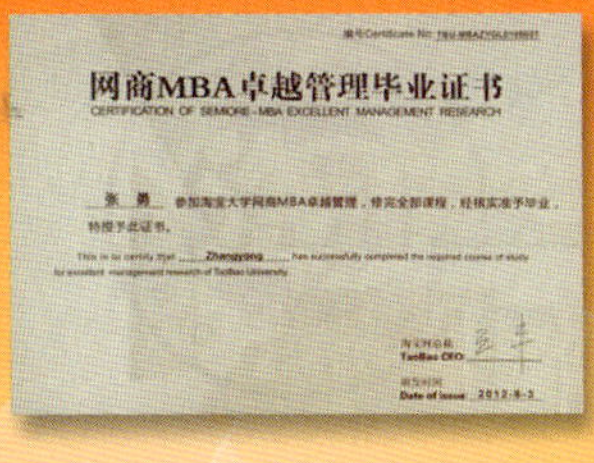
网商MBA卓越管理毕业证书

YAMAHA
Certificate
网络销售贡献奖
YAMAHA

授予南通国乐乐器
2015年度
优秀零售商

CASIO
获奖证书
网络销售贡献奖
南通国乐贸易有限公司

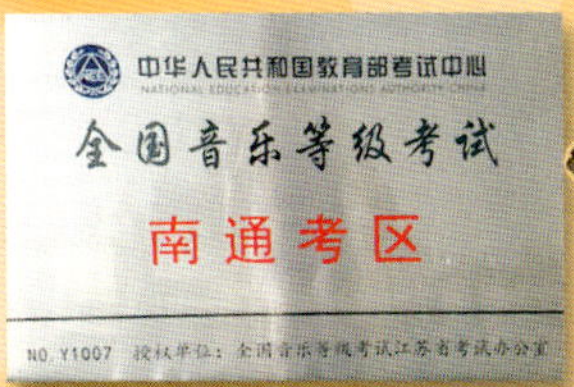
中华人民共和国教育部考试中心
全国音乐等级考试
南通考区
NO. Y1007 授权单位：全国音乐等级考试江苏省考试办公室

诚信通
2015年度千城万企先锋会员

CASIO
获奖证书

授予南通国乐乐器
2015年度
优秀零售商

通州豪悦国际

通州豪悦国际家居广场于 2013 年创办，同年 11 月 24 日开业，是通州地区最具规模最专业的家具、建材一站式购物消费商场。总面积 5 万多平方米，定位国内、国际知名品牌。豪华的硬件设施，高雅的购物环境，国际化的标准业态，给您呈现最炫彩家居建材艺术殿堂，带来家居购物一站式新体验。商场家具、建材品牌汇集，主要有：科勒卫浴，乐家、英皇、冠军、朗斯、雅洁、四维、尚高、日立空调，朗一、L&D、梅蒂奇、扬子、火星人、芬尼、好莱客、皮阿诺、今顶、顶上、雅帝乐、大卫、兰舍、慕思寝具，左右沙发，顾家家居，芝华士、斯可馨、丽星家具，斯帝罗兰、宝居乐、千代、香奈尔、卡西盟、香格里拉、年年红、明堂、卓木王、南洋胡氏、童话森林、奇工、柏森、世尚雅轩、格兰豪泰、北美风范、富得宝、原生树、七彩人生、A 家、耀邦、城市之窗等等百余家品牌，上万件商品。商场以统一招商、统一管理、统一运营的管理模式，秉承绿色消费、诚信服务的思想，以创造高品质生活为宗旨，服务于广大消费者！

豪悦国际家居广场开业

明星何家劲参加开业庆典

商场外景

家居广场

TONG ZHOU HAO YUE GUO JI JIA JU GUANG CHANG

鑫缘茧丝绸集团股份有限公司

鑫缘真丝时装系列

鑫缘高档真丝睡衣、睡袍系列

鑫缘茧丝绸集团是国家农业部、财政部等八部委评定的“农业产业化国家重点龙头企业”，是国家工业和信息化部评定的全国丝绸行业首家“全国工业品牌培育示范企业”。鑫缘集团形成蚕种繁育、栽桑养蚕、蚕茧收烘、缫丝、绢纺、织绸、蚕丝被、真丝服饰、真丝家纺等一条龙的茧丝绸产业化经营体系。

鑫缘集团组建的国家桑蚕茧丝产业工程技术研究中心是全国丝绸行业第一家国家级工程技术研究中心。该集团以国家桑蚕茧丝产业工程技术研究中心、国家级星火龙头企业技术创新中心、国家级农产品加工技术创新中心和江苏省博士后科研工作站为研发平台，致力于蚕丝被、真丝绸面料、真丝服饰等丝绸产品的研发。先后实施近百项国家、省、市科技项目，研发的天然彩色蚕茧荣获“中国纺织工业科技进步一等奖”，“丝胶回收与综合利用关键技术及产业化”项目获国家科技进步奖二等奖、“生态蚕丝被的研发及其产业化”项目荣获“纺织之光”科学技术二等奖。拥有数百项国家专利，“高弹性膨化丝绵被的生产方法”“一种可水洗丝绵被的防水后整理方法”等获国家发明专利。起草审定多项国家、行业标准，以全国蚕丝被企业首席身份担纲制定的GB/T 24252-2009《蚕丝被》国家标准荣获科学技术进步二等奖。

“鑫缘”牌桑蚕生丝、真丝绸面料、桑蚕丝被分别被国家质检总局授予“中国名牌”产品。“鑫缘”牌蚕丝被、蚕丝毯、真丝家纺产品、真丝服装、丝绸面料被国家质检总局授予“国家免检”产品。“鑫缘”商标被国家工商总局认定为“中国驰名商标”。“鑫缘”品牌被评为“首届江苏品牌紫金奖风云品牌”，并以最高得分荣登“中国十大丝绸品牌”之首。

鑫缘集团研发的“鑫缘”牌高弹膨化蚕丝被、天然彩丝内衣等4大系列12个新产品获中国国际丝绸博览金奖，鑫缘牌蚕丝被被江苏省质量强省推进工作领导小组评为江苏省重点名牌产品。

鑫缘集团应邀为“中国2010上海世博会特许生产商”，并为2015年意大利米兰世博会中国馆江苏活动周定制高档丝巾。鑫缘集团圆满完成国家订单，6.3万条鑫缘牌桑蚕丝被，入选为中央政府代表团祝贺西藏和平解放60周年赠品。

近期，鑫缘集团与格力、联想等制造企业同获第二届中国质量奖提名奖，成为全国丝绸业唯一、南通市首家获此殊荣的企业。

鑫缘蚕丝被系列

鑫缘高档家纺套件系列

鑫缘高档丝绵、丝羊绒衬衫

鑫缘蚕丝被系列

鑫缘蚕丝绒毯系列

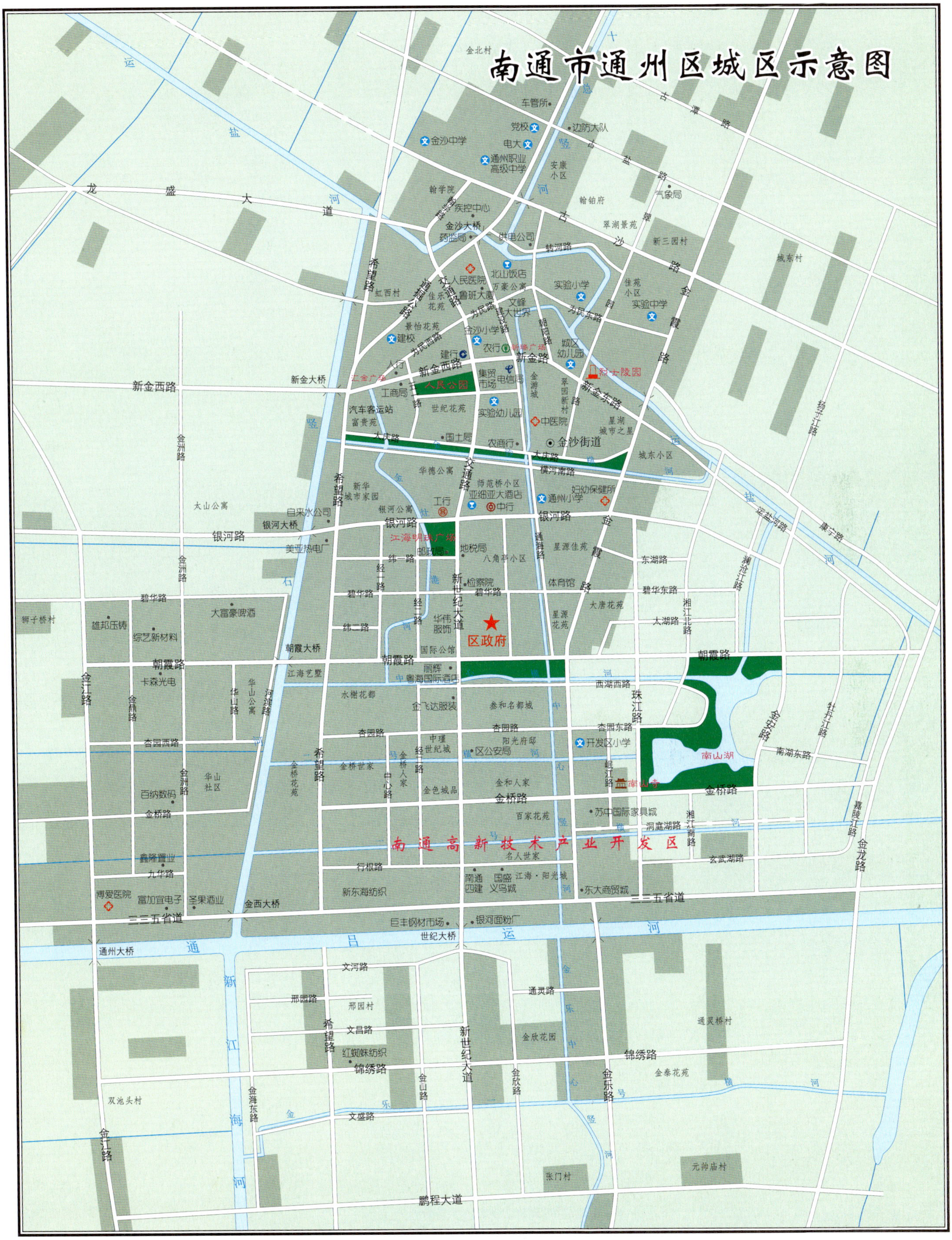
南通市通州区城区示意图
金北村
车管所
党校
边防大队
金沙中学
电大
通州职业高级中学
安康小区
龙盛大道
翰学院
疾控中心
翰铂府
金沙大桥
药监局
供电公司
翠湖景苑
新三园村
转河路
城东村
希望路
人民医院
北山饭店
万豪公寓
实验小学
佳苑小区
红西村
鲁班大厦
方民东路
实验中学
建校
金沙小学
农行
新金路
城区幼儿园
建行
新金西路
烈士陵园
新金大桥
新金西路
人民公园
集贸市场
电信局
新金东路
工商局
世纪花苑
汽车客运站
富贵苑
实验幼儿园
中医院
星湖城市之星
大庆路
国土局
农商行
金沙街道
城东小区
横河南路
华德公寓
师范桥小区
亚细亚大酒店
妇幼保健所
新华城市家园
工行
中行
通州小学
太山公寓
自来水公司
银河公寓
银河路
银河大桥
银河路
美亚热电厂
江海明珠广场
邮政局
地税局
八角井小区
星源佳苑
东湖路
纬一路
检察院
碧华路
体育馆
碧华东路
狮子桥村
碧华路
大富豪啤酒
新世纪大道
大唐花苑
湘江北路
雄邦压铸
综艺新材料
纬二路
华伟服饰
区政府
太湖路
星源花苑
朝霞大桥
国际公寓
朝霞路
朝霞路
朝霞路
卡森光电
江海艺墅
丽辉
通海国际酒店
西湖西路
珠江路
金江路
水榭花都
金飞达服装
叁和名都城
杏园路
杏园东路
金安路
杏园西路
杏园路
中瑾世纪城
阳光府邸
开发区小学
南湖东路
区公安局
南山湖
华山社区
金桥世家
南山寺
百纳数码
金色城品
金和人家
金桥路
金桥路
金华路
苏中国际家具城
百家花苑
洞庭湖路
南通高新技术产业开发区
名人世家
玄武湖路
鑫隆置业
行政路
九华路
南通四建
国盛义乌城
江海·阳光城
东大商贸城
新东海纺织
博爱医院
富加宜电子
圣果酒业
金西大桥
三三五省道
三三五省道
巨丰钢材市场
银河面粉厂
世纪大桥
通州大桥
通吕运河
文河路
邢园路
通灵路
邢园村
文昌路
通灵桥村
金欣花园
红钢蛛纺织
锦绣路
锦绣路
金泰花苑
双池头村
文盛路
张门村
元帅庙村
鹏程大道

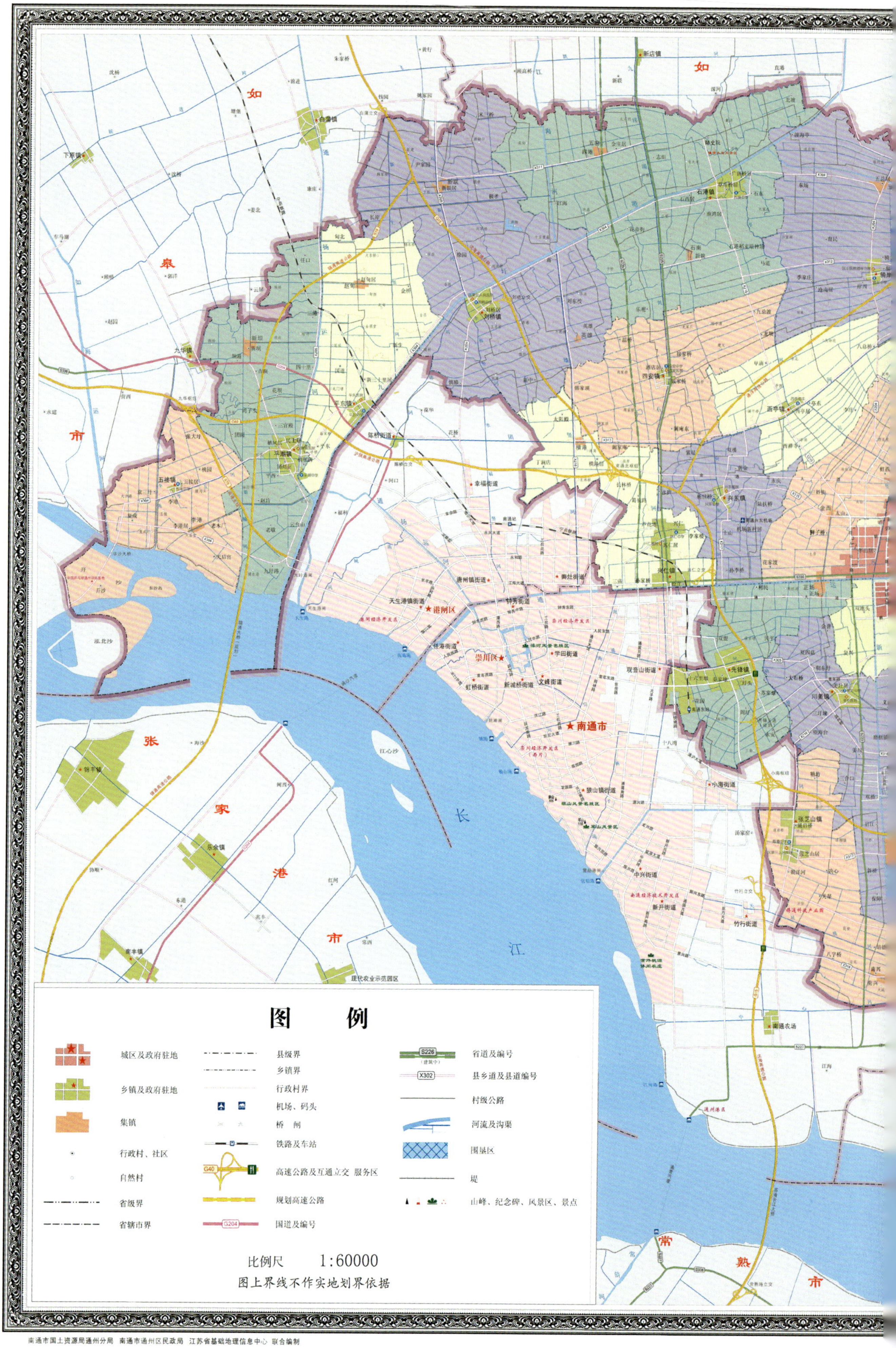

南通市国土资源局通州分局 南通市通州区民政局 江苏省基础地理信息中心 联合编制

南通市通州区政区图

黄
海
启
东
市
海
门
市
上
海
市
长
江
崇
明
岛
海门市
大豫镇
曹埠镇
十总镇
五甲镇
东社镇
二甲镇
三余镇
海晏
东灶港镇
吕四港镇
王浩镇
正余镇
包场镇
悦来镇
余东镇
四甲镇
树勋镇
万年镇
麒麟镇
常乐镇
三厂镇
三星镇
绿华镇
三星镇
德胜镇
心沙农场
通州区在长三角的位置